BIBLIOTHEK DER MEISTERWERKE

OPER
OPERETTE
MUSICAL

BIBLIOTHEK DER MEISTERWERKE

OPER
OPERETTE
MUSICAL

NAUMANN & GÖBEL

BIBLIOTHEK DER MEISTERWERKE
Oper, Operette, Musical

© Naumann & Göbel Verlagsgesellschaft mbH in der
VEMAG Verlags- und Medien Aktiengesellschaft, Köln
Autoren: Manfred Joh. Böhlen, Johannes Jansen
mit Beiträgen von
Oliver Buslau, Wolfgang Lempfrid und Thomas Schulz
Umschlaggestaltung: Rincón Partners, Köln
Umschlagmotiv: Stella Kulturmanagement GmbH, Hamburg;
Fotograf: Ralf Brinkhoff
Gesamtherstellung: Naumann & Göbel Verlagsgesellschaft mbH, Köln
Alle Rechte vorbehalten
ISBN 3-625-10455-5

Vorwort

»Wissen, was gespielt wird« – ein erstrebenswerter Zustand, der im Opernhaus nicht immer leicht zu erreichen ist: Klangwogen aus dem Orchestergraben, stimmgewaltige und nicht selten undeutlich deklamierende Darsteller, manchmal französische oder italienische Libretti und die Vielschichtigkeit der Handlung selbst machen es oft mühsam, dem Gang des Werkes zu folgen.

Hier möchte unser Opern-, Operetten- und Musicalführer helfen. Wir haben uns bemüht, den roten Faden der behandelten Stücke knapp und verständlich herauszuarbeiten, damit der Musikgenuß nicht durch Ratlosigkeit getrübt wird.

Ausschlaggebend für die hier getroffene Auswahl war das, was auf den deutschsprachigen Bühnen der Gegenwart tatsächlich zu sehen und zu hören ist. Ferner wurde der Trend zur Wiederbelebung der Barock-Oper und die dauerhafte Beliebtheit der Oper des slawischen Raums berücksichtigt. Einige weniger häufig gespielte Werke verdanken ihre Aufnahme der ihnen eigenen musikgeschichtlichen Bedeutung.

Werktitel und Namen wurden ohne Schematismus in der gängigsten Form und Schreibweise angeführt und dort auf eine deutsche Übersetzung verzichtet, wo sie keine zusätzliche Information darstellt.

Die im Musicalteil genannten Uraufführungsdaten sind nicht mit der tatsächlich ersten Aufführung eines Stücks identisch. Denn nach Meinung der Experten beginnt ein Musical seine offizielle Laufbahn erst dann, wenn es – nach womöglich monatelangen Testaufführungen in der Provinz – am Broadway oder in den Theatern des Londoner West Ends über die Bühne geht. Auf dieses meist medienträchtige Ereignis beziehen sich nach allgemeinem Brauch auch unsere Angaben, sofern nicht ausdrücklich anders vermerkt.

Noch etwas ist in der Welt des Musicals anders als in der von Oper und Operette: Die Bühnenproduktion, die »Show«, genießt absoluten Vorrang gegenüber der Partitur, gegenüber dem »Werk« also. Großzügiges Streichen und Umstellen von Szenen ist nicht weniger üblich als die Praxis, Hits aus anderen Werken des Komponisten einzubauen. Die Folge sind nicht selten beträchtliche Abweichungen von Einzelheiten der Originalhandlung. Aus diesem Grund wurden die Inhaltsangaben der Musicals auf das Nötigste beschränkt, wurde ferner darauf verzichtet, die häufig nur für bestimmte Aufführungen erstellten deutschsprachigen Versionen anzuführen.

Manfred Joh. Böhlen
Johannes Jansen

OPER

A. Adam

Adolphe Adam
(1803-1856)

Adam begann als Komponist von Klavierstücken, Bearbeitungen und Improvisationen, bevor er mit einer einaktigen Oper ersten Bühnenlorbeer erntete. Nach weiteren Versuchen gelang ihm schließlich »Der Postillon von Lonjumeau«. Adolphe Adam gründete ein eigenes Operntheater, das aber nach einem Jahr infolge der Februarrevolution seine Pforten wieder schließen mußte. Im Jahr 1849 trat der Komponist in die Fußstapfen seines Vaters und wurde Professor für Klavier am Pariser Konservatorium. Adam gilt neben seinen Lehrern Boieldieu und Auber als der bedeutendste französische Repräsentant der komischen Oper.

DER POSTILLON VON LONJUMEAU

Opéra-comique in drei Akten, Text von Adolphe de Leuven und Léon Brunswick, Uraufführung: Paris 1836

Personen

CHAPELOU / ST. PHAR (Tenor),
Postillon;
BIJOU (Baß),
Schmied;
MARQUIS DE CORCY (Tenor),
königlicher Kammerherr;
MADELEINE / MADAME LATOUR (Sopran),
Wirtin

Lonjumeau und Fontainebleau,
um die Mitte des 18. Jahrhunderts.

Handlung

Anläßlich eines Radbruchs entdeckt der für die königlichen Unterhaltungen zuständige Marquis de Corcy die strahlende Stimme des Postillons von Lonjumeau und verpflichtet ihn vom Fleck weg als Hofsänger in Fontainebleau. Der Postillon nimmt den Künstlernamen St. Phar an und verläßt für den lukrativen Posten ohne weitere Bedenken die ihm frisch angetraute Madeleine. Zehn Jahre später ist St. Phar ein gefeierter Sänger, dem das Publikum zu Füßen liegt. Er macht der reichen Madame Latour den Hof und inszeniert, da er ja bereits verheiratet ist, eine Scheinhochzeit. Aber auch de Corcy möchte die schöne Latour sein eigen nennen; er vereitelt St. Phars Plan, indem er den falschen Priester gegen einen echten austauscht, um den Sänger als Bigamisten aus dem Weg räumen zu lassen. Als St. Phar die Verhaftung droht, gibt sich Madame Latour zur Überraschung aller als Madeleine zu erkennen, die in der Zwischenzeit durch eine Erbschaft zu Geld gekommen ist.

Anmerkung
Dieses dem Vaudeville nahestehende Singspiel ist die einzige Oper Adams, die bis heute überlebt hat. Vor allem das Tenor-Bravourstück »Freunde, vernehmet die Geschichte« ist nach wie vor ein Hit klassischer Wunschkonzerte. Kritiker bescheinigen der Oper, die vor allem von burlesker Komik lebt, jedoch auch triviale Züge. Neben »Der Postillon von Lonjumeau« ist von den über fünfzig Bühnenwerken Adams noch das Ballett »Giselle« besonders zu erwähnen.

Eugen d'Albert
(1864–1932)

Eugen d'Albert verließ in jungen Jahren seinen schottischen Geburtsort Glasgow und durchstreifte die Welt als gefeierter Klaviervirtuose. Daneben war er ein fruchtbarer Komponist, der sich in erstaunlicher Weise die verschiedensten Stilrichtungen zu eigen machte. Er begann in romantischer Wagner-Nachfolge, arbeitete sich dann durch den Verismus und Expressionismus und schrieb später in jazzigem Kabarettstil. Eugen d'Albert war ein Weltbürger, der sich als Deutscher fühlte und auch nur deutsche Texte vertonte. Er sah seine Heimat nie wieder und starb als schweizerischer Staatsbürger in Riga.

TIEFLAND

Musikdrama in einem Vorspiel und zwei Akten, Text von Rudolf Lothar nach dem katalanischen Schauspiel »Terra baixa« von Angel Guimerà, Uraufführung: Prag 1903 (Gekürzte Endfassung: Magdeburg 1905)

Personen
SEBASTIANO (Bariton),
Grundbesitzer;
TOMMASO (Baß),
Gemeindeältester;
MORUCCIO (Bariton),
Mühlknecht;
MARTA (Sopran);
NURI (Sopran);
PEDRO (Tenor),
ein Hirt;
NANDO (Tenor),
ein Hirt

Auf den Höhen der katalanischen Pyrenäen und in einer Mühle im Tiefland von Katalonien, Ende des 19. Jahrhunderts.

Handlung
Im katalanischen Hochland lebt der naturverbundene Hirte Pedro, für den seine Herde der Mittelpunkt der Welt ist. Ist seine Herde in Gefahr – wie etwa durch den Wolf, der hier das grausame Böse verkörpert –, so

Tiefland

verteidigt er sie und tötet den Feind. Im engen Tiefland dagegen lebt der Großgrundbesitzer Sebastiano, der unerbittlich die Armen für sich arbeiten läßt und sie ausbeutet. Er hat Marta, ein Waisenkind, bei sich aufgenommen und sich gefügig gemacht. Er will Marta an den einfältigen Pedro verheiraten, weil er glaubt, sie werde ihm an der Seite eines so arglosen Mannes weiter zur Verfügung stehen. Als Pedro, von Marta alarmiert, das Spiel durchschaut, handelt er so, wie er es gewohnt ist: Er tötet den »Wolf« – also Sebastiano – und zieht sich mit dem Mädchen in die Berge zurück.

Anmerkung

D'Albert gelang mit diesem Werk eine der nicht gerade zahlreichen veristischen Opern in deutscher Sprache, obwohl es sich paradoxerweise um das einzige Werk des Komponisten handelt, das nicht im deutschen Sprachraum spielt. 25 Leitmotive, im Sinne Wagners eingesetzt, verweisen auf die Anfänge d'Alberts im romantischen Stil. D'Alberts Stärke – harte Dramatik, schillernde Charakterisierung und suggestive Stimmungswerte – hat dem Stück seit der Uraufführung einen steten Erfolg auf allen Bühnen beschert.

Daniel François Esprit Auber
(1782-1871)

Ursprünglich zum Kaufmann bestimmt, entdeckte der in Caen geborene Aubert während seiner Ausbildung in London die Liebe zur Musik. Er versuchte sich in der Komposition von Instrumentalwerken, die er nach seiner Rückkehr nach Paris zunächst unter dem Namen eines Freundes veröffentlichte. Ab 1811 wandte er sich nahezu ausschließlich der Oper zu, nachdem er sich am Conservatoire bei Cherubini und Boieldieu im kompositorischen Handwerk vervollkommnet hatte. 1821 erzielte er mit »Emma, ou la promesse imprudente« einen ersten großen Erfolg. Den auch über die Grenzen Frankreichs hinaus wirkenden Durchbruch brachte 1828 »Die Stumme von Portici«, mit der Auber den Typus der Grand Opéra begründete, der später von Halévy und Meyerbeer fortgeführt wurde. Auber selbst, der insgesamt rund 70 Bühnenwerke schuf, wandte sich nach der »Stummen« allerdings wieder überwiegend der Opéra-comique zu.

DIE STUMME VON PORTICI

Große historische Oper in fünf Akten, Text von Eugène Scribe und Germain Delavigne, Uraufführung: Paris 1828

Personen
ALFONSO (Tenor),
Sohn des Vizekönigs;
ELVIRA (Sopran),
spanische Prinzessin;
LORENZO (Tenor),
Alfonsos Vertrauter;
SELVA (Baß),
Offizier der Leibwache;
MASANIELLO (Tenor),
neapolitanischer Fischer;
FENELLA (stumme Rolle),
seine Schwester;
PIETRO (Baß),
sein Freund

Neapel und Portici, im Jahr 1647.

Die Stumme von Portici

Handlung
1. Akt
Der Prinz Alfonso hat inkognito das stumme Fischermädchen Fenella verführt und es ins Gefängnis werfen lassen, als seine Hochzeit mit der spanischen Prinzessin Elvira naht. Fenella jedoch entkommt, taucht beim Hochzeitszug auf, erkennt in Alfonso den Geliebten und wendet sich hilfesuchend an seine Braut Elvira. Als die Wache Fenella ergreifen will, erhebt sich ein Tumult, in dem sie untertauchen kann.

2. Akt
Am Strand von Portici wartet der Fischer Masaniello, Führer einer geheimen Verschwörung, auf seine Schwester. Fenellas stummer Bericht bestärkt ihn in seinen Umsturzplänen.

3. Akt
Auf dem Markt von Neapel ersticht Masaniello einen Offizier, der im Begriff steht, Fenella zu verhaften. Der Aufstand bricht los.

4. Akt
Die Revolte entgleitet Masaniellos Kontrolle, es kommt zu Ausschreitungen. Das gehetzte Prinzenpaar Alfonso und Elvira sucht bei Fenella und Masaniello Schutz, der ihnen widerstrebend gewährt wird. Der Edelmut ihres Anführers stößt bei den Mitverschworenen auf wenig Verständnis.

5. Akt
Masaniello ist von seinem ehemaligen Gefährten Pietro vergiftet worden und dem Wahnsinn verfallen. Noch einmal reißen ihn die Tränen seiner Schwester aus der Trance, ein weiteres Mal zieht er gegen das Heer Alfonsos zu Felde. Elvira kommt und berichtet, daß Masaniello ihr das Leben gerettet habe und von den eigenen Anhängern getötet worden sei. Die Stumme stürzt sich ins Meer. Alfonsos Truppen gewinnen die Oberhand, und er tritt erneut die Herrschaft an.

Anmerkung
Aubers bedeutendste Oper barg wirklichen revolutionären Zündstoff in sich: Als das Stück 1830 in Brüssel gegeben wurde, sah das Publikum in der sprachlosen Fenella ein Symbol seiner unterdrückten Nation und verließ nach dem Freiheitsduett zwischen Masaniello und Pietro im 2. Akt das Theater, um die Polizeidirektion und den Justizpalast zu stürmen. Dies war der Beginn des Aufstands, mit dem Belgien sich von Holland

löste. – »Die Stumme von Portici« war das erste historische Buch von Eugène Scribe, der bis dahin nur komische Libretti verfaßt hatte. Grundlage der Handlung ist der von Tommaso Aniello angeführte neapolitanische Fischeraufstand im Jahr 1647, ein Ereignis, welches schon Anfang des 18. Jahrhunderts den Stoff für die Oper »Masaniello furioso« des deutschen Komponisten Reinhard Keiser geliefert hatte.

FRA DIAVOLO
Komische Oper in drei Akten, Text von Eugène Scribe, Uraufführung: Paris 1830

Personen
FRA DIAVOLO (Tenor),
unter dem Namen »Marquis von Marco«;
LORD KOOKBURN (Bariton),
reisender Engländer;
PAMELA (Mezzosopran),
seine Frau;
LORENZO (Tenor),
Offizier;
MATTEO (Baß),
Gastwirt;
ZERLINE (Sopran),
seine Tochter;
GIACOMO (Tenor),
Bandit;
BEPPO (Baß),
Bandit

Gasthaus bei Terracina, um das Jahr 1806.

Handlung
1. Akt
Der junge Offizier Lorenzo verfolgt mit seinen Leuten die Räuberbande des berüchtigten Fra Diavolo und hat in einem Gasthaus bei Terracina Quartier genommen. Sogleich verliebt er sich in Zerline, die Tochter des Gastwirts, die jedoch einen reichen Bauern heiraten soll. Ein seltsames Engländerpaar erscheint, es ist ausgeraubt worden. Lorenzo macht sich unverzüglich auf und kann Lady Pamela den Schmuck wieder beschaf-

fen, wofür ihr Gatte ihm ein erkleckliches Sümmchen als Belohnung zahlt. Auch ein »Marquis von Marco« logiert in dem Wirtshaus. Er flirtet eifrig mit der Engländerin, erkundigt sich voller Anteilnahme nach ihrem Schmuck und dem Bargeld und erhält als Andenken ein Medaillon.

2. Akt

Der Marquis ist niemand anderes als der verkleidete Fra Diavolo. Mit seinen Spießgesellen Beppo und Giacomo versteckt er sich abends in Zerlines Kammer, über die das Zimmer der Engländer zu erreichen ist, um den Schmuck wieder an sich zu bringen. Er wird ertappt und schützt erotische Absichten vor: Er behauptet, zu einem Stelldichein mit Pamela erschienen zu sein; als Beweis dient ihm das Medaillon. Lorenzo gegenüber spricht er von einem Rendezvous mit Zerline. Die Herren fordern den »Marquis« zum Duell.

3. Akt

Beppo und Giacomo haben einen über den Durst getrunken und plaudern das nächtliche Abenteuer aus. Lorenzo nimmt sie gefangen und benutzt sie als Köder für Fra Diavolo. Seine Mannschaft nimmt verborgen Aufstellung, und als einer der Banditen das verabredete Zeichen gibt, erscheint der Marquis, der von einem Bauern als der gesuchte Fra Diavolo identifiziert wird. Der Bösewicht wird gefangen, und der Wirt gibt unter allgemeinem Jubel die Zustimmung zur Heirat Zerlines mit dem Helden Lorenzo. – In einer weitverbreiteten Fassung kommt Fra Diavolo beim Fluchtversuch ums Leben.

Anmerkung

»Fra Diavolo« ist die erfolgreichste unter den komischen Opern Auberts. Die musikalische Zeichnung des reichen Engländers gilt als eine der gelungensten Karikaturen der Opernbühne überhaupt. Treffend gezeichnet wurde auch die zwischen Räuberromantik und Don Juan changierende Figur des Fra Diavolo. Die Titelfigur ist historisch: Michele Pezza, so der bürgerliche Name, wurde im Jahr 1806 in Neapel hingerichtet.

Béla Bartók
(1881-1945)

Mit Béla Bartók bekam Ungarn nach Franz Liszt seinen zweiten großen Musiker. Ebenfalls von Hause aus Klaviervirtuose, trat er auf dem Gebiet der Volksmusikforschung mit Leistungen hervor, von denen noch die Wissenschaft unserer Tage zehrt. Bei Bartóks Werken standen, so könnte man stark vereinfachend sagen, nacheinander Liszt, Debussy und Beethoven Pate – und Einfluß nahm natürlich das, was er auf seinen zahlreichen Forschungsreisen durch die Heimat und den Balkan gehört und aufgezeichnet hatte. Aus dieser Mischung entstanden mit den sechs Streichquartetten, den drei Klavierkonzerten, dem Konzert für Orchester und der »Musik für Saiteninstrumente, Schlagzeug und Celesta« Kompositionen, die unangefochten als Klassiker der Moderne angesehen werden. Bartóks Karriere wurde durch Nationalsozialismus und 2. Weltkrieg tragisch beeinträchtigt; er starb, buchstäblich an der Schwelle zu weltweitem Ruhm stehend, verarmt im amerikanischen Exil.

HERZOG BLAUBARTS BURG

Oper in einem Akt, Text von Béla Balázs nach dem Bühnenmärchen »Ariane et Barbe-Bleu« von Maurice Maeterlinck, Uraufführung: Budapest 1918

Personen
HERZOG BLAUBART (Bariton);
JUDITH (Mezzosopran);
BLAUBARTS FRÜHERE FRAUEN (stumme Rollen)

Die Halle von Blaubarts Burg, zu unbestimmter Zeit.

Handlung

Judith liebt den Herzog Blaubart und ist ihm auf sein Schloß gefolgt, aus dem sie die dort herrschende Kälte und Finsternis vertreiben will. Sieben Kammern sind durch sieben schwarze Türen verschlossen, und Judith verlangt trotz eindringlicher Warnungen Blaubarts die Schlüssel. Die erste Tür gibt den Blick auf eine Folterkammer frei: Sie steht für die Qualen, die Blaubart hat erdulden müssen; die zweite Tür führt zu einem bluttriefenden Waffenlager, Symbol für seinen Lebenskampf; die dritte Tür verbirgt herrliches Geschmeide, aber auch dies ist schwer erworben: mit Blut; auch die Blumen des Gartens hinter der vierten Tür sind mit

Herzog Blaubarts Burg

Blut getränkt; auf die weite Landschaft hinter der fünften Tür wirft eine abermals blutrote Wolke finstere Schatten, und hinter der sechsten Tür wartet ein gewaltiger See aus Tränen. Verzweifelt will Blaubart Judith vom Öffnen der siebten Tür abhalten, aber vergeblich: Es erscheinen seine früheren Frauen, die Gefährtinnen seines Morgens, seines Mittags und seines Abends. Resigniert muß Blaubart Judith, eingehüllt in prächtige Gewänder und reichen Schmuck, als Sinnbild seiner Nacht in die siebte Kammer entlassen. Für immer werden Kälte und Finsternis in seinem Reich herrschen.

Anmerkung

Als Béla Bartók 1911 seinen Einakter »Herzog Blaubarts Burg« komponierte, galt das Stück zunächst als unaufführbar. Zu symbolistisch war das nachgerade psychoanalytisch anmutende Libretto nach Maeterlincks Märchenspiel, das dieser wiederum auf der Grundlage einer Erzählung aus Charles Perraults »Les contes de ma mère l'oye« geschaffen hatte. Die Uraufführung fiel in das letzte Jahr des 1. Weltkriegs, mithin in eine Zeit erwachenden ungarischen Nationalstolzes, und flugs erklärte man den Komponisten zum »Pfleger des wahren neuen ungarischen Singspiels«. Bartók selbst bezeichnete das bei aller Originalität stark vom französischen Impressionismus beeinflußte Stück als »düsteres Adagio« und empfahl, es an einem Abend zusammen mit seinem abwechslungsreichen Ballett »Der holzgeschnitzte Prinz« aufzuführen.

L. van Beethoven

Ludwig van Beethoven
(1770-1827)

Beethovens Beitrag zur Operngeschichte ist eher marginal. Wichtiger als seine Oper »Fidelio« sind die neun Sinfonien, die 32 Klaviersonaten und 16 Streichquartette. Aber auch in seiner Instrumentalmusik tritt seine Grundeinstellung zutage, die man als zutiefst moralisch und bürgerlich (im Sinne der Französischen Revolution) bezeichnen kann. Nicht nur, daß die Sinfonien auf Massenwirkung zielen – mit der Vertonung von Schillers »Ode an die Freude« in der Neunten Sinfonie (wobei »Freude« eine Chiffre für »Freiheit« ist) bekennt er offen seine Sympathien für die Ideale der Revolution von 1789.

FIDELIO

Oper in zwei Akten, Text von Joseph Ferdinand von Sonnleithner, Stephan von Breuning und Georg Friedrich Treitschke, Uraufführung: Wien 1805 (1. Fassung, dreiaktig) bzw. 1806 (2. Fassung, zweiaktig) und 1814 (3. Fassung, zweiaktig)

Personen
DON FERNANDO (Bariton),
Minister;
DON PIZARRO (Bariton),
Gouverneur eines Gefängnisses;
FLORESTAN (Tenor),
ein Gefangener;
LEONORE / FIDELIO (Sopran),
dessen Frau;
ROCCO (Baß),
Kerkermeister;
MARZELLINE (Sopran),
dessen Tochter;
JAQUINO (Tenor),
Gefängniswärter

Im Staatsgefängnis bei Sevilla, Ende des 18. Jahrhunderts.

Fidelio

Handlung
Vorgeschichte
Don Pizarro hat seinen persönlichen Widersacher Florestan widerrechtlich eingekerkert. Florestans Gattin Leonore hat sich in Männerkleidern unter dem Namen Fidelio als Gehilfe bei dem Kerkermeister Rocco beworben, um etwas über das Schicksal ihres Gatten in Erfahrung zu bringen.

1. Akt
Marzellina ist in Fidelio verliebt und zeigt ihrem Verehrer Jaquino die kalte Schulter. Rocco wertet die Betroffenheit Fidelios als Zeichen der Liebe. Währenddessen hat Don Pizarro den Entschluß gefaßt, den eingekerkerten Florestan umzubringen, um alle Spuren seiner Willkürherrschaft zu verwischen, falls der Minister das Gefängnis inspiziert. Auf Bitten Fidelios dürfen wenigstens die übrigen Gefangenen für einen Augenblick freie Luft atmen.

2. Akt
Florestan hat im dunklen Kerker Wahnvorstellungen und glaubt, Leonore als rettenden Engel zu sehen. Rocco und Fidelio heben im Kerker das Grab aus. Als Don Pizarro Florestan erstechen will, geht Fidelio dazwischen und gibt sich als Florestans Gattin Leonore zu erkennen. Vom Turm erschallt eine Trompete – das Zeichen, daß der Minister eingetroffen ist. Während Don Pizarro verhaftet wird, begnadigt der Minister alle Gefangenen. Marzellina muß einsehen, daß sie sich in Fidelio getäuscht hat. Leonore, Florestan und die Gefangenen singen einen Hymnus auf die Gattenliebe.

Anmerkung
Beethoven hat sich schwergetan mit seiner einzigen Oper. 1804 entstand die erste (dreiaktige) Fassung unter dem Titel »Fidelio oder Die eheliche Liebe«. Wenige Monate später überarbeitete er das Werk, kürzte es auf zwei Akte und brachte es 1806 als »Leonore oder Der Triumph der ehelichen Liebe« auf die Bühne. 1814 dann folgte eine dritte, endgültige Fassung mit dem Titel »Fidelio«. Von den ersten beiden Fassungen haben sich nur die Ouvertüren im Konzertrepertoire halten können. »Fidelio« zählt zum Genre der Rettungsopern, die in den Jahren nach der Französischen Revolution populär wurden. Beethoven ging es jedoch nicht sosehr um den allgemein-politischen Befreiungskampf gegen die Tyrannei (wie es auf den ersten Blick scheint), sondern vor allem um die Opferbereitschaft und den moralischen Anstand des einzelnen.

V. Bellini

Vincenzo Bellini
(1801-1835)

Vincenzo Bellini entstammt einer musikalischen Familie. Geleitet vom Vater und Großvater, die beide Organisten waren, unternahm er erste kompositorische Gehversuche in seiner Heimatstadt, ehe er im Alter von 18 Jahren an das Konservatorium in Neapel wechselte, wo er Schüler von Nicola Zingarelli wurde. Mitte der 1820er Jahre debütierte er in Neapel mit »Adelson e Salvini« und »Bianca e Fernando« als Opernkomponist. Wenig später kamen seine ersten Werke für die Mailänder Scala heraus: »Il pirata« (1827) und »La straniera« (1829), beide nach Texten von Felice Romani, der auch die Libretti zu »I Capuleti e i Montecchi«, »La sonnambula« (Die Nachtwandlerin) und »Norma« schrieb. Anders als Donizetti, mit dem er befreundet war, beschränkte Bellini sich in seinem Bühnenschaffen auf die Opera seria. Bellini starb nach kaum zehn glanzvollen Jahren als in ganz Europa gefeierter Komponist 34jährig in Paris.

I CAPULETI E I MONTECCHI
(Romeo und Julia)
Oper in drei (ursprünglich vier) Akten, Text von Felice Romani, Uraufführung: Venedig 1830

Personen
CAPELLIO (Baß),
Oberhaupt der Capuleti;
GIULIETTA (Sopran),
seine Tochter;
ROMEO (Mezzosopran),
Oberhaupt der Montecchi;
TEBALDO (Tenor),
Bräutigam Giuliettas;
LORENZO (Baß),
Arzt und Vertrauter Giuliettas

Verona, im 14. Jahrhundert.

I Capuleti e i Montecchi

Handlung

Im Streit zwischen den Ghibellinen und Guelfen stehen sich auch die Familien Montecchi und Capuleti unversöhnlich gegenüber. Capellio, der Anführer der Guelfen, sinnt auf Vergeltung für den Tod seines Sohnes. Um Giulietta, die Tochter Capellios, zu gewinnen, verspricht Tebaldo, an Romeo, dem Anführer der Gegenpartei, Rache zu nehmen. Da erscheint Romeo, verkleidet als Abgesandter seiner Partei, und macht ein Friedensangebot, aber Capellio verhöhnt ihn. Der Krieg geht weiter.

Bei einem heimlichen Treffen beschwört Romeo seine Geliebte, mit ihm zu fliehen. Die Verlobung zwischen ihr und Tebaldo steht kurz bevor. Um die Hochzeit in letzter Minute zu vereiteln, nimmt Giulietta Zuflucht zu einem Medikament, das ihren Scheintod herbeiführt. Wenn sie für tot gehalten und in der Familiengruft beigesetzt wird, so hofft sie, kann Romeo sie befreien. Romeo und Tebaldo begegnen sich vor Capellios Palast und wollen sich duellieren, als die vermeintlich tote Giulietta aus dem Haus getragen wird.

Im Glauben, Giulietta sei wirklich gestorben, läßt Romeo ihren Sarg öffnen, um die Tote noch einmal zu sehen, ehe er sich selbst vergiftet. Als Giulietta plötzlich erwacht, hat Romeo das Gift bereits genommen. Giulietta bricht es das Herz, und so folgt sie dem Geliebten in den Tod.

Anmerkung

Auf welche Vorlage sich Felice Romani stützte, als er das Libretto entwarf, ist unbekannt, doch weiß man, daß es nicht die Shakespeare-Fassung der Legende von Romeo und Julia war. Denn im Unterschied zu Shakespeare hat Romani die Figur des Tebaldo (bei Shakespeare Tybalt) nicht nur zum politischen Widersacher, sondern auch zum Bräutigam Giuliettas (Julias) und damit in doppelter Hinsicht zum Rivalen Romeos gemacht. Bellini hat beide Figuren stimmlich scharf gegeneinander abgesetzt, indem er Tebaldo als Heldentenor anlegte, die Partie des Romeo aber als sogenannte Hosenrolle für eine Frauenstimme schrieb, um damit die Zartheit und Jugendlichkeit seines Helden zu unterstreichen. Die Uraufführung war ein großer Erfolg und damit eine Teil-Rehabilitierung seiner wenig erfolgreichen Oper »Zaira« (1829), aus der Bellini – ebenso wie die Kanzone der Giulietta aus »Adelson e Salvini« – einige Nummern übernommen hatte.

DIE NACHTWANDLERIN (La sonnambula)

Oper in zwei Akten, Text von Felice Romani nach einer Vorlage von Eugène Scribe, Uraufführung: Mailand 1831

Personen

GRAF RUDOLF (Baß);
THERESE (Sopran),
Müllerin;
AMINA (Sopran),
ihre Pflegetochter;
ELVINO (Tenor),
ein reicher junger Bauer;
LISA (Alt),
Wirtin;
ALEXIS (Baß),
ihr Liebhaber;
NOTAR (Tenor)

Ein Dorf in der Schweiz, Mitte des 19. Jahrhunderts.

Handlung

Die Wirtin Lisa ärgert es, daß der reiche Gutsbesitzer Elvino nicht sie, sondern Amina, die Pflegetochter der Müllerin, heiraten will. Als die Hochzeit unmittelbar bevorsteht, verirrt sich die schlafwandelnde Amina in das Zimmer des Grafen Rudolf, der unerkannt im Dorfgasthof abgestiegen ist. Lisa wird zur Zeugin dieser Szene und nutzt die Gelegenheit, Elvino glauben zu machen, daß seine Braut ihn betrogen habe. Vergeblich beteuert der Graf Aminas Unschuld. Erst als Elvino selbst sie beim Schlafwandeln beobachtet und seinen Namen rufen hört, offenbart sich ihm die Wahrheit. Glücklich erwacht Amina in seinen Armen.

Anmerkung

»La sonnambula« stellt den Fall einer *opera di mezzo carattere* dar, d.h. in musikalischer Hinsicht spricht sie die Sprache der »seria«, die Handlung hingegen ist im ländlichen Milieu und damit eher im Bereich der Buffo-Oper angesiedelt. Halb Lustspiel, halb Seelendrama ist »Die Nachtwandlerin« vor allem eine Sängeroper, die den Ausführenden alles abverlangt. Die Titelpartie schrieb Bellini (ebenso wie die der »Norma«) für die gefeierte Sopranistin Giuditta Pasta.

NORMA

Tragische Oper in zwei Akten, Text von Felice Romani, Uraufführung: Mailand 1831

Personen

SEVER oder POLLIONE (Tenor),
römischer Prokonsul in Gallien;
OROVIST (Baß),
Haupt der Druiden;
NORMA (Sopran),
Oberpriesterin, Orovists Tochter;
ADALGISA (Sopran),
eine junge Priesterin;
CLOTILDE (Sopran),
Normas Vertraute;
FLAVIUS (Tenor),
Severs Vertrauter

Gallien, etwa 100 n. Chr.

Handlung

Norma, gallische Oberpriesterin und Tochter Orovists, liebt den Römer Sever (ursprünglich Pollione) und hat ihm zwei Kinder geschenkt. Niemand weiß davon. Durch die junge Priesterin Adalgisa, die sich ihr anvertraut, erfährt sie, daß Sever ihr untreu geworden ist. So groß ihre Liebe war, so grenzenlos ist ihre Rachsucht, als sie erkennen muß, daß sie Sever endgültig an Adalgisa, ihre Nebenbuhlerin, verloren hat. Sever, Adalgisa und auch die beiden Kinder sollen sterben. Norma läßt einen Scheiterhaufen errichten, aber am Ende ist sie es dann, die ihn – gemeinsam mit Sever – besteigt.

Anmerkung

Die Partie der »Norma« gilt bis heute als der Prüfstein aller Primadonnen. Doch nicht nur die Arie »Casta Diva« (»Keusche Göttin im silbernen Glanze«) und das Duett »Diese Zarten jetzt beschütze« (Norma, Adalgisa), sondern die ganze Oper ist ein Schulbeispiel italienischer Belcantokunst.

DIE PURITANER (I puritani di Scozia)

Oper in drei Akten, Text von Carlo Pepoli nach Motiven des Romans »Old Morality« von Walter Scott, Uraufführung: Paris 1835

Personen

LORD WALTON (Baß);
KÖNIGIN HENRIETTE (Sopran);
ELVIRA (Sopran),
Tochter des Lord Walton;
LORD ARTHUR TALBOT (Tenor);
SIR GEORGE (Baß), *Waltons Bruder;*
SIR RICHARD FORTH (Bariton),
puritanischer Oberst;
SIR BRUNO ROBERTON (Tenor)

England, Mitte des 17. Jahrhunderts.

Handlung

England befindet sich im Bürgerkrieg. Königin Henriette, die Witwe König Karls I., wird von Lord Walton, einem Anhänger Oliver Cromwells, gefangengehalten. Mit Hilfe Lord Arthurs, des Verlobten von Waltons Tochter Elvira, der heimlich mit den Stuarts sympathisiert, kann die Königin aus der Gefangenschaft entkommen. Da Lord Arthur mit ihr flieht, glaubt Elvira sich von ihrem Geliebten betrogen und verfällt dem Wahnsinn. Als Arthur wieder ihre Nähe sucht, verhaftet man ihn und verfügt seine Hinrichtung. Durch Arthurs Rückkehr fällt der Wahnsinn von Elvira ab. Daraufhin lassen die Puritaner Gnade vor Recht ergehen.

Anmerkung

Ähnlich wie Donizettis im gleichen Jahr entstandene Oper »Lucia di Lammermoor«, ähnlich auch wie Bellinis eigene Oper »Romeo und Julia« handeln »Die Puritaner« von der Liebe zweier Menschen, die verfeindeten Parteien angehören. Und wie in Donizettis »Lucia« gibt es auch in »I puritani« eine berühmt gewordene Wahnsinnsszene (2. Akt), die höchste Anforderungen an die Sopranistin stellt. Kaum weniger virtuos ist die extrem hohe Tenorpartie des Arthur. Doch nicht nur darum, sondern auch weil sie dramaturgisch nicht so geschlossen wirken wie die vier Jahre zuvor entstandene »Norma«, gelten »Die Puritaner« als sehr »schwieriges« Werk. Bellini starb noch im Jahr der Uraufführung, genau drei Tage vor der Premiere von Donizettis Konkurrenzoper »Lucia«.

Alban Berg
(1885-1935)

Alban Berg begann 15jährig mit der Komposition von Klavierliedern. Nach Begutachtung einiger dieser Lieder entschloß sich Arnold Schönberg, den begabten jungen Mann unentgeltlich zu unterrichten. Zu dieser Zeit, es war im Jahr 1904, verdiente Berg noch seinen Lebensunterhalt als Statthaltereibeamter. 1906 machte ihn eine Erbschaft vorübergehend finanziell unabhängig. Nach dem Ersten Weltkrieg war Berg infolge der Inflation gezwungen, Privatstunden zu erteilen. 1935 starb er an einer Blutvergiftung. Berg gehörte zu den engsten künstlerischen Vertrauten Arnold Schönbergs. Gemeinsam mit diesem vollzog er den Schritt zur Zwölftontechnik, die er allerdings stets modifiziert anwandte. Selbst in seinen strengsten Werken finden sich noch tonale Bezüge – wie sehnsuchtsvolle Nachklänge einer vergangenen Welt. Bergs Œuvre ist zahlenmäßig sehr klein; er schuf jedoch mit »Wozzeck« und »Lulu« zwei Marksteine des zeitgenössischen Musiktheaters.

WOZZECK
Oper in drei Akten, Text vom Komponisten nach dem Dramenfragment »Woyzeck« von Georg Büchner, Uraufführung: Berlin 1925

Personen
WOZZECK (Bariton);
MARIE (Sopran);
TAMBOURMAJOR (Tenor);
ANDRES (Tenor);
HAUPTMANN (Tenor);
DOKTOR (Baß)

In einer deutschen Kleinstadt, Anfang des 18. Jahrhunderts.

Handlung
1. Akt

Der Soldat Wozzeck ist ein sonderbarer Mensch, eine geschundene Kreatur – ängstlich, mißtrauisch, von Visionen geplagt. Mit seiner Geliebten Marie verbindet ihn ein uneheliches Kind. Um sein Gehalt aufzubessern, rasiert Wozzeck täglich den Hauptmann und stellt sich dem Doktor für medizinische Experimente zur Verfügung. Der Hauptmann wirft Wozzeck Unmoral vor, der Doktor hofft, mit seinen Versuchen berühmt zu werden – der Mensch Wozzeck ist beiden letztendlich egal. Selbst seiner Marie ist Wozzeck nicht geheuer. Als der Tambourmajor – ein stattlicher, viriler Prahlhans – vor Maries Haus auftritt, hat er leichtes Spiel mit ihr. Ohne nennenswerten Widerstand gibt sie sich ihm hin.

2. Akt

Schon die neuen Ohrringe auf Maries Tisch machen Wozzeck mißtrauisch; schlüpfrige Bemerkungen des Hauptmanns und des Doktors lassen ihn vollends die Geduld verlieren. Er stellt Marie zur Rede und preßt ihr ein Geständnis ab. In einem Wirtshausgarten beobachtet Wozzeck, rasend vor Eifersucht, wie Marie mit dem Tambourmajor tanzt. Nachts kommt der Tambourmajor betrunken in den Schlafsaal, demütigt Wozzeck und schlägt ihn zusammen.

3. Akt

Marie sitzt zu Hause und liest in der Bibel. Reue übermannt sie. Wozzeck geht mit ihr zum Teich und ersticht sie mit einem Messer. In der Kneipe bemerkt man Blut an seinem Arm und verdächtigt ihn des Mordes. Beim Versuch, am Teich die Spuren seiner Tat zu verwischen, ertrinkt Wozzeck. Am nächsten Morgen hören die Kinder von dem Verbrechen und wollen die Tote ansehen. Ohne zu wissen, was vor sich geht, folgt ihnen Maries Sohn.

Anmerkung

Berg übernahm Büchners Text wörtlich, straffte ihn jedoch, indem er die ursprünglich 25 Szenen auf 15 zusammenstrich, die er wiederum symmetrisch zu fünf Bildern pro Akt gruppierte. Oft wurde »Wozzeck« als Hauptwerk des musikalischen Expressionismus apostrophiert. Stilistisch stellt die Oper jedoch gleichzeitig ein Werk des Übergangs dar: Schönbergsche freie Atonalität steht neben spätromantischem Espressivo, gebrochene Volksliedmelodik neben abrupten Dissonanzballungen. In jedem Takt überträgt sich nichtsdestoweniger die psychische Grenzsituation der Hauptfigur. Die Singstimmen bewegen sich meist in einem deklamierenden Sprechgesang; Textverständlichkeit ist eines der obersten Kriterien der Stimmbehandlung. Um der durch den Wegfall einer durchgehenden tonalen Struktur drohenden Gefahr der Formlosigkeit zu entgehen, hat Berg seine Partitur nach den Kriterien instrumentaler Musik konzipiert. So entwarf er den ersten Akt als eine Folge von fünf Charakterstücken, den zweiten als fünfsätzige Sinfonie. Der dritte Akt schließlich setzt sich aus fünf Inventionen zusammen. Doch soll diese formale Aufteilung nach dem Willen des Komponisten vom Publikum nicht mitvollzogen werden; einzig und allein ausschlaggebend sei die weit über das Einzelschicksal Wozzecks hinausgehende Idee dieser Oper. Die einzelnen Szenen werden durch orchestrale Zwischenspiele verknüpft, deren letztes einen erschütternden Klagegesang auf den Tod Wozzecks und Maries, auf den geschundenen Menschen schlechthin darstellt.

LULU
Oper in drei Akten, Text vom Komponisten nach den Tragödien »Erdgeist« und »Die Büchse der Pandora« von Frank Wedekind, Uraufführung (der fragmentarischen Fassung): Zürich 1937

Personen
LULU (Koloratursopran);
GRÄFIN GESCHWITZ (Mezzosopran);
MALER / NEGER (Tenor);
DR. SCHÖN / JACK (Bariton);
ALWA (Tenor), *Schriftsteller*;
TIERBÄNDIGER / RODRIGO (Bariton);
SCHIGOLCH (Baß)

Eine deutsche Großstadt, Paris und London, Ende des 19. Jahrhunderts.

Handlung
1. Akt
Lulu, eine verführerische Kindfrau, die allen Männern den Kopf verdreht, ist mit einem alten Medizinalrat verheiratet und wird von ihrem Entdecker, Dr. Schön, protegiert. Der Maler, der sie porträtiert, versucht sie zu verführen. Lulus Mann wird Zeuge der kompromittierenden Szene und stirbt, vom Schlag getroffen. Dr. Schön sorgt dafür, daß Lulu den Maler heiratet, der sich allerdings umbringt, als er von Lulus Vorleben erfährt. Durch die Verlobung mit einem standesgemäßen jungen Mädchen versucht Dr. Schön, Lulus unheilvollem Einfluß zu entkommen, doch vergeblich. Während einer Theateraufführung zwingt Lulu den willenlosen Dr. Schön, sich von seiner Braut loszusagen.

2. Akt
Als Gattin Dr. Schöns empfängt Lulu zahlreiche Verehrer quer durch alle gesellschaftlichen Schichten. Auch Schöns Sohn Alwa erliegt ihren Ver-

führungskünsten. Dr. Schöns Geduld ist am Ende; er drückt Lulu einen Revolver in die Hand, mit dem sie aber nicht sich, sondern ihn erschießt. Von ihrer lesbischen Freundin, der Gräfin Geschwitz, aus dem Gefängnis befreit, wird Lulu die Geliebte Alwas, der ihr schon lange verfallen ist.

3. Akt

In Paris verlieren Lulu und Alwa durch eine Fehlspekulation ihr ganzes Geld. Da sie außerdem von Erpressern bedroht werden, fliehen sie gemeinsam mit der Gräfin Geschwitz nach London, wo Lulu der Prostitution nachgehen muß. Alwa wird von einem aggressiven Freier getötet, Lulu und die Gräfin fallen dem Lustmörder Jack the Ripper zum Opfer.

Anmerkung

In der Ausarbeitung des Librettos beweist Berg ein zweites Mal sein hohes dramaturgisches Talent, indem er Wedekinds zwei »Lulu«-Dramen zu einem Dreiakter zusammenfaßt, ohne daß die Essenz der Handlung verlorengeht. Wie Schönbergs »Moses und Aron« ist »Lulu« aus einer einzigen Zwölftonreihe entwickelt. Bestimmte Modifikationen dieser Reihe sind den einzelnen Personen als Leitmotiv zugeordnet. Ebenso werden die Personen mit charakteristischen Formtypen assoziiert: Dr. Schön mit der Sonate, Alwa mit dem Rondo. Trotz zwölftöniger Durchstrukturierung verzichtet Berg auch in »Lulu« nicht auf tonale Episoden ausgesprochen romantischen Charakters. Die Behandlung der Singstimmen ist vielfältiger als in »Wozzeck«; sie reicht vom gesprochenen Wort bis zur Koloratur Lulus, vom Melodram bis zur fünfstrophigen Arie Dr. Schöns. Berg gelang es nicht, die Oper zu vollenden. Als er starb, war der dritte Akt nur zu etwa einem Drittel instrumentiert; der Rest lag in Particellform vor. Nachdem Bergs Witwe u.a. Schönberg und Webern vergeblich gebeten hatte, »Lulu« fertigzustellen, entschloß sie sich, das Werk in fragmentarischer Form aufführen zu lassen. Der dritte Akt wurde dabei nur von zwei Orchesterstücken repräsentiert, die Berg für die »Lulu-Sinfonie« – eine aus Musik der Oper zusammengestellte Suite – orchestriert hatte. Gegen den Willen der Erben Bergs unternahm der österreichische Komponist Friedrich Cerha eine Komplettierung des dritten Akts, die 1979 in Paris unter Pierre Boulez uraufgeführt wurde. Heute, da die Polemiken für und wider die Vollendung der »Lulu« größtenteils verklungen sind, hat sich die vollständige Fassung zu Recht durchgesetzt.

Georges Bizet
(1838-1875)

Der hochbegabte Bizet besuchte bereits mit neun Jahren das Konservatorium seiner Heimatstadt Paris. Als Opernkomponist war sein Erfolg zu Lebzeiten bescheiden. Weder die »Perlenfischer« (1863) noch der Einakter »Djamileh« (1872) brachten den ersehnten Druchbruch, und selbst der nachmalige Welterfolg »Carmen« wurde vom Publikum der Pariser Uraufführung zurückhaltend aufgenommen. Der tiefenttäuschte Komponist starb am Abend der 23. Aufführung.

DIE PERLENFISCHER

Oper in drei Akten, Text von Michel Carré und Eugène Cormon, Uraufführung: Paris 1863

Personen
LEILA (Sopran);
ZURGA (Bariton),
Perlenfischer;
NADIR (Tenor),
Jäger;
NURABAD (Baß),
Gemeindeältester

Auf der Insel Ceylon.

Handlung
1. Akt

Die Freunde Zurga und Nadir haben sich auf Reisen in dieselbe Frau verliebt. Sie kehren nach Ceylon zurück, wo keine Eifersucht ihre Freundschaft trüben soll. Zurga wird von den Perlenfischern zum König gewählt und muß einer verschleierten Priesterin, die sich die Fischer aus der Ferne geholt haben, das Keuschheitsgelübde abnehmen. Nadir erkennt die Verschleierte an ihrer Stimme: Es ist ebenjene Leila, in die sie beide verliebt sind. Auch Leila erkennt Nadir.

2. Akt

Leila und Nadir entbrennen in heimlicher Liebe zueinander. Als sie entdeckt werden, rettet Zurga sie vor dem religiösen Zorn der Perlenfischer.

3. Akt

Zurga hat nicht verhindern können, daß das Liebespaar geopfert werden soll. Großmütig überwindet er seine Eifersucht und entzündet das Lager der Fischer, so daß die zwei im allgemeinen Aufruhr entkommen können. Zurga geht an ihrer Stelle in den Feuertod. – In einer zweiten Fassung zerstört eine Springflut das Dorf; man entdeckt die Leiche Nadirs, und Leila stürzt sich von einem Felsen ins Meer.

Anmerkung

Das Südsee-Drama »Die Perlenfischer« entstand, wie beispielsweise auch »Lakmé« von Delibes, im Zeichen des in Frankreich modischen Exotismus. Das schwächliche Libretto hat sicherlich dazu beigetragen, daß Bizet die erhoffte Anerkennung als Opernkomponist mit diesem Stück versagt blieb. Dennoch läßt die Vertonung hie und da bereits die spätere Meisterschaft des Schöpfers einer »Carmen« ahnen. Bekannt sind vor allem die Arien des Nadir »Ich höre wie im Traum« und die des Zurga »O Nadir, Freund meiner Jugend«.

CARMEN

Oper in vier Akten, Text von Henri Meilhac und Ludovic Halévy nach der gleichnamigen Novelle von P. Mérimée, Uraufführung: Paris 1875

Personen

DON JOSÉ (Tenor),
Offizier;
ESCAMILLO (Bariton),
Torero;
CARMEN (Mezzosopran),
Zigeunerin;
MICAELA (Sopran),
Bauernmädchen;
DANCAIRO (Tenor),
Schmuggler;
REMENDADO (Bariton),
Schmuggler;
ZUNIGA (Baß),
Leutnant;
MORALES (Bariton),
Sergeant

Carmen

Sevilla und Umgebung, um 1820.

Handlung
1. Akt

Pause in der Zigarrettenfabrik, Wachablösung bei den Soldaten: Der unerfahrene José ist der einzige, der sich an den erotischen Neckereien zwischen den Arbeiterinnen und den Dragonern nicht beteiligt; er steht fest zu Micaëla, der Jugendfreundin aus seinem Heimatdorf. Josés Haltung stachelt den Ehrgeiz der allseits bewunderten Carmen an, und sie beginnt, ihre Verführungskünste an ihm auszuprobieren. Nach der Pause kommt es in der Fabrik zu einem Streit, bei dem Carmen eine Kollegin mit einem Messerstich verletzt. Ausgerechnet José, dessen Standhaftigkeit bereits angekratzt ist, muß sie verhaften. Während des Verhörs spielt Carmen ihre Reize so gekonnt aus, daß José den Kopf verliert und sie entfliehen läßt. Seine eigene Verhaftung ist die Folge.

2. Akt

In der Schmugglerschenke taucht der großspurige Torero Escamillo auf. Obwohl Carmen von seiner männlichen Erscheinung fasziniert ist, läßt sie ihn im Ungewissen, denn sie erwartet ungeduldig die Ankunft Josés, der wieder in Freiheit ist. Zum Erstaunen ihrer Freunde scheint sie diesmal wirklich verliebt zu sein. José tritt ein, doch schon bald mischen sich in Carmens Liebeslieder die Klänge des Appells: José muß zurück in die Kaserne. Carmen ist außer sich: Wenn er sie wirklich liebe, solle er nicht in die Kaserne zurückkehren, sondern sich den Schmugglern anschließen. Schließlich betritt Zuniga, Josés Vorgesetzter, die Schenke, um Carmen den Hof zu machen. Im Kampf verletzt der eifersüchtige José den Leutnant. Das ehrliche Leben ist ihm nun versperrt.

3. Akt

In einer Schlucht halten sich die Schmuggler versteckt. Zigeunerinnen legen Karten, die Carmens nahes Ende prophezeien, worüber sie sich lachend hinwegsetzt. Spürbar erkaltet ist ihre Liebe zu José, dem der Gedanke an die Trennung unerträglich ist. Als Escamillo erscheint, um alle zu seinem nächsten Kampf einzuladen, kommt es zwischen den Rivalen zu einer Messerstecherei. Carmen wirft sich zwischen sie, ehe José den entscheidenden Stoß ausführen kann und verabschiedet den Torero mit feurigen Blicken. Micaëla, die das Versteck ausfinding gemacht hat, bringt die Nachricht, daß Josés Mutter im Sterben liegt. José folgt ihr.

4. Akt

Am Tag des Stierkampfs wartet José vor der tosenden Arena auf Carmen. Er beteuert die Aufrichtigkeit seiner Liebe und fleht sie an, zu ihm zurückzukommen. Carmen bleibt unerbittlich; sie hat nur noch Spott übrig für den einstigen Geliebten. In rasender Verzweiflung zückt José ein Messer und ersticht sie.

Anmerkung

Der Siegeszug der Oper »Carmen« begann, nachdem die ursprünglich gesprochenen Szenen durch Ernest Guiraud für die deutsche Fassung zu Rezitativen auskomponiert wurden. In dieser Form brachte die Pariser Opéra comique das Stück 1883 wieder auf die Bühne und spielte es allein bis 1940 2200 Mal. Die schillernde Titelpartie wurde zur Traumrolle, an der sich heute Sängerinnen aller Stimmlagen, vom Alt bis zum Sopran, versuchen. Die Blumen-Arie des José, die Habanera der Carmen (deren Melodie übrigens von Sebastán Yradier, dem Komponisten von »La paloma« stammt) oder Escamillos »Auf in den Kampf, Torero« wurden, wie viele andere Nummern, zu regelrechten Gassenhauern.

François-Adrien Boieldieu
(1775-1834)

Die ersten musikalischen Meriten erwarb Boieldieu als Chorknabe an der Kathedrale seiner Heimatstadt Rouen. Bereits im Alter von 18 Jahren komponierte er zwei Lustspiele, deren günstige Aufnahme ihn ermutigte, nach Paris zu gehen. Dort stellte sich der Erfolg vor allem mit dem »Kalif von Bagdad« ein (1800), aber eine unglückliche Ehe veranlaßte ihn wenig später, nach St. Petersburg überzusiedeln, wo er zum Hofkomponisten ernannt wurde und mehrere Opern schrieb. 1810 kehrte er gefeiert nach Frankreich zurück. Nach »Die weiße Dame«, deren Partitur in nur drei Wochen vollendet wurde, konnte Boieldieu 1829 mit »Les deux nuits« noch einmal auf sich aufmerksam machen.

DIE WEISSE DAME

Opéra-comique in drei Akten, Text von Eugène Scribe nach Sir Walter Scotts Romanen »Guy Mannering« und »The Monastery«, Uraufführung: Paris 1825

Personen
GEORGE BROWN (Tenor),
Offizier;
DIKSON (Tenor),
Pächter;
JENNY (Sopran),
seine Frau;
GAVESTON (Baß),
Schloßverwalter;
ANNA (Sopran),
sein Mündel

Schottland, um 1759.

Handlung
1. Akt

Der junge Offizier George Brown, der durch eine Verwundung das Gedächtnis verloren hat, bezieht beim Pächterehepaar Dikson Quartier. Abenteuerlustig nimmt er an der Stelle des furchtsamen Dikson eine Verabredung wahr, und zwar mit der »Weißen Dame«, dem Schloßgespenst auf dem Besitz des verstorbenen Grafen d'Avenel.

2. Akt
Die »Weiße Dame« ist Anna, das Mündel des raffgierigen Schloßverwalters Gaveston, der den Besitz an sich bringen will. Sie erkennt in George Brown den Soldaten, den sie einst gesundgepflegt hatte, und trägt ihm – immer in Verkleidung – auf, bei der Versteigerung, die am nächsten Tage stattfinden soll, den Verwalter zu überbieten.

3. Akt
In letzter Minute hat Anna den Familienschatz der d'Avenels ausfindig gemacht, den sie Brown übergibt, damit er den Kaufpreis entrichten kann. Dabei stellt sich heraus, daß er niemand anders ist als der verschollene letzte Erbe der d'Avenels. Wütend reißt Gaveston der »Weißen Dame« den Schleier vom Gesicht, und George erkennt Anna, seine Retterin von einst, der er seit seiner Genesung in Liebe zugetan war.

Anmerkung
»Die weiße Dame« zählt zu den erfolgreichsten Opéras-comiques aller Zeiten: Bis zum Jahr 1862 hatte sie es allein in Paris auf 1000 Aufführungen gebracht. Schauerromantik und schottisch angehauchtes Kolorit auf der Bühne und im Orchestergraben, dramatische Ensemblesätze und schlagkräftige Solopartien, Nummern, wie die Ouvertüre, die Kavatine »Komm, o holde Dame«, das Trinklied »Mit Lust füll ich den Becher« oder die Ballade der »Weißen Dame«, erwiesen sich von Anfang an als höchst publikumswirksam.

Arrigo Boïto
(1842-1918)

Als 20jähriger – nach seinem Studium in Mailand – kam der aus Parma gebürtige Sohn eines Malers und einer polnischen Gräfin nach Paris, wo er u.a. Rossini, Berlioz und Verdi kennenlernte. Eine Reise nach Deutschland brachte ihn mit den Werken Richard Wagners in Berührung, zu deren Verbreitung in Italien Boïto als bedeutender Schriftsteller und Übersetzer, der er war, nicht unwesentlich beitrug. Seine Begabung als Komponist stellte Boïto durch die Oper »Mefistofele« unter Beweis. Sein künstlerisch nicht weniger ehrgeiziges zweites Bühnenwerk »Nerone«, an dem er viele Jahre arbeitete, blieb Fragment. Arturo Toscanini brachte es in einer von ihm selbst ergänzten Fassung 1924, sechs Jahre nach Boïtos Tod, zur Uraufführung. Am nachhaltigsten ist Boïto der Musikwelt als Librettist von Ponchiellis »La Gioconda« und Verdis späten Opern »Othello« und »Falstaff« in Erinnerung geblieben.

MEFISTOFELE

Oper in einem Prolog, vier Akten und einem Epilog, Text vom Komponisten nach Goethes »Faust«, 1. und 2. Teil, Uraufführung: Mailand 1868 (1. Fassung)

Personen
MEFISTOFELE (Baß);
FAUST (Tenor);
MARGARETHE (Sopran);
MARTHE (Alt);
WAGNER (Tenor);
HELENA (Sopran);
PANTHALIS (Alt);
NEREUS (Tenor)

Deutschland, im späten Mittelalter.

Handlung

Mefistofele wettet mit dem Herrgott um die Seele Fausts (Prolog im Himmel). Bei einem Osterspaziergang werden Faust und Wagner von einem Mönch verfolgt, der sich als Mefistofele entpuppt. Um seinen Erkenntnishunger zu stillen, läßt Faust sich auf einen Pakt mit dem Teufel ein.

A. Boïto

Mit Mefistofeles Hilfe versucht Faust, die unschuldige, von ihm verführte und nun des Kindesmordes angeklagte Margarethe aus dem Kerker zu holen. Aber Margarethe will ihre Strafe auf sich nehmen und weigert sich zu fliehen.

Von Mefistofele in die Antike versetzt, begegnet Faust der schönen Helena. Als Faust nach allen Ausschweifungen wieder in sein Studierzimmer zurückgekehrt ist, glaubt Mefistofele, seine Wette gewonnen zu haben, aber himmlische Geister schützen den sterbenden Faust und retten seine Seele (Epilog).

Anmerkung

Boïtos Faust-Bearbeitung bleibt, obwohl sie das Original natürlich stark verkürzt, im wesentlichen der Vorlage von Goethe treu. Die Premiere des »Mefistofele« in Mailand, von Boïto selbst dirigiert, dauerte sechs Stunden und endete in einem vollständigen Debakel. Der Erfolg stellte sich erst sieben Jahre später mit der in Bologna uraufgeführten Neufassung des Werkes ein. Mit ausschlaggebend dafür, daß die Oper sich bis heute im Repertoire behaupten konnte, sind außer der eindrucksvollen Kerkerszene mit Margarethe und Faust vor allem die meisterhaften Chöre im Vorspiel und im Epilog.

Alexander Borodin
(1833-1887)

Alexander Borodin, der uneheliche Sohn des Fürsten Gedeanow, war in erster Linie Naturwissenschaftler. Er studierte Medizin und Chemie und arbeitete zunächst als Militärarzt, ab 1862 als Professor für Chemie in Petersburg. Durch Balakirew, der ihm Kompositionsunterricht erteilte, stieß Borodin, der leidenschaftliche Musiker, zur Komponistengruppe des »Mächtigen Häufleins«, deren fünftes Mitglied er wurde. Borodin schuf zwei Sinfonien und zwei Streichquartette. Sein Hauptwerk, die Oper »Fürst Igor«, blieb unvollendet und wurde von Rimsky-Korsakow und Glasunow fertiggestellt.

FÜRST IGOR

Oper in einem Prolog und vier Akten, Text vom Komponisten, Uraufführung: Petersburg 1890

Personen
IGOR (Bariton),
Fürst von Sewersk;
JAROSLAWNA (Sopran),
seine Gattin;
WLADIMIR (Tenor),
ihr Sohn;
FÜRST GALITZKI (Baß),
Jaroslawnas Bruder;
KONTSCHAK (Baß),
Khan der Polowezer;
KONTSCHAKOWNA (Alt),
seine Tochter;
OWLUR (Tenor),
ein getaufter Polowezer

Rußland, um 1185.

Handlung
Prolog

Fürst Igor rüstet sich zum Krieg gegen die Polowezer. Auch eine Sonnenfinsternis, die vom Volk als böses Omen gedeutet wird, kann ihn nicht davon abhalten. Die Verantwortung für die Regierungsgeschäfte sowie für die Sicherheit seiner Frau Jaroslawna überträgt er dem Fürsten Galitzki, seinem Schwager, und zieht in den Kampf.

1. Akt
Jaroslawna ist unglücklich. Ihr Bruder Galitzki führt ein korruptes Regiment und läßt die Zügel schleifen. Da kommt die Nachricht von der Gefangennahme Fürst Igors. Der Feind steht vor den Toren der Stadt.

2. Akt
Im Lager der Polowezer. Igor und sein Sohn werden von Khan Kontschak großmütig behandelt. Wladimir und die Tochter des Khans verlieben sich ineinander. Kontschak bietet Igor und seinem Sohn die Freiheit, wenn diese sich mit ihm verbünden, doch Igor lehnt ab.

3. Akt
Mit Hilfe des christlichen Polowezers Owlur wagt Igor einen Fluchtversuch. Igor kann entkommen, sein Sohn jedoch wird gefangengenommen und ins Lager zurückgebracht. Statt sich an Wladimir zu rächen, verzeiht ihm der Khan und vermählt ihn mit seiner Tochter.

4. Akt
Fürst Igor kehrt nach Hause zurück und wird von seinem Volk mit viel Jubel empfangen.

Anmerkung
Getreu den Maximen der »Mächtigen Fünf«, die eine russische Nationalmusik schaffen wollten, verarbeitet Borodin in den 29 Musiknummern des »Fürst Igor« Elemente der russischen Folklore und Kirchenmusik. Zur Charakterisierung der Polowezer bedient er sich auch des orientalischen Kolorits. Besonders eindrucksvoll sind die Chor- und Ballettszenen, die dem Werk insgesamt einen repräsentativen Charakter verleihen. Die »Polowezer Tänze« aus dem 2. Akt werden als Ballett oft separat aufgeführt und erfreuen sich in Konzertprogrammen sowie auf Schallplatte großer Beliebtheit.

Benjamin Britten
(1913-1976)

Nachdem die englische Musik seit dem Tode Henry Purcells jahrhundertelang in insularer Zurückgezogenheit verharrt hatte, erlangte sie durch Benjamin Britten erstmals wieder Weltgeltung. Brittens musikalische Begabung zeigte sich schon früh. Seine Lehrer waren u.a. Frank Bridge und John Ireland. Die ersten Erfolge erntete er auf internationalen Festspielen für Neue Musik. 1939-1942 studierte Britten in den USA. Obwohl er viele Instrumentalwerke komponierte, bevorzugte er die Vokalmusik. Von seinen 12 Opern haben sich die meisten im Repertoire gehalten. Einige der dankbarsten Tenorpartien in der zeitgenössischen Musik schrieb Britten für seinen Freund und Lebensgefährten Peter Pears. Kurz vor seinem Tode wurde Britten zum Lord ernannt.

PETER GRIMES

Oper in einem Prolog und drei Akten, Text von Montague Slater nach einer Dichtung von George Crabbe, Uraufführung: London 1945

Personen
PETER GRIMES (Tenor),
Fischer;
LEHRLING (stumme Rolle);
ELLEN ORFORD (Sopran),
Witwe und Lehrerin;
BALSTRODE (Bariton),
ehemaliger Kapitän;
AUNTIE (»Tantchen«, Alt),
Schänkenwirtin

In einem Fischerdorf an der ostenglischen Küste, um 1830.

Handlung
Prolog

Auf einer Gerichtsverhandlung muß sich der Fischer Peter Grimes für den Tod eines Lehrlings verantworten, der in seinen Diensten umkam. Er wird freigesprochen, doch die Stimmung im Dorf ist gegen ihn. Grimes gilt als böse und jähzornig. Nur der alte Kapitän Balstrode und die Lehrerin Ellen halten zu ihm.

B. Britten

1. Akt
Als Grimes von einem Fischzug zurückkehrt, hilft ihm außer Balstrode niemand, das Boot einzuholen. Also muß er sich wieder einen Jungen aus dem Waisenhaus kommen lassen, für den Ellen zu sorgen bereit ist. Grimes sinniert mit Balstrode über sein Schicksal. Während eines Sturms versammelt sich das Dorf in der Schänke. Als Ellen mit dem Jungen eintrifft, bricht Grimes mit diesem – trotz des starken Unwetters – sofort nach Hause auf.

2. Akt
Auch am Sonntag will Grimes mit seinem Lehrling zum Fischen ausfahren. Ellen, die Spuren von Mißhandlungen an dem Jungen entdeckt hat, stellt Grimes zur Rede, worauf dieser tätlich wird. Die Gemeinde ist empört und formiert sich zu einem Protestzug auf Grimes' Haus. Als Grimes die Menge nahen sieht, treibt er den Jungen zur Eile an. Auf dem Weg zum Meer stürzt der verängstigte Knabe von den Klippen. Die Menge findet Grimes nicht mehr, der sich schon auf See befindet. Er weiß, daß ihm der Tod des Jungen zur Last gelegt werden wird.

3. Akt
Seit geraumer Zeit wird Grimes vermißt; nur der durchnäßte Pullover des Jungen ist aufgetaucht. Die wütende Dorfmenge macht sich auf die Suche nach Grimes, um ihn endlich zur Rechenschaft zu ziehen. Grimes, auf der Flucht vor seinen Verfolgern, sieht keinen Ausweg mehr. Balstrode rät ihm, aufs Meer hinauszufahren und unterzugehen. Am nächsten Morgen hört man im Dorf wie beiläufig von Grimes' gesunkenem Boot.

Anmerkung
»Peter Grimes« begründete Benjamin Brittens Weltruhm und regte viele englische Komponisten zur Schaffung eigener Opern an. Den Auftrag zur Komposition des »Peter Grimes« hatte Britten in Amerika von dem Dirigenten Serge Kussewitzky erhalten. Übernahmen aus der englischen Folklore verschaffen dem Werk Lokalkolorit, beherrschen jedoch nicht das klangliche Geschehen. Brittens Tonsprache ist eingängig. Er verschmäht allerdings moderne Elemente wie Polytonalität keineswegs, doch fungieren diese nie als Selbstzweck, sondern sind stets ins dramatische Geschehen eingebunden. Die rauhe Atmosphäre der englischen Ostküste durchzieht das Werk vom ersten bis zum letzten Takt. Stimmungsbilder von zeichnerischer Klarheit gelangen Britten in den orchestralen Zwischenspielen, die er später zu einer Suite zusammenstellte.

Die Rolle des Peter Grimes, eine von Peter Pears' Glanzpartien, ist ein harter Prüfstein für jeden Charaktertenor.

THE RAPE OF LUCRETIA
(Der Raub der Lukretia)
Oper in zwei Akten, Text von Ronald Duncan nach einem Schauspiel von Andre Obey, Uraufführung: Glyndebourne 1946

Personen
ERZÄHLER (Tenor);
ERZÄHLERIN (Sopran);
COLLATINUS (Baß),
römischer General;
LUKRETIA (Alt),
seine Frau;
TARQUINIUS (Bariton),
etruskischer Prinz;
JUNIUS (Bariton),
römischer General

Rom, um 510 v. Chr.

Handlung
1. Akt
Während eines Feldzugs gegen die Griechen haben sich die römischen Generäle in ihrem Feldlager versammelt und führen Männergespräche über die Ehre der Frauen. Man erzählt sich, daß Collatinus' Gattin Lukretia wohl die einzige Frau in ganz Rom sei, die ihrem Gemahl keine Hörner aufsetzt. Tarquinius, ein Frauenverächter, glaubt nicht daran und will Lukretias vermeintliche Standhaftigkeit brechen. Eines Abends verschafft er sich unter einem Vorwand Einlaß in Lukretias Haus.

2. Akt
Als all seine Verführungskünste nichts fruchten, vergewaltigt Tarquinius Lukretia. Am nächsten Morgen berichtet Lukretia ihrem heimkehrenden Gatten von dem Geschehen. Collatinus verzeiht ihr, doch Lukretia kann mit der Schmach nicht leben und ersticht sich.

Anmerkung

»The Rape of Lucretia« ist Brittens erste Kammeroper. Das Orchester umfaßt lediglich 13 Spieler. Aus dem Uraufführungsensemble rekrutierte sich die English Opera Group, mit der Britten später oft zusammenarbeitete und für die er noch mehrere Opern schrieb. In ihrer klaren Trennung von Rezitativen und Arioso-Partien verweist die Musik der »Lucretia« direkt auf den Frühbarock. Das Schlußbild, eine große Passacaglia, schuf Britten als Reverenz an Henry Purcell. Grundzüge des epischen Theaters prägen den Handlungsverlauf: der Chor, personifiziert durch Erzähler und Erzählerin, kommentiert und deutet das Geschehen von den Seiten der Bühne aus. Er nimmt dabei einen dezidiert christlichen Standpunkt ein. Die Titelpartie wurde speziell für die früh verstorbene Altistin Kathleen Ferrier komponiert.

ALBERT HERRING

Komische Oper in drei Akten, Text von Eric Crozier nach einer Novelle von Guy de Maupassant, Uraufführung: Glyndebourne 1947

Personen

ALBERT HERRING (Tenor);
MRS. HERRING (Alt),
seine Mutter;
LADY BILLOWS (Sopran),
eine herrische alte Dame;
FLORENCE PIKE (Alt),
ihre Haushälterin;
MRS. WORDSWORTH (Sopran),
Schulvorsteherin;
MR. GEGDE (Bariton),
Pfarrer;
MR. UPFOLD (Tenor),
Bürgermeister;
MR. BUDD (Baß),
Polizeichef;
SID (Bariton),
Metzgerbursche;
NANCY WATERS (Mezzosopran),
Bäckerstochter

Albert Herring

Eine englische Kleinstadt, im Jahr 1900.

Handlung
1. Akt
Im Haus der Lady Billows haben sich die Honoratioren des Ortes versammelt. Um dem grassierenden Sittenverfall Einhalt zu gebieten, beschließen sie, nach alter Tradition die Wahl der Maikönigin wiederaufleben zu lassen. Maikönigin wird stets das tugendhafteste Mädchen der Stadt. Es stellt sich jedoch heraus, daß diese Gattung im Ort leider ausgestorben ist. Also soll statt dessen der schüchterne Albert Herring zum Maikönig ernannt werden. Man unterbreitet Alberts Mutter diese Idee. Sie ist begeistert, Albert jedoch weniger – schließlich reißen seine Freunde Sid und Nancy schon seit geraumer Zeit ihre Witze über ihn und seinen tugendhaften Lebenswandel. Trotzdem fügt er sich.

2. Akt
Im Festzelt reichern Sid und Nancy Alberts Limonade mit einem gehörigen Schuß Rum an. Albert bekommt davon einen Schluckauf und muß angeheitert die pathetische Prozedur der Preisverleihung über sich ergehen lassen. Als er auf dem Nachhauseweg Sid und Nancy engumschlungen beobachtet, ist das Maß voll. Er nimmt sein Preisgeld und zieht von dannen, um sich auch einmal einen lustigen Abend zu machen.

3. Akt
Am nächsten Morgen wird Albert vermißt; alles Suchen war bis jetzt vergeblich. Schon glaubt man, er sei tot und stimmt einen großen Klagegesang an. Da taucht Albert plötzlich wieder auf – abgerissen und verbeult. Als er erzählt, auf welche Weise er den Preis für seine Tugendhaftigkeit verjubelt hat, verlassen die Sittenrichter empört das Haus. Albert jedoch ist das gleichgültig: Ab jetzt wird er sein Leben genießen!

Anmerkung
»Albert Herring« entstand für die English Opera Group als heiteres Gegenstück zur »Lucretia«. Maupassants Textvorlage wurde zu einer Satire auf die puritanische englische Spießermoral umgeformt; der tragische Ausgang des Originals verschwand zugunsten eines Happy Ends. Bei der Komposition der Oper stand Textverständlichkeit im Vordergrund; ausgedehnte Rezitative überwiegen die lyrischen Partien. Rückgriffe auf traditionelle Formtypen geschehen meist in parodistischer Absicht, so in der neunstimmigen Trauerode vor Herrings Heimkehr im 3. Akt. Das 13köp-

fige Kammerorchester kommentiert witzig und persiflierend den Verlauf der Handlung, zum Teil mit Zitaten aus berühmten Opern: Als Sid den Rum in Alberts Limonade schüttet, erklingt das »Liebestrank«-Motiv aus Wagners »Tristan«.

BILLY BUDD

Oper in zwei Akten, einem Prolog und einem Epilog, Text von Edward Foster und Eric Crozier nach der gleichnamigen Erzählung von Herman Melville, Uraufführung: London 1951

Personen
EDWARD VERE (Tenor),
Kapitän der »Indomitable«;
BILLY BUDD (Bariton),
Vortoppmann;
JOHN CLAGGART (Baß),
Schiffsprofoß;
REDBURN (Bariton),
1. Leutnant;
RATCLIFFE (Baß),
Leutnant;
FLINT (Baß),
Segelmeister;
SQUEAK (Tenor),
Schiffskorporal

An Bord der »Indomitable«, im Jahre 1797.

Handlung
1. Akt

Zu den Matrosen, die für den Marinedienst auf der »Indomitable« zwangsrekrutiert wurden, gehört auch Billy Budd. Er ist ein im besten Sinne naiver, fröhlicher, junger Mann, der von allen geschätzt wird. Nur dem misanthropischen Profoß Claggart ist Billy von Anfang an zuwider. Claggart weiß sofort, an welcher Schwachstelle er den Jungen packen kann: Billy beginnt nämlich zu stottern, sobald er nervös ist. Korporal Squeak wird von Claggart aufgehetzt, Billys Sachen zu stehlen, um ihn zu provozieren. Der Diebstahl wird jedoch aufgedeckt. Dann versucht Claggart, Billy durch Hintermänner in eine geplante Meuterei zu verwickeln. Auch diese Intrige gegen den jungen Mann mißlingt. Kapitän Edward Vere und die Mannschaft stehen hinter Billy.

2. Akt

Wieder beschuldigt Claggart Billy der Meuterei. Als Billy sich in der Kapitänskabine zu den Vorwürfen äußern soll, kann er sich nicht artikulieren und schlägt Claggart nieder. Dieser stürzt unglücklich und stirbt. In höchster Gewissensnot verurteilt Kapitän Vere Billy zum Tode. Die Mannschaft bietet dem Verurteilten an, ihn durch eine Meuterei zu befreien, doch vergebens. Billy trägt sein Schicksal aufrechten Hauptes und verzeiht Kapitän Vere. – In Prolog und Epilog erinnert sich Vere, der Billy nicht vergessen kann, an das Geschehen.

Anmerkung

In mancher Hinsicht ist »Billy Budd« ein Schwesterwerk von »Peter Grimes«. In beiden Opern benutzte Britten, der sonst Kammerbesetzungen bevorzugte, ein großes Orchester. Das Meer als ständiger Hintergrund bestimmt in beiden Werken die Atmosphäre. Auch in »Billy Budd« spielt das spezifisch englische Kolorit eine bedeutende Rolle. Dem Sujet entsprechend treten authentische Matrosenlieder zum thematischen Material hinzu; teils werden diese auch leitmotivisch behandelt. Ursprünglich bestand »Billy Budd« aus vier Akten. Britten arbeitete das Werk später um. Die zweiaktige Fassung, die 1961 in London uraufgeführt wurde, hat sich durchgesetzt. »Billy Budd« verzichtet vollständig auf Frauenrollen. Vielleicht hat diese Oper deshalb nicht die ihr gebührende Verbreitung finden können.

THE TURN OF THE SCREW
(Die sündigen Engel)
Oper in einem Prolog und zwei Akten, Text von Myfanwy Piper nach der Erzählung von Henry James, Uraufführung: Venedig 1954

Personen
PROLOG (Tenor);
GOUVERNANTE (Sopran);
MILES und FLORA (Kinderstimmen),
Kinder unter ihrer Obhut;
MRS. GROSE (Sopran),
Haushälterin;

B. Britten

QUINT (Tenor),
ehemaliger Diener;
MISS JESSEL (Sopran),
ehemalige Erzieherin

Landhaus Bly in England, Mitte des 19. Jahrhunderts.

Handlung
Prolog

Eine Gouvernante bekommt den Auftrag, auf dem Landhaus Bly zwei Kinder, Miles und Flora, zu betreuen und für ihre Erziehung zu sorgen. Ihr Auftraggeber, der Vormund der Kinder, möchte damit nicht weiter belästigt werden.

1. Akt

Trotz anfänglicher Bedenken freundet sich die Gouvernante sofort mit den beiden Kindern an. Allerdings wird Miles laut brieflicher Mitteilung wegen ungebührlichen Betragens von der Schule gewiesen. Bald darauf bemerkt die Gouvernante schemenhafte Erscheinungen eines Mannes und einer Frau im Herrenhaus und im Garten. Mrs. Grose berichtet, daß es sich dabei nur um Peter Quint und Miß Jessel handeln kann, zwei ehemalige Bedienstete, die sich mit den Kindern gut verstanden. Die beiden hatten ein Verhältnis und sind auf mysteriöse Weise zu Tode gekommen. Es scheint so, daß sie nach ihrem Tode Flora und Miles in ihre Abhängigkeit bringen wollen.

2. Akt

Sowohl Mrs. Grose als auch die Erzieherin zeigen sich von der unsichtbaren Verschwörung zwischen den Kindern und den Toten beunruhigt, zumal diese immer extremere Formen annimmt. Sie beschließen, trotz des Verbots den Vormund davon zu unterrichten. Auf Geheiß Quints läßt Miles den Brief verschwinden. Als sich das Geschehen zuspitzt, verläßt Mrs. Grose das Haus, um nach London zu fahren. Es gelingt ihr, Flora trotz deren verzweifelten Widerstands mitzunehmen. Allein mit Miles, versucht die Erzieherin, diesem ein Geständnis zu entlocken: Er soll sagen, wer den bösen Einfluß auf ihn ausübt. Quint versucht, Miles daran zu hindern. Als es Miles endlich gelingt, Quints Namen herauszuschreien, bricht er tot zusammen.

Anmerkung

Der englische Titel (übersetzt: »Die Drehung der Schraube«) bezieht sich auf die zunehmend sich verdichtende Handlung, die unaufhaltsam der Katastrophe entgegensteuert. Britten hat den Titel wörtlich genommen, indem er das Grundthema der Oper in den insgesamt 15 Szenen immer tiefer in die musikalische Substanz einarbeitete. Das Thema erscheint erstmals vor dem 1. Akt; seiner Struktur nach ist es ein Zwölftonthema, das jedoch nicht orthodox dodekaphon behandelt wird. Jede Szene wird von einer orchestralen Variation dieses Themas eingeleitet.

Ebensowenig wie Henry James versucht Britten eine Deutung der Handlung: Sie kann entweder als Geistergeschichte oder als psychologische Studie der Gouvernante, die sich die Erscheinungen nur einbildet, aufgefaßt werden. Britten hat es jedenfalls verstanden, die »Atmosphäre des Bösen«, von der James sprach, ohne Schauereffekte meisterhaft widerzuspiegeln.

A MIDSUMMER NIGHT'S DREAM
(Ein Sommernachtstraum)
Oper in drei Akten, Text von Peter Pears und dem Komponisten nach Shakespeares gleichnamiger Komödie, Uraufführung: Aldebourgh 1960

Personen
OBERON (Countertenor),
König der Elfen;
TITANIA (Koloratursopran),
seine Frau;
PUCK (Sprecher),
ein Kobold;
THESEUS (Baß),
Herzog von Athen;
HIPPOLYTA (Alt),
seine Braut;
LYSANDER (Tenor);
DEMETRIUS (Bariton);
HERMIA (Mezzosopran),
in Lysander verliebt;
HELENA (Sopran),
in Demetrius verliebt;

ZETTEL (Baß),
Weber;
SQUENZ (Baß),
Zimmermann;
FLAUT (Tenor),
Bälgeflicker;
SCHNOCK (Baß),
Schreiner;
SCHNAUZ (Tenor),
Spengler;
SCHLUCKER (Bariton),
Schneider

Athen und ein nahegelegener Wald, zur Sagenzeit.

Handlung
1. Akt

Es herrscht Familienzwist im Reich der Elfen. Das Königspaar, Oberon und Titania, ist wegen eines Menschenknaben in Streit geraten. Oberon beauftragt nun den Kobold Puck, Titania unbemerkt einen Liebestrank ins Auge zu träufeln, der zur Folge haben soll, daß sie sich unsterblich in das erste Wesen verguckt, das ihr begegnet. So will er ihren Widerstand brechen. Gleichzeitig fliehen zwei junge Paare in den Athener Wald: Hermia und Lysander, denen die Hochzeit verboten wurde, sowie Helena und Demetrius. Helena liebt Demetrius, dieser jedoch schwärmt für Hermia. Der Liebestrank soll nach Willen Oberons auch Demetrius verabreicht werden, um ihn Helena zuzuführen. Puck verwechselt jedoch alles und gibt den Trank Lysander, der sich nun in Helena verliebt. Das Desaster nimmt seinen Lauf. Von alldem unberührt, proben sechs Handwerker im Wald ein Theaterstück, das sie bei der Hochzeit von Herzog Theseus aufführen wollen.

2. Akt

Als die Handwerker wieder einmal proben, verwandelt Puck den Weber Zettel in einen Esel. Seine Kameraden fliehen, doch Titania entbrennt in heißer Leidenschaft zu dem Tier. Der Trank hat seine Wirkung getan. Derweil kommt es zwischen den jungen Leuten zu wilden Eifersuchtsszenen. Oberon kann gerade noch das Schlimmste verhindern, indem er sie in die Irre führt und voneinander trennt.

3. Akt

In der Morgendämmerung beendet Oberon den Spuk. Zettel bekommt seine normale Gestalt wieder; die jungen Leute wachen auf, glauben, alles nur geträumt zu haben, und finden zueinander. Oberon und Titania versöhnen sich. Auf dem Hochzeitsfest des Theseus erfreuen sich alle am Theaterstück der Handwerker, dem »komischen Trauerspiel« von Pyramus und Thisbe. Theseus gibt den beiden Liebespaaren seinen Segen.

Anmerkung

Diese geistreiche Märchenoper gehört zu Brittens beliebtesten Bühnenwerken. Shakespeares Text wurde von Britten und Pears fast unverändert übernommen und lediglich von fünf auf drei Akte gekürzt. Britten trennt die drei Handlungsebenen des Stücks durch kontrastierende Klang- und Ausdrucksbereiche. Die Welt der Elfen wird durch eine betont »unwirkliche« Musik mit Harfen, Cembalo und Celesta charakterisiert. Darüber hinaus herrschen ungewöhnliche Stimmlagen vor: Countertenor für Oberon, Koloratursopran für Titania und Kinderstimmen fürs »Fußvolk«. Die Szenen der jungen Liebespaare sind mit angemessen leidenschaftlicher Melodik ausgestattet, während die Handwerker sich betont derb und rustikal artikulieren. Ihre Theateraufführung im 3. Akt nutzt Britten zu einer hinreißenden Parodie auf das Genre der italienischen Oper.

F. Cavalli

Francesco Cavalli
(1602-1676)

Als Schüler von Claudio Monteverdi hat Francesco Cavalli dessen venezianischen Opernstil fortgeführt. Dementsprechend ähneln die meisten seiner 28 erhaltenen Opern im dramaturgischen Aufbau Monteverdis »Ulisse« und der »Poppea«, wobei Cavalli in späteren Jahren die rezitativischen Elemente zugunsten einer ariosen Stimmführung verringert. Nach dem Ärger um die immer wieder verschobene Aufführung des »Ercole amante« zog er sich vom Opernbetrieb weitgehend zurück und verlegte sich auf die Kirchenmusik.

L'ERCOLE AMANTE (Herakles als Liebhaber)

Oper in einem Prolog und fünf Akten, Text von Francesco Buti nach Ovids »Metamorphosen«, Uraufführung: Paris 1662

Personen
HERAKLES (Baß);
JUNO (Sopran);
HYLLOS (Tenor),
Sohn des Herakles;
IOLE (Sopran),
Braut des Hyllos;
DEJANIRA (Sopran),
Gattin des Herakles

Die Gegend von Oichalia, in mythischer Zeit; Unterwelt und Olymp.

Handlung

Der Prolog huldigt Ludwig XIV. und seiner Braut, der spanischen Infantin Maria Theresia.

1. Akt

Herakles, mit Dejanira verheiratet, hat sich in Iole verliebt. Juno, die Beschützerin von Ehe und Moral, ist empört.

2. Akt

Herakles' Sohn Hyllos und Iole gestehen sich ihre Liebe. Juno versichert sich der Hilfe von Somnus, dem Gott des Schlafes, um Herakles' Pläne zu verhindern.

3. Akt
Iole wird von Venus verzaubert und verliebt sich in Herakles. Juno schläfert Herakles ein und fordert Iole auf, ihn zu töten. In letzter Minute verhindert Hyllos den Mord an seinem Vater. Herakles erwacht und glaubt, daß sein Sohn ihn habe umbringen wollen. Iole verspricht Herakles ihre Liebe, wenn er Hyllos am Leben läßt.

4. Akt
Hyllos erfährt, daß Iole dem Liebessehnen des Herakles nur nachgibt, um ihm das Leben zu retten. Hyllos stürzt sich ins Meer, doch Juno rettet ihn. Die beiden Frauen Iole und Dejanira sind verzweifelt. Ein Diener erinnert sie an das Gewand des Kentauren Nessus, mit dessen Hilfe Dejanira Herakles' Liebe wiedererlangen könne.

5. Akt
In der Unterwelt schwören Herakles' Opfer Rache. Während der Hochzeitsvorbereitungen mit Iole zieht Herakles das Gewand des Nessus an und verbrennt. Die Anwesenden trauern um ihn, aber der Verbindung zwischen Hyllos und Iole steht nichts mehr im Weg. Juno verkündet, daß Herakles unter die Götter aufgenommen und mit Bellezza (der Schönheit) vermählt worden ist. Der Chor der Planeten preist nochmals Ludwig XIV. und seine Braut.

Anmerkung
»L'Ercole amante« ist eine Auftragsarbeit für die Hochzeit Ludwigs XIV. mit der spanischen Infantin Maria Theresia im Jahr 1660. Dies erklärt auch das für damalige Verhältnisse umfangreiche Orchester und die aufwendige musikalische Anlage. Da der Theaterbau nicht rechtzeitig fertiggestellt wurde, mußte die Aufführung bis 1662 verschoben werden. Die Chor- und Ballettszenen hat Jean-Baptiste Lully beigesteuert; der König selbst und die Hofgesellschaft wirkten (wie für die Oper unter Ludwig XIV. üblich) als Tänzer mit. Bezeichnend für den französischen Opernstil (allerdings untypisch für den Venezianer Cavalli) ist das Herrscherlob im Prolog und am Ende.

Antonio Cesti
(1623-1669)

Der am Dom seiner Heimatstadt Arezzo zum Sängerknaben ausgebildete Franziskanermönch Marc'Antonio (eigentlich Pietro) Cesti hatte 1649 in Venedig mit dem Erstling »L'Orontea« seinen Einstand als Opernkomponist. Seine Laufbahn führte ihn nach Innsbruck, später an die Sixtinische Kapelle, und im Jahr 1665 wurde er Vizekapellmeister am kaiserlichen Hof zu Wien, wo seine Oper »Il pomo d'oro« entstand. 1668 kehrte Cesti nach Florenz zurück. Cesti zählt mit Francesco Cavalli zu den bedeutendsten Vertretern der italienischen Oper in der zweiten Hälfte des 17. Jahrhunderts. In seinen Bühnenwerken läßt sich der Übergang vom quasi-rezitativischen Gesangsstil der Frühzeit zur deutlichen Trennung von Rezitativ und Arie erkennen. Auch ist die im Hochbarock so wichtige Form der Da-capo-Arie bereits im Ansatz vorhanden.

IL POMO D'ORO (Der goldene Apfel)

Oper in einem Prolog und 5 Akten, Text von Francesco Sbara, Ballettmusik von Johann Heinrich Schmelzer (?), Uraufführung: Wien 1668

Personen

DIVERSE ALLEGORIEN DER HABSBURGISCHEN LÄNDER
JUPITER (Bariton), *oberster der Götter;*
JUNO (Sopran),
seine Gattin;
PLUTO (Baß),
Gott der Unterwelt;
PROSERPINA (Sopran),
seine Gattin;
DISCORDIA (Sopran),
Göttin der Zwietracht;
ATHENE (Sopran),
Göttin der Weisheit;
VENUS (Sopran),
Göttin der Liebe;
MARS (Tenor),
Gott des Krieges;
NEPTUN (Baß),
Gott der Meere;
PARIS (Tenor)

Il pomo d'oro

Mythisches Griechenland, vor dem Trojanischen Krieg.

Handlung

Im Prolog preisen die vom Hause Habsburg regierten Länder Österreichs Größe und Würde. – Auf Wunsch von Pluto und Proserpina, den Herrschern der Unterwelt, soll die Göttin der Zwietracht (Discordia) im Olymp Unfrieden säen. Discordia wirft einen goldenen Apfel unter die Götter, den die Schönste erhalten soll. Juno, Athene und Venus bestimmen den Hirten Paris zum Richter. Paris ernennt Venus zur Schönsten; Venus verspricht ihm zum Dank dafür Helena, die Tochter des Königs von Sparta.

Die Göttin Discordia sät nun auch unter den Menschen Zwietracht. Athene ruft ihre Anhänger zur Rache und zum Kampf gegen Paris auf. Auch Juno will mit Hilfe eines Unwetters Paris vernichten. Venus, ihr Geliebter Mars (der Kriegsgott) und Neptun (Gott der Meere) sichern Paris eine friedliche Überfahrt nach Sparta.

Schließlich ist Jupiter des Streites überdrüssig. Er raubt den goldenen Apfel und läßt ihn Margarete von Spanien zukommen. In ihr vereinigen sich die Macht der Juno, Athenes Geist und die Schönheit der Venus. Allgemeine Freudentänze und erneute Huldigung des Kaiserpaares und seiner Nachkommenschaft.

Anmerkung

Ursprünglich war die Oper bestimmt für die Hochzeitsfeierlichkeiten von Kaiser Leopold I. von Österreich mit Margarete Theresia von Spanien im Jahr 1666. Aus organisatorischen Gründen fand die Uraufführung jedoch erst 1668 statt. Der Anlaß der Aufführung erklärt auch die Themenwahl. Denn »Il pomo d'oro« war im damaligen Sprachgebrauch sowohl der mythologische Apfel, den Paris der schönsten Göttin überreichte, als auch der goldene Reichsapfel, eine der wichtigen kaiserlichen Krönungsinsignien. Die Oper war Teil eines großartig angelegten barocken Hoffestes. Eine Rekonstruktion der Aufführung von 1668 wirft indes heutzutage schon aus Zeitgründen Probleme auf. Allein die Musik, die überliefert ist, dauert etwa acht Stunden. Hinzu kommen diverse Chöre und Balletteinlagen von anderen Komponisten, die offensichtlich verschollen sind. Eine gekürzte »Kammerfassung« des »Pomo d'oro« wurde 1981 dennoch mit großem Erfolg in Aidenbach bei Passau aufgeführt.

L. Cherubini

Luigi Cherubini
(1760-1842)

Wie viele andere Komponisten auch kam Luigi Cherubini als Sohn eines Musikers zur Welt. Der Vater, Cembalist am Teatro della Pergola in Florenz, brachte ihm die Grundbegriffe des Handwerks bei. Vertiefen konnte Cherubini seine Ausbildung dank eines Stipendiums, das der Großherzog von Toskana (und nachmalige Kaiser Leopold II.) dem Achtzehnjährigen gewährte. Sein wichtigster Lehrer war Giuseppe Sarti. Erste Opernerfolge ermutigten Cherubini, sich im Jahr 1788 in Paris niederzulassen, doch der ersten französischen Oper (»Démophoon« 1788), die er für Paris schrieb, war kein Erfolg beschieden. Das änderte sich mit »Médée« (1797) und »Les deux journées« (1800, dt. Titel: »Die Wasserträger«). Cherubini avancierte zu einem der – neben Gossec, Grétry, Lesueur und Méhul – fünf Inspektoren des neugegründeten Conservatoire. Im Jahr 1805 kam er nach Wien, wo er eine deutschsprachige Fassung seiner 1791 entstandenen Oper »Lodoïska« aufführte und die Bekanntschaft Beethovens machte, dessen »Fidelio« von der Begegnung mit der Musik Cherubinis nicht unbeeinflußt blieb. Cherubini starb, hochbetagt, im Jahr 1842 als Direktor des Pariser Conservatoire. Auber und Halévy gehörten dort zu seinen Schülern.

MÉDÉE (Medea)
Oper in drei Akten, Text von François Benoît Hoffman (Nicolas Etienne Framéry), Uraufführung: Paris 1797

Personen
KREON (Baß),
König von Korinth;
KREUSA (Sopran),
seine Tochter;
JASON (Tenor),
Anführer der Argonauten;
MEDEA (Sopran),
seine Gattin;
NERIS (Sopran),
Medeas Vertraute;
EUCHARIS (Sopran),
Kreusas Freundin;
HAUPTMANN (Baß)

―――――――――― *Médée* ――――――――――

Griechenland, in mythischer Zeit.

Handlung
Jason hat die Zauberin Medea, die ihm Kinder schenkte und ihm einst half, das Goldene Vlies zu erobern, verstoßen, um sich mit Kreusa zu vermählen. Als die Hochzeit stattfinden soll, taucht Medea, entschlossen, Jason zurückzugewinnen, wieder auf. Jason verstößt sie erneut, doch wird Medea erlaubt, von ihren Kindern Abschied zu nehmen. Medea besinnt sich auf ihre Zauberkräfte und übt Rache: Kreusa, der Braut, schickt sie ein vergiftetes Hochzeitsgewand. Kreusa stirbt. Um Jason alles zu nehmen, tötet Medea die gemeinsamen Kinder.

Anmerkung
In ihrem Rückgriff auf einen mythischen Stoff, aber auch in der Behandlung des Orchesters und der Rezitative knüpft »Médée« an die sogenannten Reformopern von Gluck an. Beeindruckend wie die hochdramatische Titelpartie sind auch die großen Chorszenen des Werks.

DIE WASSERTRÄGER (Les deux journées)
Oper in drei Akten, Text von Jean N. Bouilly, Uraufführung: Paris 1800

Personen
GRAF ARMAND (Tenor),
Parlamentspräsident;
CONSTANZE (Sopran),
seine Gemahlin;
MICHELI (Bariton),
savoyardischer Wasserträger;
DANIEL (Baß),
sein Vater;
ANTONIO (Tenor),
Michelis Sohn;
MARZELLINE (Sopran),
Michelis Tochter;
SEMOS (Tenor),
Pächter;
ROSETTE (Sopran),
seine Tochter;
HAUPTMANN DER WACHE (Bariton)

L. Cherubini

Paris und das Dorf Gonesse, im Jahr 1617.

Handlung

Micheli, ein Wasserträger, hat in seinem bescheidenen Haus dem Grafen Armand und dessen Frau Constanze, die den Verfolgungen des Kardinals Mazarin ausgesetzt sind, Unterschlupf gewährt. Um beiden die Flucht aus der Stadt zu ermöglichen, beschließt man, Constanze als Marzelline, die Tochter Michelis, auszugeben, den Grafen aber in einem Wasserfaß zum Stadttor hinauszuschmuggeln. Der Plan gelingt. Der Graf und die Gräfin mischen sich unter die Gäste einer Hochzeit, die Antonio, Michelis Sohn, im Dörfchen Gonesse feiert. Dort werden sie von den Häschern Mazarins entdeckt, aber beide können der Gefahr noch einmal entrinnen, denn Micheli hat in der Zwischenzeit bei der Königin eine Begnadigung Armands erwirkt.

Anmerkung

Das Textbuch zu Cherubinis Oper »Die Wasserträger« (»Les deux journées«) schrieb Jean Nicolas Bouilly, der Verfasser jener »Leonore«, auf der Beethovens »Fidelio« beruht. Wie Beethoven in »Fidelio«, preist auch Cherubini mit »Les deux journées« den Gedanken der Humanität. Aber das ist nicht die einzige Parallele, denn beide Werke gehören dem Typus der sogenannten Rettungsoper an. Goethe bezeichnete das Werk als ein Muster des »komischen« Stils, wobei »komisch« in diesem Fall nur meint, daß die Geschichte ein glückliches Ende nimmt. »Les deux journées« hatten auf Anhieb so grandiosen Erfolg, daß im Anschluß an die Uraufführung in Paris mehr als 200 Vorstellungen gegeben wurden.

Il matrimonio segreto

Domenico Cimarosa
(1749-1801)

In Neapel, wo der im nahegelegenen Aversa geborene Domenico Cimarosa das Conservatorio S. Maria di Loreto besuchen konnte, wurde Niccolò Vito Picinni zu einem seiner musikalischen Ziehväter. Die ersten Opernerfolge feierte Cimarosa mit 23 Jahren. Über Neapel und Italien drang der Ruhm des Komponisten bald hinaus. 1787 rief ihn – wie vor ihm Galuppi, Traëtta, Paisiello und Sarti – Katharina die Große an ihren Hof nach St. Petersburg. Über Warschau kam er 1791 nach Wien. Hier entstand »Die heimliche Ehe« (1792), die zur erfolgreichsten seiner mehr als siebzig Opern wurde. Nach Neapel zurückgekehrt, nahm er für Napoleon Partei und wurde zum Tode verurteilt, nach mehrmonatiger Haft jedoch begnadigt. Aus Neapel verwiesen, ging Cimarosa nach Venedig, wo er kurze Zeit später im Alter von 51 Jahren starb.

IL MATRIMONIO SEGRETO
(Die heimliche Ehe)
Komische Oper in zwei Akten, Text von Giovanni Bertati, Uraufführung: Wien 1792

Personen
GERONIMO (Baß),
Kaufmann;
ELISETTA (Sopran),
Tochter Geronimos;
CAROLINA (Sopran),
Tochter Geronimos;
FIDALMA (Alt),
verwitwete Schwester Geronimos;
PAOLINO (Tenor),
Buchhalter;
GRAF TIEFENTHAL oder ROBINSON (Bariton)

Im Haus Geronimos in Bologna, Ende des 18. Jahrhunderts.

Handlung
Ohne Wissen ihres Vaters, des reichen Kaufmanns Geronimo, der noch immer versucht, sie mit einem Herrn von Adel zu verheiraten, hat sich Carolina mit dem Buchhalter Paolino vermählt. Aber da ist noch eine

Tochter, Elisetta, und wenigstens die soll nun einen Adligen zum Mann bekommen. Wenn es gelingt, denkt Carolina, darf sie bei ihrem Vater auf Nachsicht wegen ihrer eigenen heimlichen Ehe mit Paolino hoffen. Der Wunschkandidat Geronimos ist ein gräflicher Herr namens Tiefenthal. Nur findet der, als ihm die beiden Töchter vorgestellt werden, überhaupt keinen Gefallen an Elisetta, dafür aber um so mehr an Carolina. Als sich auch noch Fidalma, ihre Tante, für Paolino zu erwärmen beginnt, wird die Situation für Carolina unerträglich. Gemeinsam mit Paolino plant sie die Flucht aus dem väterlichen Haus. Aber Geronimo überrascht die beiden, und so gestehen sie ihre heimliche Heirat ein. Weil sich aber Tiefenthal nun doch entschließt, Elisetta zu ehelichen, wendet alles sich zum Guten.

Anmerkung
»Die heimliche Ehe« entstand als Auftragswerk für den Wiener Hof. Die Uraufführung rief so große Begeisterung hervor, daß Kaiser Leopold II. noch am selben Tag eine Wiederholung des gesamten Werks verfügte. Als einziger Oper von Cimarosa blieb »Il matrimonio segreto« der Erfolg bis heute treu. Die in gefälligem Parlandostil geführten Dialoge, die ausgesprochen sanglichen Arien und Duette lassen dem Orchester zur Entfaltung wenig Raum. Um so mehr kommen die Gesangsstimmen zur Geltung. Meisterhaft gelungen sind Cimarosa die Ensembles, vor allem das Finale des ersten Akts.

Luigi Dallapiccola
(1904-1975)

Luigi Dallapiccola war eine der großen moralischen Gestalten in der Musikgeschichte unseres Jahrhunderts. »Musica impegnata«, eine engagierte Musik zu schreiben, galt ihm lebenslang als vordringliche Aufgabe, seine drei Bühnenwerke legen davon beredtes Zeugnis ab. Das Engagement Dallapiccolas ist bei aller Verflechtung seiner Werke mit den Ereignissen der Zeitgeschichte an keiner Stelle plakativ. In heftiger Ablehnung des vom Faschismus propagierten Neoklassizismus schloß er sich den Ideen des Schönberg-Kreises an, dessen revolutionäre musikalischen Techniken er mit »typisch italienischer«, kantabler Führung der Singstimme verband, die in seinem Schaffen von überragender Bedeutung ist. Eine weitere Wurzel seines Schaffens liegt in der abendländischen Kulturgeschichte zwischen Antike und Renaissance.

VOLO DI NOTTE (Nachtflug)

Oper in einem Akt, Text vom Komponisten nach dem Roman »Vol de nuit« von Antoine de Saint-Exupéry, Uraufführung: Florenz 1940

Personen

RIVIÈRE (Bariton),
Direktor einer südamerikanischen Fluggesellschaft;
SIMONA FABIEN (Sopran);
ROBINEAU (Baß),
Ingenieur;
PELLERIN (Tenor),
Pilot;
FUNKER (Tenor);
LEROUX (Baß),
ein alter Abteilungsleiter

Der Flugplatz von Buenos Aires, um 1930.

Handlung

Um den Postdienst zu beschleunigen, hat der von Pioniergeist beherrschte Direktor Rivière beschlossen, Nachtflüge durchführen zu lassen. Nun erwartet er die Rückkehr seiner drei Maschinen aus Uruguay, Chile und Feuerland, um nach ihrer Landung den Europakurier starten zu lassen. Nachdem der Pilot aus Uruguay glücklich gelandet ist, berichtet der Chile-Flieger von bedenklichem Wetter über den Anden, und schließlich fängt der Funker das Signal des dritten Piloten, Fabien, auf: Er meldet, daß er nur noch für eine halbe Stunde Treibstoff habe und in ein Unwetter geraten sei. Rivière läßt Fabiens Frau auf den Flugplatz holen, wo sie durch die Berichte des Funkers die letzten Minuten ihres Mannes miterlebt. Sie wirft Rivière die Unverantwortlichkeit der Nachtflüge vor, und auch das Personal debattiert heftig über den Sinn der gewagten Unternehmung. Als Rivière, nur äußerlich unbeeindruckt, trotz des Unglücks den Start des Europakuriers anordnet, ist ihm jedoch – mit Ausnahme Simona Fabiens – die Bewunderung der anderen sicher.

Anmerkung

Gegenüber Saint-Exupéry, der in seinem Roman Stellung für den Pioniergeist Rivières bezieht, der im Dienst des Fortschritts das Schicksal des einzelnen hintanstellt, hat Dallapiccola in seinem Einakter die Vorlage völlig umgewertet, indem er das Leid Simona Fabiens betont. Der Komponist schreibt: »Ohne mein Wissen habe ich im ›Volo di notte‹ zum ersten Male in meinem Leben meine Entscheidung getroffen: jene, die leiden, mehr zu lieben als jene, die Sieger bleiben.« – Musikalisch läßt das in sechs Szenen gegliederte Stück eine starke Orientierung an dem Kreis um Arnold Schönberg erkennen: Die freie Übernahme der Zwölftontechnik ist zu beobachten, und wie in Alban Bergs »Wozzeck« sind einige der Szenen als in sich abgeschlossene Formen gestaltet, wie Blues, Hymne, Choral, Variationen; auch gibt es ein »pezzo ritmico« in Anlehnung an die »Monoritmica« aus Bergs »Lulu«.

IL PRIGIONIERO (Der Gefangene)

Prolog und ein Akt, Text vom Komponisten nach »La torture par l'espérance« von Villiers de L'Isle-Adam und »La légende d'Ulenspiegel e Lamme Goedzack« von Charles de Coster, szenische Uraufführung: Florenz 1950

Personen
MUTTER (Sopran);
KERKERMEISTER (Tenor);
GEFANGENER (Bariton);
GROSSINQUISITOR (Tenor)

In einem Kerker der spanischen Inquisition, im 16. Jahrhundert.

Il prigioniero

Handlung

Der zum Tode verurteilte Gefangene der spanischen Inquisition empfängt den Besuch seiner Mutter. Diese ahnt, daß sie ihren Sohn zum letzten Mal sieht. Als sie sich verabschiedet hat, tritt der Kerkermeister ein und unterzieht den Gefangenen der schlimmsten aller Torturen: Er erzählt vom erfolgreichen Verlauf des flandrischen Aufstands gegen die spanische Herrschaft und macht ihm Hoffnung auf baldige Freiheit. Absichtlich bleibt die Zellentür geöffnet. Durch lange unterirdische Gänge sucht der Gefangene den Weg ins Freie. Als er endlich wieder den Sternenhimmel über sich erblickt, empfängt ihn der Großinquisitor und überantwortet ihn dem Scheiterhaufen.

Anmerkung

Die historische Distanz, die Dallapiccola durch das Verlegen der Handlung in die Zeit der Inquisition schuf, ist nur eine scheinbare und eine Vorsichtsmaßnahme gegenüber einer allzu engen Deutung des Dramas von Hoffnung und Verzweiflung, von Gefangenschaft und Freiheit, das sich in diesem beeindruckenden Einakter vollzieht. Die Arbeit an dem Stück wurde 1944, im düstersten Jahr des Zweiten Weltkriegs begonnen: Dallapiccolas Anteilnahme am Schicksal der verfolgten Juden, an der Befreiung der von den Deutschen besetzten Länder ist unüberhörbar. So sind z. B. die verheißungsvollen Berichte des Kerkermeisters über den flandrischen Aufstand in ihrer Diktion den Kriegsberichten von Radio BBC nachgebildet, die in ganz Europa voller Hoffnung verfolgt wurden. Die Vertonung folgt der im »Volo di notte« vorgezeichneten Linie: unkonventionell gehandhabte, tonale Bezüge nicht scheuende Zwölftontechnik; musikalisch geschlossene Szenen, wie Arie, Ballata oder Ricercar, als formales Gestaltungsmittel.

ULISSE (Odysseus)

Oper in einem Prolog und zwei Akten, Text vom Komponisten nach Homer unter Einschaltung zahlreicher anderer literarischer Quellen, Uraufführung: Berlin 1968

Personen
ODYSSEUS (Bariton),
König von Ithaka;
ANTIKLEIA (Sopran),
seine Mutter;

L. Dallapiccola

PENELOPE (Sopran),
seine Gemahlin;
TELEMACH (Kontratenor),
sein Sohn;
KALYPSO (Sopran),
Nymphe;
ALKINOOS (Baßbariton),
König der Phäaken;
NAUSIKAA (Sopran),
seine Tochter;
DEMODOKOS (Bariton),
sein Hofsänger;
KIRKE (Mezzosopran oder Alt),
Zauberin;
TEIRESIAS (Tenor),
blinder Seher;
EUMAIOS (Tenor),
Schweinehirt;
EURYMACHOS (Tenor),
Höfling;
ANTINOOS (Bariton),
Freier der Penelope;
PISANDROS (Bariton),
Freier der Penelope;
MELANTHO (Mezzosopran oder Alt),
Dienerin der Penelope;
LOTOSESSER (Mezzosopran);
ERSTE MAGD (Alt);
ZWEITE MAGD (Sopran)

Die Ägäis, in mythologischer Zeit.

Handlung
Prolog

Kalypso wird von Odysseus allein auf der Insel Ogygia zurückgelassen. – Poseidon entfacht auf dem Meer wilde Stürme, um die Blendung des Zyklopen Polyphem zu rächen. – Odysseus erleidet Schiffbruch und rettet sich auf die Insel der Phäaken, wo ihn Nausikaa empfängt.

Ulisse

1. Akt
Am Hofe des Phäaken-Königs wecken die Lieder des Hofsängers im Helden die Erinnerung an seine Irrfahrten. Auf Bitten des Königs erzählt er selbst von seinen Erlebnissen: zunächst von den Lotosessern, dann von der Begegnung mit der Zauberin Kirke, schließlich von seinem Besuch im Totenreich.

2. Akt
Odysseus ist wieder auf seiner Heimatinsel Ithaka gelandet, wo er zunächst dem Schweinehirten Eumaios begegnet. – Trotz der zerlumpten Gestalt des Odysseus ahnt Melantho, daß sich hinter ihr der totgeglaubte Herrscher der Insel verbirgt. – Odysseus tötet die Freier der Penelope beim Bankett. – Nur als sinfonisches Zwischenspiel angedeutet ist das Wiedersehen zwischen Odysseus und seiner Gemahlin. – Im Epilog fährt er erneut allein aufs Meer hinaus. Dort findet er plötzlich die Antwort auf seine drängenden Fragen: »Herr! Nie mehr einsam sind nun mein Herz und das Meer.«

Anmerkung
Ratlos stehen Kritik, Publikum und Bühnen nach wie vor diesem letzten gewaltigen Bühnenwerk Dallapiccolas gegenüber, in dem die Summe einer lebenslangen Beschäftigung mit der europäischen Literatur und Musik gezogen wird. Einen deutlichen Hinweis zum Verständnis seines Hauptwerks gab Dallapiccola mit der Veröffentlichung einer Vorstudie unter dem Titel »Three Questions with Two Answers« (Drei Fragen mit zwei Antworten). Die Fragen lauten: »Wer bin ich?«, »Wer bist du?« und »Wer sind wir?«, die zwei Antworten bestehen aus einer »weiblich optimistischen« und einer »männlich pessimistischen«. Die dritte Antwort gibt erst der Epilog der Oper selbst: die Hinwendung zu Gott. Vor allem diese christliche Umdeutung des Homerschen Epos befremdete die Kritiker. Mit Blick auf die italienische Kulturgeschichte wird sie verständlicher: Es handelt sich um eine Sicht auf die antike Erzählung, die in Dantes »Göttlicher Komödie« zu finden ist.

Claude Debussy
(1862–1918)

Als Begründer des musikalischen Impressionismus gilt Claude Debussy. Er selbst hätte einer solchen Einordnung entschieden widersprochen, denn schematisches Denken war ihm ein Greuel. Seine an keiner schulmäßigen Elle zu messenden Ideen brachten ihn bereits während der Ausbildung und in den frühen Jahren seiner unspektakulären Laufbahn als Pianist, Komponist und Kritiker in Opposition zu den akademisch orientierten Kreisen von Paris. Seine harmonischen und formalen Neuerungen revolutionierten die Musik leise, aber nachhaltig: Aus der Farbenpracht seiner Orchesterpartituren schöpften Generationen von Filmkomponisten, die Vertreter der Avantgarde schulten sich an der Struktur seiner Werke, und noch die Rock- und Jazzmusiker unserer Tage bedienen sich seiner Akkorde.

PELLÉAS UND MÉLISANDE

Drame lyrique in fünf Akten, Text nach dem gleichnamigen Drama von Maurice Maeterlinck, Uraufführung: Paris 1902

Personen
ARKEL (Baß),
König von Allemonde;
GENOVEVA (Alt),
seine Schwiegertochter;
PELLÉAS (Tenor),
ihr Sohn;
GOLO (Bariton),
gleichfalls Sohn Genovevas;
YNIOLD (Knabenstimme oder Sopran),
Golos Sohn aus erster Ehe;
MÉLISANDE (Sopran)

Das fiktive Reich Allemonde am Meer, im Mittelalter.

Handlung
Im Wald trifft der Witwer Golo auf die rätselhafte Mélisande und führt sie als Gattin auf das düstere Schloß seines Großvaters Arkel. Dort entwickelt sich aus spielerischen Anfängen eine tiefe Zuneigung zwischen Pelléas und Mélisande, deren Gefahr letztere kaum erkennt. Am Ende

sind beide in träumerischer, halb unbewußter, aber unauflöslicher Liebe zueinander entbrannt, und Golo erschlägt seinen Halbbruder Pelléas in rasender Eifersucht. Mélisande, die Zeugin des Ereignisses war, erwacht aus ihrer Ohnmacht nur noch, um einen Blick auf ihre gerade geborene Tochter zu werfen, und stirbt. Zurück bleibt König Arkel mit dem Kind: »Ein Leben endet, ein anderes beginnt...«

Anmerkung
Debussy verfolgte mit der Komposition des »Pelléas« ein doppeltes Ziel: Zum einen wollte er der auch in Frankreich spürbaren Vorherrschaft des Wagnerschen Musikdramas etwas Eigenständiges entgegensetzen, zum anderen ging es ihm darum, die »Unnatürlichkeit«, die nach seinem Dafürhalten die konventionelle Oper prägt, zu vermeiden. Aus diesem Grund folgt die Führung der Gesangsstimmen nicht dem ariosen Melodieideal, sondern dem natürlichen Fluß der französischen Sprache – eine Art Sprechgesang ist die Folge. Auch Duette oder Ensembles sind als lebensfern auf ein Minimum reduziert. Wie der von Symbol und Andeutung lebende, im Grunde undramatische Text verweigert sich auch die Musik der festen Form: einzelne Momente von schwer faßbarer Dichte bestimmen den Ablauf. So blieb »Pelléas und Mélisande« trotz ihrer überragenden historischen und kompositorischen Bedeutung eine wenig gespielte Oper für Kenner.

Léo Delibes
(1836 -1891)

Delibes ist heute vor allem mit Balletten auf der Bühne präsent. Seine Werke dieses Genres gelten als Musterbeispiele der französischen Romantik, allen voran »Coppélia« (1870) und »Sylvia« (1876). Seine sechs Opern – obwohl zu Lebzeiten des Adolphe-Adam-Schülers erfolgreich – sind heute (außer »Lakmé«) so gut wie vergessen. Gebürtig aus St. Germain du Val, begann Delibes seine Karriere als Organist in Paris, wurde dann Chordirigent an der Großen Oper und schließlich Professor des Konservatoriums. Als er hochgeehrt in Paris starb, hatte er den Gipfelpunkt seiner Popularität erreicht: Jeden Abend war in der Hauptstadt eines seiner Werke zu hören.

LAKMÉ
Oper in drei Akten, Text von Pierre Gondinet und Philippe Emile François Gille, Uraufführung: Paris 1883

Personen
LAKMÉ (Sopran);
MALLIKA (Alt);
MRS. BENTSON (Mezzosopran);
ELLEN (Sopran);
ROSE (Mezzosopran);
GÉRALD (Tenor);
NILAKANTHA (Baß)

Indien, Ende des 19. Jahrhunderts.

Handlung
1. Akt
Gérald, ein englischer Offizier, dringt in den Garten des Brahmanen Nilakantha ein, um dessen wunderschöne Tochter Lakmé zu sehen. Er gesteht ihr seine Liebe und muß flüchten, als der Brahmane den Eindringling bemerkt, ohne ihn jedoch zu erkennen.

2. Akt
Nilakantha ahnt, daß einer der weißen Unterdrücker bei seiner Tochter war. Er läßt Lakmé auf dem Marktplatz singen, weil er glaubt, der Anblick und der Gesang des Mädchens könne den Eindringling dazu brin-

gen, sich zu verraten. Der Brahmane Nilakantha kann daraufhin Gérald mit einem Messerstich leicht verwunden.

3. Akt

Lakmé und Gérald haben sich in eine Waldhütte geflüchtet, in deren Nähe sich die heilige Quelle mit dem Wasser der ewigen Liebe befindet. Ein Freund Géralds kommt, um ihn zur Garnison zurückzubringen. Der Offizier weiß nicht, ob er das Wasser der ewigen Liebe trinken oder zu seinen Kameraden zurückkehren soll. Er ist hin- und hergerissen zwischen Liebe und Pflicht. Lakmé nimmt ihm die Entscheidung auf dramatische Weise ab: Sie ißt heimlich von einer Giftpflanze. Doch dann trinkt Gérald mit ihr das heilige Wasser, zu spät überrascht sie der Brahmane. Schließlich bricht Lakmé tot zusammen.

Anmerkung

»Lakmé« wurde für Delibes ein großer Erfolg: Die Oper erlebte allein bis 1895 zweihundert Aufführungen. Der Komponist folgte der damals grassierenden Mode für alles Exotische, obgleich er nicht tiefer in die indische Volksmusik eindrang als seine Kollegen, die ebenfalls auf dieser Welle schwammen. So beschränkt sich das Orientalische im Grunde auf Bühnenbilder, wie etwa die phantastische Vegetation im ersten und das Markttreiben im zweiten Akt. Berühmteste und gleichzeitig auch mit die schwierigste Einzelnummer der Oper ist Lakmés »Legende von der Tochter des Paria«. Dieses Stück war für alle großen Sopranistinnen auch im Konzertsaal ein Muß.

G. Donizetti

Gaetano Donizetti (1797-1848)

Einer wohltätigen Einrichtung – den sogenannten *lezioni caritatevoli* des Komponisten Johann Simon (Giovanni Simone) Mayr – verdankt Gaetano Donizetti seine Erziehung zur Musik. Unter Mayrs Obhut wuchs Donizetti, als Kind armer Eltern im norditalienischen Bergamo geboren, in seiner Heimatstadt zum Musiker heran. In Bologna setzte er seine Ausbildung fort. Sein erster Opernerfolg (aber nicht seine erste Oper) war »Enrico di Borgogna«, uraufgeführt 1818 in Venedig. 1827 nahm ihn der Theaterunternehmer Domenico Barbaja unter Vertrag. Für ihn schrieb Donizetti innerhalb von drei Jahren nicht weniger als zwölf Opern, darunter »Anna Bolena« (Neapel 1830). Dieses Werk, das bald in Paris nachgespielt wurde, brachte den internationalen Durchbruch. Fortan galt Donizetti neben seinem Freund und Rivalen Vincenzo Bellini als der führende italienische Opernkomponist seiner Zeit. Von den mehr als siebzig Opern, die Donizetti hinterließ, hat sich nur etwa ein halbes Dutzend bis heute im Repertoire behauptet, die wichtigsten: »Der Liebestrank«, »Lucia di Lammermoor«, »Die Regimentstochter« und »Don Pasquale«. »Don Pasquale«, uraufgeführt 1843, war sein letzter großer Erfolg. Donizetti starb im Alter von 50 Jahren an den Folgen fortgeschrittener Paralyse.

DER LIEBESTRANK (L'elisir d'amore)
Komische Oper in zwei Akten, Text von Felice Romani, Uraufführung: Mailand 1832

Personen
ADINA (Sopran),
eine junge Pächterin;
NEMORINO (Tenor),
junger Landmann;
BELCORE (Bariton),
Sergeant;
DULCAMARA (Baß),
Quacksalber;
GIANETTA (Sopran),
Wäscherin;
NOTAR

Ein italienisches Dorf, Anfang des 19. Jahrhunderts.

Der Liebestrank

Handlung
1. Akt

Nemorino macht der schönen Adina den Hof, aber die findet mehr Gefallen an dem Sergeanten Belcore, der mit seinen Soldaten im Dorf Quartier genommen hat. Nemorino ist verzweifelt und nimmt Zuflucht zu einem Zaubermittel, das der durchreisende Wunderdoktor Dulcamara als unfehlbaren Liebestrank anpreist, der angeblich nach 24 Stunden seine Wirkung tut. In Wahrheit handelt es sich nur um eine Flasche Rotwein. Nemorino leert sie aus und beginnt im Rausch zu tanzen. Von der Wirkung des Wundertrankes ist Nemorino so fest überzeugt, daß er seiner Angebeteten gar keine Beachtung mehr schenkt. Adina ist darüber so verärgert, daß sie beschließt, sich noch am gleichen Tag mit dem Sergeanten zu vermählen.

2. Akt

Da auf dem Hof Adinas die Vorbereitungen zur Hochzeitsfeier bereits im Gange sind, beschließt Nemorino, die Wirkung des Liebestrankes durch eine zweite Flasche zu beschleunigen, und weil er Geld braucht, um sie zu kaufen, läßt er sich von Belcore als Soldat anwerben. Inzwischen verbreitet sich im Dorf die Nachricht, Nemorinos reicher Onkel sei gestorben und habe dem Neffen ein Vermögen hinterlassen. Ausgerechnet Adina und Nemorino jedoch erfahren davon nichts. Nemorino sieht sich plötzlich von allen Dorfschönen umschwärmt und führt das auf die Wirkung des Liebestrankes zurück. Adina, die im Begriff ist, den Heiratsvertrag mit Belcore zu besiegeln, beobachtet das Treiben mit wachsender Eifersucht. Als ihr bewußt wird, daß Nemorino sich nur aus Liebe zu ihr als Soldat hat werben lassen, entdeckt sie ihre wahren Gefühle und beschließt, Nemorino wieder vom Militär freizukaufen. Sergeant Belcore hat das Nachsehen und der Quacksalber Dulcamara reibt sich die Hände, denn der glückliche Ausgang der Liebesgeschichte ist die beste Empfehlung für seinen Wundertrank.

Anmerkung

In seinen quirligen Ensembles und in der parodistischen Überzeichnung der Figuren – das gilt vor allem für den pfiffigen Dulcamara – erweist sich »Der Liebestrank« als ein später Abkömmling der klassischen Opera buffa und zugleich als einer der wenigen Höhepunkte dieser Gattung im 19. Jahrhundert. In diesem Werk, dessen Komposition nur 14 Tage gedauert haben soll, finden sich mit dem Quartett »Zeigst du dich ferner meinem Blicke« im ersten Finale, der launigen Barcarole »Holdes Kind, ich hab Dukaten« und der Romanze »Heimlich aus ihrem Auge sich eine Träne stahl« herausragende Beispiele für die Vielseitigkeit von Donizettis Operngenie.

LUCIA DI LAMMERMOOR
Tragische Oper in drei Akten, Text von Salvatore Cammarano nach dem Roman »The Bride of Lammermoor« von Walter Scott, Uraufführung: Neapel 1835

Personen
LORD HENRY ASHTON (Bariton);
LUCIA (Sopran),
seine Schwester;
EDGAR VON RAVENSWOOD (Tenor);
LORD ARTHUR BUKLAW (Tenor);
RAIMUND BIDIBEND (Baß),
Lucias Erzieher;
ALISA (Mezzosopran),
Lucias Vertraute;
NORMAN (Tenor),
Befehlshaber der Reisigen

Schottland, Ende des 16. Jahrhunderts.

Handlung
Vorgeschichte und 1. Akt
Die Ashtons und Ravenswoods sind seit den Zeiten des Bürgerkriegs verfeindet. Edgar von Ravenswood, der Letzte seines altehrwürdigen Geschlechts, haust im verfallenen Turm Wolferag. Der einstige Reichtum seines Hauses ist auf Lord Henry Ashton übergegangen. Aber auch der steckt in – politischen – Schwierigkeiten, aus denen er sich durch die Verheiratung seiner Schwester mit dem einflußreichen Lord Buklaw zu befreien sucht. Lucia aber liebt Edgar, den Todfeind ihres Bruders. Die Oper beginnt damit, daß Ashtons Gefolgsleute den Wald durchkämmen, um einen Eindringling – man vermutet Edgar – aufzuspüren. Henry hat Anlaß zu der Befürchtung, daß Lucia die Hand Lord Buklaws verschmähen könnte. Und in der Tat: Lucia und Edgar treffen sich heimlich bei einer Quelle, um sich ewige Treue zu versprechen. Danach muß Edgar Schottland für eine Weile in politischer Mission verlassen.

2. Akt

Die Briefe, die Edgar seiner Geliebten aus dem Ausland schreibt, werden abgefangen. Nur ein einziger, den man aber gefälscht hat, wird ihr zugeleitet. Aus diesem Brief muß Lucia schließen, daß Edgar ihr untreu geworden ist. Völlig verzweifelt willigt sie daraufhin in die Heirat mit Lord Buklaw ein. Der Heiratsvertrag wird unterzeichnet, da stürmt plötzlich Edgar herein. Als er sieht, was geschehen ist, verflucht er Lucia und das Haus Ashton.

3. Akt

Es stürmt und gewittert. Henry Ashton überbringt Edgar die Forderung zu einem Duell, das an der Gruft der Ravenswoods stattfinden soll. Während die Vermählung Lucias mit Lord Buklaw gefeiert wird, nimmt die Tragödie ihren Lauf: Lucia ersticht den ungeliebten Gemahl noch in der Hochzeitsnacht. Sie selbst, ein Opfer des Wahnsinns, betritt die Szene. Unterdessen wartet Edgar am verabredeten Ort auf Henry, der nicht kommt. Durch Henrys Gefolgsleute erfährt Edgar, was geschehen ist und daß Lucia im Sterben liegt. Als ihn, der die Sterbende noch einmal zu sehen begehrt, wenig später die Nachricht von ihrem Tod ereilt, stürzt er sich in sein Schwert.

Anmerkung

Das Libretto zu »Lucia di Lammermoor« ist nicht die einzige, wohl aber die erfolgreichste Umarbeitung einer literarischen Vorlage von Sir Walter Scott, dessen historische Romane zu den meistgelesenen Büchern des 19. Jahrhunderts zählen. Den schaurig-romantischen Stoff hat Donizetti in eher leichtfließende Belcanto-Melodien gefaßt. Die koloraturenreiche Partie der Lucia stellt nicht nur sängerisch, sondern auch darstellerisch eine der größten Herausforderungen für jede Sopranistin dar. Maria Callas feierte Triumphe in dieser Rolle. Szenen wie die am Schluß des 3. Aktes, in der Edgar mit der Arie »Du, die schon in Himmelshöhen« Abschied vom Leben nimmt, oder das Sextett im 2. Finale, vor allem aber die sogenannte Wahnsinnsszene im 3. Akt sichern »Lucia di Lammermoor« den Ruf, Donizettis Meisterwerk auf dem Gebiet der romantisch-dramatischen Oper zu sein. Ihr ungeheurer Erfolg schon bei der Premiere (1835) fällt zeitlich zusammen mit dem Tod von Vincenzo Bellini, dem Freund und großen Konkurrenten. Hernach galt Donizetti als der alleinige Erbe Gioacchino Rossinis (der sich fünf Jahre zuvor vom Komponistendasein zurückgezogen hatte und sich nur noch der Kunst des Kochens und des Genießens widmete).

G. Donizetti

DIE REGIMENTSTOCHTER
(La fille du régiment)
Komische Oper (Opéra-comique) in zwei Akten, Text von Jules-Henri Vernoy de Saint-Georges und Jean-François Alfred Bayard, Uraufführung: Paris 1840

Personen
MARCHESA VON MAGGIORIVOGLIO (Sopran);
HORTENSIO (Bariton),
ihr Haushofmeister;
SULPICE (Baß),
Sergeant;
MARIE (Sopran),
Marketenderin;
TONIO (Tenor),
ein junger Tiroler;
HERZOGIN VON CRAGNITORPI (Sopran);
KORPORAL (Baß);
NOTAR (Sprechrolle)

In den Tiroler Bergen, Anfang des 19. Jahrhunderts.

Handlung
1. Akt

Aufgewachsen unter Soldaten, die sie einst als Findelkind aufgelesen hatten, ist aus Marie inzwischen eine junge Frau geworden. Ihren Soldaten ist sie von Herzen (und von Berufs wegen als Marketenderin) sehr zugetan. Ihr Vertrauter ist der alte Sergeant Sulpice. Entgegen Maries Versprechen, daß nur ein Soldat des Regiments als Bräutigam für sie in Frage komme, hat sie sich in einen jungen Tiroler, Tonio, verliebt, der ihr in den Bergen das Leben gerettet hat. Plötzlich steht er wieder vor ihr – als Gefangener. Marie kann ihn vor der Hinrichtung bewahren, und aus dem Gefangenen wird ein Mitglied des Regiments. Als der Zufall die Marchesa di Maggiorivoglio in das Lager der Soldaten führt, kann Sulpice anhand eines alten Dokuments beweisen, daß die »Tochter des Regiments« eigentlich die Tochter der Marchesa ist. Da Marie jedoch illegitim zur Welt gekommen ist, gibt die Marchesa di Maggiorivoglio sie zunächst als ihre Nichte aus. Es folgt der wehmütige Abschied Maries von ihrem Regiment.

Die Regimentstochter

2. Akt

In Begleitung des alten Sulpice ist Marie der Marchesa auf ihr Schloß gefolgt. Hier soll aus der Regimentstochter endlich eine Dame werden, aber gänzlich kann und will Marie das Soldatenleben nicht vergessen. Auf Wunsch der Marchesa soll sie mit dem Sohn der Herzogin von Cragnitorpi verheiratet werden. Aber da tritt Tonio, der es in seinem Regiment inzwischen zum Offizier gebracht hat, unerwartet auf den Plan und klärt die versammelte Hochzeitsgesellschaft über Maries wahre Vergangenheit auf. Die vornehmen Herrschaften sind entsetzt, die geplante Hochzeit findet nicht statt. Tonio und Marie jedoch sind wieder für einander frei, zumal auch die Marchesa ihren mütterlichen Segen nicht verweigert.

Anmerkung

»Die Regimentstochter« ist Donizettis erstes speziell für die Pariser Oper komponiertes Werk. Französischem Brauch gemäß wurden die Dialoge nur gesprochen. Für die noch im Jahr der Uraufführung (1840) entstandene italienische Fassung lieferte Donizetti sie als Rezitative nach. Trotzdem bleibt »Die Regimentstochter« eine der Anlage nach französische Opéra-comique. Die Behandlung der Stimmen allerdings, vor allem in den Partien der beiden Liebenden, ist sehr italienisch, was dem Erfolg der Oper keinen Abbruch tat, im Gegenteil. Denn ungeachtet eines bösen Verrisses von Hector Berlioz erntete sie in Frankreich Stürme von Applaus. Die Arie des Tonio »Ich trete unter eure Fahnen«, der *Rataplan*-(Trommelwirbel) Chor und Maries »Trommellied« sind aus dem Repertoire der Opern-Wunschkonzerte nicht fortzudenken.

DON PASQUALE

Komische Oper in drei Akten, Text vom Komponisten nach einer Vorlage von Angelo Anelli, Uraufführung: Paris 1843

Personen
DON PASQUALE (Baß),
ein alter Junggeselle;
ERNESTO (Tenor),
sein Neffe;
DOTTORE MALATESTA (Bariton),
Arzt;

G. Donizetti

NORINA (Sopran),
eine junge Witwe;
NOTAR (Baß)

Rom, Mitte des 18. Jahrhunderts.

Handlung
1. Akt

Weil er es seinem Neffen nicht gönnen will, daß er ihn beerbt, hat Don Pasquale, der alte Hagestolz, sich in den Kopf gesetzt zu heiraten. Brautschau soll sein Freund Malatesta für ihn halten. Aber der ist der falsche Vertraute. Denn Malatesta hat sich mit Ernesto, dem Neffen, verbündet. Um diesen mit Norina zusammenzubringen, greift Malatesta zu einer so feingesponnenen List, daß auch Ernesto sie nicht recht durchschaut: Statt den Onkel nämlich von der Heiratsidee abzubringen, fädelt Malatesta dessen Ehe ein. Sofronia, eine angebliche Schwester Malatestas, soll die Gemahlin werden. Hinter dieser Sofronia, die Malatesta als einen Ausbund an Liebreiz und Tugendhaftigkeit schildert, verbirgt sich freilich niemand anders als Norina.

2. Akt

Ernesto fühlt sich von Dottore Malatesta aufs schändlichste hintergangen und glaubt seine Geliebte schon verloren, während sein Onkel Don Pasquale vergnügt den Freuden des Ehestands entgegenblickt. Als man die tiefverschleierte Braut zu ihm führt, ist er so angetan von ihr, daß er sogleich nach einem Notar verlangt. Der Notar – ein falscher, versteht sich – ist auch sofort zur Stelle; Ernesto, inzwischen von Malatesta eingeweiht, fungiert als Zeuge. Doch kaum ist die Scheinehe vollzogen, entpuppt »Sofronia« sich als ein ausgesprochenes Ekel.

3. Akt

Die falsche Sofronia macht Don Pasquale das Leben zur Hölle. Ihre maßlose Verschwendungssucht treibt ihn an den Rand der Verzweiflung, aber noch mehr als das quält ihn die Tatsache, daß seine junge Frau sich, wie aus einem Brief deutlich wird, offenbar einen jüngeren Liebhaber hält. Als er sie bei einem Stelldichein mit seinem Neffen Ernesto überrascht, ist das Maß voll: Don Pasquale ist von der Ehe endgültig kuriert und nimmt fast mit Erleichterung zur Kenntnis, daß er nur das Opfer einer Intrige geworden ist.

Don Pasquale

Anmerkung

»Don Pasquale« – wie »Der Liebestrank« in wenigen Wochen geschrieben – war Donizettis größter und zugleich sein letzter Erfolg. Obwohl für Paris komponiert, ist »Don Pasquale« die italienischste unter den komischen Opern Donizettis, denn Personen und Handlung dieses Werks folgen den klassischen Traditionen der Opera buffa bis zurück zu ihren Anfängen in der Commedia dell'arte. Für die Oper des 19. Jahrhunderts ist »Don Pasquale« neben Rossinis »Barbiere di Siviglia« und Verdis »Falstaff« eine der Säulen des komischen Repertoires. Zu den besonders zugkräftigen Nummern zählen neben Norinas Koloraturarien das gitarrenbegleitete Ständchen des Ernesto »O süße Nacht« und der launige Chor der Diener im 3. Akt.

A. Dvořák

Antonin Dvořák
(1841-1904)

Der Komponist der Sinfonie »Aus der Neuen Welt« und des berühmten Cellokonzertes h-Moll, der im Verein mit Smetana dem tschechischen Musikidiom Weltgeltung verschaffte, hat nicht weniger als zehn Opern geschrieben, darunter »Der Bauer ein Schelm« (Uraufführung 1878), »Dimitrij« (1882), »Der Jakobiner« (1888) und »Katinka und der Teufel« (1899). Keine von ihnen konnte sich auf den internationalen Bühnen dauerhaft behaupten, einzig »Rusalka« bildet eine – gemessen etwa an Smetanas »Verkaufter Braut« freilich bescheidene – Ausnahme.

RUSALKA

Lyrisches Märchen in drei Akten, Text von Jaroslav Kvapil, Uraufführung: Prag 1901

Personen
PRINZ (Tenor);
FREMDE FÜRSTIN (Sopran);
RUSALKA (Sopran);
WASSERMANN (Bariton);
HEGER (Tenor);
HEXE JEZIBABA (Alt)

Das Märchenland, zur Märchenzeit.

Handlung

Die Nixe Rusalka liebt sehnsüchtig den Prinzen, der häufig auf der Jagd an ihrem Waldsee Rast macht. Der aber kann sie mit seinen Menschenaugen nicht wahrnehmen, und obwohl der erfahrene Wassermann ihr davon abrät, wendet sich Rusalka an die Hexe Jezibaba. Diese gibt ihr eine menschliche Gestalt, freilich unter einer harten Bedingung: Rusalka muß unter allen Umständen stumm bleiben. Der Prinz ist von der nunmehr sichtbaren Nixe sogleich bezaubert und nimmt sie mit auf sein Schloß. Allmählich aber erkaltet seine Liebe wegen der fortgesetzten, rätselhaften Stummheit der Nixe, und eine fremde Fürstin hat leichtes Spiel, ihm den Kopf zu verdrehen. Der Wassermann kann die Leiden Rusalkas nicht länger ertragen und trennt sie vom Prinzen, doch sie kann weder in ihr Wasserreich zurück noch als Frau glücklich werden. Erst wenn sie den Prinz töte, offenbart ihr die Hexe, werde sie Erlösung finden. Der

Rusalka

Prinz, dem mittlerweile klar geworden ist, daß er eine Erscheinung aus dem Geisterreich liebt, läßt die Nixe überall suchen. Schließlich findet er sie am Ufer des Waldsees wieder und überläßt sich, überglücklich und um die fatale Konsequenz wissend, ihrem todbringenden Kuß.

Anmerkung

Für das Libretto zur Oper »Rusalka« – tschechisch für Nixe – verwendete Kvapil zahlreiche Quellen, unter ihnen Andersens Märchen von der »Kleinen Seejungfrau«, Fouqués »Undine«, die altfranzösische Melusinensage, und Gerhart Hauptmanns »Versunkene Glocke«. Dvořák wies bei der Vertonung der symbolträchtigen Geschichte von der liebenden, verzichtenden und verzeihenden Frau dem sinfonisch durchgearbeiteten Orchestersatz eine tragende Rolle zu, indem er durch Klangfarbe, Harmonik und Thema die Welt der Menschen und das Reich der Geister voneinander absetzte.

Werner Egk
(1901-1983)

Der Bayer Werner Egk studierte in Frankfurt am Main und in München. Zu Beginn seiner Karriere schrieb er vornehmlich Hörspielmusiken für den Rundfunk. Den ersten großen Erfolg konnte er mit der Uraufführung seiner Oper »Die Zaubergeige« verbuchen. Von 1936 bis 1940 war er Kapellmeister an der Berliner Staatsoper, 1950-1953 Direktor der Hochschule für Musik in Berlin. Überwiegend arbeitete er jedoch als freischaffender Komponist in seiner bayerischen Heimat. Egk schrieb größtenteils Bühnenwerke, deren Libretti er meist selbst verfaßte. Seine Opern erfreuen sich aufgrund ihrer lebendigen, leicht eingängigen Tonsprache in den 50er Jahren großer Beliebtheit. In den letzten Jahren ist es allerdings um Egk und sein musikdramatisches Werk stiller geworden.

DIE ZAUBERGEIGE

Spieloper in drei Akten, Text von Ludwig Andersen (Ludwig Strecker) und Franz Graf von Pocci, Uraufführung: Frankfurt am Main 1935

Personen
KASPAR (Bariton);
GRETL (Sopran);
CUPERUS (Baß);
GULDENSACK (Baß);
FANGAUF (Tenor);
SCHNAPPER (Baß);
NINABELLA (Sopran)

Im Märchenland.

Handlung
1. Akt

Der Knecht Kaspar quittiert seinen Dienst, der ihm unter seiner Würde erscheint, und zieht hinaus in die Welt. Seine Freundin, die Magd Gretl, schenkt ihm zum Abschied drei Kreuzer als Wegzehrung. Diese drei Kreuzer, seine letzte Habe, gibt Kaspar unterwegs einem alten Bettler. Der Bettler enttarnt sich darauf als Cuperus, Herr der Geisterwelt, und gewährt Kaspar einen Wunsch. Kaspar begehrt eine Geige, deren Klang die Menschen verzaubert. Sie wird ihm unter einer Bedingung gewährt: Fortan darf er sich nicht mehr verlieben. Der betrügerische Kaufmann

Die Zaubergeige

Guldensack ist Kaspars erstes Opfer. Er muß so lange zur Musik der Zaubergeige tanzen, bis er ohnmächtig zusammenbricht. Daraufhin rauben die beiden Landstreicher Fangauf und Schnapper Guldensack bis aufs Hemd aus.

2. Akt

Auf Ninabellas Schloß wird ein Fest vorbereitet. Ninabella beauftragt Guldensack, ihren »Marschalk«, den berühmten Geiger Spagatini zu engagieren. Jener Spagatini ist natürlich kein anderer als der zu Ruhm und Geld gekommene Kaspar. Guldensack erkennt Kaspar sofort und schwört insgeheim Rache. In den Räumen des Schlosses begegnet Kaspar seiner Gretl, die als Ninabellas Zofe ihr Brot verdient. Cuperus' Bedingung eingedenk, weist er Gretl von sich. Den Grund für sein Verhalten darf er ihr nicht nennen.

3. Akt

Nach dem Konzert läßt sich Kaspar von der verliebten Ninabella zu Zärtlichkeiten hinreißen. Prompt versagt der Zauber der Geige. Von Guldensack des Diebstahls bezichtigt, wird Kaspar verhaftet und soll hingerichtet werden. Da überreicht ihm Cuperus heimlich die Geige. Kaspar beginnt zu spielen; die anwesenden Landstreicher bekennen freiwillig ihre Tat. Als Kaspar die Gefahren von Reichtum und Zaubermacht erkennt, gibt er Cuperus die Geige zurück und wünscht sich für die Zukunft nur noch eins: ein bescheidenes und glückliches Leben mit seiner Gretl.

Anmerkung

Ludwig Strecker, der damalige Leiter des Schott-Verlages, verfaßte unter dem Pseudonym »Ludwig Andersen« für Egk das Libretto zur »Zaubergeige«. Er lehnte sich dabei an deutsche Barockdichtungen an, die Franz Graf von Pocci im 19. Jahrhundert für das Theater bearbeitet hatte. Egks Ziel war es, »denen, die das Einfache lieben, das Rührende als rührend, das Komische als komisch, das Gute als gut und das Schlechte als schlecht empfinden«, ein Stück zu schreiben, »an dem sie sich freuen sollten.« Der nach den Maßgaben der »Spieloper« unkomplizierten, melodiösen Tonsprache verdankt die Oper ihren Erfolg. Bayerische Tänze (Ländler, Zwiefacher, Hupfauf) sorgen für volkstümliche Stimmung. Dissonante bzw. bitonale Passagen rauhen das Klangbild gelegentlich auf, ohne daß dadurch der Anspruch auf »Modernität« erhoben wird.

―――――――――――― W. Egk ――――――――――――

PEER GYNT
Oper in drei Akten, Text vom Komponisten nach Ibsens gleichnamigem Schauspiel, Uraufführung: Berlin 1938

Personen
PEER GYNT (Bariton);
AASE (Alt),
seine Mutter;
SOLVEIG (Sopran);
DER ALTE (Tenor);
DIE ROTHAARIGE (Sopran);
MADS (Tenor);
INGRID (Sopran)

Norwegen und Mittelamerika, Mitte des 19. Jahrhunderts.

Handlung
Vorspiel und 1. Akt

Peer Gynt ist ein Sonderling und wird von den Leuten gemieden. »Ich tu', was ich will«, lautet sein Motto; sein Ziel ist, »Kaiser der Welt« zu werden. Auf einer Hochzeit eckt er mit seinem Prahlen überall an, lediglich das Mädchen Solveig zeigt sich insgeheim von ihm beeindruckt. Aus einer Laune heraus raubt Peer die Braut Ingrid, die mit dem einfältigen Mads verheiratet werden sollte, und flieht mit ihr. Doch schon bald verstößt er sie wieder. Durch sein unwirsches Verhalten erregt Peer das Interesse der rothaarigen Tochter des Trollkönigs, die ihn heiraten will. Peer wird von den Trollen in ihr Reich geführt und soll zu einem der ihren werden. Das Schauspiel, das sich ihm bietet, ekelt ihn jedoch an. Als er Solveigs Namen ausruft, verschwindet der Spuk. Geraume Zeit später lebt Peer mit Solveig in einer Blockhütte. Die Rothaarige erscheint mit einem häßlichen Kind, das sie Peer als seinen Sohn vorstellt. Verzweifelt sucht Peer das Weite und läßt Solveig im Stich.

2. Akt

Inzwischen befindet sich Peer in Amerika und ist durch skrupellose Geschäftspraktiken reich geworden. Sein mit Gold beladenes Schiff wird ihm jedoch gestohlen. Peer verflucht die Diebe, worauf das Schiff explodiert und untergeht. In einer Hafenkneipe wird Peer vom Wirt und einer Tänzerin (in Wirklichkeit der Trollkönig und seine Tochter) verhöhnt und um sein letztes Geld gebracht. Er ist des Lebens überdrüssig.

3. Akt

Wieder daheim, wird Peer von einem Unbekannten in Empfang genommen. Seine Mutter, die er besuchen wollte, ist tot. Auf der Suche nach einem Menschen, der auf ihn wartet, gelangen Peer und der Unbekannte ins Trollenreich. Die Trolle halten über Peer Gericht. Er soll ihr König werden. Lediglich ein Jahr Aufschub wird ihm gewährt. Wenn er innerhalb dieser Frist niemanden findet, der auf ihn wartet, ist er endgültig den Trollen verfallen. Peer findet schließlich zurück zu Solveig, die ihn bei sich aufnimmt. Mit ihr verbringt er sein Leben.

Anmerkung

Im Gegensatz zur Vorlage Ibsens, in der Peer Gynt schwächlich und willenlos gezeichnet ist, erscheint der Held in Egks Version als schicksalhaft zerrissener Mensch auf der Suche nach »Sinn und Unsinn der eigenen Existenz«. Egk hat sich dabei bewußt an Goethes »Faust« angelehnt. Die Ibsensche Feenwelt tritt zurück zugunsten einer deutlicheren, eindeutig moralischen Kategorisierung von Gut und Böse. Demzufolge entstammen die Trolle auch nicht dem Geisterreich, sondern fungieren als »die erschreckende Verkörperung menschlicher Minderwertigkeit«. Zur Charakterisierung dieser Welt des Bösen bedient sich Egk modischer Tänze, die er surrealistisch verzerrt. Auch übernimmt er Elemente des Brechtschen epischen Theaters in der Gerichtsverhandlung des 3. Akts sowie des Songstils von Kurt Weill. Gerade die letztgenannten Einflüsse ließen die nationalsozialistischen Kulturwächter auf »Peer Gynt« allergisch reagieren. Erst nach dem Krieg begann der Siegeszug des Stücks, das noch heute als eines der wenigen Werke Egks regelmäßig aufgeführt wird.

DER REVISOR

Komische Oper in fünf Akten, Text vom Komponisten nach der Komödie von Nikolai Gogol, Uraufführung: Schwetzingen 1957

Personen
CHLESTAKOW (Tenor);
OSSIP (Baß),
sein Diener;
STADTHAUPTMANN (Baßbariton);
ANNA (Alt), *seine Frau;*
MARJA (Sopran);
beider Tochter

―――――――――――― **W. Egk** ――――――――――――

In einer russischen Kleinstadt, um 1830.

Handlung
Die Honoratioren einer kleinen Provinzstadt sind in heller Aufregung: zur Prüfung der Finanzen hat sich ein Revisor aus der Hauptstadt angekündigt. Selbstverständlich haben alle ein schlechtes Gewissen, da jeder in die eigene Tasche gewirtschaftet hat. Im allgemeinen Durcheinander wird der Reisende Chlestakow, der aus Geldmangel in der Stadt Station macht, für den Revisor gehalten. Jeder versucht sich nun bei Chlestakow einzuschmeicheln, was dieser sich nur zu willig gefallen läßt. Das Schauspiel geht so weit, daß Chlestakow die Tochter des Stadthauptmanns heiraten soll. Dieser dräuenden Gefahr entzieht er sich durch Flucht. Ein Brief kommt zum Vorschein, in dem sich Chlestakow über die Naivität der Stadtgesellschaft lustig macht. In die allgemeine Erleichterung platzt die Botschaft, daß nun der echte Revisor angekommen sei und sofort mit der Arbeit beginnen wolle.

Anmerkung
Nur geringfügig abgewandelt findet sich im »Revisor« das Schema der Nummernoper wieder. Mit Rücksicht auf die kammermusikalische Besetzung hat Egk hier auf den Chor verzichtet und statt dessen den Ensembles wichtige Funktionen übertragen. Ein Höhepunkt der Oper ist zweifelsohne die neunstimmige Gratulationscour aus dem 5. Akt. Durch Einbeziehung authentischer russischer Volkslieder erhält das Werk Lokalkolorit. Originale französische Chansons unterstreichen das salonlöwenhafte Gebaren des Aufschneiders Chlestakow.

Gottfried von Einem
(geb. 1918)

Gottfried von Einem, Sohn eines österreichischen Militärattachés, war Kompositionsschüler von Boris Blacher in Berlin. Die in Salzburg uraufgeführte Oper »Dantons Tod« machte seinen Namen in aller Welt bekannt. Es folgten mehrere Opern, Ballette und Orchesterwerke in einem traditionsbewußten, gemäßigt modernen Stil. Von avantgardistischen Experimenten hielt von Einem sich fern. Daß seine Werke von einigen Kritikern als »epigonal« und »eklektizistisch« geschmäht werden, ändert nichts an ihrem beachtlichen Publikumserfolg.

DANTONS TOD

Oper in zwei Teilen, Text von Boris Blacher und dem Komponisten nach Georg Büchners gleichnamigem Drama, Uraufführung: Salzburg 1947

Personen
GEORGE DANTON (Bariton);
CAMILLE DESMOULINS (Tenor);
HERAULT DE SECHELLES (Tenor);
ROBESPIERRE (Tenor);
ST. JUST (Baß);
JULIE DANTON (Mezzosopran);
LUCILE DESMOULINS (Sopran)

Paris, im Jahr 1794.

Handlung
1. Teil

Beim Kartenspiel sitzen die Deputierten Danton, Desmoulins und de Sechelles beisammen und beklagen die blutige Entwicklung der Revolution unter Robespierre. Danton verabscheut den Moralprediger Robespierre, sieht jedoch keine Möglichkeit, gegen ihn vorzugehen. Als Robespierre das Volk auf der Straße zu weiterem Terror aufwiegelt, nennt Danton ihn wütend einen Lügner und Heuchler. Dieser Angriff bietet Robespierre Gelegenheit, mit seinem alten Gegner abzurechnen. Angestachelt von St. Just, stellt er auch für seinen Freund Desmoulins einen Haftbefehl aus. Danton und seine Freunde erfahren von ihrer bevorstehenden Verhaftung, lehnen aber die Rettung durch Flucht ab.

2. Teil

Nach Gefangennahme der Deputierten gelingt es St. Just, bei der Menge gegen Danton Stimmung zu machen. Vor dem Tribunal verteidigt sich Danton heldenhaft, erinnert an seine Rolle während der Revolution und klagt Robespierre und die Richter als Hochverräter an. Robespierre gewinnt jedoch die Oberhand. Danton und seine Kameraden werden zum Richtplatz geführt und enden unter der Guillotine. Frenetisch bejubelt das Volk die Hinrichtung. Die wahnsinnig gewordene Lucile, Desmoulins' Frau, liefert sich selbst dem Henker aus.

Anmerkung

»Dantons Tod« war die erste Oper eines zeitgenössischen Komponisten, die in Salzburg uraufgeführt wurde. Sie wurde als richtungsweisend für die Entstehung eines modernen Musiktheaters begrüßt. Von Einems Musik orientiert sich an Vorbildern wie Strawinsky, verschmäht jedoch expressiv-dramatische Klangballungen zur Steigerung der Dramatik nicht. Blachers und von Einems Bearbeitung von Büchners Original hebt die Rolle des Volkes besonders hervor, was dem Komponisten Gelegenheit zu eindrucksvollen Chorszenen verschaffte. Beinahe könnte man »Dantons Tod« als Choroper bezeichnen. Die Solorollen sind vorwiegend deklamatorisch angelegt.

DER PROZESS

Oper in zwei Teilen, Text von Boris Blacher und Heinz von Cramer nach dem Roman von Franz Kafka, Uraufführung: Salzburg 1953

Personen

JOSEF K. (Tenor);
FRÄULEIN BÜRSTNER (Sopran),
Frau des Gerichtsdieners;
UNTERSUCHUNGSRICHTER (Bariton);
ALBERT K. (Baß),
Josefs Onkel;
ADVOKAT (Bariton);
FABRIKANT (Bariton);
TITORELLI (Tenor),
Maler;
GEISTLICHER (Bariton)

Der Prozeß

Im Jahr 1919.

Handlung

Der Bankprokurist Josef K. erfährt eines Morgens, er sei verhaftet, könne aber vorerst weiterhin seinem Beruf nachgehen. Ein Grund wird ihm nicht genannt. Alle Personen, die er zur Aufklärung um Rat bittet, scheinen über seinen bevorstehenden Prozeß Bescheid zu wissen und wollen ihm angeblich helfen. Sein Onkel vermittelt Josef an einen Advokaten, der Fabrikant verweist ihn an einen berühmten Maler, doch ohne Erfolg. Außer Mitleidsbeteuerungen und leeren Ratschlägen haben sie Josef nichts zu bieten. Schließlich flüchtet er in einen Dom, wo ihm der Geistliche die Ausweglosigkeit seiner Lage vor Augen führt. Zwei Henker erscheinen und führen Josef K. zur Hinrichtung.

Anmerkung

Von Einem hat in seiner Kafka-Vertonung nicht den Versuch unternommen, die Handlung vereinheitlichend unter einen großen Bogen zu spannen. Die neun Bilder der Oper wechseln einander filmschnittartig ab. Jedes Bild ist mit einer charakteristischen Überschrift versehen, z. B. »Der Advokat« oder »Der Maler«. Die Vertreter der Macht, denen Josef K. sich ausgesetzt sieht, bleiben anonym; ihre Namen spielen keine Rolle. Im Verlauf der Handlung lernt K. drei Frauen kennen, von denen er sich Hilfe erhofft. Da alle drei für K. dieselbe Funktion einnehmen, werden sie von einer Sängerin verkörpert. Musikalisch verläßt von Einem den in »Dantons Tod« geschaffenen Rahmen nicht. Wie im Vorgängerwerk spielt das Orchester eine bedeutende Rolle. Ob es von Einem gelungen ist, die bedrohlich irreale Welt Kafkas adäquat wiederzugeben, ist verschiedentlich angezweifelt worden.

Manuel de Falla
(1876-1946)

Ohne wirklich durchschlagenden Erfolg hatten Albéniz und Granados hauptsächlich mit Klavierwerken versucht, der spanischen Musik international Gehör zu verschaffen. Dies war dem aus Cadiz stammenden Manuel de Falla vorbehalten, der das Idiom seiner Heimat in das raffinierte Gewand des französischen Impressionismus kleidete. Das Klavierkonzert »Nächte aus spanischen Gärten« und das Ballett »Der Dreispitz« eroberten sich die Podien der Welt. In seinem Spätwerk löste ein klassizistisch orientierter Konstruktivismus die Vorbilder Ravel und Debussy ab. Bezeichnend in dieser Hinsicht ist die Komposition eines Konzertes für Cembalo und Kammerensemble. Als de Falla am 14. November 1946 in Argentinien starb, hinterließ er neben seinen beiden vollendeten Opern die Skizzen zu einem szenischen »Atlantis«-Oratorium, an dem er über 18 Jahre hinweg gearbeitet hatte. Unter großen Mühen vollendete de Fallas Schüler, der Komponist Ernesto Halffter, das Werk, das 1962 an der Mailänder Scala seine szenische Uraufführung hatte.

LA VIDA BREVE (Das kurze Leben)
Lyrisches Drama in zwei Akten, Text von Carlos Fernandéz Shaw, Uraufführung: Nizza 1913

Personen
SALUD (Sopran);
SALUDS GROSSMUTTER (Mezzosopran);
CARMELA (Mezzosopran);
ONKEL SALVADOR (Bariton);
PACO (Tenor);
MANUEL (Bariton),
Carmelas Bruder

Granada, zu Beginn des 20. Jahrhunderts.

Handlung
1. Akt

Im Garten ihres Hauses erwartet Salud sehnsüchtig ihren Geliebten Paco. Die gute Großmutter ängstigt sich um das Schicksal ihrer Enkelin, und das zu Recht: Onkel Salvador weiß mit Bestimmtheit, daß Paco längst mit einem reichen Mädchen verlobt ist. Nur knapp kann die

La vida breve

Großmutter verhindern, daß sich der Onkel auf Paco stürzt, als dieser der Unschuldigen wieder einmal die Treue schwört. Der Sonnenuntergang über Granada schließt sich an, nur vom Orchester und fernen Summchören in Szene gesetzt; kein einziges Wort fällt.

2. Akt

Salud hat von Pacos Untreue erfahren und eilt zum Haus der Braut, um ihn an seine Schwüre zu erinnern. Während Paco bereits die eleganten Hochzeitsgäste empfängt, stellt er sich taub gegenüber den Vorwürfen des Onkels und des Mädchens. Er gibt vor, Salud nicht einmal zu kennen, und erklärt sie für wahnsinnig. Ein letztes Mal nennt das Mädchen zärtlich seinen Namen, dann bricht es tot vor ihm zusammen.

Anmerkung

Manuel de Falla schuf seine Milieustudie, deren Handlung von ferne an Moniuszkos Oper »Halka« erinnert, in den Jahren 1904/05 für einen Wettbewerb der Königlichen Akademie der Schönen Künste in Madrid. Zwar konnte er mit seinem von Romantik und Impressionismus noch stark geprägten Jugendwerk den ersten Preis gewinnen, doch nahm sich vorerst keine Bühne des Stückes an. Schließlich erlebte es 1913 in Nizza seine Premiere und wurde noch im selben Jahr in Paris zu einem triumphalen Erfolg für den Komponisten, der die Hochzeitsszene für diesen Anlaß um wirkungsvolle, das spanische Kolorit betonende Tanz- und Choreinlagen erweitert hatte.

Friedrich von Flotow
(1812-1883)

Eigentlich hätte er Diplomat werden sollen, aber es stellte sich schnell heraus, daß es Friedrich von Flotow mehr zur Theater- als zur politischen Bühne zog. Entscheidend für seine musikalische Ausbildung waren die Lehrjahre bei Anton Reicha in Paris. Von 1831 bis zum Revolutionsjahr 1848 blieb von Flotow in der französischen Hauptstadt, wo er als Bühnenkomponist in Erscheinung trat, aber auch Kammermusik veröffentlichte, die zum Teil in Zusammenarbeit mit Jacques Offenbach, den er sehr förderte, entstand. Von 1855-1862 hatte er die Intendanz des Hoftheaters in Schwerin inne. Später zog er sich zunächst auf seinen Besitz in Hirschwang bei Wien zurück, dann auf das väterliche Gut Teutendorf in Mecklenburg.

MARTHA oder DER MARKT ZU RICHMOND

Romantisch-komische Oper in vier Akten, Text von Wilhelm Friedrich (Friedrich Wilhelm Riese) nach dem Ballett »Lady Henriette« von Saint-Georges und Marzillier, Uraufführung: Wien 1847

Personen

LADY HARRIET DURHAM (Sopran),
Ehrenfräulein der Königin;
NANCY (Mezzosopran),
ihre Vertraute;
LORD TRISTAN MICKLEFORD (Baß);
LYONEL (Tenor);
PLUMKETT (Baß),
ein reicher Pächter;
RICHTER VON RICHMOND (Baß)

Richmond, Anfang des 18. Jahrhunderts.

Handlung

Aus Langeweile beschließen Lady Harriett und ihre Vertraute Nancy, sich auf dem Markt von Richmond als Bauernmädchen auszugeben. Zum Spaß lassen sie sich vom reichen Pächter Plumkett und dessen Pflegebruder Lyonel als Mägde verpflichten. Aber aus dem Spaß wird Ernst,

Martha

denn ein neues Gesetz bestimmt, daß Arbeitsverhältnisse dieser Art frühestens nach einem Jahr beendet werden können. Unter den Namen Martha und Julia verdingen sich die beiden jungen Damen bei Plumkett und Lyonel, doch es stellt sich bald heraus, daß sie von der Hauswirtschaft nicht die blasseste Ahnung haben. Trotzdem sind ihre Herren nicht ungnädig mit ihnen, hat sich doch Plumkett in Julia und Lyonel in Martha verliebt. Aber mit Rücksicht auf den Standesunterschied weist Martha die Werbung Lyonels zurück, und um die Sache nicht auf die Spitze zu treiben, suchen beide Mägde mit Hilfe ihres Vetters Mickleford das Weite. Wenig später beobachten Plumkett und Lyonel aus der Ferne die königliche Jagd. Von weitem glaubt Plumkett seine »Julia« zu erkennen. Lyonel gelingt es, bis zu Lady Harriett vorzudringen, doch Harriett tut so, als habe sie ihn nie gesehen. Als Lyonel darauf beharrt, sie zu kennen, und behauptet, sie habe bei ihm als Magd gedient, hält man ihn für verrückt und führt ihn ab. Bald stellt sich heraus, daß Lyonel der Sohn eines Grafen ist. Harriett möchte sich wieder mit ihm versöhnen, aber Lyonel weist sie ab. Um sein Herz wiederzugewinnen, taucht sie erneut als Bauernmädchen auf dem Markt von Richmond auf und bietet sich Lyonel als Magd an. Sein Stolz ist gebrochen, es kommt zur Versöhnung, und auch Plumkett und Nancy haben sich längst gefunden.

Anmerkung

»Martha«, das neben »Alessandro Stradella« (1844) einzige seiner zahlreichen Bühnenwerke, mit dem von Flotow im gängigen Repertoire vertreten ist, gilt zu Recht als ein Höhepunkt der komischen deutschen Oper. Ursprünglich nur Teil einer Ballettaufführung, wurde das Werk nachträglich auf vier Akte ausgeweitet. Als Besonderheit ist anzusehen, daß von Flotow die im deutschen Singspiel üblicherweise gesprochenen Dialoge durch Rezitative ersetzte. Zu den bekanntesten Gesangsnummern gehören die einem irischen Volkslied nachgebildete »Letzte Rose« (Martha), das Ensemble »Mag der Himmel euch vergeben« und die Chöre »Der Markt beginnt!« und »Mädchen, brav und treu«.

Wolfgang Fortner
(1907-1987)

Wolfgang Fortner begann seine kompositorische Laufbahn als Vertreter der neobarocken Richtung. Nach dem Krieg wandte er sich der Schönbergschen Reihentechnik zu, ohne dabei in Dogmatismus zu verfallen. Auf der Suche nach immer neuen Ausdrucksformen bediente sich Fortner später auch der Aleatorik und der elektronischen Musik. Seine erste große Oper, »Bluthochzeit«, ist gleichzeitig seine erfolgreichste. Fortner wirkte als Lehrer für Komposition in Freiburg im Breisgau und übernahm 1964 nach dem Tod von Karl Amadeus Hartmann die Musica-viva-Konzertreihe in München.

BLUTHOCHZEIT

Lyrische Tragödie in zwei Akten, Text vom Komponisten nach dem gleichnamigen Drama Federico Garcia Lorcas, Uraufführung: Köln 1957

Personen
MUTTER (Mezzosopran);
BRAUT (Sopran);
MAGD (Mezzosopran);
LEONARDO (Bariton);
BRÄUTIGAM (Sprechrolle)

In Andalusien, irgendwann.

Handlung
1. Akt

Als der Bräutigam mit einem Messer in der Hand die Wohnung verläßt, um in seinem Weinberg Trauben zu schneiden, denkt die Mutter voller Verbitterung an den Tod ihres Mannes und ihres zweiten Sohnes. Beide kamen durch ein Messer ums Leben; der Grund war ein Streit mit der verfeindeten Familie Félix. Zu ihrem Entsetzen erfährt die Mutter von der Nachbarin, daß die Braut ihres Sohnes, die er bald heiraten wird, ursprünglich mit Leonardo Félix verlobt war. – Leonardos Frau stellt ihn zur Rede, warum er immer häufiger des Nachts fernbleibe, doch er antwortet nicht. – Auf der Hochzeit begegnen sich Leonardo und die Braut wieder; die Braut versucht vergeblich, sich ihm zu entziehen.

2. Akt

Gemeinsam mit Leonardo ist die Braut von ihrer Hochzeit geflohen. Drei Holzfäller sprechen im Wald über die schicksalhaften Geschehnisse dieses Hochzeitstages. Die Braut bittet Leonardo, allein weiter zu fliehen, um sein Leben zu retten. Der Bräutigam stellt die Flüchtenden; es kommt zum Kampf, in dem beide Männer fallen. Wieder daheim, erbittet die Braut von der Mutter den Tod, doch diese erkennt die schicksalhafte Verstrickung, in die die Handelnden geraten sind, ohne letztendlich schuldig zu sein. Eine Totenklage der Frauen beschließt das Werk.

Anmerkung

Bevor Fortner mit der Arbeit an der »Bluthochzeit« begann, hatte er das Kernstück der Oper, die Waldszene, bereits als Einzelstück fertiggestellt. Die Musik dieser Szene hält sich eng an die Regieanweisung Garcia Lorcas: »Aus der Ferne hört man zwei Violinen, welche den Wald ausdrücken.« Zu einem zwölftönigen Kanon der beiden Violinen tritt sparsamste Begleitung in Schlagwerk und Gitarre. Andalusische Rhythmen und Melodien gehören zum musikalischen Material der Oper; es entsteht jedoch nicht der Eindruck eines Folklorismus aus zweiter Hand. Getreu seiner Maxime, daß die Erneuerung der Oper »von einer Eroberung des Schauspiels durch die Musiker ausgehen muß«, räumt Fortner dem gesprochenen Wort breiten Raum ein. Einige Rollen, so die des Bräutigams, sind gänzlich als Sprechpartien angelegt.

Baldassare Galuppi
(1706-1785)

Nach dem Namen der Insel Burano bei Venedig, wo er geboren wurde, nannte man Galuppi auch »Il Buranello«. Zur Bühne war es für ihn, den Sohn eines Geigers und Barbiers, nur ein kleiner Sprung: Venedig, das Tor zur Welt der Oper, lag nebenan. Sein erster Opernversuch »La fede nell' incostanza«, aufgeführt in Chioggia und Vicenza, war jedoch ein so totaler Mißerfolg, daß er die hoffnungsvoll begonnene Karriere des erst Sechzehnjährigen wohl jäh beendet hätte, wäre da nicht Benedetto Marcello gewesen, der das Talent des jungen Mannes erkannte und ihm erst einmal eine gründliche Ausbildung bei seinem eigenen Lehrer, Antonio Lotti, verordnete. Die Nachhilfe hatte Erfolg. Bald eroberten Galuppi und sein Textdichter Carlo Goldoni von Venedig aus nicht nur die großen italienischen Musikstädte, sondern auch London und St. Petersburg. Die erfolgreichsten seiner mehr als 100 Opern waren die komischen im Stil des »Dramma giocoso in musica«, an dessen Ausprägung Goldoni maßgeblichen Anteil hatte. Von den Opere serie Galuppis waren auf Dauer nur »Alessandro nell' Indie« (1738) und »L' Olimpiade« (1747), für die Pietro Metastasio die Libretti schrieb, erfolgreich.

IL FILOSOFO DI CAMPAGNA
(Der Philosoph vom Lande)
Komische Oper in drei Akten, Text von Carlo Goldoni, Uraufführung: Venedig 1754

Personen
EUGENIA (Sopran);
LESBINA (Sopran),
ihre Dienerin;
RINALDO (Tenor),
Geliebter Eugenias;
NARDO (Baß),
ein reicher Bauer;
DON TRITEMIO (Baß),
Eugenias Vater

Ein italienisches Dorf, Anfang des 18. Jahrhunderts.

Il filosofo di campagna

Handlung

Eugenia und Lesbina, ihre Dienerin, träumen vom Heiraten. Eugenia weiß auch schon wen: Rinaldo, einen Mann von Stand. Aber ihr Vater, der verwitwete Don Tritemio, hat sie dem reichen Bauern Nardo versprochen. Für sich selbst rechnet er sich Chancen bei der hübschen Lesbina aus, nur muß Eugenia erst unter die Haube. Dem Kavalier Rinaldo, der um die Hand seiner Tochter anhält, erteilt Tritemio eine Abfuhr. Nardo tritt auf und erklärt seine bodenständige Philosophie: Er will dem Landleben treu bleiben und auch Eugenia nur dann heiraten, wenn sie ihm nicht zu eingebildet ist. Eugenia hofft weiter auf die Erfüllung ihrer Liebe zu Rinaldo. Um ihrer Herrin zum Glück zu verhelfen, gibt Lesbina sich Nardo gegenüber als Eugenia aus. Der ist hingerissen, und im Glauben, sich in Eugenia verliebt zu haben, tauscht er mit Lesbina/Eugenia die Ringe. Rinaldo hat von der Verlobung erfahren und schwört blutige Vergeltung. Nardo, der Philosoph vom Lande, wägt sein Risiko ab und räumt das Feld. Da bekennt Lesbina ihr Doppelspiel. Nardo verzeiht ihr ohne große Umschweife, und beide schwelgen in Liebe und Naturverbundenheit. Der Weg ist frei für Eugenia und Rinaldo; Don Tritemio hat das Nachsehen.

Anmerkung

Zu den großen Leistungen Galuppis gehört die »Erfindung« des durchkomponierten Finales. Zwar haftet den Aktschlüssen, in denen Galuppi die Stimmen der Solisten zusammenführt, noch etwas Chormäßiges an, aber schon in der Hinführung auf diese Ensembles wird der Schematismus von Rezitativ und Arie durchbrochen und eine Übereinstimmung von Aktion und musikalischer Darstellung erreicht. Auch das war wohl ein Grund für Ermanno Wolf-Ferrari, der sich am Anfang unseres Jahrhunderts um eine Erneuerung der italienischen Buffo-Tradition bemühte, Galuppis »Filosofo« nicht nur der Qualitäten des Librettos wegen aus der Versenkung hervorzuholen und neu zu instrumentieren.

G. Gershwin

George Gershwin
(1898-1937)

George Gershwin gelang, was Generationen seiner Landsleute vergeblich versucht hatten: die Begründung einer spezifisch amerikanischen Musiksprache. Er begann als Songwriter am Broadway und schrieb 21jährig sein erstes Musical. 1924 komponierte er für Paul Whitemans Big Band die »Rhapsody in Blue«, seinen ersten Welterfolg, in dem er Elemente des Jazz mit dem klassisch-romantischen Konzertstil erfolgreich verknüpfte. Für die meisten seiner Bühnenwerke verfaßte sein Bruder Ira die Libretti. Das Musical »Of Thee I Sing« erhielt als erstes seiner Gattung den Pulitzer-Preis. Mit dem Werk »Porgy And Bess« versuchte sich Gershwin erstmals auf dem Gebiet der Oper. Es wurde ein Meisterwerk und blieb seine letzte größere Komposition. Gershwin starb mit 38 Jahren an einem Gehirntumor.

PORGY AND BESS

Oper in drei Akten, Text von Du Bose Heyward und Ira Gershwin nach einem Roman von Du Bose Heyward, Uraufführung: New York 1935

Personen
PORGY (Baßbariton);
BESS (Sopran);
CROWN (Bariton);
SPORTING LIFE (Tenor)

Charleston in South Carolina, um 1930.

Handlung
1. Akt

In einer Kneipe an der Catfish Row, einer engen Gasse im Negerviertel von Charleston. – Zu den Stammgästen gehören der brutale Crown und seine Geliebte Bess sowie der verkrüppelte Porgy. Porgy, ein gutherziger Bettler, ist in Bess verliebt, rechnet sich aber keine Chancen bei ihr aus. Während eines Würfelspiels kommt es zum Streit, bei dem Crown seinen Mitspieler Robbins erschlägt. Crown flieht. Der zynische Rauschgifthändler Sporting Life bietet Bess seinen Schutz an. Bess lehnt jedoch ab und begibt sich statt dessen in die Obhut Porgys. Unter Anteilnahme des gesamten Viertels wird Robbins beerdigt.

Porgy And Bess

2. Akt
Bess lebt seit einiger Zeit glücklich mit Porgy zusammen. Bei einem Picknick jedoch wird sie von Crown entführt. Als Bess später krank und verstört zu Porgy zurückkehrt, bittet sie ihn, sie vor Crown zu schützen. Während eines Sturms taucht Crown wieder auf. Er hilft bei einer Rettungsaktion, droht allerdings, zurückzukehren und Bess endgültig mitzunehmen.

3. Akt
In böser Absicht schleicht Crown um Porgys Haus. Aus dem Hinterhalt greift Porgy ihn an und tötet ihn. Am nächsten Tag wird Porgy verhaftet. Sporting Life wittert nun seine Chance und redet auf Bess ein, mit ihm nach New York zu gehen. Noch widersteht sie. Doch als Porgy schon bald wieder zurückkehrt, ist Bess nicht mehr da. Obwohl ihn alle zurückzuhalten versuchen, macht er sich auf den Weg nach New York, um Bess wiederzufinden.

Anmerkung
»Porgy And Bess« ist die amerikanische Volksoper schlechthin. Gershwin hatte vor Ort ausführlich die Musik der Neger von South Carolina studiert. Er verzichtete jedoch auf wörtliche Zitate. Die in der Oper verwandten Spirituals stammen von Gershwin selbst. Hinzu kommen Stilelemente des Jazz und des Blues sowie – auch im Handlungsaufbau – des italienischen Verismo. Gershwins Kunst, populäre und »ernste« Musikgattungen gewinnbringend miteinander zu verschmelzen, erreicht in »Porgy And Bess« ihren Höhepunkt. Etwas verspätet, in den 40er Jahren, begann der weltweite Siegeszug der Oper. Einige Nummern, z. B. »Summertime«, sind zu wahren Evergreens geworden.

Umberto Giordano
(1867-1948)

Noch während seines Studiums am Konservatorium in Neapel nahm Umberto Giordano mit seiner ersten Oper »Marina« am Sonzogno-Kompositionswettbewerb teil, was ihm zwar keinen Preis, wohl aber die Aufmerksamkeit von Edoardo Sonzogno eintrug, dem Verleger von Mascagni. Mit der 1896 uraufgeführten Oper »André Chénier« avancierte Giordano zu einem der führenden Vertreter des Verismo, jener zunächst rein literarischen Spielart des Naturalismus, die – durch Mascagnis »Cavalleria rusticana« auch musikalisch etabliert – zur wichtigsten Strömung in der italienischen Oper nach Verdi wurde.

ANDRÉ CHÉNIER
Musikalisches Drama in vier Bildern, Text von Luigi Illica, Uraufführung: Mailand 1896

Personen
ANDRÉ CHÉNIER (Tenor),
ein Dichter;
CHARLES GÉRARD (Bariton);
GRÄFIN COIGNY (Mezzosopran);
MADELEINE VON COIGNY (Sopran),
ihre Tochter;
BERSI (Sopran), *eine Mulattin;*
ROUCHER (Baß),
ein Freund Chéniers;
MATTHIEU »POPULUS« (Baß),
Sansculotte;
MADELON (Alt);
INCROYABLE (Tenor);
PIERRE FLÉVILLE (Bariton),
Romancier;
ABBATE (Tenor);
SCHMIDT (Baß),
Gefängnisschließer;
DUMAS (Bariton),
Präsident des Wohlfahrtsausschusses;
FOUQUIER TINVILLE (Baß),
öffentlicher Ankläger

André Chénier

Paris, während der Französischen Revolution.

Handlung

Bei einem Fest im Schloß der Gräfin Coigny trägt der Dichter André Chénier sehr zum Ärger der Anwesenden Gedichte vor, die den Adel verspotten und Sympathie mit dem unterdrückten Volk und den Ideen der Revolution bekunden. Nur Madeleine, die Tochter der Gräfin, und der Diener Gérard pflichten ihm bei. Gérard wird daraufhin entlassen. Die Revolution nimmt ihren Lauf, Gérard wird einer ihrer Anführer. Von seinem Freund Roucher erhält Chénier den Rat, Paris zu verlassen. Auch Madeleine muß um ihr Leben fürchten. Als sie Schutz sucht bei Chénier, taucht Gérard, der ihr gefolgt ist, auf und wird im Streit von Chénier, den er nicht sogleich erkennt, verwundet. Madeleine kann fliehen.

André Chénier wird vor das Revolutionsgericht gestellt und, obwohl Gérard für den Dichter eintritt, zum Tode verurteilt. Im Gefängnis St. Lazare wartet er auf seine Hinrichtung. Um den Preis ihrer eigenen Hinrichtung gelangt Madeleine zu ihm. Den Liebenden bleibt eine Nacht, ehe sie gemeinsam den Karren zum Schafott besteigen.

Anmerkung

Die Geschichte des »André Chénier« beruht auf einer wahren Begebenheit. Insofern erfüllt Giordanos Oper eine der zentralen Forderungen des literarischen Verismo, der freilich, ins Musikalische gewendet, weniger ein Stilbegriff als ein Schlagwort im Konkurrenzkampf der beiden italienischen Verlagshäuser Sonzogno und Ricordi war. »André Chénier«, ein Aushängeschild dieses musikalischen Verismo, wurde als einzige der mehr als ein Dutzend Opern, die Giordano schrieb, zum Welterfolg. Neben den Soloszenen des Titelhelden gehören vor allem die Arie der Madeleine »La mamma morta« (3. Akt) und beider ergreifendes Duett im letzten Akt »Vicino a te s'acqueta« zu den Glanzstücken des Werks.

M. I. Glinka

Michail Iwanowitsch Glinka
(1804-1857)

Nachdem er in Petersburg seine musikalische Ausbildung erfahren und dort einige Zeit als Beamter im Verkehrsministerium gearbeitet hatte, ging Glinka 1830 für vier Jahre nach Italien. Dort lernte er u. a. Bellini und Donizetti kennen und studierte die italienische Oper. Nach Rußland zurückgekehrt, komponierte er seine Oper »Ein Leben für den Zaren«, deren Uraufführung ihn berühmt machte. Als seine zweite Oper, »Ruslan und Ludmilla«, nicht den gewünschten Erfolg erzielte, verließ Glinka Rußland wieder und verbrachte die nächsten Jahre mit ausgedehnten Reisen. Er starb in Berlin, während eines Besuchs bei seinem Lehrer Siegfried Dehn. Glinkas Werke ließen die musikalische Weltöffentlichkeit erstmals auf Rußland aufmerksam werden.

EIN LEBEN FÜR DEN ZAREN (IWAN SUSSANIN)

Große Oper in vier Akten und einem Epilog, Text von Georgi von Rosen, Uraufführung: Petersburg 1836

Personen
IWAN SUSSANIN (Baß),
ein alter Bauer;
ANTONIDA (Sopran),
seine Tochter;
BOGDAN SOBININ (Tenor),
ihr Bräutigam;
WANJA (Alt),
Iwans Pflegesohn;
POLNISCHER HEERFÜHRER (Bariton)

Rußland, im Jahr 1613.

Handlung
1. Akt

Im Dorf Domnin feiern die Bauern den Sieg Rußlands über die Polen. Der junge Romanow, Gutsherr des Dorfes, wird neuer Zar. Beglückt von dieser frohen Botschaft, willigt Iwan Sussanin in die Hochzeit seiner Tochter Antonida mit Bogdan Sobinin ein.

2. Akt
Im polnischen Lager. Als die Polen von ihrer Niederlage erfahren, beschließen sie, den neuen Zaren zu entführen.

3. Akt
Polnische Soldaten überfallen das Dorf. Sie stürmen Antonidas Hochzeit und verlangen von Iwan, sie zum Zaren zu führen. Zum Schein willigt Iwan ein; er plant jedoch, die Polen in die Irre zu führen. Seinen Pflegesohn schickt er als warnenden Boten zum Zaren.

4. Akt und Epilog
Während es Wanja gelingt, den Zaren zu erreichen, führt Iwan das polnische Heer in die Wildnis. Als er sein Täuschungsmanöver triumphierend gesteht, erschlagen sie ihn. Unter Teilnahme von Wanja, Antonida und Bogdan wird Romanow im Moskauer Kreml zum Zaren gekrönt.

Anmerkung
Mit dieser Oper gelang es Glinka als erstem russischen Komponisten, die Fesseln der westlichen Tradition entscheidend zu lockern. Gewiß sind Einflüsse der italienischen Opera seria noch durchaus erkennbar, doch stellt die Verwendung folkloristischer Quellen als werkprägendes musikalisches Gestaltungsmittel ein absolutes Novum dar. Ein großer Teil des Publikums empfand dies als degoutant und sprach herablassend von »Kutschermusik« – der Zar jedoch war begeistert. Mit der Uraufführung von »Ein Leben für den Zaren« erlebte die russische Oper ihre Geburtsstunde. In der Sowjetunion durfte die Oper lange Zeit nur unter ihrem ursprünglich von Glinka vorgesehenen Titel »Iwan Sussanin« gespielt werden. Außerdem wurde für das Werk eigens ein »bereinigtes« Libretto hergestellt, in dem der Zar keine Rolle mehr spielte.

RUSLAN UND LUDMILLA
Große Oper in fünf Akten, Text vom Komponisten und W. Schirkow nach Puschkins gleichnamigem Poem, Uraufführung: Petersburg 1842

Personen
SWETOSAR (Baß),
Großfürst von Kiew;
LUDMILLA (Sopran),
seine Tochter;

M. I. Glinka

RUSLAN (Bariton),
ihr Bräutigam;
RATMIR (Alt),
ein Prinz;
FARLAF (Baß),
ein Ritter;
GORISLAWA (Sopran),
Ratmirs Geliebte;
FINN (Tenor),
ein Zauberer;
NAINA (Mezzosopran),
eine Hexe;
TSCHERNOMOR (stumme Rolle),
ein Zwerg

Rußland, in sagenhafter Vergangenheit.

Handlung
1. Akt

Fürst Swetosar gibt zu Ehren seiner Tochter Ludmilla ein Festmahl. Eingeladen sind drei Freier: Ruslan, den Ludmilla liebt, der Prinz Ratmir und Farlaf, ein Prahlhans und Abenteurer. Als Ludmilla von einem Ungeheuer entführt wird, verspricht Swetosar demjenigen Freier die Hand seiner Tochter, der sie ihm unversehrt zurückbringt.

2. Akt

Der Zauberer Finn warnt Ruslan vor der bösen Fee Naina. Diese verspricht Farlaf, ihm bei der Entführung Ludmillas zu helfen, sobald Ruslan diese befreit habe. Auf einem Schlachtfeld gelingt Ruslan der Sieg über ein Ungeheuer in Gestalt eines Riesenhauptes und erhält von ihm ein Zauberschwert, mit dem er den bösartigen Zwerg Tschernomor, in dessen Gefangenschaft Ludmilla geraten ist, besiegen kann.

3. Akt

In Nainas Palast. Gorislawa erwartet ihren Geliebten Ratmir. Doch als Ratmir erscheint, erkennt er sie nicht, da ihm Nainas Zauberkünste die Sinne vernebeln. Auch Ruslan, der als nächster den Schauplatz betritt, läuft Gefahr, verzaubert zu werden. Als Retter in der Not erweist sich Finn, der Nainas Bann bricht und den beiden Rittern ihre Geisteskräfte wiedergibt. Beide machen sich auf den Weg zur Befreiung Ludmillas.

4. Akt
Ruslan schafft es, in Tschernomors Palast einzudringen. Der Unhold versenkt Ludmilla sofort in einen tiefen Schlaf und stellt sich dann zum Zweikampf. Tschernomor wird besiegt, doch Ruslan kann Ludmilla nicht aus dem Schlaf wecken. Also trägt er sie davon.

5. Akt
Nachdem Ludmilla wieder einmal, diesmal von Farlaf, entführt worden ist, versammeln sich alle in Swetosars Schloß. Doch niemand kann Ludmilla aufwecken. Dies gelingt Ruslan erst mit Hilfe eines Zauberrings, den ihm Finn durch seinen Freund Ratmir zukommen läßt. Allgemeiner Jubel, die Hochzeitsfeierlichkeiten können beginnen.

Anmerkung
Das märchenhafte Sujet dieser Oper gab Glinka Gelegenheit, Folklore der verschiedensten Länder zu verarbeiten. Exotisch-orientalische Elemente prägen insbesondere die Zauberwelt des Tschernomor. Glinkas meisterhafte Instrumentationskunst befindet sich hier auf ihrem Höhepunkt; sie beeinflußte russische Komponisten mehrerer Generationen bis hin zu Strawinsky in seinem »Feuervogel«. Trotz ihres klanglichen Reichtums und ihrer reichen Melodik wird die Oper außerhalb Rußlands selten aufgeführt. Lediglich der temperamentvollen Ouvertüre begegnet man häufiger bei Potpourris.

C. W. von Gluck

Christoph Willibald Ritter von Gluck
(1714-1787)

Seine ersten Opernerfolge feierte Gluck zwischen 1736 und 1745 in Italien. Später war er Kapellmeister in Kopenhagen, wirkte von 1752 bis 1773 als Hofkomponist in Wien, wechselte von dort für fünf Jahre nach Paris und zog sich schließlich, geehrt und geadelt, nach Wien zurück. In all diesen Jahren hat Gluck knapp 50 Bühnenwerke geschaffen, wobei sich drei Schaffensperioden feststellen lassen: Bis 1765 komponierte er Opern, in denen er die starren Regeln der italienischen Opera seria streng befolgt. Erst als er mit dem Genre der komischen Oper und des deutschsprachigen Singspiels zu experimentieren begann (ab 1754), fand er zu einer eigenen musikalischen Gestaltung. Seit »Orfeo ed Euridice« (1762) ging er gänzlich neue Wege und setzte sich über die Konventionen der barocken Oper hinweg, was ihm im 19. Jahrhundert den Ruf als »Opernreformator« einbrachte. Seine Arbeit hat direkte Auswirkungen auf Mozart gehabt und noch Berlioz und Wagner beeinflußt.

ORFEO ED EURIDICE (Orpheus und Eurydike)

Oper (Azione teatrale per musica) in drei Akten, Text von Ranieri de' Calzabigi, Uraufführung: Wien 1762 (französische Fassung: Paris 1774)

Personen
ORFEO (Alt, Haut-Contre oder Tenor);
EURIDICE (Sopran);
AMOR (Sopran)

Idyllische Landschaft im mythischen Griechenland, die Unterwelt.

Handlung
1. Akt
Am Grabmal Eurydikes trauert Orpheus um seine tote Braut und beschließt, sie aus der Unterwelt zu befreien. Amor verkündet die Bedingungen Jupiters: Orpheus darf Eurydike aus dem Reich der Toten zurückholen, seine Braut aber unterwegs nicht ansehen.

2. Akt
In der Unterwelt verwehren ihm die Furien zunächst den Einlaß. Als sie zurückweichen, findet er Eurydike in den Gefilden der Seligen. Er nimmt sie bei der Hand und führt sie mit sich.

3. Akt

Auf dem Weg nach oben zweifelt Eurydike an Orpheus' Liebe, da er sie nicht anschaut und auch nicht mit ihr redet. Als Orpheus das Verbot bricht und sich umwendet, stirbt Eurydike ein zweites Mal. Im Tempel Amors beklagt Orpheus sein Schicksal. Amor hat Erbarmen und erweckt Eurydike zum Leben. Der Chor preist die Wohltaten Amors.

Anmerkung

Gluck und sein Textdichter Calzabigi haben mit »Orfeo ed Euridice« erstmals die Konventionen der barocken Opera seria durchbrochen. Anstelle einer komplizierten Verflechtung aus Intrigen, Haupt- und Nebenaktionen ist die Orpheussage in ein geradliniges Bühnengeschehen umgesetzt, wobei die Zahl der handelnden Personen ganz bewußt reduziert wurde: Die eigentlichen Mit- und Gegenspieler Orpheus' sind die Chöre; Amor fungiert lediglich als antreibende Kraft zu Anfang und als rettender »Deus ex machina« zum Schluß, während Eurydike (auch musikalisch) kaum zur Geltung kommt. Aber nicht nur die Handlung hebt sich gegen die barocken Opernkonventionen ab: Gluck verzichtete auf die stereotype Abfolge von Secco-Rezitativ und prachtvoller Da-capo-Arie und schuf statt dessen großflächige musikalische Tableaus mit eingängigen strophischen Liedtypen. – Für die Pariser Fassung 1774 hat Gluck den »Orphée« in den Rezitativen gestrafft, die Szene mit Eurydike in den Gefilden der Seligen (2. Akt, 2. Bild) ausgeweitet und die Rolle des Orpheus für Tenor umgeschrieben. – Wegen der inhaltlichen und musikalischen Neuerungen wird der »Orfeo« gerne als »Reformoper« des 18. Jahrhunderts beschrieben und Gluck als Vorläufer Wagners angesehen. Es ist jedoch nicht eindeutig geklärt, ob Gluck und Calzabigi tatsächlich eine Reformierung der Oper anstrebten oder nur einer modischen Laune folgten.

ALCESTE (Alkestis)

Oper (Tragedia in musica) in drei Akten, Text von Ranieri de' Calzabigi nach Euripides, Uraufführung: Wien 1767 (französische Fassung: Paris 1776)

Personen

ADMETO (Haut-Contre, Alt oder Tenor),
König von Pherae;

C. W. von Gluck

ALCESTE (Sopran),
seine Gemahlin;
HERAKLES (Baß);
APOLL (Tenor)

Pherae in Griechenland, in mythischer Vorzeit.

Handlung
1. Akt
Admeto, der König von Pherae, liegt im Sterben. Das Orakel des Apoll verkündet, daß er am Leben bleibt, wenn ein anderer Mensch für ihn stirbt. Alceste ist bereit, sich für ihren Gemahl zu opfern.

2. Akt
Alceste nimmt von ihrer Familie Abschied. Admeto, der inzwischen genesen ist, weist ihr Opfer zurück. Aber Alcestes Entschluß steht fest.

3. Akt
(Wiener Fassung)
Admeto will seiner Gemahlin in den Tod folgen. Da erscheint Apoll als rettender Deus ex machina und führt Alceste zurück ins Leben. Die Liebe triumphiert über das Schicksal.

3. Akt
(Pariser Fassung)
Admeto will seiner Gemahlin in den Tod folgen, aber der Eintritt in die Unterwelt wird ihm verweigert. In diesem Augenblick erscheint Herakles und fordert von den Göttern der Unterwelt Alcestes Rückkehr. Apoll eilt vom Olymp und gewährt Alceste und Admeto das Leben.

Anmerkung
»Alceste« ist die zweite der sogenannten Gluckschen Reformopern. Auch wenn das Personal reichhaltiger ist als im »Orfeo«, so konzentriert sich die Handlung ausschließlich auf einen einzigen Aspekt: auf die Opferbereitschaft der Alceste. Auch im Musikalischen hat Gluck seine im »Orfeo« entwickelten Ideen weitergeführt und die Rezitative, Arien und Chöre zu einem musikdramatischen Ganzen verschmolzen. – Für die französische Fassung hat Gluck eine Reihe von unwichtigen Nebenpersonen gestrichen, dafür aber die (dramaturgisch nicht befriedigende) Partie des Herakles eingeführt.

IPHIGÉNIE EN AULIDE (Iphigenie in Aulis)

Oper (Tragédie-opéra) in drei Akten, Text nach Racine von Marie François Louis Gand-Leblanc Bailli du Roullet, Uraufführung: Paris 1774

Personen

AGAMEMNON (Bariton),
König von Mykene
und Oberbefehlshaber der Griechen gegen Troja;
KLYTÄMNESTRA (Mezzosopran),
seine Gemahlin;
IPHIGENIE (Sopran),
beider Tochter;
ACHILL (Haut-Contre oder Tenor),
König in Thessalien und Verlobter der Iphigenie;
KALCHAS (Baß),
Oberpriester im Tempel der Diana

In Griechenland, unmittelbar vor Ausbruch des Trojanischen Krieges.

Handlung
1. Akt

Die Griechen warten vergeblich auf günstige Winde, um nach Troja segeln zu können. Im Namen der Göttin Diana fordert der Oberpriester Kalchas, Agamemnon müsse zuvor seine Tochter Iphigenie opfern. Iphigenie ist derweil unterwegs zum Lager der Griechen, um ihren Verlobten Achill, König in Thessalien, zu heiraten. Vergeblich versucht Agamemnon, seine ahnungslose Tochter zur Umkehr zu bewegen. Schließlich beugt er sich der Forderung der Priester. Als Iphigenie eintrifft, wird sie von allen freudig empfangen.

2. Akt

Als Achill Iphigenie zum Traualtar führen will, wird sie von den Priestern ergriffen. Achill und seine Soldaten verteidigen sie.

3. Akt

Angesichts der aufgebrachten Menge ist Iphigenie bereit, sich zu opfern, und nimmt Abschied von Achill. Als der Scheiterhaufen aufgerichtet ist, verkündet Kalchas, daß die Götter aufgrund der Tugend Iphigenies auf das Opfer verzichten. Die Griechen danken den gnädigen Göttern.

Schluß
(in der Bearbeitung Richard Wagners)

Als der Scheiterhaufen aufgerichtet ist, verkündet die Göttin Diana, daß Iphigenie nicht den Opfertod sterben soll, sondern ihr als Priesterin in einem fernen Land (auf Tauris) dienen wird. Die Griechen danken der Göttin und brechen nach Troja auf.

Anmerkung

»Iphigénie en Aulide« ist die erste Oper, die Gluck für Paris geschrieben hat. Der Auftrag stammte von Marie Antoinette, die als Tochter Maria Theresias den französischen Thronfolger Ludwig XVI. geheiratet hatte und die Gluckschen Opern von Wien her kannte. Auch die ansonsten recht zurückhaltende Intendanz der Pariser Opéra machte keine Einwände, zumal immer mehr Stimmen laut wurden, die auf eine Erneuerung der französischen Oper drängten. Obwohl Gluck die französische Sprache nur unzureichend beherrschte, wurde sein ausgeprägt rhythmischer Deklamationsstil als Vollendung der Rezitative Lullys und Rameaus gepriesen. Die Ouvertüre erfüllt hier erstmals eine programmatische Funktion, indem sie auf den Gefühlsgehalt der Oper einstimmt und nahtlos in die erste Szene übergeht. »Iphigénie en Aulide« erlebte noch während der Probenarbeit und im folgenden Jahr etliche Umarbeitungen. Richard Wagner unterzog die Oper 1847 einer Neubearbeitung, indem er Szenenübergänge änderte, Vor- und Nachspiele hinzukomponierte und die Instrumentation dem Geschmack des 19. Jahrhunderts anglich. Den Schluß wandelte er ab, um eine dramaturgisch plausible Verbindung zu Glucks »Iphigénie en Tauride« zu schaffen.

ARMIDE

Oper (Drame héroique) in fünf Akten, Text von Philippe Quinault nach »Das befreite Jerusalem« von Torquato Tasso, Uraufführung: Paris 1777

Personen
ARMIDE (Sopran),
Zauberin und Nichte des Königs von Damaskus;
RENAUD (Haut-Contre oder Tenor),
Ritter im Kreuzfahrerheer des Gottfried von Bouillon;
ARTÉMIDOR (Tenor) und UBALDE (Bariton),
zwei Ritter im Gefolge des Renaud;
FURIE DES HASSES (Alt)

Armide

In Damaskus und Umgebung und im Zauberpalast der Armide,
zur Zeit der Kreuzzüge um 1100.

Handlung
1. Akt
Die unbesiegbare Armide hat mit Hilfe ihrer Zauberkraft mehrere Kreuzritter gefangengenommen, nur Renaud ist ihr entkommen. Ein Traum beunruhigt sie: Renaud habe sie unterworfen, und sie sei zu ihm in Liebe entbrannt. Als die Bürger von Damaskus ihr huldigen, erfährt sie, daß Renaud alle Ritter befreit hat.

2. Akt
In einer idyllischen Landschaft bei Damaskus findet Armide den Ritter Renaud schlafend. Als sie ihn töten will, muß sie sich eingestehen, daß sie tatsächlich in Renaud verliebt ist. Ihren Dämonen befiehlt sie, sie beide ans Ende der Welt zu bringen.

3. Akt
Zwar liebt Armide Renaud, aber mit dem Gefühl der Schwäche kann sie sich nicht anfreunden. Vergeblich fleht sie die Furie des Hasses an, ihr den alten Zorn wiederzugeben.

4. Akt
Artémidor und Ubalde sind auf der Suche nach Renaud. Dämonen erscheinen ihnen in Gestalt ihrer Geliebten, aber die beiden Ritter durchschauen die Truggebilde.

5. Akt
Im Zauberpalast huldigen derweil Armide und der verzauberte Renaud der Liebe. Als Armide sich in die Unterwelt begibt, um gegen die drohende Gefahr um Beistand zu bitten, treffen Artémidor und Ubalde im Palast ein und befreien Renaud vom Zauber. Vergeblich bittet Armide Renaud zu bleiben. Schließlich zerstört sie voller Zorn den Zauberpalast und entschwindet in die Lüfte.

Anmerkung
Mit der »Armide« vertonte Gluck ein Libretto, das schon 1686 Lully als Vorlage gedient hatte. Im Gegensatz zu seinen handlungsmäßig gestrafften »Reformopern« der vergangenen Jahre (»Orfeo ed Euridice«, »Iphigénie en Aulide«, »Alceste«) läßt Gluck den barocken Prunk, die Vielfalt

der Personen, die ausladenden Ballettszenen und Zaubereffekte unangetastet. Auch hinsichtlich der musikalischen Formen scheint er auf die Konventionen der barocken Opera seria zurückzugreifen; jedoch gelingt ihm mit Hilfe der Orchestersprache eine differenziert psychologische Ausdeutung der Hauptfigur.

IPHIGÉNIE EN TAURIDE (Iphigenie auf Tauris)

Oper (Tragédie-opéra) in vier Akten, Text von Nicolas François Guillard, Uraufführung: Paris 1779

Personen
IPHIGENIE (Sopran),
*Tochter des Agamemnon und der Klytämnestra,
Oberpriesterin des Diana-Tempels auf Tauris;*
THOAS (Baß),
König der Skythen auf Tauris;
OREST (Baß),
Bruder der Iphigenie;
PYLADES (Tenor),
griechischer Prinz, Freund des Orest;
PRIESTERINNEN (Sopran, Mezzosopran);
DIANA (Sopran);
AUFSEHER DES HEILIGTUMS (Baß)

Tauris (vermutlich die Krim), einige Jahre nach dem Trojanischen Krieg.

Handlung
Vorgeschichte
Iphigenie, die von ihrem Vater Agamemnon geopfert werden sollte, wurde von Diana gerettet und nach Tauris entführt. Dort dient sie nun als Oberpriesterin des Diana-Tempels: Alle Fremden, die auf Tauris landen, müssen auf Geheiß des Königs Thoas den Opfertod sterben.

1. Akt
Während eines Sturms überkommt Iphigenie die Ahnung, daß ihr Vater, Agamemnon, ermordet worden ist und daß sie sich selber zur Mörderin ihres Bruders Orest macht. Nach dem Sturm sind zwei Fremde (Orest und Pylades) am Strand von Tauris aufgegriffen worden. Iphigenie soll sie dem Opfertod zuführen.

Iphigénie en Tauride

2. Akt
Orest und Iphigenie erkennen sich nicht. Iphigenie erfährt aber von den Fremden die Familientragödie: daß Orest seine Mutter Klytämnestra getötet und damit den Mord an seinem Vater gerächt und mittlerweile auch Orest den Tod gefunden hat.

3. Akt
Iphigenie will einen der beiden Fremden entkommen lassen, um ihm eine Nachricht nach Griechenland mitzugeben, aber keiner der beiden will den anderen im Stich lassen. Pylades erklärt sich schließlich widerstrebend bereit zu fliehen.

4. Akt
Als Iphigenie das Messer gegen Orest hebt, erkennen sie sich als Geschwister. Der Skythenkönig Thoas wird von Pylades besiegt, und die Götter erlösen Orest von dem Fluch des Muttermordes. Orest und Iphigenie kehren nach Mykene zurück.

Anmerkung
Glucks »Iphigénie en Tauride« ist Ergebnis einer Opernintrige, die die Intendanz der Pariser Opéra angezettelt hatte, um die Saison zu beleben: Ohne daß einer vom anderen wußte, vertonten auch François-Joseph Gossec und Nicola Piccini das Libretto. In Glucks musikalischer Ausdeutung entwickelt sich ein Drama der menschlichen Leidenschaften: Was die Personen sich gegenseitig verschweigen, legt das Orchester offen und reißt unbarmherzig die Abgründe und Gewissensqualen auf. Den Humanitätsgedanken, der in Goethes gleichnamigem und gleichzeitigem Schauspiel vorherrschend ist, sollte man indes bei Gluck nicht überbewerten: Iphigenie läßt von ihrem Tun als mordende Oberpriesterin nicht aus Selbstzweifel ab, sondern weil sie in dem Opfer ihren Bruder erkennt.

Jakov Gotovač
(1895-1982)

Der aus Split (Dalmatien) gebürtige Musiker Jakov Gotovač studierte in Zagreb und Graz zunächst die Rechte, ehe er bis 1923 am Wiener Staatskonservatorium das kompositorische Handwerk erlernte. Bis 1958 war er Dirigent am Nationaltheater in Zagreb. Das kompositorische Schaffen Gotovač' – vorwiegend Bühnenwerke, Vokal- und Programmusik – ist mitgeprägt von Elementen der dalmatischen und kroatischen Folklore, so daß er zum Schöpfer einer nationalen kroatischen Musik wurde.

ERO DER SCHELM
Oper in drei Akten, Text von Milan Begovič, Uraufführung: Zagreb 1935

Personen
MITSCHA (Tenor),
reicher junger Bauer;
MARKO (Baß),
geiziger Bauer;
DJULA (Sopran),
seine Tochter;
DOMA (Alt),
ihre Stiefmutter

Ein kleiner Ort am Fuße des Dinargebirges, im 20. Jahrhundert.

Handlung
Mitscha springt von einem Heuhaufen mitten unter die aufgeregte weibliche Jugend eines fremden Dorfes und erklärt kurzerhand, er sei »Ero, vom Himmel gefallen«, der schelmische Held der jugoslawischen Volkssage. Djula, eines der Mädchen, verliebt sich auf Anhieb in den schlagfertigen Burschen, der vorgibt, völlig mittellos zu sein. Die Aufrichtigkeit von Djulas Gefühlen stellt er auf die Probe, indem er ihrer dummen Stiefmutter unter einem Vorwand Geld entlockt. Der geizige Vater verfolgt ihn daraufhin als Dieb, doch Djula hält Mitscha die Treue und flieht mit ihm. Am Ende offenbart Mitscha seinen Wohlstand und kann Djula als Braut in sein Heimatdorf führen, versehen mit dem Segen der erleichterten Brauteltern.

Anmerkung

Dank ihres schlichten, heiteren und volkstümlichen Stoffs und der klar in einzelne Nummern gegliederten Musik, in der Rezitative nach altem Herkommen die Handlung vorantreiben, wurde »Ero der Schelm« bereits wenige Jahre nach seiner Uraufführung zu einem internationalen Repertoirestück, das bisweilen Smetanas »Verkaufter Braut« an die Seite gestellt wurde. Die farbenreiche, dabei durchsichtige Partitur voller tänzerischer Rhythmen und lyrischer Gesänge folkloristischer Prägung hatte nicht geringen Anteil an diesem Erfolg, den der Komponist allenfalls noch mit seinem »Symphonischen Kolo« wiederholen konnte. Höhepunkte sind der Doppelchor des ersten Finales und die Jahrmarktszene des Schlußaktes.

C. F. Gounod

Charles François Gounod
(1818-1893)

Gounod interessierte sich am Anfang seiner Laufbahn eher für die Kirchenmusik als für die Bühne. Als er 1839 den begehrten Rom-Preis errang, mit dem ein schöpferischer Aufenthalt in Rom verbunden war, studierte er tief beeindruckt die Werke Palestrinas. Nach seiner Rückkehr versenkte Gounod sich in die Theologie und war nahe daran, sich zum Priester weihen zu lassen. Er komponierte Messen, begann aber nach und nach mit der Produktion von Opern und Bühnenmusiken. Auf diesem Gebiet schaffte er erst mit »Faust« den Durchbruch – ein Erfolg, der ihm mit weiteren Bühnenversuchen nicht mehr gelingen wollte.

MARGARETHE (Faust)

Lyrisches Drama in fünf Akten, Text von Jules Barbier und Michel Carré nach Goethes »Faust«, Uraufführung: Paris 1859

Personen
FAUST (Tenor);
MEPHISTOPHELES (Baß);
MARGARETHE (Sopran);
VALENTIN (Bariton),
Margarethes Bruder;
WAGNER (Baß),
Fausts Famulus;
SIEBEL (Sopran oder Tenor);
MARTHE (Alt)

Deutschland, im Mittelalter.

Handlung
1. Akt

Faust, der alternde Gelehrte, verzweifelt an seinem sinnlos gewordenen Tun: Trotz eines Lebens voller Studien ist er einer Lösung der großen Daseinsfragen nicht nähergekommen. Er plant, seinem Leben mit Gift ein Ende zu setzen. Der fröhliche Gesang der Bauern, der von draußen hereintönt, hält ihn vom Selbstmord ab. Faust will einen neuen Weg gehen: Er beschwört die »andere Seite« – den Teufel. Mephisto verspricht ihm um den Preis seiner Seele neue Jugend. Der Gelehrte willigt ein.

Margarethe

2. Akt
Ein Fest vor der Stadt. Valentin muß in den Krieg ziehen und vertraut seine Schwester Margarethe dem Studenten Siebel an, der in das Mädchen verliebt ist. Mephisto erscheint und erschreckt die Anwesenden mit allerlei magischen Tricks. Die Menge ist entsetzt. Mephisto muß fliehen, als die jungen Männer ihre Schwerter kreuzweise übereinanderschlagen. Faust nähert sich Margarethe, wird aber zurückgewiesen.

3. Akt
Siebel hat Margarethe einen Strauß Blumen gepflückt und auf die Türschwelle gelegt. Faust macht sich über das bescheidene Angebinde lustig und legt dem Mädchen seinerseits eine Schatulle mit Schmuck vor die Tür. Margarethe kommt nach Hause und ist von dem Geschmeide hingerissen. Faust, in dem sich wegen der reinen Unschuld des Mädchens doch das Gute regt, will seinen Plan aufgeben, aber der Teufel stachelt ihn weiter an. Faust gesteht Margarethe seine Liebe. Als sie sich vor der Nachtruhe noch einmal auf dem Balkon zeigt, eilt er zu ihr.

4. Akt
Margarethe, von Faust verlassen, erwartet ein Kind. Valentin kehrt aus dem Krieg zurück und fordert Faust zum Duell, kaum daß Siebel ihm die Nachricht überbracht hat. Mit der Hilfe des Teufels gelingt es Faust, Valentin tödlich zu verwunden.

5. Akt
Mephisto führt Faust in der Walpurgisnacht auf den Brocken, wo er Zeuge eines wilden Hexenbacchanals wird. Die berühmtesten Kurtisanen der Geschichte sind anwesend, doch sie können Faust nicht die Gedanken an Margarethe vertreiben. Faust besucht sie im Gefängnis, wo sie, nachdem sie ihr Kind getötet hat, dem Wahnsinn verfallen dahinsiecht. Faust will sie mit sich nehmen, doch sie stößt ihn von sich und stirbt. Himmlische Chöre tragen ihre Seele in den Himmel, Faust bleibt zurück.

Anmerkung
Gounod entdeckte 1839 sein Interesse für den Fauststoff und arbeitete fast zwei Jahrzehnte an dem Werk. Seine Beschäftigung mit der Kirchenmusik findet ihren Niederschlag in der religiös überhöhten Schlußszene, wo der Komponist sogar Teile eines früher komponierten Requiems übernimmt. Eine eigene Karriere als Konzertstück und Dauerbrenner der Wunschkonzerte erlebte der Walzer aus dem 2. Akt.

G. F. Händel

Georg Friedrich Händel
(1685-1759)

Mit Händel hat die barocke Operntradition ihren Höhepunkt, aber auch ihren Abschluß erreicht. Seine erste Oper schrieb er 1705 für das Hamburgische Opernhaus am Gänsemarkt (»Almira«). Von 1707 bis 1710 war er in Italien, um sich dort kompositorische Anregungen zu holen. Seine rund 40 Opern tragen denn auch durchweg »italienischen« Charakter, sowohl in formaler Hinsicht als auch, was die musikalische Sprache anbelangt. Von 1712 an lebte er mit wenigen Unterbrechungen in England und gründete in den folgenden Jahren drei Opernunternehmen, die aber nie lange Bestand hatten. Zwar gelang es Händel zwischen 1719 und 1738, die damals bedeutendsten Sänger (Cuzzoni, Senesino, Farinelli) nach London zu holen, aber die wirtschaftliche Basis der Unternehmungen war nicht solide. Es war vor allem das aristokratische Publikum, das Gefallen an dem italienischen Genre fand. Den meisten Engländern jedoch war schon die fremde Sprache ein Greuel. Die enormen Gagenforderungen der Sänger und die andauernden Skandale im Dunstkreis der Oper taten ein Übriges, um die ablehnende Haltung des Publikums zu verstärken. Von 1738 an komponierte Händel dann nur noch Oratorien, deren zumeist alttestamentarische Inhalte den Geschmack des englischen Publikums besser trafen.

AGRIPPINA

Dramma per musica in drei Akten, Text von Vincenzo Grimani, Uraufführung: Venedig 1709

Personen
AGRIPPINA (Sopran),
römische Kaiserin und Gemahlin des Claudius;
CLAUDIUS (Baß),
römischer Kaiser;
NERO (Sopran),
Sohn der Agrippina;
OTTONE (Alt),
General;
POPPEA (Sopran),
Geliebte Ottones

Rom, 54 n. Chr.

Agrippina

Handlung
1. Akt
Als bekannt wird, daß Claudius in einem Seesturm umgekommen sei, will Agrippina ihren Sohn Nero zum Kaiser ausrufen lassen. Aber Claudius wurde von dem General Ottone gerettet und hat ihm zum Dank dafür den Kaisertitel vermacht. Agrippina schmiedet ein Komplott gegen Ottone und bezichtigt ihn bei seiner Verlobten Poppea der Treulosigkeit. Poppea will Ottone strafen. Sie verschafft sich ein Rendezvous mit Claudius und eröffnet ihm, daß Ottone einen Hochverrat plane.

2. Akt
Während des Triumphzugs erfährt Ottone, daß er in Ungnade gefallen ist. Nero soll nun die Nachfolge des Claudius antreten. Als Ottone sich bei Poppea über den Wankelmut des Kaisers beklagt und ihr seine Liebe beteuert, erkennt Poppea, daß sie von Agrippina getäuscht worden ist. Poppea sinnt auf Rache.

3. Akt
Während eines weiteren Rendezvous mit Claudius eröffnet ihm Poppea, daß nicht Ottone, sondern in Wirklichkeit Nero der Verräter sei. Agrippina und Nero werden angeklagt, doch Claudius verzeiht ihnen: Nero erhält die Kaiserwürde und Ottone die Hand Poppeas.

Anmerkung
Händel schrieb »Agrippina« während seines Italienaufenthalts. Nachdem er bis dahin vor allem als Orgelspieler in Erscheinung getreten war, bot der Kompositionsauftrag von Kardinal Grimani, dem Mitbesitzer eines der venezianischen Opernhäuser, die Chance, sich auch als Komponist einen Namen zu machen. Das Libretto hat Grimani selbst verfaßt. Es ist eine Satire auf die damaligen Zustände am päpstlichen Hof, wobei das Knüpfen von Intrigen und die »amoralische« Auflösung ohne Bestrafung der Bösen ganz der Tradition des venezianischen Theaters entspricht. Wie gut Händel den Geschmack des Publikums getroffen hatte, belegt die für damalige Verhältnisse hohe Zahl von 27 Aufführungen. In der ersten Hälfte dieses Jahrhunderts (»Händel-Renaissance«) scheint aber gerade der frivole Charakter der »Agrippina« einer weiteren Verbreitung im Wege gestanden zu haben.

G. F. Händel

GIULIO CESARE IN EGITTO (Julius Cäsar)
Opera seria in drei Akten (13 Bildern), Text von Nicola Francesco Haym, Uraufführung: London 1724

Personen
JULIUS CÄSAR (Alt);
CORNELIA (Alt),
Witwe des getöteten Pompejus;
SEXTUS (Sopran),
Sohn der Cornelia;
KLEOPATRA (Sopran),
Königin von Ägypten;
PTOLOMAIOS (Alt),
König von Ägypten und Kleopatras Bruder

Ägypten, 48 v. Chr.,
während Cäsars Feldzug gegen Pompejus.

Handlung
1. Akt
Als Pompejus von den Ägyptern getötet wird, schwört Cäsar, den Mörder zu bestrafen. Kleopatra will Cäsar umgarnen, um mit seiner Hilfe ihre Thronansprüche gegen ihren Bruder Ptolomaios durchzusetzen. Ptolomaios, der vergebens um die Gunst Cornelias, der Witwe des Pompejus, wirbt, wird von Sextus zum Zweikampf herausgefordert. Ptolomaios läßt beide verhaften, aber Sextus kann später entkommen.

2. Akt
Cäsar und Kleopatra werden von den Truppen des Ptolomaios bedroht. Cäsar gelingt es zu fliehen, doch sei er – wie Kleopatra mitgeteilt wird – auf der Flucht ertrunken.

3. Akt
Kleopatra wird von Ptolomaios gefangengenommen. Cäsar hat sich aus den Fluten retten können und befreit Kleopatra. Ptolomaios, der immer noch Cornelia bedrängt, wird von Sextus getötet. Bevor Cäsar Ägypten verläßt, krönt er Kleopatra zur Königin.

Anmerkung

»Giulio Cesare« ist schon zu Händels Lebzeiten eine der erfolgreichsten Opern gewesen. Die vielfältigen Verwicklungen, der schnelle Wechsel von Szenen und Schauplätzen und nicht zuletzt der Reiz, Weltgeschichte als Ergebnis von Liebeshändeln zu erleben, hat dieser Oper auch in diesem Jahrhundert zu einer großen Popularität verholfen. Mit »Giulio Cesare« sprengt Händel den barocken Rahmen einer stereotypen Personencharakteristik und gesteht den Personen eine emotionale Entwicklung zu, wie z.B. bei Kleopatra, die im Musikalischen eine Wandlung von naiv trällernder Koketterie bis hin zu echter Liebe durchmacht.

RODELINDA, REGINA DE' LANGOBARDI

Opera seria in drei Akten (8 Bildern), Text von Nicola Francesco Haym, Uraufführung: London 1725

Personen

RODELINDA (Sopran),
Königin der Langobarden und Gemahlin des Bertarido;
BERTARIDO (Alt),
Langobardenkönig, durch Grimoaldo vom Thron vertrieben;
GRIMOALDO (Tenor),
Verlobter der Eduige;
EDUIGE (Alt),
Schwester des Bertarido

Mailand, um 670.

Handlung
1. Akt

Der Thronräuber Grimoaldo hält um die Hand von Rodelinda an, der Gemahlin des ehemaligen, nunmehr totgeglaubten Langobardenkönigs Bertarido. Um sie zu zwingen, entreißt Garibaldo, ein Freund des Grimoaldo, ihr den Sohn.

2. Akt

Rodelinda ist immer noch nicht zur Ehe mit dem Mörder ihres Mannes bereit. Da erfährt sie, daß ihr Gemahl Bertarido noch lebt. Als sie sich mit ihm trifft, werden die beiden von Grimoaldo überrascht, der Bertarido nicht erkennt und ihn als Liebhaber der Rodelinda zum Tode verurteilt.

3. Akt

Bertarido gelingt die Flucht. Garibaldo, der selbst die Krone an sich reißen möchte, versucht Grimoaldo zu töten. Aber Bertarido verhindert dies: Er tötet Garibaldo und rettet damit seinem Feind Grimoaldo das Leben. Dieser ist beschämt und gibt seinem Retter die Herrschaft wieder zurück.

Anmerkung

So fragwürdig der dramaturgische Aufbau (und vor allem das Ende) auch sein mag: »Rodelinda« zählt zumindest musikalisch zu den Meisterwerken der Operngeschichte. Der Übergang von Rezitativ und Arie wird fließend; das stereotype Formschema der Opera seria wird aufgebrochen zugunsten einer durchgehenden dramatischen Gestaltung. Diese Nähe zum durchkomponierten Musikdrama hob 1920 auch der Kunsthistoriker Oskar Hagen hervor, dessen Aufführung der »Rodelinda« die Händel-Renaissance einläutete. Das Sujet und der pathetische, hochdramatische Gestus der Musik wecken Assoziationen an Beethovens »Fidelio«. Aber »Rodelinda« ist kein »Hymnus auf die treue Gattenliebe«. Das musikalische Zentrum bildet nicht die Titelheldin, sondern der zwielichtige und wankelmütige Thronräuber Grimoaldo.

SERSE (Xerxes)

Dramma per musica in drei Akten, Textdichter unbekannt, Uraufführung: London 1738

Personen

XERXES (Sopran),
König von Persien;
ARSAMENE (Sopran),
sein Bruder und Geliebter der Romilda;
ROMILDA und
ATALANTA (beide Sopran),
zwei Schwestern,
beide verliebt in Arsamene;
AMASTRE (Alt),
Geliebte des Xerxes,
zeitweise als Soldat verkleidet

Serse

Gegend am Hellespont,
in einer fiktiven Antike während der Perserkriege (480 v.Chr.).

Handlung
1. Akt
Der Perserkönig Xerxes verliebt sich in Romilda, die ihrerseits Arsamene, den Bruder des Xerxes liebt. Aber auch Romildas Schwester Atalanta hat ein Auge auf Arsamene geworfen und versucht deswegen, Romilda mit Xerxes zu verbinden.

2. Akt
Die Entwicklung eskaliert. Alle Beteiligten spinnen ihre eigenen Intrigen, um ans Ziel zu gelangen. Schließlich hält jeder jeden für treulos. Xerxes begegnet seiner ehemaligen Geliebten Amastre, ohne sie zu erkennen, und beide klagen sich ihr Liebesleid.

3. Akt
Durch ein Mißverständnis glauben Romilda und Arsamene, Xerxes habe seine Einwilligung zur Hochzeit gegeben. Als Xerxes wütend befiehlt, man solle Romilda töten, weil sie ihm nicht angehören will, wird er von Amastre bedroht. Xerxes bittet alle um Vergebung und versöhnt sich mit Amastre. Atalanta macht sich derweil auf, einen anderen Partner fürs Leben zu suchen.

Anmerkung
Das Libretto des »Serse« besitzt den typisch venezianischen Zuschnitt. Das ständige Changieren zwischen tragischen und komischen Momenten, die Doppelbödigkeit der Gefühlsäußerungen, bei denen man nie weiß, ob sie ernst gemeint sind, und die ironische Brechung der Charaktere und des Herrschergebarens erinnern an Monteverdis »Poppea«. Händel hat den buffonesken Gestus des Textes auch musikalisch eingefangen: Die strengen Formschemata der Da-capo-Arie werden vernachlässigt zugunsten des dramatischen Tempos, und die großen Liebesduette bleiben den »falschen« Paaren vorbehalten. Die Verwicklungen und das Intrigenspiel mit vertauschten Briefen sind nicht leicht nachzuvollziehen. Aus diesem Grunde auch wurde die Oper 1738 ein Mißerfolg und mußte nach fünf Aufführungen abgesetzt werden. Überlebt hat freilich – in allen nur denkbaren Bearbeitungen – die Arie des Xerxes »Ombra mai fu« als »Largo von Händel«.

Karl Amadeus Hartmann
(1905-1963)

Karl Amadeus Hartmann entstammt einer bekannten Münchner Künstlerfamilie, sowohl sein Vater als auch sein Bruder Adolf waren Maler. In den 30er Jahren studierte Hartmann bei Hermann Scherchen, der seine künstlerische Entwicklung entscheidend prägte und ihn zur Komposition seiner einzigen Oper »Simplicius Simplicissimus« anregte. Während des Dritten Reichs zog sich der entschiedene Nazi-Gegner Hartmann in die innere Emigration zurück. 1942 studierte er nochmals bei Anton Webern. Nach dem Kriege gründete Hartmann in München die »Musica viva«, eine der bedeutendsten Institutionen zur Pflege Neuer Musik. Viele seiner vor dem Krieg entstandenen Werke überarbeitete er in den 50er Jahren. Hartmanns Bedeutung beruht in erster Linie auf seinen acht Sinfonien, die ihn als einen »letzten Sinfoniker« in der Tradition Gustav Mahlers und Alban Bergs ausweisen.

SIMPLICIUS SIMPLICISSIMUS. DREI SZENEN AUS SEINER JUGEND

Oper in drei Teilen, Text von Hermann Scherchen, Paul Petzet und dem Komponisten nach dem Roman von Johann Jakob Christoffel von Grimmelshausen, Uraufführung (szenisch): Köln 1949

Personen
SIMPLICIUS SIMPLICISSIMUS (Sopran);
BAUER (Baß);
EINSIEDEL (Tenor);
LANDSKNECHT (Bariton);
FELDWEBEL (Baß);
GOUVERNEUR (Tenor);
HAUPTMANN (Baß)

Mitteldeutschland, während des Dreißigjährigen Krieges.

Handlung
1. Teil

Während der Introduktion berichtet ein Sprecher von den Opfern des Krieges und stellt den einzig Unschuldigen seiner Zeit vor: Simplicius Simplicissimus. Simplicius ist Bauernknecht und weiß nichts von der

Welt und ihren Gefahren. Der Bauer trägt ihm auf, die Schafe zu hüten und sie vor dem Wolf zu beschützen. Simplicius versinkt in Schlaf. Von einem Landsknecht, den er für den Wolf hält, wird er unsanft geweckt. Der Soldat fragt nach dem Hof des Bauern. Die Soldateska zieht plündernd und mordend über Land. Simplicius flieht.

2. Teil

Auf der Flucht begegnet Simplicius im Wald einem alten Einsiedler. Als dieser die Unverdorbenheit und Naivität des Knaben erkennt, beschließt er, ihn bei sich zu behalten und zu unterrichten. Nach zwei Jahren fühlt der Einsiedler sein Ende nahen, hebt sich ein Grab aus und stirbt. Simplicius ist wieder allein.

3. Teil

Landsknechte haben Simplicius zum Gouverneur entführt. Der ist über den Knaben belustigt und behandelt ihn als Hofnarr. Doch Simplicius ist mit der Zeit klüger geworden und sagt dem Gouverneur den Untergang des herrschenden Gewaltsystems voraus. Bauern dringen in den Saal ein und töten alle. Simplicius, der als einziger verschont wurde, preist die Gerechtigkeit und folgt den Bauern. Anschließend rekapituliert der Sprecher den Text des Anfangs.

Anmerkung

Der ursprüngliche Titel der Oper lautete »Des Simplicius Simplicissimus Jugend«. Dem Charakter nach ist der »Simplicius« eine Kammeroper: das Orchester besteht lediglich aus fünf Bläsern, fünf Streichern und Schlagzeug. Die Kommentierung des Geschehens durch einen Sprecher bzw. einen Sprechchor schafft Beziehungen zum epischen Theater. In einer Neufassung des Werkes, die 1957 in Mannheim uraufgeführt wurde und heute meist gespielt wird, reduzierte Hartmann den gesprochenen Text. Die Übernahme traditioneller Genres, wie Lied, Choral und Tanz, hat – gemeinsam mit dem Sprechtext – oft zum Vergleich mit Strawinskys »Geschichte vom Soldaten« Anlaß gegeben. Doch fehlt dem »Simplicius« die Ironie; Hartmann wollte seine Oper als Dokument der Menschlichkeit gegen die Unterdrückung verstanden wissen.

Hans Werner Henze
(geb. 1926)

Hans Werner Henze, geboren in Gütersloh, ist nicht nur der fruchtbarste, sondern ohne Frage auch der erfolgreichste deutsche Komponist der Gegenwart. Zunächst vom Neoklassizismus, dann von der Zwölftontechnik ausgehend, streifte der heute überwiegend in der Toskana lebende Komponist frühzeitig alle stilistischen Fesseln ab und bezog auch den Klang der Romantik und südländisches Melos in seine Tonsprache ein. In den 60er Jahren schrieb Henze die sozialistische Weltrevolution auf seine Fahnen und sorgte so für manchen Skandal in den Konzertsälen. So geriet auch er in die zeitweilig überbordende Diskussion um Musik und Politik, die auch in seinem Werk zutage tritt, seinem Schaffensdrang aber keinen Abbruch tat. – Für den Opernkomponisten Henze ist ein exquisiter literarischer Geschmack kennzeichnend, wie die Wahl der Libretti beweist: »Das Wundertheater« (1949) nach Cervantes, die Funkoper »Das Ende einer Welt« (1953) mit einem Text von Wolfgang Hildesheimer und »Ein Landarzt« (1951) nach Kafkas gleichnamiger Novelle machten den Anfang. Es folgten »Boulevard Solitude« (1952), Text von Grete Weill, »Il re cervo« (König Hirsch, 1956) nach Goldoni von Heinz von Cramer und die »Elegie für junge Liebende« (1961) von Wystan Hugh Auden und Chester Kallman. Beim »Prinz von Homburg« (1960) nach Heinrich von Kleist arbeitete Henze zum ersten Mal mit der Lyrikerin Ingeborg Bachmann zusammen.

DER JUNGE LORD

Komische Oper in zwei Akten, Text von Ingeborg Bachmann nach einer Parabel aus Wilhelm Hauffs »Der Scheik von Alessandria und seine Sklaven«, Uraufführung: Berlin 1965

Personen
SIR EDGAR (stumme Rolle);
SEIN SEKRETÄR (Bariton);
LORD BARRAT (Tenor),
Neffe von Sir Edgar;
BEGONIA (Mezzosopran),
Köchin;
BÜRGERMEISTER (Baß);
OBERJUSTIZRAT HASENTREFFER (Bariton);
ÖKONOMIERAT SCHARF (Bariton);

Der junge Lord

PROFESSOR VON MUCKER (Tenor);
BARONIN GRÜNWIESEL (Mezzosopran);
LUISE (Sopran),
ihr Mündel;
IDA (Sopran),
deren Freundin;
FRAU VON HUFNAGEL (Mezzosopran);
KAMMERMÄDCHEN (Sopran);
STUDENT WILHELM (Tenor)

Hülsdorf-Gotha, um 1830.

Handlung

Der reiche und vornehme Sir Edgar hat in der kleinen Stadt Hülsdorf-Gotha ein Haus erworben, in dem er ein zurückgezogenes Leben führt. Die ihm plump angetragenen Ehrungen und Einladungen der »guten Gesellschaft« weist er von Anfang an konsequent zurück, was ihm prompt die erbitterte Feindschaft der Provinzler einträgt. Daß Sir Edgar schließlich noch die Mitglieder eines Wanderzirkusses, der in der Stadt nicht gut angesehen ist, als Gäste empfängt, versetzt die Honoratioren des Nests völlig in Rage. Die Situation wird kritisch, als aus dem Haus des Engländers des Nachts wüste Schreie ertönen. Der Sekretär steht den aufgebrachten Bürgern schließlich Rede und Antwort: Der junge Lord Barrat, Neffe Sir Edgars, sei eingetroffen und sein Onkel erteile ihm Unterweisungen in der deutschen Sprache und in den Anstandsregeln; seine Erziehungsmethoden seien nun einmal hart. Weiter stellt der Sekretär endlich ein Fest in Aussicht, zu dem Sir Edgar die Bürger begrüßen möchte. Schließlich wird der junge Lord in die Gesellschaft eingeführt und erweist sich als großer Charmeur. Die Damen liegen ihm wegen seines extravaganten Auftretens zu Füßen, vor allem Luise, das reiche Mündel der Baronin, ist seinem Reiz hoffnungslos erlegen – sehr zum Leidwesen des Studenten Wilhelm, zu dem sie erste zarte Bande geknüpft hatte. Auf einem Ball zeigt der junge Lord sich als überaus leichtfüßiger, dabei kräftiger Tänzer: Er wirbelt seine Partnerin Luise im Kreis herum, wirft sie gegen die Wand, steigt über Tisch und Bänke, schwingt sich an den Kronleuchter und reißt sich die modischen Kleider vom Leib. Es ist Adam, der Menschenaffe aus dem Zirkus, von Sir Edgar abgerichtet, um den borniertenKleinstädtern eine Lehre zu erteilen.

Anmerkung

Henze vertonte die lehrhafte Posse nach Art einer Buffo-Oper mit zahlreichen wirkungsvollen Ensembles. Die Orchesterbesetzung entspricht in etwa der Rossinis, hinzugefügt wurde eine Baßtuba, um das äffische Wesen des jungen Lords zu charakterisieren, und der Schlagzeugapparat, der vor allem in der Zirkusszene zum Einsatz gelangt. Während der Handlung läßt Henze das Orchester zugunsten der Singstimmen zurücktreten, dafür führt es in den Zwischenspielen die wichtigsten Motive wirkungsvoll durch. Henzes Tonsprache im »Jungen Lord« ist von einer sehr gemäßigten Modernität, was wesentlich zum außerordentlichen Erfolg des Stücks beigetragen haben mag.

DIE BASSARIDEN

Opera seria mit Intermezzo in einem Akt, Text nach den »Bacchanten« des Euripides von Wystan Hugh Auden und Chester Kallman, Uraufführung: Salzburg 1966

Personen

DIONYSOS / DIE STIMME / DER FREMDE (Tenor);
PENTHEUS (Bariton),
König von Theben;
KADMOS (Baß)
sein Großvater;
TEIRESIAS (Tenor),
Seher;
HAUPTMANN DER WACHE (Bariton);
AGAUE (Mezzosopran),
Tochter des Kadmos und Mutter des Pentheus;
AUTONOE (Sopran),
ihre Schwester;
BEROE (Mezzosopran),
Amme des Pentheus

Theben, in mythologischer Zeit.

Handlung

Pentheus hat die Herrschaft in der Stadt Theben angetreten und sich zum Nachdenken in den Palast zurückgezogen. Als Ergebnis seiner asketischen Meditation läßt er den in der Stadt neuerdings florierenden Diony-

Die Bassariden

sos-Kult zugunsten der alten Götter verbieten. Agaue und Autonoe bestärken ihn zunächst in dieser Haltung, Kadmos, der ehemalige Herrscher Thebens, bleibt skeptisch-abwartend, er hat zu seiner Zeit alle Götter gelten lassen. Aber Pentheus' Verbot fruchtet wenig: Der Kult des Dionysos greift weiter um sich, auch Autonoe, Agaue und der blinde Seher Teiresias haben sich nun von ihm mitreißen lassen. Als sie in der Begleitung einiger Fremder von der Kultstätte auf dem Berg Kytheron zurückkehren, sind sie wie von Sinnen. Um zu erfahren, was es mit dem Kult auf sich hat, läßt Pentheus sie festsetzen und ihre Begleiter foltern, vergeblich. Einer der Fremden ist von unerschütterlicher Souveränität. Er hält dem König einen Spiegel vor, in dem dieser das erotisch lüsterne Treiben der Bassariden – der Anhänger des Dionysos – verfolgen kann. Angewidert beschließt Pentheus, den Berg selbst in Augenschein zu nehmen, auf Anraten des Fremden, der niemand anders ist als der beleidigte Gott selbst, zur Tarnung in Frauengewänder gehüllt. Pentheus wird dennoch von den Bassariden erkannt und in rasender Trance von seiner eigenen Mutter getötet. Der verstümmelte Leichnam wird in die Stadt gebracht, der Rest der königlichen Familie in die Verbannung geschickt und der Palast in Brand gesetzt. Die Rache des Dionysos ist erfüllt.

Anmerkung

Wystan Hugh Auden und Chester Kallman, die schon das Libretto zu Igor Strawinskys Oper »The Rake's Progress« verfaßt hatten, hielten sich in der – hier nur in groben Zügen geschilderten – Handlung eng an das klassische Drama des Euripides, deuteten die ursprüngliche Warnung vor menschlicher Überheblichkeit jedoch um in einen Konflikt zwischen Verstand und Gefühl, Ratio und Eros. Die Schlüsselfiguren Pentheus und Dionysos stehen einander als Vertreter dieser Prinzipien gegenüber. Als »Moral« dieser Version bleibt der Hinweis auf die Gefahr gewaltsam unterdrückter Emotionalität und Triebhaftigkeit. Henze nutzte in den »Bassariden« ein großbesetztes romantisches Orchester. Der Zentralkonflikt wird musikalisch durch das Prinzip des Sonatensatzes mit seinen zwei widerstreitenden Themen zum Ausdruck gebracht, im Intermezzo (Spiegel-Episode) ist die sonst düster und massiv wirkende Partitur satirisch aufgehellt. Bedeutungsschwer eingestreut sind Zitate aus allen Epochen der Musikgeschichte. – Nach der erfolgreichen Ära Auden/Kallman arbeitete Henze ausgiebig mit dem englischen Dramatiker Edward Bond zusammen, aus dessen Feder das Ballett »Orpheus« und die Oper »We Come to the River« (Wir erreichen den Fluß, 1976) stammen.

THE ENGLISH CAT (Die englische Katze)

Eine Geschichte für Sänger und Instrumentalisten in zwei Akten, Text von Edward Bond nach Honoré de Balzacs »Peines de coeur d'une chatte anglaise«, Uraufführung: Schwetzingen 1983

Personen

LORD PUFF (Tenor),
Kater, Präsident der Königlichen Gesellschaft zum Schutz der Ratten, K. G. S. R.;
ARNOLD (Baß),
Kater, sein Neffe;
MINETTE (Sopran),
Katze;
BABETTE (Mezzosopran),
ihre Schwester;
TOM (Bariton),
Kater;
LOUISE (Sopran),
Maus, Mitglied der K. G. S. R.;
JONES (Baßbariton),
Kater, Geldverleiher, auch MR. FAWN, *Kater, Mitglied der K. G. S. R.,* auch RICHTER, *Hund;*
PETER (Tenor),
Freund von Tom, auch MR. KEEN, *Mitglied der K. G. S. R.,* auch VERTEIDIGER, *Hund,* auch PFARRER, *Schaf,* auch LUZIAN, *Fuchs;*
MRS. GAMFIT (Sopran),
Katze, Mitglied der K. G. S. R.;
LADY TOODLE (Mezzosopran),
Katze, Mitglied der K. G. S. R.;
MR. PLUNKETT (Baßbariton),
Kater, Mitglied der K. G. S. R., auch STAATSANWALT, *Hund*

London, um 1900.

Handlung
1. Akt

Im Haus von Mrs. Halifax tagt die Königliche Gesellschaft zum Schutz der Ratten, kurz K. G. S. R, – Katzen allesamt, mit Ausnahme der adoptierten Maus Louise. Hochwichtige Dinge werden verhandelt, soll doch Lord Puff, der alternde Präsident der Gesellschaft, sich endlich verehelichen, und zwar mit einem unbekannten Kätzchen vom Lande, das seine Eigentümerin Mrs. Halifax für ihn ausgesucht hat. Minette – so heißt das Unschuldslamm – wird der Gesellschaft vorgestellt und erzählt eifrig von den Ermahnungen, die ihr der Landpfarrer mit auf den Weg gegeben hat. Babette, ihre Schwester, ist angesichts der verblassenden, »karitativ-vegetarischen« Ideale der K. G. S. R. skeptisch, ob die Ehe mit Lord Puff das Richtige für Minette ist, und Puffs Neffe Arnold ist strikt dagegen: Er möchte den reichen Onkel unverheiratet sterben sehen, um sein Vermögen zu erben. Heiße Diskussionen um das Für und Wider entbrennen. Minette entflieht aufs Dach, um sich zu besinnen, aber dort gerät sie erst recht in Verwirrung. Sie begegnet dem Kater Tom – nicht Mitglied der K. G. S. R. –, der ihr aufs heftigste den Hof macht. Auch sie empfindet Zuneigung für den nach wirklicher Katzenart lebenden Tom, doch schon hat die Wohlanständigkeit in ihrem Innern die Oberhand gewonnen, sie zügelt ihre Gefühle und versucht gar, Tom für das karitative Vegetariertum zu gewinnen. Der sucht verzweifelt das Weite. Neffe Arnold hat die ganze Szene belauscht. Nach einem mißglückten Mordanschlag auf seinen Onkel kann Arnold auch durch seine Erzählung des Vorfalls die Eheschließung nicht mehr verhindern. Tom ist, als Hilfspfarrer verkleidet, dabei.

2. Akt

Minette heißt nun Lady Puff und ist die First Lady der K. G. S. R., doch die Erinnerung an Tom läßt sich auch durchs Cellospielen nicht verdrängen. Da springt der Vermißte in triefendnasser Uniform zum Fenster herein: Er ist aus der Marine desertiert, der er sich aus Verzweiflung angeschlossen hatte. Abermals siegt in Minette die Etikette – sie rät ihm, sich zu stellen. Die Mitglieder der Gesellschaft platzen in die Szene hinein, der Skandal ist perfekt: Tom wird verhaftet, Lord Puff reicht die Scheidung ein. – Im Scheidungsprozeß nimmt Tom, der die Prügelstrafe wie durch ein Wunder überlebt hat, die Stelle von Minettes offiziellem Verteidiger ein, den er in einen Schrank gesperrt hat. Beinahe gelingt ihm der Beweis, daß Lord Puff die Ehe nie vollzogen hat, da erscheint plötzlich der Anwalt: Er hatte sich befreien können. Minette und Tom werden für schuldig befunden, aber im letzten Moment entdeckt der Staatsanwalt, daß Tom niemand anderes ist als der lange vermißte Erbe des Fairport-Vermögens: Tom ist frei und kann mühelos die auferlegte Strafe zahlen. Als er ins Haus von Mrs. Halifax eilt, um Minette von der glücklichen Wendung zu berichten, findet er die Geliebte eingeschnürt in einen Sack vor. Der Butler soll sie von ihrem Leiden erlösen und sie in die

H. W. Henze

Themse werfen. Alle Hilfe kommt zu spät. Tom geht, versehen mit Minettes letztem Segen, mit Schwester Babette aufs Land, nachdem er sich geweigert hat, der K. G. S. R. beizutreten. In der Kanzlei, in der er sein Testament zugunsten von Babette unterschreiben will, wird Tom vom Anwaltsgehilfen Luzian meuchlings ermordet. Die K. G. S. R. nimmt an Babettes Stelle sein Vermögen entgegen, und die Maus Louis beschließt angewidert, ein neues, einer Maus angemessenes Leben zu beginnen.

Anmerkung

»Eine sinistre, schräge Musik zu einem sinistren, schrägen Stück« zu schreiben, schwebte Hans Werner Henze vor, als er diese von Edward Bond ins spätviktorianische London verlegte Katzengeschichte vertonte. Als Modell hatte er von Anbeginn die Opéra-comique des mittleren 19. Jahrhunderts im Sinn. Die musikalischen Formen des Stückes sind geschlossen und werden durch Rezitative miteinander verbunden. Gewissermaßen als Fingerübung für dieses vom Singspiel abgeleitete Konzept verfaßte Henze die Kinderoper »Pollicino« (1980). Den Hauptpersonen und den sozialen Gruppen sind jeweils bestimmte Instrumente zugeordnet, um dem Hörer das Mitvollziehen des Geschehens zu erleichtern. Zur Vertonung schrieb der Komponist: »Weil ich an die revolutionären Kräfte in den Menschen glaube, ist es eine optimistische Musik, die lachen und weinen will und das hochverehrte Publikum zum Lachen und Weinen erweichen.«

Paul Hindemith
(1895-1963)

Paul Hindemith gehört zusammen mit Arnold Schönberg, Béla Bartók und Igor Strawinsky zu den Klassikern der Moderne. Geboren in Hanau, studierte er in Frankfurt am Main bei Arnold Mendelssohn und Bernhard Sekles. 1919 wurde Hindemith Konzertmeister am Frankfurter Opernhaus. 1921 gründete er das Amar-Quartett, das sich vorwiegend der Pflege zeitgenössischer Musik widmete. Hindemith gehörte zu den Gründern der Donaueschinger Musiktage. Kompositorisch begann er als Bürgerschreck. Seine frühen Opern trugen ihm die Feindschaft insbesondere national-konservativer Kreise ein. 1934 verließ Hindemith aufgrund nationalsozialistischer Repressalien seine Heimat. Zunächst ging er in die Türkei, um das dortige Musikleben neu zu organisieren. 1940 emigrierte er schließlich in die USA, wo er an der Yale University einen Lehrauftrag erhielt. Nach dem Krieg unterrichtete Hindemith wechselweise in Yale und Zürich und betätigte sich als Dirigent eigener Werke.

CARDILLAC

Oper in drei Akten, Text von Ferdinand Lion nach E. T. A. Hoffmanns Novelle »Das Fräulein von Scuderi«, Uraufführung: Dresden 1926 (1. Fassung)

Personen
CARDILLAC (Bariton),
Goldschmied;
TOCHTER (Sopran);
OFFIZIER (Tenor);
DAME (Sopran);
KAVALIER (Tenor);
GOLDHÄNDLER (Baß)

Paris, Ende des 17. Jahrhunderts.

Handlung
1. Akt

Eine geheimnisvolle Mordserie beunruhigt die Bevölkerung von Paris. Alle Mordopfer haben kurz vor ihrem Tod ein Schmuckstück des berühmten Juweliers Cardillac erworben. Vom Täter wie vom geraubten Schmuck fehlt jede Spur. Ein junger Kavalier muß als nächster sein Leben lassen. Seine Angebetete verlangte von ihm als Liebesbeweis Cardillacs kostbarstes Schmuckstück. Als der Kavalier mit einem goldenen Gürtel das Schlafzimmer der Dame betritt, um seinen heißersehnten Lohn in Empfang zu nehmen, wird er von einer vermummten Gestalt hinterrücks erstochen. Den Gürtel nimmt der Mörder mit.

2. Akt

Cardillac erhält Besuch von einem Goldhändler. Dieser äußert den Verdacht, der Juwelier könne etwas mit den Morden zu tun haben. Auch der Offizier ahnt Cardillacs dunkles Geheimnis. Er liebt dessen Tochter, doch diese vermag sich nicht von ihrem Vater zu lösen. Der König betritt mit seinem Gefolge Cardillacs Werkstatt, um sich passendes Geschmeide auszusuchen, doch Cardillac beschwört ihn, nichts zu kaufen. Da entreißt der Offizier dem Goldschmied die Kette, die der König kaufen wollte, und flieht. Wie unter Zwang setzt sich Cardillac eine Maske auf, greift zu seinem Dolch und verläßt die Werkstatt.

3. Akt

Der Offizier wird von Cardillac überfallen, kann sich jedoch retten. Versteckt hat der Goldhändler die Szene beobachtet und bezichtigt Cardillac nun des Mordes. Es gelingt jedoch dem Offizier, der Cardillac schützen will, den Verdacht auf den Goldhändler zu lenken. Das mittlerweile zusammengeströmte Volk hält zu Cardillac. Er soll gefeiert werden, doch steht ihm danach nicht der Sinn. Von der mißtrauisch gewordenen Menge verhört, gesteht Cardillac die Wahrheit: Weil er es nicht ertragen kann, seine über alles geliebten Werke in fremden Händen zu sehen, hat er die Käufer ermordet. Daraufhin erschlägt ihn die Menge. Cardillacs letzter Blick gilt der Kette am Hals des Offiziers.

Anmerkung

Nach seinen expressionistisch-amorphen frühen Operneinaktern ist es Hindemith in »Cardillac« gelungen, seinen Stil zu konsolidieren. Die formale Gestaltung entspricht in etwa der Nummernoper, wobei eine Bevorzugung barocker Formtypen auffällt; so besteht das Schlußbild aus einer Passacaglia mit 22 Variationen. Lineare Kontrapunktik und dissonante, aber nicht atonale Stimmführung beherrschen das Klangbild. Das Orchester ist sehr sparsam besetzt; Bläser und Schlagzeug dominieren. Oft werden die Sänger nur von einigen wenigen Instrumenten begleitet. Gleichwohl gibt es auch machtvolle Chorszenen. In seiner Musik nimmt Hindemith sehr wenig Rücksicht auf herkömmliche musikdramatische

Kriterien; sie ist völlig unabhängig vom Bühnengeschehen gestaltet. Die spannungsgeladene Szene im Schlafzimmer der Dame am Ende des 1. Akts wird beispielsweise lediglich von einem Duett zweier Flöten untermalt. Anfang der 50er Jahre hat Hindemith den »Cardillac« völlig umgearbeitet. Den Text verfaßte er auf der Grundlage der Erstfassung selbst, wobei er das Werk auf vier Akte erweiterte. An der Musik änderte er verhältnismäßig wenig. In der Neufassung stellt der »Cardillac« ein mit dem »Mathis« vergleichbares Künstlerdrama dar. Das in der Erstfassung fehlende moralische Moment rückte stark in den Vordergrund. Die Neufassung, die Hindemith ausschließlich gespielt wissen wollte, erlebte ihre Uraufführung 1952 in Zürich. Nach dem Tod des Komponisten hat sich jedoch die dramatisch stringentere Urfassung wieder durchgesetzt.

NEUES VOM TAGE
Lustige Oper in drei Teilen, Text von Marcellus Schiffer, Uraufführung: Berlin 1929

Personen
LAURA (Sopran);
EDUARD (Bariton);
HERR M. (Tenor);
FRAU M. (Mezzosopran);
HERMANN (Tenor)

In einer Großstadt.

Handlung
Zwei Ehepaare, Laura und Eduard sowie Herr und Frau M., sind einander überdrüssig und wollen sich scheiden lassen. Nichts leichter als das: Das »Büro für Familienangelegenheiten« liefert gegen Bezahlung einen Scheidungsgrund in Gestalt des »schönen Herrn Hermann«. Wie bei einer »lustigen Oper« nicht anders zu erwarten, kommt es in der Folge zu mannigfaltigen Verwicklungen mit einem unfreiwilligen Gefängnisaufenthalt Eduards als Höhepunkt. Am Ende haben Herr und Frau M. sich wieder versöhnt. Laura und Eduard tragen ihre Ehekrise in schauspielerischer Form auf Revue-Abenden vor. Auch sie würden gern wieder friedlich zusammenleben, doch das Publikum will es anders: Sie sind das »Neuste vom Tage« und müssen weiterstreiten, bis sie durch die nächste Sensation abgelöst werden.

Anmerkung

Diese brillante Zeitsatire erfreut sich in jüngster Vergangenheit wieder wachsender Beliebtheit. Aufs Korn genommen werden in erster Linie die Auswüchse des Sensationsjournalismus. Hindemith baut zusätzlich einige köstliche Persiflagen auf das konventionelle Opernpathos ein, etwa wenn in schwärmerischem Tonfall von den Vorzügen der Warmwasserversorgung gesungen wird – in der Badewanne! Diese berühmt-berüchtigte Szene hat ihm den unversöhnlichen Haß reaktionärer Kultur- und Sittenrichter eingetragen.

MATHIS DER MALER

Oper in sieben Bildern, Text vom Komponisten, Uraufführung: Zürich 1938

Personen

ALBRECHT VON BRANDENBURG (Tenor),
Kardinal-Erzbischof von Mainz;
MATHIS (Bariton),
Maler in seinen Diensten;
HANS SCHWALB (Tenor),
Führer der aufständischen Bauern;
REGINA (Sopran),
seine Tochter;
RIEDINGER (Baß),
ein reicher Mainzer Bürger;
URSULA (Sopran),
seine Tochter;
WOLFGANG CAPITO (Tenor),
Rat des Kardinals

Deutschland, zur Zeit der Bauernkriege.

Handlung
1. Bild

Im Antoniterhof am Main wird Mathis bei seiner Arbeit unterbrochen: Schwalb und seine Tochter begehren Unterschlupf auf der Flucht vor den Soldaten. Er zeigt wenig Verständnis für Mathis' weltabgewandte Malerei und fordert ihn auf, Stellung zu beziehen. Mathis ist von Schwalbs Tochter beeindruckt. Er verhilft beiden zur Flucht.

2. Bild
In Mainz herrscht Streit zwischen katholischen und lutherischen Bürgern. Der besonnene Kardinal Albrecht ist auf Ausgleich bedacht, muß sich jedoch der katholischen Übermacht beugen und eine Bücherverbrennung, die er eigentlich ablehnt, anordnen. Mathis teilt Albrecht mit, daß er sich fortan für die Rechte der Bauern einsetzen wolle. Verständnisvoll, doch ungern läßt Albrecht ihn ziehen.

3. Bild
Im Haus Riedingers wollen die Protestanten ihre Bücher verstecken, doch der Rat Capito vereitelt ihren Plan. Er liest ihnen einen Brief Luthers vor, in dem dieser anregt, Kardinal Albrecht möge weltlich werden und reich heiraten. Ursula, Riedingers Tochter, scheint dafür wie geschaffen, obwohl sie eigentlich Mathis liebt. Als Mathis sich von ihr lossagt, fügt sich Ursula in ihr Schicksal.

4. Bild
Rebellierende Bauern bringen den Grafen Helfenstein um. Mathis, der die Gräfin schützen will, wird von ihnen niedergeschlagen. Schwalb und Regina kommen ihm zu Hilfe. Beim folgenden Gefecht des Bundesheers fällt Schwalb. Mathis, der von den Truppen auf Bitten der Gräfin verschont wird, verläßt mit Regina das Schlachtfeld.

5. Bild
Kardinal Albrecht reagiert unwirsch auf die Heiratspläne und vermutet bei Ursula unlautere Motive, doch er empfindet bei näherem Kennenlernen tiefen Respekt vor ihr. Albrecht will sich von seinem Amt zurückziehen und gewährt den Lutheranern Glaubensfreiheit.

6. Bild
Auf der Flucht haben Mathis und Regina im Odenwald Quartier gefunden. Im Schlaf übermannen Mathis Visionen, wie sie der heilige Antonius hatte. Alle Personen, denen Mathis im Lauf der Zeit begegnet ist, tauchen symbolhaft-verzerrt in diesen Visionen auf. Abschließend erscheint Kardinal Albrecht, der Mathis auf seine Lebensaufgabe hinweist: »Geh hin und bilde!«

7. Bild
Jahre später: Regina, die von Ursula gepflegt wird, stirbt. Mathis' Lebenswerk ist vollendet, seine Kräfte verlassen ihn. Ein letztes Mal besucht ihn

Albrecht. Mathis ordnet in einem symbolischen Akt seine Habe und wartet schließlich auf den Tod.

Anmerkung

Hindemith bezieht sich in seinem Text auf den Maler Matthias Grünewald (1460-1528), den Schöpfer des Isenheimer Altars. Auch die anderen Figuren haben, außer Regina, einen historischen Bezug. »Mathis der Maler« konnte in Deutschland nicht mehr zur Uraufführung gelangen. Nach dem großen Erfolg der »Mathis-Sinfonie«, die Hindemith aus einzelnen Szenen als Orchestersuite zusammengestellt hatte, versuchten seine nationalsozialistischen Gegner mit aller Kraft, eine Inszenierung zu verhindern. Trotz energischer Intervention Wilhelm Furtwänglers hatten sie damit Erfolg. Im Textbuch lassen sich zahlreiche Bezüge zur Situation Deutschlands im Dritten Reich auffinden – nicht allein in der Bücherverbrennungsszene. Die Figur des Mathis, der zwischen politischem Engagement und seiner Berufung als Künstler wählen muß, mag teilweise autobiographisch angelegt sein. Auch Hindemith sah seine eigentliche Aufgabe in einer Musik ohne politischen Bezug. Kompositorisch stellt der »Mathis« eine Weiterentwicklung des »Cardillac« dar, dessen Radikalität jedoch stark gemildert erscheint. Zitate mittelalterlicher Volkslieder und Choräle fügen sich bruchlos in Hindemiths Tonsprache ein und verleihen dem Werk eine dem Sujet angemessene »altertümliche« Färbung.

Ernst Theodor Amadeus Hoffmann
(1776 -1822)

Der romantische Dichter Hoffmann war ein Multitalent, dessen Phantasie keine Grenzen kannte: Neben der Schriftstellerei pflegte er die Malerei und ganz besonders die Musik. Sein Vorbild war Mozart, und seine Begeisterung für diesen Komponisten ging soweit, daß er sich selbst den Beinamen Amadeus zulegte. Hoffmann, gebürtiger Königsberger, hatte die Rechte studiert, wurde Referendar und Assessor, aber man kündigte ihm wegen seiner anzüglichen Karikaturen. Wenn Hoffmann später auch seine Gerichtslaufbahn wieder aufnehmen konnte, war er doch zeitweise gezwungen, sich als Musiklehrer durchzuschlagen. Nebenher schrieb er Aufsätze und Rezensionen, die ihn zum Begründer der modernen Musikkritik machten. Als Komponist betätigte er sich in fast allen musikalischen Gattungen, aber auch als Dirigent eigener Opern und Bühnenmusiken trat er immer wieder in Erscheinung. Seinen Weltruhm jedoch verdankt Hoffmann seinen schriftstellerischen Arbeiten. Ihnen und ihrem Schöpfer setzte Jacques Offenbach ein Denkmal mit der Oper »Hoffmanns Erzählungen«.

UNDINE

Zauberoper in drei Akten, Text von Friedrich de la Motte-Fouqué, Uraufführung: Berlin 1816

Personen
RITTER HULDBRAND VON RINGSTETTEN (Bariton);
KÜHLEBORN (Baß)
Wassergeist;
FISCHER (Baß);
FRAU DES FISCHERS (Mezzosopran);
UNDINE (Sopran),
ihre Pflegetochter;
HEILMANN (Baß),
Geistlicher;
HERZOG (Tenor);
HERZOGIN (Sopran);
BERTHALDA (Sopran),
ihre Pflegetochter

Burg Ringstetten, Mitte des 18. Jahrhunderts.

E.T.A. Hoffmann

Handlung

Undine, die Tochter eines Wassergeistes, wird von Fischersleuten gefunden und aufgezogen. Sie verliebt sich in den Ritter Huldbrand. Nach der Heirat lernt die unschuldige Undine die Treulosigkeit der Menschen kennen: Huldbrand kehrt in die Arme von Berthalda, die auf seinem Schloß lebt, zurück. Die Wassergeister bestrafen ihn für seine Untreue, als Huldbrand am Tag der Hochzeit mit Berthalda die verlassene Undine reumütig umarmen will. Kaum hat er das Mädchen berührt, wird er umspült von einem nie versiegenden Wasserstrom – den Tränen Undines – und für immer im Reich des Wassergeistes Kühleborn festgehalten.

Anmerkung

»Undine« geriet bald nach der erfolgreichen Uraufführung in Vergessenheit und schlummerte bis 1922 – also mehr als ein Jahrhundert – in den Notenarchiven. Gemeinsam mit dem »Faust« von Louis Spohr gilt »Undine« in ihrer für den Geist der Epoche typischen Hinwendung zur Welt des Phantastischen und des Mittelalters als erste deutsche romantische Oper. Das Libretto, das Friedrich de la Motte-Fouqué, der Dichter der gleichnamigen Novelle, selbst schrieb, liegt in einer veränderten Fassung auch der »Undine« von Albert Lortzing zugrunde.

Hänsel und Gretel

Engelbert Humperdinck
(1854-1921)

Engelbert Humperdinck, in Siegburg geboren und ausgebildet am Konservatorium in Köln, gewann schon früh Preise und Stipendien. Im Jahr 1880 lernte er bei einem Italienaufenthalt in Neapel Richard Wagner kennen, der ihn zwei Jahre später zu seinem musikalischen Assistenten in Bayreuth machte. Der Einfluß Richard Wagners blieb prägend für den instrumental aufwendigen Kompositionsstil Humperdincks, der im Laufe seines Lebens als geschätzter Kompositionslehrer in Barcelona, Frankfurt und Berlin tätig war. An den Erfolg von »Hänsel und Gretel« (1893) konnte Humperdinck mit seiner zweiten Märchenoper »Die Königskinder«, uraufgeführt in New York im Jahr 1910, nicht wieder anknüpfen.

HÄNSEL UND GRETEL

Märchenspiel in drei Bildern, Text von Adelheid Wette nach dem gleichnamigen Märchen der Gebrüder Grimm, Uraufführung: Weimar 1893

Personen
PETER (Bariton), *Besenbinder;*
GERTRUD (Mezzosopran),
sein Weib;
HÄNSEL (Mezzosopran) und GRETEL (Sopran),
deren Kinder;
KNUSPERHEXE (Alt oder Tenorbuffo);
SANDMÄNNCHEN (Sopran);
TAUMÄNNCHEN (Sopran)

Daheim, im Wald und im Knusperhaus; Märchenzeit.

Handlung
1. Bild

Hänsel und Gretel, die Kinder des Besenbinders, haben im Haus gearbeitet und wollen sich ein wenig ausruhen. Da erscheint die Mutter und schilt die Kinder wegen ihres Müßiganges. In ihrem Zorn zerbricht sie den Topf mit der letzten Milch. Die Kinder werden in den Wald geschickt, um Beeren zu suchen. Abends kommt der Vater, er hat gute Geschäfte gemacht, nach Hause. Als er erfährt, daß die Kinder im Wald sind, ist er besorgt, weiß er doch, daß dort eine böse Hexe lauert. Die Eltern machen sich auf die Suche nach den Kindern.

E. Humperdinck

2. Bild

Hänsel und Gretel haben Beeren gesammelt, sie aber hungrig, wie sie sind, gleich aufgegessen. Nun wird es dunkel, und sie finden den Weg nach Hause nicht mehr. Nach einem Nachtgebet schlafen die Kinder auf dem Waldboden ein. Ein Sandmännchen bringt ihnen Schlummer; vierzehn Schutzengel bewachen sie.

3. Bild

Die Kinder erwachen und finden sich vor dem Häuschen der Knusperhexe wieder. Sie naschen von den Herrlichkeiten, mit denen das Haus verkleidet ist. Die Hexe entdeckt die beiden und lockt sie in ihr Haus. Sie wollen davonlaufen, doch die Hexe macht von ihren Zauberkünsten Gebrauch. Hänsel wird eingesperrt, Gretel muß im Haus als Magd arbeiten. Das Mädchen bringt in Erfahrung, wo die Alte ihren Zauberstab versteckt hält, kann ihn stehlen und damit ihren Bruder befreien. Gretel und ihrem Bruder gelingt es, die Hexe in den Backofen zu stoßen. Schließlich kommen die Eltern; glücklich ist die Familie wieder vereint.

Anmerkung

Das Märchenspiel, für das die Schwester des Komponisten den Text verfaßte, entstand ursprünglich für den Hausgebrauch im familiären Rahmen, wurde dann jedoch ausgearbeitet und erreichte große Operndimensionen. Während die Musik ihre Nähe zu Richard Wagner nicht verleugnen kann, verrät die Wahl des Sujets eher eine Gegenreaktion auf Wagner. Obwohl »Hänsel und Gretel« zahllosen Kindern die Welt der Oper aufgeschlossen hat, ist sie keine Kinderoper im strengen Sinn. Aber natürlich gehören Lieder wie »Suse, liebe Suse«, das Sandmännchen-Lied und die beiden Duette »Brüderchen, komm, tanz mit mir« und »Abends, will ich schlafen gehn, vierzehn Englein um mich stehn« zum unvergänglichen musikalischen Besitz der jungen und jüngsten Opernfans in der ganzen Welt.

Leoš Janáček
(1854-1928)

Als eine der dauerhaftesten Entdeckungen seit dem Zweiten Weltkrieg erweist sich die von Leoš Janáček. Während vordem neben »Jenufa« nur »Das schlaue Füchslein« – dessen Inszenierung damals immerhin als schwierig eingestuft wurde – Weltgeltung besaß, sind heute auch die übrigen reifen Opern des Mähren zum festen Bestandteil des Repertoires geworden. Paradox daran erscheint, daß Janáček seine musikalische Diktion programmatisch an Tonfall und Rhythmus der gesprochenen Sprache seiner Heimat geschult hat, seine Opern außerhalb der Tschechoslowakei verständlicherweise aber meist in Übersetzungen gegeben werden. Janáček studierte an den Konservatorien von Prag, Leipzig und Wien und gründete in Brünn eine Orgelschule, von deren Erträgen er den überwiegenden Teil seines Lebensunterhalts bestritt. In Brünn fand auch die Uraufführung seiner bedeutendsten Bühnenwerke statt.

JENUFA

Oper aus dem mährischen Bauernleben in drei Akten, Text von Gabriela Preissová, Uraufführung: Brünn 1904

Personen
DIE ALTE BURYJA (Sopran);
STEWA (Tenor),
ihr Enkel;
LACA (Tenor),
ihr Stiefenkel;
KÜSTERIN BURYJA (Sopran, auch Mezzosopran),
ihre verwitwete Schwiegertochter;
JENUFA (Sopran), *deren Ziehtochter;*
DORFRICHTER (Baß);
KAROLKA (Sopran, auch Mezzosopran),
seine Tochter

Ein Dorf in Mähren, gegen Ende des 19. Jahrhunderts.

Handlung
1. Akt

Jenufa sieht voller Bangen der Musterung ihres Geliebten Stewa entgegen. Sie erwartet ein Kind von ihm und hofft auf seine Heimkehr, um mit einer raschen Hochzeit der Ächtung entgehen zu können. Stewa kehrt zurück. Er mußte nicht zum Militär, aber aus Freude darüber hat er sich so stark betrunken, daß die Küsterin ihm die Hand ihrer Ziehtochter nicht vor Ablauf eines Probejahrs geben will. Laca belauscht die Abschiedsszene zwischen Stewa und Jenufa, und als Stewa sich entfernt hat, tritt er hervor und gesteht Jenufa seine seit langem währende Liebe. Doch diese weist ihn zurück, und Laca entstellt in rasender Eifersucht ihr Gesicht mit einem Messer, eine Tat, die er sofort bitter bereut.

2. Akt
Die Küsterin hält ihre vorgeblich verreiste Ziehtochter im Haus versteckt. Stewa kommt, äußert sich verächtlich über die entstellte Jenufa und gibt seine Verlobung mit der Tochter des Richters bekannt. Dann stellt sich Laca ein, und die verzweifelte Küsterin gesteht ihm, daß Jenufa ein – allerdings totes – Kind geboren habe. Wieder allein, nutzt die Alte den Fieberschlaf Jenufas, um das Kind aus dem Haus zu schaffen und im Mühlbach zu ertränken. Auch der Mutter erzählt die Küsterin die Geschichte von der Totgeburt.

3. Akt
Laca hat Jenufas Verzeihung und Zuneigung gefunden, die Hochzeit findet statt. Inmitten der Feierlichkeiten wird die Leiche des Säuglings gefunden. Die fassungslose Jenufa, die das Kind an seinen Kleidern erkennt, wird von den Bauern als Kindesmörderin bedroht, aber die Küsterin gibt den wahren Sachverhalt preis, lädt alle Schuld auf sich und geht ins Gefängnis. Stewas niedrige Gesinnung ist bloßgestellt, seine Verlobte wendet sich von ihm ab. Jenufa und Laca bleiben in wahrer, durch Schmerz, Schuld und Reue geläuterter Liebe vereint.

Anmerkung
Nach jugendlichen Versuchen, wie »Šárka« oder »Roman-Anfang«, gelang dem 33jährigen Komponisten mit »Jenufa« der große Wurf. Während bei den beiden Opern-Erstlingen noch Dvořák bzw. die mährische Volksmusik überdeutlich Pate gestanden hatten, gilt »Jenufa« als Meisterwerk, das allenfalls eine gewisse Wahlverwandschaft zu Mussorgskys »Boris Godunow« aufweist. Janáčeks zentrales Motiv von Schuld und Sühne, Verstrickung und Vergebung ist hier bereits voll ausgeprägt. Typisch ferner die zentralen Frauengestalten: Auch »Das schlaue Füchslein« ist im tschechischen Original weiblich.

KATJA KABANOWA

Oper in drei Akten, Text von Vincenz Červinka nach Alexander N. Ostrowskis Drama »Gewitter«, Uraufführung: Brünn 1921

Personen
DIKOJ (Baß),
Kaufmann;
BORIS (Tenor),
sein Neffe;
MARIA KABANICHA (Mezzosopran),
reiche Kaufmannswitwe;
TICHON KABANOW (Tenor),
ihr Sohn;
KATJA KABANOWA (Sopran),
seine Frau;
BARBARA (Mezzosopran),
Pflegetochter der Kabanicha;
WANJA KUDRJASCH (Tenor),
Lehrer

Die Wolga-Kleinstadt Kalinow, in den 60er Jahren des 19. Jahrhunderts.

Handlung

Eisern hält die Witwe Kabanicha im Hause Kabanow das Zepter in der Hand. Vor allem am Wohlverhalten ihrer zur Schwärmerei neigenden Schwiegertochter Katja ist ihr gelegen. Als der folgsame Sohn Tichon sich auf Reisen begibt, kommt es zur Katastrophe: Barbara, die lebenslustige Pflegetochter der Alten, hat sich einen Nachschlüssel zu einem leerstehenden Gartenhäuschen verschafft und arrangiert dort ein nächtliches Rendezvous zwischen Katja und dem zu ihr in jugendlicher Liebe entbrannten Boris. – Zwei Wochen später suchen Passanten, unter ihnen die Hauptpersonen des Dramas, in einem verfallenen Haus vor einem fürchterlichen Gewitter Zuflucht. Der Kaufmann Dikoj erklärt das Unwetter als Strafgericht Gottes für die sündigen Menschen, und als Barbara die Nachricht von der Heimkehr des Tichon bringt, bricht Katja in aller Öffentlichkeit zusammen, wirft sich der Schwiegermutter zu Füßen, bezichtigt sich des Ehebruchs und stürzt hinaus in den Regen. – Am Ufer der nächtlichen Wolga treffen sich die umherirrende Katja und Boris ein letztes Mal: Boris soll zu Geschäftsfreunden an die chinesische Grenze geschickt werden. Als er sich weigert, Katja mit auf die Reise zu nehmen, verliert sie den Verstand und stürzt sich in den Fluß. Die nach ihr Suchenden werden Zeugen ihres Freitodes. Dikoj birgt die Leiche. Tichon ist voller Schmerz über den Verlust seiner Frau, aber seine Mutter dankt den Umstehenden ungerührt und floskelhaft für ihre Anteilnahme.

Anmerkung

In »Katja Kabanowa« schlägt sich Janáčeks innige Beziehung zur russischen Literatur und Denkungsart, die er in seiner letzten Oper, »Aus einem Totenhaus«, wieder aufgriff, zum erstenmal in einem Bühnenwerk nieder. Der Komponist kannte »die russische Seele« nicht nur aus der Literatur, sondern hatte sich auf Reisen selbst ein Bild von den dortigen Verhältnissen gemacht. – Vor »Katja Kabanowa« hatte Janáček 1920 die satirischen »Ausflüge des Herrn Brouček« auf die Bühne gebracht, ausnahmsweise in Prag.

DAS SCHLAUE FÜCHSLEIN

Oper in drei Akten, Text nach einer Novelle von Rudolf Těsnohlídek vom Komponisten, Uraufführung: Brünn 1924

Personen

FÖRSTER (Bariton);
FÖRSTERIN / DIE EULE (Alt);
FÜCHSLEIN SCHLAUKOPF (Sopran);
FUCHS REINEKE (Sopran);
KLEINES FÜCHSLEIN (Sopran);
PFARRER / DER DACHS (Baß);
SCHULMEISTER / DIE MÜCKE (Tenor);
HARATSCHA (Baß),
Wilddieb

In einem mährischen Dorf und im Wald, zu unbestimmter Zeit.

Handlung

Das Füchslein Schlaukopf wird vom Förster gefangen und soll abgerichtet werden, sehnt sich jedoch nach der Freiheit des Waldes. Als es einem Hahn den Garaus macht, kann es der Bestrafung durch Flucht entgehen. Die Tiere des Waldes begrüßen das Füchslein freudig und weisen ihm die Höhle des Dachses als Wohnung zu. – Schulmeister, Pfarrer und Förster sitzen beim Skat. Ein Mädchen aus dem Dorf, auf das sowohl der

Lehrer als auch der Geistliche heimlich ein Auge geworfen haben, ist schwanger und wird bald einen Unbekannten heiraten, was die zwei tüchtig ins Glas schauen läßt. Auf ihrem Heimweg durch den Wald spielt das Füchslein den Beschwipsten Streiche. Es begegnet dem großen Fuchs Reineke, in den es sich auf der Stelle verliebt, und vor dem Specht als Standesbeamten wird die Ehe geschlossen. – Im Wald trifft der Förster den Wilderer Haratscha, der die gewohnten Ermahnungen des Waldhüters prahlerisch mit dem Hinweis kontert, daß er das begehrte Mädchen heiraten wird. Sie gehen ihrer Wege. Beim Anblick der Füchse auf einer Lichtung zückt Haratscha sein verborgenes Gewehr und erschießt das Füchslein. – Erneut sind die Skatbrüder versammelt, aber die rechte Stimmung will sich nicht einstellen, weil die Musik von der Hochzeit des Mädchens herüberklingt. Der Förster geht wieder in den Wald, und der Anblick eines ganz jungen Füchsleins, das dem von ihm gefangenen aufs Haar gleicht, stimmt ihn voller Bewunderung für den ewigen und unaufhaltsamen Kreislauf der Natur.

Anmerkung

Dem Thema nach scheinbar eine Kinderoper mit märchenhaften Zügen, ist »Das schlaue Füchslein« doch ein Werk voller Tiefe: Janáček hat hier durch das Ineinssetzen von Menschen- und Tierwelt gewissermaßen ein pantheistisches Credo abgelegt. Die Verherrlichung von Natur und Erotik, wie sie in der Begegnung des (weiblichen) Füchsleins mit dem Fuchs Reineke auskomponiert wurde, ist neben dem »Schuld und Sühne«-Komplex ein weiteres Hauptmotiv seines Schaffens. Auch musikalisch ist die Partitur von höchstem Raffinement: Die Atmosphäre des Waldes wird in ihr mit einer Farbenpracht geschildert, die unmittelbar an die besten Leistungen des französischen Impressionismus denken läßt, dabei aber von eigener Färbung ist. Nicht umsonst sind die schönsten Momente in einer zweisätzigen Suite bisweilen auch rein instrumental zu hören.

DIE SACHE MAKROPOULOS

Oper in drei Akten, Text vom Komponisten nach einem Schauspiel von Karel Čapek, Uraufführung: Brünn 1926

Personen
EMILIA MARTY (Sopran),
Sängerin;
ALBERT GREGOR (Tenor);

DR. KOLETANY (Bariton),
Anwalt;
VITEK (Tenor),
sein Mitarbeiter;
CHRISTA (Mezzosopran),
dessen Tochter;
JAROSLAV PRUS (Bariton);
JANEK PRUS (Tenor),
sein Sohn;
HAUK-SCHENDORF (Tenor)

Prag, in den 20er Jahren.

Handlung

Der Anwalt Koletany vertritt Albert Gregor in einer außerordentlich verwickelten Erbschaftsangelegenheit gegen Jaruslav Prus. Gespannt wartet man in der Kanzlei auf die Heimkehr des Juristen vom Gericht, wobei die junge Sängerin Christa die Rede auf die überwältigende Erscheinung der am Theater gastierenden Sängerin Emilia Marty bringt. Als der Anwalt schließlich eintrifft, befindet er sich in Begleitung der Gefeierten, die sich höchst interessiert an dem jahrelang schwelenden Prozeß Gregor vs. Prus zeigt. Zur Verblüffung der Anwesenden erweist sich die Marty als intime Kennerin der Generationen zurückliegenden Vorgeschichte, in der immer wieder Frauen mit den Initialen »E. M.« auftauchen, so daß mit ihrer Hilfe uralte, sachdienliche Dokumente aufgespürt werden können. Die Männer erliegen dem eigenartigen Zauber der Marty, die ungerührt einen nach dem andern abweist. Ihr geht es lediglich darum, eines der Dokumente in ihren Besitz zu bringen – ein Ziel, das die Sängerin mit allen Mitteln verfolgt.

Dem Baron Prus gewährt sie eine Liebesnacht für die Überlassung des Schriftstücks. Janek, sein Sohn, gleichfalls bis zum Wahnsinn in die Marty verliebt, bringt sich daraufhin um. – Als Dr. Koletany entdeckt, daß die Unterschriften auf den alten Dokumenten mit der Handschrift der Sängerin übereinstimmen, wird sie des Betruges bezichtigt. In die Enge getrieben, gesteht sie die Wahrheit: Sie ist Elina Makropoulos, Tochter des Leibarztes und Alchemisten von Kaiser Rudolf II., und mithin über 300 Jahre alt. Ihr Vater hatte für seinen Brotherrn ein Elixier entdeckt, das das menschliche Leben verlängert und die Formel auf dem von der Sängerin so verzweifelt gesuchten Dokument festgehalten. Ihres langen und leeren Lebens in vielerlei Gestalt überdrüssig, übergibt die Marty alias Makropoulos das Papier der jungen Kollegin Christa. Christa verbrennt es, und Elina bricht tot zusammen.

Anmerkung
Janáček hat Čapeks kühl distanziertes Konservationsstück über die Utopie des ewigen Lebens mit der ihm typischen Menschlichkeit umgeformt: Im Mittelpunkt steht die Titelheldin als leidende, trotz ihres unmöglichen Alters reale Frau.

AUS EINEM TOTENHAUS
Oper in drei Akten, Text vom Komponisten nach F. M. Dostojewskis Roman »Aufzeichnungen aus einem Totenhaus«, Uraufführung: Brünn 1930

Personen
GORJANTSCHIKOW (Bariton),
politischer Gefangener;
ALEJ (Tenor),
ein junger Tatar;
SCHAPKIN (Tenor);
SCHISCHKOW (Baß);
TSCHEREWIN (Tenor);
TSCHEKUNOW (Baß);
FILKA MOROSOW (Tenor),
im Lager unter dem Namen LUKA KUSMITSCH;
DER GROSSE STRÄFLING (Tenor);
DER KLEINE STRÄFLING (Bariton, auch Baß);
DER GANZ ALTE STRÄFLING (Tenor);
PLATZKOMMANDANT (Baß);
SKURATOW (Tenor),
der Narr

Ein sibirisches Straflager, Ende des 19. Jahrhunderts.

Handlung
Eine Handlung im klassischen Sinn besitzt Janáčeks letztes Bühnenwerk nicht. Der Komponist hat vielmehr dramatische Episoden aus Dostojewskis autobiographischem Roman vor dem Hintergrund des trostlosen Lageralltags aufgerollt. Solche Episoden betreffen z. B. die Einliefe-

L. Janáček

rung eines politischen Gefangenen, der als einziger unter den Häftlingen Aussicht darauf hat, das Lager zu Lebzeiten verlassen zu dürfen; ein durch die Sträflinge aufgeführtes Theaterspiel oder die Pflege eines verletzten Adlers. Weitere zentrale Episoden sind die Lebensbeichten dreier Mörder, von denen der eine seinen Vorgesetzten, der andere seine Freundin, der dritte seine Frau umbrachte. – Nach dem Willen des Komponisten endet das Stück – äußerlich – so düster, wie es beginnt. Für die Uraufführung, die erst nach seinem Tode stattfand, wurde der Schluß optimistischer gestaltet.

Anmerkung

Als »Kollektiv-Oper« könnte man »Aus einem Totenhaus« bezeichnen: Hauptpersonen im herkömmlichen Sinn gibt es hier ebensowenig wie einen durchgehenden Handlungsstrang. Stellt man dazu die völlige Abwesenheit von Frauen auf der Bühne in Rechnung, darf man das Werk wohl auch ein Opern-Experiment nennen. Die dramatische Wucht des Stücks ergibt sich zum einen aus der Spannung zwischen der gespielten Zeit und der Vergangenheit in den Erzählungen und Bekenntnissen der Häftlinge, zum anderen aus dem Gegensatz zwischen ihrer real aussichtslosen Lage und ihrer deswegen nicht geringeren Hoffnung auf – spirituelle – Erlösung und Vergebung. Aus diesem Grund gilt das »Totenhaus« als Summe des slawisch-christlichen Mitleidsethos, von dem die Überzahl der Bühnenwerke Janáčeks so nachhaltig geprägt ist. Eine deutliche Sprache spricht das Motto, das der Komponist seiner Partitur voranstellte: »In jeder Kreatur ein Funke Gottes«.

Reinhard Keiser (1674-1739)

Zu Lebzeiten war Keiser ein hochgeachteter Komponist, dessen kirchliche Vokalmusik den Werken von Händel und Telemann gleichgesetzt wurde. 1693 übernahm er in Hamburg die Leitung der Oper am Gänsemarkt, des ersten öffentlichen Opernhauses in Deutschland, und komponierte in den folgenden vier Jahrzehnten fast 80 Opern. Die Stoffe greifen meist auf die antike Mythologie und Geschichte zurück; seit 1725 dann gewinnen volkstümliche und bisweilen zotige Sujets die Oberhand.

DIE GROSSMÜTIGE TOMYRIS

Oper in drei Akten, Text von Johann J. Hoe, Uraufführung: Hamburg 1717

Personen

TOMYRIS (Sopran),
Königin der Messageten;
MEROE (Sopran),
Tochter des toten Perserkönigs Cyrus;
TIGRANES (Tenor),
Verlobter der Meroe

Palast der Königin Tomyris, zur Zeit einer fiktiven Antike.

Handlung

Tomyris hat die Heere des Cyrus besiegt, wobei Cyrus selbst in der Schlacht umkam. Sie ist in ihren Feldherrn Tigranes verliebt, der seinerseits Meroe liebt, die Tochter des Königs Cyrus. Meroe will Tomyris töten, um den Tod ihres Vaters zu rächen, und bittet Tigranes um Hilfe. Meroe will die Königin Tomyris erdolchen, wird aber von Tigranes daran gehindert. Um Meroe zu retten, nimmt Tigranes die Schuld auf sich. Als Tigranes zum Tode verurteilt wird, bekennt Meroe sich schuldig. Am Ende stellt sich heraus, daß Tigranes der lange verschollene Sohn der Tomyris ist. Meroe wird begnadigt und darf Tigranes heiraten.

Anmerkung

Die »Tomyris« ist typisch für die damalige Opernpraxis: Bei Bedarf übernimmt Keiser Arien aus seinen früheren Opern und von anderen Komponisten. Charakteristisch für die bürgerliche Hamburger Oper ist der Wechsel von deutschsprachigen Rezitativen und italienischen Arien.

Giselher Klebe
(geb. 1925)

Der gebürtige Mannheimer Giselher Klebe studierte bei Boris Blacher und Josef Rufer. Durch die Uraufführung seines Orchesterwerks »Die Zwitschermaschine« wurde Klebes Name erstmals überregional bekannt. 1957 erhielt er eine Dozentenstelle an der Musikakademie Detmold. Klebe wurde mit zahlreichen Preisen bedacht. Er begann als Neoklassizist, wandte sich der Zwölftontechnik zu und beschäftigte sich dann mit elektronischer Klangerzeugung. Seit den 50er Jahren widmet sich Klebe ausführlich dem Genre der Oper. Seine Libretti schrieb er ausschließlich auf der Basis von Werken der Weltliteratur. Goethe, Schiller, Horváth und Zuckmayer gehören zu den von Klebe vertonten Autoren.

JACOBOWSKY UND DER OBERST
Oper in vier Akten, Text vom Komponisten nach Franz Werfels gleichnamigem Bühnenstück, Uraufführung: Hamburg 1965

Personen
JACOBOWSKY (Bariton);
MARIANNE (Sopran);
OBERST STJERBINSKY (Tenor);
SZABUNIEWICZ (Bariton),
sein Bursche

Frankreich, im Jahr 1940.

Handlung
Die Situation der Emigranten in Paris wird allmählich bedrohlich: Deutsche Truppen befinden sich im Anmarsch. Zu den Flüchtlingen gehören der Jude Jacobowsky und der polnische Oberst Stjerbinsky. Es gelingt Jacobowsky, ein Auto zu organisieren. Da er selbst nicht fahren kann, bittet er den Oberst und dessen Burschen Szabuniewicz, mit ihm gemeinsam die Flucht anzutreten. Der Oberst stimmt zu, seine französische Geliebte Marianne schließt sich ihm an. Auf der Reise prallen die disparaten Charaktere Jacobowskys und Stjerbinskys aneinander: Der Oberst ist ein mutiger, aber starrköpfiger, bramarbasierender Militarist, Jacobowsky hingegen ruhig, skeptisch und selbstironisch. Stjerbinsky muß feststellen, daß er in seiner säbelrasselnden Art dem lebensklugen Jacobowsky deutlich unterlegen ist. Er schäumt vor Eifersucht, besonders als Marianne

Jacobowsky und der Oberst

für Jacobowsky deutliche Sympathie empfindet. Jacobowsky rettet die Flüchtlinge mehrmals vor der sicheren Verhaftung. Es gelingt ihm sogar, von deutschen Soldaten kostenlos Benzin zu ergattern. Allmählich wendet sich die Verachtung des Oberst gegenüber Jacobowsky in Bewunderung. Als er durch die Vermittlung eines englischen Offiziers nach England fliehen kann, nimmt er Jacobowsky mit. Marianne bleibt in Frankreich und wird auf ihren Geliebten warten.

Anmerkung
Werfel bezeichnete sein Stück, in dem er eigene Erfahrungen als Emigrant verarbeitete, als »Komödie einer Tragödie«. Skurrile Episoden, etwa das Auftauchen des ewigen Juden und Franz von Assisis auf einem Motorrad, lockern die Handlung auf, ohne deren Tragik zu überdecken. Klebe bediente sich in seiner Vertonung des Prinzips der Nummernoper. Zwölftönige und tonale Elemente gehen, wie stets bei Klebe, eine Verbindung ein. Ein volksliedartiges Thema in g-moll dient als Leitmotiv Jacobowskys. Das A-cappella-Quartett im 4. Akt darf als der lyrische Höhepunkt der Oper bezeichnet werden.

E. W. Korngold

Erich Wolfgang Korngold
(1897-1957)

Der Sohn des berühmten Wiener Musikkritikers Julius Korngold startete seine Karriere bereits als Jüngling. 1910 wurde seine Pantomime »Der Schneemann«, die er als 11-jähriger komponiert hatte, in Wien uraufgeführt. Gustav Mahler erkannte Korngolds eminente Begabung und vermittelte ihm Kompositionsunterricht bei Alexander Zemlinsky. Mit seinen Werken errang Korngold die Bewunderung von Strauss und Puccini, der ihn als »stärkste Hoffnung der neuen deutschen Musik« begrüßte. Der Welterfolg der »Toten Stadt« blieb seinen späteren Opern allerdings versagt. 1934 emigrierte Korngold in die USA, wo er sich als Komponist glänzend gearbeiteter Hollywood-Filmmusiken einen Namen machte.

DIE TOTE STADT

Oper in drei Bildern, Text von Paul Schott (Julius Korngold) und dem Komponisten nach einem Roman von Georges Rodenbach, Uraufführung: Hamburg und Köln 1920

Personen
PAUL (Tenor);
MARIETTA (Sopran),
Tänzerin;
DIE ERSCHEINUNG MARIENS (Sopran),
Pauls verstorbene Frau;
FRANK (Bariton),
Pauls Freund;
BRIGITTA (Alt),
Haushälterin bei Paul

Brügge, Ende des 19. Jahrhunderts.

Handlung
1. Bild

Nach dem Tod seiner Frau Marie führt Paul in der »toten Stadt« Brügge ein Einsiedlerdasein. Andenken an Marie, unter anderem eine Haarflechte, bewahrt Paul in seiner Wohnung als kultisch verehrte Reliquien auf. Er erwacht aus seiner Melancholie, als er eines Tages der Tänzerin Marietta begegnet, in der er ein Ebenbild der Verstorbenen zu erkennen glaubt. Obwohl ihn sein Freund Frank davor warnt, den Tod mit dem Le-

Die tote Stadt

ben zu verwechseln, lädt Paul Marietta zu sich ein. Marietta bemerkt Pauls seltsamen Totenkult. Als sie die Wohnung verläßt, erscheint ihm Marie und fordert Treue über den Tod hinaus.

2. Bild

Sowohl Paul als auch Frank sind Mariettas Geliebte geworden. Paul schlägt Frank nieder und entreißt ihm den Schlüssel zur Wohnung der Tänzerin. Marietta schlendert mit ihrer Theatertruppe durch die Stadt. Aus einer Laune heraus spielen sie auf dem Platz eine Parodie der Auferstehungsszene aus Meyerbeers »Robert der Teufel«. Paul stürzt aus seinem Versteck hervor und beschuldigt Marietta der Blasphemie. Es gelingt Marietta jedoch, Paul zu versöhnen. Sie folgt ihm in sein Haus.

3.Bild

Nach der gemeinsam mit Paul verbrachten Nacht glaubt Marietta, den Geist der Verstorbenen besiegt zu haben. Doch Paul kann sich nicht aus deren Bann lösen. Als Marietta sich deswegen über ihn lustig macht, stürzt Paul wie von Sinnen auf sie zu und erwürgt sie mit Maries Haarflechte. Nach einem Moment der Besinnungslosigkeit erscheint Marietta, um ihren vergessenen Schirm abzuholen. Alles Geschehene war nur eine Vision. Paul beschließt, sich von seinen Erinnerungen zu befreien und verläßt mit Frank die Stadt.

Anmerkung

Nachdem das Œuvre Korngolds für Jahrzehnte in Vergessenheit geraten war, sorgte 1975 eine Aufführung der »Toten Stadt« in New York für eine kleine Korngold-Renaissance. Seitdem steht die Oper auch in Europa wieder auf dem Spielplan. Der Text der »Toten Stadt« beruht auf Rodenbachs symbolistischem Roman »Das tote Brügge«, der sich um die Jahrhundertwende großer Beliebtheit erfreute. Daß Korngold während der ersten Hochblüte des Avantgardismus und der Neuen Sachlichkeit in der »Toten Stadt« Atmosphäre und Klangwelt des Fin de siècle originalgetreu wieder aufleben ließ, macht sicherlich einen Teil des Erfolgs dieser Oper aus. In seiner Partitur verbinden sich spätromantische und impressionistische Elemente mit schmelzendem Belcanto. Überzeugend gelingt es Korngold, das Traumhaft-Irreale der Handlung musikalisch widerzuspiegeln, ohne in diffuse Konturlosigkeit abzugleiten.

Ernst Krenek
(1900-1991)

Ernst Krenek wurde einmal treffend als »Ein-Mann-Geschichte der Musik unseres Jahrhunderts« charakterisiert; von der ausgehenden Spätromantik bis zur Elektronik und Aleatorik hat er jede stilistische Entwicklung im eigenen Schaffen mitvollzogen, ohne daß es ihm dabei an Eigenständigkeit mangelte. Geboren in Wien, wurde er 1916 Kompositionsschüler Franz Schrekers, dem er 1920 nach Berlin folgte. Dort geriet er in den Bannkreis Hermann Scherchens und Ferruccio Busonis. Bald galt Krenek als »Wunderknabe« der Neuen Musik. Nachdem er 1927 mit der unterhaltenden Oper »Jonny spielt auf« einen Sensationserfolg errungen hatte, wandte er sich in den 30er Jahren der Zwölftontechnik zu, an der er mit einigen Modifikationen bis heute festgehalten hat. 1938 emigrierte Krenek in die USA, wo er an verschiedenen Universitäten lehrte. Krenek wurde amerikanischer Staatsbürger. Er besuchte jedoch regelmäßig Europa zu Vorträgen und Einstudierungen seiner Werke.

JONNY SPIELT AUF
Oper in zwei Teilen, Text vom Komponisten, Uraufführung: Leipzig 1927

Personen
DER KOMPONIST MAX (Tenor);
DIE SÄNGERIN ANITA (Sopran);
NEGER JONNY (Bariton),
Jazzbandgeiger;
VIOLINVIRTUOSE DANIELLO (Bariton);
STUBENMÄDCHEN YVONNE (Sopran);
MANAGER (Baß)

Handlung
1. Teil

An einem Gebirgsgletscher begegnen sich der Komponist Max und die Sängerin Anita. Nach einigen in glücklicher Gemeinsamkeit verbrachten Tagen fährt Anita, angetrieben von ihrem Manager, nach Paris, wo sie in Max' neuer Oper mitwirkt. In ihrem Hotel lernt sie zwei Männer kennen: den schwarzen Jazzgeiger Jonny, amoralisch und von einem gesunden Egoismus beseelt, und den öligen Violinvirtuosen Daniello, der sie verführt. Jonny ist seinerseits mit der Zofe Yvonne liiert. Nachts stiehlt Jonny Daniellos Geige und läßt sie in Anitas Banjofutteral verschwinden. Am

─────── *Jonny spielt auf* ───────

nächsten Morgen erfährt Daniello von Anita, daß die erste Nacht mit ihr zugleich die letzte gewesen sein soll, da sie nach wie vor Max liebe. Mit finsteren Hintergedanken erbittet er ihren Ring als Andenken. Als der Diebstahl der Geige entdeckt wird, verlassen alle das Hotel. Jonny fährt Anita und Yvonne hinterher, um die Geige wiederzuerlangen.

2. Teil

Beim Wiedersehen mit Anita wundert sich Max über ihr kühles Verhalten. Als Yvonne ihm ahnungslos Anitas Ring mit schönen Grüßen von Daniello überreicht, gibt es für ihn nur einen Ausweg: Er läuft zum Gletscher, um seinem Leben ein Ende zu setzen. Doch der Gletscher (warum soll es in einer Oper nicht auch singende Gletscher geben?) überredet ihn weiterzuleben. Auf dem Bahnhof stellt Jonny, der die Geige mittlerweile wieder an sich gebracht hat, das Instrument zu Max' Gepäck, um der Polizei zu entwischen. Also wird Max verhaftet. Daniello erzählt der eintreffenden Anita voller Schadenfreude davon. Kurz darauf gerät er unter die Räder eines fahrenden Zuges. Jonny rettet Max, indem er die Polizisten ausschaltet. In letzter Minute springt Max zu Anita auf den Zug, während Jonny der begeisterten Menge zum Tanz aufspielt.

Anmerkung

Nachdem er bereits vorher drei Opern in dissonant-expressionistischer Manier komponiert hatte, schrieb Krenek mit dem »Jonny« ein Bühnenwerk, das seinen Vorstellungen von einer konzilianteren, volkstümlichen Schreibweise Ausdruck verleihen sollte. Krenek schildert in seinem Libretto mit satirischem Unterton den Zusammenprall der alten, damals abgehalftert erscheinenden europäischen Kultur mit dem modernen Amerika als Symbol eines neuen, aktiv-energischen Lebensstils. Verkörpert wird dieser Gegensatz durch die beiden Protagonisten, dem Komponisten Max – einer milden Parodie ästhetizistischen Fin-de-siècle-Künstlertums – und dem Jazzgeiger Jonny. In seiner Musik bedient sich Krenek einiger Elemente des Jazz bzw. der damals modernen kommerziellen amerikanischen Unterhaltungsmusik. Mit der Uraufführung in Leipzig begann die größte Erfolgsgeschichte einer modernen Oper: »Jonny« wurde in den folgenden zwei Jahren 450mal an 100 Bühnen gespielt. Das Stück hat sich indes als musikalisch und textlich zu leichtgewichtig erwiesen, um dauerhaft im Repertoire zu bleiben.

E. Krenek

LEBEN DES OREST
Große Oper in fünf Akten, Text vom Komponisten, Uraufführung: Leipzig 1930

Personen
AGAMEMNON (Tenor),
König in Griechenland;
KLYTÄMNESTRA (Alt),
seine Gemahlin;
ELEKTRA (Sopran),
IPHIGENIE (Mezzosopran),
OREST (Bariton),
deren Kinder;
AEGISTH (Tenor),
ein Verwandter Agamemnons;
ANASTASIA (Alt),
königliche Amme;
THOAS (Bariton),
König im Nordland;
THAMAR (Sopran),
seine Tochter

In Griechenland und im »Nordland«,
vor und nach dem Trojanischen Krieg.

Handlung
Der Trojanische Krieg steht kurz vor dem Ausbruch. Um den Opfergeist seines Volkes zu demonstrieren, will König Agamemnon seinen Sohn Orest opfern. Auf Drängen der Königin Klytämnestra entflieht Anastasia, Orests Amme, mit dem Jungen. Auch die geplante Opferung Iphigenies schlägt fehl: Durch ein Wunder landet sie im Nordland bei König Thoas. Nach Ende des Krieges wird der heimkehrende Agamemnon von seiner Gattin und von Aegisth, der mit Klytämnestra ehebrecherisch zusammenlebt, ermordet. Der inzwischen zum Mann gereifte Orest trifft ahnungslos in seinem Geburtsort ein und wird durch seine Schwester Elektra vom Tod des Vaters unterrichtet. Er tötet Aegisth und Klytämnestra. Seine Mutter verflucht ihn: Nie mehr soll er Ruhe finden. Orest muß fliehen, Elektra fällt der Rache des Pöbels zum Opfer. Auf seiner Flucht gelangt Orest zu König Thoas. Sofort verliebt er sich in dessen Tochter Thamar. Thoas will Iphigenie heiraten, doch Thamar will diese opfern,

um Orest zu retten. Orest erkennt seine Schwester wieder. Gemeinsam gehen alle nach Griechenland; Orest will sich dem Gericht stellen. Durch ein Gottesurteil wird Orest freigesprochen. Er wird Thamar heiraten. Auch Thoas wird mit Iphigenie in Griechenland bleiben.

Anmerkung
Krenek wandte sich im »Leben des Orest« nach mehreren Zeitopern der Antike zu. In seinem Libretto unternimmt er nichts weniger als die Zusammenfassung der gesamten »Orestie« des Aischylos zu fünf Akten. Die Geschichte des Orest wird von einem modernen Standpunkt aus interpretiert: Orest erscheint als Opfer individueller und politischer Konflikte, nicht als Spielball der Götter. Mit der Bezeichnung »Große Oper« verweist Krenek sowohl auf die Tradition des 19. Jahrhunderts, auf die er sich mit diesem Werk zweifelsohne bezieht, als auch auf die Vielfältigkeit der angewandten Mittel. Die »große«, dramatische Opernszene wird ebenso in den Handlungsablauf integriert wie Jazzpassagen und parodierte Elemente des Wiener Volkstheaters.

KARL V.
Bühnenwerk mit Musik in zwei Teilen, Text vom Komponisten, Uraufführung: Prag 1938

Personen
KARL V. (Bariton);
JUANA (Alt),
seine Mutter;
ELEONORE (Sopran),
seine Gattin;
JUAN DE REGLA (Sprechrolle),
sein Beichtvater;
FRANCISCO BORGIA (Tenor),
Jesuit;
FRANZ I. (Tenor)

Kloster San Geronimo de Yuste in Spanien, im Jahr 1558.

Handlung
König Karl V. fühlt sein Ende nahen. Vor dem Tode will er sich und seine Taten gegenüber der Kirche rechtfertigen. Er ruft nach dem jungen

Mönch Juan de Regla. Im Bühnenhintergrund – gleichsam vor dem geistigen Auge Karls und seines Beichtvaters – spielen sich nun die Geschehnisse ab, an die sich Karl während seiner Lebensbeichte erinnert: die Auseinandersetzung mit Luther, der Verrat durch den französischen König Franz I., die Verwüstung Roms durch deutsche Landsknechte, der Kampf gegen Ketzer und Protestanten, der Tod seiner Frau und schließlich Karls Abdankung. Er kommt zu dem Schluß, an seinen Idealen gescheitert zu sein: »Wer handelt, gefährdet den ewigen Ablauf des Ununterbrochenen, und nur das Ununterbrochene hat Sinn. Der Weise läßt die Welt den Weg gehen und greift nicht ein. Das ist der Sinn der Herrschaft.«

Anmerkung

Wie im »Leben des Orest« unternimmt Krenek in »Karl V.« eine Deutung der Vergangenheit vom Standpunkt der Gegenwart, ohne indes parodistische Zeitbezüge zu Hilfe zu nehmen. König Karls Idee des christlichen Weltreichs identifizierte Krenek mit der auf Universalismus zielenden Ideologie des Ständestaates, wie er sie selbst vertrat und wie sie besonders im Österreich der beginnenden 30er Jahre gepflegt wurde. Es war sein ausdrückliches Ziel, Stellung zu beziehen gegen »Nationalismus, Materialismus und religiöse Gleichgültigkeit«. »Karl V.« entstand auf Anregung von Clemens Crauss für die Wiener Staatsoper. Erstmals bedient sich Krenek in diesem Werk der Zwölftontechnik, die ihm als das geeignete Mittel erschien, historische Distanz zu verdeutlichen. In der Ausarbeitung des Librettos ließ sich Krenek von Paul Claudels in »Christophe Colombe« (Musik: Darius Milhaud) realisierter epischer Dramenform anregen. Die Oper sollte 1934 in Wien aus der Taufe gehoben werden, doch die Nazis, denen Krenek spätestens seit dem »Jonny« ein Dorn im Auge war, verhinderten die Uraufführung. Erst 50 Jahre später wurde »Karl V.« dem Wiener Publikum vorgestellt.

―――――― *Der Bajazzo* ――――――

Ruggiero Leoncavallo (1857-1919)

Im Alter von 35 Jahren gelang Ruggiero Leoncavallo mit »I Pagliacci« der erste und einzige durchschlagende Erfolg. Ausgebildet in seiner Heimatstadt Neapel und am Konservatorium in Mailand, wo er Schüler von Amilcare Ponchielli war, schlug der Komponist zunächst die Laufbahn eines reisenden Künstlers ein, besuchte Frankreich, England und Ägypten, war Musiklehrer und Kritiker, ehe er sich 1890 mit »I Pagliacci« (»Der Bajazzo«) am Sonzogno-Kompositionswettbewerb beteiligte, den ein Jahr zuvor Pietro Mascagni mit der »Cavalleria rusticana« gewonnen hatte. Zwar konnte Leoncavallo keinen Preis erringen, weil der Wettbewerb für Einakter ausgeschrieben war, »I Pagliacci« aber aus zwei Akten und einem Prolog bestand, doch die Anerkennung blieb ihm nicht versagt. Die Juroren empfahlen dringend eine Aufführung des Werks. Sie kam zustande, und der Beifall war grandios. Seither gelten »I Pagliacci« und die »Cavalleria rusticana«, mit der Leoncavallos Meisterwerk häufig zusammen an einem Abend gespielt wird, als Prototypen des Verismo. Mit seinen weiteren Opern (u.a. einer »Bohème«, 1897) hatte Leoncavallo, zumindest auf Dauer, wenig Glück. »Der Roland von Berlin« (1904), ein Auftragswerk für Kaiser Wilhelm II., war ein solcher Reinfall, daß der Komponist sich aufs Schreiben wenig anspruchsvoller Operetten verlegte. Spätere Versuche Ruggiero Leoncavallos, an »I Pagliacci« anzuknüpfen, schlugen fehl.

DER BAJAZZO (I Pagliacci)
Drama in zwei Akten und einem Prolog, Text (nach einer wahren Begebenheit) vom Komponisten, Uraufführung: Mailand 1892

Personen
CANIO (Tenor),
Haupt einer Komödiantentruppe;
NEDDA / COLOMBINE (Sopran),
sein Weib;
TONIO / TADDEO (Bariton),
Komödiant;
BEPPO / HARLEKIN (Tenor),
Komödiant;
SILVIO (Bariton),
ein junger Bauer

R. Leoncavallo

Montalto in Kalabrien, 15. August 1865.

Handlung
Prolog

Tonio, ein Komödiant, tritt vor den Vorhang und beteuert, das folgende Spiel schildere eine wahre Begebenheit.

1. Akt

Die Komödianten kommen nach Montalto. Unter dem Beifall der Dorfbewohner lädt Canio, der Prinzipal, dazu ein, die Vorstellung seiner Truppe zu besuchen. Als Tonio, der Tölpel, der Frau des Prinzipals vom Wagen helfen will, spielt Canio den Eifersüchtigen und stößt Tonio zurück. Mit den Dorfbewohnern begeben sich die Schauspieler ins Gasthaus. Nedda, Canios Frau, und Tonio bleiben zurück. Beide sind unglücklich: Nedda, weil sie einen anderen liebt, Tonio, weil er Nedda liebt. Aber die findet ihn lächerlich und erwehrt sich seiner Zudringlichkeiten mit der Peitsche. Ihr Herz gehört Silvio, einem jungen Bauern. Silvio erscheint, um Nedda zu überreden, sich mit ihm davonzumachen. Tonio belauscht die beiden und alarmiert Canio, der sich, rasend vor Eifersucht, sofort auf den Nebenbuhler stürzen will. Aber Silvio kann unerkannt entkommen. Canio greift zum Messer, um seine Frau zu zwingen, den Namen ihres Liebhabers zu verraten. Er läßt erst von ihr ab, als Beppo, einer der Komödianten, ihm sagt, daß der Nebenbuhler gewiß bei der Abendvorstellung auftauchen werde.

2. Akt

Die Zuschauer haben sich eingefunden. Nedda geht durch die Reihen, um den Eintritt zu kassieren. Bei Silvio angekommen, warnt sie ihn vor Canios Eifersucht. Das Spiel beginnt. Nedda tritt als Colombine auf, Beppo als Harlekin, mit dem sie ein Verhältnis hat, und Tonio als verliebter Narr. Canio betritt die Bühne, Harlekin macht sich aus dem Staub. Die Komödie nimmt eine dramatische Wendung: aus Spiel wird Ernst. Canio fordert immer heftiger von Colombine, den Namen ihres Liebhabers zu erfahren. Das Publikum ist von der Darstellung gebannt. Beppo, hinter der Szene, ahnt das Unglück voraus: Canio greift nach einem Messer, und Nedda versucht zu entweichen. Aber Canio stößt ihr das Messer in den Rücken und streckt auch Silvio nieder, der ihr zur Hilfe eilt. – Das Spiel ist aus.

Der Bajazzo

Anmerkung

Die Geschichte des »Bajazzo« stützt sich auf eine wahre Begebenheit. Leoncavallo schrieb das großartige Textbuch – wie auch die Libretti seiner übrigen Opern – selbst. Musikalisch gelang es ihm, effektvolle Belcantokunst mit Elementen des Wagnerschen Musikdramas (Leitmotivtechnik) zu verschmelzen. Mit der Rolle des Canio und seiner Arie am Schluß des ersten Akts »Vesti la giubba« (»Hüll dich in Tand ... Lache, Bajazzo!«) schuf Leoncavallo eine der berühmtesten Tenor-Partien der gesamten Opernliteratur. Enrico Caruso war einer ihrer glänzendsten Interpreten. Die ungeheure Bühnenwirksamkeit der Oper – ein Musterbeispiel des Verismo – erklärt sich wohl aus ihrer doppelt fingierten Authentizität: Durch den Prolog und Tonios Beteuerung, daß das, was nun folgt, die Schilderung einer wahren Begebenheit sei, findet sich das Publikum in der gleichen Situation wieder wie die »Zuschauer« auf der Bühne, die als Zeugen eines Schauspiels zu Zeugen eines »echten« Mordes werden.

Rolf Liebermann
(geb. 1910)

Als Schüler Hermann Scherchens und Vladimir Vogels bedient sich der Schweizer Komponist Rolf Liebermann einer modifiziert zwölftönigen Schreibweise. Einige seiner Kompositionen erzielten spektakuläre Erfolge durch außergewöhnliche Besetzungen, so das »Concerto for Jazz Band and Symphony Orchestra« (1953) oder »Les Échanges« für 159 Büromaschinen (1964). Von seinen drei Opern nach Texten von Heinrich Strobel eroberte sich »Die Schule der Frauen« rasch einen Platz im Repertoire. 1959-73 war Liebermann Leiter der Hamburger Staatsoper, 1973-80 Intendant der Pariser Oper. Seit 1980 widmet er sich wieder ausschließlich der Komposition und schrieb u.a. das Bühnenwerk »Der Wald« nach A. Ostrowski (1987).

DIE SCHULE DER FRAUEN (School for Wives)

Opera buffa in drei Akten, Text von Heinrich Strobel nach der Komödie von Molière, Uraufführung (2.Fassung): Salzburg 1957

Personen
POQUELIN, auch ALAIN,
HENRI und ein ALTES WEIB (Bariton);
ARNOLPHE (Baßbariton);
AGNES (Sopran);
HORACE (Tenor);
ORONTE (Baß);
GEORGETTE (Alt)

Paris, im 17. Jahrhundert.

Handlung

Der Dichter Poquelin, alias Molière, betritt die Opernbühne und möchte sich ansehen, wie seine Komödie »Die Schule der Frauen« als Oper »zugerichtet« wird. Im Laufe des Geschehens kommentiert er mehrmals die Handlung und übernimmt kleinere Rollen, wenn sich herausstellt, daß die Bühne unterbesetzt ist. – Arnolphe, ein alter Hagestolz, glaubt, das Mittel gegen eheliche Untreue gefunden zu haben: Er hat die Waise Agnes in einem Kloster erziehen lassen, auf daß sie ihm eine gehorsame und willenlose Gattin werde. Just in dem Moment, da er sich zur Hochzeit entschließt, macht ihm der junge Horace, Sohn seines Geschäfts-

Die Schule der Frauen

freundes Oronte, einen Strich durch die Rechnung. Agnes verliebt sich sofort in Horace und beschwört ihn, sie vor dem heiratswütigen »Alten« zu retten. Nicht ahnend, daß damit sein vermeintlicher väterlicher Freund Arnolphe gemeint ist, vertraut Horace sich diesem an. Wie nicht anders zu erwarten, kommt es nun zu allerhand Intrigen und Verwirrungen; einmal wird Horace von Arnolphes Dienern grün und blau geprügelt. Als Retter in der Not erscheint Agnes' verschollen geglaubter Vater Henri aus Amerika und gibt gemeinsam mit Oronte dem jungen Paar seinen Segen. Auch Arnolphe willigt zähneknirschend in die Hochzeit ein.

Anmerkung

Strobel schrieb sein Libretto im Geiste der klassischen Opera buffa. Ursprünglich war das Werk als Einakter konzipiert und wurde in dieser Form 1955 in Louisville (USA) uraufgeführt. Der Erfolg der Komposition veranlaßte Liebermann und Strobel, die Oper auf drei Akte auszuweiten. Liebermanns Musik, die stürmisch gefeiert wurde, bewegt sich trotz zwölftöniger Partien fast vollständig im tonalen Rahmen. Die gewählte Form der Nummernoper nutzte Liebermann zu ironischen Genreparodien, z. B. Agnes' »Rachearie« im 3. Akt. Ein Cembalo im Orchester sorgt zusätzlich für barocke Atmosphäre.

György Ligeti
(geb. 1923)

Der aus Ungarn stammende, in Deutschland lebende Ligeti hatte in den 60er Jahren vor allem durch seine Cluster-Kompositionen von sich reden gemacht, bevor er sich wieder stärker der Melodie zuwandte. Vor »Le Grand Macabre« hatte Ligeti in den »Aventures« (1962) und den »Nouvelles aventures« (1965) für drei Sänger und sieben Instrumentalisten, aufzuführen als musikalisch-dramatische Aktion in 14 Bildern, mit völlig abstrakten Sprachlauten ohne Handlung experimentiert.

LE GRAND MACABRE

Oper in zwei Akten, Text von Michael Meschke und György Ligeti frei nach Michel de Ghelderodes »La Ballade du Grand Macabre«, Uraufführung: Stockholm 1978

Personen

CHEF DER GEHEIMEN POLITISCHEN POLIZEI, GEPOPO (Sopran);
VENUS und CLITORIA (beide Sopran);
SPERMANDO (Mezzosopran);
GO-GO (Knabensopran, Sopran oder Kontratenor),
Fürst von Breughelland;
ASTRADAMOS (Baß), *Astrologe;*
MESCALINA (Mezzosopran oder Alt), *seine Frau;*
PIET-VOM-FASS (Tenor), *Totengräber von Breughelland;*
NEKROTZAR (Tenor);
WEISSER MINISTER (Sprechrolle);
SCHWARZER MINISTER (Sprechrolle);
RUFFIAK (Bariton);
SCHOBIAK (Bariton);
SCHABERNACK (Bariton)

Im schönen Breughelland, zu unbestimmter Zeit.

Handlung

Der stets betrunkene Totengräber Piet-vom-Faß beobachtet das Liebespaar Spermando und Clitoria auf der Suche nach einem ungestörten Plätzchen für die Liebe: Ein leerstehendes Grab kommt da gerade recht. Die Stimme Nekrotzars, des Großen Makabren, ertönt und befiehlt Piet, ihm als Knecht beim nahenden Untergang zur Hand zu gehen. Schlot-

Le Grand Macabre

ternd gehorcht der Totengräber und bricht mit Nekrotzar auf, die Welt zu vernichten. – Im Hause des Astrologen peitscht Mescalina ihren Gatten aus, sinkt in den Schlaf und erfleht im Traum von Venus einen richtigen Mann, da die beiden ersten nichts taugten. Der Astrologe beobachtet ungewöhnliche Erscheinungen und errechnet, daß um Mitternacht ein Komet ins schöne Breughelland stürzen wird. Nekrotzar und Piet erscheinen; Nekrotzar tötet die schlafende Mescalina durch einen Biß in den Hals. Der verängstigte Astrologe bricht in einen Freudentaumel aus, als er erfährt, daß er als letzter sterben soll, und zieht mit dem unheilbringenden Duo zum Palast des Fürsten. Dort streitet sich der kindische Fürst mit seinen Ministern herum. Der Chef der Gepopo meldet einen Aufstand des beunruhigten Volks, das seinen Fürsten sehen will. Als der sich an die Menge wendet, erscheint zunächst Astradamos, dann Piet und schließlich der schreckliche Nekrotzar selbst, der das Ende der Welt verkündet. Das Volk ist entsetzt, doch Piet und der Astrologe überreden Nekrotzar zu einem Saufgelage. Um Mitternacht erscheint der Komet unter Blitz und Donner. Nekrotzar, der im Eifer des Gelages seine Stunde fast verpaßt hätte, behauptet in letzter Minute mit heldischer Geste, im Namen Gottes die Welt zu zerschmettern. – Piet und Astradamos träumen, sie seien im Himmel; Ruffiak, Schobiak und Schabernack wollen Fürst Go-Go ausrauben; die totgeglaubte Mescalina erscheint, bekommt von den gleichfalls überlebenden Ministern den Vorfall als Verschwörung in die Schuhe geschoben und erkennt in Nekrotzar ihren ersten Mann. Nach lustvollem Stöhnen taucht das Liebespaar aus seinem Grab. Es hat von der ganzen Sache nichts mitbekommen. Ohnehin hat der Komet die Erde verfehlt, und Nekrotzar ist als Hochstapler blamiert.

Anmerkung

Der grellbunte Bilderbogen des »Grand Macabre« mit seinen verdrehten Charakteren und grotesken Situationen ist gewollt und überzogen »opernhaft«. Als »comic-artig« hat der Komponist selbst das Stück bezeichnet und seine Vertonung so charakterisiert: »Die Musik zum ›Macabre‹ ist nicht atonal, ist aber auch keine Rückkehr zur Tonalität. Sie nähert sich der Pop-Art. Sie ist auf eine Weise gegenständlich, es gibt darin Linien, melodische Zusammenhänge, die wie Gegenstände behandelt werden. Das Stück ist voll mit sehr viel Zitaten aus der Tradition, auch mit Pseudozitaten, ja oft falschen Zitaten.« Obwohl dem Libretto vielfach kalauerhafte Verflachung und Entpolitisierung der literarischen Vorlage bescheinigt wurde, avancierte Ligetis Oper zu einem Lieblingsstück der Bühnen.

A. Lortzing

Albert Lortzing
(1801–1851)

Lortzing erkämpfte sich den Weg zum Erfolgskomponisten als Theaterpraktiker. Selbst Sohn eines Schauspielerehepaars, stand er schon früh als Schauspieler und Sänger auf der Bühne, spielte in kleinen Theaterorchestern Violine und Cello, übernahm Funktionen als Kapellmeister und Regisseur. Opern und Singspiele – auf eigene Libretti – folgten. Seine Glanzzeit erlebte er als Kapellmeister in Leipzig und Wien. Später ging er zurück in seine Heimatstadt Berlin, wo er im Alter von nicht einmal vierzig Jahren verarmt und in seiner Bedeutung völlig unterschätzt am Tag nach der Frankfurter Uraufführung seiner »Opernprobe« an einem Schlaganfall starb.

ZAR UND ZIMMERMANN oder DIE BEIDEN PETER

Komische Oper in drei Akten, Text von Albert Lortzing nach einer deutschsprachigen Bearbeitung des Theaterstücks »Le bourgmestre de Saardam ou Les deux Pierres« von A.H. Mélesville, J.T. Merle und E.C. de Boirie, Uraufführung: Leipzig 1837

Personen
PETER I. ZAR VON RUSSLAND /
PETER MICHAELOW (Bariton);
PETER IWANOW (Tenor),
ein junger Russe, Zimmermannsgeselle;
VAN BETT (Baß),
Bürgermeister von Saardam;
MARIE (Sopran),
seine Nichte;
ADMIRAL LEFORT (Baß),
russischer Gesandter;
LORD SYNDHAM (Baß),
englischer Gesandter;
MARQUIS DE CHATEAUNEUF (Tenor),
französischer Gesandter;
WITWE BROWN (Alt)

Zar und Zimmermann

Saardam (Zaandam) in Holland, im Jahr 1698.

Handlung

Zar Peter der Große erlernt inkognito als Peter Michaelow auf einer Werft im holländischen Saardam die Kunst des Schiffsbaus, um dieses Handwerk auch in Rußland bekannt zu machen. Ein anderer russischer Werftarbeiter, Peter Iwanow, ist aus der russischen Armee desertiert und fürchtet, entdeckt zu werden. Er liebt Marie, die Nichte des Bürgermeisters und ist damit der Nebenbuhler des französischen Gesandten. Der Zar erfährt von einer Revolution in Moskau und befiehlt schnelle Abreise. Der Bürgermeister, ein unfähiger eitler Popanz, erhält derweil den Auftrag, auf den Werften nach einem gewissen Peter zu suchen. Gleichzeitig macht der englische Gesandte Andeutungen, daß sich der Zar heimlich in der Stadt aufhalte. Prompt glaubt van Bett, Iwanow sei das russische Staatsoberhaupt, und bereitet einen festlichen Empfang vor, in dessen Verlauf ein vom Bürgermeister selbst verfaßtes Willkommenslied gesungen werden soll. Marie wiederum ist untröstlich, denn wenn »ihr« Peter der Zar ist, so wird sie ihn verlieren. Die Verwechslungskomödie nimmt ihren Lauf, zumal der echte Zar wegen einer Hafensperre nicht ausreisen kann. Schließlich begegnen sich die beiden Peter, der Zar bekommt Iwanows Paß und kann das Land endlich verlassen. Er ernennt seinen Namensvetter dafür zum kaiserlichen Oberaufseher und begründet so dessen Glück mit Marie.

Anmerkung

Was sich auf der Bühne als launige Verwechslungskomödie präsentiert, hat einen wahren Kern: Die Holland-Reise Peters des Großen ist historisch belegt und lieferte schon vor Albert Lortzings »Zar und Zimmermann« manchen Theaterstoff. Lortzing griff ihn auf und stellte alle früheren Bearbeiter damit in den Schatten. Durch die treffende Situationskomik und die volkstümlich gewordenen Melodien seines »Zar und Zimmermann« wurde Lortzing, der merkwürdigerweise außerhalb Deutschlands kaum je populär geworden ist, zum wichtigsten Vertreter der komischen deutschen Oper.

UNDINE
Romantische Zauberoper in vier Akten, Text von Albert Lortzing nach einer Erzählung von Friedrich de la Motte-Fouqué, Uraufführung: Magdeburg 1845

Personen
BERTALDA (Sopran),
Tochter des Herzogs Heinrich;
RITTER HUGO VON RINGSTETTEN (Tenor);
KÜHLEBORN (Bariton),
ein mächtiger Fürst der Wassergeister;
TOBIAS (Baß),
ein alter Fischer;
MARTHE (Alt),
sein Weib;
UNDINE (Sopran),
ihre Pflegetochter;
PATER HEILMANN (Baß),
Ordensgeistlicher aus dem Kloster Maria-Gruß;
VEIT (Tenor),
Hugos Schildknappe;
HANS (Baß),
Kellermeister

In einem Fischerdorf, im herzoglichen Schloß und auf Burg Ringstetten am Rhein, 1452.

Handlung
Ritter Hugo von Ringstetten ist der Sieger von Turnierspielen geworden und kann dadurch um die Hand von Bertalda anhalten. Vorher muß er jedoch noch eine Probe in einem gefürchteten Zauberwald bestehen. Dort angekommen, steigt der angrenzende See plötzlich über die Ufer. Hugo und sein Knappe Veit sind nun auf einer Insel gefangen, auf der die Fischersleute Marthe und Tobias mit ihrer Ziehtochter Undine leben. Hugo verliebt sich in das Mädchen, das – was niemand weiß – die Tochter von Kühleborn, dem Herrscher aller Wassergeister ist. Bald kommt es zu einer Hochzeitsfeier auf der Insel, nach der Kühleborn, der sich als Pater ausgegeben hat, dem Paar und Veit den Weg zurück in die Stadt zeigt. Zu Hause angekommen, gesteht Undine dem Geliebten ihre wahre Herkunft. Hugo ist dies jedoch gleichgültig, da es ihm nur um die Lie-

be geht. Bertalda ist entsetzt, als sie von der Vermählung hört. Kühleborn weilt als angeblicher neapolitanischer Gesandter im Schloß und enthüllt Bertaldas Geheimnis: Sie ist nämlich die Tochter der Fischersleute, die Undine aufgezogen haben. Kühleborn selbst hat die Kinder früher vertauscht. Das Testament des Herzogs bestätigt dies. Kühleborn bringt Bertaldas Eltern herbei, von denen sie jedoch nichts wissen will. Der Wassergeist flieht in einen Brunnen. Bertalda sucht nun, Hugo zu umgarnen, was ihr auch gelingt. Undine wird verstoßen. Aus Angst vor Kühleborn läßt Bertalda den Schloßbrunnen mit einem schweren Stein verschließen, doch vergebens: Undine erscheint auf der mitternächtlichen Hochzeitsfeier als verschleierte Todesbotin. Die Burg versinkt im Wasser – Undine ist mit ihrem Geliebten auf ewig vereint.

Anmerkung

Lortzing übertraf sich mit diesem Werk gewissermaßen selbst, hatte er doch bisher nur im heiteren Genre, nicht aber auf dem Gebiet der Zauberoper Routine entwickeln können. Trotzdem fand Lortzing in »Undine«, die er mehrfach umarbeitete, zu einer romantischen Tonsprache, die auch einen Richard Wagner nachhaltig beeindruckte. Fouqués Erzählung war schon für E.T.A. Hoffmann Grundlage für eine romantische Oper gewesen, und später nutzten Komponisten wie Tschaikowsky und Dvořák das Sujet noch einmal auf ihre Weise. Lortzing jedoch verband etwas Besonderes mit diesem Stoff: seine außereheliche Beziehung zu der Tochter des Grafen von Detmold – einer »Undine«, die ihrem Stand nach eher eine »Bertalda« war. Aus der Verbindung ging eine Tochter hervor.

J. B. Lully

Jean Baptiste Lully
(1632–1687)

Der Florentiner Giovanni Battista Lulli wurde mit 13 Jahren als Kammerjunge bei der Prinzessin von Orleans angestellt. Am Hofe entdeckte man seine musikalische Begabung. 21jährig wurde er Aufseher der Königlichen Instrumentalmusik und schuf mit den »24 violons de Roi« ein Streicherensemble, dessen Qualitäten in ganz Europa gerühmt wurden. 1664 begann die Zusammenarbeit mit dem Dichter Molière, für dessen Komödien Lully die »comédie-ballets« schrieb. Seit 1673 wandte Lully sich dann dem seriösen Genre zu. Zusammen mit dem Textdichter Philippe Quinault begründete er die Gattung der »tragédie lyrique«, die sich an den Stil der klassischen französischen Tragödie anlehnte und die in den folgenden hundert Jahren die Entwicklung des französischen Musiktheaters entscheidend beeinflußte. Als Geschäftsmann sicherte Lully sich in ganz Frankreich die Aufführungs- und Druckrechte für musikalische Dramen aller Art, so daß er jede Konkurrenz im Keim erstickte.

ATYS

Tragédie en musique in fünf Akten, Text von Philippe Quinault, Uraufführung: Paris, 1676

Personen
LE TEMPS (Bariton),
Gott der Zeit;
FLORA (Sopran),
Blumengöttin des Frühlings;
MELPOMENE (Sopran),
Muse der Tragödie;
ATYS (Tenor),
Günstling des phrygischen Königs, in Sangaride verliebt;
SANGARIDE (Sopran),
eine Flußnymphe, in Atys verliebt;
CYBELE (Sopran),
Göttin, in Atys verliebt;
CÉLÉNUS (Baß),
König von Phrygien, in Sangaride verliebt

Phrygien, in mythischer Vorzeit.

Atys

Handlung
Prolog

Der Gott der Zeit prophezeit Ludwig XIV. ewigen Ruhm. Flora beklagt sich darüber, daß der König wegen seiner andauernden Kriege keine Zeit findet, ihre Kunst zu bewundern. Melpomene kündigt die Geschichte von dem Jüngling Atys an.

1. Akt

Die Flußnymphe Sangaride und der Jüngling Atys lieben einander. Sangaride jedoch ist dem phrygischen König Célénus versprochen.

2. Akt

Die Göttin Cybele ist ebenfalls in Atys verliebt. Als Zeichen ihrer Gunst bestimmt sie Atys zu ihrem Priester.

3. Akt

Cybele gesteht Atys ihre Liebe. Sangaride erscheint und bittet Cybele, sie möge die bevorstehende Hochzeit mit Célénus verhindern. Als Cybele erfährt, daß Atys und Sangaride sich lieben, bricht sie in Tränen aus.

4. Akt

Sangaride zweifelt an Atys' Treue und ist bereit, Célénus zu heiraten. Im letzten Augenblick kann Atys Sangaride doch noch von seiner Liebe überzeugen.

5. Akt

Célénus und Cybele schwören Rache. Cybele raubt Atys den Verstand. In seinem Wahn hält er Sangaride für ein Ungeheuer und ersticht sie. Als er seine Untat erkennt, will er sich das Leben nehmen. Cybele hindert ihn daran und verwandelt ihn in eine Pinie.

Anmerkung

Den Stoff hat Ludwig XIV. höchstpersönlich ausgewählt. Nach zeitgenössischen Berichten soll er in dem Entscheidungskonflikt des Helden Atys zwischen der Göttin Cybele und der Nymphe Sangaride sich selbst, die Königin und seine Favoritin Madame de Maintenon wiedererkannt haben. Musikalisch dominieren in »Atys« die zahlreichen Duette und Ensemble-Szenen; solistische Glanznummern gibt es nur vereinzelt.

Bruno Maderna
(1920-1973)

Unter den Helden der Neuen Musik nach dem 2. Weltkrieg nimmt Bruno Maderna eine Sonderstellung ein, die nicht frei von tragischen Aspekten ist. Unermüdlich setzte sich der Venezianer als Dirigent für die Werke seiner Kollegen ein und machte die Welt mit den schwierigen Schöpfungen Stockhausens, Berios, Nonos und zahlloser anderer Komponisten Neuer Musik, vor allem auch junger Komponisten bekannt. Seine rastlose Betriebsamkeit brachte ihm zwar die Freundschaft und Achtung der besten Musiker seiner Zeit ein, aber seine eigenen, hochexperimentellen, dabei meist ausdrucksstarken und klangvollen Werke stellte er dabei zu stark in den Hintergrund. Ob der zuletzt in Darmstadt ansässige Komponist das Prinzip der Aleatorik – der »Zufallsmusik« also, bei der mehr oder weniger ausgedehnte Strecken einer Komposition nicht genau ausnotiert sind, um den Spielern größeren Freiraum zu gewähren –, ob Bruno Maderna also von dieser Technik nicht aus purem Zeitmangel so ausgiebig Gebrauch machte, ist bis heute nicht geklärt. Daß das Fehlen einer verbindlich vorgeschriebenen Form der Verbreitung seiner Kompositionen geschadet hat, darf indes als sicher gelten. Das zeigt auch das Schicksal seiner Bühnenwerke.

HYPERION

Lirica in forma di spettacolo (Oper in Form eines Schauspiels), von Bruno Maderna und Virgilio Puecher mit einem Text aus Friedrich Hölderlins gleichnamigen Romanfragmenten und Phonemen von Hans G. Helms, Uraufführung einer ersten szenischen Version: Venedig 1964

Personen
DER DICHTER (instrumental: ein Flötist);
DIE FRAU (Sopran);
DIE MASCHINE;
EINE GRUPPE VON SCHAUSPIELERN

Handlung
Es findet keine Handlung im herkömmlichen Sinn statt, sondern eine Folge expressiver, z. T. rätselhafter pantomimischer, ballettartiger und konzertanter Szenen.

Hyperion

Anmerkung

Die merkwürdige Besetzungsliste und die knappe Zusammenfassung der »Handlung« lassen auf den ersten Blick erkennen, daß es sich bei Madernas »Hyperion« nicht um eine Oper im herkömmlichen Sinn handelt. Als Beispiel für zwei wichtige Tendenzen des zeitgenössischen Musiktheaters sei an dieser Stelle dennoch auf das Stück eingegangen. Zum einen: Madernas »Hyperion« ist kein in sich abgeschlossenes Werk, sondern ein offenes, eine »opera aperta« oder »work in progress«. Aus einem Fundus an Chören, Tonbändern, konzertanten und sinfonischen Orchesterstücken sowie einer ausgedehnten Arie muß für jede Aufführung aufs neue eine sinnvolle Gesamtform zusammengestellt werden. Das zweite Stichwort lautet »instrumentales Theater«: Das Musikmachen, die Arbeit des Musikers auf der Bühne ist an sich schon Theater. Bruno Maderna wendet im »Hyperion« dieses Konzept (wie alle anderen Ideen und Techniken, die er aufgriff) nicht streng an, sondern gibt ihm sogleich einen menschlichen Gehalt: Der Flötist, dessen zarte Linien vom Orchester immer wieder mit brutaler Gewalt unterbrochen werden, ist für ihn das Sinnbild des Dichters in einer verständnislosen, daher ihm feindlich gesonnenen Umwelt.

H. A. Marschner

Heinrich August Marschner
(1795-1861)

Schon als Gymnasiast im sächsischen Zittau komponierte Heinrich Marschner zahlreiche Lieder und ein Ballett. Er studierte Jura, widmete sich dann aber ganz der Musik. In Wien machte er die Bekanntschaft Beethovens. Er wurde Kapellmeister in Dresden, Leipzig und Hannover, und in jeder dieser Städte hinterließ er seine Spuren als Komponist von Bühnenmusiken und fast zwanzig Opern. Der Erfolg blieb ihm nicht bis zum Ende seines Lebens treu, denn mehr und mehr gerieten Marschners Werke gegenüber denen Wagners, für den Marschner ein wichtiger Wegbereiter war, und Meyerbeers ins Abseits.

DER VAMPYR

Romantische Oper in vier Aufzügen, Text von Wilhelm August Wohlbrück, Uraufführung: Leipzig 1828

Personen
SIR HUMPHREY, LORD VON DAVENANT (Baß);
MALWINA (Sopran),
seine Tochter;
EDGAR AUBRY (Tenor),
ein Verwandter;
LORD RUTHWEN (Bariton);
SIR BERKLEY (Baß);
JANTHE (Sopran),
seine Tochter;
GEORGE DIBDIN (Tenor),
in Humphreys Diensten;
EMMY (Sopran),
des Gutsverwalters Tochter;
JAMES GADSHILL (Tenor);
TOM BLUNT (Baß);
SUSE (Alt), *seine Frau;*
RICHARD SCROP (Tenor);
ROBERT GREEN (Bariton);
VAMPYRMEISTER (Sprechrolle);
HAUSHOFMEISTER DAVENANTS (Sprechrolle);
ALTER DIENER (Sprechrolle);
DIENER (Baß)

―――――――― **Der Vampyr** ――――――――

Schottland, im 17. Jahrhundert.

Handlung

Der vereinsamte Lord Ruthwen ist zum Vampyr geworden und muß nun dem Teufel innerhalb von 24 Stunden drei unschuldige Bräute opfern, für die ihm je ein weiteres Jahr Lebenszeit gewährt werden soll. Die ersten beiden, Janthe und Emmy, gehen dem Unheimlichen leicht ins Netz. Aubry, dem der Lord einmal das Leben gerettet hat, hilft ihm dabei. Aber als sich der Vampyr seinem dritten Opfer, Malwina, nähert, entschließt sich Aubry, Ruthwens Geheimnis zu verraten. Im Moment, da Malwinas Hochzeit vollzogen und sie Ruthwens Beute werden soll, läuft dessen Frist ab; der Vampyr vom Blitz getroffen, fährt zur Hölle.

Anmerkung

Das Stück ist der Höhepunkt einer Modeströmung, die eine ganze Reihe von Vampyrdramen auf die Bühnen des Biedermeiers schwemmte. In ihrer zwischen deutschem Lied und – noch zögernd aufgenommenem – italienischem Belcantostil angesiedelten Tonsprache ist »Der Vampyr« neben »Hans Heiling« eines der wichtigsten Bindeglieder zwischen den Opern Carl Maria von Webers und den Musikdramen Richard Wagners. Besonders hervorzuheben sind das volkstümlich gehaltene Quintett »Im Herbst, da muß man trinken«, Emmys Romanze »Sieh, Mutter, dort den bleichen Mann« und das Duett »Leise dort zur fernen Laube«.

HANS HEILING

Romantische Oper in drei Akten und einem Vorspiel, Text von P. E. Devrient nach einer altböhmischen Sage, Uraufführung: Berlin 1833

Personen

KÖNIGIN DER ERDGEISTER (Sopran);
HANS HEILING (Bariton),
ihr Sohn;
ANNA (Sopran), *seine Braut;*
GERTRUDE (Alt),
deren Mutter;
STEPHAN (Baß), *Schmied;*
KONRAD (Tenor),
burggräflicher Leibschütz;
NIKLAS (Tenor), *Schneider*

H. A. Marschner

Im böhmischen Erzgebirge, im 14. Jahrhundert.

Handlung
Hans Heiling hat sich aus dem Reich der Erdgeister verabschiedet, um unter die Menschen zu gehen und das Mädchen Anna zur Braut zu nehmen. Aus Liebe zu ihr verbrennt er sein Zauberbuch, aber sich als Mensch unter Menschen zu fühlen, gelingt Hans Heiling nicht. Auf einem Volksfest muß er erkennen, daß die Liebe seiner Braut einem anderen, dem Leibschützen Konrad, gehört. Als Konrad sie, die sich im Wald verirrt hat, nach Hause geleitet und dort um ihre Hand anhält, fährt Heiling dazwischen und sticht den Nebenbuhler nieder. Er flüchtet sich in eine Felsenschlucht und beschwört die Erdgeister, ihn wieder aufzunehmen. Als er jedoch erfährt, daß er Konrad nicht getötet hat, entbrennt seine Eifersucht erneut. Rachesuchend taucht Heiling bei der Hochzeit Konrads und Annas auf. Aber als er Konrad erneut niederzustechen versucht, bricht der Dolch entzwei: Heilings Mutter, die Königin der Erdgeister, ist eingeschritten. Mit ihr kehrt Heiling, seinem früheren Entschluß gemäß, ins Reich der Erdgeister zurück.

Anmerkung
Mehr noch als das von Liebe und Entsagung handelnde Sujet aus der Welt der Sage hat der musikalische Eindruck des »Hans Heiling« inspirierend auf den jungen Richard Wagner eingewirkt. Das durchkomponierte Vorspiel und die erst daran anschließende, atmosphärisch ungeheuer dichte Ouvertüre, aber auch Arien wie Heilings »An jenem Tag« haben Marschners Meisterwerk einen festen Platz im romantischen deutschen Opernrepertoire gesichert.

Cavalleria rusticana

Pietro Mascagni
(1863-1945)

Geboren in Livorno, wo er auch ersten Musikunterricht erhielt, vertiefte Pietro Mascagni seine Kompositionskenntnisse bei Amilcare Ponchielli am Mailänder Konservatorium, ohne jedoch sein Studium dort zu beenden. Zunächst schloß er sich einer reisenden Operntruppe an, dann ging er als Orchesterleiter nach Cerignola, eine Kleinstadt in Apulien. Mit der »Cavalleria rusticana«, seiner zweiten Oper, die bei einem Kompositionswettbewerb des Verlagshauses Sonzogno den ersten Preis errang, schrieb der erst 25jährige Mascagni sein Meisterwerk. Die »Cavalleria rusticana« – »Bauernehre« müßte die deutsche Übersetzung lauten – machte den Komponisten mit einem Schlag berühmt; noch heute gehört sie in aller Welt zu den meistgespielten Opern. Ihr beispielloser Erfolg rückte die späteren Bühnenwerke Mascagnis so sehr in den Schatten, daß sie bis auf »L'amico Fritz« (»Freund Fritz«, 1891) und »Iris« (1898) nahezu vergessen sind.

CAVALLERIA RUSTICANA

Oper in einem Akt, Text von Giovanni Targioni-Tozzetti und Guido Menasci nach dem gleichnamigen Schauspiel von Giovanni Verga, Uraufführung: Rom 1890

Personen
SANTUZZA (Sopran),
eine junge Bäuerin;
TURRIDDU (Tenor),
ein junger Bauer;
LUCIA (Alt),
seine Mutter;
ALFIO (Bariton),
ein Fuhrmann;
LOLA (Mezzosopran),
seine Frau

Am Ostertag, in einem sizilianischen Dorf.

Handlung

Weil Lola, die er hatte heiraten wollen, einen anderen zum Mann genommen hat, während er beim Militär war, tröstet sich Turriddu nun mit der Bäuerin Santuzza, ohne jedoch von Lola abzulassen. Als Santuzza ihn wegen seiner Untreue zur Rede stellen will, beschimpft er sie und stößt sie von sich, um eilends wieder Lola zu folgen, die auf dem Weg zur Kirche ist. Santuzza bleibt zurück. Da erscheint Alfio, Lolas Ehemann, auch er will in die Ostermesse. Santuzza öffnet ihm die Augen über das Verhältnis von Lola und Turriddu, bereut aber sogleich, sich ihm anvertraut zu haben, denn Alfio will Rache nehmen.

Turriddu stößt im Dorfgasthaus auf Lola an, und übermütig lädt er Alfio ein, mit ihm zu trinken. Alfio schlägt die Einladung aus und fordert Turriddu statt dessen zum Duell. Der erkennt, daß er sich der Forderung stellen muß, und bittet, den Tod vorausahnend, seine Mutter, sich Santuzzas anzunehmen. Turriddu stirbt im Zweikampf. Santuzza bricht zusammen.

Anmerkung

Auch wenn Mascagnis »Cavalleria rusticana« mit Puccinis »La Bohème« und Leoncavallos »I Pagliacci« darum wetteifern muß, als die Oper des Verismo schlechthin zu gelten, ist sie doch als ein Meilenstein in der Geschichte des italienischen Musiktheaters unumstritten. Die »Cavalleria rusticana« läutet den endgültigen Abschied von den tradierten Formen und romantisch-heroischen Stoffen der Opera seria des 19. Jahrhunderts ein, ohne mit dem Gesangsideal des Belcanto zu brechen. Dramaturgisch meisterhaft wie Turriddus noch bei geschlossenem Vorhang im Orchestervorspiel erklingende Siciliana »O Lola, rosengleich blühn deine Wangen« oder sein geschickt durch die Handlung motiviertes Trinklied (»Schäumt der süße Wein im Becher«) ist auch das »Intermezzo sinfonico« eingesetzt, ein instrumentales Zwischenspiel, das den Einakter spannungssteigernd unterbricht, bevor das Eifersuchtsdrama seinen tragischen Höhepunkt erreicht.

Jules Massenet (1842-1912)

Massenet studierte schon mit neun Jahren am Pariser Konservatorium Klavier. Mit elf begann er das Kompositionsstudium bei Ambroise Thomas, der selbst ein wichtiger Opernkomponist der französischen Romantik war. Nach einem Italienaufenthalt, der Massenet wie vielen seiner Kollegen durch den Rompreis vergönnt war, begann er seine Karriere als Opernschöpfer und avancierte bald zum beliebtesten Komponisten im Frankreich seiner Zeit.

MANON

Tragische Oper in vier Akten, Text von Henri Meilhac und Philippe Gille nach dem Roman »Histoire du Chevalier Des Grieux et de Manon Lescaut« von Antoine François Prevost, Uraufführung: Paris 1884

Personen
MANON LESCAUT (Sopran);
POUSSETTE (Sopran),
ROSETTE (Alt),
JAVOTTE (Mezzosopran),
ihre Freundinnen;
CHEVALIER DES GRIEUX (Tenor);
LESCAUT (Bariton),
Garde du Corps, Vetter Manons;
GRAF DES GRIEUX (Baß);
GUILLOT DE MORFONTAINE (Baß);
DE BRÉTIGNY (Bariton)

Frankreich, um 1721.

Handlung
1. Akt

Am Gasthof zu Amiens fährt die Postkutsche vor. Neugierige drängen in den Hof. Die schöne Manon Lescaut steigt aus dem Wagen. Ihr Vetter erwartet sie, um sie ins Kloster zu bringen. Der lüsterne Herr von Morfontaine, der sich unter das Volk gemischt hat, nähert sich dem jungen Mädchen, das keineswegs ins Kloster gebracht werden will. Während der Vetter später in der Schenke Karten spielt, findet Manon schon einen neuen Verehrer – den jungen Chevalier Des Grieux. Die beiden verlieben sich ineinander und fliehen nach Paris, geradewegs in eine – wie sie meinen – rosarote Zukunft hinein.

2. Akt
In Paris schreibt Des Grieux seinem Vater, daß er Manon heiraten will. Manons Vetter, auf die Familienehre bedacht, dringt zusammen mit seinem Freund Brétigny in das Appartement des Paars ein. Während der Brief den Vetter beruhigt, versucht Brétigny, Manon für ein Leben in seinen Reichtümern zu begeistern. Er gibt dem Mädchen zu bedenken, daß der Vater des Chevaliers nicht in die Heirat einwilligen werde und daß dem Sohn die baldige Verhaftung drohe. Manon ist hin- und hergerissen. Schließlich geht sie auf das Angebot ein.

3. Akt
Manon, nun an der Seite von Brétigny, erfährt, daß Des Grieux Priester werden will. Er steht kurz vor dem Entschluß, endgültig ins Ordensleben einzutreten. Manon findet ihn betend in einer Kirche und kann die alte Leidenschaft neu entfachen. Die beiden fliehen abermals.

4. Akt
Des Grieux muß für Manons Luxusbedürfnisse viel Geld aufbringen und versucht es mit dem Glücksspiel. Herr de Morfontaine bezichtigt ihn des Betrugs. Der Vater von Des Grieux kann den Sohn nur noch retten, indem er ihn verhaften läßt. Manon soll als Prostituierte nach Amerika verschifft werden. Des Grieux kann seine Geliebte noch einmal kurz sehen. Völlig entkräftet vom Gefängnisleben stirbt sie in seinen Armen.

Anmerkung
Als Massenet seine »Manon« komponierte, hatte er sich noch längst nicht als Opernkomponist durchgesetzt. Die Kritik hatte – ganz im Gegensatz zum Publikum – nach der Uraufführung noch einiges an dem Stück auszusetzen. Erst später erkannte man die Qualitäten des Werkes, das ohne Zweifel zu den Höhepunkten der französischen Romantik zählt. Stilistisch gelingt es Massenet, Elemente der verschiedensten Genres, von der großen tragischen Oper bis hin zur komischen, raffiniert zu etwas Neuem und Eigenem zu verarbeiten, wobei er in der musikalischen Feinarbeit auf den französichen Impressionismus à la Ravel und Debussy vorausweist. Vor Massenet hatten bereits Auber und Halévy (dieser als Ballett) den Manon-Stoff vertont; Giacomo Puccini schuf eine weitere Version.

Gian Carlo Menotti (geb. 1911)

Aus Norditalien stammend, emigrierte Menotti nach Studien am Mailänder Konservatorium 1928 in die USA. Menotti, der fast ausschließlich Bühnenwerke komponierte, ist stets sein eigener Librettist. Er schrieb auch Dramen ohne Musik sowie Filmdrehbücher. Die Musik bleibt in seinen Werken – in Umkehrung des herkömmlichen Opernprinzips – dem Text untergeordnet. Menottis Stellung als Komponist ist bis heute umstritten. Man warf ihm Routine und mangelnde schöpferische Persönlichkeit vor. Ideologische Fragen berühren Menotti jedoch wenig, er schreibt ausschließlich fürs Publikum. Die meisten seiner Opern ernteten auch außerhalb der USA großen Erfolg.

DER KONSUL (The Consul)
Musikalisches Drama in drei Akten, Text vom Komponisten, Uraufführung: Philadelphia 1950

Personen
JOHN SOREL (Bariton);
MAGDA SOREL (Sopran);
MUTTER (Alt);
AGENT DER GEHEIMPOLIZEI (Baß);
SEKRETÄRIN (Mezzosopran);
NIKITA MAGADOFF (Tenor),
ein Zauberer

Irgendwo in Europa, Gegenwart.

Handlung
1. Akt
John Sorel wankt verwundet in seine Wohnung. Die Polizei verfolgt ihn, da er im Kampf gegen die herrschende Diktatur aktiv ist. Schnell verstecken ihn seine Mutter und seine Frau Magda. Der Geheimagent muß unverrichteter Dinge wieder abziehen, droht jedoch, er werde wiederkommen. Sorel entschließt sich, ins Ausland zu fliehen. Der Glaser Assan dient als Kontaktmann; wenn ein Stein durchs Fenster fliegt, wird Magda ihn anrufen. – Auf dem Konsulat erreicht Magda nicht viel. Eine Sekretärin überreicht ihr lediglich Formulare.

2. Akt

Nach langer Zeit kommt endlich das erwartete Zeichen des Glasers, der Magda von John berichtet. Der Polizeiagent versucht, Magda zum Verrat zu überreden. Magdas krankes Kind stirbt. – Im Konsulat warten alle vergeblich auf einen Termin mit dem Konsul. Zum Zeitvertreib hypnotisiert der Zauberer Magadoff die Anwesenden. Als Magda endlich zum Konsul vorgelassen werden soll, sieht sie, wie der Polizeiagent aus dessen Zimmer tritt. Sie fällt in Ohnmacht.

3. Akt

Zermürbt kehrt John Sorel zurück und wird verhaftet. Magda, die keinen Sinn mehr im Leben sieht, dreht in ihrer Wohnung den Gashahn auf. Das Telefon klingelt, doch sie schafft es nicht mehr, den Hörer abzunehmen, und stirbt.

Anmerkung

Menotti folgt im »Konsul« seinem Grundsatz, aktuelle Zeitprobleme auf die Bühne zu bringen. Angeklagt wird die Diktatur der Behörden, »die ihr kleines Stückchen Macht, das ihnen gegeben ist, grausam und hart anwenden.« Das Libretto hätte auch als Theaterstück Gültigkeit; in der Konfrontation des hilflosen Individuums mit einer unerbittlichen, anonymen Macht streift Menotti kafkaeske Bezirke. In seiner Musik vereinigt er verschiedenste Einflüsse von Monteverdi bis Strawinsky zu einer bunten Stilmischung, die treffend als »italienisch-amerikanischer Neo-Verismus« bezeichnet wurde. Nach der sensationell erfolgreichen Uraufführung fand »Der Konsul« auch auf europäischen Bühnen viele Bewunderer.

Die Hugenotten

Giacomo Meyerbeer (1791-1864)

Meyerbeer wurde bei Berlin geboren und erhielt – gemeinsam mit Carl Maria von Weber – seine kompositorische Ausbildung bei Abbé Vogler in Darmstadt. Antonio Salieri ermunterte ihn, sich der Oper zuzuwenden. Erste Erfahrungen mit dem Musiktheater sammelte er in Italien, bevor er sich in Paris niederließ. Dort erntete er mit der Oper »Robert der Teufel« den ersten Erfolg. Mit den »Hugenotten« steigerte sich sein Ruhm ins Sensationelle; Meyerbeer wurde als der führende Opernkomponist seiner Zeit angesehen. Nur in Deutschland begegnete man ihm mit Mißtrauen. Nach einigen frustrierenden Jahren als Preußischer Generalmusikdirektor in Berlin kehrte er enttäuscht nach Paris zurück. Er starb während der Vorbereitung zur Premiere seiner letzten Oper »Die Afrikanerin«. Nach einer regelrechten Meyerbeer-Vergötterung im letzten Jahrhundert setzte schnell eine ebenso extreme Vernachlässigung seines Œuvres ein, die leider bis heute anhält.

DIE HUGENOTTEN (Les Huguenots)

Große Oper in fünf Akten, Text von Eugène Scribe und Émile Deschamps, Uraufführung: Paris 1836

Personen

MARGARETE VON VALOIS (Sopran),
Königin von Navarra;
URBAIN (Sopran),
ihr Page;
GRAF VON NEVERS (Bariton);
GRAF VON ST.BRIS (Baß);
VALENTINE (Sopran), seine Tochter;
RAOUL VON NANGIS (Tenor), Hugenotte;
MARCEL (Baß), sein Diener

Paris und Umgebung, August 1572.

Handlung

Um den Religionsstreitigkeiten zwischen Katholiken und Hugenotten ein Ende zu bereiten, hat sich Margarete von Valois, die Schwester Karls IX. von Frankreich, mit einem Protestanten verlobt. Den jungen hugenottischen Edelmann Raoul von Nangis bittet sie, zur Unterstützung ihrer

G. Meyerbeer

Friedensbemühungen die Katholikin Valentine zu heiraten. Raoul ist wohl seit längerem heimlich in Valentine verliebt, hat sie aber kurz zuvor als Verlobte des Grafen Nevers kennengelernt. Stolz weist er die Hochzeit zurück. Dadurch fühlen sich die anwesenden Katholiken in ihrer Ehre gekränkt. Es kommt zum Kampf zwischen den feindlichen Parteien, dem erst die Königin Einhalt gebieten kann. Als Raoul erfährt, daß die Hugenotten durch das Eingreifen Valentines gerettet worden sind, erkennt er seinen Irrtum. Im Haus Valentines, wo er sich von ihr verabschieden will, wird Raoul heimlicher Zeuge einer Mordverschwörung der Katholiken. Valentine vermag ihn durch ihr Liebesgeständnis nur kurzzeitig davon abzuhalten, seine Glaubensgenossen zu warnen. Gemeinsam mit Raoul und seinem Diener Marcel findet Valentine in der Bartholomäusnacht den Tod.

Anmerkung
Meyerbeer, der als Schöpfer und berühmtester Vertreter der französischen Grand Opéra gilt, schuf in den »Hugenotten« den Prototyp dieser Gattung. Alle Ausdrucksmöglichkeiten der Oper – Arien, Duette, Chöre, Ensembles, Ballett – werden zur Schaffung eines grandiosen Tableaus herangezogen, das wohl Nahtstellen und Ungleichmäßigkeiten erkennen läßt, doch aufgrund seiner Bühnenwirksamkeit und schlagkräftigen Melodik zu begeistern vermag. Als Höhepunkt der »Hugenotten« gilt die große Verschwörungsszene des vierten Akts mit dem anschließenden Liebesduett zwischen Raoul und Valentine. Als Cantus firmus der Oper und zur gleichzeitigen Charakterisierung der Rolle des Marcel benutzt Meyerbeer den Choral »Ein feste Burg«. »Die Hugenotten« waren ein Welterfolg; allerdings mußte der Text wegen religionspolitischer Bedenklichkeiten in den meisten Ländern abgewandelt werden.

Stanisław Moniuszko
(1819-1872)

Der wegen seines umfassenden und in seiner Heimat sehr populären Liedschaffens gelegentlich als »polnischer Schubert« apostrophierte Zeitgenosse Chopins absolvierte einen dreijährigen Studienaufenthalt in Berlin, ehe er in Wilna eine erste Stelle als Organist versah. Später wurde er Theaterkapellmeister in Warschau. Nach dem Erfolg seiner Volksoper »Halka« schuf Moniuszko u.a. noch die Satire »Verbum nobile« (1861), »Das Gespensterschloß« (1863) und die Tragödie »Paria« (1863). Obwohl sein Bekanntheitsgrad weitaus geringer war als der Chopins, übte Moniuszko durch seine Opern und seine Lehrtätigkeit am Warschauer Konservatorium einen entscheidenden Einfluß auf die Entwicklung der zeitgenössischen national-polnischen Musik aus.

HALKA

Oper in vier Akten, Text von Włodimierz Wolski nach der Erzählung »Góralka« von K. W. Wójcicki, Uraufführung: Warschau 1858

Personen
JANUSZ (Bariton),
Edelmann;
HALKA (Sopran),
Leibeigene Janusz';
JONTEK (Tenor),
ebenfalls Leibeigener;
SOFIE (Alt),
Edelfräulein;
DZIEMBA (Baß),
Verwalter

Polnische Karpaten, um 1840.

Handlung

Der Landedelmann Janusz schickt sich an, Sofie, die Tochter eines königlichen Hofbeamten, standesgemäß zum Traualtar zu führen. Die Feierlichkeiten erfahren eine abrupte Unterbrechung, als die beiden Leibeigenen Halka und Jontek erscheinen, um Janusz der Treulosigkeit zu bezichtigen. Janusz reagiert höchst gereizt, als die ihn bedingungslos liebende Halka, die ihm bereits ein Kind geboren hat, und der selbstlos zu ihr stehende Jontek ihn an alte Versprechen erinnern. Mit Hunden droht er sie zu verjagen, wenn sie nicht freiwillig das Feld räumen sollten. – In rasender Verwirrung will Halka die Kirche in Brand setzen, in der die Trauung stattfindet. Als aber die feierlichen Klänge der Musik ertönen, besinnt sie sich anders und stürzt sich von einem Felsen. Der erschreckte Aufschrei der Augenzeugen lockt die Gäste aus der Kirche, und Jontek stößt den ebenfalls herbeigeeilten Janusz mit den Worten »Dein Liebchen verlangt nach dir« in den Abgrund.

Anmerkung
Die sozialkritische Geschichte des gedankenlosen Landedelmanns und der von ihm verführten Bauerntochter ist die erste polnische Nationaloper. Das Werk wurde (in zweiaktiger Fassung, später vieraktig konzertant) zunächst in Wilna gesungen, ehe es in Warschau auf die Bühne kam. Dann allerdings war der Erfolg so überwältigend, daß Moniuszko noch im selben Jahr zum Direktor der Warschauer Oper ernannt wurde. Polnische Folklore geht in der Partitur eine innige Verbindung mit der italienisch-deutschen Operntradition ein. Als Konzertstück ist die Ouvertüre auch außerhalb Polens häufig zu hören.

L'Orfeo

Claudio Monteverdi (1567-1643)

Von 1590 bis 1613 wirkte Monteverdi als Violinist, Sänger und Kapellmeister am Hof der Gonzaga in Mantua. In diesen Jahren komponierte er vorwiegend mehrstimmige weltliche Vokalwerke (Madrigale). Seine Auseinandersetzung mit der damals noch jungen Gattung Oper begann 1607 mit dem »Orfeo«. Ein Jahr später entstand die »Arianna«, deren Musik bis auf das berühmte »Lamento d'Arianna« verlorengegangen ist. 1613 kündigte er aus finanziellen Gründen seine Stellung in Mantua und bewarb sich als erster Kapellmeister an San Marco in Venedig. Für die verschiedenen Opernhäuser in Venedig schrieb er rund 40 Opern, von denen allerdings nur der »Ulisse« und die »Poppea« erhalten sind.

L'ORFEO

Favola in musica in einem Prolog und fünf Akten, Text von Alessandro Striggio nach Ovid, Uraufführung: Mantua 1607

Personen
LA MUSICA (Sopran);
ORFEO (Countertenor),
Sänger;
EURYDIKE (Sopran),
seine Gattin;
BOTIN (Sopran);
CHARON (Baß),
Fährmann der Unterwelt;
PLUTO (Baß),
Gott der Unterwelt;
PROSERPINA (Sopran),
seine Gattin;
APOLLO (Countertenor)

Arkadien und das Reich der Toten, in der griechischen Mythologie.

Handlung

Im Prolog preist die allegorische Gestalt der Musik ihre Macht über Menschen und Tiere. – Hirten und Nymphen feiern die Hochzeit von Orpheus und Eurydike. Eine Botin teilt Orpheus mit, daß Eurydike von einer Schlange gebissen wurde. Orpheus beweint sein Schicksal und beschließt, Eurydike von den Toten zurückzuholen. Charon, der Fährmann zwischen der Welt der Lebenden und dem Reich der Toten, verweigert ihm die Überfahrt, aber Orpheus schläfert ihn durch seinen Gesang ein. Pluto, der Gott der Unterwelt, ist gerührt von so viel Liebe und gestattet Eurydike die Rückkehr – unter einer Bedingung: Orpheus darf sich auf dem Rückweg nicht nach ihr umwenden. Mißtrauen und plötzlicher Lärm veranlassen ihn, sich dennoch umzublicken, und er verliert Eurydike zum zweiten Mal. Auf die Erde zurückgekehrt, beweint Orpheus erneut sein Schicksal. Sein Vater Apoll steigt vom Himmel und tröstet ihn: Oben am Firmament werde er das irdische Leid vergessen. Daraufhin folgt Orpheus Apoll in den Himmel. Die Hirten feiern die Verklärung des Orpheus mit Tänzen.

Anmerkung

Obwohl Jacopo Peri schon sieben Jahre zuvor mit der »Euridice« die Gattung Oper begründet hatte, gilt gemeinhin Monteverdis »Orpheus« als die erste ernst zu nehmende Oper der Musikgeschichte. Der neue monodische Rezitativstil wirkt flüssiger und wird mit ariosen Momenten, mit mehrstimmigen Chorsätzen und einem klangfarbenreichen Instrumentarium aufgelockert. Schon der »Orpheus« folgt dabei der später von Monteverdi aufgestellten Maxime, daß die Musik die Gefühlsinhalte unterstreichen solle, aber den Text dabei nicht überwuchern dürfe. – Das für die Aufführung 1607 gedruckte Libretto weist einen anderen Schluß auf als die 1609 veröffentlichte Partitur: Der trauernde Orpheus, der sich der Liebe entzieht, wird von den Bacchantinnen zerfleischt.

IL RITORNO D'ULISSE IN PATRIA
(Die Rückkehr des Odysseus)
Dramma in musica in einem Prolog und drei Akten, Text von Giacomo Badoaro nach Homer, Uraufführung: Venedig 1641

Personen
DIE MENSCHLICHE ZERBRECHLICHKEIT (Sopran);
DIE ZEIT (Baß);
FORTUNA (Sopran);
AMOR (Sopran);
ODYSSEUS (Tenor);
PENELOPE (Sopran),
Gattin des Odysseus;

Il ritorno d'Ulisse in patria

TELEMACH (Tenor),
Sohn des Odysseus;
ERICLEA (Alt),
Amme des Odysseus

Die Insel Ithaka und Palast des Odysseus, in mythischer Zeit (zwanzig Jahre nach dem Trojanischen Krieg).

Handlung
Prolog

Die Allegorien Fortuna, Amor und die Zeit schildern, wie sehr die menschliche Zerbrechlichkeit ihnen ausgeliefert ist.

1. Akt

Penelope trauert um ihren Gatten Odysseus, der in den Trojanischen Krieg gezogen ist und seit zwanzig Jahren vermißt wird. Der Hofstaat versucht Penelope jedoch davon zu überzeugen, daß es sinnvoller sei, sich wieder zu vermählen. Währenddessen wird Odysseus von Seefahrern in seiner Heimat Ithaka abgesetzt. Minerva verwandelt ihn als Bettler, damit er sich unerkannt von der Treue Penelopes überzeugen kann. Odysseus begibt sich zum Palast.

2. Akt

Am Hof halten mehrere Freier um die Hand Penelopes an. Sie erklärt sich bereit, denjenigen zu heiraten, der in der Lage ist, den Bogen des Odysseus zu spannen. Aber keiner von ihnen hat die Kraft dazu. Schließlich greift Odysseus nach dem Bogen und tötet die Freier.

3. Akt

Die Götter beschließen, daß die Irrfahrt des Odysseus nunmehr zu Ende gehen soll. Penelope jedoch mißtraut dem Bettler, der vorgibt, Odysseus zu sein. Erst als er in seiner wahren Gestalt erscheint, als die alte Amme ein Muttermal an ihm wiederentdeckt und er Penelope Details aus dem gemeinsamen Eheleben erzählt, schwindet ihre Skepsis.

Anmerkung

Anders als der »Orfeo«, der sich an ein höfisch-intellektuelles Publikum wandte, entstand der »Ulisse« für eines der öffentlichen Opernhäuser in Venedig. Dies zeigt sich vor allem in der dramatischen Struktur: Die Handlung wird durch komische Randfiguren und Effekte der Theatermaschinerie aufgelockert, und die Götter spielen nurmehr eine bescheidene Rolle. – Die Oper galt lange Zeit als verschollen, bis 1881 in der Wiener Nationalbibliothek eine anonyme Abschrift der Partitur aufgefunden wurde. Die Partitur nennt keinen Komponisten, aber stilkritische Vergleiche weisen mit großer Sicherheit auf Monteverdi als Urheber hin.

L'INCORONAZIONE DI POPPEA
(Die Krönung der Poppea)
Dramma in musica in einem Prolog und drei Akten, Text von Giovanni Francesco Busenello nach Tacitus, Uraufführung: Venedig 1642

Personen
FORTUNA (Sopran);
DIE TUGEND (Sopran);
AMOR (Sopran);
POPPEA (Sopran),
Geliebte des Nero;
NERO (Countertenor),
römischer Kaiser;
OTTAVIA (Sopran),
seine Gattin;
OTTONE (Countertenor);
ARNALTA (Tenor),
Vertraute der Poppea;
SENECA (Baß),
Philosoph

Rom, im Jahr 62 n.Chr.

Handlung
Prolog
Fortuna, Amor und die Tugend streiten sich, wer von ihnen die Geschicke der Menschen lenkt. Amor will beweisen: allein die Liebe.

1. Akt
Während eines Schäferstündchens mit Poppea verspricht Nero, seine Gattin Ottavia zu verstoßen und Poppea zur Kaiserin zu machen. Als Seneca die Machenschaften Neros kritisiert, zwingt Nero ihn, Selbstmord zu begehen.

L'incoronazione di Poppea

2. Akt
Seneca öffnet sich im Beisein seiner Schüler die Pulsadern. Die Kaiserin Ottavia will ihre Nebenbuhlerin Poppea ausschalten und überredet den eifersüchtigen Ottone, seine ehemalige Geliebte Poppea umzubringen. Der Mordanschlag mißlingt.

3. Akt
Ottone bezichtigt die Kaiserin Ottavia der Mittäterschaft. Beide werden aus Rom verbannt, und Nero erhebt seine Geliebte zur rechtmäßigen Kaiserin.

Anmerkung
Mit der »Poppea« hat sich der venezianische Operntypus voll ausgebildet: Die Chöre fallen aus Kostengründen weg, und auch das Orchester ist auf Streichinstrumente und ein unterstützendes Cembalo reduziert. Dafür treten dieariosen Momente in den Vordergrund. Der reine Sprechgesang, wie er noch beim »Orfeo« vorherrschend war, besitzt fast nur noch verbindende Funktion. – Monteverdis Urheberschaft ist auch im Falle der »Poppea« nicht eindeutig geklärt. Man nimmt an, daß einige Szenen von dem Monteverdi-Schüler Francesco Cavalli stammen und das berühmte lyrische Schlußduett von Benedetto Ferrari, einem Freund Monteverdis.

W. A. Mozart

Wolfgang Amadeus Mozart
(1756-1791)

Vom Vater, Leopold Mozart, der als Violinist und Vize-Kapellmeister am Hof des Salzburger Fürsterzbischofs tätig war, schon als Kleinkind aufs gründlichste im Klavier- und Violinspiel unterwiesen, entwickelte sich Mozart ebenso wie seine um viereinhalb Jahre ältere Schwester rasch zu einem musikalischen Wunderkind. Mehr als die Hälfte seiner Kindheit und Jugend brachte Mozart auf Reisen zu, die ihn mehrfach nach Wien und nach Italien, nach Deutschland, Frankreich, England und in die Niederlande führten. Als Bühnenkomponist trat Mozart, nachdem er bereits einige kleine Sinfonien sowie zahlreiche Klavier- und Kammermusikwerke geschrieben hatte, erstmals im Alter von 11 Jahren in Erscheinung (»Apollo et Hyacinthus«, 1767). Mit »Mitridate, re di Ponto« (1770), dem nach »Bastien und Bastienne« und »La finta semplice« (beide 1768) dritten größeren Bühnenwerk, machte Mozart sich in Italien bekannt. Für Mailand schrieb er in den folgenden Jahren den »Ascanio in Alba« (1771) und »Lucio Silla« (1772). In Salzburg kam 1772 »Il sogno di Scipione« (»Der Traum des Scipio«) heraus, drei Jahre später erlebte in München »La finta giardiniera« (»Die Gärtnerin aus Liebe«, 1775) ihre Uraufführung. Bis zur Premiere des »Idomeneo«, seiner nächsten Oper, vergingen mehr als fünf Jahre, die Mozart teils als Konzertmeister, später als Hoforganist in Salzburg, teils auf Reisen in Deutschland und Frankreich verbrachte. Der Erfolg des 1781 in München uraufgeführten »Idomeneo« bestärkte Mozart in seinem Willen, Salzburg zu entfliehen und ein Auskommen in Wien zu suchen. Vom Kammerherrn des Salzburger Fürsterzbischofs mit einem Fußtritt aus dem Hofdienst entlassen, warf Mozart sich ins Abenteuer einer freien Existenz als Pianist, Klavierlehrer und Komponist. Im Laufe des an künstlerischen Triumphen reichen, aber gegen Ende von finanziellen Sorgen überschatteten Jahrzehnts, das Mozart bis zu seinem Tod, von nur wenigen Reisen unterbrochen, in Wien verbrachte, entstanden sieben weitere Opern, die den Ruhm des Komponisten auf ewig festigten.

IDOMENEO, RE DI CRETA
(Idomeneo, König von Kreta)
Oper (Dramma per musica) in drei Akten, Text von Giambattista Varesco nach Antoine Danchet, Uraufführung: München 1781

Personen
IDOMENEO (Tenor),
König von Kreta;
IDAMANTES (Alt oder Tenor), *sein Sohn;*
ILIA (Sopran), *Tochter des Priamos;*
ELEKTRA (Sopran),
Tochter des Agamemnon;
ARBACES (Bariton),
Freund des Idomeneo;
OBERPRIESTER DES POSEIDON (Baß);
STIMME DES ORAKELS (Baß)

Kreta, nach dem Trojanischen Krieg.

Handlung
1. Akt
Ilia, die Tochter des Königs von Troja, lebt als Gefangene auf Kreta. Idamantes liebt sie, Elektra aber, die Tochter Agamemnons, versucht Idamantes an sich zu binden. Idomeneo hat in einem schweren Sturm, der seine Flotte zu zerstören drohte, dem Meeresgott Poseidon dafür, daß dieser ihn errette, ein Dankesopfer versprochen: Derjenige, der dem König bei seiner Ankunft auf Kreta als erster entgegentritt, soll das Opfer sein. Dieser Unglückliche ist Idamantes.

2. Akt
Idomeneo berät mit Arbaces, wie die Opferung des Sohnes abzuwenden sei. Sie beschließen, Idamantes mit Elektra nach Argos zu schicken; Elektra frohlockt. Doch als beide in See stechen wollen, entfacht Poseidon einen neuen Sturm, dem Meer entsteigt ein Ungeheuer.

3. Akt
Betrübt, daß er Ilia verlassen muß, kämpft Idamantes mit dem Ungeheuer und besiegt es. Aber Ilia will statt seiner in den Tod gehen. Soviel Liebe stimmt Poseidon gnädig. Das Orakel verkündet, daß Idomeneo abdanken und künftig Idamantes an der Seite Ilias herrschen soll.

Anmerkung

Die Partie des Idamantes ist – als eine der letzten in der Opernliteratur – noch für einen Kastraten geschrieben. Schon darin zeigt sich die enge Bindung des (vom Münchner Hof in Auftrag gegebenen) »Idomeneo« an die Tradition der barocken Opera seria. Aber so, wie er es auch in der Kirchenmusik verstand, die strengen Auflagen der Gattung präzise zu erfüllen und doch den eigenen kompositorischen Ehrgeiz gegen alle Konventionen auszuspielen, setzte sich Mozart auch im »Idomeneo« – zumal im ersten Akt – über den Schematismus der Seria alten Stils hinweg.

DIE ENTFÜHRUNG AUS DEM SERAIL

Singspiel in drei Akten, Text nach Christian Friedrich Bretzner von Gottlob Stephanie d.J., Uraufführung: Wien 1782

Personen

KONSTANZE (Sopran);
BLONDCHEN (Sopran),
ihre Zofe;
BASSA SELIM (Sprechrolle);
BELMONTE (Tenor);
PEDRILLO (Tenor),
sein Diener;
OSMIN (Baß),
*Aufseher über das
Landhaus des Bassa;*
KLAAS (Sprechrolle),
ein Schiffer

Landgut des Bassa in der Türkei, Mitte des 16. Jahrhunderts.

Handlung
1. Akt

Belmonte, ein vornehmer Spanier, ist auf der Suche nach seiner Braut Konstanze, die zusammen mit ihrer Zofe und Pedrillo ins Landhaus des Bassa Selim verschleppt worden ist. Der Bassa möchte Konstanze zu seiner Geliebten machen; sein Aufseher hat es auf Blondchen abgesehen. Belmonte trifft zunächst auf ihn, den polternden Osmin, dann auf Pedrillo, der die Gärten des Bassa zu beaufsichtigen hat. Pedrillo führt Belmonte zum Bassa und stellt ihn als Baumeister vor.

Die Entführung aus dem Serail

2. Akt
Mit allen Mitteln versucht Osmin, Blondchen zu erobern. Aber die weiß sich zu wehren. Belmonte und Pedrillo hecken einen Fluchtplan aus; Pedrillo informiert sein Blondchen, die wiederum weiht Konstanze ein. Osmin wird betrunken gemacht.

3. Akt
Der Plan fliegt auf; Osmin tobt und droht mit furchtbarer Rache, der Bassa aber zeigt Edelmut und gewährt den beiden Paaren ihre Freiheit.

Anmerkung
In Mozarts Bewußtsein und dem seiner Zeit war alles, was mit Oper im weitesten Sinne zusammenhing, fast gleichbedeutend mit italienischem Gesang und italienischer Musik. Insofern war es Neuland, das Mozart mit dem im Auftrag Kaiser Josephs II. geschriebenen deutschen Singspiel betrat, auch wenn er mit dem Einakter »Bastien und Bastienne« erste Erfahrungen auf diesem Gebiet bereits gesammelt hatte. Dennoch konnte das Vorbild für die dreiaktige »Entführung« eigentlich nur aus Italien kommen. Doch ebendiese Nähe zur Opera buffa macht die »Entführung«, die als einzige Konzession ans deutsche Singspiel die gesprochenen Dialoge (statt der italienischen Secco-Rezitative) beibehält, zur ersten bedeutenden Oper in deutscher Sprache seit der Barockzeit.

LE NOZZE DI FIGARO (Figaros Hochzeit)
Opera buffa in vier Akten, Text von Lorenzo da Ponte nach einem Bühnenstück von P. A. Caron de Beaumarchais, Uraufführung: Wien 1786

Personen
GRAF ALMAVIVA (Bariton);
GRÄFIN (Sopran),
seine Gemahlin;
SUSANNA (Sopran),
deren Kammermädchen und Braut Figaros;
FIGARO (Baß),
gräflicher Kammerdiener;
CHERUBINO (Sopran),
Page;
MARCELLINA (Alt),
Beschließerin im Schloß;

W. A. Mozart

BARTOLO (Baß),
Arzt aus Sevilla;
BASILIO (Tenor),
Musikmeister;
DON CURZIO (Tenor),
Richter;
ANTONIO (Baß),
Gärtner;
BARBARINA (Sopran),
seine Tochter

Ein Schloß in der Nähe von Sevilla, Mitte des 18. Jahrhunderts.

Handlung
1. Akt

Figaro ist dabei, das Zimmer im gräflichen Schloß auszumessen, das er nach der Hochzeit mit seiner Braut bewohnen wird. Aber Susanna fürchtet die Zudringlichkeiten des Grafen. Der nämlich beansprucht das »Recht der ersten Nacht« für sich. Figaro will sich das nicht bieten lassen, doch seine Lage ist verzwickt, hat er doch vor längerer Zeit, als er sich in Geldnot befand, der schon etwas älteren Marcellina die Ehe versprochen, und die will nun wenigstens eine Entschädigung; Bartolo unterstützt sie. Dann ist da noch Cherubino, der Page, der alle Frauen im Schloß anbetet und die Männer eifersüchtig macht. Besonders der Graf ist auf den Knaben nicht gut zu sprechen. Darum sucht Cherubino bei Susanna Rat. Als plötzlich der liebeshungrige Graf bei Susanna auftaucht, muß Cherubino sich verstecken, aber auch Almaviva flüchtet sich in ein Versteck, denn Basilio tritt ins Zimmer, um Susanna zu sagen, sie solle doch den Grafen und nicht den jungen Cherubino erhören. Oder sei der gar nicht in sie, sondern womöglich in die Gräfin verliebt?— Als der Graf das hört, kommt er zornig aus seinem Versteck hervor. Schließlich entdeckt er auch den Pagen, der auf einem Sessel kauert, zugedeckt mit einem Kleid Susannas. Der Graf verlangt, daß man Figaro hole, damit dieser sehe, daß seine Braut sich mit Cherubino eingelassen habe. Aber Susanna erklärt, dann werde Figaro auch erfahren, was ihn, den Grafen, hergeführt habe. Figaro nutzt die Verlegenheit Almavivas, um zu verkünden, dieser habe »großmütig« auf das Vorrecht der Brautnacht verzichtet. Der Graf indes gibt noch nicht auf, er bestraft Cherubino dadurch, daß er ihn als Leutnant in ein auswärtiges Regiment versetzt.

2. Akt

Das Versteckspiel geht weiter. Figaro, Susanna und ihre Herrin schmieden ein Komplott: Dem Grafen wird vorgegaukelt, Susanna erwarte ihn zu einem Rendezvous im Garten. Dort aber soll nicht sie, sondern Cherubino in Frauenkleidern warten. Doch in die Verkleidungsszene platzt der Graf hinein. Cherubino rettet sich durch einen Sprung aus dem Fenster vor der Entdeckung. Obwohl Almaviva mißtrauisch bleibt, glauben Figaro und seine Braut, das Spiel sei schon gewonnen. Aber da treten Basilio, Bartolo und Marcellina auf den Plan...

3. Akt

Es stellt sich heraus, daß Marcellina und Bartolo nichts gegen Figaro unternehmen können, denn der entpuppt sich, unglaublicherweise, als beider Sohn. Statt dessen soll nun endlich der Graf seinen Denkzettel erhalten. Wieder wird ihm weisgemacht, Susanna wolle sich heimlich mit ihm treffen. Diesmal jedoch ist nicht Cherubino dazu ausersehen, sich als Susanna zu verkleiden, sondern die Gräfin, während Susanna in die Kleider ihrer Herrin schlüpft.

4. Akt

Figaro wird selbst zum Opfer der Verwicklungen, die er angezettelt hat, denn inzwischen glaubt er nicht mehr recht an die Treue seiner Braut. Im nächtlichen Garten treffen alle aufeinander. So kommt es, daß Cherubino in dem Moment, da er die Gräfin, die er für Susanna hält, zu küssen versucht, die Wange des Grafen erwischt, der plötzlich herbeigesprungen ist. Die Ohrfeige, die Cherubino dafür empfangen soll, bezieht jedoch Figaro, der die Szene belauscht. Und während der Graf sein Liebeswerben um die falsche Susanna fortsetzt, macht Figaro sich aus Eifersucht an die vermeintliche Gräfin heran, erkennt allerdings bald, mit wem er es wirklich zu tun hat. Der Graf hingegen tappt in die Falle. Als er seinen Diener mit der »Gräfin« schäkern sieht, ruft er empört nach Zeugen, um seine Gemahlin vor aller Augen bloßzustellen. Dadurch freilich entlarvt er sich selbst, muß um Verzeihung bitten und schließlich seine Einwilligung in die Heirat des Dienerpaares geben.

Anmerkung

Es ist nicht falsch, im »Figaro« einen Vorboten der Französischen Revolution zu sehen, denn nicht ohne Grund durfte das ihm zugrundeliegende Beaumarchais-Theaterstück in Wien, wie vielerorts, nicht gespielt werden. In der Bearbeitung als Oper freilich stand seiner Aufführung nichts im Wege, jedenfalls nicht der Kaiser. Auch wenn es für standesbewußte Aristokraten in dieser Oper, die vom Aufbegehren eines Dieners gegen seinen Herrn erzählt, wenig zu lachen gibt und der Beifall in Wien entsprechend geteilt ausfiel, hat nichts den Triumph des Werkes aufhalten können. Sogar der »Barbiere di Siviglia« von Rossini, eine der erfolgreichsten Opern überhaupt (und thematisch das Schwesterstück des »Figaro«), hat Mozarts erste der drei Da-Ponte-Opern auf lange Sicht nicht übertreffen können.

DON GIOVANNI (Don Juan)
Oper (Dramma giocoso) in zwei Akten, Text von Lorenzo da Ponte, Uraufführung: Prag 1787

Personen
DON GIOVANNI (Bariton);
KOMTUR (Baß);
DONNA ANNA (Sopran),
seine Tochter;
DON OTTAVIO (Tenor),
deren Bräutigam;
DONNA ELVIRA (Sopran),
*eine von Don Giovanni verlassene
Dame aus Burgos;*
LEPORELLO (Baß), *Don Giovannis Diener;*
ZERLINA (Sopran),
Bäuerin;
MASETTO (Baß),
ein Bauer

Sevilla, im 17. Jahrhundert.

Handlung
1. Akt
Don Giovanni, der stolze Frauenheld, hat nächtens im Hause des Komturs bei dessen Tochter, Donna Anna, sein Glück versucht. Halb vermummt tritt er vor die Tür, Donna Anna ruft um Hilfe. Der Komtur eilt herbei und wird im Duell von Don Giovanni niedergestreckt. Mit seinem Diener Leporello macht Don Giovanni sich davon. Der nächste Erobe-

Don Giovanni

rungsversuch gilt einer verschleierten Dame. Als Don Giovanni erkennt, wer sie ist, Donna Elvira nämlich, die er einst schmählich verlassen hat, macht er sich aus dem Staub. Donna Elvira, von Leporello über die unzähligen Liebschaften seines Herrn ins Bild gesetzt, sinnt auf Vergeltung und verbündet sich mit Donna Anna, die zusammen mit ihrem Verlobten, Don Ottavio, den Tod des Vaters rächen will. Don Giovanni stellt unterdes der Bäuerin Zerlina nach, die im Begriff ist, sich mit Masetto zu verheiraten. Um leichteres Spiel zu haben, lädt er die Hochzeitsgesellschaft auf sein Schloß. Anna, Elvira und Ottavio mischen sich in Masken unter die Gäste. Ottavio zückt den Degen gegen Don Giovanni, ist dessen Fechtkünsten aber nicht gewachsen.

2. Akt

Don Giovanni treibt sein verwegenes Spiel weiter: Leporello und er tauschen die Mäntel, und während der Diener, als Kavalier verkleidet, Donna Elvira mit einem Ständchen – Don Giovanni singt, Leporello macht nur die Gebärden dazu – zu einem Spaziergang überredet, macht der als Diener verkleidete Don Giovanni sich an Elviras Kammerzofe heran. Der betrogene Masetto streift mit einigen Bauern durch den Park, um Don Giovanni zu verprügeln. Als er ihn vor dem Hause Donna Elviras trifft, glaubt er, Leporello vor sich zu haben. Don Giovanni schickt die Bauern auf die Fährte seines verkleideten Dieners. Als sie fort sind, nimmt er sich Masetto vor und verprügelt ihn nach Kräften. Leporello wird gestellt und kann sich vor dem Zorn der Bauern nur dadurch retten, daß er sich als unschuldiger Diener zu erkennen gibt. Herr und Diener treffen sich auf einem Kirchhof wieder. Don Giovanni lästert über den Komtur und lädt in seinem Übermut das Standbild des Verstorbenen zum Nachtmahl ein. Und in der Tat pocht der steinerne Gast am Abend an die Tür. Don Giovanni läßt ein Gedeck auflegen. »Bereue!« verlangt die Stimme des Komturs von ihm, aber Don Giovanni weist jede Schuld von sich, unerschrocken tritt er dem Komtur entgegen ... und verschwindet unter Blitz und Donner in der Hölle. Die Betrogenen triumphieren.

Anmerkung

Es gibt keine anstößigere Oper als Mozarts »Don Giovanni«. Nicht etwa, weil ihr Held gegen jede Sitte und Moral verstößt und die Oper selbst in ihrer Vermischung von Seria- und Buffa-Elementen mit allen gängigen Regeln bricht. Anstößig ist diese Oper, weil sie in keine Schublade passen will, weil alles in ihr stimmt, was eigentlich nicht stimmen darf. Der Held ist ein Schurke, aber ein sympathischer, während seine Gegenspieler, die für das Gute stehen, so selbstgerecht erscheinen, daß ihr Triumph am Ende reichlich schal ausfällt. Aber ob sie im Recht oder im Unrecht sind, in dieser Oper lügen einfach alle. Nur nicht der Komponist. Er schont keine seiner Figuren, sondern deckt gnadenlos die Tiefen und Untiefen ihres Charakters auf, schert sich nicht um Gut und Böse und um keine Gattungskonventionen. Das ist es wohl, was den »Don Giovanni« zur wahren Oper aller Opern macht.

COSI FAN TUTTE (So machen's alle)
Opera buffa in zwei Akten, Text von Lorenzo da Ponte, Uraufführung: Wien 1790

Personen
FIORDILIGI (Sopran);
DORABELLA (Sopran oder Mezzosopran),
ihre Schwester;
GUGLIELMO (Bariton), *Offizier;*
FERRANDO (Tenor), *Offizier;*
DON ALFONSO (Baß), *Marchese;*
DESPINA (Sopran),
Kammermädchen der Schwestern

Neapel, um die Mitte des 18. Jahrhunderts.

Handlung
1. Akt

Guglielmo und Ferrando lassen sich von Don Alfonso, dem alten Hagestolz, aus der Fassung bringen. Der behauptet nämlich, alle Frauen seien unfähig zur Treue. Die beiden jungen Offiziere hingegen sind von der Treue ihrer Bräute fest überzeugt. Don Alfonso will das Gegenteil beweisen und schlägt eine Wette vor. Was zu tun sei, um die beiden jungen Damen auf die Probe zu stellen, bestimmt er. Guglielmo und Ferrando lassen sich darauf ein. Fiordiligi und Dorabella wird die Geschichte aufgetischt, ihre beiden Offiziere müßten sofort mit ihrem Regiment ausrücken. Es kommt zum tränenreichen Abschied. Bald darauf sind Guglielmo und Ferrando wieder zurück, allerdings verkleidet als Albanesen. Don Alfonso führt sie ins Haus der Damen; Despina, das Kammermädchen, ist eingeweiht. Der verkleidete Guglielmo macht nun Dorabella, der Braut seines Freundes, und Ferrando der Schwester, Fiordiligi, den Hof.

2. Akt

Dorabella bleibt nicht lange standhaft, Fiordiligi hingegen läßt sich erst erweichen, als Ferrando damit droht, sich aus Liebe zu ihr zu erdolchen. Die Hartnäckigkeit der beiden Liebhaber führt soweit, daß schließlich sogar Hochzeit gefeiert werden soll. Die verkleidete Despina mimt den Notar. Plötzlich jedoch heißt es, das Regiment kehre zurück. Die beiden falschen Albanesen ergreifen die Flucht ... um flugs als Ferrando und Guglielmo wieder zu erscheinen. Die Schwestern sind blamiert. Doch Don Alfonso, der den Scherbenhaufen angerichtet hat, arrangiert auch die Versöhnung.

Anmerkung

Von den drei komischen Opern der Wiener Jahre, für die Lorenzo da Ponte das Textbuch schrieb, ist »Così fan tutte« zweifellos die konventionellste, von der Dramaturgie her fast eine klassische Opera buffa nach neapolitanischem Muster. Aber Mozart wäre nicht Mozart, hätte er nicht auch dieser Komödie, die nur auf den ersten Blick ein wenig simpel gestrickt scheint, seinen unverwechselbaren Stempel aufgedrückt. Musikalisch vollzieht sich die Handlung statt im Wechsel von Rezitativ und Arie weitgehend in Ensembles, in denen die Gleichzeitigkeit der in sich widerläufigen Neigungen und Interessen der beiden Liebespaare auf geniale Weise Ausdruck findet.

DIE ZAUBERFLÖTE

Oper in zwei Akten, Text von Emanuel Schikaneder, Uraufführung: Wien 1791

Personen

KÖNIGIN DER NACHT (Sopran);
PAMINA (Sopran),
ihre Tochter;
DREI DAMEN DER KÖNIGIN (Sopran, Mezzosopran, Alt);
DREI KNABEN (Sopran, Mezzosopran, Alt);
PAPAGENA (Sopran);
SARASTRO (Baß);
TAMINO (Tenor);
SPRECHER (Baß);
PRIESTER (Tenor und Baß);
PAPAGENO (Bariton);

W. A. Mozart

MONOSTATOS (Tenor), *ein Mohr;*
GEHARNISCHTE MÄNNER (Tenor und Baß)

Im Orient, in sagenhafter Zeit.

Handlung
1. Akt

Tamino, ein junger, schöner Prinz, wird in einer wilden Felsengegend von einer gefährlichen Schlange angegriffen. Seine Pfeile hat er verschossen, da retten ihn die Damen der Königin der Nacht aus seiner Ohnmacht. Aber als sein Retter gibt sich Papageno aus. Die Damen kehren zurück und hängen Papageno wegen seiner Lügen ein Schloß vor den Mund. Tamino erhält ein Bildnis Paminas, der Tochter der Königin, das ihn entzückt. Tamino verspricht der Königin, ihre Tochter, die im Tempel des Sarastro gefangen ist, zu befreien. Der ebenso lustige wie furchtsame Papageno soll ihn begleiten. Zu beider Schutz erhält Tamino eine Flöte und Papageno ein Glockenspiel mit magischen Kräften. Pamina ist bald gefunden. Sie ist ihrem Bewacher, Monostatos, entkommen, aber der holt sie wieder ein. Im Palast des Sarastro werden Tamino und Papageno freundlich empfangen, Monostatos hingegen wird bestraft.

2. Akt

Sarastro und seine Priester beschließen, daß die beiden Fremden sich einer Prüfung zu unterziehen haben. Tamino ist bereit dazu, Papageno weniger. Erst als man ihm verheißt, sein brennendster Wunsch, eine passende Gefährtin zu finden, werde sich erfüllen, nimmt auch er die erste schwere Prüfung auf sich: Schweigen. Tamino besteht die Probe, aber ein beschwerlicher Weg der Läuterung steht ihm noch bevor. Gemeinsam mit Pamina muß er durch Feuer und Wasser schreiten; aber dank der magischen Flöte bestehen beide die Gefahr. Am Ende droht noch einmal Unheil, denn die Königin plant zusammen mit Monostatos, dem sie inzwischen ihre Tochter versprochen hat, Sarastros Tempel zu überfallen. Doch die Königin der Nacht und ihr finsterer Geselle müssen schließlich der Macht des Guten weichen. Tamino und Pamina sind ein Paar, und auch Papageno findet seine Papagena.

Anmerkung

Mit der »Zauberflöte«, vom Theaterunternehmer Emanuel Schikaneder, der auch das Textbuch schrieb, in Auftrag gegeben und mit großem Aufwand für das Vorstadttheater im Freihaus auf der Wieden (dem späteren

―― *Die Zauberflöte* ――

Theater an der Wien) inszeniert, hat Mozart sich – mögen auch die Arien der Königin der Nacht noch so sehr der Opera seria verpflichtet sein – von italienischen Operntraditionen nahezu vollkommen gelöst. Eine verbindliche Form jedoch, die man als Ausgangspunkt der deutschen Oper des 19. Jahrhunderts bezeichnen könnte, hat Mozart mit der »Zauberflöte« nicht geschaffen, eher schon ein Panorama verschiedenster Theaterformen vom Wiener Singspiel bis zur Ausstattungsoper und effektvollen Maschinenkomödie. Trotz der stilistischen Uneinheitlichkeit und der krassen Ungereimtheiten des Librettos ist »Die Zauberflöte« wegen der Schönheit ihrer Musik und der Vielzahl eingängiger Melodien die, zumindest im deutschsprachigen Raum, volkstümlichste aller Mozart-Opern.

LA CLEMENZA DI TITO (Die Milde des Titus)

Opera seria in zwei Akten, Text von Caterino Mazzola nach Pietro Metastasio, Uraufführung: Prag 1791

Personen
TITUS (Tenor),
römischer Kaiser;
SEXTUS (Mezzosopran),
römischer Edler;
ANNIUS (Alt),
sein Freund;
SERVILIA (Sopran),
Schwester des Sextus;
VITELLIA (Sopran),
Tochter des Kaisers Vitellius;
PUBLIUS (Baß),
Anführer der Leibwache

Rom, im Jahr 79 n. Chr.

Handlung
1. Akt

Kaiser Vitellius ist gestürzt worden. Die Hoffnung seiner Tochter Vitellia, Gemahlin des neuen Kaisers, Titus, zu werden, hat sich nicht erfüllt. Von Sextus, der sie liebt, verlangt sie, daß er den neuen Kaiser ermorden solle. Titus hat sich Sextus' Schwester, Servilia, zur Gemahlin erkoren. Die wiederum ist in Annius verliebt. Der edelmütige Titus ist bereit, zu Annius' Gunsten auf Servilia zu verzichten. Statt dessen erwägt er, nun Vitellia zur Frau zu nehmen. Doch die Verschwörung, die sie angezettelt hat, nimmt ihren Lauf. Bald steht das Kapitol in Flammen, Titus gilt als tot, Sextus wird verhaftet.

2. Akt
Wie durch ein Wunder ist der Kaiser dem Mordanschlag entronnen. Sextus wird vom Senat zum Tode verurteilt. Wer ihn zur Tat angestiftet hat, verrät er nicht. Als sich schließlich Vitellia durchringt, Sextus durch ihr Geständnis zu entlasten, läßt der Kaiser gegen beide Milde walten.

Anmerkung
Mit »Titus«, aus Anlaß der Prager Königskrönung des neuen Kaisers Leopold II. komponiert, kehrte Mozart zehn Jahre nach dem »Idomeneo« noch einmal zur Opera seria alten Stils zurück und sah zwei Rollen auch wieder für Kastraten vor. Die Festoper war eine Pflichtübung, gewiß, aber doch eine so anspruchsvolle, daß Mozart den »Titus« nicht wie eine Gelegenheitskomposition behandeln konnte. Durch die gleichzeitige Arbeit an der »Zauberflöte« stark in Anspruch genommen, überließ Mozart das Ausschreiben der Rezitative einem seiner Schüler. Den gewaltigen, allerdings sparsamer als sonst instrumentierten Rest besorgte er selbst in kurzer Zeit (aber nicht, wie gelegentlich behauptet wird, in nur achtzehn Tagen), und doch deutet nichts in der Ausgestaltung der Ensembles und glanzvollen Arien des Titus und der Vitellia auf Flüchtigkeit oder gar Unlust bei der Arbeit hin.

Modest Petrowitsch Mussorgsky (1839-1881)

Obwohl er lediglich eine Handvoll Werke vollendete, gilt Mussorgsky neben Tschaikowsky als bedeutendster Komponist des zaristischen Rußlands. Der Sohn eines Gutsbesitzers schlug zunächst standesgemäß eine militärische Laufbahn ein; in seiner Freizeit nahm er Klavierunterricht. Als er den Musikerkreis um Mili Balakirew und Alexander Borodin kennenlernte, entschloß er sich, den Offiziersberuf aufzugeben und sich fortan ausschließlich der Musik zu widmen. Kompositorisch war Mussorgsky im wesentlichen Autodidakt; das Regelwerk der klassischen Harmonielehre lehnte er ab. Zu seinem Œuvre zählen Liederzyklen und Klavierwerke sowie einige Opern, von denen außer dem »Boris Godunow« alle Fragment blieben. Mussorgsky verfiel in seinen letzten Lebensjahren zunehmend dem Alkoholismus. Er starb, wenige Tage nach seinem 42. Geburtstag, in einem Petersburger Militärhospital.

BORIS GODUNOW

Musikalisches Volksdrama in einem Prolog und vier Akten, Text vom Komponisten nach A. Puschkin und N. Karamsin, Uraufführung: Petersburg 1874

Personen

BORIS GODUNOW (Baßbariton),
Zar von Rußland;
FJODOR und XENIA (Mezzosopran und Sopran),
seine Kinder;
FÜRST SCHUISKI (Tenor);
GRIGORI (Tenor),
der falsche Demetrius;
PIMEN (Baß),
Mönch und Chronist;
MARINA (Sopran),
Tochter eines Woiwoden;
RANGONI (Baß),
Jesuit;
WARLAAM und MISSAIL (Baß und Tenor),
Bettelmönche;
SCHWACHSINNIGER (Tenor)

Rußland und Polen, 1598-1605.

M. P. Mussorgsky

Handlung
Prolog

Das Volk versammelt sich im Hof des Jungfrauenklosters bei Moskau. Mit der Knute zwingt der Vogt die Menge zum Beten. Ein neuer Zar wird gewählt; durch das Flehen des Volkes soll Boris Godunow bewogen werden, die Wahl anzunehmen. Schließlich erscheint Boris auf dem Kreml und läßt sich als neuer Herrscher feiern. Trotzdem ist er bedrückt.

1. Akt

In seiner Klosterzelle schreibt der alte Mönch Pimen an seiner Chronik der Geschichte Rußlands. Sie endet mit dem Mord am jungen Thronfolger Demetrius. Kein anderer als Boris Godunow hat diese Tat begangen, um selbst Zar zu werden. Pimen möchte die Arbeit nun an seinen Zellengenossen Grigori weitergeben. Als dieser erfährt, daß er ebenso alt ist wie der ermordete Zarewitsch, faßt der Jüngling den Entschluß, aus dem Kloster zu fliehen und sich fortan für den totgeglaubten Demetrius auszugeben. In einer Kneipe entgeht er nur knapp der Verhaftung.

2. Akt

Beim Zusammensein mit seinen Kindern wird Boris von Fürst Schuiski aufgesucht, der ihm die Nachricht vom Auftauchen des falschen Demetrius überbringt. Schuiski schwört, die Leiche des echten Thronfolgers selbst gesehen zu haben. Wieder allein, bricht Boris zusammen. Sein Gewissen bedrängt ihn, er ist dem Wahnsinn nahe.

3. Akt

Schloß Sandomir in Polen. Marina träumt von einem besseren Leben. Es gelingt ihr, Grigori, den falschen Demetrius, zu umgarnen. An seiner Seite will sie Zarin werden. Auch der Jesuit Rangoni setzt auf Grigori, um mit seiner Hilfe das Volk zum Katholizismus zu bekehren.

4. Akt

Die Bojaren beraten im Kreml über das Schicksal des Usurpators Grigori. Boris, dem Wahnsinn verfallen, liegt im Sterben. Die Geschichte eines Wunders am Grab des ermordeten Demetrius läßt ihn vollends zusammenbrechen. Vor seinem Tod überträgt Boris seinem Sohn Fjodor die Zarenwürde. Währenddessen erwartet die aufgebrachte Volksmenge in einem Wald Grigori. Als dieser erscheint, wird er wie ein Messias begrüßt. Jubelnd zieht die Menge gen Moskau. Nur ein Schwachsinniger bleibt zurück und singt prophetisch: »Wehe dir, du armes Volk«.

Anmerkung

Mussorgsky vollendete seinen »Boris Godunow« bereits im Jahre 1870. In dieser ursprünglichen Form wurde das Werk jedoch von der Kaiserlichen Oper in Petersburg abgelehnt. Daraufhin verfaßte der Komponist eine erweiterte zweite Fassung, für die er den kompletten dritten Akt neu hinzukomponierte. Diese Version ist als »Original-Boris« – in Unterscheidung zum »Ur-Boris« der Erstfassung – bekanntgeworden und erlebte 1874 ihre Uraufführung. Die größte Verbreitung erfuhr »Boris Godunow« hingegen in einer Bearbeitung von Rimsky-Korsakow, der Mussorgskys kühne Harmonik und blockartige Instrumentation im spätromantischen Sinne glätten zu müssen meinte. Auch von Schostakowitsch existiert eine Bearbeitung. In der jüngeren Vergangenheit besinnt man sich zunehmend der Originalfassung.

CHOWANTSCHINA

Musikalisches Volksdrama in fünf Akten, Text vom Komponisten nach W. Stassow, Uraufführung: Petersburg 1886

Personen

FÜRST IWAN CHOWANSKY (Baß);
ANDREJ (Tenor),
sein Sohn;
FÜRST WASSILI GOLIZYN (Tenor);
SCHAKLOWITY (Bariton),
Bojar;
DOSIFEI (Baß),
Oberhaupt der Altgläubigen;
MARFA (Mezzosopran),
eine junge Witwe;
EMMA (Alt)

Moskau, 1682.

Handlung

Nach dem Tode Fjodors III. versuchen die Strelitzen unter Führung von Fürst Chowansky, den neuen Zaren Peter I. zu entmachten. Die Strelitzen, eine Gardetruppe, stellen sich wie die Altgläubigen gegen die Reformen Peters. Die Verschwörung mißlingt; Fürst Iwan wird vom Intriganten Schaklowity ermordet. Fürst Galizyn, der ebenfalls gegen Peter intrigierte, geht in die Verbannung. In letzter Minute werden die Strelitzen vom Zaren unter der Bedingung, ihm fortan Treue zu leisten, begnadigt. Die Altgläubigen mit Dosifei an ihrer Spitze ziehen den freiwilligen Feuertod der Auslieferung an Zar Peter vor. Gemeinsam mit ihnen stirbt der unglücklich verliebte Fürst Andrej Chowansky.

Anmerkung
Mehr noch als der »Boris« stellt die »Chowantschina« den Prototyp einer Volksoper dar, in der die Chorszenen das Hauptgewicht tragen. In der Musik bedient sich Mussorgsky sowohl altrussischer Kirchenchoräle als auch folkloristischer Quellen. Die düstere Handlung der Oper stand ihrer Verbreitung bis heute im Wege. Hinzu kommt, daß Mussorgsky die »Chowantschina« nicht vollenden konnte. Es existiert nur eine Klavierskizze; der Schluß fehlt vollends. Rimsky-Korsakow übernahm die Aufgabe, das Werk zu vervollständigen, wobei er dessen Tonsprache nach eigenen Vorstellungen glättete. Eine Bearbeitung von Schostakowitsch orientiert sich stärker am überlieferten Original. In der Schostakowitsch-Fassung brachte Claudio Abbado die Oper 1989 an der Staatsoper Wien zur Aufführung, wobei er das von Strawinsky 1913 komponierte Schlußbild übernahm.

DER JAHRMARKT VON SOROTSCHINZY
Komische Oper in drei Akten, Text vom Komponisten nach Gogol, Uraufführung: Petersburg 1911

Personen
TSCHEREWIK (Baß),
ein Bauer;
CHIWRIA (Mezzosopran),
seine Frau;
PARASSJA (Sopran),
beider Tochter;
GRITZKO (Tenor),
ein junger Bauer;
AFANASSI IWANOWITSCH (Tenor),
Sohn des Popen;
ZIGEUNER (Baß)

Der Jahrmarkt von Sorotschinzy

Das ukrainische Dorf Sorotschinzy, im 19. Jahrhundert.

Handlung

Voller Vorfreude besucht der Bauer Tscherewik den Jahrmarkt von Sorotschinzy. Ein Zigeuner unterhält das Volk mit einer spannenden Geschichte vom Teufel, der – als Wildschwein verkleidet – alljährlich den Jahrmarkt unsicher macht. Derweil bändelt Tscherewiks Tochter Parassja mit dem jungen Gritzko an. Dieser wäre Tscherewik als Schwiegersohn wohl willkommen; das einzige Problem dabei ist Tscherewiks streitsüchtige Frau. Der Zigeuner bietet Gritzko seine Hilfe an. Eines Abends erwartet Chiwria, nachdem sie ihren Mann hinauskomplimentiert hat, einen Geliebten: den Popensohn Afanassi. Plötzlich kehrt Tscherewik mit Gästen zurück; der Liebhaber wird versteckt. Da erscheint zum allgemeinen Entsetzen der Teufel mit der Wildschweinmaske am Fenster. Afanassi fällt vor Schreck in Ohnmacht, der Satan jedoch entpuppt sich als der Zigeuner. Auf frischer Tat ertappt, muß nun Chiwria der Hochzeit ihrer Tochter mit Gritzko ihre Zustimmung geben. Mit einem fröhlichen Tanz endet die Oper.

Anmerkung

Auch den »Jahrmarkt von Sorotschinzy«, den er als heiteres Gegenstück zu seinen beiden Volksdramen plante, konnte Mussorgsky nicht vollenden. Die heute gebräuchliche Fassung stammt von Nikolai Tscherepnin und wurde 1923 uraufgeführt. Tscherepnin bediente sich bei der Vollendung der Oper ausschließlich origineller Kompositionen Mussorgskys. Der ursprüngliche Plan Mussorgskys, das Orchesterstück »Eine Nacht auf dem Kahlen Berge« als Interludium zwischen den 1. und 2. Akt einzufügen, fand dabei keine Berücksichtigung.

O. Nicolai

Otto Nicolai
(1810-1849)

Als Kind litt Nicolai so sehr unter seinem Vater, der partout ein Wunderkind aus ihm machen wollte, daß er schon mit 16 Jahren das heimatliche Königsberg verließ und auf eigene Faust ein Musikstudium in Berlin begann. 1830 nahm er eine Organistenstelle in Rom an, wo seine besondere Neigung zur italienischen Musik deutlich wurde. Nachdem er eine Reihe recht erfolgreicher italienischer Opern komponiert hatte, kam Nicolai nach Wien, wo man ihn 1840 zum Hofkapellmeister berief. Dort begründete er die Tradition der »Philharmonischen Konzerte«, aus denen sich die Wiener Philharmoniker entwickelten. Von seinen Opern, die durchweg die Handschrift des soliden Theaterpraktikers verraten, haben sich auf Dauer nur »Die lustigen Weiber von Windsor« halten können.

DIE LUSTIGEN WEIBER VON WINDSOR

Komisch-phantastische Oper in drei Akten, Text von Salomon Hermann Mosenthal nach dem gleichnamigen Lustspiel von William Shakespeare, Uraufführung: Berlin 1849

Personen
SIR JOHN FALSTAFF (Baß);
HERR FLUTH (Bariton);
FRAU FLUTH (Sopran);
HERR REICH (Baß);
FRAU REICH (Mezzosopran);
JUNGFER ANNA REICH (Sopran);
HERR FENTON (Tenor);
JUNKER SPÄRLICH (Tenor);
DOKTOR CAJUS (Baß);
WIRT,
KELLNER,
BÜRGER (Tenor)

Windsor, zu Beginn des 17. Jahrhunderts.

Handlung
1. Akt

Der beleibte und schon etwas in die Jahre gekommene Sir John Falstaff macht zwei Damen den Hof und schickt beiden gleichlautende Liebes-

Die lustigen Weiber von Windsor

briefe. Die Damen wollen den dreisten Alten hereinlegen und bestellen ihn zu einem Rendezvous ins Haus der Frau Fluth. Dort erscheint plötzlich Frau Reich, um Falstaff vor der Ankunft des eifersüchtigen Ehemanns zu warnen. Falstaff rettet sich in einen bereitstehenden Wäschekorb, den Frau Fluth sogleich aus dem Haus tragen und auskippen läßt.

2. Akt

Im zweiten Akt berichtet Falstaff Herrn Fluth – ohne jedoch sein Gegenüber zu erkennen – angeberisch von seinem Liebesabenteuer. Ein weiteres Stelldichein, von den gewitzten Damen inszeniert, führt dazu, daß Falstaff sich, um seiner Entdeckung zu entgehen, mit Frauenkleidern maskieren muß und schließlich von Fluth als lästige »Verwandte« aus dem Haus geprügelt wird.

3. Akt

Herr Fluth, der äußerst mißtrauisch geworden ist, wird in die Sache eingeweiht. Sir Falstaff erhält seine dritte Lektion: Die Damen locken ihn zu einem Tête à tête in den Wald und narren ihn dort mit allerlei Spuk und Mummenschanz.

Anmerkung

In Nicolais Hauptwerk sind italienische Operntraditionen weniger ausgeprägt als in seinen anderen Bühnenwerken. Der poetische Zauber der Waldstimmung (3. Akt) ist ganz im Geist der deutschen Romantik empfunden. Dem gegenüber stehen frische Melodien wie Frau Fluths »Nun eilt herbei, Witz, heitre Laune« (1. Akt) oder Falstaffs »Als Büblein klein« (2. Akt). Der beschwingte Ton der Oper, gepaart mit zarter Ironie, aber auch deftiger Komik hat »Die lustigen Weiber von Windsor« zu einem der meistgespielten heiteren Werke auf deutschen Bühnen werden lassen. Nicolai war es nur kurze Zeit vergönnt, den Erfolg seiner letzten Oper auszukosten. Er starb wenige Monate nach der Uraufführung.

Luigi Nono
(1924-1990)

Der Venezianer Luigi Nono war Schüler von Hermann Scherchen und Bruno Maderna. Er zählte zu den radikalsten Vertretern der musikalischen Avantgarde nach dem 2. Weltkrieg und versuchte, politisches Engagement mit der Komposition serieller Musik in der Nachfolge Anton Weberns zu verbinden. Leidenschaftlich entzündete sich an seinen Werken die Diskussion um die Möglichkeiten und Grenzen politischer Musik. Im Zuge der Auflösung der »68er-Generation« verweigerte sich Nono in immer stärkerem Maß dem Kulturbetrieb. Pausen überwiegen die Klänge in seinen späten Werken, »Fragmente: Stille an Diotima« lautet der Titel eines Streichquartetts aus den Jahren 1979/80; selbst seine Schriften sind kaum zu enträtseln. Nono, der mit einer Tochter Arnold Schönbergs verheiratet war, ließ seiner Oper »Intolleranza 1960« 1975 in Mailand eine zweite unter dem Titel »Al gran sole carico d'amore« folgen, in der die Tendenz zur Fragmentarisierung bereits deutlich zutage trat.

INTOLLERANZA 1960
Bühnenwerk in zwei Akten, Text von Angelo Maria Ripellini und vom Komponisten, Uraufführung: Venedig 1961

Personen
FLÜCHTLING (Tenor);
SEINE GEFÄHRTIN (Sopran);
FRAU (Alt);
ALGERIER (Bariton);
GEFOLTERTER (Baß)

An unbestimmtem Ort, in der Gegenwart.

Handlung
1. Akt
Hinter der Szene bekennt sich der Chor zu allem Lebendigen. – Ein namenloser Flüchtling kehrt aus Heimweh in sein Land zurück, wohl wissend, daß dort unhaltbare Zustände herrschen. Bei einer Demonstration wird er festgenommen und in ein Konzentrationslager gebracht, in dem üble Folterungen an der Tagesordnung sind. Zusammen mit einem Algerier entkommt er und schließt sich anderen Flüchtlingen an. Der Marsch der Gepeinigten fordert zur Revolution auf.

Intolleranza 1960

2. Akt
Inmitten von Bürokratismus, Gier und Sensationslust, die das Land beherrschen, findet der Flüchtling Hoffnung allein noch im Lächeln der Gefährtin. Zusammen mit ihr zertrümmert er die Bildmaschinen des Fanatismus und der Intoleranz. Der Rückzug aufs Land ist kein Ausweg mehr: Der Fluß, an dessen Ufern sich das Paar verbirgt, schwillt zur Sintflut an und reißt die letzten menschlichen Wesen fort. – Der Schlußchor gibt dennoch der Hoffnung auf eine bessere Zukunft Ausdruck.

Anmerkung
Politische Demonstrationen störten die Uraufführung dieser allumfassenden Anklage an Gewalt, Unterdrückung und Massenvernichtung empfindlich – späteren Aufführungen erging es nicht besser. Radikal wie der Inhalt sind die musikalischen Mittel: Unter den Klangmassen von Orchester und Tonbändern, von Sprech- und Singchören, in denen zahlreiche Silben zugleich erklingen, bleibt der Text völlig unverständlich, selten sind den Solostimmen Reste kantabler Linien zugedacht. »Intolleranza 1960« wird (und will) kaum je ein Werk des Repertoires werden können, aber es bleibt das vielleicht beeindruckendste Opern-Experiment einer politisch wie künstlerisch bewegten Zeit.

J. Offenbach

Jacques Offenbach
(1819-1880)

Der Name Offenbach geht auf Isaac Juda Eberst, genannt Offenbach, zurück, den Vater des Komponisten, der aus Offenbach am Main stammte, später aber nach Deutz bzw. Köln übersiedelte, wo er seit 1825 das Amt eines Kantors der Jüdischen Gemeinde bekleidete. In Köln kam sein Sohn Jacob (Jacques) zur Welt. Vom Vater, der das Talent des Knaben frühzeitig erkannte, im Geigespielen unterwiesen, unternahm schon der Achtjährige erste Kompositionsversuche. Unterricht auf dem Violoncello kam hinzu, bald folgten erste öffentliche Auftritte. Mit sechzehn ging Offenbach nach Paris, wo man ihn zum Studium am weltberühmten Conservatoire zuließ. Ein Auskommen fand Offenbach zunächst als Cellist (u.a. an der Opéra Comique); nebenher nahm er Kompositionsunterricht bei Jacques Halévy und schloß Bekanntschaft mit Friedrich von Flotow, der dem begabten jungen Mann manch wichtige Türe öffnete. Offenbachs erstem Versuch, als Bühnenkomponist Fuß zu fassen (»Pascale et Chambord«, 1839), war kein Erfolg beschieden. Für mehr als zehn Jahre blieb Offenbach darauf angewiesen, sich als Cellovirtuose durchzuschlagen und Konzertreisen (u.a. nach London) zu unternehmen. Vor den Wirren der 1848er Revolution flüchtete sich Offenbach für einige Zeit zurück nach Deutschland. Nach Paris zurückgekehrt, wurde er 1850 Kapellmeister am Théâtre Français. Fünf Jahre später eröffnete er sein erstes eigenes Theater, die »Bouffes Parisiens«, für die er in drei Jahren nicht weniger als 24 Stücke schrieb, die den Ruhm Offenbachs als des »Erfinders« der Operette begründeten. Die Krönung seines ungeheuer vielseitigen Schaffens bildete die Phantastische Oper »Hoffmanns Erzählungen«, deren Uraufführung der Komponist jedoch nicht mehr erlebte.

HOFFMANNS ERZÄHLUNGEN
(Les contes d'Hoffmann)
Phantastische Oper in drei Akten sowie einem Vor- und Nachspiel, Text von Jules Barbier nach Figuren und Motiven aus Novellen von E.T.A. Hoffmann, Uraufführung: Paris 1881

Personen
HOFFMANN (Tenor);
NIKLAUS (Mezzosopran);
OLYMPIA (Sopran);
GIULIETTA (Sopran);

Hoffmanns Erzählungen

ANTONIA (Sopran);
STELLA (Sprechrolle);
LINDORF / COPPELIUS /
DAPERTUTTO / MIRAKEL
(Bariton);
ANDREAS / COCHENILLE /
PITICHINACCIO / FRANZ
(Tenor);
SPALANZANI (Tenor);
NATHANAEL (Tenor);
SCHLEMIHL (Bariton);
CRESPEL (Baß);
LUTTER (Baß);
STIMME DER MUTTER (Mezzosopran);
HERMANN (Bariton)

Lutters Weinkeller (Prolog und Nachspiel),
Spalanzanis physikalisches Kabinett,
Palast Giuliettas in Venedig, Crespels Haus, um 1800.

Handlung
Prolog

In Lutters Weinkeller soll Hoffmann eine Liebesnachricht der Sängerin Stella empfangen, doch dem Stadtrat Lindorf gelingt es, das Billett vorher abzufangen. Als Hoffmann erscheint, fordern ihn Studenten auf, von seinen Liebesabenteuern zu erzählen. In Punschlaune berichtet er von seinem zweifelhaften Glück.

1. Akt

Das erste Abenteuer erlebt Hoffmann in Spalanzanis Kabinett. Der Physiker Spalanzani hat eine Puppe namens Olympia erfunden, die singen, tanzen und sprechen kann, und, durch Augengläser des geheimnisvollen Brillenmachers Coppelius betrachtet, vollends lebendig erscheint. Hoffmann verliebt sich in sie. Sein Freund Niklaus macht sich über ihn lustig. Auf einem Ball macht Hoffmann der Puppe eine Liebeserklärung. Beim Tanz mit ihr verliert er seine Zauberbrille. Wutschnaubend erscheint Coppelius und zerstört die Puppe, weil er von Spalanzani um seinen Anteil an der gemeinsamen Erfindung betrogen wurde. Erst jetzt erkennt Hoffmann, daß die Frau, die er liebte, nur ein Automat war.

2. Akt

In Venedig. Die schöne Kurtisane Giulietta, die mit dämonischen Kräften im Bunde ist, gibt ein Fest. Wer Giulietta liebt, verliert seinen Schatten und damit seine Seele – und zieht sich die Eifersucht des Schlemihl, Giuliettas Gatten, zu. Hoffmann, durch einen Zauberspiegel seines Schattens beraubt, sieht sich unvermittelt dem Ehemann gegenüber und tötet ihn. Doch sein blindes Liebesverlangen erfüllt sich dadurch nicht. Giulietta verhöhnt ihn und entschwindet.

3. Akt

In Deutschland. Hier lebt Antonia, wie ihre verstorbene Mutter begabt mit einer wunderschönen Stimme, aber so schwindsüchtig, daß jeder gesungene Ton ihren Tod bedeuten kann. Hoffmann, der sie liebt, weiß davon nichts. Trotz der Vorkehrungen, die ihr Vater, Crespel, getroffen hat, dringt Hoffmann zu der Geliebten vor und schwelgt in einem Duett mit ihr. Plötzlich versagt Antonias Stimme. Hoffmann erkennt die Gefahr, in die er Antonia gebracht hat, und nimmt ihr das Versprechen ab, nie wieder zu singen. Da erscheint der Arzt Mirakel, der schon den Tod von Antonias Mutter, deren Stimme im Hintergrund erklingt, verschuldet hat. Antonia fällt in ihren Gesang ein und stirbt. Ihr Vater und Hoffmann können sie nicht retten. Die Mächte des Bösen, diesmal verkörpert in der Gestalt des grausamen Dr. Mirakel, haben wieder einmal Hoffmanns Glück zerstört.

Nachspiel

Lutters Weinkeller. Hoffmann – sein ganzes Leben ist noch einmal vor ihm Revue passiert – sitzt sturzbetrunken da. Stella kommt und wendet sich, entsetzt über Hoffmanns Zustand, dem Stadtrat Lindorf zu.

Anmerkung

Offenbach hinterließ bei seinem Tod eine nahezu komplette Niederschrift der Oper, nur die Instrumentierung und die Rezitative waren noch nicht vollendet. Sein Freund Ernest Guiraud nahm die notwendigen Ausarbeitungen vor, jedoch fehlte bei der Uraufführung im Jahr 1881 noch der sogenannte Giulietta-Akt. Von Guirauds Fassung weichen spätere Bearbeitungen zum Teil erheblich ab, wohl nicht zuletzt, weil Regisseure und Bearbeiter sich dem »Erfinder der Operette« gegenüber zu weniger Zurückhaltung verpflichtet sahen, als man sie bei anderen bedeutenden Komponisten und ihren Werken gemeinhin walten läßt. Gewiß, »Hoffmanns Erzählungen« entstanden aus dem Geist der Offenbachschen

Hoffmanns Erzählungen

Opéra bouffe und wirken streckenweise, ungeachtet ihres ernsten Grundcharakters, fast wie eine Persiflage auf die französische Opéra comique (1. Akt) bzw. die italienische (2. Akt) und deutsche romantische Oper (3. Akt). Aber das schmälert ihre Bedeutung keineswegs, sondern unterstreicht nur die Sonderstellung, die diesem Werk in der von Zeichen des Umbruchs und vom Zerfall der traditionellen Gattungskonventionen geprägten Operngeschichte des ausgehenden 19. Jahrhunderts zukommt. »Hoffmanns Erzählungen« erlebten noch im Jahr der Uraufführung die 100. Vorstellung in Paris. Heute gehören sie zum festen Repertoire der Opernhäuser in aller Welt. Die wohl berühmteste Gesangsnummer des melodiensprühenden Werks ist Hoffmanns Ballade vom Zwerg Kleinzack (»Es war einmal am Hofe von Eisenack«, Prolog).

Carl Orff
(1895-1982)

Nach seinem Musikstudium begann der gebürtige Münchner Carl Orff eine Kapellmeisterlaufbahn. Gemeinsam mit Dorothee Günther gründete er 1924 die »Günther-Schule« für Bewegungserziehung. Für den Unterricht entwickelte Orff eine gänzlich neue, rhythmusbezogene Schulmusik, die er ab 1930 als »Orff-Schulwerk« veröffentlichte. Als Komponist pflegte er, abgesehen von später zurückgezogenen Frühwerken, ausschließlich die Gattung der Bühnenmusik. Er übte sich an Bearbeitungen von Monteverdi-Opern. Nach der Uraufführung der »Carmina Burana« 1937, die seinen Namen mit einem Schlag bekannt machte, widmete Orff sich eine Zeitlang altdeutschen und mittelalterlichen Stoffen. Später bevorzugte er Libretti aus der Welt der Antike. Seine letzte große Komposition, »De temporum fine comoedia«, entstand 1973. Orff negiert in seiner Musik die Entwicklung der letzten Jahrhunderte und nähert sich dem kultischen Theater. Dies läßt ihn vorbildlos erscheinen, hat aber neben Bewunderung auch krasse Ablehnung hervorgerufen.

CARMINA BURANA
Weltliche Gesänge für Soli und Chor mit Begleitung von Instrumenten und Bildern, Text nach einer mittelalterlichen Handschrift, Uraufführung: Frankfurt am Main 1937

Personen
Solisten ohne feste Rollenzuweisung:
Sopran,
Tenor,
Bariton,
ein großer und ein kleiner gemischter Chor.

Ort und Zeit unbestimmt.

Handlung
Die dreiteilige Komposition wird eingeleitet von einem Chor, der die Macht des Schicksals beschwört (»O Fortuna«). Der Frühling und seine Freuden sind Thema des ersten Abschnitts. Es folgt eine pralle Schilderung mittelalterlicher kulinarischer Ausschweifungen, deutlicher: des Saufens und Fressens (»In taberna«). Zu den Höhepunkten zählt das Lied des gebratenen Schwans und des »Abts von Kuckucksmünster«. Der drit-

te Teil schließlich wendet sich der Liebe zu und bringt als Krönung eine Hymne an die Venus, bevor eine Wiederholung des Eingangschors das Werk abrundend beschließt.

Anmerkung
Orff hat dieses Werk mit keiner genauen Gattungsbezeichnug versehen. Am ehesten handelt es sich um eine Kantate, die gleichwohl szenisch aufgeführt werden kann. Als Textvorlage diente eine Sammlung von Vagantenlyrik aus dem 13. Jahrhundert, die nach ihrem Fundort Benediktbeuren von ihrem Entdecker »Carmina Burana« getauft wurde. Teils sind diese Gedichte in »Küchenlatein«, teils in Mittelhochdeutsch verfaßt. Gemeinsam ist ihnen die lustbetonte Bejahung alles Irdischen. Orff integrierte in seine Musik mittelalterliche und folkloristische Elelmente, z.B. den Wechselrhythmus zwischen Zweier- und Dreiertakt. Auf jede sinfonische Entwicklungstechnik wird bewußt verzichtet, statt dessen werden die betont einfachen Themen durch steigernde Wiederholung zu elementarer Wirkung geführt. Orffs Bevorzugung des Schlagwerks findet bereits in der relativ konventionellen Orchesterbesetzung der »Carmina Burana« ihren Niederschlag. Die Uraufführung war ein kolossaler Erfolg und ließ Orff, bis dahin eher ein unbeschriebenes Blatt, mit einem Schlag als den kommenden Mann der deutschen Musik erscheinen. Orffs »Carmina Burana« werden in aller Welt geliebt und dürften eines der meistaufgeführten Werke dieses Jahrhunderts sein. Sie wurden von Orff später gemeinsam mit den »Catulli Carmina« und dem »Trionfo di Afrodite« zum Triptychon »Trionfi« zusammengefaßt.

DER MOND
Kleines Welttheater, Text vom Komponisten nach einem Märchen der Brüder Grimm, Uraufführung: München 1939

Personen
ERZÄHLER (Tenor);
VIER BURSCHEN, die den Mond stehlen
(zwei Baritone, Tenor, Baß);
EIN BAUER (Bariton);
ALTER MANN, der Petrus heißt
und den Mond in Ordnung hält (Baß)

Im Märchenland.

Handlung

Vier Burschen stehlen einem fremden Land den Mond und hängen ihn in ihrer Heimat am Ast eines Baumes auf. Als sie alt werden, verfügen sie testamentarisch, daß jedem von ihnen ein Viertel des Mondes ins Grab gelegt werden soll. Abgesehen davon, daß es nun nachts wieder stockdunkel ist, ruft diese Anordnung in der Unterwelt ungeahnte Aktivität hervor. Die Toten werden plötzlich springlebendig, trinkfreudig, schließlich rebellisch und beginnen sich zu prügeln. Petrus, dem das nicht paßt, geht zu ihnen hinab, trinkt alle unter den Tisch und nimmt den Mond mit. Nun scheint er wieder für alle.

Anmerkung

Der Untertitel »Kleines Welttheater« verweist sowohl auf die Ähnlichkeit zur Jahrmarktsbühne und den mit ihr verbundenen Moritatencharakter als auch auf die umfassende Einheit von Gegenwart (Erde), Vergangenheit (Unterwelt) und Zukunft (Himmel). Dementsprechend ist die Bühne dreiteilig aufgebaut: Die Toten rumoren im Keller, das Volk bewegt sich auf der Bühne, und Petrus schaut von oben kopfschüttelnd auf das Geschehen herab. Musikalisch zeigt sich eine konsequente Weiterentwicklung des harmonisch einfachen, rhythmischen »Carmina Burana«-Stils.

DIE KLUGE

Die Geschichte vom König und der klugen Frau, Text vom Komponisten nach einem Märchen der Brüder Grimm, Uraufführung: Frankfurt am Main 1943

Personen

BAUER (Baß);
DIE KLUGE (Sopran),
seine Tochter;
KÖNIG (Bariton);
KERKERMEISTER (Baß);
MANN MIT DEM ESEL (Tenor);
MANN MIT DEM MAULESEL (Bariton);
DREI STROLCHE (Tenor, Bariton und Baß)

Im Märchenland, zur Märchenzeit.

Die Kluge

Handlung

Ein Bauer sitzt jammernd im Kerker: »Ach, hätt' ich meiner Tochter doch geglaubt!« Er hatte auf dem Feld einen Mörser gefunden und ihn in seiner Ehrlichkeit dem König zurückgeben wollen. Seine Tochter warnte ihn jedoch, wenn er dies tue, werde man auch den dazugehörigen Stößel verlangen und ihn einsperren. So geschah es denn auch. Als der König von der klugen Frau erfährt, läßt er sie zu sich kommen. Er stellt ihr drei Rätsel, die sie spielend löst. Beeindruckt macht sie der König zu seiner Frau. Eines Tages erscheinen zwei Männer vor dem König, begleitet von drei Strolchen, und erbitten seinen Rat. Die Eselin des einen hatte des Nachts ein Fohlen geboren, das jedoch der andere für sich beansprucht, da es näher an seinem Maulesel gelegen habe. Der König ist nicht bei der Sache und entscheidet für den Mauleselbesitzer. Doch die Kluge verspricht dem Mann mit dem Esel, er werde sein Recht bekommen. Als der König den Eselbesitzer später mit einem Fischernetz auf dem Feld beobachtet und ihn nach dem Sinn seines Tuns befragt, antwortet ihm dieser, wenn ein Maulesel ein Eselfohlen gebären könne, sei es für ihn keine Schwierigkeit, Fische auf dem Land zu fangen. Sofort erkennt der König aus dieser Antwort das schnippische Mundwerk seiner Frau. In seiner Autorität gekränkt, wirft er sie aus dem Haus. Lediglich einen Koffer darf sie mitnehmen, darinnen das, woran ihr Herz am meisten hängt: Beim Essen träufelt die Kluge ihrem Mann ein Schlafmittel in sein Gericht, wartet, bis er bewußtlos ist und stopft ihn dann in den Koffer. Der König wacht auf, sieht seine Frau und preist ihre Klugheit. Der zufällig vorübergehende Bauer meint: »Am End' hat sie den Stößel doch gefunden!«

Anmerkung

Das Märchen von der klugen Frau ist in allen Teilen der Welt verbreitet. Orff legte seiner Vertonung die Grimmsche Version zugrunde. »Die Kluge« erlangte bei ihrer Uraufführung großen Erfolg, der bis heute anhält. Hinter der Oberfläche einer heiter-harmlosen Volksoper verbirgt sich durchaus satirische Kritik an herrschaftlicher Willkür und Rechtsverdrehung, ohne daß diese jedoch zeigefingerhaft dick aufgetragen wird. Die Rollen der drei Strolche wurden von Orff dazuerfunden und erinnern in ihrer betonten Derbheit an die Handwerker in Shakespeares »Sommernachtstraum«.

ANTIGONAE

Ein Trauerspiel des Sophokles in der Übersetzung von Friedrich Hölderlin, Uraufführung: Salzburg 1949

Personen

ANTIGONAE (Sopran);
ISMENE (Sopran);
KREON (Bariton);
HÄMON (Tenor);
TIRESIAS (Tenor);
EURIDIKE (Sopran)

Theben, im Griechenland der Antike.

Handlung

Die verfeindeten Brüder Polyneikes und Eteokles, Söhne des Ödipus, sind bei der Belagerung von Theben ums Leben gekommen. König Kreon verbietet die Bestattung des Polyneikes, da dieser im feindlichen Lager gestanden habe. Polyneikes' Schwester Antigonae widersetzt sich dieser Anordnung, um die Götter nicht zu erzürnen, und bedeckt ihren toten Bruder mit Sand. Als Kreon davon erfährt, läßt er Antigonae verhaften und verurteilt sie zur Einmauerung bei lebendigem Leibe. Sowohl Antigonaes Schwester Ismene als auch Kreons Sohn Hämon, der mit Antigonae verlobt ist, versuchen den König umzustimmen. Doch erst als der blinde Seher Tiresias Kreon warnt, er werde seine Starrköpfigkeit mit Blutopfern aus der eigenen Familie bezahlen müssen, wird Kreon unsicher und will Antigonae befreien. Doch dazu ist es zu spät: Antigonae hat sich erhängt; Hämon folgt ihr in den Tod und auch Kreons Frau Euridike begeht Selbstmord. Kreon, der wider die Göter gehandelt hat, ist nun ein gebrochener Mann.

Anmerkung

»Antigonae« hat mit einer Oper im herkömmlichen Sinn wenig zu tun. An die Stelle ariosen Gesangs tritt Sprechgesang und psalmodierende Deklamation. Ähnlichkeiten zur Monodie des ausgehenden 16. Jahrhunderts sind beabsichtigt. Das Orchester beinhaltet über 60 verschiedene Schlaginstrumente zum Teil exotischer Herkunft. Orff beschwört in diesem Stück die kultischen Urformen des Theaters. Die Faszination des Archaischen überwiegt die Gefahr einer gewissen Eintönigkeit, die aufgrund stark reduzierter stilistischer Mittel durchaus gegeben ist.

Il barbiere di Siviglia

Giovanni Paisiello
(1740-1816)

Von den Spielplänen der Opernhäuser unserer Zeit ist der Name Giovanni Paisiello nahezu verschwunden. Erst allmählich beginnt sich die Erkenntnis durchzusetzen, daß Paisiellos Opern denen eines Joseph Haydn und anderer Größen seiner Zeit zumindest ebenbürtig sind. Paisiello, geboren in der Nähe von Tarent (Apulien) und ausgebildet in Neapel, war einer der erfolgreichsten Komponisten des 18. Jahrhunderts. Die Aufführungszahlen, die seine Oper »Der Barbier von Sevilla« allein in Wien erreichte, übertrafen bei weitem die des »Figaro« von Mozart. Aber nicht nur die Opernwelt von Wien, auch London, Paris, St. Petersburg und – selbstredend – die Musikzentren Italiens lagen ihm zu Füßen. Dabei standen nicht nur Paisiellos Opern, gleich ob »seria«, »buffa« oder französische »Tragédie lyrique«, sondern auch seine Instrumentalmusik, vor allem die Klavierwerke, hoch in Kurs. Trotzdem hat sich neben dem »Don Chisciotte« (1769), den Hans-Werner Henze 1979 in einer Neubearbeitung herausbrachte, von Paisiellos mehr als achtzig Opern nur eine einzige gehalten: »Il barbiere di Siviglia« (1782) nach der gleichnamigen französischen Komödie von Beaumarchais.

IL BARBIERE DI SIVIGLIA (Der Barbier von Sevilla)

Komische Oper in zwei Akten, Text von Giuseppe Petroselini nach der Komödie »Le barbier de Séville« von Pierre Augustin Caron de Beaumarchais, Uraufführung: St. Petersburg 1782 (zu Personen und Handlung siehe »Il barbiere di Siviglia« von G. Rossini)

Anmerkung

Giovanni Paisiellos »Il barbiere di Siviglia ovvero La precauzione inutile« (Der Barbier von Sevilla oder Die vergebliche Vorsicht) erzählt die Vorgeschichte zur »Hochzeit des Figaro« von Mozart. Aber nicht nur in der Themenwahl knüpfte Mozart an das Vorbild Paisiellos an, auch musikalisch lassen sich deutliche Parallelen finden, so z.B. zwischen der Arie des Cherubino »Voi che sapete« in Mozarts »Figaro« und der Kavatine des Grafen Almaviva »Saper bramate« in Paisiellos »Barbier« (1. Akt). Paisiellos Zeitgenossen rühmten den melodischen Reichtum seiner Opern und seine Kunst, Finali zu gestalten. Nicht weniger berühmt waren die Orchestereffekte, etwa die Gewitterszene im »Barbier von Sevilla« (4. Akt), zu der Rossini in seiner gleichnamigen Oper ein brillantes Gegenstück komponierte.

Krzystof Penderecki
(geb. 1933)

Der Pole Krzystof Penderecki, der seine Ausbildung in Krakau erhielt, trat mit seiner »Lukaspassion« aus dem engen Zirkel der musikalischen Avantgarde heraus. Das Werk, 1962-1965 im Auftrag des Westdeutschen Rundfunks, Köln, komponiert, wurde nach seiner Uraufführung im Dom zu Münster mit dem Kunstpreis des Landes Nordrhein-Westfalen und dem Prix Italia ausgezeichnet. Die in den Laboratorien der Neuen Musik entwickelten Klänge und Geräusche hatte Penderecki hier unmittelbar verständlich, ja plakativ in den Dienst der Textausdeutung gestellt, wobei er auch Elemente der traditionellen tonalen Musik einbaute.

DIE TEUFEL VON LOUDON

Oper in drei Akten, Text vom Komponisten nach Aldous Huxleys »The Devils of Loudon« (in der von Erich Fried besorgten deutschen Übersetzung einer Dramatisierung von J. Whiting), Uraufführung: Hamburg 1969

Personen
JEANNE (Sopran),
Priorin des Ursulinenordens;
GRANDIER (Bariton),
Pfarrer von St. Peter;
VATER BARRÉ (Baß),
Vikar von Chinon;
BARON DE LAUBARDEMONT (Tenor),
Kommissar des Königs;
VATER RANGIER (Baß);
VATER MIGNON (Tenor),
Beichtvater der Ursulinen;
MANNOURY (Bariton),
Chirurg;
ADAM (Tenor),
Apotheker

Die französische Stadt Loudon, im Jahre 1634.

Handlung
Der dem weiblichen Geschlecht nicht abholde, im übrigen aber völlig undämonische Priester Grandier gerät aufgrund falscher Beschuldigun-

Die Teufel von Loudon

gen der von ihm verschmähten, weil verwachsenen Priorin Jeanne in den Verdacht, mit dem Teufel im Bunde zu stehen. In ihrer Hysterie reißt Jeanne das gesamte Ursulinenkloster mit sich, das zum Schauplatz wüster Ausschweifungen wird. Grandier gerät zwischen die Mühlsteine von Inquisition und weltlicher Gerichtsbarkeit, wird nach qualvollen Folterungen verurteilt und auf dem Scheiterhaufen verbrannt.

Anmerkung
Aldous Huxleys romanhafte Dokumentation beruht auf einem realen Fall von Hexenwahn und -verfolgung im Frankreich Kardinal Richelieus. Pendereckis dreistündige Vertonung, in der die ihm eigenen drastischen Chor- und Orchestereffekte das schreckliche Bühnengeschehen höchst wirkungsvoll unterstützen, verfehlte bei der Hamburger Uraufführung ihre dramatische Wirkung, ging aber wenige Tage darauf mit überwältigendem Erfolg in Stuttgart in Szene und wird seither an zahlreichen anderen Häusern nachgespielt. Weniger günstige Aufnahme fand Pendereckis zweite Oper, »Paradise Lost«, nach John Miltons gleichnamigem Versepos, die 1978 in Chicago ihre Premiere erlebte; man sprach sogar von einem Nachlassen der Inspiration. »Die schwarze Maske« nach einem Drama von Gerhart Hauptmann hingegen stieß nach ihrer Uraufführung bei den Salzburger Festspielen 1986 auf nahezu einhellige Zustimmung.

Johann Christoph Pepusch
(1667-1752)

Pepusch begann seine Komponistenlaufbahn erst im Alter von 33 Jahren, als er seine Anstellung am preußischen Hof aufgab und nach England übersiedelte. Er schrieb die Musik zu mehreren Theaterstücken und organisierte Konzert- und Opernveranstaltungen. 1718 heiratete Pepusch eine wohlhabende Sängerin und arbeitete fortan nur noch zum Vergnügen. Nach dem Erfolg der »Bettleroper« (1728) schrieb er als Fortsetzung die Ballad Opera »Polly«, deren Aufführung jedoch von den Zensurbehörden verboten wurde.

THE BEGGAR'S OPERA (Die Bettleroper)
Ballad Opera in einem Prolog und drei Akten, Text von John Gay, Uraufführung: London 1728

Personen
MR. PEACHUM,
Chef einer Gaunerbande;
MRS. PEACHUM,
seine Gattin;
POLLY PEACHUM,
seine Tochter;
MACHEATH,
Straßenräuber;
LOCKIT,
Gefängnisdirektor;
LUCY LOCKIT,
seine Tochter;
in der Originalausgabe der Partitur von 1728 sind keine Stimmlagen angegeben.

London, Anfang des 18. Jahrhunderts.

Handlung
Prolog
Der Autor der Oper stellt sich dem Publikum vor und entschuldigt sich, daß er keine Oper im »italienischen« Stil geschrieben habe.

The Beggar's Opera

1. Akt
Polly Peachum hat heimlich den Straßenräuber Macheath geheiratet. Ihre Eltern wollen Macheath an den Galgen bringen, um die Belohnung zu kassieren, aber Polly verrät den Plan.

2. Akt
Macheath amüsiert sich in einem Bordell und wird schließlich von den Dirnen an die Polizei ausgeliefert. Im Gefängnis gelingt es ihm, Lucy Lockit, die Tochter des Gefängnisdirektors, für sich zu gewinnen. Lucy öffnet die Zellentür und Macheath flieht.

3. Akt
Macheath wird erneut in einem Bordell gefangengenommen. Währenddessen versucht Lucy vergeblich, ihre Nebenbuhlerin Polly mit vergiftetem Gin umzubringen. Macheath wird zum Tode verurteilt, doch als er unter dem Galgen steht, tritt erneut der Autor auf und verkündet Macheaths Begnadigung: Ein tragisches Ende ist für eine Oper nicht angemessen.

Anmerkung
John Gay schrieb die »Bettleroper« als Satire auf die damals herrschenden gesellschaftspolitischen Verhältnisse in England, wobei er die korrupten und profitgierigen Machenschaften der Regierungspartei anprangerte. Die Seitenhiebe gegen die italienische Oper richten sich nicht gegen Händel und seine Opernunternehmungen, sondern gegen den kostspieligen Kulturluxus der Oberschicht. Die Musik ist eine Mischung aus Volksliedern, Tänzen und populären Opernmelodien, zu denen Pepusch lediglich die Instrumentalbegleitung geschrieben hat. Seine einzige eigenständige Komposition für die »Bettleroper« ist die Ouvertüre. – Der Erfolg der »Bettleroper« ging einher mit dem Niedergang der italienischen Oper, die trotz Händels Wirken in England nie recht Fuß faßte.

G. B. Pergolesi

Giovanni Battista Pergolesi
(1710-1736)

Giovanni Battista Pergolesi erhielt im Alter von 21 Jahren seine erste »scrittura«, den Auftrag also, einen Operntext zu vertonen, doch seine »Salustia« erzielte am Teatro S. Bartolomeo in Neapel nur wenige Aufführungen. Mehr Glück hatte er mit seinem nächsten Versuch, der Musikkomödie »Lo frate 'nnamorate«, die ihm nachhaltig Anerkennung und Aufträge verschaffte. Dennoch war Pergolesi im Fall des heute weltberühmten »Stabat mater« nur zweite Wahl gewesen: Ursprünglich sollte Alessandro Scarlatti das Stück für eine adlige neapolitanische Bruderschaft komponieren. Das »Stabat mater« blieb Pergolesis letztes Werk. Er starb im Alter von 26 Jahren (wahrscheinlich) an Tuberkulose.

LA SERVA PADRONA (Die Magd als Herrin)
Intermezzo in einem Akt, Text von Gennaro Antonio Federico, Uraufführung: Neapel 1733

Personen
UBERTO (Baß),
Hagestolz;
SERPINA (Sopran),
seine Magd;
VESPONE (stumme Rolle),
sein Diener

Ein Zimmer in Neapel, um 1733.

Handlung

Im Haushalt des alternden Junggesellen Uberto hat die Magd Serpina das Heft fest in der Hand. Sie läßt ihren Herrn ohne Frühstück, weil sie schließlich das Mittagessen bereiten müsse, verbietet ihm gar das Ausgehen. Lange hat Uberto sich die Capricen seiner Perle gefallen lassen; doch nun ist er es leid, er will sich verheiraten. Dann aber, bitteschön, sie selbst, erwidert Serpina. Uberto weigert sich: Was sollen denn die Leute denken, wenn er seine Dienerin zum Altar führt? Serpina läßt nicht locker und greift zu einer List. Der Diener Vespone erscheint als Husar verkleidet und gibt vor, Serpina heiraten zu wollen. Uberto wird angst und bange bei dem Gedanken an die Verbindung seiner reizvollen jungen Dienerin mit dem alten Haudegen, und als der auch noch polternd auf einer kräftigen Mitgift besteht, die natürlich Uberto zu zahlen habe, läßt er sich erweichen. Er selbst führt Serpina heim und verzeiht ihr nach der Demaskierung des Dieners auch die Täuschung.

Anmerkung
»La serva padrona« wurde zunächst als Intermezzo zwischen die drei Akte der aus Anlaß des Geburtstags von Kaiserin Elisabeth Christine aufgeführten Festoper »Il prigionier superbo« eingeschaltet. Das Stück hatte einen solchen Erfolg, daß es bereits in den nächsten Tagen selbständig wiederholt werden mußte. Pergolesis Buffo-Stil ist gekennzeichnet von kurzgliedriger Thematik mit volkstümlichem Einschlag und witzig-treffender Nachzeichnung der Personen und Situationen auf der Bühne. Er fand international zahlreiche Nachahmer, denn »La serva padrona« wurde von reisenden Operntruppen durch ganz Europa getragen und übte vor allem 1752 in Paris, wo sie den sogenannten »Buffonistenstreit« auslöste, große Wirkung aus. So wurde das heitere Werk zum ersten Repertoirestück der Operngeschichte und zum Ausgangspunkt der Gattungen Komische Oper, Opera buffa und Opéra-comique.

J. Peri

Jacopo Peri
(1561-1633)

Peri gehörte dem Kreis der Florentiner Camerata an, einem Zirkel von Gelehrten, Musikern und Musikliebhabern, die sich gegen Ende des 16. Jahrhunderts bemühten, die antike griechische Tragödie wiederzubeleben. Ausgangspunkt war die Überlegung, daß die Tragödien damals gesungen worden waren, und so entwickelte die Florentiner Camerata einen neuen einstimmigen Gesangsstil (Monodie), der sich dem dramatischen Verlauf anpaßte. 1597 führte Peri die erste Oper in diesem Stil auf, eine »Dafne«, deren Musik bis auf wenige kurze Fragmente nicht erhalten ist. Die »Euridice« (1600) bildet den Höhepunkt seines kompositorischen Schaffens. In den Jahren danach schrieb er nur noch Gelegenheitskompositionen.

L'EURIDICE (Eurydike)

Favola drammatica (dramatisches Märchen) in einem Prolog und sechs Szenen, Text von Ottavio Rinuccini nach Ovid, Uraufführung: Florenz 1600

Personen

ALLEGORIE DER TRAGÖDIE (Alt);
EURYDIKE (Sopran);
ORPHEUS (Tenor),
ihr Gemahl;
DAPHNE (Sopran),
eine Nymphe;
VENUS (Sopran),
Göttin der Liebe;
PLUTO (Baß),
Herrscher der Unterwelt;
PROSERPINA (Alt),
seine Gemahlin

Arkadien und das Reich der Toten,
in der griechischen Mythologie.

Handlung

Die Allegorie der Tragödie kündigt im Prolog eine neue Form des Theaters an: ein Drama in Musik gesetzt. – Hirten und Nymphen feiern den

L'Euridice

Hochzeitstag von Orpheus und Eurydike. Eurydike entfernt sich. Wenig später teilt die Nymphe Daphne der Hochzeitsgesellschaft mit, daß Eurydike von einer Schlange gebissen worden ist. Orpheus ist verzweifelt, aber Venus ermutigt ihn, in die Unterwelt hinabzusteigen. Dort erregt er mit seinem Gesang das Mitleid von Pluto und Proserpina: Eurydike darf in die Welt der Lebenden zurückkehren. Die Hirten und Nymphen feiern den glücklichen Ausgang mit Tanz und Gesang.

Anmerkung

Peris »Euridice« entstand anläßlich der Hochzeit Maria de' Medicis mit Heinrich IV. von Frankreich. Dies erklärt auch das Fehlen eines dramatischen Konflikts und das in der Mythologie nicht vorgesehene glückliche Ende. Die Musik trägt noch experimentelle, unausgereifte Züge. Der durchgängige Rezitativstil ist (verglichen mit Monteverdis »Orfeo« von 1607) steif und ungelenk. Nicht geklärt ist, welchen Anteil Peris Rivale Giulio Caccini an der Komposition hat. 1602 veröffentlichen beide ihre eigenen Versionen der »Euridice«, wobei sich im Vergleich zu Caccinis gesanglicherem Stil Peris Fassung als dramatischer erweist.

A. Ponchielli

Amilcare Ponchielli
(1834-1886)

Bereits als Neunjähriger kam Ponchielli an das Mailänder Konservatorium, um sich auf die Komponistenlaufbahn vorzubereiten. Als Stoff für seine erste Oper erkor sich der gerade Zwanzigjährige mit Alessandro Manzonis Roman »I promessi sposi« *den* historischen Roman seiner Zeit, aber dauerhafter Erfolg war diesem Werk nicht beschieden. Erst im Jahr 1876 gelang Ponchielli mit der Oper »La Gioconda« der endgültige Durchbruch. Seit 1883 unterrichtete er in Mailand Komposition, wo u.a. Giacomo Puccini sein Schüler wurde.

LA GIOCONDA

Oper in vier Akten, Text von Tobia Gorrio (Arrigo Boïto) nach dem Drama »Angelo, Tyran de Padoue« von V. Hugo, Uraufführung: Mailand 1876

Personen
LA GIOCONDA (Sopran), *eine Straßensängerin;*
LA CIECA (Alt), *ihre blinde Mutter;*
ENZO GRIMALDO (Tenor), *Prinz von Santafior;*
ALVISE BADOERO (Baß), *Haupt der venezianischen Staatsinquisition;*
LAURA (Mezzosopran), *seine Gattin;*
BARNABA (Bariton), *ein Spitzel und Straßensänger;*
ZUANE (Baß), *Gondoliere;*
ISEPO (Tenor), *Schreiber*

Venedig, im 17. Jahrhundert.

Handlung
1. Akt

Der als Spion in Diensten der staatlichen Inquisition stehende Straßensänger Barnaba stellt der schönen Gioconda nach. Die jedoch ist in Enzo, einen adligen Genueser verliebt, der, aus der Heimat verbannt, unerkannt als dalmatinischer Kapitän in Venedig lebt. Aber Enzos Herz hat nie aufgehört für Laura, seine Jugendliebe aus Genua, zu schlagen. – Barnaba hat durch die Behauptung, Giocondas blinde Mutter sei eine

La Gioconda

Hexe, einen Tumult entfacht. Nur das Eingreifen der Gattin des Inquisitors Alvise Badoero verhindert, daß La Cieca ein Opfer des Volkszorns wird. In der Frau an Badoeros Seite erkennt Enzo die geliebte Laura wieder.

2. Akt
Barnaba durchschaut die Situation und verspricht Enzo, ihm Laura auf sein Schiff zu bringen. Gioconda erfährt davon und will Laura erdolchen, läßt aber davon ab, als sie erkennt, daß Laura es war, die ihre Mutter vor der Inquisition gerettet hat. Als Alvise auf einem Schiff naht, verhilft Gioconda der Rivalin zur Flucht. Gioconda nutzt die Situation, um Enzo glauben zu machen, Laura habe sich von ihm losgesagt.

3. Akt
Durch Barnaba weiß Alvise von der Absicht seiner Frau, ihn Enzos wegen zu verlassen. Er verlangt ihren Tod und befiehlt ihr, Gift zu trinken. Gioconda indes hat das Gift gegen ein Schlafmittel vertauscht. Alvise glaubt seine Gemahlin tot. Bei einem großen Empfang in seinem Palast ist auch Enzo zugegen. Alvise läßt ihn verhaften. Gioconda verspricht Barnaba, ihn zu erhören, falls es ihm gelinge, Enzo wieder zu befreien.

4. Akt
Lauras vermeintlicher Leichnam wird an einen geheimen Ort in der Lagune gebracht. Hier wartet Gioconda, um Enzo und Laura wieder zu vereinen. Die Schlafende erwacht, überglücklich kann Enzo mit ihr fliehen. Da erscheint Barnaba, um seinen Lohn einzufordern. Zum Schein geht Gioconda darauf ein, doch statt sich Barnaba hinzugeben, erdolcht sie sich vor seinen Augen. Sein höhnisches Geständnis, ihre Mutter ermordet zu haben, hört die Sterbende nicht mehr.

Anmerkung
Ponchielli schrieb nahezu ein Dutzend Opern, aber nur »La Gioconda« hat die Bühnen der Welt erobert. Trotz der verwickelten Handlung gelang es dem Komponisten, das schaurig-romantische Sujet in eine mitreißende Oper zu verwandeln. Schlichte Seemannsweisen und auf großen Effekt berechnete Arien, wie »Cielo e mar« (Enzo, 2. Akt) oder Giocondas dramatische Selbstmorddrohung »Suicidio« im 4. Akt, sind verwoben in eine gleichermaßen kontrastreiche wie dichte, von Leitmotiven geprägte Orchestersprache. Berühmt geworden ist die Balletteinlage (»Tanz der Stunden«) im 3. Akt. In stilistischer Hinsicht weist »La Gioconda« auf den Verismo voraus.

Sergej Prokofjew
(1891-1953)

Bereits im Alter von neun Jahren schrieb Prokofjew seine erste Oper, »Der Riese«. Nachdem ihm seine Mutter den ersten Klavierunterricht erteilt hatte, besuchte der frühreife Komponist das Petersburger Konservatorium, wo Rimsky-Korsakow und Ljadow zu seinen Lehrern gehörten. Anschließend machte er sich einen Namen als Konzertpianist und Schöpfer klanglich kühner Klaviermusik. 1918 verließ er Rußland und lebte vornehmlich in Paris, kehrte jedoch 1936 in seine Heimat zurück. Dort geriet er verschiedentlich mit der stalinistischen Kulturpolitik in Konflikt und wurde als westlich-dekadent gebrandmarkt. Einige seiner Werke, so die »Symphonie classique« oder »Peter und der Wolf« gehören zu den populärsten Kompositionen unseres Jahrhunderts.

DIE LIEBE ZU DEN DREI ORANGEN

Oper in einem Prolog und vier Akten, Text vom Komponisten nach einer Komödie von Carlo Graf Gozzi, Uraufführung: Chicago 1921

Personen
TREFF-KÖNIG (Baß);
DER PRINZ (Tenor),
sein Sohn;
CLARICE (Alt),
Prinzessin;
LEANDER (Bariton),
Minister;
TRUFFALDINO (Tenor),
Hofnarr;
PANTALON (Bariton),
Höfling;
TSCHELIO (Baß),
ein guter Zauberer;
FATA MORGANA (Sopran),
eine böse Hexe;
NINETTA (Sopran),
eine verzauberte Prinzessin

In einem Märchenland.

Die Liebe zu den drei Orangen

Handlung
Prolog
Eine Gesellschaft streitet sich über das Für und Wider der verschiedenen Gattungen des Schauspiels. Die »Sonderlinge« kündigen etwas völlig Neues, noch nie Dagewesenes an. Der Vorhang öffnet sich.

1. Akt
Am Hof des Treff-Königs herrscht Ratlosigkeit: Der Prinz ist von unheilbarer Schwermut befallen. Heilung verspricht einzig und allein ein befreiendes Lachen, das ihm jedoch niemand zu schenken vermag. Statt dessen schmieden Minister Leander und Prinzessin Clarice ein Komplott gegen den Prinzen.

2. Akt
Endlich gelingt es Truffaldino, den Prinzen zum Lachen zu bringen, indem er die Hexe Fata Morgana in den Brunnen wirft. Diese rächt sich ihrerseits mit einem Fluch: Auf der Stelle soll sich der Prinz in drei Orangen verlieben.

3. Akt
Fieberhaft suchen der Prinz und Truffaldino nach den Orangen. Der Magier Tschelio rät ihnen, diese nur zu öffnen, wenn Wasser in der Nähe ist. Schließlich gelingt es ihnen, die Früchte der Macht einer schrecklichen Köchin (mit Baßstimme) zu entreißen. In der Wüste öffnen sie die Orangen, denen verzauberte Prinzessinnen entsteigen. Die ersten beiden verdursten, lediglich Ninetta kann durch einen unverhofft eintreffenden Eimer Wasser gerettet werden. Allerdings wird sie gleich darauf von Fata Morgana in eine Ratte verwandelt.

4. Akt
Entsetzt läßt der König die auf seinem Thron sitzende Ratte unter Beschuß nehmen. Sofort wird aus der Ratte wieder Prinzessin Ninetta. Fata Morgana, Leander und ihr Gefolge entziehen sich durch Flucht der gerechten Strafe. Der Prinz kann nun Ninetta heiraten; alle jubeln ihm zu.

Anmerkung
Mit dem ihm eigenen Gespür für Witz und Satire gelingt es Prokofjew, der märchenhaften Phantastik des Stoffs adäquaten Ausdruck zu verleihen. Dem rasanten Tempo des dramatischen Geschehens entspricht ein ständiger, kaleidoskopartiger Wechsel der musikalischen Charaktere. Die

Handlung wird ständig unterbrochen durch Einwürfe rivalisierender Publikumsgruppen, die ihre jeweiligen ästhetischen Tendenzen ins Feld führen. Dadurch ergibt sich eine Ironisierung des Genres Schauspiel, der Prokofjew seinerseits folgt, indem er konventionelle Formtypen der Oper ausschließlich karikierend zur Anwendung bringt. Oft stehen der Ausdrucksgehalt von Gesang und Orchester in krassem Gegensatz zueinander. Da die Lust an der Persiflage in diesem Werk mit einer schlagkräftigen, eingängigen Melodik verbunden ist, errang »Die Liebe zu den drei Orangen« als eine der wenigen komischen Opern der Neuzeit dauerhafte Publikumsgunst.

DER FEURIGE ENGEL
Oper in fünf Akten, Text vom Komponisten nach W. Brjussow, Uraufführung: Venedig 1955

Personen
RENATA (Sopran);
RUPRECHT (Baß),
ein Ritter;
JAKOB GLOCK (Tenor),
Buchhändler;
AGRIPPA NETTESHEIM (Tenor),
Wissenschaftler;
FAUST (Baß);
MEPHISTO (Tenor);
GRAF HEINRICH (stumme Rolle)

Köln und Umgebung, um 1534.

Handlung
Das Mädchen Renata wird von Wahnvorstellungen heimgesucht. In ihrer Jugend erschien ihr Madiel, der »feurige Engel«, als Gefährte. Er prophezeite ihr, er werde eines Tages in Gestalt Graf Heinrichs zurückkehren. Ruprecht, ein Ritter, hilft Renata auf der Suche nach dem Grafen. Mit Hilfe von Jakob Glock und Agrippa Nettesheim studieren die beiden Alchemie und Magie, um den Grafen Heinrich zu finden, doch ohne Erfolg. Eines Tages findet Renata den Grafen, doch dieser verschmäht sie. Gekränkt fordert sie Ruprecht auf, sich mit Heinrich zu duellieren. Ruprecht wird bei dem Kampf schwer verwundet. Als er Renata auffordert,

Der feurige Engel

mit ihm in Amerika ein neues Leben zu beginnen, stößt sie ihn von sich, beleidigt ihn als Teufel und rennt davon. Faust und Mephisto erscheinen und nehmen Ruprecht mit auf die Reise in ferne Länder. Schließlich gelangen sie in ein Kloster, in dem Renata Novizin geworden ist. Die Äbtissin befürchtet den Aufstand und ruft den Inquisitor. Ruprecht, Faust und Mephisto beobachten nun als unsichtbare Zuschauer den Prozeß, in dem der Inquisitor Renata als Hexe dem Feuertod überantwortet.

Anmerkung

Dieses dämonisch-expressionistische Gegenstück der »Liebe zu den drei Orangen« wurde von Prokofjew bereits 1927 vollendet, jedoch erst nach seinem Tode uraufgeführt. Er plante, Teile daraus zu einer Orchestersuite zusammenzustellen, wie er dies bereits bei seinen früheren Opern getan hatte. Aus der geplanten Suite entwickelte sich ein ausgedehntes sinfonisches Werk, die 3. Sinfonie. Prokofjews Tonsprache im »Feurigen Engel« ist, dem düsteren Sujet entsprechend, expressiv gespannt und dissonanzenreich bis zur Atonalität. In den letzten Jahren erfuhr die Oper wachsendes Interesse. Einem weiteren musikdramatischen Hauptwerk Prokofjews, der Oper »Krieg und Frieden«, ist – wahrscheinlich aufgrund der enormen Länge – der Erfolg außerhalb Rußlands bis jetzt versagt geblieben.

Giacomo Puccini
(1858-1924)

Daß er Musiker werden sollte, war dem Sproß einer toskanischen Organistenfamilie vorherbestimmt. Seine eigentliche Berufung zum Opernkomponisten aber erkannte Puccini im Jahr 1876, als er in Pisa eine Aufführung von Verdis »Aida« erlebte. Vier Jahre später, als 22jähriger, konnte er dank eines Stipendiums das Mailänder Konservatorium besuchen. Drei Jahre dauerte sein Studium bei Amilcare Ponchielli, der ihn ermutigte, sich mit der Erstlingsoper »Le Villi« am Sonzogno-Wettbewerb zu beteiligen. Dieses Erstlingswerk errang keinen Preis, bestand aber die Bühnentaufe mit Bravour, so daß der Verlag Ricordi – der große Konkurrent Sonzognos – sich für Puccini zu interessieren begann. Von Ricordi erhielt Puccini den ersten Opernauftrag (»Edgar«, 1889), weitere neun Opern und die Operette »La rondine« (»Die Schwalbe«, 1917) folgten. Hatte »Edgar« vor allem wegen des schwachen Librettos noch eine sehr geteilte Aufnahme gefunden, so stieß »Manon Lescaut«, Puccinis drittes Bühnenwerk, dessen Textbuch er selbst ausfeilen half, auf einhellige Begeisterung. »Manon« ging um die Welt, Puccini war ein gemachter Mann. Mit »La Bohème«, »Tosca« und »Madame Butterfly«, die in den Jahren zwischen 1896 und 1904 entstanden und deren stürmisches, weltweites Echo das der »Manon« noch übertraf, setzte Puccini sich endgültig an die Spitze der Opernkomponisten seiner Zeit. Bis zu seinem Tod im Jahr 1924 – er starb an den Folgen einer Krebsoperation in Brüssel – führten »Das Mädchen aus dem goldenen Westen« und der sogenannte *trittico*, eine Sammlung von drei Einaktern sehr unterschiedlichen Charakters (»Der Mantel«, »Schwester Angelica«, »Gianni Schicchi«), die Reihe der Opernerfolge fort. »Turandot«, Puccinis letztes und ehrgeizigstes Bühnenwerk, blieb unvollendet. Im Jahr 1926 brachte Arturo Toscanini den Torso zur Uraufführung, aber schon der darauffolgenden Aufführung lag die komplettierte Fassung des Komponisten Franco Alfano zugrunde, in welcher »Turandot« auch heute noch gespielt wird.

MANON LESCAUT

Lyrisches Drama in vier Akten, Text von Marco Praga, Domenico Oliva, Giulio Ricordi und Luigi Illica nach dem Roman »Histoire du chevalier des Grieux et de Manon Lescaut« (1731) von Abbé Antoine-François Prévost d'Exiles, Uraufführung: Turin 1893

Manon Lescaut

Personen
MANON LESCAUT (Sopran);
SERGEANT LESCAUT (Bariton),
ihr Bruder;
CHEVALIER DES GRIEUX (Tenor);
GÉRONTE DE RAVOIR (Baß),
Steuerpächter;
EDMOND (Tenor),
Student;
WIRT (Baß);
MUSIKER (Mezzosopran);
BALLETTMEISTER (Tenor);
LAMPENANZÜNDER (Tenor);
SERGEANT DER BOGENSCHÜTZEN (Baß);
SEEKAPITÄN (Baß);
PERÜCKENMACHER (stumme Rolle)

Frankreich und Amerika,
in der zweiten Hälfte des 18. Jahrhunderts.

Handlung
1. Akt

Die schöne Manon Lescaut, ein junges, flatterhaftes Wesen, soll auf Wunsch ihres verstorbenen Vaters in ein Kloster gehen. Auf dem Weg dorthin begleitet sie ihr Bruder, der Sergeant Lescaut. Bei einer Rast an der Poststation von Amiens begegnet Manon dem Chevalier Des Grieux, der sich sofort in sie verliebt. Durch Edmond, einen Studenten, erfährt Des Grieux, daß auch der alte Steuerpächter Géronte de Ravoir ein Auge auf Manon geworfen hat und offenbar ihre Entführung plant. Des Grieux warnt Manon vor den Absichten Gérontes und überredet sie zur gemeinsamen Flucht.

2. Akt

In Paris ist es Sergeant Lescaut gelungen, die Schwester wieder einzufangen. Nun lebt sie – auch das hat ihr Bruder geschafft – als Geliebte des reichen Géronte in dessen prächtigem Haus, ohne jedoch Des Grieux vergessen zu können. Plötzlich steht der einstige Geliebte leibhaftig wieder vor ihr. Manons Leidenschaft entflammt aufs neue, doch diesmal kommt Géronte ihrer Flucht zuvor. Er läßt Manon, die er des Diebstahls bezichtigt, verhaften, und man führt sie ins Gefängnis.

3. Akt

Im Hafen von Le Havre wartet Manon mit anderen Gefangenen auf ihre Deportation. Des Grieux' Befreiungspläne schlagen fehl. Um Manon auch in der Verbannung nahe zu sein, bittet er den Kapitän des Schiffes, ihn mit den Deportierten nach Amerika zu bringen.

4. Akt

Erst in Amerika kann Des Grieux die Geliebte aus der Gefangenschaft befreien. Auf der Flucht durch die Wüste bei New Orleans sind beide dem Verdursten nahe. Des Grieux läßt Manon allein, um eine Quelle zu suchen. Ohne Wasser kehrt er zurück, Manon stirbt.

Anmerkung

»Manon Lescaut« ist die dritte Vertonung des alten, ebenso rührseligen wie erfolgreichen Romans des Abbé Prévost. Vor Puccini hatten bereits Auber (1856) und Massenet (1884) den Stoff aufgegriffen, doch Puccini gelang es, die bekannte Geschichte auf seine Weise ganz neu zu erzählen, indem er sich auf ihre wesentlichen Grundzüge und die dramatischen Wendepunkte der Handlung konzentrierte. Vor allem der groß besetzte dritte Akt ist ein Meisterstück dramaturgischer Verdichtung, während der vierte – ein ausladendes Duett, das musikalisch an Wagners »Tristan und Isolde« anknüpft – ganz auf die Schilderung innerer Bewegung gerichtet ist. Besondere Erwähnung verdient außer Des Grieux' Arie im ersten Akt (»Wie lebte wohl ein Mädchen«) und den Duetten der beiden leidvoll Liebenden vor allem das dem dritten Akt vorausgehende Orchester-Intermezzo. Die Uraufführung des Werkes dirigierte Arturo Toscanini, mit dem Puccini eine fruchtbare, aber nicht immer ungetrübte Künstlerfreundschaft verband.

LA BOHÈME

Szenen aus Henri Murgers »Scènes de la vie de Bohème« (1847) in vier Bildern, Text von Giuseppe Giacosa und Luigi Illica, Uraufführung: Turin 1896

Personen
RUDOLF (Tenor),
Poet;
SCHAUNARD (Bariton),
Musiker;

La Bohème

MARCEL (Bariton),
Maler;
COLLIN (Baß),
Philosoph;
BERNARD (Baß),
Hausherr;
MIMI (Sopran);
MUSETTE (Sopran);
PARPIGNOL (Tenor);
ALCINDOR (Baß);
ZOLLWÄCHTER (Baß)

Paris, um 1830.

Handlung
1. Bild

Drei Pariser Bohemiens hocken am Weihnachtsabend frierend, aber guter Dinge beieinander, ein vierter, der Musiker Schaunard, gesellt sich hinzu. Als der einzige, der etwas Geld in der Tasche hat, lädt Schaunard die Freunde ein, mit ihm ins gemeinsame Stammcafé zu wechseln. Als man gerade aufbrechen will, kommt der Hauswirt herein und verlangt die rückständige Miete. Er wird in ein scherzhaftes Gespräch verwickelt, das ihn völlig vom eigentlichen Zweck seines Kommens abbringt. Als er endlich verschwindet, macht man sich auf ins Café Momus. Nur Rudolf, der Dichter, bleibt zurück, um noch einen Zeitungsartikel zu beenden. Da klopft es an der Mansardentür und Mimi, eine Nachbarin, erscheint. Sie bittet darum, ihr eine Kerze anzuzünden. Rudolf ist bezaubert von dem armen, kranken Mädchen, das sich einen Augenblick setzen muß, um zu verschnaufen. Im Hinausgehen bemerkt sie, daß sie ihren Schlüssel vergessen hat, und kehrt zurück. Der Schlüssel findet sich, aber bei der Suche ist das Kerzenlicht erloschen. Eine Berührung ihrer Hände in der Dunkelheit bringt Mimi und Rudolf zueinander. Es entspinnt sich ein zärtlicher Dialog, dessen Fortsetzung im Café stattfinden soll.

2. Bild

Mitten durchs bunte Treiben des Quartier Latin führt der Weg ins Café Momus. Rudolf stellt Mimi den Freunden vor. An der Seite ihres reichen Liebhabers Alcindor schneit Musette herein. Ihr Erscheinen bringt den munteren Marcel, Musettes einstigen Geliebten, zum Verstummen. Um einen Vorwand, den alten Alcindor fortzuschicken, nicht verlegen, gelingt es Musette, Marcel wieder für sich einzunehmen, und in beiden flammt die alte Liebe wieder auf. In ausgelassener Stimmung verläßt man das Lokal. Als Alcindor zurückkehrt, findet er nur noch die unbezahlte Rechnung vor.

3. Bild
Einige Zeit ist vergangen, Rudolf hat Mimi verlassen. Um eine Erklärung für Rudolfs Verhalten zu finden, sucht Mimi ein Gespräch mit Marcel. Sie findet ihn in einem Gasthaus am Stadtrand; auch Musette und Rudolf sind dort. Mimi läßt Marcel herausrufen und klagt ihm ihr Leid. Als auch Rudolf aus dem Haus tritt, versteckt sie sich. Rudolf erklärt dem Freund, daß er Mimi verlassen mußte, weil er dem kranken Mädchen nichts zu bieten habe als seine armselige Mansarde. Durch einen Hustenanfall, der sie verrät, entdeckt Rudolf die Geliebte. Mimi hat alles mitangehört und will sich in die von Rudolf beschlossene Trennung fügen. Doch weil der endgültige Abschied ihnen beiden schwerfällt, soll er bis zum Frühling aufgeschoben werden. Unterdes ist auch Musette auf die Straße getreten, Marcel liefert ihr eine Eifersuchtsszene, während Mimi und Rudolf neue Liebesbande knüpfen.

4. Bild
Wieder sind Monate vergangen. Rudolf und Marcel, von ihren Freundinnen verlassen, versuchen zu arbeiten, aber der Gedanke an das verflossene Glück läßt sie nicht los. Erst das Erscheinen von Collin und Schaunard verscheucht die üble Laune. Die alte Unbekümmertheit stellt sich wieder ein, ausgelassen gibt man sich in der Mansarde allerlei Unfug hin. Der Spaß hat schlagartig ein Ende, als Musette und die dem Sterben nahe Mimi erscheinen. Marcel wird geschickt, einen Arzt zu holen, unterdessen will Musette einen Muff für Mimis Hände besorgen. Collin beschließt, eilends seinen Mantel zu versetzen, und auch Schaunard geht hinaus und läßt die Liebenden allein zurück. Glückliche Erinnerungen vereinen Rudolf und Mimi ein letztes Mal. Die Freunde kehren zurück, Mimi schläft ein und stirbt. Rudolf erkennt als letzter, daß sie tot ist; er bricht zusammen.

Anmerkung
Kaum eine Handvoll Opern hat es zu solcher Popularität gebracht wie Puccinis »La Bohème«. Unerschütterlich behauptet sie einen Spitzenplatz im Repertoire der Opernhäuser in aller Welt, ohne daß da besonders reißerische Arien, spektakuläre Effekte oder gewaltige Massensze-

nen wären, die die ungeheure Bühnenwirksamkeit erklären könnten. Das Erfolgsgeheimnis von »La Bohème«, wenn es denn eines gibt, liegt wohl in der perfekten Mischung aus Dramatik und Sentiment, einprägsamer Melodik und kontrastreicher Stimmungsmalerei, nicht zuletzt auch in der plastischen, Teilnahme weckenden Schilderung der handelnden Personen. Die »evidenza della situazione«, die Klarheit und Nachvollziehbarkeit des äußeren wie inneren Geschehens, bedeutete Puccini alles. Ob in der zärtlichen Begegnung von Rudolf und Mimi (»Wie eiskalt ist dies Händchen« / »Man nennt mich nur Mimi«), im sogenannten Mantellied des Collin (»Höre, du alter Mantel«), im großartigen Quartett der beiden Paare am Ende des 3. Bildes oder in der kunstvoll aus Erinnerungsmotiven aufgebauten Schlußszene, immer ist diese *evidenza*, die Identifikationsmöglichkeiten schafft, zu spüren. Die »Bohème« Ruggiero Leoncavallos, die ein Jahr später Premiere hatte, blieb trotz ihrer gesanglichen Schönheiten weit hinter Puccinis großem Wurf zurück.

TOSCA

Musikdrama in drei Akten, Text von Giuseppe Giacosa und Luigi Illica nach dem Drama »La Tosca« von Victorien Sardou, Uraufführung: Rom 1900

Personen
MARIO CAVARADOSSI (Tenor),
Maler;
CESARE ANGELOTTI (Baß),
einstiger Konsul;
BARON SCARPIA (Bariton),
Polizeichef;
FLORIA TOSCA (Sopran),
berühmte Sängerin;
SPOLETTA (Tenor),
Polizeiagent;
SCIARRONE (Baß),
Gendarm;
MESNER (Baß);
HIRT (Mezzosopran oder Knabenstimme);
SCHLIESSER (Baß)

Rom, Juni 1800.

G. Puccini

Handlung
1. Akt

Angelotti, der einstige napoleonische Konsul und Anführer der Republikaner, ist aus der Kerkerhaft entwichen. An einer bestimmten Stelle in der Kirche Sant' Andrea della Valle hat Angelottis Schwester, die Gräfin Attavanti, den Schlüssel zu einer Kapelle hinterlegt, in die er sich flüchten soll. Zufällig befindet sich mit ihm der Maler Cavaradossi in der Kirche, um an einem Altarbild zu arbeiten. Auch der Mesner kommt herein, so daß Angelotti sich verbergen muß. Der Maler sinnt darüber nach, daß in sein Bild die Züge einer Schönen, die häufig zum Beten in die Kirche kam, eingeflossen sind, obwohl es eigentlich doch seiner Geliebten, der Sängerin Floria Tosca, gleichen sollte. Als der Mesner sich entfernt, wendet Angelotti sich hilfesuchend an den Maler, der ein Gesinnungsgenosse ist und ihm zu essen gibt. Doch wieder betritt jemand die Kirche. Es ist Tosca, die ihren Liebhaber wegen der auffallenden Ähnlichkeit des Bildes mit der Gräfin Attavanti zur Rede stellt. Es gelingt Cavaradossi, die aufgebrachte Tosca soweit zu beruhigen, daß sie die Kirche verläßt. Dann kümmert er sich um Angelotti, dem er bei sich zu Hause Zuflucht gewähren will. Beide eilen fort, denn Angelottis Flucht ist entdeckt worden; seine Verfolger sind schon in der Nähe. Der Mesner meldet, daß Napoleon geschlagen sei und zur Feier des Sieges ein Tedeum abgehalten werden solle. Polizeichef Scarpia kommt herein und läßt die Kirche nach dem Entflohenen durchsuchen. Auch er erkennt in Cavaradossis Gemälde die Züge der Gräfin Attavanti und kann sich einen Reim auf die Zusammenhänge machen, zumal in der Kirche auch ein Fächer der Gräfin gefunden wurde. Scarpia benutzt ihn, um in Tosca, die erneut die Kirche betritt, die Eifersucht zu wecken. Durch seine Häscher läßt er sie auf dem Weg zu Cavaradossis Haus verfolgen.

2. Akt

Während er in seinem Palast auf Nachricht von der Gefangennahme Angelottis wartet, faßt Scarpia den Plan, sich Toscas zu bemächtigen. Er läßt die Sängerin zu sich bitten. Spoletta meldet, daß man Angelotti nicht habe finden können, wohl aber Cavaradossi verhaftet hat, der sogleich zum Verhör hereingebracht wird. Nachdem die im Hintergrund zu hörende Siegesfeier, bei der sie mitgewirkt hat, vorüber ist, erscheint auch Tosca in Scarpias Palast. Cavaradossi wird der Folter übergeben. Als man ihn wegführt, kann er Tosca nur noch die Bitte zuflüstern, Angelotti nicht zu verraten. Tosca bleibt nur anfangs standhaft; als sie aus dem Nebenraum die Schmerzensschreie Cavaradossis hört, gibt sie das Geheimnis preis. Cavaradossi wird wieder hereingeführt. Höhnisch gibt Scarpia Befehl, Angelotti in seinem Versteck beim Haus des Malers zu verhaften. Sciarrone bringt die Nachricht, die Meldung von der Niederlage Napoleons sei falsch gewesen. Cavaradossi stimmt, als er hört, daß Napoleon der wahre Sieger sei, ein Triumphlied an und verfällt dadurch der Todesstrafe. Scarpia läßt ihn abführen. Tosca gegenüber behauptet er, sie könne den Maler retten, wenn sie sich ihm, Scarpia, hingebe. Indem er verfügt, daß die Hinrichtung nur zum Schein »wie bei Palmieri« vorgenommen werden solle, glaubt er Toscas Einverständnis gewonnen zu haben. Tosca jedoch verlangt noch einen Geleitbrief, der es ihr ermöglicht, Rom gemeinsam mit dem Maler zu verlassen. Scarpia läßt sich darauf ein. Während er schreibt, findet Tosca ein Messer. Als Scarpia sich ihr nähern will, stößt sie es ihm in die Brust. Nur mit Mühe kann sie dem Toten noch den Brief entwinden.

3. Akt

Auf der Plattform der Engelsburg, es ist früh am Morgen, wartet Cavaradossi auf seine Hinrichtung. Ihm wird erlaubt, noch einen Abschiedsgruß zu schreiben. Da erscheint Tosca und zeigt ihm den Geleitbrief. Im Glauben, für seine Rettung sei gesorgt, sieht Cavaradossi der Exekution ohne Furcht entgegen. Das Erschießungskommando nimmt Aufstellung und legt die Gewehre an. Als die Schüsse gefallen sind und die Soldaten den Schauplatz verlassen haben, gibt Tosca das verabredete Zeichen zur Flucht. Aber Cavaradossi erhebt sich nicht. Sie erkennt, daß Scarpia sie getäuscht hat und die Erschießung echt war. Als Spoletta naht, um sie gefangenzunehmen, stürzt Tosca sich von der Engelsburg in den Tod.

Anmerkung

Anders als die aus Episoden entwickelte und von einer eher sentimentalen Stimmung geprägte Oper »La Bohème« ist Puccinis »Tosca« ganz auf die Entfaltung des tragischen Grundkonflikts und seiner grausamen Konsequenzen für die beiden Hauptfiguren und Scarpia, ihren Widersacher, ausgerichtet. Mit ungeheurer Wucht drängt die zwischen Eifersuchtsdrama und politischem Roman angesiedelte Geschichte unaufhaltsam dem Ende entgegen. Puccini war sich der Schwierigkeiten der Vertonung eines so konfliktgeladenen, mit schaurigen Szenen angefüllten Dramas wohl bewußt und gab sein Bestes, den anspruchsvollen Stoff musikalisch packend umzusetzen. Es gelang: »Tosca« wurde – nicht zuletzt dank der Arien des Cavaradossi im 1. und 3. Akt (»Wie sich die Bilder gleichen«, »Und es blitzten die Sterne«) – unsterblich.

G. Puccini

MADAME BUTTERFLY

Tragödie einer Japanerin in drei Akten, Text von Luigi Illica und Giuseppe Giacosa nach einem Drama von David Belasco und einer Erzählung von John Luther Long, Uraufführung: Mailand 1904

Personen
CHO-CHO SAN,
genannt BUTTERFLY (Sopran);
SUZUKI (Mezzosopran),
ihre Dienerin;
B.F. PINKERTON (Tenor),
*Leutnant
der amerikanischen Marine;*
KATE PINKERTON (Sopran);
SHARPLESS (Bariton),
*amerikanischer Konsul
in Nagasaki;*
GORO (Tenor);
FÜRST YAMADORI (Tenor);
ONKEL BONZE (Baß);
KAISERLICHER KOMMISSAR (Bariton)

Nagasaki, im Jahr 1900.

Handlung
1. Akt

Der amerikanische Marineleutnant Pinkerton (in der deutschen Textfassung: Linkerton) will sich in Nagasaki mit der Geisha Cho-Cho-San vermählen. Pinkerton nimmt die Trauung, da sie nach amerikanischem Recht jederzeit annuliert werden kann, nicht ernst. Sharpless, der amerikanische Konsul, warnt ihn davor, mit den Gefühlen Cho-Cho-Sans, die ihn aufrichtig liebt, zu spielen. Die schöne Japanerin hat sich seinetwegen sogar zur Christin taufen lassen. Als die Trauung nach japanischem Ritus vollzogen ist, erscheint Bonze, der Onkel, und verflucht seine Nichte wegen ihres Schritts. Pinkerton weist ihm und der Verwandtschaft daraufhin die Tür. Von Suzuki, ihrer Dienerin, prächtig geschmückt, erscheint Butterfly, wie Pinkerton sie nennt, um mit dem Gemahl die Brautnacht zu feiern.

Madame Butterfly

2. Akt

Pinkerton hat seine Butterfly, die ihm ein Kind geboren hat, verlassen. Seit Jahren wartet sie auf seine Rückkehr. Zusammen mit Goro, der die Heirat mit Pinkerton vermittelt hat, ihr nun aber rät, sich mit dem Fürsten Yamadori zu verbinden, erscheint Sharpless bei ihr. Er hat einen Brief erhalten, in dem Pinkerton, der inzwischen mit einer Amerikanerin verheiratet ist, ihm mitteilt, daß er nach Japan kommen will, um sein Kind zu holen. Aber Sharpless kommt nicht dazu, Cho-Cho-San über die wahren Gründe von Pinkertons Rückkehr ins Bild zu setzen, denn die Freude über das bevorstehende Wiedersehen nimmt sie ganz gefangen. Als Yamadori erscheint, weist Cho-Cho-San ihn ab. Sharpless verläßt das Haus, ein Kanonenschuß signalisiert das Eintreffen von Pinkertons Schiff.

3. Akt

Seit Stunden harrt Cho-Cho-San der Ankunft Pinkertons. Erst im Morgengrauen kann Suzuki sie bewegen, sich zur Ruhe zu begeben. Zusammen mit Sharpless erscheint Pinkerton; seine amerikanische Frau, die ihn begleitet hat, bleibt im Garten zurück. Butterfly erblickt die fremde Dame und erkennt, welche Absicht sie und Pinkerton hergeführt hat. Pinkerton, von plötzlicher Reue gepackt, ist aus dem Haus geflohen. Butterfly willigt ein, ihm das Kind zu überlassen, wenn er selbst es hole. Ihre Dienerin schickt sie hinaus. Zum Sterben entschlossen, greift sie zu einem Dolch. Als das Kind erscheint, schickt sie es ebenfalls hinaus und tötet sich, während Pinkerton im Garten nach ihr ruft.

Anmerkung

Erst die zweite, dreiaktige Fassung brachte die Oper, nach einer enttäuschenden Uraufführung, auf den Weg zum Erfolg. Mit »Madame Butterfly«, die er zu seinem Lieblingswerk erklärte, setzte Puccini fort, was ihm in dramaturgischer Hinsicht bereits mit »Tosca« gelungen war: die konsequente, keine Nebenhandlung duldende Zuspitzung der gegebenen Situation bzw. Konstellation der handelnden Personen und ihrer tragischen Verstrickung. Atmosphärisch, wenn auch in eine ganz andere, exotische Farbe getaucht, knüpft Puccini an die Gefühlswelt der »Bohème« an. In »Madame Butterfly« freilich konzentriert sich alles auf die Titelheldin, für die Puccini mit »Eines Tages seh'n wir ein Streifchen Rauch« (2. Akt) eine seiner schönsten Arien schrieb. Die Musik ist stark impressionistisch eingefärbt, reich an motivischen Reminiszenzen und voller Japanismen, die viele Komponisten (u.a. Franz Léhar) zur Nachahmung anregten.

G. Puccini

DAS MÄDCHEN AUS DEM GOLDENEN WESTEN
(La fanciulla del West)
Oper in drei Akten, Text von Guelfo Civinini und Carlo Zangarini nach dem Drama »The Girl of the Golden West« von David Belasco, Uraufführung: New York 1910

Personen
MINNIE (Sopran),
Wirtin der Bar »Zur Polka«;
JACK RANCE (Bariton),
Sheriff;
DICK JOHNSON / RAMERREZ (Tenor),
Anführer einer Räuberbande;
NICK (Tenor),
Barkellner;
ASHBY (Baß),
Agent einer Transportgesellschaft;
SONORA (Bariton);
TRIN (Tenor);
SID (Bariton);
HARRY (Tenor);
JOE (Tenor);
BELLO (Bariton);
HAPPY (Bariton);
LARKENS (Baß),
Goldgräber;
BILLY JACKRABBIT (Baß),
ein Indianer;
WOWKLE (Mezzosopran),
sein Weib;
JAKE WALLACE (Bariton),
Bänkelsänger;
JOSÉ CASTRO (Baß),
Mestize aus Ramerrez' Bande;
POSTILLON (Tenor)

Ein Goldgräberlager am Fuß der Cloudy Mountains in Kalifornien, zur Zeit des Goldfiebers 1849/50.

Das Mädchen aus dem Goldenen Westen

Handlung

Die Kneipe »Zur Polka« ist Treffpunkt für Goldsucher aus aller Herren Länder. Der gute Geist des Hauses ist die Wirtin Minnie, die die Sorgen und Nöte ihrer Kundschaft teilt, manchen Streit zu schlichten weiß und manchmal sogar eine Bibelstunde für die verwegenen Kerle abhält. Sheriff Rance, auch er ein Rauhbein, hält um Minnies Hand an, wird jedoch abgewiesen. Da erscheint ein Fremder, der sich als Dick Johnson vorstellt. Der Sheriff hetzt die Leute gegen ihn auf, aber Minnie nimmt den Fremden in Schutz. Dick Johnson bleibt bei ihr. Als der Sheriff, der in Dick Johnson den gefürchteten Räuber Ramerrez zu erkennen glaubt, zu Minnie kommt, um ihn zu verhaften, verleugnet Minnie ihn. Wieder mit ihm allein, stellt sie ihn zur Rede. Dick Johnson beichtet ihr seine wahre Identität. Enttäuscht von dem Mann, den sie liebt, weist Minnie ihn aus dem Haus. Ein Schuß fällt, schwer verwundet taumelt Ramerrez alias Dick Johnson, wieder zu Minnies Tür herein. Sie versteckt ihn erneut, aber ein Blutstropfen verrät ihn, als der Sheriff bei Minnie nach dem Verwundeten sucht. Minnie kann seine Hinrichtung vereiteln, indem sie Rance, dessen Spielleidenschaft sie kennt, dazu überredet, mir ihr um Johnsons Leben zu pokern. Falls sie verliere, sagt sie, wolle sie ihm, dem Sheriff, gehören. Durch einen Trick gewinnt Minnie das Spiel. Trotzdem fällt Johnson einige Zeit später den Goldgräbern in die Hände. Gleich am nächsten Baum wollen sie ihn hängen. Da prescht Minnie auf dem Pferd heran. Es gelingt ihr, die rachelüsternen Männer zu erweichen und, obwohl der Sheriff auf der Hinrichtung besteht, von ihrem Vorhaben abzubringen. Von den Goldgräbern rührend verabschiedet, brechen Minnie und ihr Geliebter auf in die Ferne, einem neuen Leben entgegen.

Anmerkung

Mit »La fanciulla del West«, seiner siebten Oper, eroberte Puccini den neuen Kontinent. Das Werk lebt von starken orchestralen Momenten und prägnanter Rhythmik, weniger von Lyrismen und Belcanto-Melodien. Puccini scheute bei der Vertonung der Wildweststory nicht vor grellen Dissonanzwirkungen zurück. Dem Erfolg tat das keinen Abbruch, im Gegenteil: Die Uraufführung an der New Yorker Metropolitan Opera – Enrico Caruso sang den Ramerrez, Arturo Toscanini dirigierte – war ein beispielloser Triumph. In Europa machte das Werk weniger Furore, konnte sich jedoch auch hier im Repertoire behaupten. Zu den unumstrittenen »Highlights« gehört die Arie des Dick Johnson/Ramerrez »Lasset sie glauben, daß ich in die Welt zog« (3. Akt).

G. Puccini

IL TABARRO (Der Mantel)
Musikalisches Drama in einem Akt, Text von Giuseppe Adami nach dem Drama »La Houppelande« von Didier Gold, Uraufführung: New York 1918

Personen
MARCEL (Bariton),
Herr des Schleppkahns;
GEORGETTE (Sopran),
Marcels Frau;
HENRI (Tenor),
Löscher;
»DER STOCKFISCH« (Tenor),
Löscher;
»DER MAULWURF« (Baß),
Löscher;
»DAS FRETTCHEN« (Alt),
Frau des »Maulwurfs«;
LIEDERVERKÄUFER (Tenor);
LIEBESPÄRCHEN (Sopran / Tenor)

Auf Marcels Schleppkahn in Paris.

Handlung
Marcel, ein 50jähriger Schiffer, lebt mit der viel jüngeren Georgette auf einem Lastkahn. Am Feierabend reicht die lebenslustige junge Frau den Löschern zur Erfrischung Wein, man plaudert, tanzt zu den von fern herüberklingenen Melodien eines verstimmten Leierkastens, aber die Stimmung ist gedrückt. Georgette hat sich leidenschaftlich in Henri, einen der Arbeiter auf Marcels Kahn, verliebt und verabredet sich für den Abend zu einem Stelldichein mit ihm. Ungeduldig wartet sie darauf, daß ihr Mann sich schlafen legt. In der Abendstimmung gedenkt Marcel der glücklichen Zeit, als er seine Frau und ihr gemeinsames Kind, das nun tot ist, noch in seinem weiten Mantel barg. Georgette will sich nicht daran erinnern lassen und zieht sich zurück. Die Nacht bricht herein, Marcel, an Deck geblieben, zündet sich eine Pfeife an. Henri, der am Ufer wartet, hält den Lichtschein des Streichholzes für das verabredete Zeichen, mit dem Georgette ihn zu sich rufen will. An Bord gekommen, überrascht ihn Marcel, der ihn, nachdem er das Geständnis seiner ehebrecherischen Absicht erzwungen hat, erwürgt. Georgette erscheint.

―――――――――― *Il tabarro* ――――――――――

Marcel fordert sie auf, zu ihm unter den Mantel zu schlüpfen. Er lüftet den Mantel und setzt seine Frau dem Anblick der darunter verborgenen Leiche ihres Liebhabers aus. Gewaltsam drückt er ihren Kopf auf das Gesicht des Toten.

Anmerkung

»Il tabarro« ist die erste der unter dem Titel »trittico« (Triptychon) zusammengefaßten Einakter, die alle drei am 14.12.1918 in New York Premiere hatten. In seiner düsteren, aller Rührseligkeit und idyllisierenden Momente entkleideten Schilderung des grausig »einfachen« Lebens setzt sich Puccini mit »Il tabarro«, sosehr auch die Stoffwahl dem Verismo verpflichtet ist, weit von den veristischen Traditionen, die er selbst mitprägte, ab. Knapper und eindringlicher als in dieser Oper ist die Verschmelzung von musikalischer Psychologie und Milieumalerei selten gelungen. Voller Symbolkraft, wie die verstimmte Drehorgel, ist auch die Figur des Liederverkäufers, dessen Romanze eine Melodie aus »La Bohème« zitiert.

SUOR ANGELICA (Schwester Angelica)

Oper in einem Akt, Text von Giovacchino Forzano, Uraufführung: New York 1918

Personen

SCHWESTER ANGELICA (Sopran);
FÜRSTIN (Alt), ihre Muhme;
ÄBTISSIN (Mezzosopran);
LEHRMEISTERIN DER NOVIZEN (Mezzosopran);
SCHWESTER EIFRERIN (Sopran);
SCHWESTER GENOVEVA (Sopran);
SCHWESTER OSMINA (Sopran);
SCHWESTER DOLCINA (Mezzosopran);
SCHWESTER PFLEGERIN (Sopran);
ALMOSENSUCHERINNEN (Mezzosopran)

In einem italienischen Kloster, Ende des 17. Jahrhunderts.

Handlung

Im klösterlichen Leben kapselt sich Schwester Angelica ab. Unter Zwang ist sie ins Kloster eingetreten, nachdem man ihr Kind, einen unehelich geborenen Knaben, von ihr fortgenommen hat. Kein Lebenszeichen ihres Kindes und keine Nachricht von der Familie dringt zu ihr. Da erscheint die Fürstin, Angelicas Mutter, und verlangt von der Tochter den Verzicht auf ihr väterliches Erbe. Angelica, die nur noch an den Tod denkt, willigt ein. Als sie nach dem Verbleib des Knaben fragt, sagt die Fürstin ihr, er sei gestorben. In ihrer Verzweiflung sammelt Angelica im Klostergarten giftige Kräuter und bereitet sich daraus ein todbringendes Getränk. Wissend, daß sie damit eine schwere Sünde begangen hat, fleht sie die heilige Maria um Vergebung an und wird erhört. Die Muttergottes vereint die Sterbende mit ihrem Kind.

Anmerkung
Die Tatsache, daß Puccini »Schwester Angelica« allein für Frauenstimmen schrieb, macht sie zu einer Besonderheit im Opernrepertoire. Möglicherweise hat ihn das Nonnendasein seiner eigenen Schwester zu dem Einakter inspiriert. Bei einem Besuch in ihrem Kloster soll der Komponist ihr das ganze Werk auf dem Klavier vorgespielt und sie und ihre Mitschwestern zu Tränen gerührt haben. Den Höhepunkt der Oper bildet die Begegnung mit der Mutter, der kaltherzigen Fürstin, und Angelicas Verzweiflungsarie »Ohne Mutter bist du, Kind, gestorben«.

GIANNI SCHICCHI
Komische Oper in einem Akt, Text von Giovacchino Forzano nach Dantes »Divina Commedia« (30. Gesang), Uraufführung: New York 1918

Personen
GIANNI SCHICCHI (Bariton);
LAURETTA (Sopran),
seine Tochter;
ZITA (Alt), genannt »die Alte«,
Buosos Base;
RINUCCIO (Tenor),
ihr Neffe;
GHERARDO (Tenor),
Buosos Neffe;
NELLA (Sopran),
seine Frau;
GHERARDINO (Sopran),
beider Sohn;

Gianni Schicchi

BETTO VON SIGNA (Baß),
Buosos Schwager;
SIMON (Baß),
Buosos Vetter;
MARCO (Bariton),
sein Sohn;
CIESCA (Mezzosopran),
Marcos Frau;
MAGISTER SPINELLOCCIO (Baß),
Arzt;
AMANTIO DI NICOLAO (Bariton),
Notar;
PINELLINO (Baß),
Schuster;
GUCCIO (Baß),
Färber

Florenz, im Jahr 1299.

Handlung

Buoso Donati ist gestorben, an seinem Totenbett hat sich die Verwandtschaft eingefunden. Die zur Schau getragenen Trauermienen verfinstern sich, als das Testament gefunden und verlesen wird: Buoso hat seinen ganzen Besitz einem Kloster vermacht. Die Verwandten sind entsetzt und lassen ihrer Empörung freien Lauf. Rinuccio schlägt vor, den pfiffigen Gianni Schicchi, seinen Schwiegervater in spe, hinzuzuziehen, um die Folgen der Testamentseröffnung vielleicht doch noch abzuwenden. Gianni Schicchi kommt in Begleitung Laurettas, seiner Tochter. Aber auch er sieht keinen Ausweg; das Testament scheint unumstößlich. Erst als die Tochter ihn bittet, um ihrer und ihres Geliebten, Rinuccio, willen, doch noch einmal nachzudenken, verfällt Gianni Schicchi auf eine List: Da außer den Anwesenden noch niemand vom Tod Buosos wisse, sagt er, wolle er selbst sich in das Bett des Verstorbenen legen und einem Notar, der sogleich herbeigeholt wird, ein neues Testament diktieren. Dem Arzt, der gekommen ist, um sich nach Buosos Befinden zu erkundigen, teilt Gianni Schicchi mit verstellter Stimme mit, es gehe ihm schon besser. Der Arzt ist abgefertigt, und der Notar erscheint. Die habgierige Verwandtschaft, von Schicchi eindringlich vor den schlimmen Folgen gewarnt, die der Schwindel, wenn er entdeckt würde, für sie haben könne, hält still, während Gianni Schicchi »seinen« letzten Willen verfügt und ... sich selbst zum Haupterben des Vermögens macht. Die Verwandten stehen als die Dummen da. Zornig fallen sie, nachdem der Notar gegangen ist, über Gianni Schicchi her. Aber der wirft die betrogenen Betrüger kurzerhand aus dem Haus, das nun ja ihm gehört. Lauretta und ihr Rinuccio bleiben bei ihm; ihr Glück ist gemacht. Und das war den Schwindel wert, meint Gianni Schicchi und plädiert, ans Publikum gewandt, auf mildernde Umstände für sich.

Anmerkung

Wie der fast achtzigjährige Verdi, der seinem Publikum mit »Falstaff« zum Abschied eine Komische Oper schenkte, verabschiedete sich auch Puccini mit einer herrlichen Komödie von der Opernbühne. Auch wenn er mit »Turandot«, die – unvollendet – sein Lebenswerk beschloß, noch eine weitere Oper schrieb, war »Gianni Schicchi« doch die letzte, deren Premiere Puccini selbst erlebte. Leider teilt der Einakter das Schicksal seiner beiden Schwesterwerke: Zu aufwendig, um mit diesen zusammen an einem Abend auf die Bühne gebracht zu werden, aber auch zu kurz für einen »normalen« Opernabend, verschwand er zwar nicht ganz so gründlich wie »Il tabarro« und »Suor Angelica« aus dem gängigen Repertoire, doch die Gelegenheiten, »Gianni Schicchi« einmal zu erleben, sind noch immer rar. Mit einer gewissen Regelmäßigkeit allerdings steht die Arie der Lauretta (»Väterchen, teures, höre«) in Radio-Wunschkonzerten auf dem Programm.

TURANDOT

Lyrisches Drama in drei Akten, Text von Giuseppe Adami und Renato Simoni nach dem gleichnamigen Schauspiel von Carlo Gozzi, Uraufführung: Mailand 1926

Personen

TURANDOT (Sopran),
chinesische Prinzessin;
ALTOUM (Tenor),
Kaiser von China;
TIMUR (Baß),
entthronter Tatarenkönig;
DER UNBEKANNTE PRINZ / KALAF (Tenor),
sein Sohn;
LIU (Sopran), *eine jungeSklavin;*

Turandot

PING (Bariton), *Kanzler;*
PANG (Tenor), *Marschall;*
PONG (Tenor), *Küchenmeister;*
MANDARIN (Bariton);
PRINZ VON PERSIEN (stumme Rolle);
SCHARFRICHTER (stumme Rolle)

Peking, in märchenhafter Vergangenheit.

Handlung
1. Akt
Drei Rätsel muß lösen, wer die Prinzessin Turandot gewinnen will. Wer sie nicht löst, wird hingerichtet. – Das Volk und Turandot, die den Bewerbern immer wieder die schwierigsten Rätsel aufgibt, ergötzen sich an den Hinrichtungen. Timur, ein entflohener Tatarenkönig, und seine Sklavin Liù werden Zeuge eines solchen Schauspiels. Im Menschengetümmel entdeckt Timur seinen Sohn Kalaf wieder, den er schon totglaubte. Turandot erscheint. Kalaf verfällt augenblicklich ihrer Schönheit und will sie für sich gewinnen. Weder das Flehen Liùs noch die eindringlichen Worte des Vaters können ihn abhalten, seine Bewerbung um die Prinzessin durch drei Gongschläge kundzutun.

2. Akt
Drei hohe Staatsdiener, Ping, Pang und Pong, sind der ewigen Hinrichtungen überdrüssig. Aber noch hat niemand sich gefunden, der die Rätsel zu lösen vermag. Wieder einmal will Turandot einen Bewerber, diesmal freilich einen völlig unbekannten, dafür büßen lassen, daß ein Mann – einst, vor vielen Jahren – Böses tat an ihrem Geschlecht. Doch Kalaf kann, zur allseitigen Überraschung, die drei Rätsel lösen. Turandot, die Rächerin, ist besiegt. Aber sie will dem Fremden nicht gehören. Kalaf erklärt, sie nicht mit Gewalt besitzen zu wollen. Als Beweis seiner aufrichtigen Liebe soll sein Versprechen gelten, Selbstmord zu begehen, wenn Turandot bis zum nächsten Morgen seinen Namen in Erfahrung bringe.

3. Akt
Damit der Name des Unbekannten entdeckt werde, hat Turandot verfügt, daß niemand schlafe in der Nacht. Timur, den man zusammen mit dem

geheimnisvollen Unbekannten gesehen hat, soll durch die Folter zur Preisgabe des Namens gezwungen werden. Um den alten Mann zu retten, erklärt Liù, die Kalaf heimlich liebt, sie allein wisse, wer der Unbekannte sei. Bevor man sie zwingen kann, Kalaf zu verraten, gibt Liù sich den Tod. – Turandot begreift, daß Kalafs Liebe stärker ist als ihr Stolz. Um dennoch nicht als Besiegte dazustehen, versucht sie ihn zur Flucht zu überreden. Kalaf liefert sich ihr vollends aus, indem er selbst ihr seinen Namen verrät. Endlich kann Turandot sich überwinden. Sie tritt vor das Volk und verkündet, Kalaf sei ihr Gemahl.

Anmerkung

Puccini kam mit dem Stoff der »Turandot« zum erstenmal in Berlin in Berührung, wo er eine Aufführung des gleichnamigen Märchenspiels von Carlo Gozzi mit der Bühnenmusik von Ferruccio Busoni (der daraus einige Jahre später gleichfalls eine Oper machte) erlebte. In Puccinis »Turandot« ist der ebenso schillernden wie unheimlichen Hauptfigur eine zweite Heldin gegenübergestellt, die selbst Stoff für eine eigene Oper bieten würde: die Sklavin Liù, die, um einen Mann zu retten, der nichts von ihrer Liebe weiß, in den Tod geht. Mit Liù schuf Puccini eine seiner rührendsten Frauengestalten. Bis zu ihrer ergreifenden Sterbeszene im dritten Akt konnte der Komponist sein Werk vollenden. Bei der Premiere, anderthalb Jahre nach Puccinis Tod, brach der Dirigent Arturo Toscanini die Aufführung an dieser Stelle der Partitur ab. Erst der zweiten Vorstellung lag dann die von Franco Alfano, einem Schüler des Komponisten, aufgrund von Skizzen, die Puccini noch hinterlassen hatte, ergänzte Fassung mitsamt dem Schlußduett und Finale zugrunde. Die kontrastreiche, von jähen Stimmungswechseln geprägte Handlung weist neben dramatischen Spannungsmomenten (Rätselprobe) und breit angelegten Chorszenen auch eine grotesk-komische Episode auf, nämlich den Auftritt der drei Staatsbeamten Ping, Pang und Pong am Anfang des zweiten Akts. Das fernöstlich-märchenhafte Kolorit der »Turandot« kommt durch eine Reihe von Motiven, die auf original-chinesischen Melodien beruhen, besonders stark zur Geltung. Aber auch die italienische Belcanto-Tradition erlebt noch einmal, vor allem in der Arie des Kalaf zu Beginn des dritten Akts (»Keiner schlafe«), eine späte Blüte.

Henry Purcell (1659-1695)

Purcell ist einer der wenigen großen Komponisten, die England im Zeitalter des Barocks hervorgebracht hat. Seine musikalische Ausbildung erhielt er als Chorknabe in der Königlichen Kapelle. Mit 22 Jahren wurde er Organist an Westminster Abbey und Verwalter der Königlichen Instrumentensammlung. Sein kompositorisches Interesse galt in erster Linie der Instrumental- und der geistlichen Vokalmusik. Daneben schrieb er kürzere Musikeinlagen für 54 Bühnenwerke.

DIDO UND AENEAS

Oper in drei Akten, Text von Nahum Tate nach Vergil, Uraufführung: London 1689

Personen

DIDO (Sopran), *Königin von Karthago*;
AENEAS (Tenor), *trojanischer Held*;
GEIST (in Gestalt des Gottes Merkur, Mezzosopran)

Karthago, nach dem trojanischen Krieg.

Handlung

Aeneas ist aus dem brennenden Troja geflohen und hat in Karthago Zuflucht gesucht. Dido, die sich in Aeneas verliebt hat, lehnt in dunkler Vorahnung seinen Heiratsantrag ab. – Die Hexen des Schicksals mißgönnen Dido ihr glückliches Leben und schmieden einen Plan, die Königin zu vernichten. Aeneas wird von einem Geist ermahnt, er solle Dido verlassen und weiter nach Italien reisen. Mit Hinweis auf seine auferlegte Aufgabe verabschiedet sich Aeneas von Dido, doch Dido schimpft ihn einen Heuchler und Betrüger. Als Aeneas lossegelt, bricht Dido am Ufer tot zusammen.

Anmerkung

Entstanden ist das etwa einstündige Werk im Auftrag des Tanzmeisters Josias Priest für eine Laienaufführung seines Mädchenpensionats in Chelsea. Dies ist wohl auch der Grund für die umfangreichen Ballett-Einlagen nach dem Vorbild der französischen opéra-ballets. Die szenischen Anforderungen sind ansonsten gering, Purcells Musik stellt jedoch vor allem an die Sängerin der Dido hohe Anforderungen.

J.-P. Rameau

Jean-Philippe Rameau
(1683-1764)

Rameau wirkte lange Zeit als Cembalist, Organist und Musiktheoretiker. Er komponierte mehrere Bände mit Cembalo-Stücken und veröffentlichte 1722 ein musikalisches Lehrbuch, das wegen seiner neuen Ideen großes Aufsehen erregte. Erst 1733, mit fünfzig Jahren, schrieb er seine erste Oper, »Hippolyte et Aricie«. Die konservativ eingestellten Musiker warfen Rameau vor, er verrate den französischen Opernstil, während die fortschrittlicheren ihn als Erneuerer der französischen Musik feierten. Auch seine folgenden Opern (insgesamt 29) riefen immer wieder Kontroversen hervor, wobei Rameau selbst sich aus den Streitereien zeitlebens herausgehalten hat.

Castor et Pollux

Tragédie en musique in einem Prolog und fünf Akten, Text von Pierre-Joseph »Gentil« Bernard, Uraufführung: Paris 1737

Personen
VENUS (Sopran);
AMOR (Haute-Contre);
MARS (Baß);
TELAIRE (Sopran),
Tochter der Sonne;
CASTOR (Haute-Contre),
*Sohn der Leda und
Halbbruder des Pollux (sterblich);*
POLLUX (Bariton),
*Sohn des Jupiter und
der Leda (Halbgott);*
JUPITER (Baß)

Sparta in mythischer Vorzeit;
Olymp; Unterwelt.

Handlung
Prolog
Auf Bitten der neun Musen wird der Kriegsgott Mars von Amor gefesselt. Von nun ab sind Glück und Frieden gesichert.

Castor et Pollux

1. Akt
Castor ist ermordet worden. Telaire, die Braut des toten Castor, bittet Pollux, er möge sich bei Jupiter dafür einsetzen, daß Castor aus dem Reich der Unterwelt wieder zurückkehren dürfe.

2. Akt
Jupiter erläutert seinem Sohn Pollux die Gesetze der Unterwelt: Castor kann nur dann ins Reich der Lebenden zurückkehren, wenn Pollux auf seine Unsterblichkeit verzichtet und anstelle seines Bruders sich in die Unterwelt begibt. Pollux ist dennoch entschlossen, seinen Bruder zu erlösen.

3. Akt
Pollux begibt sich anstelle seines Bruders Castor hinab in die Unterwelt.

4. Akt
Castor weigert sich, das Opfer Pollux' anzunehmen: Zwar will er auf die Erde zurückkehren, aber nur, um von seiner Braut Telaire Abschied zu nehmen.

5. Akt
Castor hat sich von Telaire verabschiedet und will in die Unterwelt zurückkehren. Da verkündet Jupiter das glückliche Ende: Beide Brüder werden von nun an unsterblich sein, und auch Telaire wird zur Göttin erhoben.

Anmerkung
Seit dem Wirken Lullys (1632-1687) bedeutete »französische Oper« Verzicht auf alles, was das italienische Pendant so reizvoll machte. Die strengen Regeln der französischen »tragédie lyrique« ließen keine unterhaltsam-burlesken Sujets mehr zu und verboten auch die ausufernden Arien mit ihren »bizarren« Koloraturen, so daß die Komponisten wenig Möglichkeiten zur musikalischen Entfaltung besaßen. Auch Rameau hielt sich an diese Gesetze – zumindest in der äußeren Anlage (Gliederung in Prolog und fünf Akte; Balletteinlagen). Dahinter aber zeigen sich eindeutige Auflösungstendenzen: Die Musik ist melodiöser und orientiert sich stärker am emotionalen Gehalt der Texte, die Partitur ist voll von Klang- und Bühneneffekten, die Harmonik wird sehr viel reicher und differenzierter, und die Intrumentation erhält durch die Einführung von Bläsern deutlich mehr Farbe.

──────────── **J.-P. Rameau** ────────────

Bei der Uraufführung 1737 galt »Castor und Pollux« (je nach Geschmack) als »italienisches Greuel« oder »italienische Wohltat«. Zwanzig Jahre später verbündeten sich Rameau-Gegner und Rameau-Befürworter, um gegen Pergolesis erfolgreiche »La serva padrona« zu polemisieren. »Castor und Pollux« wurde diesmal als Beispiel »erhabener französischer Kompositionskunst« gepriesen gegen die Sinnlichkeit der italienischen Opera buffa, die sich beim Publikum einer großen Beliebtheit erfreute.

1778 wurde »Castor und Pollux« dann ein weiteres Mal als Schlachtroß ins Feld geführt – als französische Antwort auf die Reformopern Glucks. Doch gegen Gluck konnte Rameaus Oper nurmehr einen Achtungserfolg erringen und verschwand wenig später von der Bühne.

Mit »Castor und Pollux« setzte auch die Rameau-Renaissance zu Beginn des 20. Jahrhunderts ein. 1903 führte Vincent d'Indy das Werk auf, um den Wert und die Eigenständigkeit der französischen Musik gegen den Wagnerschen Einfluß und den italienischen Verismo zu dokumentieren.

L'heure espagnol

Maurice Ravel
(1875-1935)

Der Komponist des »Bolero« ist der neben Debussy bedeutendste Vertreter des französischen Impressionismus, und wie dieser ist auch Ravel damit nur oberflächlich charakterisiert. Was die zwei Komponisten verbindet und was sie trennt, darüber läßt sich trefflich streiten – wer je die beiden Streichquartette gehört hat, wird das bestätigen. Wenn Ravel eine klassizistischere Haltung bescheinigt wird als Debussy, vergißt man allzu leicht, daß er den Älteren um eine geraume Zeit überlebte, der sich im übrigen in seinen letzten Werken selbst an der klaren Zeichnung des französischen Barocks orientiert hatte. Beiden gemeinsam ist auch die ungeheure Meisterschaft in der Behandlung des Orchesters, und mögen auch Welten zwischen der träumerisch-symbolistischen Stimmung von Debussys »Pélleas und Mélisande« und dem derben Realismus der »Spanischen Stunde« liegen, auf dem Gebiet der Oper gingen sie doch von einer gemeinsamen Prämisse aus: daß nämlich »eher gesprochen als gesungen« werden solle, wie Ravel im Vorwort seiner Partitur verlangt. Folgerichtig orientierte er sich bei der Komposition am Parlando der italienischen Buffo-Oper des 18. Jahrhunderts.

L'HEURE ESPAGNOL (Die spanische Stunde)

Comedie musicale in einem Akt, Text von Franc-Nohain (Maurice Legrand), Uraufführung: Paris 1911

Personen
TORQUEMADA (Tenor),
Uhrmacher;
CONCEPCIÓN (Sopran)
seine Frau;
GONZALVO (Tenor),
Dichter;
RAMIRO (Bariton),
Hirte;
DON INIGÓ GOMEZ (Baß),
Bankier

Toledo, im 18. Jahrhundert.

M. Ravel

Handlung

Concepción ist ihres pedantischen Mannes Torquemada überdrüssig und beschließt, die eine Stunde der Woche, in der er die öffentlichen Uhren zu warten hat, als Schäferstündchen zu nutzen. Aber der Hirte Ramiro, der eine Uhr zur Reparatur gebracht hat, will die Rückkehr des Meisters im Laden abwarten. Um ihn aus dem Weg zu haben, als der erste Verehrer in der Gestalt des Poeten Gonzalvo erscheint, bittet Concepción den Hirten, ihr eine schwere Standuhr ins Schlafzimmer zu tragen. Der kräftige Ramiro tut ihr den Gefallen gern. Indes erweist sich der Dichter als Langweiler, der Concepción mit reichlich blumigen Versen traktiert, im Grunde aber eher an seinen Ruhm zu denken scheint als an ein Liebesabenteuer. Als Ramiros Schritte auf der Treppe zu hören sind, verbirgt sich Gonzalvo in einer Standuhr. Concepción bittet Ramiro, die soeben beförderte Uhr gegen die mit dem Dichter auszutauschen. Auch diesen Gefallen tut er ihr gern. Unterdessen tritt der dicke und wichtigtuerische Bankier Inigó Gomez auf den Plan und macht Concepción eine immerhin lebhafte Liebeserklärung. Diese weist ihn an, sich gleichfalls in eine Standuhr zu zwängen, und der nichtsahnende Ramiro muß erneut treppauf, treppab, um den Dichter gegen den Geldmann auszutauschen. Der bärenstarke Kerl trägt die Uhren ohne Mühe, er merkt nicht einmal, daß sie mit jedem Mal schwerer werden. Das erweckt Concepcións Bewunderung, so daß sie ihn um den letzten Gefallen bittet: Die Uhr mit dem Bankier aus der Wohnung wieder in den Laden zu tragen und ihr – diesmal ohne Uhr – ins Schlafzimmer zu folgen. Als der Uhrmacher heimkehrt, verkauft er dem Poeten und dem Bankier zwei teure Uhren, nachdem Ramiro, der Held, dessen Stärke im Finale alle loben, den letzteren aus der Uhr befreit hat, in der er festgeklemmt saß.

Anmerkung

Ravel besaß zeit seines Lebens eine tiefe Liebe zum spanischen Kolorit; eine weitere Leidenschaft des Komponisten galt mechanischen Spielereien, insbesondere Uhren: beiden Neigungen hat er in der »Spanischen Stunde« ausgiebig gefrönt. Mit dem ihm eigenen Hang zum Paradoxen hat Ravel diese derbe Posse auf das raffinierteste in Musik gesetzt. Das Ticken, Surren und Schlagen der allgegenwärtigen Uhren durchzieht die Partitur ebenso wie die Rhythmen und Klänge der spanischen Volksmusik. Eine dritte Vorliebe Ravels, der selbst von zierlicher und kleiner Gestalt war, galt den Kindern. Stärker noch als der vierhändige Klavierzyklus »Ma mére l'oye« (Mutter Gans) legt sein zweites Bühnenwerk, die Märchenoper vom Kind und den Zauberdingen, Zeugnis davon ab.

L'ENFANT ET LES SORTILÈGES
(Das Kind und die Zauberdinge)
Lyrische Phantasie in einem Akt, Text von Colette (Sidonie Gabrielle Gauthier-Villars), Uraufführung: Monte Carlo 1925

Personen
KIND (Mezzosopran);
MUTTER (Alt);
FEUER (Sopran);
PRINZESSIN (Sopran);
KATZE (Mezzosopran);
LIBELLE (Mezzosopran);
SESSEL (Baß);
STANDUHR (Bariton);
TEEKANNE (Tenor);
ALTES MÄNNCHEN (Kontratenor);
KATER (Bariton)

Ein Kinderzimmer und ein Garten, zu unbestimmter Zeit.

Handlung
Das Kind ist böse und bockig. Es will seine Hausarbeiten nicht machen und läßt seinen Unmut an den Spielsachen und den Tieren des Hauses aus, bis es in Schlaf sinkt. Da werden seine Opfer lebendig, klagen das Kind an und drohen ihm gar: die Stühle, ein zerfleddertes Buch, die geschundenen Tapetenfiguren erwachen zum Leben. Als das Kind in den Garten flieht, erwarten es die von ihm traktierte Katze, die Libelle und die Fledermaus. Das Kind begreift nun den Schmerz, den es ihnen angetan hat, und pflegt ein verletztes Eichhörnchen. Versöhnt rufen alle nach der Mama, die jetzt ein artiges Kind in die Arme schließen kann.

Anmerkung
Wie Strawinsky gehörte auch Ravel zum Kreis um den in Paris lebenden russischen Ballett-Zaren Sergeij Diaghilew, und seine Werke für die Tanzbühne, »Daphnis und Chloë«, die Ballettfassung von »Ma mère l'oye« sowie der »Bolero«, bescherten ihm große Erfolge. Auch »L'enfant et les sortilèges« sollte ursprünglich ein Ballett werden und fand erst im zweiten Anlauf zu seiner heutigen Gestalt. Mit großer Anschaulichkeit zeichnet die Musik das märchenhafte Geschehen auf der Bühne nach.

Aribert Reimann
(geb. 1936)

Noch bevor Reimann als Komponist bekannt wurde, machte er sich als Liedbegleiter berühmter Sänger, wie Dietrich Fischer-Dieskau und Ernst Haefliger, einen Namen. Reimanns frühe Kompositionen tragen vorwiegend lyrisch-esoterischen Charakter und stehen in der Tradition der Zweiten Wiener Schule. Mit den Jahren entwickelte er eine spezifisch dem Musiktheater zugewandte, eruptive Klangsprache. Sein »Lear« erzielte als eines der wenigen wahrhaft zeitgenössischen Bühnenwerke sensationellen Erfolg und gilt heute als Meilenstein der Oper des 20. Jahrhunderts. Als stilistische Vorbilder betrachtet Reimann Alban Berg, Anton Webern und – aufgrund ihrer rhythmischen Subtilität – die indische Musik.

LEAR
Oper in zwei Teilen, Text von Claus H. Henneberg nach dem Drama von William Shakespeare, Uraufführung: München 1978

Personen
KÖNIG LEAR (Bariton);
GONERIL, REGAN und CORDELIA (drei Soprane),
seine Töchter;
GRAF VON GLOSTER (Bariton);
EDGAR (Countertenor oder Tenor),
Sohn Glosters;
EDMUND (Tenor),
Bastard Glosters;
GRAF VON KENT (Tenor);
NARR (Sprechrolle)

England, in mythischer Zeit.

Handlung
König Lear möchte sich von der Regierung zurückziehen und sein Erbe unter seinen drei Töchtern aufteilen. Cordelia, die als einzige ihren Vater wirklich liebt, wird ihre Unfähigkeit zum Heucheln als Boshaftigkeit ausgelegt. Lear verstößt sie und mit ihr den Grafen Kent, der sich für sie einsetzt. Cordelia wird die Frau des Königs von Frankreich. Sobald sie das Land verlassen hat, werfen Goneril und Regan ihren Vater aus dem Haus

und reißen die Macht an sich. – Lears Gefolgsmann Gloster vertreibt seinen Sohn Edgar zugunsten des intriganten Bastards Edmund. Edgar verbirgt sich vor der Verfolgung in einer Hütte. – Lear irrt, dem Wahnsinn nahe, durch eine Heidelandschaft. Graf Kent und ein Narr finden ihn und bringen ihn zu Edgar. Gemeinsam brechen sie nach Frankreich auf, wo Lears Getreue unter Führung des Königs von Frankreich gegen Regan und Goneril sowie ihren Verbündeten Edgar kämpfen werden. Gloster wird von den Usurpatoren geblendet und begegnet – von Edgar geführt – dem wahnsinnigen Lear. Edmund läßt Lear und Cordelia gefangennehmen. Cordelia wird im Gefängnis ermordet. Goneril vergiftet Regan; Edmund fällt durch die Hand seines Halbbruders Edgar. Als sie für ihre Machtgelüste keine Chance mehr sieht, ersticht sich Goneril. An der Leiche Cordelias bricht Lear zusammen.

Anmerkung

Auf Anregung Dietrich Fischer-Dieskaus, des Interpreten der Titelpartie, beschäftigte sich Reimann seit 1968 mit dem Lear-Stoff. Als Vorstudien zur Oper, deren Klangsprache dem lyrischen Frühwerk diametral entgegengesetzt erscheint, entstanden u.a. das Requiem »Wolkenloses Christfest« und die Orchestervariationen. Die Brutalität der Handlung wird von Reimann durch geradezu bruitistische Clustertechniken sowie Bevorzugung des Blechs und des Schlagwerks zusätzlich unterstrichen. Reimann fordert den Hörer in »Lear« teilweise bis über die Schmerzgrenze hinaus, ohne daß die Musik deswegen plump illustrativen Charakter trüge. Die Stimmgestaltung der einzelnen Rollen zieht jede charakterliche Veränderung bzw. Entwicklung während des Handlungsverlaufs minutiös nach. Lears Tragödie ist die eines einsamen, in seiner Isolation feindlichen Gewalten hilflos ausgelieferten Individuums. Nirgends manifestiert sich das deutlicher als in der Sturmszene, die der Komponist als Schlüsselszene seiner Oper empfindet. Als musikalisches Äquivalent des Sturms komponierte Reimann einen von den 48 Streichern solistisch ausgeführten Cluster, der alle 48 Vierteltöne beinhaltet und sich über vier Oktaven erstreckt.

Wolfgang Rihm
(geb. 1952)

Bereits im Alter von 17 Jahren schrieb Rihm seine 1. Sinfonie. Die Uraufführung von »Dis-Kontur« fünf Jahre später etablierte ihn als eine der stärksten und eigenwilligsten schöpferischen Potenzen der europäischen Neuen Musik. Mittlerweile ist sein Œuvre auf fast 150 Kompositionen angewachsen. Rihm betätigt sich auch als Musikschriftsteller und ist als Dozent allerorten gefragt. Daß er sich selbst früher der »Neuen Einfachheit« zuordnete, hat zu Mißverständnissen Anlaß gegeben. Zutreffender könnte man seinen Stil als eine individuelle Form des Expressionismus charakterisieren. In seiner Musik begegnen sich tonale und atonale Elemente, die jedoch keine »Verbindung eingehen«, sondern hart aufeinanderprallen, einander bekämpfen. Rihm sieht sich vor allem als Ausdrucksmusiker: »Musik muß voller Emotion sein, die Emotion voller Komplexität.«

JAKOB LENZ
Kammeroper, Text von Michael Fröhling, frei nach Georg Büchners Novelle »Lenz«, Uraufführung: Hamburg 1979

Personen
LENZ (Bariton);
OBERLIN (Baß);
KAUFMANN (Tenor)

Das Anwesen des Pfarrers Oberlin im Elsaß,
im Jahr 1778.

Handlung
Vom Leben enttäuscht und dem Wahnsinn nahe, sucht der junge Dichter Lenz Zuflucht bei dem Arzt und Mäzen Kaufmann. Lenz war ein Freund Goethes, der sich jedoch von ihm distanzierte; Goethe empfand ihn als krankhaft. Auch Lenz' Verehrung für Goethes Jugendfreundin Friederike Brion fand keine Erfüllung. Kaufmann bittet seinen Freund, den Pfarrer Oberlin, sich um Lenz zu kümmern. Beide wollen dem Dichter helfen, doch dessen Verstand verdüstert sich zusehends. Am Ende wird Lenz in Verwahrung gegeben.

Anmerkung

Rihm kam es nicht auf die chronologische Schilderung einer Handlung an; vielmehr wollte er den charakterlichen und geistigen Verfall des Dichters Lenz nachzeichnen. Zwei Schichten ziehen sich textlich und musikalisch durch das ganze Werk. Der Text von Büchners Prosafragment wird durch die Einbeziehung von Briefen Büchners um eine reflektorische Ebene erweitert. Lenz' gespaltene Persönlichkeit manifestiert sich symbolhaft in der Gegenüberstellung von volksliedhafter Melodik und expressiv-dissonanten Klangballungen. Auch im akkordischen Leitmotiv der Oper verdeutlicht der Zusammenklang eines »gesunden« Intervalls (Quinte) mit dem »Diabolus in musica« (Tritonus) die von Anfang an immanente Ambivalenz. Rihm beschrieb seinen Stil in diesem Werk als »extreme Kammermusik«.

OEDIPUS

Musiktheater, Textzusammenstellung vom Komponisten nach Sophokles, Nietzsche und Heiner Müller, Uraufführung: Berlin 1987

Personen

OEDIPUS (Bariton);
KREON (Tenor);
TIRESIAS (Bariton);
BOTE (Bariton);
HIRTE (Bariton);
JOKASTA, später »FRAU« (Mezzosopran);
SPHINX (vier Soprane, evtl. zwei vom Tonband)

Griechenland, in mythischer Zeit.

Handlung

Erzählt wird die Geschichte des Königs Oedipus, der, als er erfahren mußte, daß er unwissentlich seinen Vater erschlagen und seine Mutter geehelicht hatte, sich die Augen ausstach und als Bettler Sühne suchte (s. Strawinsky: »Oedipus Rex«).

Anmerkung

Schon die von Rihm gewählte Gattungsbezeichnung »Musiktheater« läßt ahnen, daß es sich bei »Oedipus« um keine (Literatur)oper im landläufigen Sinn handelt. Nach dem Prinzip der Textcollage schachtelt der Komponist drei disparate »Oedipus-Fragmente« ineinander: Abschnitte aus Hölderlins Übersetzung von Sophokles' »Oedipus der Tyrann«, aus Friedrich Nietzsches »Oedipus, Reden des letzten Philosophen mit sich selbst« und aus Heiner Müllers »Ödipuskommentar«. (Mit Müller hatte sich Rihm bereits in der Kammeroper »Die Hamletmaschine« auseinandergesetzt.) Die drei Textschichten verteilen sich auf die Rollen Oedipus, Jokasta und Kreon. Im Orchester verzichtet Rihm fast vollständig auf Streicher. Lediglich zwei Violinen kommentieren die Blendung des Oedipus gegen Schluß mit langgezogenen, schmerzhaft hohen Tönen. In den brachialen Klangeruptionen von Bläsern und Schlagwerk, die gelegentlich an Aribert Reimanns »Lear« denken lassen, kommen Urängste zum Ausdruck. Von dem für Rihm typischen Konflikt zwischen tonalen und dissonanten Klängen findet sich in »Oedipus« wenig. Nach der von starker Medienpräsenz geprägten Uraufführung wurde »Oedipus« von der Kritik als »heutige Antikenoper von apokalyptischen Dimensionen« gefeiert.

L'Italiana in Algeri

Gioacchino Rossini
(1792-1868)

Die Liebe zur Musik und zum guten Essen, beides wurde Rossini in die Wiege gelegt. Die Mutter, eine Bäckerstochter, war eine recht gute Sängerin, der Vater übte neben seinem Beruf als Kornettist und Trompeter auch den eines Schlachthofinspektors in Pesaro aus. Nach mehreren Umzügen mit der Familie führte Rossinis Weg von der adriatischen Hafenstadt nach Bologna und an das dortige Liceo musicale, wo er seit seinem vierzehnten Lebensjahr Violoncello, Klavier und – bei Stanislao Mattei – Komposition studierte. Mit siebzehn schrieb Rossini seine erste Oper (»Demetrio e Polibio«), mit achtzehn hatte er den ersten Opernauftrag in der Tasche: »La cambiale di matrimonio«. Für das Teatro San Moisè in Venedig komponiert, ging dieser »Heiratswechsel« 1810 mit großem Erfolg über die Bühne. Weitere Werke für Venedig folgten, darunter »La scala di seta« (»Die seidene Leiter«, 1812), »Tancredi« und »L'Italiana in Algeri« (beide 1813). Das folgende Jahrzehnt, in dem Rossini jährlich zwei Opern für den Theaterunternehmer Domenico Barbaja schrieb, wurde zum fruchtbarsten im Leben des bald an allen wichtigen Häusern aufgeführten und stürmisch gefeierten Komponisten. Mit »Il barbiere di Siviglia« (1816) – obwohl bei der Premiere ausgepfiffen – triumphierte Rossini über seinen großen Vorgänger Giovanni Paisiello und dessen »Barbier«, der seit Jahrzehnten in aller Welt bekannt war, nun jedoch völlig in den Schatten geriet. Es dauerte nicht lange, und in Europa breitete sich ein richtiggehendes Rossini-Fieber aus. 1822 heiratete Rossini die Sängerin Isabella Colbran und ging für einige Zeit nach Wien, ehe ihm 1824 in Paris die Leitung des Théâtre Italien übertragen wurde. Fünf Jahre später beendete er mit »Guillaume Tell« (»Wilhelm Tell«, 1829) sein rund vierzig Bühnenwerke umfassendes Opernschaffen, komponierte nur noch gelegentlich, widmete sich dafür aber mit um so größerer Leidenschaft der Kochkunst – die »Tournedos Rossini« sind allen Feinschmeckern ein Begriff.

L'ITALIANA IN ALGERI
(Die Italienerin in Algier)
Komische Oper in zwei Akten, Text von Angelo Anelli, Uraufführung: Venedig 1813

Personen
MUSTAFA (Baß),
Bey von Algerien;

ELVIRA (Sopran),
seine Gattin;
ZULMA (Mezzosopran),
Lieblingssklavin der Elvira;
HALY (Bariton),
Hauptmann der algerischen Korsaren;
LINDORO (Tenor),
junger Italiener, Lieblingssklave des Mustafa;
ISABELLA (Alt oder Mezzosopran),
italienische Dame;
TADDEO (Baß- oder Tenorbuffo),
Begleiter Isabellas

Algier, im 17. Jahrhundert.

Handlung

Von Seeräubern verschleppt, finden sich die Verlobten Lindoro und Isabella in der Gewalt des Bey Mustafa in Algier wieder. Lindoro ist zum Sklaven gemacht worden, Isabella versucht, ihn und die anderen gefangenen Italiener zu befreien. Die Flucht gelingt nicht auf Anhieb, am Ende jedoch schafft Isabella das Unmögliche: Listig, wie sie ist, ernennt sie den Bey zum Mitglied des Ordens der »Pappataci« und verpflichtet ihn daraufhin, nichts zu hören, nichts zu sehen und sich am Glück anderer zu freuen. Von ihm unbehelligt, können Isabella und ihre Freunde ein Schiff besteigen, das sie außer Landes bringt.

Anmerkung

»Die Italienerin in Algier« teilt das Schicksal der meisten Opern von Rossini: Häufig gespielt wird nur die Ouvertüre. Das hat seinen Grund wohl auch darin, daß es an guten Rossini-Sängerinnen, zumal an Koloratur-Mezzosopranistinnen, die die zum Teil »halsbrecherischen« Rossinischen Gesangspartien mit scheinbarer Mühelosigkeit meistern, mangelt.

IL BARBIERE DI SIVIGLIA
(Der Barbier von Sevilla)
Komische Oper in zwei Akten, Text von Cesare Sterbini nach der Komödie »Le barbier de Séville« von Pierre Augustin Caron de Beaumarchais, Uraufführung: Rom 1816

Il barbiere di Siviglia

Personen
GRAF ALMAVIVA (Tenor);
DOTTORE BARTOLO (Baß);
ROSINA (Sopran oder Mezzosopran),
sein Mündel;
MARZELLINE (Mezzosopran),
Bartolos Haushälterin;
BASILIO (Baß),
Musikmeister;
FIGARO (Bariton),
Barbier;
FIORILLO (Baß),
Diener des Grafen;
AMBROSIO (Baß),
Bartolos Diener;
OFFIZIER DER WACHE (Tenor);
NOTAR (stumme Rolle)

Sevilla, Mitte des 18. Jahrhunderts.

Handlung
1. Akt

Graf Almaviva läßt der jungen Rosina, die von ihrem Vormund Bartolo, der selbst auf eine Heirat mit dem Mädchen aus ist, auf Schritt und Tritt bewacht wird, ein Ständchen bringen. Der Erfolg bleibt aus; als aber die Musikanten bezahlt und unter Lärmen verschwunden sind, hört Almaviva, wie in der Nähe Figaro ein Lied anstimmt. Almaviva versichert sich der Hilfe des pfiffigen Barbiers und bietet ihm Geld, damit dieser ihm Zutritt zum Haus Bartolos verschaffe. Figaro rät, der Graf solle versuchen, sich als Soldat auszugeben und bei Bartolo Quartier zu beanspruchen. Zuvor jedoch wird der Angebeteten ein zweites Ständchen dargebracht, und siehe da: Rosina erscheint und läßt vom Balkon einen Zettel fallen, um den Namen des Bewerbers zu erfahren. Almaviva gibt sich als »Lindoro« aus. Bei seinem Auftritt als betrunkener Soldat gelingt es ihm, der Geliebten einen Liebesbrief zu überreichen, die ihrerseits gerade ein Billett an ihn verfaßt hat, ohne freilich zu wissen, daß der Adressat Graf Almaviva ist, und nicht, wie sie glaubt, ein Student namens Lindoro. Bartolo schöpft sofort Verdacht und ruft nach der Wache, um den Betrunkenen aus dem Haus zu schaffen.

2. Akt

Im allgemeinen Tumult hat Almaviva sich der Verhaftung entziehen können. Er unternimmt einen zweiten Versuch, in Bartolos Haus zu gelangen, indem er vorgibt, in Vertretung des erkrankten Musikmeisters Basilio gekommen zu sein und Rosina eine Gesangsstunde geben zu wollen. Damit Bartolo ihm vertraue, zeigt er ihm Rosinas Brief und weiht ihn in die Hintergründe einer Verschwörung ein, hinter der Graf Almaviva stecke. Figaro erscheint, um Bartolo zu rasieren und ihn dadurch abzulenken. Almaviva nutzt die Zeit, um sich Rosina als »Lindoro« zu erkennen zu geben und einen Entführungsplan auszuhecken. Als jedoch der krank geglaubte Basilio auftaucht, wittert Bartolo den Betrug und wirft den falschen Gesangslehrer hinaus. Der echte Musikmeister, Basilio, wird fortgeschickt, um einen Notar zu holen, denn Bartolo will nicht länger warten, den Ehekontrakt mit seinem Mündel zu besiegeln. Rosina stimmt der Heirat zu, denn auch sie glaubt sich nun von ihrem Lindoro hintergangen. Sie gesteht, daß er ihre Entführung plane, woraufhin Bartolo eilt, die Wache zu alarmieren. Während er fort ist – draußen tobt ein Gewitter –, dringen der Graf und Figaro in seine Wohnung ein. Endlich gibt Almaviva seinen wahren Namen preis. Basilio und der Notar erscheinen. Von Almaviva mit einem wertvollen Ring bestochen, stellt Basilio sich als Trauzeuge zur Verfügung, die Ehe wird geschlossen. Als Bartolo zurückkehrt, ist es für ihn zu spät. Aber trotzdem: alle sind's zufrieden, denn Almaviva tritt Rosinas Mitgift, auf die Bartolo ja spekulierte, an den Alten ab.

Anmerkung

Durch »Il barbiere di Siviglia« wurde Rossini weltberühmt, und das, obwohl er auf die Komposition der Oper nur zwei Wochen verwandte, ganze Passagen (u.a. die Ouvertüre) aus eigenen, älteren Werken abschrieb und, was am erstaunlichsten ist, einen Stoff benutzte, der längst bekannt und überall »gelaufen« war. Trotzdem schuf Rossini etwas Neues: eine Oper nämlich, in der eine Bravourarie die andere ablöst, ohne daß die Handlung in eine bloße Aneinanderreihung von Gesangsnummern zerfallen würde. Auch die mißglückte, von Anhängern der gleichnamigen, 34 Jahre zuvor entstandenen Oper Giovanni Paisiellos mit wütenden Buhrufen bedachte Uraufführung hat den beispiellosen Siegeszug des »Barbiers von Sevilla« nicht aufhalten können. Mit Arien, wie »Ich bin das Faktotum der schönen Welt« (Figaro), »Frag' ich mein beklommenes Herz« (Rosina), »Einen Doktor meinesgleichen« (Bartolo) und »Die Verleumdung, sie ist ein Lüftchen« (Basilio), schuf Rossini Gesangspartien und Figuren, die zu Paraderollen wurden – und zum Alptraum für eine ganze Generation jüngerer Komponisten, der es fast unmöglich schien, etwas Vergleichbares zu schaffen.

LA CENERENTOLA (Angelina / Aschenbrödel)

Komische Oper in zwei Akten, Text von Jacopo Ferretti, Uraufführung: Rom 1817

Personen

DON RAMIRO (Tenor),
Prinz von Salerno;
DANDINI (Bariton),
sein Kammerdiener;
DON MAGNIFICO (Baß),
Baron von Montefiascone;
TISBE (Alt),
seine Tochter;
CLORINDE (Sopran),
seine Tochter;
ANGELINA (Mezzosopran oder Sopran),
seine Stieftochter;
ALIDORO (Baß),
Philosoph, Erzieher Don Ramiros

Im Palast des Don Magnifico und im Lustschloß des Prinzen, in der 2. Hälfte des 18. Jahrhunderts.

Handlung

Prinz Ramiro ist heiratslustig. Sein Erzieher, der Philosoph Alidoro, führt ihn ins Haus des Don Magnifico und zu dessen beiden Töchtern Tisbe und Clorinde. Die beiden hochmütigen jungen Damen haben eine Stiefschwester, Angelina, die von ihnen wie eine Dienstmagd behandelt wird. Ramiro stellt die Schwestern auf die Probe und fragt, als Bettler verkleidet, um ein Almosen nach. Die beiden stolzen Schwestern weisen ihm die Tür, die arme, in Lumpen gekleidete Angelina aber steckt ihm einen guten Bissen zu. Wiederum verkleidet – diesmal als sein eigener Kammerdiener –, gibt Ramiro ein Fest, zu dem auch Tisbe und Clorinde geladen sind. Die Rolle des Hausherrn spielt dabei Dandini, der echte Kammerdiener. Die beiden jungen Damen buhlen um seine Gunst. Da erscheint eine unbekannte Schöne in prächtigen Kleidern. Es ist Angelina, Alidoro hat sie hergebracht. Dandini nähert sich ihr und macht ihr Komplimente, aber Angelina hat nur Augen für den »Diener«. Sie schenkt ihm ein Armband und erklärt, er werde sie an einem ebensolchen Armband wiedererkennen, wenn es ihm gelinge, sie ausfindig zu machen. Auf der Suche nach ihr hat Alidoro es so geschickt gedeichselt, daß Ramiros Wagen ausgerechnet vor dem Palast Magnificos zum Stehen kommt. Ein Gewitter bricht aus. Ramiro flüchtet sich ins Haus und begegnet hier der unbekannten Schönen in Gestalt des Aschenbrödels wieder. Ramiro hält um ihre Hand an. Die Schwestern sind blamiert, die Sanftmut hat über die Hoffart triumphiert – »La buontà in trionfo«.

Anmerkung

»La Cenerentola ossìa La buontà in trionfo« basiert auf dem Aschenbrödel-Stoff aus der berühmten Märchensammlung »Contes de ma mère l'Oye« von Charles Perrault. Trotzdem ist »La Cenerentola« keine romantische Märchenoper, sondern eine Opera buffa klassischen Zuschnitts. Die zündende Ouvertüre, spritzige Ensembles, glänzende Koloraturarien und – eine Parallele zum »Barbier« – die Gewitterszene haben Rossinis »Aschenbrödel« einen festen Platz im Repertoire gesichert. Die Arien der Angelina (»Geboren zu Leiden und Tränen«, »Nimmer fließen die Tränen«) komponierte Rossini speziell für die gefeierte Virtuosin (und nachmalige Madame Rossini) Isabella Colbran.

LE COMTE ORY (Der Graf Ory)

Komische Oper in zwei Akten, Text von Eugène Scribe und Charles Gaspard Delestre-Poirson, Uraufführung: Paris 1828

Personen
GRAF ORY (Tenor);
SEIN ERZIEHER (Baß);
ISOLIER (Sopran),
Page des Grafen Ory;
ROBERT (Bariton),
Freund Orys;
GRÄFIN MARIANNE DE FORMOUTIERS
(Sopran);
GRAF GOLAUD DE FORMOUTIERS
(stumme Rolle);

Le comte Ory

RAGONDE (Alt),
Beschließerin im Schloß;
ALICE (Sopran),
Bauernmädchen

Schloß Formoutiers in der Touraine, um die Mitte des 13. Jahrhunderts.

Handlung

Graf Ory und sein Freund Robert sind auf Liebesabenteuer aus. Sie haben leichtes Spiel, denn die meisten ihrer Konkurrenten befinden sich auf dem Kreuzzug und haben ihre Frauen zurückgelassen. Mal im Kleid des Eremiten, mal auch als fromme Pilgerinnen getarnt, machen sich Ory, Robert und der Page Isolier an die Damen heran. Vor allem auf die tugendsame Gräfin Marianne de Formoutiers haben sie es abgesehen. Da künden Fanfaren von der Rückkehr der Kreuzzügler. Ory macht sich aus dem Staub, um sein Glück anderswo zu versuchen. Der Page Isolier, sein gelehriger Schüler, bleibt Formoutiers treu und wechselt in die Dienste der Gräfin Marianne.

Anmerkung

»Le comte Ory«, eine temporeiche Melange aus italienischer Buffa und französischer Opéra comique, wurde zu einer der erfolgreichsten Pariser Opern Gioacchino Rossinis. Hector Berlioz schwärmte von den Schönheiten des Werks, die freilich weniger in den zwar virtuosen, aber nicht sonderlich üppig kolorierten Arien zu sehen sind als in hinreißenden Ensembles, wie dem A-cappella-Septett im ersten Finale.

GUILLAUME TELL (Wilhelm Tell)

Oper in vier Akten, Text von Victor Joseph Etienne de Jouy und Hippolyte Louis Florent Bis nach dem gleichnamigen Schauspiel von Friedrich Schiller, Uraufführung: Paris 1829

Personen
GESSLER (Baß),
kaiserlicher Landvogt;
RUDOLPH DER HARRAS (Tenor),
sein Vertrauter;
WILHELM TELL (Bariton);

G. Rossini

WALTER FÜRST (Baß);
MELCHTHAL (Baß);
ARNOLD (Tenor),
Melchthals Sohn;
LEUTHOLD (Baß);
PRINZESSIN MATHILDE VON HABSBURG
(Sopran);
HEDWIG (Alt),
Tells Frau;
GEMMY (Sopran),
Tells Sohn;
FISCHER (Tenor)

In der Schweiz, Anfang des 14. Jahrhunderts.

Handlung

Tell und der alte Melchthal hegen einen tiefen Groll gegen die habsburgische Fremdherrschaft im Lande. Melchthals Sohn hingegen, Arnold, der die habsburgische Prinzessin Mathilde liebt, beteiligt sich nicht an den aufrührerischen Überlegungen seines Vaters. Als Melchthal am Ufer des Vierwaldstätter Sees den Segen über einige junge Brautleute spricht, erscheint Leuthold, gehetzt von den Häschern des Landvogts Geßler. Tell, nicht achtend der Gefahr, bringt den Verfolgten über den von Sturm bedrohten See. Melchthal wird verhaftet und von Geßlers Leuten umgebracht. Arnold, sein Sohn, schließt sich daraufhin den Eidgenossen an und schwört Rache.

In Altdorf besucht Tell mit Gemmy, seinem Sohn, den Markt. Auf dem Marktplatz ist der Hut des Landvogts aufgestellt. Ein jeder, der dort vorübergeht, hat diesen Hut zu grüßen. Tell weigert sich. Geßler erscheint und verlangt, daß Tell, um der Bestrafung zu entgehen, mit der Armbrust einen Apfel vom Kopf seines Sohnes schieße. Tell muß sich der zynischen Anordnung fügen; der Schuß gelingt. Als Tell gesteht, der zweite Schuß hätte Geßler gegolten, falls Gemmy ein Leid geschehen wäre, nimmt man ihn fest, doch Tell kann entfliehen. In einer »hohlen Gasse« lauert er dem Landvogt auf und streckt ihn mit der Armbrust nieder. Den Eidgenossen unter Führung Arnolds ist es gelungen, die Burgen der fremden Herren zu erobern. Das Land ist frei. Die Hochzeit Arnolds und Mathildes besiegelt den Frieden.

Guillaume Tell

Anmerkung

»Wilhelm Tell« ist Rossinis letzte und – neben dem »Barbier« – erfolgreichste Oper. Anfangs jedoch konnte das Werk nur in Frankreich in der ursprünglichen Fassung gegeben werden. In Österreich wußte Metternich die Aufführung zu verhindern. In Deutschland, Italien, Rußland, ja sogar in England wurde es »entschärft« bzw. »nationalisiert« und hieß dann beispielsweise »Rodolfo di Sterlinga« oder gar »Andreas Hofer«. Revolutionär war aber nicht nur das auf Friedrich Schillers »Wilhelm Tell« beruhende Libretto, revolutionär war auch die musikalische Wendung, die Rossini in seinem Meisterwerk vollzog: Statt der früher bei ihm üblichen Secco- (also nur vom Cembalo begleiteten) Rezitative, griff der Komponist auf die Technik des Orchester-Accompagnatos zurück, wie überhaupt der »Wilhelm Tell«, wenn die übrigen Opern Rossinis »Sängeropern« waren, eine mehr »sinfonische« Sprache spricht. Nicht umsonst ist die Ouvertüre eine der bekanntesten Opernmusiken überhaupt. Vom Publikum geliebt, von Tenören wegen ihrer außergewöhnlichen Schwierigkeit gefürchtet, ist die Partie des Arnold (Arie »Du meiner Väter Hütte«). Leider ist »Wilhelm Tell« auf hiesigen Bühnen meist nur in einer ziemlich gewaltsam auf drei Akte gekürzten Fassung zu erleben.

C. Saint-Saëns

Camille Saint-Saëns
(1835–1921)

Camille Saint-Saëns war am Konservatorium seiner Geburtsstadt Paris Schüler von Halévy und Reber, dann auch von Charles Gounod. Über Jahrzehnte hinweg verdiente er seinen Unterhalt als Organist und komponierte in dieser Eigenschaft zahlreiche Orgelstücke, Motetten und Psalme. Als überaus fruchtbar erwies er sich auch auf dem Gebiet der Kammer- und Orchestermusik, noch heute werden seine reizvoll zwischen Klassizismus und Romantik, zwischen Exotik und Virtuosität changierenden Klavierkonzerte, fünf an der Zahl, sehr geschätzt, ebenso die »Orgelsinfonie« und vor allem »Der Karneval der Tiere«. Von seinen 26 Opern freilich ist nur noch »Samson und Dalila« hier und da zu hören.

SAMSON UND DALILA

Oper in drei Akten, Text von Ferdinand Lemaire nach der Bibel (Buch der Richter), Uraufführung (in deutscher Sprache): Weimar 1877

Personen
SAMSON (Tenor);
DALILA (Mezzosopran);
ABIMELECH (Baß),
Satrap von Gaza;
OBERPRIESTER DES DAGON (Bariton);
ALTER JUDE (Baß);
KRIEGSBOTE DER PHILISTER (Tenor)

Gaza und Palästina, um 1150 v. Chr.

Handlung
1. Akt

Das Volk von Israel leidet unter der Herrschaft der Philister. Als Abimelech auf einem öffentlichen Platz vor den Juden Gott lästert, entreißt Samson, der den Verzagten vorher Mut zugesprochen hatte, dem Tyrannen das Schwert, tötet ihn und schlägt die Philister in die Flucht. Grausame Rache schwört der Oberpriester des Dagon. Als Samson an der Spitze der triumphierenden Juden den Tempel des Dagon passiert, treten die Frauen und Mädchen der Philister heraus, unter ihnen Dalila. Samson erliegt ihrer betörenden Schönheit, schlägt alle Warnungen in den Wind und verspricht Dalila, sie in ihrem Haus zu besuchen.

Samson und Dalila

2. Akt
Am Abend erwartet Dalila den Helden. Der Oberpriester bestärkt sie in ihren Rachegefühlen und trägt ihr auf, Samson das Geheimnis seiner übernatürlichen Kräfte zu entreißen. Sklave seiner Leidenschaft, gibt Samson dieses preis. Auf ein Zeichen Dalilas legen verborgene Philister Samson in Stricke.

3. Akt
Samson liegt geschoren und geblendet im Kerker, die gefangenen Israeliten beklagen ihr Los. In der Halle des Tempels hingegen feiern die Philister ihren Triumph. Man läßt den Gefangenen vorführen, der den Spott im stillen Gebet hinnimmt. Dalila verhöhnt den Wehrlosen und prahlt mit ihrer Doppelzüngigkeit. Da betet Samson zu Gott, er möge ihm noch ein einziges Mal die alte Kraft verleihen. Er findet Gehör und reißt die Säulen des Tempels ein, in dem die Hochmütigen zu Tode kommen.

Anmerkung
Saint-Saëns wollte die bekannte biblische Geschichte ursprünglich als Oratorium vertonen, die großangelegten Chorszenen im ersten und dritten Akt zeugen noch von dieser Absicht. Auf Drängen des Textdichters, der die dramatische Schlagkraft des Stoffes erkannt hatte, wurde aus dem Stück eine Oper, die die französischen Bühnen freilich ablehnten. So brachte Franz Liszt, der den Komponisten zur Fertigstellung ermuntert hatte, das Stück zunächst in deutscher Sprache in Weimar heraus. Erst 13 Jahre später war es in Frankreich zu sehen: in Rouen. Paris ließ sich gar 15 Jahre Zeit, das außerhalb seiner Heimat bereits populäre Meisterwerk Saint-Saëns' in Augenschein zu nehmen. Die Darstellung der Dalila und ihrer drei Arien von überwältigender Sinnlichkeit gehört zu den begehrtesten Aufgaben des Mezzosopran-Fachs.

Arnold Schönberg
(1874-1951)

In seiner Jugend eignete sich Schönberg, der ursprünglich Kaufmann werden sollte, die Grundbegriffe der Kompositionstechnik autodidaktisch an. Der spätere Unterricht bei seinem Freund Alexander Zemlinsky hatte lediglich ergänzenden Charakter. In Berlin, wo er am Kabarett »Überbrettl« sowie am Sternschen Konservatorium tätig war, erfuhr er tatkräftige Förderung durch Richard Strauss. Nach der Rückkehr nach Wien verdiente Schönberg seinen Lebensunterhalt durch privaten Kompositionsunterricht. Zu seinen Schülern Alban Berg und Anton Webern entwickelten sich enge freundschaftliche Beziehungen, ebenso zu Gustav Mahler. Die künstlerische Zusammenarbeit mit Berg und Webern war bald als »Neue Wiener Schule« bekannt. Um 1909 sprengte Schönberg, der bislang die Wagnersche Chromatik bis an die Grenzen ausgeweitet hatte, erstmals die Fesseln der Tonalität; der Begriff »atonale Musik« war geboren. Anfang der 20er Jahre entwickelte er seine »Theorie der zwölf nur aufeinander bezogenen Töne« und komponierte die ersten zwölftönigen Werke. Auf Konzerten mit Kompositionen Schönbergs und seiner Schüler kam es zu handfesten Skandalen. 1933 emigrierte Schönberg in die USA, deren Staatsbürgerschaft er 1940 annahm.

MOSES UND ARON
Oper in drei Akten, Text vom Komponisten, Uraufführung (szenisch): Zürich 1957

Personen
MOSES (Sprechrolle);
ARON (Tenor);
EIN JUNGES MÄDCHEN (Sopran);
EIN JUNGER MANN (Tenor);
EINE KRANKE (Alt)

Am Fuße des Berges Sinai, zu biblischer Zeit.

Handlung
1. Akt
Moses erhält von Gott in Gestalt eines brennenden Dornbuschs den Auftrag, das Volk Israel aus der Sklaverei zu befreien. Da Moses glaubt, sich nicht artikulieren zu können, bestimmt Gott seinen Bruder Aron als

Moses und Aron

Wortführer. Aron predigt nun zum Aufbruch aus Ägypten. Viele sind skeptisch; erst durch Wundertaten bringt Aron das Volk auf seine Seite.

2. Akt
Moses weilt seit 40 Tagen auf dem Berg Sinai, um die Gebote zu empfangen. Die Menge wird unruhig und rebellisch. Aron sieht sich gezwungen, dem Volk ein Götzenbild zu bauen und präsentiert das goldene Kalb. Es beginnt eine wüste Orgie, der »Tanz um das goldene Kalb«, der in Mord und Totschlag endet. Als Moses vom Berg herabsteigt, gebietet er dem Treiben Einhalt und zerstört das Kalb. Zwischen den Brüdern entspinnt sich ein erregter Disput: Auf den Vorwurf Moses', Aron habe eine Sünde begangen, indem er von Gott ein Bild anfertigte, entgegnet dieser, auch Moses' Gesetzestafeln und der brennende Dornbusch seien Bilder. Moses beginnt zu zweifeln und zertrümmert die Gebotstafeln.

3. Akt
Moses hat seinen Glauben wiedergefunden und rechnet mit Aron ab, verurteilt ihn aber nicht. Als man Aron die Fesseln abnimmt, die ihm für den Prozeß angelegt wurden, bricht er tot zusammen.

Anmerkung
Von 1930 bis 1932 arbeitete Schönberg an dieser Oper. Den dritten Akt hat er bis zu seinem Tod nicht vertont. Er erklärte sich damit einverstanden, ihn als reines Sprechstück aufführen zu lassen. Bei den wenigen Aufführungen von »Moses und Aron« wird der dritte Akt jedoch meist fortgelassen. Die Grundthematik der Oper ist der Konflikt zwischen den Prinzipien der reinen Geistigkeit (Moses) und des pragmatischen Materialismus (Aron). Verdeutlicht wird dieser Konflikt durch die Stimmcharakterisierung der beiden Brüder: Moses ist – erstmalig in einer Oper – eine Sprechpartie mit festgelegten Tonhöhen zugeordnet, Aron ein betont kantabler Tenor. Der Widerstreit zwischen Geistigkeit und Sinnlichkeit, zwischen Esoterik und Faßlichkeit durchzieht ebenso Schönbergs gesamtes kompositorisches Schaffen. Vielleicht sah sich Schönberg außerstande, eine solch apodiktische Lösung, wie sie der dritte Akt bietet, zu präsentieren und schreckte deshalb vor einer Vertonung zurück. »Moses und Aron« bildet ein vollendetes Beispiel der kurz zuvor entwickelten Zwölftontechnik; die Musik der ganzen Oper basiert auf einer einzigen Tonreihe. Im Höhepunkt des Werkes, dem »Tanz um das goldene Kalb«, schreckt Schönberg indes nicht vor elementarer Rhythmik und geradezu sinnlich-orgiastischen Klangwirkungen zurück.

D. Schostakowitsch

Dimitri Schostakowitsch
(1906-1975)

Das Leben Schostakowitschs war schicksalhaft verknüpft mit dem politischen System, in dessen Dienst er sein künstlerisches Schaffen rückhaltlos stellte. Einerseits als größter sowjetischer Komponist gepriesen, wurde er andererseits als »Formalist« mehrfach scharf gebrandmarkt und mußte zeitweise mit der Verbannung, gar mit dem Tode rechnen. Der Schüler Glasunows erntete seinen ersten Erfolg mit der Uraufführung seiner 1. Sinfonie, die er 19jährig als Examensarbeit komponiert hatte. Nach einigen Jahren reger Kompositionstätigkeit für Bühne und Film geriet er 1936 mit seiner Oper »Lady Macbeth von Mzensk« in Konflikt mit der offiziellen Parteilinie. Es gelang ihm, sich zu rehabilitieren; sogar den Stalin-Preis erkannte man ihm zu. Doch schon 1948 wurde er wiederum – gemeinsam mit Prokofjew und anderen – an den Pranger gestellt. Erst in den letzten Lebensjahrzehnten Schostakowitschs machte ihn seine – mittlerweile internationale – Autorität unangreifbar. Sein Œuvre umfaßt neben zwei Opern jeweils 15 Sinfonien und Streichquartette.

DIE NASE

Oper in drei Akten und einem Epilog, Text von G. Jonin, A. Preiss, J. Samjatin und dem Komponisten nach Gogols gleichnamiger Novelle; Uraufführung: Leningrad 1930

Personen
KOWALJOW (Bariton),
Kollegienassessor;
IWAN (Tenor),
sein Diener;
IWAN JAKOWLEWITSCH (Baß),
Barbier;
WACHTMEISTER
(sehr hoher Tenor);
NASE
(in Gestalt eines Staatsrates, Tenor);
FRAU PODTOTSCHINA (Mezzosopran),
Stabsoffizierswitwe

Petersburg, um 1870.

Handlung
1. Akt
Der Barbier Iwan Jakowlewitsch findet eines Tages eine Nase im Brot; er wirft sie in den Fluß. Als Assessor Kowaljow am selben Morgen erwacht, stellt er fest, daß ihm die Nase fehlt. Er findet sie in der Kathedrale. Sie hat sich als Staatsrat verkleidet und läßt ihn abblitzen.

2. Akt
Kowaljow will das Verschwinden seiner Nase der Polizei melden und bei der Zeitung eine Suchanzeige aufgeben. Niemand nimmt ihn ernst.

3. Akt und Epilog
Nach einem Zwischenfall auf einer Poststation wird die Nase festgenommen. Kowaljow, dem die Nase nicht mehr paßt, beschuldigt die Offizierswitwe Podtotschina, ihn verhext zu haben, weil er sich nicht für ihre Tochter interessiert. Der Verdacht erweist sich jedoch als falsch. Plötzlich jedoch, keiner weiß warum, ist die Nase wieder an ihrem Platz. Stolz und überglücklich spaziert Kowaljow durch die Petersburger Straßen.

Anmerkung
Bei seiner Suche nach einem geeigneten Stoff für seine erste Oper führte Schostakowitsch der Gedanke, daß »eine Oper nach einem klassischen Sujet dann höchst aktuell ist, wenn das Sujet satirischen Charakter trägt«, zu Gogols Groteske. Er erarbeitete mit Freunden das Libretto nach dem Prinzip der »literarischen Collage«, indem er auch Zitate aus anderen Werken Gogols in den Text einfügte. Auf musikalischer Ebene montierte Schostakowitsch Bruchstücke aus verschiedenen Genres der Unterhaltungs-, Kirchen- und Opernmusik aneinander. Opernhafte Lyrik findet sich in der »Nase« kaum; vielmehr entspricht das Werk dem damals aktuellen Ideal der »Neuen Sachlichkeit«. Schostakowitsch übertrifft allerdings seine Vorbilder an Radikalität bei weitem: Das Zwischenspiel nach dem 2. Bild ist die erste Komposition für ein reines Schlagzeugensemble.

LADY MACBETH VON MZENSK (KATERINA ISMAILOWA)
Oper in vier Akten, Text von A. Preiss und dem Komponisten nach der Erzählung von N. Leskow, Uraufführung: Leningrad 1934

D. Schostakowitsch

Personen
BORIS TIMOFEJEWITSCH ISMAILOW (Baß),
Kaufmann;
SINOWI (Tenor),
sein Sohn;
KATERINA (Sopran),
dessen Frau;
SERGEJ (Tenor),
ihr Geliebter;
POPE (Baß);
BETRUNKENER (Tenor);
POLIZEICHEF (Baß);
SONJETKA (Alt),
Strafgefangene

Rußland, Landkreis Mzensk, um 1850.

Handlung
1. Akt
Katerina Ismailowa langweilt sich an der Seite ihres schwächlichen Ehemanns Sinowi. Ihr Schwiegervater Boris demütigt sie ununterbrochen. Eines Tages muß Sinowi für eine Weile das Gut verlassen. Während seiner Abwesenheit bändelt Katerina mit Sergej an, dem neuen Gehilfen, einem Frauenhelden und Angeber. Unter dem Vorwand, Bücher leihen zu wollen, gelingt es Sergej mühelos, Katerina zu verführen.

2. Akt
Der alte Boris hat den Ehebruch belauscht. Gern wäre er an Sergejs Stelle gewesen. Aus Rache läßt er ihn von den Arbeitern halb totpeitschen. Anschließend verlangt er von Katerina das Abendessen. Sie serviert ihm Pilze, unter die sie Rattengift gemischt hat. Boris stirbt, von einem alkoholisierten Popen eingesegnet. Als Sinowi verfrüht zurückkehrt, bringen Sergej und Katerina ihn um. Die Leiche verstecken sie im Keller.

3. Akt
Während Sergej und Katerina Hochzeit feiern, findet ein Betrunkener auf der Suche nach Wodka Sinowis Leiche und rennt sofort zur Polizei. Froh, endlich zu tun zu haben, setzt sich diese in Bewegung. Das Hochzeitspaar wird verhaftet.

Lady Macbeth von Mzensk

4. Akt

Auf dem Weg nach Sibirien bemüht sich Katerina vergeblich um Sergejs Zuneigung, denn der hat sich inzwischen ihrer Mitgefangenen Sonjetka zugewandt. Katerina wird von beiden verspottet. Am Ende ihrer seelischen Kräfte, ihres Lebensinhalts beraubt, ertränkt Katerina sich und Sonjetka in einem See. Die Gefangenen ziehen weiter.

Anmerkung

Im Gegensatz zu Leskow, in dessen moralisierender Novelle Katerina als rundum verkommenes Subjekt gezeichnet wird, solidarisiert sich Schostakowitsch mit seiner Heldin. Für ihn ist sie Opfer des sie umgebenden reaktionären Spießertums und seiner männlichen Repräsentanten. Dementsprechend ist die Figur der Katerina musikalisch mit tiefempfundener Lyrik verknüpft, die anderen Personen hingegen werden größtenteils karikiert – durch Persiflagen klassischer oder populärer Musikgattungen. Von Anfang an überzeugte die bühnenwirksame Dramatik der Oper. 1936 erschien jedoch in der »Prawda«, wahrscheinlich auf Stalins persönliche Weisung hin, ein Artikel »Chaos statt Musik«, der sich auf die »Lady Macbeth« bezog. Damit war das Schicksal des Werks besiegelt. Erst 1963 konnte es nach einer durchgreifenden, domestizierenden Umarbeitung durch den Komponisten unter dem Titel »Katerina Ismailowa« wieder auf den sowjetischen Bühnen erscheinen. Heutzutage bevorzugt man meist – mit Recht – die Urfassung.

Franz Schreker (1878-1934)

Franz Schreker traf mit seinen Opern genau das Lebensgefühl des Fin de siècle. »Der ferne Klang«, »Die Gezeichneten« sowie »Die Schatzgräber« waren Sensationserfolge, die sogar die Beliebtheit von Richard Strauss' Opern zeitweilig in den Schatten stellten. Schreker schrieb seine Libretti selbst und verarbeitete in ihnen symbolhaft aktuelle Themen und Probleme; der Begriff »Zeitoper« trifft auf seine Werke jedoch nicht zu. Als sich der allgemeine Geschmack in Richtung einer neuen Sachlichkeit vom jahrzehntelang vorherrschenden Symbolismus abwandte, begann Schrekers Stern zu sinken. In seinen letzten Lebensjahren sorgten die Nazis für einen Boykott seiner Werke. Seines Amtes als Direktor der Berliner Hochschule für Musik enthoben, starb Schreker an einem Schlaganfall, bevor er seine Emigrationspläne verwirklichen konnte. Im Zuge des wiederaufkeimenden Interesses für den Jugendstil erfuhr Schrekers Schaffen in den 70er Jahren eine späte Rehabilitation.

DER FERNE KLANG

Oper in drei Akten, Text vom Komponisten, Uraufführung: Frankfurt am Main 1912

Personen
FRITZ (Tenor),
ein junger Künstler;
GRETE (Sopran);
WIRT DES GASTHAUSES »ZUM SCHWAN« (Baß);
ALTES WEIB (Alt);
GRAF (Bariton)

Deutschland und Venedig, um 1900.

Handlung
1. Akt

Der junge Komponist Fritz geht in die Fremde, um den »fernen Klang« zu finden, der seinem Schaffen Erfüllung bringen soll. Seine Geliebte Grete läßt er zurück. Gretes Vater, ein kleiner Beamter, »verspielt« seine Tochter im Alkoholrausch an den Wirt des Gasthauses »Zum Schwan«. Um den Heiratsantrag des Wirts nicht annehmen zu müssen, verläßt Grete bei Nacht und Nebel das Elternhaus. Zuerst will sie sich umbringen, doch dann, unter dem Eindruck einer mondbeleuchteten Wald- und Seenlandschaft, kehrt ihr Lebenswille zurück. Sie gibt sich in die Hände einer alten Kupplerin, die ihr gefolgt ist.

2. Akt
Jahre später ist Grete zu einer berühmten Kurtisane geworden. Auf einer Insel vor Venedig feiert sie mit ihren Verehrern rauschende Feste. Der Graf ist unsterblich in sie verliebt, doch ausgerechnet er hat keine Chance bei ihr, da er sie an ihren unvergessenen Fritz erinnert. Zur Zerstreuung veranstaltet Grete einen Wettbewerb, nach dessen Regeln derjenige, der das schönste Lied zum besten gibt, eine Nacht mit ihr verbringen darf. In letzter Minute erscheint Fritz, der seinen »fernen Klang« noch immer nicht gefunden hat. Schon ist er bereit, sie zur Frau zu nehmen, doch als er erkennt, was aus ihr geworden ist, stößt er sie angeekelt zurück. Vernichtet gibt sich Grete dem Grafen hin.

3. Akt
Fritz' Oper »Die Harfe« hat Premiere. Zu den Zuschauerinnen gehört Grete, die mittlerweile zur Straßendirne herabgesunken ist. Die Oper fällt durch. Fritz erkennt, daß er Grete nicht hätte zurückweisen dürfen. Als Grete zu ihm zurückkehrt, weiß er, daß er sein Lebensglück gefunden hat. Doch an Erschöpfung stirbt er in ihren Armen.

Anmerkung
»Der ferne Klang« war Schrekers erster Opernerfolg. Die grundlegenden Komponenten seiner Klangsprache sind darin bereits vollständig vertreten: extrem modulationsreiche, fluktuierende Harmonik an der Grenze zur Tonalitätsauflösung und eine virtuose Orchesterbehandlung, die Strauss'sche Üppigkeit mit impressionistisch anmutenden Exotismen verbindet. Schrekers Musik ist, dem Titel entsprechend, beinahe ausschließlich Klang. Trotzdem verschmäht Schreker in der Behandlung der Singstimmen belcantohafte Süße nach dem Vorbild Puccinis nicht. Die im Libretto thematisierte Künstlerproblematik wurde um die Jahrhundertwende oft aufgegriffen, desgleichen die angedeutete Flucht in eine Scheinwelt. In die Figur des Fritz sind autobiographische Elemente eingeflossen: Auch Schreker befand sich zur Zeit der Komposition dieser Oper auf der Suche nach dem »reinen Klang« als einem künstlerischen Ideal.

F. Schreker

DIE GEZEICHNETEN
Oper in drei Akten, Text vom Komponisten, Uraufführung: Frankfurt am Main 1918

Personen
HERZOG ANTONIO ADORNO (Bariton);
GRAF ANDREA VITELOZZO TAMARE (Bariton);
LODOVICO NARDI (Baß),
Podestà der Stadt Genua;
CARLOTTA (Sopran),
seine Tochter;
ALVIANO SALVAGO (Tenor),
ein genuesischer Edelmann

Genua, im 16. Jahrhundert.

Handlung
1. Akt
Alviano Salvago liebt die Kunst und verehrt das Ideal der Schönheit – ein Ideal, das er selbst nicht erfüllen kann, da er bucklig und mißgestaltet ist. Für seine adligen Freunde hat er eine Insel vor Genua als »Elysium« gestaltet. Dort frönen die jungen Adligen, ohne Alviano, fleischlichen Gelüsten nach dem Motto: »Die Schönheit sei Beute des Starken«. Eines Tages plagt Alviano sein schlechtes Gewissen, und er beschließt, die Insel als Schenkung den Genueser Bürgern zu übergeben. Die Nutznießer des »Elysiums« versuchen, dies zu verhindern. Nardi, der Bürgermeister, stellt Alviano seine schöne Tochter Carlotta vor, eine Malerin. Carlotta bittet Alviano, ihn porträtieren zu dürfen.

2. Akt
Graf Tamare, der Carlotta ebenfalls begehrt, verrät Herzog Adorno den wahren Zweck des »Elysiums«. Adorno will die Verantwortlichen verhaften lassen. Derweil empfängt Carlotta Alviano in ihrem Atelier. Trotz ihrer Hemmungen – Carlotta kann ihren Gefühlen nur durch die Kunst Ausdruck verleihen – gestehen sich die beiden ihre Liebe.

3. Akt
Zum ersten Mal betreten die Bürger Genuas Alvianos Insel; sie sind fasziniert von ihrer Schönheit. Alviano sucht Carlotta, die unbemerkt von Tamare entführt wurde. Die Polizisten des Herzogs erscheinen, um Alviano

gefangenzunehmen. Zuerst weicht dieser aus, doch dann führt er sie kurzentschlossen zur geheimen Liebesgrotte. Als er dort unter anderen Carlotta in den Armen Tamares erblickt, sticht er Tamare nieder. Seine Geliebte Carlotta, die sich Tamare freiwillig hingegeben hatte, stößt ihn von sich und stirbt. Der unglückliche Alviano verfällt dem Wahnsinn.

Anmerkung

Schreker verfaßte das Textbuch auf Bitten Alexander Zemlinskys, der von ihm eine »Tragödie des häßlichen Mannes« gewünscht hatte. Während der Niederschrift entschloß sich Schreker, den Stoff selbst zu komponieren. Das Libretto setzt die im »Fernen Klang« dargestellte Künstlerproblematik fort. Alviano und Carlotta sind beide dergestalt »gezeichnet«, daß sie sich nur in selbstgewählten Traumwelten bewegen können und vom »normalen« Menschsein ausgeschlossen bleiben. Alvianos »Elysium« wurde verschiedentlich als Symbol für die Kunst des Jugendstils schlechthin gedeutet, in deren Schlußphase die deutliche Tendenz zur Flucht in eine esoterische Traumwelt in den Vordergrund trat. Wie das »Elysium« war diese künstlerische Stilrichtung zur Entstehungszeit der »Gezeichneten« dem Untergang geweiht. Auch die Musik mutet wie eine letzte ekstatische Beschwörung des Fin de siècle an, in der Auflösungstendenzen allenthalben hörbar werden. An Klangsinnlichkeit, ja Klangrausch ist Schrekers Partitur nicht zu überbieten, doch an einigen Stellen droht die opulente Schönheit an Boden zu verlieren und in süßlichen Kitsch umzuschlagen. Nicht zuletzt aufgrund dieser Gratwanderung, in der sich der Untergang einer Epoche klanglich manifestiert, vermögen die »Gezeichneten« auch heute noch zu faszinieren.

Bedrich Smetana
(1824-1884)

Smetana, Sohn eines ostböhmischen Bierbrauers, trat bereits mit sechs Jahren öffentlich als Pianist auf und begann wenig später auch zu komponieren. Dennoch sorgte der Vater für eine gründliche Allgemeinbildung. Nach dem Abschluß des Gymnasiums studierte Smetana in Prag Komposition. 1856-1861 war er in Göteborg als Komponist tätig. Nach seiner Rückkehr in die Heimat setzte er sich als Dirigent, Pianist, Organisator und Kritiker in außerordentlich hohem Maß für eine eigenständige tschechische Musik ein. 1874 wurde Smetana taub, im selben Jahr nahm er die Arbeit an seinem Zyklus »Mein Vaterland« auf, zu dem auch die sinfonische Dichtung »Die Moldau«, sein populärstes Werk, gehört. Die Jahre 1881/82 brachten letzte Höhepunkte in Smetanas durch die tragische Krankheit zunehmend verdüstertes Musikerleben: In Prag wurde das neugegründete Nationaltheater mit seiner Oper »Libussa« eröffnet, »Mein Vaterland« erlebte seine stürmisch bejubelte Uraufführung, und »Die verkaufte Braut« wurde zum hundertsten Male aufgeführt.

DIE VERKAUFTE BRAUT

Komische Oper in drei Akten, Text von Karel Sabina, Uraufführung: Prag 1866

Personen
KRUSCHINA (Bariton),
ein Bauer;
KATINKA (Sopran oder Mezzosopran),
seine Frau;
MARIE (Sopran),
beider Tochter;
MICHA (Baß),
Grundbesitzer;
AGNES (Mezzosopran),
seine zweite Frau;
WENZEL (Tenor), *beider Sohn;*
HANS (Tenor),
Michas Sohn aus erster Ehe;
KEZAL (Baß),
Heiratsvermittler;
ESMERALDA (Sopran),
Tänzerin

Die verkaufte Braut

Ein böhmisches Dorf, Mitte des 19. Jahrhunderts.

Handlung

1. Akt

Das Mädchen Marie und der arme Hans, dessen Herkunft niemand kennt, können die ausgelassene Stimmung des Dorfes zur Kirchweih nicht teilen: Sie lieben einander, aber Marie soll den schwerfälligen Wenzel, Sohn des Grundbesitzers Micha, heiraten. Obwohl der Heiratsvermittler Kezal und ihr Vater Kruschina nichts davon wahrhaben wollen, bleibt Marie, unterstützt von ihrer verständnisvollen Mutter, beim Nein zur Verbindung mit Wenzel.

2. Akt

Marie führt den stotternden Wenzel an der Nase herum, und der Heiratsvermittler macht Hans gegenüber die Ehe lächerlich, um ihn zum Verzicht auf Marie zu bewegen. Hans ärgert sich über den aufgeblasenen Tropf, stimmt zum Schein in seine Tiraden ein und unterzeichnet einen Kontrakt, in dem er sich verpflichtet, für 300 Gulden auf die Geliebte zu verzichten. Einzige Bedingung: Sie dürfe niemand anders als Michas Sohn heiraten.

3. Akt

Ein Zirkus kommt in das Dorf. Wenzel verliebt sich in die Tänzerin Esmeralda und macht sich ihr zuliebe als Tanzbär zum Gespött. Marie ist bestürzt und empört über den von Hans unterzeichneten Kontrakt, doch dann erkennt Micha in ihm seinen verschollenen Sohn aus erster Ehe: Marie kann also doch ihren Hans und – vertragsgemäß – »Michas Sohn« heiraten. Der Gefoppte ist der Heiratsvermittler.

Anmerkung

»Die verkaufte Braut« hatte außerhalb Prags zunächst nur bescheidenen Erfolg. Erst als die ursrpünglich gesprochenen Dialoge für eine Aufführung in St. Petersburg in Rezitative umgewandelt wurden, trat das Stück seinen bis heute ungebrochenen Siegeszug an. Die Partitur stellt eine in dieser Perfektion selten anzutreffende Synthese von tschechischer Folklore und eigenen Einfällen dar. Nummern, wie die Ouvertüre, der Chor »Seht am Strauch die Knospen springen« oder die Arie »Ich weiß eine, die hat Dukaten«, gehören zu den beliebtesten Stücken des Opernrepertoires überhaupt.

Louis Spohr
(1784-1859)

Bereits in seiner Jugend trat Louis (Ludewig) Spohr als Geiger hervor. Im Alter von 15 Jahren wurde er Mitglied der Braunschweiger Hofkapelle. Als er siebzehn war, nahm ihn Franz Anton Eck, sein Lehrer, auf eine Konzertreise nach St. Petersburg mit. Seit 1805 bekleidete Spohr das Amt eines Konzertmeisters in Gotha. Bald galt er als der unumstritten beste deutsche Geiger, aber auch als Komponist konnte er sich einen Namen machen. 1813 wurde er Kapellmeister am Theater an der Wien. Mit seiner vierten Oper (»Faust«, 1816), die in Wien entstand, aber in Prag ihre Uraufführung erlebte, gelang ihm der Durchbruch als Opernkomponist. Übertroffen wurde der Erfolg des »Faust« nur noch von »Jessonda« (1823), die Spohr – nach einem zweijährigen Aufenthalt als Kapellmeister in Frankfurt und Konzertreisen nach London und Paris – für Kassel schrieb, wo er von 1822 bis 1857 an der Spitze der Hofkapelle stand und noch vier weitere Opern (»Der Berggeist«, »Pietro von Abano«, »Der Alchymist« und »Die Kreuzfahrer«) komponierte. Berühmt wurde Spohr auch durch die »Violinschule« (1832) und seine umfassende pädagogische Tätigkeit, die ihn zum Vater einer ganzen Generation hervorragender Geiger werden ließ.

JESSONDA
Oper in drei Akten, Text von Eduard Heinrich Gehe nach der Tragödie »La Veuve de Malabar« von Lemierre, Uraufführung: Kassel 1823

Personen
JESSONDA (Sopran),
Witwe eines Rajah;
AMAZILI (Sopran),
ihre Schwester;
DANDAU (Baß),
Oberbrahmine;
NADORI (Tenor),
Brahmine;
TRISTAN D'ACUNHA (Bariton),
General der Portugiesen;
LOPEZ (Tenor), *Oberst;*
INDISCHER OBERST (Bariton);
ZWEI BAJADEREN (Sopran)

Jessonda

Goa (Indien), im 16. Jahrhundert.

Handlung

Nach indischem Brauch soll Jessonda dem Rajah, ihrem verstorbenen Mann, in den Tod folgen und auf dem Scheiterhaufen verbrannt werden. Jessonda ist bereit, Abschied von ihrem Leben zu nehmen, das unglücklich war, seit sie ihren früheren Geliebten Tristan d'Acunha wegen des Rajahs hatte verlassen müssen. Da begegnet ihr Tristan wieder, der es inzwischen zum portugiesischen General gebracht hat. Von Nadori, der die Unglückliche, in deren Schwester Amazili er verliebt ist, retten möchte, erfährt Tristan, daß der Oberbrahmine Dandau den vereinbarten Waffenstillstand gebrochen hat. Das gibt Tristan die Handhabe, gewaltsam einzuschreiten und die Ermordung Jessondas in letzter Sekunde zu verhindern. Nadori und Amazili werden ein Paar.

Anmerkung

»Jessonda« ist, ähnlich wie Carl Maria von Webers im gleichen Jahr uraufgeführte »Euryanthe«, ein frühes Beispiel für die allmähliche Abkehr von der sogenannten Nummernoper. Die Musik zerfällt nicht in selbständige Arien, Chöre, Ensembles und instrumentale Vor- und Zwischenspiele, sondern folgt im großen und ganzen dem dramatischen Fluß der Handlung. Auf die Herausstellung der im Textbuch angelegten großen dramatischen Effekte hat Spohr zugunsten lyrischer Melodielinien weitgehend verzichtet – ein Umstand, der dem Werk und seinem Komponisten den Vorwurf der »lyrischen Erweichung« eingetragen hat, was jedoch dem internationalen Ruhm dieser Oper keinen Abbruch tat.

G. Spontini

Gasparo Spontini
(1774-1851)

Es geschieht nicht oft, daß eine Gemeinde oder eine Stadt sich den Namen ihres größten Sohnes zulegt. Gasparo Spontini ist es widerfahren: Seine Geburtsstadt wurde nach ihm Maiolati Spontini genannt. Maiolati, Paris, Berlin und wieder Maiolati, das sind die wichtigsten Stationen im Leben des bedeutenden Komponisten, dessen Opern einst zu den meistgespielten Werken an Europas großen Bühnen zählten. Heute ist er nur noch durch »Die Vestalin« (1807) berühmt. Allenfalls die »Olympia« (1819), die in Berlin vergeblich gegen Carl Maria von Webers »Freischütz« ausgespielt wurde, und »Agnes von Hohenstaufen« (1829), seine letzte Oper, erfreuen sich noch eines bescheidenen Interesses. Spontinis maßgeblicher Anteil an der Ausprägung der »Grand Opéra« und seine Leistungen als preußischer »General-Musicdirektor«, durch die Berlin in den Blickpunkt der Opernwelt rückte, sind nahezu vergessen. Von Berlin enttäuscht, enttäuscht auch von Paris, wo er fünfunddreißig Jahre nach dem ersten Erfolg seiner »Vestalin« noch einmal Fuß zu fassen versuchte, kehrte Spontini als alter Mann an seinen italienischen Heimatort zurück.

LA VESTALE (Die Vestalin)

Oper in drei Akten, Text von Niccoló Perotti und Victor Joseph Étienne de Jouy, Uraufführung: Paris 1807

Personen
LICINIUS (Tenor),
römischer Feldherr;
CINNA (Tenor),
Legionskommandeur;
OBERPRIESTER DES JUPITER (Baß);
OBERAUGUR (Baß);
OBERVESTALIN (Sopran);
JULIA (Sopran),
eine junge Vestalin

Im antiken Rom.

La Vestale

Handlung
Licinius, von einem siegreichen Feldzug zurückgekehrt, findet Julia, seine Braut, als eine allen weltlichen Dingen entzogene Vestalin wieder. Licinius beschließt, dem Priestertum der Geliebten ein Ende zu setzen und sie zu entführen. Als er sein Vorhaben wahrmachen will, erlischt Julia die heilige Flamme der Vesta, die sie zu hüten hat. Licinius flieht; auf seine Braut wartet der Tod. Ihre Strafe wird sein, bei lebendigem Leibe eingemauert zu werden. Julias einzige Rettung wäre, daß ihr Schleier, den man auf den Altar des Tempels legt, von selbst Feuer fangen und damit das heilige Licht wieder entzünden würde. Die Hoffnung auf dieses Wunder scheint vergeblich. Licinius dringt gewaltsam in den Tempel ein, um Julia vor dem Tod zu retten. Da schlägt ein Blitz ein, der Schleier entzündet sich. Vesta, die Göttin des Herdes, hat ihrer Priesterin vergeben. Vor dem Altar der Venus werden Julia und Licinius getraut.

Anmerkung
François Adrien Boieldieu, Luigi Cherubini und Étienne Nicolas Méhul hatten es abgelehnt, das Libretto zu »Die Vestalin« zu vertonen, Gasparo Spontini wagte es und tat damit den Griff seines Lebens. »La Vestale«, stark protegiert von der französischen Kaiserin Joséphine, wurde zu einem Prototyp der sogenannten Grand Opéra und als »beste Oper des Jahrzehnts« ausgezeichnet. Kaum weniger begeistert als in Paris, wo sie fünf Jahrzehnte lang beinahe ununterbrochen auf dem Spielplan stand, fiel das Echo auf »Die Vestalin« außerhalb von Frankreich aus. Allein in Berlin wurde sie nach ihrer Erstaufführung in deutscher Sprache (Wien, 1810) in dreißig Jahren über hundertmal gespielt.

Richard Strauss
(1864–1949)

War die erste Hälfte des 19. Jahrhunderts vom Dualismus, aber auch von Tendenzen der Vereinheitlichung französischer und italienischer Opernströmungen geprägt, verlagerten sich die Pole nach der Jahrhundertmitte immer mehr und wanderten auseinander, so daß am Ende fast eine Teilung der Opernwelt in eine Verdi- und eine Wagner-Hemisphäre bestand, gleichgültig wie eng sich die Exponenten beider »Welten« in ihren Intentionen auch berührten. Im ersten Drittel des 20. Jahrhunderts bestand diese Teilung fort, nur die Namen der Pole hatten sich geändert, jetzt hießen sie Giacomo Puccini und Richard Strauss. Strauss, der mit seinen Opern »Guntram« (1894) und »Feuersnot« (1901) als waschechter Wagnerianer begonnen hatte, hielt vom Verdi-Nachfolger Puccini wenig. Auch als Strauss mit seinem künstlerischen Vorbild brach, kam es zu keiner Annäherung an den italienischen Konkurrenten, sondern zu einer radikalen Neuorientierung: Mit »Salome« (1905) und »Elektra« (1909) wandelte sich der Epigone in einen kühnen Revolutionär. Aber schon im »Rosenkavalier« (1911) vollzog sich wieder eine Umkehr, deren Bezugspunkt diesmal jedoch nicht Wagner, sondern Mozart hieß. In Hugo von Hofmannsthal, dem Autor des »Rosenkavaliers«, der schon das Libretto für »Elektra« geschrieben hatte, fand Strauss einen kongenialen Textdichter. Die Zusammenarbeit mit ihm führte zur Entstehung von sechs Opern, deren letzte (»Arabella«) erst 1933, vier Jahre nach Hofmannsthals Tod, zur Uraufführung gelangte. Im gleichen Jahr hatten die Nationalsozialisten die Herrschaft in Deutschland übernommen, und Strauss ließ es geschehen, daß sie ihn zum Präsidenten der neugeschaffenen Reichsmusikkammer machten. Obwohl er dieses Amt nach zwei Jahren niederlegte, weil er selbst durch seine Zusammenarbeit mit dem jüdischen Dichter Stefan Zweig (»Die schweigsame Frau«, 1935) unter politischen Druck geraten war, hatte seine internationale Reputation fast irreparablen Schaden genommen. Strauss blieb bis zum Ende des Zweiten Weltkriegs in Deutschland, ging dann für vier Jahre in die Schweiz, kehrte aber 1949 zurück. Er starb wenige Monate nach seinem 85. Geburtstag in Garmisch.

SALOME

Musikdrama in einem Akt, Text nach dem gleichnamigem Schauspiel von Oscar Wilde (in der Übersetzung von Hedwig Lachmann), Uraufführung: Dresden 1905

Salome

Personen

HERODES (Tenor);
HERODIAS (Mezzosopran);
SALOME (Sopran);
JOCHANAAN (Bariton);
NARRABOTH (Tenor);
PAGE DES HERODIAS (Alt);
JUDEN (vier Tenöre, ein Baß);
NAZARENER (Tenor und Baß);
SOLDATEN (Bässe);
KAPPADOZIER (Baß);
SKLAVE (Tenor);
HENKER (stumme Rolle)

Palast des Herodes in Jerusalem,
Beginn der christlichen Zeitrechnung.

Handlung

Die Schönheit Salomes nimmt Narraboth, den Hauptmann der Wache des Herodes, vollkommen gefangen. Auch Herodes verfolgt seine Stieftochter mit gierigen Blicken. Salome tritt auf die Terrasse des Palastes. Aus einer Zisterne, in der Jochanaan gefangen ist, tönt die Stimme des Propheten, die das Kommen Christi verheißt. Salome besteht darauf, den Propheten zu sehen. Narraboth, dem es verboten ist, die Zisterne zu öffnen, kann dem Verlangen Salomes nicht widerstehen. Jochanaan steigt aus seinem Gefängnis und erhebt flammende Anklagen gegen Herodes und dessen Gemahlin Herodias. Gebannt lauscht Salome seinen Worten, doch es sind mehr als die Worte, die sie faszinieren. Berühren will sie diesen Mann und küssen, aber Jochanaan zeigt sich unnahbar. Salome setzt all ihre Verführungskünste ein. Narraboth kann es nicht mit ansehen und stürzt sich in sein Schwert. Von Jochanaan, der in sein Gefängnis zurückkehrt, verflucht, sinkt Salome am Rand der Zisterne nieder. Herodes erscheint und fordert Salome auf, für ihn zu tanzen. Gegen das Versprechen, ihr jeden Wunsch zu erfüllen, willigt Salome ein und tanzt den Tanz der sieben Schleier. Als Lohn für ihren Tanz verlangt sie, daß man ihr das Haupt des Jochanaan auf einer silbernen Schüssel reiche. Herodes erschaudert. Er verspricht Salome alle Schätze seines Reiches, wenn sie ihren Wunsch zurücknimmt. Aber Salome, unterstützt von ihrer Mutter, beharrt auf ihrer Forderung. Ein Henker steigt in die Zisterne. Kein Flehen und Klagen ertönt bei der Hinrichtung.

Schließlich empfängt Salome die Silberschüssel mit dem blutigen Haupt des Propheten. Als sie die Lippen des Toten leidenschaftlich küßt, wendet Herodes sich mit Grausen ab und befiehlt, daß man auch Salome töte.

Anmerkung
Es bedarf eines mehr als hundertköpfigen Orchesters, die in der Partitur der »Salome« niedergelegten Klangvorstellungen des Komponisten umzusetzen. Aber es sind nicht die Zusammenballungen von Klang, sondern die bis in feinste Nuancen aufgefächerten Orchesterfarben, die der melodisch noch immer einprägsamen, aber harmonisch bereits hart am Rande der Tonalität angesiedelten Musiksprache der »Salome« ihre ungeheure Faszination verleihen. Trotzdem ist es auch aus heutiger Sicht immer noch erstaunlich, daß ein so kühnes und im wahrsten Sinne »unerhörtes« Werk auf Anhieb weltweit erfolgreich war.

ELEKTRA
Tragödie für Musik in einem Akt, Text von Hugo von Hofmannsthal (nach Sophokles), Uraufführung: Dresden 1909

Personen
KLYTÄMNESTRA (Mezzosopran);
ELEKTRA (Sopran);
CHRYSOTHEMIS (Sopran);
ÄGISTH (Tenor);
OREST (Bariton);
PFLEGER DES OREST (Baß);
VERTRAUTE (Sopran);
SCHLEPPENTRÄGERIN (Sopran);
JUNGER DIENER und ALTER DIENER (Tenor und Baß);
MÄGDE (zwei Soprane, zwei Mezzosoprane, Alt)

Mykene in Griechenland, nach dem Trojanischen Krieg.

Handlung
Seit Klytämnestra zusammen mit Ägisth, ihrem Geliebten, ihren Gatten Agamemnon ermordet hat, fürchtet sie die Rache ihrer Tochter Elektra, die ein armseliges Leben am Hof in Mykene führt. Von ihrer Schwester, die es besser hat, weil sie sich Klytämnestra beugt, erfährt Elektra, daß ihre Mutter plant, sie in den Turm werfen zu lassen. Als Klytämnestra er-

scheint und über peinigende Träume klagt, sagt Elektra ihr, nur ein Opfer, und zwar das richtige, werde sie von den nächtlichen Heimsuchungen befreien. Klytämnestra, die begreift, daß ihre Tochter sie selbst mit diesem Opfer meint, bricht zusammen, richtet sich aber wieder auf, als ihr die Nachricht überbracht wird, daß ihr Sohn Orest, dessen Rache sie noch mehr als die Elektras fürchtet, den Tod gefunden hat. Elektra, die alle ihre Hoffnungen auf den Bruder setzte, entschließt sich, nun selbst das Ende Klytämnestras und ihres Geliebten herbeizuführen. Doch als sie zur Tat schreiten will, kehrt Orest zurück, nimmt ihr das Beil, durch das auch Agamemnon starb, aus der Hand und verübt die Bluttat selbst. Im Taumel ihrer Rache tanzt Elektra, bis sie tot zusammenbricht.

Anmerkung
»Elektra« bekräftigte den schon in »Salome« vollzogenen Bruch mit dem Vorbild Wagners, einzig dessen bahnbrechende Leitmotivtechnik behielt Strauss in seiner zweiten »expressionistischen« Oper bei. Das Orchester der »Elektra« ist gegenüber dem der »Salome« nochmals erweitert, der Klang insgesamt herber, aber nicht weniger durchstrukturiert.

DER ROSENKAVALIER
Komödie für Musik in drei Akten, Text von Hugo von Hofmannsthal, Uraufführung: Dresden 1911

Personen
FELDMARSCHALLIN FÜRSTIN WERDENBERG (Sopran);
BARON OCHS VON LERCHENAU (Baß);
OCTAVIAN, genannt QUIN-QUIN (Sopran oder Mezzosopran),
ein junger Herr aus großem Haus;
HERR VON FANINAL (Bariton),
ein reicher Neugeadelter;
SOPHIE (Sopran),
seine Tochter;
JUNGFER MARIANNE LEITMETZERIN (Sopran),
die Duenna;
VALZACCHI (Tenor),
ein Intrigant;
ANNINA (Alt),
seine Begleiterin;
POLIZEIKOMMISSAR (Baß);

HAUSHOFMEISTER DER MARSCHALLIN (Tenor);
HAUSHOFMEISTER BEI FANINAL (Tenor);
NOTAR (Baß);
WIRT (Tenor);
SÄNGER (Tenor);
ADELIGE WAISEN (Sopran, Mezzosopran, Alt);
MODISTIN (Sopran);
TIERHÄNDLER (Tenor);
LAKAIEN DER MARSCHALLIN (zwei Tenöre, zwei Bässe);
KELLNER (ein Tenor, drei Bässe)

Wien, Mitte des 18. Jahrhunderts.

Handlung
1. Akt

Fürstin Werdenberg lebt die meiste Zeit getrennt von ihrem ungeliebten Mann, dem Feldmarschall, findet aber alles, was ihr Herz begehrt, in dem jugendlichen Liebhaber Octavian, genannt Quin-Quin. Mit ihm nimmt sie gerade das Frühstück ein, als gemeldet wird, der Feldmarschall kehre vorzeitig von einem seiner ausgedehnten Jagdausflüge zurück. Es ist aber nur der etwas plumpe Baron Ochs von Lerchenau, der der Marschallin – während Quin-Quin sich verborgen hält, in die Kleider einer Kammerzofe schlüpft und später als »Mariandl« wiedererscheint – eine Bitte vortragen will: Die Marschallin möge für ihn einen Brautwerber benennen, der seiner Auserkorenen eine silberne Rose überbringen soll. Aus einer Laune heraus bestimmt die Marschallin ihren Octavian dazu, die Rose zu überbringen. Als er fort und der Morgenempfang beendet ist, d.h. alle Besucher von der Modistin bis zum Tierhändler abgefertigt sind, wird die Marschallin von der Sorge befallen, ihr Liebhaber könne sich bald einer jüngeren Frau, als sie es ist, zuwenden.

2. Akt

Im Palais der Familie Faninal, in die Baron Ochs gern einheiraten möchte, wird Sophie von Octavian die Rose überbracht. Sophie ist von dem Brautwerber, der nicht nur jünger und hübscher ist als Ochs, sondern auch die besseren Manieren hat, entzückt. Noch während Baron Ochs mit dem Schwiegervater den Heiratsvertrag besiegelt, finden sich die Herzen Sophies und Octavians. Als der Baron Wind davon bekommt, glaubt er zunächst, das Problem werde sich mit der Heirat schon von selber lösen, aber Octavian fordert ihn heraus und es kommt zum Duell.

Der Rosenkavalier

Ochs wird leicht verletzt, erholt sich jedoch rasch. Da wird ihm ein Billett überbracht, in dem das »Mariandl«, mit dem er anläßlich seines Besuchs bei der Marschallin heftig geflirtet hatte, um ein Rendezvous ersucht.

3. Akt

Als Treffpunkt des Rendezvous hat Octavian alias Mariandl ein schlecht beleumundetes Lokal gewählt und alle Vorkehrungen getroffen, damit Ochs ihm nicht zu nahe kommt. Immer wenn der liebeshungrige Baron sich der vermeintlichen Kammerzofe nähern will, beginnt ein toller Spuk, schließlich tritt gar eine Frau mit plärrenden Kindern auf, die Ochs als ihren Papa bezeichnen. Der Tumult ruft die Sittenpolizei auf den Plan. Faninal, begleitet von Sophie, erscheint und hebt, entsetzt seinen zukünftigen Schwiegersohn in einer derart verfänglichen Situation zu sehen, die Verlobung auf. Auch die Marschallin ist zugegen, überschaut die Situation und muß erkennen, daß sie ihren Quin-Quin an Sophie verloren hat.

Anmerkung

Als 1960 das neue Salzburger Festspielhaus eröffnet wurde, war das Werk der Stunde nicht, wie man erwarten konnte, eine Mozart-Oper, sondern »Der Rosenkavalier« von Richard Strauss. Und doch war die glanzvolle Eröffnung eine Reverenzbezeigung für Mozart, dem Strauss in seinem »Rosenkavalier« – am deutlichsten bei der Figur des Octavian, die die Hosenrolle des Cherubino aus dem »Figaro« wieder aufleben läßt – so sehr nachgeeifert hat, daß er den Textdichter Hugo von Hofmannsthal in Anspielung auf Mozarts genialen Librettisten seinen »da Ponte« nannte und wirklich, mit Hofmannsthal zusammen, so etwas wie die Mozart/da Ponte-Oper des 20. Jahrhunderts schrieb. Wer freilich »Elektra« und »Salome« dagegenhält, wird empfinden, daß die Rokoko-Attitüde, die Strauss nun plötzlich einnahm, einen etwas faden Beigeschmack bekommt, denn als Verbeugung vor Mozart war sie auch eine Demutsgeste der Moderne vor der Übermacht der Tradition. Dem Erfolg tat dies keinen Abbruch, im Gegenteil: »Der Rosenkavalier« ist nicht nur die populärste Oper von Richard Strauss, sondern auch eine der wenigen Opern des 20. Jahrhunderts, die in den weitgehend von Werken des 19. Jahrhunderts besetzten Spielplänen auf Dauer einen Spitzenplatz einnehmen konnten.

R. Strauss

ARIADNE AUF NAXOS
Oper in einem Vorspiel und einem Akt, Text von Hugo von Hofmannsthal nach der Komödie »Der Bürger als Edelmann« von Molière, Uraufführung: Stuttgart 1912 (Neufassung: Wien 1916)

Personen
HAUSHOFMEISTER (Sprechrolle);
MUSIKLEHRER (Bariton);
KOMPONIST (Sopran oder Mezzosopran);
TENOR / BACCHUS (Tenor);
OFFIZIER (Bariton);
TANZMEISTER (Tenor);
PERÜCKENMACHER (Baß);
LAKAI (Baß);
ZERBINETTA (Sopran);
PRIMADONNA / ARIADNE (Sopran);
HARLEKIN (Bariton);
SCARAMUCCIO (Tenor);
TRUFFALDINO (Baß);
BRIGHELLA (Tenor);
NAJADE (Sopran);
ECHO (Sopran);
DRYADE (Alt)

Wien, um 1750.

Handlung
Vorspiel

Ein reicher Wiener hat beschlossen, seine Gäste mit der Aufführung einer Oper zu unterhalten, in deren Anschluß noch ein Nachspiel in italienischer Manier erklingen soll. Der Komponist der Oper fürchtet, das lustige Nachspiel könnte seiner »Ariadne auf Naxos« den Erfolg streitig machen. Vollends verzweifelt ist er, als der Haushofmeister verfügt, daß beide Aufführungen simultan stattfinden sollen und folglich ineinandergreifen müssen, um den pünktlichen Beginn des Feuerwerks nicht zu gefährden.

»Ariadne«

Ariadne ist todunglücklich, Theseus hat sie verlassen. Drei Nymphen spenden ihr Trost, doch nichts kann Ariadnes Todessehnsucht stillen. Um

Die Frau ohne Schatten

sie zu erheitern, treten die Figuren des heiteren Nachspiels auf, allen voran Zerbinetta. Aber auch sie müht sich vergebens. Da wird die Ankunft eines Schiffes gemeldet. Ariadne glaubt, nun endlich durch den Todesboten Hermes von ihrem Kummer erlöst zu werden. Doch in den Armen des vermeintlichen Todesboten, der sich als Bacchus entpuppt, gefällt es ihr zu gut, als daß sie weiter dem Leben entsagen möchte.

Anmerkung

In »Ariadne auf Naxos«, deren instrumentale Besetzung auf ein Kammerorchester reduziert ist, hat Strauss typische Merkmale der Seria- mit solchen der Buffo-Oper verschmolzen und beide Gattungen auf elegante Weise persifliert. Ursprünglich nur als Nachspiel einer Aufführung von Molières »Bürger als Edelmann« in Stuttgart (1912) gedacht, erweiterten Strauss und Hofmannsthal das Stück zu einem selbständigen Bühnenwerk und verlegten die Handlung nach Wien, wo 1916 auch die Uraufführung der Neufassung Premiere hatte.

DIE FRAU OHNE SCHATTEN

Oper in drei Akten, Text von Hugo von Hofmannsthal, Uraufführung: Wien 1919

Personen

KAISER (Tenor);
KAISERIN (Sopran);
AMME (Mezzosopran);
GEISTERBOTE (Bariton);
STIMME DES FALKEN (Sopran);
BARAK DER FÄRBER (Bariton);
SEIN WEIB (Sopran);
EINÄUGIGER (Baß),
Bruder des Färbers;
EINARMIGER (Baß),
Bruder des Färbers;
BUCKLIGER (Tenor),
Bruder des Färbers;
STIMME EINES JÜNGLINGS (Tenor);
HÜTER DER SCHWELLE DES TEMPELS (Sopran);
STIMME VON OBEN (Alt);
STIMMEN DER WÄCHTER

R. Strauss

Im Orient, in märchenhafter Zeit.

Handlung

Als der Kaiser auf der Jagd einer weißen Gazelle nachstellte, verwandelte sich das Tier in dem Moment, da er es mit seinem Pfeil verletzte, in eine junge Frau. Mit ihr, der Tochter des Geisterkönigs, hat der Kaiser sich vermählt. Aber da seine Frau von Geistern abstammt, vermag sie keine Kinder zu gebären und auch keinen Schatten zu werfen. Nur, wenn sie diese Fähigkeiten erwirbt, kann sie bei den Menschen bleiben und ihren Mann davor bewahren, nach Ablauf einer Frist von einem Jahr zu Stein zu werden. Drei Tage fehlen noch bis zum Ende der Frist. Die Kaiserin läßt sich von ihrer Amme, die ihr der Vater nachgesandt hat, zur Frau des Färbers Barak führen. Der Färberin wird ihr Schatten und damit die Fähigkeit, Kinder zu gebären, abgekauft. An den Handel ist allerdings die Bedingung geknüpft, daß sich die Färberin jedes geschlechtlichen Verkehrs enthält. Schließlich erbarmt sich die Kaiserin und will den armen Eheleuten ihren Schatten zurückgeben, aber auch daran hindert sie der Zauber ihres Vaters. Dennoch will die Kaiserin, sogar als ihr Mann bereits versteinert ist, sich am Glück der Menschen nicht versündigen. Sie beharrt darauf, daß die Färberin ihren Schatten zurückerhalten soll. Nun erweist sich endlich, daß alle Prüfungen ihr selbst zugedacht waren, und ihre Standhaftigkeit wird belohnt: Ein Schatten ist plötzlich da, der Kaiser löst sich aus der Versteinerung, die Färbersfrau wird wieder mit ihrem Mann vereint.

Anmerkung

Indem Hugo von Hofmannsthal ein völlig verrätseltes Textbuch schrieb, gab er dem Komponisten Gelegenheit, mit den Mitteln der Musik etwas zu entwirren, was logisch kaum und auch psychoanalytisch nur schwer zu dechiffrieren ist. »Die Frau ohne Schatten« ist ein Werk, dessen Aussage sich allein über die klanggewordene Partitur erschließt – soweit eben Musik dazu imstande ist, Irrationales zu erfassen und nachfühlbar zu machen. Daß »Die Frau ohne Schatten« in vieler Hinsicht unverständlich wirken mußte, nahmen Hofmannsthal und Strauss übrigens ganz bewußt in Kauf. Der Aufwand, den der Komponist bei der Instrumentation des Werkes, an dem er drei Jahre lang arbeitete, trieb, macht »Die Frau ohne Schatten« zu einer ganz besonderen Kostbarkeit unter den Strauss'schen Opernpartituren.

ARABELLA
Lyrische Oper in drei Akten, Text von Hugo von Hofmannsthal, Uraufführung: Dresden 1933

Personen
GRAF WALDNER (Baß),
Rittmeister a.D.;
ADELAIDE (Mezzosopran),
seine Frau;
ARABELLA (Sopran) und ZDENKA (Sopran),
ihre Töchter;
MANDRYKA (Bariton);
MATTEO (Tenor),
Jägeroffizier;
GRAF ELEMER (Tenor), GRAF DOMINIK (Bariton),
GRAF LAMORAL (Baß),
Arabellas Verehrer;
FIAKERMILLI (Sopran);
KARTENAUFSCHLÄGERIN (Mezzosopran oder Sopran)

Wien, 1860.

Handlung
Verarmt lebt Graf Waldner mit seiner Familie in einem Wiener Hotel. Da es ihm nur möglich ist, eine seiner beiden Töchter, Arabella, standesgemäß auszustaffieren, wird die zweite, Zdenka, als Junge ausgegeben. In der Hoffnung, Arabella reich zu verheiraten, hat Waldner einem alten, steinreichen Kameraden geschrieben und seinem Brief ein Bildnis Arabellas beigelegt. Die Antwort darauf ist ausgeblieben. Arabella hält unterdessen Hof, aber keiner der zahlreichen Verehrer sagt ihr zu, auch nicht Matteo, der Jägeroffizier. Matteo wundert sich darüber, daß Arabella sich ihm gegenüber so distanziert verhält, hat er doch glühende Liebesbriefe von ihr erhalten. Aber die stammen, was er nicht ahnt, von Zdenka. Auf der Straße begegnet Arabella einem jungen Mann, und sofort weiß sie, daß er es ist, auf den sie gewartet hat. Dieser junge Mann, Mandryka, entpuppt sich als der Neffe des reichen, inzwischen verstorbenen Kameraden, dem Waldner Arabellas Bild geschickt hatte. Der Neffe hat es gefunden und sich sogleich in das Mädchen verliebt. Nun wird er bei deren Vater vorstellig, und der ist natürlich hocherfreut. Auf dem Fiakerball sollen sich Arabella und der junge Mandryka näher ken-

nenlernen, doch es kommt zu einem Zwischenfall: Zdenka überreicht Matteo ein Briefchen und beteuert, darin finde er den Schlüssel zum Zimmer Arabellas, die ihn im Hotel erwarte. Mandryka wird Zeuge dieses Gesprächs, und weil Arabella sich in der Zwischenzeit ins Hotel zurückgezogen hat, steht für ihn fest, daß sie ihn mit Matteo betrügen will. Um die Kränkung zu überwinden, läßt sich Mandryka mit der Fiakermilli ein. Als er Waldner beleidigt, dringt dieser darauf, im Hotel der Sache auf den Grund zu gehen. Dort angekommen, tritt ihnen Matteo entgegen. Soeben hat er im Dunkel des Schlafgemachs ein Schäferstündchen verbracht, aber nicht, wie er glaubt, mit Arabella, sondern mit deren Schwester. Mandryka fordert den vermeintlichen Nebenbuhler zum Duell. Aber Zdenka klärt das Mißverständnis auf. Am Ende gibt es zwei glückliche Paare und einen hochzufriedenen Papa.

Anmerkung
Die Wahl des Sujets rückt »Arabella« in die Nähe der Operette, die Musik jedoch zeigt auch in ihrer Leichtigkeit die Handschrift des genialen Musikdramatikers. Alles andere als operettenhaft konzipiert sind die Titelheldin und die Figur des Mandryka, der Strauss charakteristische, leitmotivisch wiederkehrende Volksmelodien aus Kroatien zugeordnet hat.

DIE SCHWEIGSAME FRAU

Komische Oper in drei Akten, Text von Stefan Zweig nach der Komödie »Epicoene« von Ben Jonson, Uraufführung: Dresden 1935

Personen
SIR MOROSUS (Baß);
HAUSHÄLTERIN (Alt);
BARBIER (Bariton);
HENRY MOROSUS (Tenor);
AMINTA (Sopran),
seine Gattin;
ISOTTA (Sopran);
CARLOTTA (Mezzosopran);
MORBIO (Bariton);
VANUZZI (Baß);
FARFALLO (Baß)

Zimmer des Sir Morosus in einem Londoner Vorort, um 1760.

Die schweigsame Frau

Handlung

1. Akt

Der ehemalige Seekapitän Sir Morosus ist äußerst lärmempfindlich, seit auf seinem Schiff einmal eine Pulverladung explodierte. Bei seinem Barbier klagt er über die lärmenden Nachbarn, die geschwätzige Haushälterin, und nun ist da auch noch sein Neffe – ein Sänger! – mit seiner Frau und einer ausgelassenen Operntruppe. Sir Morosus erträgt es nicht und beschließt, den Neffen zu enterben. Lieber vermacht er sein Geld einer Ehefrau, einer schweigsamen natürlich, aber die muß er zuerst einmal finden.

2. Akt

Um seine Erbschaft nicht zu verlieren, inszeniert der Neffe eine Komödie, die dem alten Herrn die Lust am Heiraten verderben soll. Aminta, des Neffen Frau, und einige weibliche Mitglieder der Operntruppe werden Morosus als Kandidatinnen vorgeführt. Morosus findet Gefallen an der reizenden Aminta, die sich nun Timida, die Scheue, nennt und sich auch ganz so benimmt. Sofort sind ein Pfarrer und ein Notar zur Stelle, auch sie natürlich gespielt von Komödianten. Doch wehe! Kaum ist die Trauung vollzogen, hat sich Timida auch schon in eine Tobsüchtige verwandelt.

3. Akt

Die Martern nehmen kein Ende: Handwerker kommen ins Haus und verursachen schrecklichen Lärm. Morosus' Scheidungsbegehren wird verworfen, weil Timida sich widersetzt. Es kommt zu einer Gerichtsverhandlung, an deren Ende dem alten Kapitän, der der Verzweiflung nahe ist, die Augen geöffnet werden: Alles war nur ein Spaß. Glücklich, der Ehe entronnen zu sein und nun wieder Ruhe zu genießen, setzt Morosus seinen Neffen erneut als Erben ein.

Anmerkung

Die Dialogpartien dieser vom Handlungsschema her Donizettis »Don Pasquale« nicht unähnlichen Oper kommen über weite Strecken als melodischer Sprechgesang daher. Insofern darf man in der »Schweigsamen Frau« ein Melodram sehen, ein Melodram freilich aus dem Geist der Opera buffa. Die Uraufführung gab den Anstoß für Strauss' Bruch mit den braunen Machthabern. Hitler und Goebbels blieben der Premiere fern, weil Strauss darauf bestanden hatte, daß der Name des als Juden verfolgten Textdichters Stefan Zweig auf dem Premierenplakat erschien.

CAPRICCIO

Ein Konversationsstück in einem Akt, Text von Clemens Krauss und vom Komponisten, Uraufführung: München 1942

Personen

GRÄFIN (Sopran);
GRAF (Bariton),
ihr Bruder;
FLAMAND (Tenor),
ein Musiker;
OLIVIER (Bariton),
ein Dichter;
LA ROCHE (Baß),
der Theaterdirektor;
CLAIRON (Alt),
Schauspielerin;
MONSIEUR TAUPE (Tenor);
ITALIENISCHE SÄNGERIN (Sopran);
ITALIENISCHER TENOR (Tenor);
JUNGE TÄNZERIN (Tanzrolle);
HAUSHOFMEISTER (Baß);
DIENER (vier Tenöre, vier Bässe);
MUSIKER (Violine, Violoncello, Cembalo)

Ein Schloß in der Nähe von Paris, um 1775, als Gluck sein Reformwerk der Oper begann.

Handlung

Zwischen dem Musiker Flamand und dem Dichter Olivier, die beide um die Gunst der schönen Gräfin buhlen, entspinnt sich ein Streitgespräch darüber, welcher der beiden Künste, der Dichtung oder der Musik, der Vorzug zu geben sei. Auch der Theaterdirektor, der die Sache ganz vom praktischen Standpunkt her betrachtet, schaltet sich in die Auseinandersetzung ein. Sie geht weiter, als der Graf, der für die Schauspielerin Clairon schwärmt, erklärt, ihm gehe die Dichtkunst über alles. Die Gräfin hingegen möchte sich in dem Streit ebensowenig festlegen wie in der Frage, welcher ihrer beiden Verehrer ihr nun besser gefällt. Als Olivier ihr ein Gedicht verehrt, ist Flamand gleich zur Stelle, es zu vertonen. Der Theaterdirektor gibt die Anregung, beide Konkurrenten sollten zum Geburtstag der Gräfin doch eine Oper schreiben. Alle sind einverstanden.

_____ *Capriccio* _____

Gegenstand dieses »Capriccio« sollen die Ereignisse des gerade vergehenden Tages sein. In freudiger Erregung strebt die Gesellschaft auseinander, die Gräfin bleibt allein zurück. Flamand, dem Musiker, hat sie ein Tête à tête am nächsten Morgen in ihrer Bibliothek versprochen. Als ihr nun der Diener meldet, daß auch Olivier sie am kommenden Vormittag in der Bibliothek aufsuchen will, um von ihr zu erfahren, wie die Oper zu Ende gehen soll, stellt die Gräfin fest, daß es ihr so eigentlich ganz recht ist – sie wird beide Verehrer zur gleichen Zeit am gleichen Ort empfangen und sich wieder nicht entscheiden können.

Anmerkung
»Prima la musica e poi le parole« (»Zuerst die Musik und dann die Worte«) war schon der Titel einer Oper von Antonio Salieri aus dem Jahr 1786. Aber die Diskussion über das Verhältnis von Musik und Wort ist älter, so alt wie die Geschichte der Oper selbst. Strauss griff das Thema, das ihn natürlich seit eh und je beschäftigte, in »Capriccio« auf und stellte es in der Person des Dichters und des Musikers plastisch auf die Bühne. Textverständlichkeit war ihm in dieser Oper, die er als »Konversationsstück« bezeichnete, oberstes Gebot. »Der Arie ihr Recht! Auf die Sänger nimm Rücksicht! Nicht zu laut das Orchester«, diese Worte des Theaterdirektors stellte Strauss seinem letzten Bühnenwerk als Motto voran. Am Schluß, und auch das ist als Bekenntnis zu werten, steht das Resümee, daß Dichtung und Musik nicht in Konkurrenz zueinander stehen können, sondern in der Oper eine untrennbare Einheit bilden.

I. Strawinsky

Igor Strawinsky (1882–1971)

Nur wenigen Musikern gelang es wie Igor Strawinsky, dem Jahrhundert ihren Stempel aufzudrücken. Nahezu sämtliche stilistische Strömungen der Vergangenheit und Gegenwart vereinigen sich in Strawinskys Werk wie in einem Brennspiegel, wobei seine künstlerische Identität stets unverkennbar bleibt. Einer alten russischen Komponistentradition zufolge war auch Strawinsky ursprünglich für eine Beamtenlaufbahn vorgesehen, bevor er bei Rimsky-Korsakow Komposition studierte. Den entscheidenden Anstoß zur Entwicklung seiner Persönlichkeit erhielt er durch Serge Diaghilew und die Ballets russes. Seine ersten Ballette machten Furore, die Uraufführung des »Sacre du printemps« in Paris verursachte einen der größten Skandale der Musikgeschichte. Ab Beginn der 20er Jahre gelangte Strawinsky durch Aneignung klassischer und barocker Kompositionsprinzipien zu einer neuartigen Ausdrucksform. Diese »neo-klassizistische« Phase fand ihren Höhepunkt in der Oper »The Rake's Progress«. In seinen letzten Lebensjahrzehnten wandte sich Strawinsky der Zwölftontechnik zu.

OEDIPUS REX (König Oedipus)

Opern-Oratorium in zwei Akten, Text von Jean Cocteau, Uraufführung: Paris 1927

Personen
OEDIPUS (Tenor);
JOKASTE (Mezzosopran);
KREON (Baßbariton);
TIRESIAS (Baß);
HIRTE (Tenor);
BOTE (Baßbariton);
CONFÉRENCIER (Sprecher)

Griechenland, in mythischer Vergangenheit.

Handlung
1. Akt

In Theben wütet die Pest. König Oedipus sendet seinen Schwager Kreon nach Delphi, das Orakel zu befragen. Die Antwort lautet: Erst muß der Mörder des alten König Laius, Oedipus' Amtsvorgänger, gefunden wer-

Oedipus rex

den, bevor wieder Frieden einkehren kann. Oedipus, der bereits das Rätsel der Sphinx gelöst hat, sieht darin kein Problem. Der von ihm zu Rate gezogene blinde Seher Tiresias will zuerst keine Auskunft geben, erklärt dann jedoch widerwillig, es sei ein König gewesen, der Laius erschlug. Oedipus glaubt ihm nicht. Jokaste, Oedipus' Gattin, tritt auf, vom Volk begrüßt.

2. Akt

Auch Jokaste schenkt Tiresias keinen Glauben; schließlich hatte ein Orakel einst verkündet, Laius' eigener Sohn werde ihn töten. Dabei erschlugen ihn Räuber an einem Kreuzweg. Beim Wort »Kreuzweg« wird Oedipus hellhörig: Hatte er nicht einst an einer Kreuzung einen alten Mann erschlagen? Ein Bote erscheint und meldet den Tod des Königs Polybos, Oedipus' Vater. Der Bote eröffnet Oedipus, daß er gar nicht Polybos' leiblicher Sohn sei, sondern ein Findelkind. Jokaste flieht. Da erfährt Oedipus aus dem Mund eines Hirten die grauenhafte Wahrheit: Er ist der Sohn des Laius und dessen Gemahlin Jokaste, erschlug also seinen Vater und heiratete seine Mutter. Jokaste erhängt sich, Oedipus sticht sich mit ihrer Spange die Augen aus und verläßt als blinder Bettler das Land.

Anmerkung

In »Oedipus Rex« offenbart sich Strawinskys neoklassizistischer Stil zum ersten Mal in voller Ausprägung. Das Hauptgewicht der Musik liegt, der antiken Tragödie gemäß, in den statuarischen Chören. In der Behandlung der Solostimmen werden indes auch dramatische Akzente hörbar; das Vorbild heißt hier eindeutig Verdi. Strawinsky plante von Anfang an einen lateinischen Text, erstens um Übersetzungsschwierigkeiten bei Aufführungen in fremden Ländern zu vermeiden, des weiteren weil ihm zum »Ausduck der erhabenen Dinge« eine klassische Sprache am besten geeignet schien. Den Text verfaßte Strawinskys Freund Jean Cocteau, die lateinische Übersetzung besorgte Jean Daniélou. Ein betont nonchalant auftretender »Conférencier« erläutert zum Verständnis des Hörers die wichtigsten Grundzüge des dramatischen Geschehens in der jeweiligen Landessprache und demonstriert gleichzeitig die vom Autorenteam beabsichtigte historische Distanz.

I. Strawinsky

THE RAKE'S PROGRESS (Der Wüstling)
Oper in drei Akten, Text von Wystan Hugh Auden und Chester Kallman, Uraufführung: Venedig 1951

Personen
TOM RAKEWELL (Tenor);
TRULOVE (Baß);
ANN (Sopran),
seine Tochter;
NICK SHADOW (Bariton);
BABA (Mezzosopran),
genannt die »Türkenbab«

England, im 18. Jahrhundert.

Handlung
1. Akt
Die junge Ann Trulove hat sich mit Tom Rakewell verlobt, einem lebenslustigen, nicht besonders charakterfesten Jüngling. Ihr Vater bietet Tom eine Stellung bei einem Bankhaus an, doch der möchte sein Geld lieber auf eine weniger anstrengende Weise verdienen. Eines Tages bekommt Tom Besuch von Nick Shadow, einem finsteren Gesellen, der behauptet, als Diener bei Toms verstorbenem Onkel beschäftigt gewesen zu sein. Er überbringt die frohe Kunde, daß Tom eine immense Geldsumme geerbt habe. Gern ist Shadow bereit, Tom in die »große Welt« einzuführen; über den Lohn werde man sich zu gegebener Zeit schon einigen. Beide fahren nach London, wo sie alsbald einen liederlichen Lebenswandel führen und in den Bordellen als Stammgäste verkehren. Beunruhigt folgt Ann ihnen nach.

2. Akt
Obwohl Tom der frivolen Großstadtvergnügungen inzwischen müde geworden ist und sehnsüchtig an seine Ann zurückdenkt, drängt ihn Shadow zu weiteren Ausschweifungen. Als nächstes soll Tom die »Türkenbab« heiraten, ein bärtiges Monstrum angeblich weiblichen Geschlechts, das seinen Lebensunterhalt als Jahrmarktsattraktion verdient. Außerdem überredet ihn Shadow, sein Geld in die Produktion eines Apparates zu investieren, mit dem man aus Glasscherben Brot herstellen kann. Als Ann Tom zur Rede stellen will, weist er sie zurück.

The Rake's Progress

3. Akt

Tom hat Konkurs gemacht; sein Hab und Gut wird versteigert. Die Türkenbab rät Ann, Tom vor Shadow zu beschützen. Shadow bestellt Tom auf einen Friedhof und verlangt von ihm seine Seele als Lohn. Er gibt ihm eine letzte Chance bei einem Kartenspiel. Durch Telepathie gibt Ann Tom den entscheidenden Tip. Shadow verliert, schlägt Tom jedoch mit Wahnsinn. Im Irrenhaus stirbt Tom, nachdem er Ann noch einmal gesehen hat.

Anmerkung

Auden und Kallman, als Team erfolgreich bei der Erstellung von Textbüchern (sie verfaßten die Libretti für einige von Henzes besten Opern), orientierten sich im »Wüstling« an einem Kupferstichzyklus des englischen Malers William Hogarth (1697-1764). Die Figur des Nick Shadow wurde von ihnen dazuerfunden; sie schafft Beziehungen zum Faust-Mythos. Strawinsky schuf seine Musik ganz im Geist des 18. Jahrhunderts, ohne in eine Stilkopie zu verfallen. Das Orchester ist mit dem Mozarts identisch; alte, längst vergessen geglaubte Vokalformen wie das Secco-Rezitativ feiern fröhliche Auferstehung. Den Sängern wird ausgiebig Gelegenheit zur brillanten Zurschaustellung ihrer Fähigkeiten gegeben. Gleichwohl drängt sich der Eindruck einer gewissen Maskenhaftigkeit auf; die Grenzen zwischen Ernst und Ironie sind nicht immer erkennbar. Vielleicht ist es bezeichnend, daß Strawinsky nach dem »Wüstling« die neoklassizistische Methode für ausgeschöpft erachtete und sich neuen Ufern zuwandte.

Georg Philipp Telemann
(1681–1767)

Nachdem er lange Zeit im Schatten Johann Sebastian Bachs gestanden hatte, den er zu Lebzeiten an Ruhm und äußerlicher Anerkennung bei weitem hinter sich ließ, hat Georg Philipp Telemann nach dem zweiten Weltkrieg eine grundlegende Neubewertung erfahren. Im Zuge der Wiederbelebung der Alten Musik auf historischen Instrumenten wurde der Einfallsreichtum, die handwerkliche Sicherheit, die leuchtenden Farben und der unfehlbare Witz des vormals als Vielschreiber verschrieenen Barockmeisters wieder in hohem Maße gewürdigt. Einigen Anteil an dieser regelrechten Renaissance hat auch der heitere Einakter »Pimpinone«, der gern zusammen mit Pergolesis thematisch ähnlichem Intermezzo »La serva padrona« gegeben wird. Die anderen Opern des Direktors der fünf Hamburger Hauptkirchen, der 1722 zusätzlich die Leitung des Theaters am Gänsemarkt übernahm, sind (noch) selten zu hören und zu sehen, dabei entstanden bereits zu Telemanns Leipziger Zeit so bedeutende Stücke wie »Der neumodische Liebhaber Damon« (Uraufführung 1719).

PIMPINONE oder DIE UNGLEICHE HEIRAT

Zwischenspiel in einem Akt, Text nach der italienischen Vorlage des Pietro Pariati von Johann Philipp Praetorius, Uraufführung: Hamburg 1725

Personen
VESPETTA (Sopran),
Kammermädchen;
PIMPINONE (Baß),
reicher Junggeselle

Italien, im 18. Jahrhundert.

Handlung
Die attraktive Vespetta führt beim alten Pimpinone den Haushalt, aber die Arbeit will ihr nicht so recht schmecken: Pimpinone hetze sie herum, darum sei es an der Zeit, den Dienst zu quittieren; auch redeten die Leute schon über ihr Verhältnis. Um das hübsche Mädchen im Haus zu behalten, willigt Pimpinone in die Eheschließung ein und setzt ihr eine hohe Mitgift aus. Seine Bedenken gegen die Ehe weiß Vespetta schnell zu zerstreuen: Sie sei ein Muster an Häuslichkeit, Sparsamkeit und Tugend; sie besuche keine Bälle, gehe nicht in die Oper und lese keine Romane.

Pimpinone oder Die ungleiche Heirat

Doch kaum ist der Bund fürs Leben geschlossen, erweist sie sich – wie kann es anders sein – als regelrechter Drachen, der den Alten schurigelt, das Geld zum Fenster hinauswirft und den eifersüchtigen Ehemann zu Haus sitzen läßt, ohne ihm mitzuteilen, wohin sie geht. An ihre frommen Versprechungen erinnert, weist sie frech darauf hin, daß sie diese als Magd getan habe, jetzt aber sei sie Pimpinones Frau und mithin die Herrin im Haus. Ein gewaltiger Ehekrach ist die Folge, an dessen Ende Vespetta auf Auszahlung der Mitgift besteht, sollte Pimpinone sie nicht in allem gewähren lassen. Zähneknirschend lenkt er ein.

Anmerkung
Wie damals an der Hamburger Oper üblich, wurden nur die handlungstreibenden Rezitative (und einige wenige volkstümliche Nummern) ins Deutsche übersetzt, die Arien wurden in der italienischen Originalsprache vertont. Telemann schrieb das Stück, das von einem ebenfalls für Hamburg typischen Realismus der Charakterdarstellung gekennzeichnet ist, als heitere Einlage für die Vorstellung einer Opera seria, bei der es sich vermutlich um Georg Friedrich Händels »Tamerlano« handelte.

Ambroise Thomas (1811–1896)

Ende der 30er Jahre wandte sich der aus Metz stammende Ambroise Thomas in Paris der Opernbühne zu, zunächst mit mäßigem Erfolg. Das Blatt wendete sich erst mit »Le Caid« (1849) und mit dem »Sommernachtstraum« (1850) zu seinen Gunsten, die endgültige Anerkennung brachten »Mignon« (1866) und »Hamlet« (1868). Die Ernennung zum Direktor des Conservatoire in der Nachfolge des Opernkomponisten Auber (1871) war die Konsequenz seines schließlich weltweiten Ruhms. Thomas hatte die ehrenvolle Stelle bis zu seinem Tod inne.

MIGNON

Opéra-comique in drei Akten, Text nach Johann Wolfgang von Goethes Roman »Wilhelm Meisters Lehrjahre« von Michel Carré und Jules Barbier, Uraufführung: Paris 1866

Personen
MIGNON (Mezzosopran);
PHILINE (Sopran);
WILHELM MEISTER (Tenor);
LOTHARIO (Baß);
LAERTES (Tenor);
FRIEDRICH (Tenor);
JARNO (Baß);
FÜRST (Tenor);
BARON (Baß)

Deutschland und Italien, um 1790.

Handlung
1. Akt

Im Garten eines Wirtshauses singt der greise Harfner Lothario ein Lied, als ein Zigeunertrupp erscheint. Jarno, der Anführer, zwingt die junge Mignon, Kunststücke vorzuführen, und droht, seinen Befehlen mit Schlägen Nachdruck zu verleihen. Wilhelm Meister, ein wohlhabender reisender junger Mann aus Wien, beobachtet die Szene und kauft Mignon aus Mitleid frei. Dankbar beschließt das Mädchen, ihm in Knabenkleidern als Page zu folgen. Die Schauspieler Philine und Laertes treten auf den Plan, und Wilhelm Meister verliebt sich sogleich in die attraktive Philine.

Mignon

Er schließt sich den Schaupielern an und folgt ihnen auf das Schloß des Grafen Rosenberg, wo sie zu einigen Vorstellungen eingeladen sind.

2. Akt
Mignon ist eifersüchtig auf Philine, die Wilhelm Meister kokett den Kopf verdreht. Allein im Boudoir der Schauspielerin legt sie deren Kleider an und schminkt sich. Philines Verehrer Friedrich, der Wilhelm Meister aus Eifersucht zum Duell fordern will, tritt auf und verspottet das Mädchen. Meister erkennt, daß Mignon ihn liebt und will sich von ihr trennen. Mignon stürzt in den Schloßgarten, wo sie auf den Harfner Lothario trifft. Der verwirrte Alte setzt das Schloß in Brand, um Mignon zu rächen. Das Mädchen stürzt sich in die Flammen, wird aber von Meister gerettet.

3. Akt
Lothario und Wilhelm Meister sind mit der kranken Mignon nach Italien gereist. Im Schloß des verschollenen Grafen Cypriani erwacht Lothario aus seiner Umnachtung, als er die Kleider des Vermißten anlegt: Er selbst ist der Graf, der auf der Suche nach seiner von den Zigeunern geraubten Tochter in die Welt hinausgezogen war. Auch Mignon kommt die Erinnerung: Das Schloß ist der Ort ihrer Kindheit. Sie ist die Tochter des Grafen. Vater und Tochter schließen sich beglückt in die Arme, und endlich erkennt auch Wilhelm Meister seine Liebe zu Mignon.

Anmerkung
Nicht weniger als vier Schlußfassungen existieren von dieser Oper, in Deutschland hat sich die oben geschilderte Version mit glücklichem Ausgang durchgesetzt. Die Librettisten Michel Carré und Jules Barbier, die aus Goethes Entwicklungsroman eine bühnenwirksame romantische Liebesgeschichte herausarbeiteten, hatten für Charles Gounod bereits den »Faust« bearbeitet. Die Oper »Mignon« gilt als ein Höhepunkt der von Gounod gegründeten Gattung der lyrischen Oper, in der hauptsächlich Shakespeare- und Goethestoffe in populärer Form auf die Bühne gebracht werden. Meisterhaft gelungen in der melodienreichen »Mignon« ist die musikalische Charakterisierung der koketten Philine durch die bekannte Polonaisen-Arie »Titania ist herabgestiegen« als Kontrast zu Mignons sehnsüchtigem »Kennst du das Land, wo die Zitronen blühn?«.

Michael Tippett
(geb. 1905)

Spätestens seit dem Tod von Benjamin Britten gilt Michael Tippett als der große alte Mann der englischen Musik. Nach seinem Studium am Royal College of Music in London war er vorwiegend als Volksschullehrer und Chorleiter tätig. 1940 wurde Tippett Musikdirektor am Londoner Morley College. Dieses Amt übte er bis 1951 aus. Danach verfaßte er Musikbeiträge für die BBC. Im Jahre 1966 wurde ihm der Adelstitel verliehen. Tippett ist auf nahezu allen Gebieten kompositorisch tätig. Er schuf bis jetzt fünf Opern, deren jüngste, »New Year«, 1989 in den USA uraufgeführt wurde.

KING PRIAM (König Priamos)
Oper in drei Akten, Text vom Komponisten nach Homers »Ilias«, Uraufführung: Coventry 1962

Personen
PRIAMOS (Bariton),
König von Troja;
HEKUBA (Sopran),
seine Frau;
HEKTOR und PARIS (Bariton und Tenor),
ihre Söhne;
ANDROMACHE (Sopran),
Hektors Frau;
HELENA (Mezzosopran);
ACHILLES (Tenor),
griechischer Held;
PATROKLOS (Bariton),
sein Freund;
HERMES (Tenor),
der Götterbote

Zur Zeit des trojanischen Krieges.

Handlung
1. Akt
Hekuba, Königin von Troja, wird von einem Traum beunruhigt, dessen schreckliche Bedeutung ihr ein alter Mann erklärt: Paris, ihr Sohn, werde

einst den Tod seines Vaters Priamos verursachen. Nach anfänglichen Zweifeln entschließen sich die Eltern, ihr Kind von einem Wächter töten zu lassen. Dieser führt den Auftrag allerdings nicht aus, und Jahre später, auf einer Jagd, begegnen Priamos und Hektor einem Jüngling: es ist Paris. – In Griechenland beginnt Paris ein Verhältnis mit Helena, der Frau des Königs Menelaos. Hermes erscheint in Begleitung dreier Göttinnen – Hera, Athene und Aphrodite. Der Schönsten soll Paris einen Apfel überreichen. Paris wählt Aphrodite und damit Helena. Das bedeutet Krieg.

2. Akt
Der Krieg hat begonnen. Patroklos führt, als Achill verkleidet, die Trojaner in die Irre. Achill soll derweil ungestört die Stadt erobern können. Bei diesem Manöver wird Patroklos von Hektor erschlagen. Achill schwört Rache.

3. Akt
Hektor wird von Achill ermordet. Paris verspricht seinem Vater, Hektors Tod zu rächen. Priamos geht zu Achill und bittet ihn um die Leiche seines Sohnes. Die beiden Männer verzeihen sich gegenseitig und prophezeien sich ihren Tod. Hermes erscheint in Priamos' Palast als Todesbote. Priamos nimmt Abschied von seiner Familie und von Helena. Am Altar knieend, wird er von griechischen Soldaten getötet.

Anmerkung
In »King Priam« wird Homers »Ilias« von der Seite der Trojaner her interpretiert, nicht Achill ist der Held, sondern Priamos als tragische Gestalt. Was Tippett an dem Stoff reizte, war »das Problem des Vor-die-Wahl-gestellt-seins, der oft verhängnisvollen Folgen einer zu treffenden Entscheidung.« Jede der Figuren wird im Verlauf der Handlung vor eine schwerwiegende Entscheidung gestellt, die das Geschehen schicksalhaft beeinflußt. Auch das menschliche Mitleid spielt eine vitale Rolle – das Mitleid, das Paris das Leben rettet, Achills Mitleid für Priamos. Die Komposition des »King Priam« bedeutete einen Bruch mit Tippetts bisherigem lyrischen Stil. Tippett wollte zu einer dem Sujet angemessenen »heroischen« Tonsprache finden, in der deklamatorische Melodik mit einer ökonomischen Orchesterbehandlung verbunden sein sollte. Das Orchester des »King Priam« ist kammermusikalisch aufgesplittert. Zu einzelnen Instrumenten bzw. Instrumentengruppen gesellen sich jeweils Motive, die im Verlauf der Oper wiederkehren und mosaikartig miteinander kombiniert werden.

M. Tippett

THE KNOT GARDEN (Der Irrgarten)
Oper in drei Akten, Text vom Komponisten, Uraufführung: London 1970

Personen
FABER (Bariton),
ein Ingenieur;
THEA (Mezzosopran),
seine Frau;
FLORA (Sopran),
ihr Mündel;
DENISE (Sopran),
Theas Schwester;
MEL (Bariton),
ein farbiger Dichter;
DOV (Tenor),
*sein weißer Freund,
Musiker;*
MANGUS (Tenor),
Analytiker

In einem Garten,
in der Gegenwart.

Handlung
1. Akt
Die Ehe von Faber und Thea steckt in einer Krise. Da Thea ihn zurückweist, stellt Faber seinem Mündel Flora nach, doch auch diese flieht vor ihm. Mangus, ein zu Besuch weilender Analytiker, kommt zu dem Schluß, daß alle eine Therapie nötig haben. Er möchte Shakespeares »Sturm« als Scharade aufführen. Weitere Gäste erscheinen: Mel und Dov – ein homosexuelles Künstlerpaar, als Caliban und Ariel verkleidet – und Theas Schwester Denise, eine geschundene Freiheitskämpferin.

2. Akt
Der Garten wird zu einem Labyrinth. Nacheinander begegnen sich die Personen in ihm, versuchen eine Beziehung zueinander aufzubauen. Sympathien und Antipathien kristallisieren sich heraus, man enthüllt seine Verletzlichkeiten. Denise fühlt sich von Mel angezogen; Dov tröstet die verängstigte Flora mit einem Lied.

3. Akt

Mangus beginnt seine »Sturm«-Inszenierung. Die Beteiligten sollen sich anhand ihrer Rollen selbst erkennen – Mel als Caliban, Dov als Ariel, Flora als Miranda, Faber als Ferdinand und Mangus als Prospero. Mel und Denise finden zueinander, Dov hingegen verläßt – wie Flora – allein den Schauplatz. Das Spiel ist aus. Faber und Thea versuchen einen neuen Anfang.

Anmerkung

Bei seinem Libretto ließ sich Tippett von mannigfachen literarischen Quellen inspirieren: Shakespeares »Sturm«, Shaws »Heartbreak Hotel«, Mozarts »Così fan tutte«. Grundlegend für die Kernaussage des Werks ist die Gestaltpsychologie C. G. Jungs, deren Anhänger Tippett ist: Um zu sich selbst zu finden, muß der Mensch die hellen und dunklen Seiten seines Ichs in ihrer Gesamtheit akzeptieren. »The Knot Garden« brachte für die Opernbühne einige überraschende Neuerungen. Die intensive Auseinandersetzung Tippetts mit den verschiedenen Facetten amerikanischer Kultur fand ihren Niederschlag einerseits in der filmschnitthaften Szenenfolge der Oper, andererseits in der Übernahme von Elementen der Rock- und Popmusik – sowohl im Text als auch in Melodik und Instrumentation. Auch von der Zitattechnik machte Tippett Gebrauch: Flora eröffnet Dov am Ende des 2. Akts ihre Gefühle durch Schuberts Lied »Die liebe Farbe«, Dov seinerseits antwortet mit einem Pop-Song – zu den Klängen einer elektrischen Gitarre.

P. I. Tschaikowsky

Peter Iljitsch Tschaikowsky
(1840-1893)

Wie viele russische Komponisten verdiente sich Tschaikowsky seinen Lebensunterhalt zuerst in einem bürgerlichen Beruf: er war bis 1863 Verwaltungssekretär im Staatsdienst. Am Petersburger Konservatorium erhielt er Kompositionsunterricht von Anton Rubinstein. 1866 holte ihn dessen Bruder Nikolai als Kompositionslehrer ans neugegründete Moskauer Konservatorium, wo er die nächsten 12 Jahre hindurch tätig war. Tschaikowsky entwickelte sich schnell zum populärsten Komponisten seiner Heimat. Konzertreisen führten ihn bis nach Amerika. Von seinen 10 Opern haben »Eugen Onegin« und »Pique Dame« Weltruhm erlangt. Trotz seines großen Erfolgs wurde der extrem selbstkritische Tschaikowsky zunehmend von Depressionen geplagt. Ob er, wie es offiziell heißt, an der Cholera starb oder durch Selbstmord endete, ist ungeklärt.

EUGEN ONEGIN

Lyrische Szenen in drei Akten, Text vom Komponisten und K. Schilowski nach Puschkins gleichnamigem Versepos, Uraufführung: Moskau 1879

Personen

EUGEN ONEGIN (Bariton);
LENSKI (Tenor), *Onegins Freund;*
LARINA (Mezzosopran), *Gutsbesitzerin;*
TATJANA und OLGA (Sopran und Alt),
ihre Töchter;
FILIPJEWNA (Mezzosopran), *Amme;*
FÜRST GREMIN (Baß)

Petersburg und Umgebung, um 1820.

Handlung
1. Akt

Auf ihrem Landgut sehen Larina und ihre beiden Töchter bei den Erntearbeiten zu. Sie erhalten Besuch vom Dichter Lenski und seinem Freund Onegin. Die lebenslustige Olga ist bereits mit dem schwärmerischen Lenski verlobt. Tatjana verliebt sich in Onegin, der sich mit der Aura eines Lebemannes umgibt. In ihrem Zimmer schreibt sie ihm einen leidenschaftlichen Liebesbrief. Als die beiden sich im Park treffen, erklärt Onegin Tatjana, daß er sie zwar achte, für eine Ehe jedoch nicht tauge.

2. Akt

Larina veranstaltet zu Ehren Tatjanas einen Ball, zu dem auch Onegin und Lenski eingeladen sind. Onegin, den die Gesellschaft anekelt, macht Olga den Hof und wird daraufhin vom maßlos eifersüchtigen Lenski gefordert. Obwohl beide im Grunde die Sinnlosigkeit dieses Duells einsehen, gelingt es ihnen nicht, sich zu versöhnen. Onegin erschießt Lenski.

3. Akt

Einige Jahre später begegnet Onegin in Petersburg auf einem Fest Tatjana, die mittlerweile mit Fürst Gremin verheiratet ist. Onegin ist nun sicher, sie zu lieben und erklärt sich ihr. Tatjana schwankt zwar, doch hält sie dem Gatten die Treue. Verzweifelt stürzt Onegin davon.

Anmerkung

Schon der Untertitel »Lyrische Szenen« deutet an, daß dieses Werk wenig im eigentlichen Sinne »Opernhaftes« besitzt. Tschaikowsky legt das Hauptgewicht auf lyrisch-elegische Stimmungsbilder, die gelegentlich durch tänzerische Intermezzi aufgelockert werden. Hervorragend gelingt ihm die musikalische Zeichnung der Stimmungslage seiner Charaktere, insbesondere in der berühmten Briefszene des 1. Akts: Als Tatjana von ihren Gefühlen überwältigt wird, führt das Orchester zu Ende, was sie nicht mehr aussprechen kann. »Eugen Onegin« ist mit Recht Tschaikowskys erfolgreichste Oper.

PIQUE DAME

Oper in drei Akten, Text von Modest Tschaikowsky nach Puschkins gleichnamiger Novelle, Uraufführung: Petersburg 1890

Personen
HERMANN (Tenor);
GRAF TOMSKY (Bariton);
TSCHEKALINSKY (Tenor);
FÜRST JELETZKY (Bariton);
DIE ALTE GRÄFIN (Alt);
LISA (Sopran),
ihre Enkelin

Petersburg, vor 1800.

Handlung
1. Akt
Der junge Offizier Hermann gesteht seinem Freund Graf Tomsky, in eine schöne Unbekannte verliebt zu sein, deren Namen er nicht kennt. Kurz darauf begegnen sie Lisa, so heißt seine Erwählte. Zu seinem Entsetzen erfährt Hermann, daß Lisa bereits mit Fürst Jeletzky verlobt ist. Graf Tomsky eröffnet Hermann das Geheimnis der alten Gräfin, Lisas Großmutter. Diese war einst eine verwegene Glücksspielerin. Von einem Kavalier erfuhr sie das Geheimnis dreier Gewinnkarten, denen sie ihren jetzigen Reichtum verdankt. In Anspielung auf diese Karten wird sie »Pique Dame« genannt. Hermann ist fest entschlossen, der alten Dame das Geheimnis zu entreißen, um Lisa für sich zu gewinnen.

2. Akt
Als während eines Maskenballs ein Schäferspiel aufgeführt wird, gelangt Hermann zu dem Wohnungsschlüssel der Gräfin. Er stellt sie zur Rede und bedroht sie mit einer Pistole. Die Gräfin stirbt vor Schreck. Lisa, die Hermann für den Mörder ihrer Großmutter hält, weist ihn aus dem Haus.

3. Akt
Lisa schreibt reumütig einen Brief an Hermann, in dem sie ihn um ein Treffen bittet. Hermann verfällt zusehends dem Wahnsinn. Der Geist der Gräfin erscheint ihm und verrät ihm die drei Karten: Drei, Sieben, As. Als er Lisa wiedersieht, beachtet er sie kaum und stürzt wie von Sinnen an den Spieltisch. Verzweifelt ertränkt sich Lisa im Fluß. Im Spielsaal steigt die Spannung ins Unerträgliche – nur Fürst Jelitzky bietet Hermann noch Paroli. Hermann will das As ziehen, doch es erscheint – Pique Dame! Er glaubt, das höhnische Gesicht der Gräfin auf der Karte zu erkennen und ersticht sich im Wahn.

Anmerkung
Im Vergleich zu »Eugen Onegin« ist »Pique Dame« stärker dramatisch konzipiert. Doch steht auch in diesem Werk die Darstellung seelischer Konflikte im Vordergrund. Neu hinzugekommen ist eine Leitmotivtechnik, anhand derer der psychische Niedergang Hermanns vom Hörer nachvollzogen werden kann. Von besonderem Reiz ist die Rokoko-Stilkopie des Schäferspiels im 2. Akt, die innerhalb der dramatischen Entwicklung einen Ruhepunkt darstellt. Tschaikowsky fühlte sich von Puschkins Vorlage derart inspiriert, daß er den Klavierauszug der »Pique Dame« innerhalb von zwei Monaten fertigstellte.

Nabucco

Guiseppe Verdi
(1813–1901)

Im Jahr 1848, als noch recht junger, aber bereits sehr erfolgreicher Komponist, erwarb der damals 35jährige Verdi ein Landgut im kleinen Sant'Agata bei Parma, unweit des Dorfes Le Roncole, in dem er, der Sohn eines Gastwirts, zur Welt gekommen war und beim Dorforganisten den ersten Musikunterricht erhalten hatte. Fortgesetzt hatte Verdi seine Ausbildung in der größeren Nachbargemeinde Busseto, wo er in dem wohlhabenden Kaufmann Antonio Barezzi, der ein begeisterter Musikliebhaber war und als erster das erstaunliche Talent des 12jährigen erkannte, einen weitblickenden, väterlich um ihn besorgten Gönner fand. Als Verdi vergeblich versucht hatte, Aufnahme am Mailänder Konservatorium zu finden, finanzierte Barezzi seinem Schützling private Studien bei Vincenzo Lavigna, der als Dirigent und Cembalist an der Scala tätig war. 1836 kehrte Verdi – Intrigen hätten seine Berufung allerdings beinahe verhindert – als Organist und Kapellmeister nach Busseto zurück, blieb jedoch nicht lange dort. Ihn zog es nach Mailand, wo er mit »Oberto« (1839) einen Achtungserfolg erzielen konnte. Aber erst mit »Nabucco« (1842), seiner dritten Oper, begann der unaufhaltsame Aufstieg Verdis zum neben Richard Wagner wichtigsten Opernkomponisten seiner Zeit. Verdis Eintreten für die Sache des Risorgimento, die in der Königskrönung Vittorio Emanueles im Jahr 1861 ihren Abschluß fand, machte ihn zu einer Symbolfigur des geeinten Italiens. Weltberühmt und überall begehrt, reiste Verdi durch ganz Europa, zog sich jedoch immer wieder auf sein Landgut in Sant'Agata zurück, denn er war stolz darauf, ein »Bauer aus Parma« zu sein, wie er oft betonte. Sein mehr als zwanzig Werke umfassendes Opernschaffen gliedert sich, grob gesehen, in drei Perioden. Die von ihm selbst als »Galeerenjahre« bezeichnete Zeit zwischen »Nabucco« (1842) und »Rigoletto« (1851), mit ihren meist historischen, die Freiheitsliebe und den Kampf gegen die Tyrannei propagierenden »politischen« Opern, bildet den ersten Abschnitt. Die »mittlere«, allerdings sehr uneinheitliche und von längeren Pausen unterbrochene Periode reicht etwa vom »Troubadour« (1853) bis zu »Don Carlos« (1867) und »Aïda« (1871). Den Abschluß bilden »Otello« (1887) und »Falstaff« (1893), die beiden Alterswerke, in denen das musikdramatische Schaffen Verdis und die italienische Oper des 19. Jahrhunderts zur höchsten Vollendung findet.

―――――― G. Verdi ――――――

NABUCCO (Nabucodonosor / Nebukadnezar)
Oper in vier Akten (sieben Bildern), Text von Temistocle Solera, Uraufführung: Mailand 1842

Personen
NABUCCO (Bariton),
König von Babylon;
FENENA (Sopran),
seine Tochter;
ABIGAIL (Sopran),
Sklavin, Nabuccos vermeintlich erstgeborene Tochter;
ISMAEL (Tenor),
Neffe Sedecias, des Königs von Jerusalem;
ZACHARIAS (Baß),
Hohepriester der Hebräer;
OBERPRIESTER DES BAAL (Baß);
ABDALLO (Tenor),
Diener Nabuccos;
RAHEL (Sopran),
Schwester des Zacharias

In Jerusalem und Babylon, 6. Jahrhundert v. Chr.

Handlung
1. Akt
Nabucco (Nebukadnezar) bedroht mit seinen Truppen Jerusalem. Im Tempel beschwichtigt der Hohepriester Zacharias das beunruhigte Volk mit der Botschaft, man habe mit Fenena, der Tochter Nabuccos, die einst Ismael, dem Neffen des Königs von Jerusalem, die Flucht aus Babylon ermöglicht hat und mit ihm nach Israel gekommen ist, eine Geisel in der Hand. Aber schon dringen die Feinde, angeführt von Abigail, die zur Herrin Babylons aufgestiegen ist, in den Tempel ein. Nabucco hält die Stadt besetzt. Ismael, der Fenena sein Leben zu verdanken hat, revanchiert sich nun bei ihr, indem er sie aus der Gewalt Zacharias' befreit. Die Hebräer verfluchen ihn für diese Tat. Fenena kehrt zu ihrem Vater zurück.

2. Akt
In Babylon verbündet sich Abigail, die erfahren hat, daß sie nicht von königlicher Abstammung ist und ihren Platz an Fenena hat abtreten müs-

sen, mit dem Oberpriester des Baal. Beide nutzen die Abwesenheit Nabuccos, um zu verkünden, der König sei gefallen. Als sie jedoch Fenena die Krone entreißen, taucht Nabucco auf, setzt sich selbst die Krone auf und verlangt, daß man ihm als Gott huldigen solle. Da trifft ihn die Strafe des Himmels, ein Blitz saust nieder. Nabucco verfällt dem Wahnsinn, Abigail wird Königin.

3. Akt
Fenena, die sich als Jüdin bekennt, und mit ihr die gefangenen Hebräer werden zum Tode verurteilt. Nabucco, geistig verwirrt, aber doch imstande zu erkennen, was geschieht, will den Tod seiner Tochter verhindern. Abigail läßt ihn festnehmen.

4. Akt
Als Nabucco in seiner Not Jehova, den Gott der Juden, anruft, fällt der Wahnsinn von ihm ab. Mit seinen Getreuen erscheint Nabucco im Tempel, wo Fenena und die Gefangenen auf ihre Hinrichtung warten. Das Götzenbild Baals stürzt zusammen, von den Trümmern tödlich getroffen, fleht Abigail um Vergebung. Nabucco entläßt die Hebräer aus der Gefangenschaft, Ismael und Fenena werden vereint. Zacharias und die Hebräer preisen die Macht Jehovas.

Anmerkung
»Nabucco« ist, nach Verdis eigenen Worten, die Oper, mit der seine künstlerische Laufbahn in Wahrheit begann. Durch »Nabucco« wurde Verdi mit einem Schlag berühmt. Mit dem Geld, das diese Oper ihm eintrug, konnte er seine Schulden zurückzahlen und sogar einen kleinen Bauernhof in Le Roncole erstehen, als dessen Verwalter er dann seinen Vater einsetzte. Die Rolle der Abigail bei der Uraufführung in Mailand sang Giuseppina Strepponi, Verdis spätere zweite Frau (seine erste, Margeritha, die Tochter seines Gönners Barezzi, war 1840 gestorben). Der Chor der Gefangenen »Va pensiero sull'ali dorate« (»Flieg, Gedanke«) wurde zum musikalischen Banner des Risorgimento und blieb bis heute die heimliche Nationalhymne Italiens.

―――――― *G. Verdi* ――――――

MACBETH (Macbetto)

Oper in vier Akten, Text von Francesco Maria Piave nach dem gleichnamigen Schauspiel von William Shakespeare, Uraufführung: Florenz 1847

Personen

DUNCAN (stumme Rolle), *König von Schottland;*
MALCOLM (Tenor), *sein Sohn;*
MACBETH (Bariton), *Feldherr;*
BANQUO (Baß), *Feldherr;*
LADY MACBETH (Sopran, evtl. Mezzosopran);
MACDUFF (Tenor), *schottischer Edler;*
FLEANCE (stumme Rolle), *Banquos Sohn;*
KAMMERFRAU (Alt);
MÖRDER (Baß);
ARZT (Baß);
HEROLD (Baß)

Schottland, im 11. Jahrhundert.

Handlung
1. Akt

In einer düsteren Heidelandschaft werden die beiden siegreichen Feldherren Macbeth und Banquo von Hexen umgeistert. Die Hexen prophezeien Macbeth, er werde König von Schottland sein, Banquo aber Vater von Königen. Um die Erfüllung der Weissagung zu beschleunigen, läßt Macbeth sich von seiner ehrgeizigen Gemahlin zum Mord an König Duncan anstacheln.

2. Akt

Der Verdacht, den König ermordet zu haben, fällt auf Malcolm, seinen Sohn. Macbeth erhält die Krone. Nun möchte er verhindern, daß die zweite Prophezeiung, die Banquo, dem »Vater von Königen« galt, sich bewahrheitet. Macbeth läßt Banquo ermorden, dessen Sohn jedoch, Fleance, entgeht dem Attentat. Macbeth wird vom Geist des Ermordeten heimgesucht und verliert fast den Verstand.

3. Akt

Macbeth geht zu den Hexen und versucht, von ihnen etwas über seine Zukunft zu erfahren. Die Prophezeiung klingt beruhigend: Solange nicht der Wald von Birnam gegen ihn vorrücke, werde er König bleiben, und niemand, der von einem Weib geboren sei, werde ihn besiegen.

4. Akt

Der Fluch ihrer Taten hat auch Lady Macbeth eingeholt. Im Wahnsinn gesteht sie, bevor sie stirbt, den Königsmord. In der Zwischenzeit hat sich Malcolm mit Macduff verbündet, um der grausamen Herrschaft des Macbeth ein Ende zu setzen. Ihren Kriegern, die im Wald von Birnam zusammengezogen sind, haben Malcolm und Macduff befohlen, beim Heranrücken aufs Schloß abgeschnittene Zweige als Tarnung vor sich herzutragen – die Prophezeiung erfüllt sich. Aber noch verläßt sich Macbeth darauf, daß keiner, der von einem Weib geboren, ihn überwinden kann. Im Zweikampf mit Macduff muß Macbeth erfahren, daß sein Gegenüber nicht auf natürlichem Weg geboren, sondern aus dem Leib der Mutter geschnitten worden ist. Macbeth findet den Tod, Malcolm wird zum König ausgerufen.

Anmerkung

In »Macbeth«, seiner wohl düstersten Oper, hat Verdi zugunsten einer musikalisch äußerst differenzierten Charakterstudie des dämonischen Mörderpaars auf glänzende Belcanto-Arien weitgehend verzichtet. Höhepunkt des gespenstischen Schreckens, der in »Macbeth« allgegenwärtig ist, ist die Schlafwandelszene der Lady Macbeth, die zu den packendsten Wahnsinnsschilderungen der Opernliteratur gehört.

RIGOLETTO

Oper in vier Akten, Text von Francesco Maria Piave nach dem Drama »Le roi s'amuse« von Victor Hugo, Uraufführung: Venedig 1851

Personen

HERZOG VON MANTUA (Tenor);
RIGOLETTO (Bariton),
sein Hofnarr;
GILDA (Sopran),
dessen Tochter;
GIOVANNA (Alt),
Gildas Gesellschafterin;
GRAF VON MONTERONE (Baß);
GRAF CEPRANO (Bariton);

G. Verdi

GRÄFIN CEPRANO (Sopran);
MARULLO (Bariton),
Kavalier;
BORSA (Tenor),
Höfling;
SPARAFUCILE (Baß),
ein Bravo;
MADDALENA (Mezzosopran),
seine Schwester

Mantua, im 16. Jahrhundert.

Handlung

Auf einem seiner rauschenden Feste beschließt der Herzog von Mantua, die schöne Gräfin Ceprano zu erobern. Rigoletto, sein buckliger Hofnarr, übergießt den ebenfalls anwesenden Ehemann der Gräfin mit beißendem Spott. Auf dem Fest munkelt man, daß auch Rigoletto, der Narr, eine schöne Geliebte habe, mit der er sich abends heimlich treffe. Der Herzog setzt sein dreistes Werben um die Gräfin Ceprano fort. Rigoletto gibt, für alle Umstehenden vernehmlich, seinem Herrn den Rat, den Mann der Gräfin einfach zu verhaften und die Schöne zu entführen. Plötzlich tritt der Graf von Monterone in den Saal, dessen Tochter eines der Opfer des Herzogs geworden ist. Als Rigoletto auch ihn verhöhnt, spricht Monterone einen Fluch über den Herzog und seinen Narren aus. Dieser Fluch geht Rigoletto nach, als er auf dem Weg nach Hause, wo seine schöne Tochter Gilda auf ihn wartet, dem Mörder Sparafucile begegnet, der ihm seine Dienste anbietet. Zu Hause angekommen, ermahnt Rigoletto seine Tochter, die Wohnung nur zum Kirchgang zu verlassen, denn er hat Angst, der Herzog könne das schöne Kind entdecken. Aber das ist längst geschehen. Als angeblicher Student hat er sich bei Gilda eingeschlichen und ihre Liebe gewonnen. Als Rigoletto das Haus verläßt, begegnet er einigen Höflingen, die ihm erklären, die Gräfin Ceprano entführen zu wollen. Rigoletto läßt sich von ihnen einspannen und hält den Entführern sogar die Leiter. Ohne zu wissen, was er tut, denn die Augen sind ihm verbunden worden, wirkt Rigoletto an der Entführung seiner eigenen Tochter mit, von der die Höflinge glauben, sie wäre seine Geliebte. Gilda wird zum Palast des Herzogs gebracht. Hier trifft sie ihren vermeintlichen Studenten wieder, der jedoch von der Entführung nichts gewußt hat. Rigoletto ist verzweifelt, auch die Beteuerungen seiner Tochter, daß sie den Herzog wirklich liebe und ihm sein

Rigoletto

falsches Spiel verziehen habe, können seinen Rachedurst nicht stillen. Um seiner Tochter die Verruchtheit ihres Geliebten zu beweisen, führt er sie ins Gasthaus des Mörders Sparafucile, wo der Herzog, als Offizier verkleidet, Maddalena, Sparafuciles Schwester, eifrig den Hof macht. Rigoletto bittet seine Tochter, in Männerkleidung nach Verona zu fliehen. Er selbst verlangt von Sparafucile, den Herzog zu ermorden. Die Leiche soll ihm in einem Sack übergeben werden. Als der Herzog sich in einem der Zimmer des Gasthauses schlafen legt, schreitet Sparafucile zur Tat. Aber seine Schwester stellt sich ihm in den Weg und bittet um das Leben des Fremden. Sparafucile läßt sich von seinem Vorhaben abbringen. Um seinem Auftraggeber dennoch eine Leiche zu präsentieren, beschließt er, den nächsten, der zur Tür hereintritt, zu erdolchen. Dieser nächste ist Gilda, die alles mitangehört hat und sich nun, als Mann verkleidet, für den Geliebten opfert. Als Rigoletto den Sack mit ihrer Leiche in Empfang nimmt, glaubt er, die Rache sei vollzogen. Da hört er plötzlich die Stimme des Herzogs, der mit einem Lied auf den Lippen im Morgengrauen das Haus verläßt. Rigoletto öffnet den Sack und verzweifelt beim Anblick seiner Tochter, die noch einmal kurz zum Leben erwacht.

Anmerkung

Das Textbuch des »Rigoletto«, dessen Vorlage sich auf das wüste Treiben des französischen Königs Franz I. bezieht, wurde auf Druck der Zensur mehrfach umgearbeitet. Als anstößig galt auch, daß mit der Figur des Rigoletto ein Buckliger zum Helden einer Oper gemacht werden sollte. Aber Verdi bestand darauf, und der grandiose Erfolg der Uraufführung gab ihm recht. Die Kavatine des Herzogs »La donna è mobile« (»Ach wie so trügerisch«) mußte dreimal wiederholt werden. Obwohl »Rigoletto« noch immer eine Nummernoper war, stieß Verdi in der Charakterisierung seiner tragischen Helden weit in neue Ausdrucksbereiche vor.

DER TROUBADOUR (Il trovatore)

Oper in vier Akten, Text von Salvatore Cammarano und Leone Emanuele Bardare nach dem gleichnamigen Schauspiel von Antonio Garcia Gutiérrez, Uraufführung: Rom 1853

Personen
GRAF VON LUNA (Bariton);
LEONORE (Sopran),
Gräfin von Sargasto;

G. Verdi

INEZ (Sopran),
ihre Vertraute;
AZUCENA (Alt),
eine Zigeunerin;
MANRICO (Tenor),
ein Troubadour;
FERRANDO (Baß),
Lunas Waffenträger;
RUIZ (Tenor),
Manricos Vertrauter;
ALTER ZIGEUNER (Baß);
BOTE (Tenor)

Biscaya und Aragonien,
Anfang des 15. Jahrhunderts.

Handlung

In der Geschichte des Hauses Luna, die Ferrando den Schloßwachen erzählt, gab es eine Zigeunerin, die, um sich an Luna zu rächen, einen Sproß der fürstlichen Familie in die Flammen des Scheiterhaufens warf, auf dem ihre Mutter verbrannte. Doch es heißt, die Zigeunerin habe in ihrem Zorn nach dem falschen Kind, ihrem eigenen nämlich, gegriffen und der Grafensohn der Luna wäre noch am Leben. Der Name dieser Zigeunerin ist Azucena; Manrico, der Troubadour, gilt als ihr leiblicher Sohn. Leonore, die Gräfin von Sargasto, hat sich in den Troubadour verliebt, doch bei einem nächtlichen Treffen im Park wirft sie sich versehentlich einem anderen in die Arme – dem Grafen Luna, Manricos Feind und Nebenbuhler. Zwischen beiden kommt es zum Gefecht. Manrico siegt, schenkt dem Grafen aber das Leben. Als Manrico wenig später im Zigeunerlager bei seiner Mutter weilt, erfährt er, daß er abkommandiert worden ist, die Verteidigung der Festung Castellor zu übernehmen. Zugleich wird ihm berichtet, daß Leonore ihn für tot hält und den Schleier nehmen will. Sofort eilt er davon, um Leonore vor dem Schritt ins Kloster zu bewahren. Dabei trifft er auf Luna, der im Begriff ist, Leonore zu entführen, was Manrico gerade noch vereiteln kann. In Castellor stehen beide sich wieder gegenüber. Luna, der die feindlichen Truppen anführt, hat Azucena gefangennehmen können. Um sie zu befreien, wagt Manrico einen Ausfall. Der Versuch scheitert, Manrico fällt seinem Gegner in die Hände. Gemeinsam mit seiner Mutter soll er auf dem Scheiterhaufen sterben. Um ihren Geliebten zu retten, ist Leonore bereit, sich Luna hinzugeben. Luna geht darauf ein. Als Leonore jedoch zu Manrico in den Kerker steigt, um ihm zu sagen, daß er frei ist, stößt der sie zurück, denn um diesen Preis will er seine Freiheit nicht. Als er jedoch entdecken muß, daß Leonore ein langsam wirkendes Gift genommen hat, um Luna nicht gehören zu müssen, begreift er, wie weit ihre Liebe zu ihm geht. Luna, der sie heimlich belauscht hat, verfügt die sofortige Hinrichtung Manricos und zwingt dessen Mutter, dem grausamen Schauspiel zuzusehen. Als Manrico stirbt, gibt Azucena ihr Geheimnis preis: Manrico war nicht ihr Sohn, sondern Lunas Bruder, den dieser nun selbst getötet hat.

Anmerkung
»Il trovatore« ist – ungeachtet des nicht sonderlich plausiblen Librettos – Verdis populärste Oper. Der verschwenderische Melodienreichtum dieses Werks, dessen auf den großen Schlußeffekt berechnete Dramaturgie den Geschmack der französischen Grand opéra erkennen läßt, kulminiert in den Partien der Azucena und des Manrico, deren – im wahrsten Sinne – glutvolle Arien »Stride la vampa« (»Lodernde Flammen«) und »Di quella pira l'orrendo foco« (»Lodern zum Himmel seh' ich die Flammen«) überall auf der Welt Stürme der Begeisterung entfachen.

LA TRAVIATA
Oper in drei Akten, Text von Francesco Maria Piave nach »La dame aux camélias« von Alexandre Dumas, Uraufführung: Venedig 1853

Personen
VIOLETTA VALÉRY (Sopran);
FLORA BERVOIX (Sopran);
ANNINA (Mezzosopran),
Violettas Gesellschafterin;
ALFRED GERMONT (Tenor);
GEORG GERMONT (Bariton),
sein Vater;
GASTON VON LÉTORIÈRES (Tenor);
BARON DOUPHAL (Bariton);
MARQUIS VON OBIGNY (Baß);
DOKTOR GRENVIL (Baß);
JOSEPH (Tenor),
Violettas Diener

G. Verdi

In Paris und Umgebung, um 1830.

Handlung

1. Akt

In der Person Alfred Germonts lernt die Pariser Halbweltdame Violetta auf einem ihrer Feste, als sie einen vorübergehenden Schwächeanfall hat, einen Verehrer ganz neuer Art kennen: einen schwärmerischen, aber zurückhaltenden jungen Mann. Auf seine Frage, wann er sie wiedersehen dürfe, gibt sie ihm eine Kamelie. Wenn sie verwelkt ist, darf er wiederkommen.

2. Akt

Violetta lebt mit Alfred seit Monaten glücklich auf einem Landgut bei Paris. Als er erfährt, daß seine Geliebte durch ihren Rückzug vom Kurtisanenleben in finanzielle Schwierigkeiten geraten ist, fährt er in die Stadt, um ihre Schulden zu begleichen. Während seiner Abwesenheit erscheint Georg Germont, der Vater, und setzt Violetta auseinander, daß sich sein Sohn durch die Liaison mit ihr ins gesellschaftliche Abseits manövriert hat. Violetta beschließt, ihrem Geliebten nicht länger im Weg zu stehen, hinterläßt ihm einen Abschiedsbrief und nimmt ihr früheres Leben wieder auf. Auf einem Maskenfest begegnet sie Alfred wieder. Von ihm, der von der Intervention seines Vaters nichts weiß, als Dirne beschimpft, bricht sie zusammen.

3. Akt

Violetta ringt mit dem Tod. Alfred, inzwischen über die wahren Hintergründe ihres Abschieds unterrichtet, eilt an ihr Krankenlager. Noch einmal flammt leidenschaftlich ihre Liebe auf. Violetta verzeiht ihrem Geliebten und stirbt in seinen Armen.

Anmerkung

»La Traviata«, sinngemäß übersetzt müßte der Titel »Die Entgleiste« heißen, bildet den lyrischen, auch klanglich sehr zurückgenommenen Kontrapunkt zum zeitgleich entstandenen »Troubadour«. Die Uraufführung war ein Mißerfolg, der wohl damit zusammenhing, daß die weibliche Hauptrolle von einer Sängerin verkörpert wurde, deren korpulente Erscheinung überhaupt nicht auf die Figur der zarten, gesundheitlich angegriffenen Violetta passen wollte. Erst spätere Aufführungen einer vom Komponisten überarbeiteten Fassung verhalfen der »Traviata«, mit der Verdi eine seiner schönsten Frauengestalten schuf, zum endgültigen Durchbruch.

EIN MASKENBALL (Un ballo in maschera)

Oper in drei Akten, Text von Antonio Somma nach dem Schauspiel »Gustave III. ou le bal masqué« von Eugène Scribe, Uraufführung: Rom 1859

Personen

GRAF RICHARD VON WARWICK (Tenor),
Gouverneur von Boston;
RENÉ (Bariton),
ein Kreole, Offizier;
AMELIA (Sopran),
Renés Gattin;
ULRICA (Alt),
Wahrsagerin;
OSCAR (Sopran),
ein Page;
SILVANO (Bariton),
ein Matrose;
SAMUEL (Bariton) und TOM (Baß)
zwei Verschwörer;
RICHTER (Tenor);
DIENER (Tenor)

Boston und Umgebung, Ende des 17. Jahrhunderts.

Handlung
1. Akt

Graf Richard, der Gouverneur von Boston, ist in Amelia, die Frau seines Freundes René, verliebt. Eine Wahrsagerin prophezeit Richard, daß er durch den, der ihm als nächster die Hand gibt, sterben wird. René tritt auf und reicht Richard seine Hand zum Gruß.

2. Akt

Um Mitternacht sucht Amelia auf dem Galgenhügel vor der Stadt ein Zauberkraut, Richard ist ihr gefolgt. Beide gestehen sich ihre Liebe. Auch René ist in der Nähe, um Richard vor Verschwörern zu warnen, die ein Attentat auf ihn vorbereitet haben. Schnell wirft Amelia sich einen Schleier über den Kopf. Richard bitte René, die verschleierte Dame, ohne sie anzusehen, zurück in die Stadt zu begleiten. Auf dem Weg werden René und die Unbekannte von den Verschwörern überfallen. Amelia muß sich zu erkennen geben.

3. Akt

Um sein Schicksal nicht weiter herauszufordern, beschließt Richard, Rene nach England zu versetzen. Amelia soll ihren Mann dorthin begleiten. Doch René, rasend vor Eifersucht, hat sich den Verschwörern angeschlossen und nutzt die Gelegenheit eines Maskenballs, sich unerkannt dem Liebhaber seiner Frau zu nähern und ihn zu erdolchen. Sterbend vergibt Richard seinem Freund und beteuert Amelias Unschuld.

Anmerkung

Auch das Textbuch des »Maskenballs« stieß bei der Zensurbehörde auf Ablehnung, denn die Figur des Richard war dem schwedischen König Gustav III. nachgestaltet (der 1792 auf einem Maskenball in Stockholm das Opfer einer Verschwörung geworden war), und einen »Königsmord« auf der Bühne wollte man nicht dulden. So wurde der Mord, dessen Eifersuchtsmotiv im übrigen frei erfunden ist, ins ferne Boston verlegt, und aus dem König wurde ein schlichter Gouverneur. In seiner raffinierten, durch Erinnerungsmotive verschränkten musikalischen Dramaturgie steht »Der Maskenball« den großen Opern des späten Verdi nicht mehr fern.

DON CARLOS

Oper in fünf Akten, Text von François Joseph Mery und Camille du Locle nach Friedrich Schiller, Uraufführung: Paris 1867 (Uraufführung der vieraktigen »Mailänder Fassung«: 1884)

Personen

PHILIPP II. (Baß),
König von Spanien;
ELISABETH VON VALOIS (Sopran),
Philipps Gemahlin;
DON CARLOS (Tenor), *Infant von Spanien;*
RODRIGO (Bariton), *Marquis von Posa;*
GROSSINQUISITOR (Baß);
MÖNCH / KAISER KARL V. (Baß);
PRINZESSIN EBOLI (Mezzosopran);
TEBALDO (Sopran), *Page der Königin;*
GRAF VON LERMA (Tenor);
HEROLD (Tenor);
STIMME VOM HIMMEL (Sopran);
FLANDRISCHE DEPUTIERTE (Bässe)

Don Carlos

Spanien, um 1560.
Handlung (nach der Mailänder Fassung)
1. Akt
Der ehemalige Kaiser Karl V. lebt als Mönch in einem Kloster. In diesem Kloster beklagt der spanische Infant Don Carlos sein Schicksal, denn er hat seine Braut, Elisabeth von Valois, an den eigenen Vater, Philipp II. von Spanien, verloren. Sein Freund Posa versucht ihn zu trösten und erinnert ihn an die große Aufgabe der Befreiung Flanderns, die beide insgeheim betreiben. Posa gelingt es, bei Elisabeth eine Audienz für Don Carlos zu erwirken. Leidenschaftlich umarmt Carlos seine Geliebte, die nun seine Stiefmutter ist, aber Elisabeth mahnt ihn zur Zurückhaltung; niedergeschlagen tritt Carlos ab. Der König hat unterdes Vertrauen zu Posa gefaßt und bittet ihn, Carlos und Elisabeth wachsam zu beobachten. Posa zeigt sich einverstanden und wird vom König mit der Mahnung, der Inquisition zu gedenken, verabschiedet.

2. Akt
Aufgrund eines Billetts, von dem er glaubt, es komme von der Königin, hat Carlos sich zu einem Stelldichein auf der Terrasse des Schlosses eingefunden. Doch die maskierte Dame, der er dort seine Liebe erklärt, entpuppt sich als die Prinzessin Eboli, die ihn heimlich liebt, nun jedoch, da sie erfährt, wem sein Herz gehört, sich an Carlos zu rächen beschließt. – Vor der Kathedrale von Madrid findet eine Ketzerverbrennung statt. Vor dem Hintergrund dieses grausamen Spektakels kommt es zwischen Carlos und dem König zum Streit über die Frage der Selbständigkeit Flanderns. Carlos zieht den Degen gegen seinen Vater, aber Posa greift ein und entwaffnet ihn.

3. Akt
Der Großinquisitor erscheint bei Philipp und fordert, den Verräter Carlos hinzurichten. Aber nicht nur der Infant, auch Posa, der heimlich mit den flandrischen Ketzern sympathisiere, müsse sterben. Philipp kann sich dem gebieterischen Verlangen des Inquisitors nicht widersetzen und stimmt der Verhaftung beider zu. Aufgeregt erscheint Elisabeth mit der Nachricht, man habe ihr eine Schatulle mit persönlichen Dokumenten entwendet. Aber diese Schatulle steht vor dem König, der nun verlangt, daß Elisabeth sie öffne. Als sie sich weigert, öffnet der König sie, und heraus fällt ein Bild des Infanten. Philipp tobt, Elisabeth bricht zusammen. Schuld an allem ist Prinzessin Eboli, die nicht nur die Königin ver-

leumdet und deren Schatulle entwendet hat, sondern nun in einem Anfall von Reue gestehen muß, daß sie den König verführt hat. Elisabeth verbannt die Intrigantin in ein Kloster.

Posa hat alles belastende Material, das Carlos als Verbündeten der Aufständischen in Flandern entlarven könnte, gegen sich selbst verwendet und den Infanten dadurch reingewaschen. Der König erscheint, um Carlos seine Freiheit und seinen Degen zurückzugeben, wird von Carlos jedoch zurückgestoßen. Posa stirbt durch einen Schuß.

4. Akt
Vor dem Kloster treffen Elisabeth und Carlos zusammen. Carlos will Abschied nehmen von ihr, nach Flandern gehen und dort für die Sache seines Freundes kämpfen. Plötzlich sieht er sich dem König und dem Inquisitor gegenüber. Da öffnet sich die Klosterpforte. Karl V., der Mönch, zieht Carlos zu sich herein hinter die schützenden Klostermauern.

Anmerkung
»Don Carlos« war nach »Jeanne d'Arc« (1845) und der »Sizilianischen Vesper« (1855) Verdis dritte Oper für Paris und – nach »Jeanne d'Arc«, »Die Räuber« und »Luisa Miller« – seine vierte nach einem Stoff von Friedrich Schiller, für den der Komponist ebenso wie für Shakespeare zeitlebens ein besonderes Faible hatte. Nach der wenig erfolgreichen Uraufführung des »Don Carlos«, der in Paris gleichwohl 43 Aufführungen erlebte, stürzte Verdi in tiefe Depressionen. Die Kritik warf ihm vor, unter den Einfluß Wagners geraten zu sein, was aber nur rein äußerlich, nämlich hinsichtlich der breit angelegten Szenen und des Gesamtumfanges, stimmt. Musikalisch führt Verdi in »Don Carlos« den schon im »Rigoletto« und »Maskenball« eingeschlagenen Weg zur immer engeren Verflechtung von Gesangs- und Orchestermelodie, zum komplexen, atmosphärisch vielschichtigen Musikdrama fort.

AIDA
Oper in vier Akten, Text von A. Ghislanzoni, Uraufführung: Kairo 1871

Personen
KÖNIG VON ÄGYPTEN (Baß);
AMNERIS (Mezzosopran),
seine Tochter;

Aida

AIDA (Sopran),
äthiopische Sklavin;
RADAMES (Tenor),
ägyptischer Feldherr;
RAMPHIS (Baß),
Oberpriester;
AMONASRO (Bariton),
König von Äthiopien, Aidas Vater;
BOTE (Tenor);
PRIESTERIN (Sopran)

In Theben und Memphis, zur Zeit der Pharaonen.

Handlung
1. Akt

Die Pharaonentochter Amneris ist in Radames verliebt, muß jedoch bald erkennen, daß Radames eine geheime Zuneigung für die Sklavin Aida hegt. Zum Feldherrn im Krieg gegen die heranrückenden Äthiopier bestimmt, hofft Radames, daß er sich auszeichnen kann und man als Lohn für seine Tapferkeit Aida aus der Gefangenschaft entlassen und ihm zur Frau geben wird. Er weiß nicht, daß Aida die Tochter des äthiopischen Königs ist, gegen den er nun ins Feld zieht. Aida leidet furchtbar unter dem Zwiespalt ihrer Gefühle für den Geliebten und für ihren Vater.

2. Akt

Amneris überrumpelt ihre Rivalin mit der Behauptung, Radames sei gefallen. Aidas Reaktion verrät, wie sehr sie ihn liebt. Bald aber kehrt Radames als Triumphator aus dem Krieg zurück. Amneris reicht ihm den Siegerkranz. Unter den vorbeiziehenden Gefangenen erkennt Aida ihren Vater. Radames bittet um die Freilassung der gefangenen Äthiopier. Der Wunsch wird ihm erfüllt, Aida und ihr Vater jedoch sollen als Geiseln in Ägypten bleiben. Radames soll als Lohn für seinen Sieg die Hand Amneris' erhalten.

3. Akt

Im Isistempel bereitet sich Amneris auf ihre Hochzeit vor. Aida hofft, in der Nähe des Tempels mit Radames zusammenzutreffen, doch zunächst erscheint Amonasro, ihr Vater. Er fordert sie auf, Radames den Plan für seinen nächsten Feldzug gegen die Äthiopier zu entlocken. Amonasro verbirgt sich, als Radames erscheint. Aida überredet ihn, mit ihr in ihre

Heimat zu fliehen. Auf ihre Frage hin, gibt Radames die geplante Marschroute der Ägypter preis. Amonasro, der sie belauscht hat, tritt aus seinem Versteck hervor. Radames erkennt, was er getan hat. Da nahen Amneris und der Tempelpriester. Amonasro und Aida können entfliehen, Radames läßt sich gefangennehmen.

4. Akt

Das Urteil, das die Priester über den Verräter fällen, ist grausam: Radames soll lebendig im unterirdischen Gewölbe des Tempels eingemauert werden. Amneris tritt für den Unglücklichen ein, kann ihn aber nicht mehr vor der Strafe retten. Als sich über ihm der Deckel des Grabes schließt, erblickt er Aida, die in die Grabkammer geschlichen ist, um mit ihm vereint zu sterben.

Anmerkung

»Aida« entstand im Auftrag des ägyptischen Vizekönigs und erklang erstmals in Kairo aus Anlaß der Eröffnung des – allerdings bereits zwei Jahre zuvor eingeweihten – Suez-Kanals. Als Honorar erhielt Verdi, der selbst an der Uraufführung nicht teilnahm, die ungeheure Summe von 150.000 Francs. Sechs Wochen nach der Premiere in Kairo kam »Aida« an der Mailänder Scala heraus. Der Erfolg war überwältigend, obwohl es wieder Kritiker gab, die erkannt zu haben glaubten, daß Verdi Wagner »imitiere«. Diesmal hatte die Behauptung sogar eine gewisse Berechtigung, wenn auch nicht in musikalischer Hinsicht, sondern nur insofern, als Verdi bei der Gestaltung des Librettos über weite Strecken sein eigener Autor war.

OTHELLO

Oper (Dramma lirico) in vier Akten, Text von Arrigo Boïto nach William Shakespeare, Uraufführung: Mailand 1887

Personen
OTHELLO (Tenor),
Mohr, Befehlshaber der venezianischen Flotte;
JAGO (Bariton), *Fähnrich;*
CASSIO (Tenor),
Hauptmann;
RODRIGO (Tenor),
venezianischer Edler;

Othello

LODOVICO (Baß),
Gesandter der Republik Venedig;
MONTANO (Baß),
früherer Statthalter von Zypern;
DESDEMONA (Sopran),
Othellos Gemahlin;
EMILIA (Mezzosopran),
Jagos Gemahlin;
HEROLD (Bariton)

In einer Hafenstadt auf Zypern, Ende des 15. Jahrhunderts.

Handlung
1. Akt
Othello kehrt als siegreicher Held einer Seeschlacht in den Hafen von Zypern zurück. Das Volk jubelt ihm zu, nur Jago, sein Fähnrich, den Othello bei einer Beförderung zugunsten Cassios übergangen hat, kann sich über die Rückkehr des Helden nicht freuen. Er sinnt auf Vergeltung. In Rodrigo, der rasend in Desdemona, Othellos Gattin, verliebt ist, findet er ein Werkzeug für seinen teuflischen Plan. Zunächst sorgt er dafür, daß Cassio, von Jago betrunken gemacht und von Rodrigo herausgefordert, zum Degen greift und in seinem Zorn einen Unbeteiligten, der zu schlichten versucht, verletzt. Jago berichtet Othello von dem Vorfall, woraufhin dieser Cassio degradiert.

2. Akt
Jago ermuntert den unglücklichen Cassio, Desdemona zu bitten, ein gutes Wort für ihn bei Othello einzulegen. Othello gegenüber zeigt Jago sich verwundert, daß Cassio von Desdemona offenbar etwas zu erhoffen hat. – Das Gift wirkt, Othello wird mißtrauisch gegen Cassio. Jago tut alles, die aufkeimende Eifersucht zu schüren und verspricht, Othello Beweise für die Untreue seiner Frau zu bringen. Eines dieser Beweisstücke ist ein Taschentuch Desdemonas, daß Jago hat an sich bringen können.

3. Akt
Jago läßt es dazu kommen, daß Othello zum Zeugen eines Gespräches wird, in dem Cassio von seiner Freundin Bianca erzählt und ganz beiläufig das Taschentuch Desdemonas, das ihm Jago zugespielt hat, hervorzieht. Für Othello, der nur Bruchstücke des Gespräches mitbekommt, aber alles, was er versteht, in seiner Eifersucht auf Desdemona bezieht,

ist dieses Taschentuch der Beweis für seinen schrecklichen Verdacht. In Gegenwart einer Abgesandtschaft, die ihm eine Botschaft überbringt, derzufolge er nach Venedig zurückkehren und seinen Platz für Cassio räumen soll, macht Othello seiner Gattin eine furchtbare Szene und stößt sie zu Boden. Jago erhält den Auftrag, Cassio aus dem Weg zu räumen, überläßt die schmutzige Arbeit aber seinem Handlanger Rodrigo.

4. Akt
Othello weckt die schlafende Desdemona. Aufgefordert, die Wahrheit zu bekennen, beteuert sie ihre Unschuld, aber Othello schenkt ihr keinen Glauben. Seine Eifersucht steigert sich zur Raserei, schließlich erwürgt er seine Frau. Emilia, die Gemahlin Jagos, stürzt mit der Nachricht herein, Cassio habe Rodrigo getötet, erst dann erkennt sie, daß auch Desdemona sich im Tode windet. Jago erscheint, mit ihm auch Cassio und einige andere. Als sich herausstellt, wie das Taschentuch in die Hände Cassios gekommen ist, ergreift Jago die Flucht. Othello tritt ans Totenbett Desdemonas und stößt sich selbst den Dolch in die Brust.

Anmerkung
Fünfzehn Jahre nach »Aida« überraschte Verdi die Musikwelt mit einem Werk von solcher Erfindungskraft und dramatischen Wucht, wie es wohl niemand mehr dem damals 74jährigen zugetraut hatte. Das Erstaunen und der Jubel, mit dem dieser »Othello«, Verdis spätes Meisterwerk, begrüßt wurde, kannte keine Grenzen. Zum erstenmal hatte der Komponist darauf verzichtet, seine Oper in Nummern einzuteilen, worin man natürlich prompt wieder einen »Wagnerismus« zu erkennen glaubte, in Wahrheit jedoch hatte Verdi nur konsequent weiterentwickelt, was sich schon in den Werken der mittleren Schaffensperiode abgezeichnet hatte: die Tendenz zur durchkomponierten Form und zur Verschmelzung italienischer Belcanto-Tradition mit Stilmitteln der französischen Grand opéra.

FALSTAFF
Oper (Commedia lirica) in drei Akten, Text von Arrigo Boïto nach William Shakespeare, Uraufführung: Mailand 1893

Personen
SIR JOHN FALSTAFF (Bariton);
FORD (Bariton);
ALICE (Sopran), *sein Weib;*

Falstaff

NANETTA (Sopran),
deren Tochter;
FENTON (Tenor),
Geliebter Nanettas;
DOKTOR CAJUS (Tenor);
BARDOLPH (Tenor) und PISTOL (Baß),
Falstaffs Diener;
FRAU QUICKLY (Alt);
MEG PAGE (Mezzosopran);
ROBIN, Page

In Windsor, um 1400.

Handlung
1. Akt

Sir John Falstaff, dessen Hang zum guten Leben ebenso ausgeprägt ist wie seine Leibesfülle, hält sich für einen begehrenswerten Mann. Darum rechnet er sich gute Chancen aus bei Mrs. Ford und Mrs. Page, zwei ansehnlichen Bürgersfrauen, die überdies den Vorzug haben, vermögend zu sein. In zwei gleichlautenden Liebesbriefen lädt er sie zu einem Stelldichein. Überbracht werden die Billetts von einem Pagen, denn Falstaffs Diener Bardolph und Pistol weigern sich aus ihm unerfindlichen Gründen, Kurierdienste in einer moralisch so bedenklichen Angelegenheit zu leisten, woraufhin Falstaff sie davonjagt. Meg Page und Alice Ford, die gut befreundet sind, amüsieren sich köstlich über die ihnen zugesandten Briefe und beschließen, sich mit einem Denkzettel zu revanchieren. Mr. Ford, Alices Ehemann, wird unterdessen von Falstaffs Dienern in die Absichten des dicken Ritters eingeweiht.

2. Akt

Durch ihre Freundin Mrs. Quickly läßt Alice die Nachricht überbringen, sie erwarte Falstaff gegen Mittag bei sich zu Haus. Unter dem Vorwand, den Rat eines erfahrenen Liebhabers einholen zu wollen, sucht Mr. Ford unter falschem Namen, wie sich versteht, Falstaff in der Schänke auf. Falstaff gibt bereitwillig Auskunft, auch über sein Rendezvous am Nachmittag. Alice, die ihn erwartet, hat inzwischen einen großen Wäschekorb herbeigeschafft und einen Wandschirm aufgestellt. Als Falstaff erscheint und sie umarmen will, stürzt verabredungsgemäß eine ihrer Freundinnen ins Zimmer und meldet das Herannahen des aufgebrachten Ehemanns. Falstaff versteckt sich hinter dem Wandschirm und rettet sich von dort in den leeren Wäschekorb. Ford, unterstützt von einigen Freunden, durchsucht das Haus, entdeckt aber nur seine eigene Tochter dabei, wie sie hinter dem Wandschirm heimlich Küsse tauscht mit Fenton, ihrem Geliebten. Den Wäschekorb hat Alice inzwischen durchs Fenster zum Wassergraben hin entleeren lassen. Ihrem Ehemann gönnt sie einen Blick auf den pudelnassen Nebenbuhler.

3. Akt

Hadernd mit seinem Schicksal, aber durch eine Kanne Glühwein einigermaßen wiederhergestellt, schöpft Falstaff neue Hoffnung, als Mrs. Quickly ihn mit der Nachricht überrascht, Alice, der es leid tue, ihn so verabschiedet zu haben, wolle ihn nachts im Park von Windsor, wo sich sonst niemand hintraue, wiedersehen. Eine Bedingung jedoch ist daran geknüpft: Falstaff soll ein Hirschgeweih tragen. Pünktlich um Mitternacht findet Falstaff sich, als Hirsch verkleidet, unter der großen Eiche ein. Auch Alice ist zur Stelle, begleitet von ihrer Freundin Meg. Plötzlich jedoch naht ein wildes Heer von gespenstischen Figuren, die Falstaff in Angst und Schrecken versetzen, allerdings nur so lange, bis er in einem von ihnen seinen Diener Bardolph erkennt. Aber damit ist der Spaß noch nicht vorbei, und am Ende hat sogar Falstaff etwas zu lachen: Mr. Ford nämlich, der erklärt, zur Krönung des Abends eine Trauung vornehmen zu wollen, vermählt seine Tochter nicht, wie vorgehabt, mit dem als Mönch verkleideten Dr. Cajus, sondern mit Nanettas Liebhaber Fenton, der sich gleichfalls eine Mönchskutte besorgt hat.

Anmerkung

Nach seiner ersten komischen Oper »Un giorno di regno« (1840), deren Mißerfolg die vom Tod seiner beiden Kinder und seiner ersten Ehefrau überschatteten Anfangsjahre des Komponisten vollends verdüstert hatte, verweigerte sich Verdi für mehr als fünfzig Jahre jedem komischen Opernstoff. Erst mit beinahe achtzig Jahren fand er die Gelassenheit, sich und seinem Publikum ein Werk des heiteren Genres »zuzumuten«. War schon der »Othello« des 74jährigen eine Sensation gewesen, mit diesem »Falstaff«, Verdis letzter Oper und einer komischen dazu, hatte nun wirklich niemand mehr gerechnet. Die feingewebte, alles Konventionelle hinter sich lassende Partitur des »Falstaff« war ein Vermächtnis, das nicht gewaltig und belastend auf Verdis musikalische Erben wirkte, sondern einen Weg in die Zukunft nicht nur der italienischen Oper wies: Die Buffa und Seria alten Stils waren überwunden, die Charaktere von jedem Rollenzwang befreit.

Der fliegende Holländer

Richard Wagner
(1813-1883)

Richard Wagner war eine der dominierenden Erscheinungen des Musiklebens im 19. Jahrhundert. In der Geschichte der deutschen Oper ist er die alles überragende Gestalt. Daß er auch einer der bedeutendsten, zumindest einer der produktivsten deutschen Schriftsteller war – nicht nur, weil er die Texte aller seiner Opern selber schrieb –, ist weniger bekannt. Noch während seiner Schulzeit in Dresden waren seine dichterischen Neigungen ausgeprägter als die musikalischen. Das änderte sich erst, als er mit vierzehn Jahren in seine Geburtsstadt Leipzig zurückkehrte, wo er 1830 Mitglied des Thomanerchores wurde. Zwei Jahre zuvor hatte er begonnen, Kompositionsunterricht zu nehmen. Mit zwanzig fand er als Chordirektor in Würzburg seine erste Anstellung. 1837, über mehrere Stationen als Kapellmeister an anderen Bühnen, kam er nach Riga. Aber auch dort blieb er nicht lange, sondern setzte sich, nachdem das dortige Theater hatte schließen müssen und er selbst mit Schulden überhäuft war, übers Meer nach London ab. Von dort ging es nach Paris, wo der bereits in Riga begonnene »Rienzi« (1842), Wagners dritte vollständige Oper, und »Der fliegende Holländer« entstanden, nebenher aber auch eine Vielzahl von Essays und Novellen. Beständiger wurde sein Leben, als Wagner 1842 an die Oper nach Dresden kam. Hier erlebte der »Rienzi« seine glänzende Uraufführung; zunächst weniger enthusiastisch wurde der »Holländer« aufgenommen. Nach der Niederschlagung der Aufstände des Jahres 1848, an denen Wagner sich als Verfasser von Flugblättern und anderen revolutionären Schriften beteiligt hatte, war er gezwungen, Sachsen zu verlassen, und wieder begann eine Zeit des Umherreisens und Schuldenmachens, die erst 1864 zu Ende ging, als das »hilfreiche Wunder« geschah: König Ludwig II. von Bayern, ein glühender Verehrer des »Lohengrin« (1850), zeigte sich entschlossen, Unsummen einzusetzen, um Wagner und seinem Schaffen zum verdienten Durchbruch zu verhelfen. 1872 konnte – zu den Klängen von Beethovens Neunter Sinfonie – der Grundstein des Wagner-Festspielhauses in Bayreuth gelegt werden, das vier Jahre später mit dem »Ring des Nibelungen« eröffnet wurde. Das Defizit von rund 150000 Mark, mit dem diese ersten Festspiele abschlossen, verhinderte allerdings sechs Jahre lang eine Wiederholung. Erst 1882, im Jahr vor Wagners Tod, setzte mit der Uraufführung des »Parsifal« der bis heute nicht abgerissene Strom der Wagner-Pilger zum Grünen Hügel Bayreuths wieder ein.

DER FLIEGENDE HOLLÄNDER

Romantische Oper in drei Akten, Text von Richard Wagner, Uraufführung: Dresden 1843

Personen

HOLLÄNDER (Bariton);
DALAND (Baß),
ein norwegischer Seefahrer;
SENTA (Sopran),
seine Tochter;
ERIK (Tenor),
ein Jäger;
MARY (Mezzosopran),
Sentas Amme;
STEUERMANN DALANDS (Tenor)

An der norwegischen Küste,
um 1650.

Handlung

Daland hat sich und sein Schiff vor einem Sturm in Sicherheit gebracht. Ein zweites Schiff kreuzt auf und ankert in der Bucht. Es gehört dem Holländer, der dazu verdammt ist, auf ewig die Meere zu befahren. Nur die Liebe einer Frau kann ihn von seinem Fluch befreien. Alle sieben Jahre darf er an Land, um diese Frau zu finden. Daland, der um die Reichtümer weiß, die der Holländer auf seinem Schiff mit sich führt, lädt den Holländer zu sich nach Hause ein, um ihn mit Senta, seiner Tochter, bekannt zu machen. Als der Sturm sich legt, stechen beide Schiffe wieder in See. Senta hat von dem sagenhaften Holländer schon viel gehört und träumt davon, ihn zu erlösen. Ihre Freundinnen und der Jäger Erik, der sie liebt, haben wenig Verständnis für diese Schwärmerei. Plötzlich steht der Fremde vor ihr. Senta ist bereit, ihm zu folgen. Zufällig hört der Holländer mit an, wie Erik, der Senta nicht verlieren will, sie an das Treueversprechen erinnert, das sie ihm einst gab. Der Holländer fühlt sich betrogen, kehrt zurück auf sein Schiff und lichtet die Anker. Senta kann ihn nicht zurückhalten. Sie steigt auf eine Klippe und stürzt sich ins Meer. Im gleichen Augenblick versinkt das Schiff: Der Tod einer liebenden Frau hat dem Holländer selbst den Tod und damit die Erlösung gebracht.

Der fliegende Holländer

Anmerkung

Nach »Die Feen«, der Erstlingsoper, die zu seinen Lebzeiten jedoch keine Aufführung erlebte, ist »Der fliegende Holländer« Wagners zweite romantische Oper. Zwei weitere, der »Tannhäuser« und »Lohengrin«, sollten folgen, ehe Wagner sich mit »Tristan und Isolde« vollends von allen Vorbildern, ob sie nun Weber, Marschner, Auber, Meyerbeer oder Donizetti hießen, löste. Im »Fliegenden Holländer«, zu dessen Entstehung Wagners Erlebnis einer stürmischen Schiffsfahrt von Riga nach London entscheidend beigetragen hat, ist der Einfluß der tradierten Formen, zumal denen der französischen Grand Opéra, noch deutlich spürbar, aber ebenso deutlich liegt in der motivischen Dichte der Partitur bereits das Kernelement der späteren »Musikdramen« (ein Ausdruck, den Wagner übrigens ablehnte).

TANNHÄUSER UND DER SÄNGERKRIEG AUF DER WARTBURG

Romantische Oper in drei Akten, Text von Richard Wagner, Uraufführung: Dresden 1845

Personen

HERMANN (Baß),
Landgraf von Thüringen;
TANNHÄUSER (Tenor);
WOLFRAM VON ESCHENBACH (Bariton);
WALTHER VON DER VOGELWEIDE (Tenor);
BITEROLF (Baß);
HEINRICH DER SCHREIBER (Tenor);
REINMAR VON ZWETER (Baß);
ELISABETH (Sopran), *Nichte des Landgrafen;*
VENUS (Sopran);
JUNGER HIRT (Sopran);
EDELKNABEN (Sopran und Alt)

Im Hörselberg, Wartburg und Umgebung, Anfang des 13. Jahrhunderts.

Handlung
1. Akt

Im Hörselberg, dem Reich der Venus, lebt der Minnesänger Heinrich von Ofterdingen, Tannhäuser genannt. Des genußreichen, aber in seinem

Genuß eintönigen Lebens dort überdrüssig geworden, sagt er sich von der Liebesgöttin los und beschwört die heilige Maria, ihn aus dem Gefängnis der sinnlichen Freuden zu erlösen. Unversehens findet Tannhäuser sich bei einer Mariensäule unweit der Wartburg wieder. Hier begegnet er dem Landgrafen und seinen Jagdgenossen, die ihn, den lange Vermißten, überreden, auf die Wartburg mitzukommen. Tannhäuser sträubt sich, doch als man ihm berichtet, wie sehr ihn Elisabeth, die Nichte des Landgrafen, vermisse, nimmt er die Einladung an.

2. Akt
Elisabeth ist glücklich, den geliebten Sänger bei sich zu sehen, und eröffnet zum ersten Mal seit seinem geheimnisvollen Verschwinden wieder das Fest der Minnesänger auf der Wartburg. Wolfram von Eschenbach und Walther von der Vogelweide preisen die hohe Minne, Tannhäuser jedoch stimmt einen leidenschaftlichen Gesang auf die Liebesgöttin Venus an. Entsetzt verlassen die anwesenden Frauen den Raum, die Männer ziehen das Schwert, allein das Einschreiten Elisabeths bewahrt Tannhäuser vor dem Tod. Auf Weisung des Landgrafen soll er sich, um seine Schuld zu sühnen, auf einen Pilgermarsch nach Rom begeben.

3. Akt
Die Mühen der Pilgerreise waren vergebens. Eher als daß Tannhäusers Schuld Vergebung finden könne, so hat der Papst beschieden, werde sein Bischofsstab grüne Blätter treiben. Tannhäuser ist verzweifelt. Weil ihm der Weg der Reue verschlossen ist, will er für immer zu Venus zurück. Elisabeth gibt ihr Leben hin, um die Schuld des Geliebten zu sühnen. Als ihre Leiche an Tannhäuser vorbeigetragen wird, kommt aus Rom die Nachricht, aus dem Stab des Papstes sei frisches Grün gesprossen. Tannhäuser sinkt nieder neben dem Leichnam Elisabeths.

Anmerkung
Die Idee der Erlösung durch Liebe und Tod, die sich durch sein gesamtes Schaffen zieht, steht auch im Zentrum von Wagners »Tannhäuser«. Dadurch, daß er der Figur der Elisabeth eine Venus, von der Tannhäuser sich nicht lösen kann, gegenüberstellt, gestaltet Wagner das Motiv des bedingungslosen Opfers der liebenden Frau noch krasser als im »Fliegenden Holländer«. Für die Erstaufführung der Oper in Paris (1861) erweiterte Wagner das rauschende Bacchanal des ersten Akts, dessen chromatisch stark gebrochene Harmonik die Tonsprache von »Tristan und Isolde« vorwegzunehmen scheint.

LOHENGRIN

Romantische Oper in drei Akten, Text von Richard Wagner, Uraufführung: Weimar 1850

Personen
HEINRICH DER VOGLER (Baß), *deutscher König;*
LOHENGRIN (Tenor);
ELSA VON BRABANT (Sopran);
HERZOG GOTTFRIED (stumme Rolle), *ihr Bruder;*
FRIEDRICH VON TELRAMUND (Bariton), *brabantischer Graf;*
ORTRUD (Mezzosopran), *seine Gemahlin;*
HEERRUFER DES KÖNIGS (Bariton);
BRABANTISCHE EDLE (zwei Tenöre, zwei Bässe);
EDELKNABEN (zwei Soprane, zwei Altstimmen)

Antwerpen, erste Hälfte des 10. Jahrhunderts.

Handlung
1. Akt

Elsa von Brabant ist in den Verdacht geraten, ihren Bruder Gottfried, der spurlos verschwunden ist, ermordet zu haben, um sich des Thrones von Brabant zu bemächtigen. Die Anklage gegen sie erhebt Telramund, der um sie geworben hat, ehe Elsa ihr Herz einem Unbekannten schenkte. Auch jetzt, da man sie auffordert, vor dem anwesenden König die Wahrheit zu bekennen, spricht sie nur von diesem unbekannten Ritter, der ihr erschienen ist und ihr Beistand versprochen hat. Ein Gottesgericht soll entscheiden, aber keiner der Ritter hat den Mut, für Elsa den Kampf gegen den Ankläger Telramund aufzunehmen. Erst nach der dritten Aufforderung des Heerrufers erscheint auf einem von einem Schwan gezogenen Nachen ein Fremder, der bereit ist, für Elsa zu streiten. Aber er stellt eine Bedingung: Elsa soll die Seine werden, falls er gewinnt, aber niemals nach seinem Namen fragen. Lohengrin, der Unbekannte, siegt, schenkt aber dem unterlegenen Telramund das Leben.

2. Akt

Ortrud, Telramunds Gemahlin, die von einem heidnischen Fürsten abstammt, streut überall das Gerücht aus, daß der Fremde ein Zauberer sei.

Auch in Elsa regen sich Zweifel an der wahren Ritterschaft des Unbekannten. Telramund, der nach seiner Niederlage das Leben eines Geächteten führt, tritt, als die Vermählung Elsas mit dem Schwanenritter stattfinden soll, vor das Volk und fordert den Fremden auf, seinen Stand und seinen Namen zu offenbaren. Lohengrin entgegnet, daß er nur Elsa Auskunft geben werde, wenn sie dies verlange. Aber Elsa bezwingt ihre Neugier. Die Heirat wird vollzogen.

3. Akt
So groß auch Elsas Liebe ist, ihre Neugier ist größer, und so fragt sie schließlich doch nach dem Namen des Gemahls. Im selben Augenblick stürmt Telramund ins Brautgemach und zieht das Schwert, aber Lohengrin streckt ihn nieder. Am nächsten Tag verkündet Lohengrin, da er auf Elsas Frage Antwort geben muß, daß er ein Abgesandter Parsifals, des Gralskönigs, sei. Sein Auftrag war, der bedrängten Elsa beizustehen. Aber nun, da er gezwungen wurde, seinen Namen preiszugeben, müsse er zurückkehren. Schon naht der Schwan. Ortrud triumphiert, ist es ihr doch gelungen, den Ritter zu vertreiben. Sie war es auch, die Gottfried hinweggezaubert hat, indem sie ihn in einen Schwan verwandelte. Lohengrin kniet betend nieder und erwirkt, daß der Schwan versinkt, dem Wasser aber Gottfried entsteigt. Ortrud ist vernichtet. Lohengrin besteigt den Nachen, eine Taube schwebt herbei und zieht den Nachen fort. Elsa sinkt tot zu Boden. Das Volk jubelt dem neuen Herzog zu.

Anmerkung
In seinem verschwenderischen Melodienreichtum steht der »Lohengrin« einer Bellini- oder Donizetti-Oper in nichts nach. Das hat ihn zur populärsten Wagner-Oper – der letzten übrigens, für die Wagner die Bezeichnung »Oper« verwendete – gemacht. Der Uraufführung, die unter der Leitung seines späteren Schwiegervaters Franz Liszt in Weimar stattfand, mußte Wagner fernbleiben, weil er sich wegen seiner Beteiligung an den revolutionären Aufständen des Jahres 1848 noch immer im politischen Exil befand.

TRISTAN UND ISOLDE
Handlung in drei Akten, Text von Richard Wagner, Uraufführung: München 1865

Tristan und Isolde

Personen
TRISTAN (Tenor);
KÖNIG MARKE (Baß);
ISOLDE (Sopran);
KURWENAL (Bariton);
MELOT (Tenor);
BRANGÄNE (Mezzosopran);
HIRT (Tenor);
STEUERMANN (Bariton);
STIMME EINES JUNGEN SEEMANNS (Tenor)

Auf Tristans Schiff, auf Markes Burg in Cornwall und auf Tristans Burg in der Bretagne, um 1000.

Handlung
Als er ausgesandt war, Tribut einzuholen, hatte Tristan den Bräutigam Isoldes erschlagen, war aber auch selbst verletzt worden durch das vergiftete Schwert des Gegners. Isolde, die das Gift bereitet hatte, war die einzige, die Tristans Wunde heilen konnte. Unter dem Namen Tantris reiste er zu ihr. Sie rettete ihn, erkannte aber bald, daß er der Mörder ihres Bräutigams war. Dennoch hatten sich beide ineinander verliebt.

Inzwischen herrscht Frieden zwischen den Feinden von damals. Im Auftrag König Markes, seines Onkels, ist Tristan erneut unterwegs zu Isolde, um sie dem König als Braut zu bringen. Isolde ist entschlossen, sich und Tristan bei ihrem bevorstehenden Zusammentreffen zu vergiften, um so gemeinsam mit ihm die frevelhafte Liebe von einst zu sühnen. Doch statt des Giftes reicht ihr ihre Dienerin einen Liebestrank. Als Tristan und Isolde davon trinken, ergreift sie ein unstillbares Liebesverlangen. Auf seiner Burg, von Melot auf die Spur gebracht, muß Marke mit ansehen, wie sein Neffe und treuester Freund ihn mit seiner Braut betrügt. Tristan zieht gegen Melot das Schwert, läßt aber, als Melot zurückschlägt, die Waffe sinken und wird schwer verwundet. Von Kurwenal, seinem Getreuen, auf seine Heimatburg Kareol gebracht, liegt Tristan im Sterben. Er hofft, daß Isolde kommen wird, aber der Gedanke an sie verschlimmert nur seinen Todeskampf. Da naht ein Schiff. Tristan reißt sich den Verband von seiner Wunde und stirbt in dem Moment, da Isolde sein Zimmer betritt. König Marke, der ihr gefolgt ist, wird von Isoldes Dienerin in das Geheimnis des Liebestrankes eingeweiht. Nun möchte er die Liebenden vereinen, aber er kommt zu spät. Isolde ist Tristan in den Tod gefolgt.

Anmerkung

Die Vorlage zu Wagners Dichtung bildet ein keltischer Sagenkreis, der auch in einem unvollendeten Versepos des Gottfried von Straßburg überliefert ist. Die philosophische Grundlage des Werks, das den in den vorausgegangenen Opern ausgesponnenen Gedanken der Sühne durch den Tod insofern in Frage stellt, als der Tod in »Tristan und Isolde« nicht mehr den Charakter eines Opfers hat, sondern als Erfüllung eines gemeinsamen Wollens gedeutet wird, lieferten die Schriften Arthur Schopenhauers. Um »Tristan und Isolde« zu komponieren, unterbrach Wagner die bis zum dritten Teil fortgeschrittene Arbeit am »Ring des Nibelungen«. Ursprünglich hatte ihm eine »leicht aufführbare« Oper vorgeschwebt. Die Komposition nahm ihn zwei Jahre lang in Anspruch, und herauskam das – zumindest für die Sänger der Titelpartien – wohl schwierigste Werk der gesamten Opernliteratur. In Wien wurde es, nachdem man dort bereits etliche Proben abgehalten hatte, wegen »Unspielbarkeit« zurückgewiesen. Auch die Uraufführung in München wäre ohne die Unterstützung Ludwigs II. wohl nicht zustande gekommen. Aber was diese Oper so außergewöhnlich macht, ist nicht ihre Entstehungsgeschichte, sondern die Tatsache, daß der Komponist in ihr zum erstenmal seine Idee der »unendlichen Melodie« und der totalen Verknüpfung aller äußeren und inneren Handlungsmomente mit musikalischen Leitmotiven verwirklichte. Daß er dabei auch alle klassischen Regeln der Harmonielehre durchbrach, ist nur eine weitere Besonderheit, allerdings eine sehr folgenreiche, wie sich in der Geschichte der Musik »nach Tristan« zeigt.

DIE MEISTERSINGER VON NÜRNBERG

Handlung in drei Akten, Text von Richard Wagner, Uraufführung: München 1868

Personen
HANS SACHS (Bariton),
Schuster;
VEIT POGNER (Baß),
Goldschmied;
KUNZ VOGELSANG (Tenor),
Kürschner;
KONRAD NACHTIGALL (Baß),
Spengler;
SIXTUS BECKMESSER (Baß),

Die Meistersinger von Nürnberg

Stadtschreiber;
FRITZ KOTHNER (Bariton),
Bäcker;
BALTHASAR ZORN (Tenor),
Zinngießer;
ULRICH EISSLINGER (Tenor),
Gewürzkrämer;
AUGUSTIN MOSER (Tenor),
Schneider;
HERMANN ORTEL (Baß),
Seifensieder;
HANS SCHWARZ (Baß),
Strumpfwirker;
HANS FOLTZ (Baß),
Kupferschmied;
WALTHER VON STOLZING (Tenor),
ein junger Ritter aus Franken;
DAVID (Tenor),
Lehrbube bei Sachs;
EVA (Sopran),
Pogners Tochter;
MAGDALENA (Alt),
Evas Amme;
NACHTWÄCHTER (Baß)

Nürnberg, um die Mitte des 16. Jahrhunderts.

Handlung
1. Akt

Eva, die Tochter Veit Pogners, soll einen Meistersinger zum Mann erhalten. Wer der Glückliche ist, wird sich auf dem Preissingen am nächsten Tag herausstellen. Walther von Stolzing, der bei Pogner zu Gast ist und sich in dessen Tochter verliebt hat, will sich an diesem Wettstreit beteiligen und läßt sich vom Lehrbuben des Hans Sachs in die komplizierten Regeln des Meistersanges einführen. Pogner setzt sich dafür ein, daß der junge Ritter, obwohl er kein Mitglied der Zunft ist, die Zulassung zur Teilnahme am Preissingen erhält. Zunächst muß Stolzing jedoch eine Probe ablegen, und die fällt gar nicht zur Zufriedenheit der gestrengen Meistersinger aus. Vor allem Beckmesser hat manches auszusetzen. Einzig der würdige Hans Sachs erkennt das große Talent des jungen Mannes, obwohl der ja ein Konkurrent ist, denn auch der verwitwete Schuster wäre, trotz seines schon recht fortgeschrittenen Alters, nicht abgeneigt, die Hand Evas zu erringen.

2. Akt
Eva erfährt, daß Walther von Stolzing bei der Sängerprobe durchgefallen ist. Beckmesser erscheint, um ihr ein Ständchen zu bringen. Aus einem Versteck heraus hören Walther und Eva, die ihre Amme gebeten hat, die Huldigung für sie entgegenzunehmen, die musikalisch wenig reizvolle Darbietung mit an. Auch Hans Sachs, der noch vor seiner Werkstatt sitzt, hört zu und quittiert jeden Regelverstoß des Barden mit einem lauten Hammerschlag. Beckmesser wird zornig, der Lärm weckt die Nachbarn auf. Am Ende prügeln sich die Lehrbuben auf der Straße; auch Beckmesser bekommt dabei seinen Teil ab. Hans Sachs, der nicht möchte, daß Eva mit Walther flieht, nimmt den jungen Ritter mit zu sich ins Haus.

3. Akt
In der Nacht vor dem großen Wettstreit hat Walther eine dichterische Eingebung, die er sogleich mit Hilfe von Hans Sachs in Verse setzt. Beckmesser erscheint, erblickt das Papier mit Stolzings Versen und steckt es zur eigenen Weiterverwendung ein. Beim Preissingen jedoch entstellt er das Lied so sehr, daß alle ihn auslachen. Stolzing hingegen trägt es vollendet vor. Alle sind sich einig: Stolzing ist ein Meister und der Hand Evas würdig. Aber die Meisterkette entgegenzunehmen, sträubt er sich, bis Sachs ihn ermahnt: »Verachtet mir die Meister nicht«.

Anmerkung
»Die Meistersinger« sind nach dem dreißig Jahre zuvor entstandenen »Liebesverbot« (1836) Wagners zweite und letzte – allerdings wirklich nur in Anführungszeichen – »komische« Oper. Die vorwiegend heitere Bühnenhandlung ist mit sehr viel Ernst und auch nicht wenig Pathos durchwirkt, aber es geht ja auch um ein durchaus ernstes Thema, nämlich das Verhältnis von Tradition und Innovation, von Meistersang und Neuerertum. Im Hinblick auf die Werkentstehung ist die Tatsache interessant, daß bereits sechs Jahre vor der Uraufführung und noch ehe der Text der Oper überhaupt abgeschlossen war, die komplette Ouvertüre vorlag. 1862 wurde sie in Leipzig zum erstenmal öffentlich gespielt. In ihr ist der gesamte musikalische Entwicklungsplan der »Meistersinger« niedergelegt, alle wesentlichen Motive sind fixiert, die Konturen des ganzen Werks umrissen.

DER RING DES NIBELUNGEN
Bühnenfestspiel in einem Vorabend und drei Tagen, Text von Richard Wagner

DAS RHEINGOLD
Vorabend zu »Der Ring des Nibelungen«, Uraufführung: München 1869

Personen
WOTAN (hoher Baß);
DONNER (hoher Baß);
FROH (Tenor);
LOGE (Tenor);
FASOLT (Baß);
FAFNER (Baß);
ALBERICH (hoher Baß);
MIME (Tenor);
FRICKA (Mezzosopran);
FREIA (Sopran);
ERDA (Alt);
WOGLINDE (Sopran);
WELLGUNDE (Mezzosopran);
FLOSSHILDE (Alt)

Handlung
1. Szene
Die Rheintöchter hüten das Gold des Rheins. Wer es besitzen will, muß der Liebe für immer entsagen, denn nur dann kann er das Gold zu einem Ring schmieden, der unendliche Zauberkraft verleiht. Alberich flucht auf die Liebe und bringt das Gold an sich.

2. Szene
Die Götter haben sich von Fasolt und Fafner die Burg Walhall errichten lassen und den beiden Riesen als Lohn dafür die Göttin Freia versprochen. Aber die Götter können Freia nicht entbehren, denn sie ist es, die ihnen ewige Jugend verschafft. Die Riesen lassen sich nicht länger hinhalten und fordern ihren Lohn. Nur im Tausch gegen das Rheingold sind sie bereit, auf Freia zu verzichten.

3. Szene
Mit Hilfe des Rings hat Alberich die Nibelungen unter sein Joch gebracht. Sie sollen ihm helfen, die Götter zu besiegen. Mime, der Schmied, hat ihm einen Tarnhelm angefertigt. Von Wotan und Loge dazu verleitet, die Möglichkeiten des Tarnhelms zu demonstrieren, verwandelt sich Alberich in einen riesigen Drachen. Auf die listige Frage hin, ob er sich auch ganz klein machen könne, nimmt Alberich die Gestalt einer Kröte an. Die Götter ergreifen ihn und entführen ihn in die Oberwelt.

4. Szene
Um sich freizukaufen, muß Alberich seinen Besitz mitsamt der Tarnkappe hergeben. Wotan verlangt auch noch den Ring. Der Nibelunge wehrt sich. Als Wotan ihm den Ring entreißt, spricht Alberich einen Fluch: Jeder, der diesen Ring besitzt, soll durch ihn sterben, und wer ihn nicht besitzt, soll sich in Gier nach ihm verzehren.

Fafner und Fasolt erhalten den Schatz des Nibelungen, die Tarnkappe und auch den Ring. Kaum gehört er ihnen, beginnen sie zu streiten. Fafner erschlägt Fasolt. Alberichs Fluch hat sich zum erstenmal erfüllt. Die Götter begeben sich nach Walhall.

DIE WALKÜRE
Erster Tag des Bühnenfestspiels »Der Ring des Nibelungen«, Uraufführung: München 1870

Personen
SIEGMUND (Tenor);
HUNDING (Baß);
WOTAN (hoher Baß);
SIEGLINDE (Sopran);
BRÜNNHILDE (Sopran);
FRICKA (Mezzosopran);
Die Walküren:
GERHILDE (Sopran);
ORTLINDE (Sopran);
HELMWIGE (Sopran);
WALTRAUTE (Mezzosopran);
SIEGRUNE (Mezzosopran);
ROSSWEISSE (Mezzosopran);

SCHWERTLEITE (Alt);
GRIMGERDE (Alt)

Handlung
1. Akt

Siegmund rettet sich vor einem Unwetter in eine Hütte und trifft dort auf eine Frau, Sieglinde, die ihn mit einem Trunk labt. Die beiden kennen einander nicht, spüren aber sofort, daß sie etwas verbindet. Hunding, Sieglindes Mann, betritt das Haus. Siegmund berichtet, was ihm widerfahren ist: Als er mit dem Vater auf der Jagd war, haben die Neidinge sein Haus niedergebrannt, seine Mutter erschlagen und die Schwester geraubt. Hunding, ein Verwandter der Neidinge, erkennt in Siegmund einen Todfeind und fordert ihn für den nächsten Tag zum Kampf. Für die Nacht soll das Gastrecht gelten. Hunding zieht sich zurück. Sieglinde führt Siegmund zu einem Schwert, das bis zum Heft im Stamm einer Esche steckt. Ein Unbekannter hat es hineingestoßen, und nur der Stärkste vermag es wieder herauszuziehen. Es gelingt. Siegmund, der bisher waffenlos war, hält das Schwert Notung in seiner Hand. Siegmund und Sieglinde, die sich als Geschwister erkannt haben, umarmen sich mit glühender Leidenschaft.

2. Akt

Wotan, der mit einer Menschenfrau das Zwillingspaar Siegmund und Sieglinde gezeugt hat (und der auch der Unbekannte war, der das Schwert in die Esche stieß), beauftragt die Walküre Brünnhilde (die aus einer Verbindung Wotans mit der Göttin Erda hervorging), Siegmund in seinem Kampf gegen Hunding den Sieg zu bringen. Aber das kann Fricka, die Hüterin der Ehe, nicht dulden. Sie verlangt, Siegmund und Sieglinde wegen ihres Ehebruchs und der Blutschande, die sie begangen haben, zu bestrafen. Wotan ist gezwungen, den Auftrag, den er Brünnhilde gab, zurückzuziehen. Aber Brünnhilde beschließt, nicht diese, sondern Wotans ursprüngliche Weisung zu befolgen und Siegmund beizustehen. Als jedoch der Kampf beginnt, greift Wotan selbst ein: Siegmund fällt, sein Schwert ist zerbrochen, aber auch Hunding wird mit dem Tod gestraft.

3. Akt

Sieglinde will nicht länger leben. Doch als Brünnhilde ihr verkündet, daß sie von Siegmund ein Kind empfangen wird, zieht sie sich, die Bruchstücke von Siegmunds Schwert mit sich nehmend, in die Wälder zurück. Brünnhilde erwartet eine harte Strafe für ihren Ungehorsam: Wotan verstößt sie aus dem Reich der Götter. Als Sterbliche soll sie auf einem Felsen schlafen und dem ersten, der sie dort findet, als Frau angehören. Wotan, dem diese Strafe am Ende doch zu grausam erscheint, bittet Loge, einen Ring von Feuer um den Felsen zu legen, den nur ein wahrer Held zu durchschreiten wagt.

SIEGFRIED

Zweiter Tag des Bühnenfestspiels »Der Ring des Nibelungen«, Uraufführung: München 1876

Personen
SIEGFRIED (Tenor);
MIME (Tenor);
WANDERER (hoher Baß);
ALBERICH (hoher Baß);
FAFNER (Baß);
ERDA (Alt);
BRÜNNHILDE (Sopran);
STIMME DES WALDVOGELS (Sopran)

Handlung
1. Akt

Sieglinde hat ihren Sohn, Siegfried, geboren. Sterbend hat die Mutter das Kind der Obhut Mimes, des Schmiedes, anvertraut. Er zieht es auf. Sieglindes einzige Hinterlassenschaft sind die Bruchstücke des Schwertes Notung. Mime hat versucht, Notung neu zu schmieden, aber es ist ihm nicht gelungen.

Aus Siegfried ist ein starker junger Mann geworden, der Schwerter mit der bloßen Hand zerbricht. In der Gestalt eines Wanderers tritt Wotan bei Mime ein. Nur wer keine Furcht kenne, verkündet der Wanderer, könne Notung schmieden, und dieser Furchtlose werde kommen und Mime den Tod bringen. Der Wanderer geht fort. Wenig später erscheint Siegfried. Ungehalten, daß Mime es noch immer nicht geschafft hat, ihm aus den Bruchstücken ein neues Schwert zu schmieden, will er es nun selbst probieren, und der Versuch gelingt. Mühelos zerteilt er mit dem neuen Schwert den Amboß. Mime erkennt in Siegfried den furchtlosen Helden und will sich dessen Kraft zunutze machen: Er soll für ihn den

Der Ring / Siegfried

Drachen Fafner töten, der den Nibelungenschatz bewacht. Danach soll Siegfried sterben; das Gift ist schon bereitet.

2. Akt
Unerschrocken tritt Siegfried vor die Höhle Fafners. Das Ungeheuer ist schnell besiegt. Ein Tropfen Drachenblut, der seine Lippen berührt, läßt Siegfried plötzlich die Stimmen der Vögel verstehen. Sie führen ihn zum Schatz. Siegfried nimmt den Ring und die Tarnkappe an sich. Mime reicht ihm den vergifteten Trank, doch Siegfried, der ebenso, wie er die Vogelstimmen versteht, plötzlich auch die Gedanken Mimes lesen kann, erschlägt den heimtückischen Schmied. Die Stimme eines Waldvogels erzählt von einem schlafenden, herrlichen Weib, das nur ein furchtloser Held erringen kann. Siegfried will es wagen. Der Vogel zeigt ihm den Weg zu diesem Weib.

3. Akt
Wotan ahnt, daß das Ende des Götterreiches nicht mehr fern ist, und ist bereit, seine Macht an Siegfried, der sich anschickt, den Brünnhildenfelsen zu ersteigen, abzutreten. Er stellt sich ihm in den Weg. Unter einem Schwertstreich zerbirst Wotans Speer, das Symbol seiner Macht. Unbeirrt bahnt Siegfried sich seinen Weg durch das Flammenmeer. Auf dem Gipfel angekommen, weckt er Brünnhilde mit einem Kuß.

GÖTTERDÄMMERUNG
Dritter Tag des Bühnenfestspiels »Der Ring des Nibelungen«, Uraufführung: Bayreuth 1876

Personen
SIEGFRIED (Tenor);
GUNTHER (Bariton);
HAGEN (Baß);
ALBERICH (hoher Baß);
BRÜNNHILDE (Sopran);
GUTRUNE (Sopran);
WALTRAUTE (Mezzosopran);
NORNEN (Sopran, Mezzosopran, Alt);
WOGLINDE, WELLGUNDE und
FLOSSHILDE (Sopran, Mezzosopran, Alt),
die Rheintöchter

Handlung
Vorspiel
Drei Nornen spinnen das Seil des Schicksals und erzählen, was geschehen ist und was geschehen soll: Wotan hat die Welt-Esche fällen lassen und ihr Holz rund um Walhall aufschichten lassen. Wenn der verfluchte Ring wieder den Rheintöchtern gehört, will er selbst Feuer an die Burg der Götter legen. Das Seil der Nornen reißt. – Siegfried dürstet es nach neuen Taten. Brünnhilde, die dafür Verständnis hat, schenkt ihm zum Abschied Grane, ihr Roß. Er läßt ihr den Ring zurück.

1. Akt
Am Hof der Gibichungen fassen Gunther und Hagen, Alberichs Sohn, den Plan, Brünnhilde zu erobern. Da aber nur Siegfried zu ihr hinauf auf den Walkürenfelsen gelangen kann, muß eine List angewendet werden: Als Siegfried die Halle der Gibichungen betritt, reicht ihm Gutrune, Gunthers Schwester, zum Willkommen einen Vergessenstrank, der sofort Wirkung zeigt. In Siegfrieds Gedächtnis ist die Erinnerung an Brünnhilde ausgelöscht, sein ganzes Verlangen richtet sich nun auf Gutrune. Um sie zu gewinnen, verspricht er Gunther, für ihn auf den Walkürenfelsen zu steigen und Brünnhilde an den Gibichungenhof zu führen. Der Pakt wird mit Blut besiegelt. Ohne weiteren Verzug brechen Gunther und Siegfried auf. Ungeduldig wartet Brünnhilde auf die Rückkehr ihres Geliebten. Eine ihrer Walkürenschwestern sucht sie auf und beschwört sie, den unheilbringenden Ring an die Rheintöchter zurückzugeben. Aber Brünnhilde kann sich von diesem Ring, den Siegfried ihr als Unterpfand seiner Liebe gab, nicht trennen. Da kündigt ein Hornruf Siegfrieds Kommen an, dem der Tarnhelm das Aussehen Gunthers verliehen hat, und als Gunther beansprucht er nun Brünnhilde und den Ring.

2. Akt
Die Gibichungen bereiten die Hochzeit Gunthers mit Brünnhilde vor. Das Paar erscheint. Siegfried, an der Seite Gutrunes, und Brünnhilde stehen sich gegenüber. Er erkennt sie nicht, sie aber erblickt an seiner Hand den Ring. In rasendem Zorn beschließt sie, sich an ihm zu rächen, und gibt vor Hagen das Geheimnis preis, an welcher Stelle Siegfried verwundbar ist.

3. Akt
Auf der Jagd ist Siegfried in die Nähe des Rheins gelangt. Die Rheintöchter warnen ihn vor dem Tod: Wenn er den Ring behalte, werde er noch

Der Ring / Götterdämmerung

heute sterben. Siegfried lacht darüber. Hagen und Gunther erscheinen mit ihrem Gefolge. Hagen reicht Siegfried einen Trank, der ihm die Erinnerung zurückbringt. Von Hagen ermuntert, erzählt Siegfried aus seinem Leben, auch davon, wie er Brünnhilde einst gewann. Als ihm bewußt wird, daß man ihn um Brünnhilde betrogen hat, stößt Hagen ihm den Speer in den Rücken. Zurückgekehrt in die Halle der Gibichungen, sagt Hagen Gutrune ins Gesicht, daß er ihren Gatten ermordet hat. Im Streit um den Ring an Siegfrieds Hand erschlägt Hagen auch Gunther. Erst jetzt erkennt Gutrune die schreckliche Wahrheit und schleudert, ehe sie zusammenbricht, Hagen einen Fluch entgegen. Auch Brünnhilde weiß jetzt um den Betrug und läßt für den Geliebten einen Scheiterhaufen aufrichten. Sie selbst zündet ihn an und jagt auf ihrem Roß in die Flammen hinein. Hagen, der versucht, den Rheintöchtern ihren Ring zu entreißen, wird von den Fluten des Rheins verschlungen. Am Himmel leuchtet ein Feuer: Walhall steht in Flammen. Die Welt der Götter ist untergegangen.

Anmerkung

Die erste komplette Aufführung des vierteiligen Ring-Zyklus' war verbunden mit der Einweihung des Bayreuther Festspielhauses im Jahr 1876. Für die »Götterdämmerung« und »Siegfried« war dies gleichzeitig die Uraufführung, nachdem die beiden ersten Teile auf Betreiben Ludwigs II. schon 1869 und 1870 in München herausgekommen waren. Die Anfänge der Arbeit am Textbuch gehen zurück auf das Jahr 1848, die Kompositionsarbeit begann mit der Niederschrift des Vorspiels zu »Rheingold« im Jahr 1853. Daß Wagner im »Ring des Nibelungen« über einen Entstehungszeitraum von mehr als zwanzig Jahren stilistische Kontinuität, ohne eine Spur von Gleichförmigkeit oder gar Schematismus, wahren konnte, gehört mit zu den erstaunlichsten Aspekten dieses schon aufgrund seiner gewaltigen Dimensionen staunenswerten Werks.

PARSIFAL

Bühnenweihfestspiel in drei Akten, Text von Richard Wagner, Uraufführung: Bayreuth 1882

Personen
AMFORTAS (Bariton);
TITUREL (Baß);
GURNEMANZ (Baß);
PARSIFAL (Tenor);

KLINGSOR (Baß);
KUNDRY (Sopran);
GRALSRITTER (Tenor und Baß);
KNAPPEN (Sopran, Alt und zwei Tenöre);
STIMME AUS DER HÖHE (Alt)

Auf dem Gebiet und in der Burg der Gralshüter »Monsalvat«, Klingsors Zauberschloß und Garten, um 900.

Handlung
1. Akt

Amfortas hat im Kampf gegen den abtrünnigen Ritter Klingsor, der in seinem Zauberreich ein ausschweifendes Leben führt, seinen Speer eingebüßt, denn auch er hat sich verführen lassen. Kundry war es, die ihn betörte und ihm den Speer entwendete. Nun ist er mit einer nicht mehr heilenden Wunde geschlagen. Nur die Berührung mit dem heiligen Speer könnte sie wieder schließen. Doch diesen Speer zurückzubringen, ist einem »reinen Toren, durch Mitleid wissend« vorbehalten.

Gurnemanz trifft im Wald auf einen Jüngling – Parsifal –, der von sich nichts weiß, außer daß seine Mutter »Herzeleide« hieß. In ihm glaubt Gurnemanz den verheißenen »Toren« gefunden zu haben, der Amfortas die Rettung bringen könnte. Als man den Jüngling jedoch bei den heiligen Handlungen der Gralsritter zuschauen läßt, deutet nichts darauf hin, daß er »wissend« geworden ist. Verbittert weist Gurnemanz den Jüngling, der zwar ein Tor, aber nicht wissend ist, aus der Gralsburg.

2. Akt

Parsifal, der im Wald umherirrt, ist in das Reich Klingsors eingedrungen. Klingsor sendet Kundry aus, den Jüngling zu betören. Doch Parsifal erliegt ihren Verführungskünsten nicht, denn plötzlich erinnert er sich des leidenden Amfortas'. Klingsor erscheint und schleudert den Speer, aber der bleibt in der Luft stehen. Parsifal kann ihn ergreifen und schlägt mit ihm das Zeichen des Kreuzes. Klingsors Zauberreich geht unter.

3. Akt

Parsifal findet, weil ein Fluch Kundrys ihn begleitet, den Weg zum Gral nicht mehr. Titurel ist tot, Amfortas hat den Gral, der den Rittern Leben spendet, nicht mehr enthüllt. Gurnemanz lebt als Einsiedler im Wald. In der Nähe seiner Behausung findet er die erstarrte Kundry, die, von ihm

Parsifal

wieder zum Leben erweckt, nur noch einen Gedanken hat: zu dienen. Ein fremder Ritter erscheint. In ihm erkennt Gurnemanz den »reinen Toren« wieder und in seiner Waffe den heiligen Speer. Von Gurnemanz zum Gralskönig gesalbt, betritt Parsifal die Burg der Ritter. Eine Berührung mit seinem Speer schließt Amfortas' Wunde. Der Gral wird enthüllt und leuchtet hell wie nie. Kundry, von Parsifal getauft, findet im Tod ihre Erlösung.

Anmerkung

Den ersten Anstoß für sein letztes Bühnenwerk erhielt Wagner – mehr als dreißig Jahre vor der Uraufführung – noch während seiner Kapellmeisterjahre in Dresden durch die Lektüre des »Parzival« von Wolfram von Eschenbach (1210). Dieses Epos, das auf Motiven des bretonischen Artus-Sagenkreises beruht, bildete den Ausgangspunkt für Wagners eigene, auch mit zahlreichen nicht-christlichen Symbolen verwobene »Parsifal«-Dichtung. Die Uraufführung des »Parsifal« fand anläßlich der zweiten Bayreuther Festspiele im Jahr 1882 statt. Ursprünglich sollte das Werk als »Bühnenweihfestspiel« allein Bayreuth vorbehalten bleiben, aber mit Ablauf der dreißigjährigen Schutzfrist gelangte es in der ganzen Welt zur Aufführung, nachdem es auch vorher schon zahlreiche nicht autorisierte Darbietungen gegeben hatte.

C. M. von Weber

Carl Maria von Weber
(1786-1826)

Die Kindheit Carl Maria von Webers, der in Eutin als Sohn eines Schauspielers und einer Sängerin zur Welt kam, war bestimmt vom väterlichen Ehrgeiz, den vielseitig begabten Knaben in ein Wunderkind zu verwandeln. Getrieben von immer neuen Unternehmungen als reisender Theaterprinzipal, die ihn und seine Familie bald hierhin, bald dorthin verschlugen und allmählich in den Bankrott zu führen drohten, setzte Webers Vater alle Hoffnungen auf seinen Sohn. An eine kontinuierliche Ausbildung allerdings war aufgrund der häufigen Standortwechsel der Weberschen Theaterkompanie nicht zu denken. Doch offenbar hat Carl Maria von Weber unter dieser Situation nicht sonderlich gelitten. Er lernte, wo immer es etwas zu lernen gab, und machte erstaunliche Fortschritte als Klavierspieler und Komponist. Seine wichtigsten Lehrer fand er in Michael Haydn in Salzburg, bei dem er zweimal für jeweils längere Zeit Unterricht nehmen konnte, und in Georg Joseph (Abbé) Vogler, der dem 18jährigen eine erste Anstellung als Opernkapellmeister in Breslau vermittelte. Nach zwei Jahren gab er diese Stellung auf. Die folgenden Jahre bis zu seiner Berufung zum Kapellmeister der Prager Oper im Jahr 1813 verbrachte Weber u.a. als Geheimsekretär am herzoglichen Hof in Stuttgart und als reisender Klaviervirtuose. 1816 wurde er in Dresden zum Kapellmeister ernannt, wo er zunächst, sehr zu seinem Verdruß, dem Leiter der italienischen Hofoper untergeordnet blieb. Mit dem »Freischütz«, seinem sechsten Bühnenwerk, das 1821 in Berlin eine umjubelte Premiere erlebte und dort Gasparo Spontinis »Olimpia« ausstach, verhalf Weber der deutschen romantischen Oper, die fortan auch internationale Anerkennung fand, zum endgültigen Durchbruch. Aufgrund der eklatanten Schwächen des Librettos war die 1823 in Wien uraufgeführte »Euryanthe« weit weniger erfolgreich. Glücklicher fiel 1826 der im Auftrag des Londoner Opernhauses Covent Garden entstandene »Oberon« aus. Wenige Wochen nach der Uraufführung, die er selbst leitete, starb Weber noch in London an der Schwindsucht, unter der er seit Jahren litt. Auf Betreiben Richard Wagners wurden seine sterblichen Überreste 1844 nach Dresden überführt.

DER FREISCHÜTZ

Romantische Oper in drei Akten, Text von Johann Friedrich Kind nach der gleichnamigen Erzählung aus August Apels und Friedrich Launs »Gespensterbuch«, Uraufführung: Berlin 1821

Personen

FÜRST OTTOKAR (Bariton);
KUNO (Baß),
fürstlicher Erbförster;
AGATHE (Sopran),
seine Tochter;
ÄNNCHEN (Sopran),
eine junge Verwandte;
KASPAR (Baß),
erster Jägerbursche;
MAX (Tenor),
zweiter Jägerbursche;
EREMIT (Baß);
KILIAN (Bariton),
ein reicher Bauer;
BRAUTJUNGFERN (Sopran);
SAMIEL (Sprechrolle),
der schwarze Jäger

In Böhmen, nach dem Dreißigjährigen Krieg.

Handlung
1. Akt

Der Jägerbursche Max ist vom Schußpech verfolgt. Bei einem Wettschießen schneidet sogar der Bauer Kilian besser ab als er. Nun fürchtet Max, auch beim Probeschießen am nächsten Tag zu versagen. Nur wenn ihm morgen ein guter Schuß gelingt, kann er die Hand der Försterstochter Agathe erringen und selber Förster werden. Da drückt ihm Kaspar, der mit dem teuflischen schwarzen Jäger im Bunde steht, eine andere Flinte in die Hand, und siehe da: Max holt einen Adler vom Himmel. Das Geheimnis, vertraut ihm Kaspar an, sei eine Freikugel. Max läßt sich überreden, mit Kaspar zum Gießen solcher Kugeln um Mitternacht in die Wolfsschlucht hinabzusteigen.

2. Akt

Im Försterhaus wird Max von Agathe und ihrer Freundin Ännchen erwartet. Düstere Ahnungen umwölken Agathes Stirn, Ännchen versucht, sie aufzuheitern. Max betritt die Stube, verabschiedet sich aber gleich wieder, um, wie er sagt, noch einen Hirschen, den er in der Wolfsschlucht erlegt habe, zu holen. Ehe Max erscheint, hat Kaspar sich in der Wolfsschlucht eingefunden, um seinen Pakt mit Samiel, dem Teufel in der Gestalt des schwarzen Jägers, um drei Jahre zu verlängern. Samiel verlangt ein Opfer dafür und macht zur Bedingung, daß über die letzte der sieben Freikugeln, die er gewähren will, er selbst bestimmt. Samiel verschwindet. Unter höllischem Spuk beginnt Schlag Mitternacht das Kugelgießen.

3. Akt

Die beiden Schützen verschießen die ersten sechs der sieben Kugeln. Die letzte soll Max für seinen Probeschuß verbleiben. Die Vorbereitungen dazu sind in vollem Gange. Im Försterhaus wird die Braut geschmückt, nur der Kranz, der den Kopf Agathes schmücken soll, fehlt noch. Aber als man die Schachtel öffnet, in der er aufbewahrt wird, liegt darin eine Totenkrone. In aller Eile wird aus geweihten Rosen, die Agathe von einem Eremiten geschenkt bekommen hat, ein neuer Kranz für die Braut gewunden.

Eine bunte Volksmenge hat sich im Wald versammelt, um dem festlichen Ereignis des Probeschusses beizuwohnen. Der Fürst bestimmt, daß auf eine weiße Taube geschossen werden soll. Max legt an. Der Schuß kracht, aber die Kugel verfehlt das ihr von Samiel zugedachte Ziel – Agathe nämlich, die beschirmt wird von den geweihten Rosen. Statt ihrer sinkt Kaspar zu Boden, tödlich getroffen. Das Geheimnis der verzauberten Kugel wird offenbar. Max soll des Landes verwiesen werden, aber der Eremit verwendet sich für ihn und kann den Fürsten überreden, den Probeschuß ein für allemal abzuschaffen und gegen Max nur eine einjährige Bewährungsstrafe zu verhängen.

Anmerkung

Die Uraufführung des »Freischütz« in Berlin war ein epochemachendes Ereignis. Man feierte das Werk als einen Triumph der deutschen Oper über die italienische, und in der nationalen Begeisterung, die sich an ihm entzündete, ging völlig unter, daß »Der Freischütz«, obwohl er formal ganz in der Tradition des deutschen Singspiels (mit gesprochenen Dialogen) steht, stilistisch keineswegs eine durch und durch deutsche

Der Freischütz

Oper war. Italienische Vorbilder, etwa in der Rachearie des Kaspar »Schweig, schweig, damit dich niemand warnt« (1. Akt), sind ebenso unverkennbar wie der Einfluß der französischen Romanze auf Ännchens »Einst träumte meiner sel'gen Base« (3. Akt). Wenn es auch mehr die volksliedhaften Gesangsnummern waren, allen voran der Jägerchor »Was gleicht wohl auf Erden« und der Chor der Brautjungfern »Wir winden dir den Jungfernkranz« (3. Akt), die dem »Freischütz« so ungeheure Popularität bescherten, sind sie es nicht allein, die seine enorme Durchschlagskraft erklären können. Was den »Freischütz« so erfolgreich und ihn zum Inbegriff der deutschen romantischen Oper machte, war der von Weber, einem Meister der Instrumentationskunst, musikalisch eingefangene, zutiefst romantische Blick auf die Natur, wie er sich am eindrucksvollsten in der packenden Wolfsschluchtszene zeigt.

Kurt Weill (1900-1950)

Kurt Weill war der Sohn eines Dessauer Kantors. Er studierte in Berlin bei Engelbert Humperdinck und Ferruccio Busoni. Zuerst sah es so aus, als würde sich Weill unter Anleitung des letzteren zu einem »absoluten« Komponisten expressionistischer Prägung entwickeln. Doch schon 1925 entdeckte Weill seine Begabung zur Bühnenkomposition. Seine ersten Opern entstanden in Zusammenarbeit mit Georg Kaiser. 1927 lernte er Bertolt Brecht kennen, für dessen Konzeption des epischen Theaters er den adäquaten musikalischen Rahmen lieferte. »Die Dreigroschenoper« und »Mahagonny« ließen die Namen des Autorengespanns Brecht/Weill zu einem Begriff werden, auch wenn sich die Teamarbeit nur auf wenige Werke beschränkte. 1933 emigrierte Weill erst nach Paris, später in die USA, deren Staatsbürgerschaft er 1943 annahm. In Amerika schuf Weill zahlreiche wertvolle Beiträge zum anspruchsvollen Broadway-Musical, die in Europa nach wie vor unterschätzt werden.

DIE DREIGROSCHENOPER
Ein Stück mit Musik in einem Vorspiel und acht Bildern, Text von Bertolt Brecht nach John Gays »Bettleroper«, Uraufführung: Berlin 1928

Personen
Singende Schauspieler ohne feste Stimmlage:
JONATHAN JEREMIAH PEACHUM,
Chef einer Bettlerorganisation;
FRAU PEACHUM;
POLLY,
beider Tochter;
MACHEATH, genannt MACKIE MESSER,
Anführer einer Verbrecherbande;
BROWN,
Polizeichef von London;
LUCY,
seine Tochter

London, Anfang des 18. Jahrhunderts.

Die Dreigroschenoper

Handlung

Jonathan Peachum kontrolliert die gesamte Londoner Bettlerinnung. Wer bei ihm arbeitet, wird als Krüppel ausstaffiert und für einen Hungerlohn auf die Straße geschickt. Peachums Wort ist Gesetz. Daher reagiert er allergisch, als sich seine Tochter Polly in den Gangsterboß Mackie Messer verliebt, denn Mackie macht ihm seinen Rang in der Unterwelt streitig. Auf Pollys und Mackies Hochzeit erscheint auch der Polizeichef Brown, aber nicht als Arm des Gesetzes, sondern um – in seiner Eigenschaft als Mackies alter Kriegskamerad – dem Paar zu gratulieren. Als Peachum von der Hochzeit erfährt, schäumt er vor Wut. Mackie entzieht sich seiner Verhaftung – Peachum hat ihn denunziert – durch Flucht, wird aber in einem Bordell schließlich doch gefaßt. Browns Tochter Lucy, die in Mackie verliebt ist, verhilft ihm zur Flucht. Doch Peachum gibt keine Ruhe. Er setzt Brown die Pistole auf die Brust: Wenn dieser nicht endlich seinen alten Freund Mackie unschädlich mache, werde er – Peachum – für Aufruhr sorgen. Brown muß sich fügen. Mackies letzte Stunde scheint geschlagen zu haben; er befindet sich bereits auf dem Weg zum Galgen. Als »deus ex machina« trifft in letzter Minute ein Bote ein: Anläßlich der Krönung Ihrer Majestät wird Mackie begnadigt, in den Adelsstand erhoben und erhält außerdem eine lebenslängliche Leibrente.

Anmerkung

John Gay und Johann Christoph Pepusch schrieben die »Beggar's Opera« 1728 als Parodie auf die große Oper Händelschen Stils mit ihren ewiggleichen Götter- und Königsgestalten. Die Helden der »Bettleroper« sollten Helden des Volkes sein, Menschen mit Fehlern, aus Fleisch und Blut. Die genau 200 Jahre später entstandene »Dreigroschenoper« zielt aus ähnlichen Gründen auf eine Durchbrechung der etablierten Kunstform Oper. Schon der Titel bedeutet eine provokative Absage an die herkömmliche Oper und deren zahlungskräftiges Publikum. Doch wurde die »Dreigroschenoper« nicht einzig und allein als Genreparodie konzipiert. Es ging Brecht neben Sozialkritik in erster Linie um ein neues Theaterkonzept, in dem das Publikum – zum Teil auf eindeutig didaktische Weise – direkt angesprochen werden sollte. Die »Dreigroschenoper« verlangt keine Sänger, sondern Schauspieler, deren Ausstrahlung wichtiger ist als ihre stimmlichen Qualitäten. Demzufolge komponierte Weill statt Arien »Songs« – chansonähnliche, mit Jazzelementen durchsetzte Lieder größtenteils allgemein-moralischer Thematik, der Tradition des Bänkelsangs nahestehend. Die Uraufführung der »Dreigroschenoper« war einer der ganz großen Theatererfolge des 20. Jahrhunderts.

K. Weill

AUFSTIEG UND FALL DER STADT MAHAGONNY

Oper in drei Akten, Text von Bertolt Brecht, Uraufführung: Leipzig 1930

Personen

LEOKADJA BEGBICK
(Mezzosopran oder Alt);
FATTY (Tenor),
der »Prokurist«;
DREIEINIGKEITSMOSES (Bariton);
JENNY (Sopran);
JIM MAHONEY/
JOHANN ACKERMANN (Tenor);
JACK O'BRIEN/
JAKOB SCHMIDT (Tenor)

Die imaginäre Stadt Mahagonny,
Gegenwart.

Handlung

In einer gottverlassenen Gegend beschließen die drei auf der Flucht befindlichen Ganoven Leokadja Begbick, Dreieinigkeitsmoses und der Prokurist, eine Stadt zu gründen. Diese Stadt soll Mahagonny heißen und dem Zweck dienen, den Goldgräbern das Geld aus der Tasche zu ziehen. Bald werden die ersten zweifelhaften Gestalten angelockt, unter anderen die Hure Jenny und sechs ihrer Berufskolleginnen. Trotz reichlicher Kundschaft will sich jedoch die rechte Stimmung in Mahagonny nicht einstellen. Auch der Goldgräber Jim fühlt sich in der Stadt nicht wohl; lediglich die schöne Jenny hält ihn dort. Eines Tages bedroht ein Wirbelsturm den Ort; alle fürchten die Zerstörung Mahagonnys. In seiner Todesangst postuliert Jim ein Gesetz, daß jeder nur tun dürfe, was ihm Spaß mache. Nachdem die Bevölkerung Mahagonnys der Katastrophe knapp entronnen ist, herrscht dort nur noch Laster und Völlerei. Nur eins zählt als Verbrechen: kein Geld zu haben. Dies bekommt Jim schmerzhaft zu spüren, als er seine Zeche nicht bezahlen kann. Keiner hilft ihm aus der Klemme, also wird er zum Tode verurteilt. Noch vor seiner Hinrichtung fordert Jim von der Menge die Einhaltung seines hedonistischen Gesetzes. Doch die allgemeine Unzufriedenheit steigt; Mahagonnys Untergang ist unaufhaltsam.

Aufstieg und Fall der Stadt Mahagonny

Anmerkung

Die Thematik von »Mahagonny« bildet eine logische Fortsetzung der »Dreigroschenoper«; allerdings gerät die Abrechnung mit dem Kapitalismus um einiges schärfer. Das humoristisch-satirische Element entfällt fast vollständig. Weill hält an seinem in der »Dreigroschenoper« entwickelten Songstil zwar fest, arbeitet die Gesamtstruktur jedoch wesentlich weiter aus. »Mahagonny« ist von Weill ausdrücklich als Oper konzipiert; zur Gestaltung der Rollen sind unbedingt ausgebildete Sänger notwendig. An die Stelle der Jazzkapelle in der »Dreigroschenoper« tritt hier ein vollbesetztes Sinfonieorchester. »Mahagonny« erfreute sich – insbesondere beim Berliner Publikum – großer Beliebtheit, doch war dieser Erfolg von Anfang an durch Skandale und provozierende Störaktionen der Nationalsozialisten getrübt.

J. Weinberger

Jaromir Weinberger
(1896-1967)

Der tschechische Komponist Jaromir Weinberger studierte Komposition und Klavier am Prager Konservatorium, später auch kurze Zeit bei Max Reger in Leipzig. Anfang der 20er Jahre hatte er einen Lehrauftrag in den USA inne, wohin er nach Ausbruch des Zweiten Weltkriegs emigrierte. In der Zwischenzeit hatte er abwechselnd in Prag und Österreich gelebt und gearbeitet und mit der Oper »Schwanda, der Dudelsackpfeifer« internationales Ansehen errungen. Weinberger starb 1967 in St. Petersburg (Florida) im Exil.

SCHWANDA, DER DUDELSACKPFEIFER
Volksoper in zwei Akten, Text von Milos Kares, Uraufführung: Prag 1927

Personen
SCHWANDA (Bariton);
DOROTA (Sopran),
seine Frau;
BABINSKY (Tenor),
Räuber;
KÖNIGIN (Mezzosopran);
MAGIER (Baß);
TEUFEL (Baß)

Böhmen und Märchenland, in sagenhafter Zeit.

Handlung
1. Akt
Der legendäre Räuberhauptmann Babinsky hat es auf die schöne Dorota abgesehen, die mit ihrem Mann, dem nicht minder legendären Dudelsackspieler Schwanda, auf einem idyllischen Hof in Böhmen lebt. Um Schwanda aus dem Weg zu haben, reizt Babinsky die Abenteuerlust und die Eitelkeit des Musikanten mit der Erzählung von der Königin, die ein böser Magier in anhaltende Melancholie gestürzt habe, aus der sie nur Schwandas Spiel befreien könne. Schwanda macht sich heimlich auf den Weg, und es gelingt ihm in der Tat, die Königin durch seine schwungvolle Musik von ihrem Trübsinn zu befreien. Begeistert will sie

Schwanda, der Dudelsackpfeifer

Schwanda heiraten, doch da erscheint Dorota, die ihm heimlich gefolgt ist, und die Hochzeit platzt. Die erbitterte Königin verurteilt das Paar daraufhin zum Tode. Aber Babinsky erscheint, besorgt Schwanda seinen Dudelsack, der spielt auf und versetzt Henker, Königin und den gesamten Hofstaat in blinde Tanzwut. Dorota und Schwanda können entkommen, und Schwanda erklärt seiner eifersüchtigen Frau, der Teufel solle ihn holen, wenn er die Königin auch nur geküßt habe. Der Teufel läßt sich das nicht zweimal sagen: die Erde tut sich auf, und Schwanda ist verschwunden.

2. Akt

Auch der Teufel ist traurig, denn niemand will mit dem alten Schwindler eine Partie Karten spielen, und Schwanda, der sich nach seiner Frau sehnt, weigert sich, seinen Dudelsack anzurühren. Da erscheint abermals Babinsky, um mit dem Höllenfürsten um Schwandas Seele zu spielen. Der Räuber erweist sich als der geschicktere Falschspieler, und Schwanda kann heimkehren zu seiner Dorota.

Anmerkung

Stärker von der Volksmusik slawischer Prägung bestimmt als von den in den 20er Jahren modernen Strömungen, hatte Weinbergers Oper im Gegensatz zu den meisten Werken unseres Jahrhunderts keine Schwierigkeiten, sich auf den Bühnen durchzusetzen. Berühmt wurden die Tanzfuge des Höllenbilds und das leitmotivisch eingesetzte Lied der Dorota »Auf unserem Hof daheim hört man die Gänse schrein...«. Die deutsche Fassung des Librettos, in das zahlreiche Motive tschechischer Sagen und Legenden eingewoben sind, stammt von dem Schriftsteller Max Brod.

E. Wolf-Ferrari

Ermanno Wolf-Ferrari
(1876-1948)

Ermanno Wolf-Ferrari, in Venedig als Sohn eines Deutschen und einer Italienerin zur Welt gekommen, hat sich mehr als andere Komponisten seiner Generation um eine Erneuerung der italienischen Buffo-Tradition bemüht. Fünf seiner Opern beruhen auf Texten von Carlo Goldoni, dem Librettisten Galuppis und Scarlattis. Neben seinem Kompositionsstudium in München betätigte sich Wolf-Ferrari, darin seinem Vater nacheifernd, auch als Maler. Obwohl 1903 nach Italien zurückgekehrt und auf Lebenszeit zum Direktor des Liceo musicale B. Marcello in Venedig ernannt, wandte sich Wolf-Ferrari 1909 erneut nach München, ließ sich dort nieder und arbeitete bis zu seiner Berufung zum Professor am Salzburger Mozarteum im Jahr 1939 als freischaffender Komponist. Seine neben den »Vier Grobianen« bekanntesten Werke sind »Die neugierigen Frauen« (1903), »Susannas Geheimnis« (1909), »Sly« (1927) und »Il Campiello« (1936).

DIE VIER GROBIANE (I quattro rusteghi)

Musikalische Komödie in drei Akten, Text von Giuseppe Pizzolato und Luigi Suguna nach dem gleichnamigen Textbuch von Carlo Goldoni, Uraufführung: München 1906

Personen
LUNARDO (Baß),
Antiquitätenhändler;
MARGHERITA (Alt),
seine Frau;
LUCIETA (Sopran),
Lunardos Tochter;
MAURIZIO (Bariton),
Kaufmann;
FILIPETO (Tenor),
sein Sohn;
SIMONE (Baß),
Kaufmann;
MARINA (Sopran),
seine Frau, Filipetos Tante;
CANCIAN (Bariton),
ein reicher Bürger;

Die vier Grobiane

FELICE (Sopran),
seine Frau;
CONTE RICCARDO (Tenor),
ein fremder Edelmann;
MARINAS JUNGE MAGD (Sopran)

Venedig, im Jahr 1800.

Handlung

Lunardo ist ein ziemlich unsympathischer Patron, seine Frau und seine Tochter Lucieta haben nichts zu lachen. Über deren Köpfe hinweg hat er beschlossen, Lucieta mit Filipeto, dem Sohn seines Freundes Maurizio zu verheiraten. Mit Maurizio und zwei weiteren Freunden, die in ihren Familien ein genauso strenges Regiment führen wie er, trifft er nun zum Abendessen ein. Daß die beiden jungen Leute sich vor der Verlobung wenigstens einmal sehen sollten, meinen nur die Mütter. Um diese Begegnung herbeizuführen, wird beschlossen, Filipeto in Frauenkleider zu stecken, damit er sich auf einem kleinen Fest ungestraft Lucieta nähern kann. Beide finden wirklich Gefallen aneinander, aber der Schwindel fliegt auf. Aus Verärgerung darüber, daß ihre Frauen sie hinters Licht geführt haben, wollen Lunardo und Maurizio ihre Kinder nun wieder mit aller Gewalt auseinanderbringen. Aber das ist den Frauen nun doch zuviel, und so wird diejenige von ihnen, die von ihrem Ehemann am wenigsten zu befürchten hat, vorgeschickt, um den Herrschaften endlich einmal den Kopf zu waschen. Die Standpauke hat Erfolg. Lucieta und Filipeto tauschen den Verlobungskuß.

Anmerkung

Mit »Die vier Grobiane« knüpfte Wolf-Ferrari musikalisch wie inhaltlich an »Die neugierigen Frauen« an, die ihm in Deutschland drei Jahre zuvor den Weg zum Erfolg geebnet hatten. Wolf-Ferrari hat es verstanden, die Sprache der klassischen Opera buffa in ihren typischen Merkmalen – dem quirligen Ensemble, dem geschmeidigen Parlandoton – in eine recht moderne, aber nicht avantgardistische Musik mit Einsprengseln venezianischer Folklore zu übersetzen. Ein Glanzstück für das klein gehaltene, aber virtuos behandelte Orchester ist das Intermezzo zwischen dem ersten und zweiten Akt.

Alexander Zemlinsky
(1871-1942)

1981 brachte die Hamburgische Staatsoper die beiden Einakter »Eine florentinische Tragödie« und »Der Zwerg« von Alexander Zemlinsky zur Aufführung. Einhellig wurden diese Opern als Meisterwerke eines unverdient Vergessenen begrüßt. Inzwischen ist Zemlinskys Rang als bedeutender Tonschöpfer des Übergangs zwischen Spätromantik und Moderne unumstritten. Zemlinsky studierte in Wien und errang, von Brahms gefördert, frühe Erfolge. Als Kompositionslehrer unterrichtete er u.a. seinen Freund und späteren Schwager Arnold Schönberg. Seine Autorität als Dirigent wurde allerorten geschätzt. Am Deutschen Landestheater in Prag setzte sich Zemlinsky vor allem für die Moderne ein und leitete zahlreiche Uraufführungen. 1938 emigrierte er in die USA. Kompositorisch zeigte sich Zemlinsky vor allem von Gustav Mahler und dem frühen Arnold Schönberg, in seinen späten Werken auch von Kurt Weill und Paul Hindemith beeinflußt, entwickelte aber einen Persönlichkeitsstil von hoher Individualität.

EINE FLORENTINISCHE TRAGÖDIE

Oper in einem Akt, Text von Oscar Wilde in der Übersetzung von Max Meyerfeld, Uraufführung: Stuttgart 1917

Personen
GUIDO BARDI (Tenor),
Prinz von Florenz;
SIMONE (Bariton),
ein Kaufmann;
BIANCA (Sopran),
seine Frau

Florenz, im 16. Jahrhundert.

Handlung

Der Kaufmann Simone kehrt eines Abends von einer Geschäftsreise zurück und findet seine Frau in Gesellschaft des Prinzen Bardi. Zuerst will Simone die ihn kompromittierende Situation überspielen; er zeigt sich unterwürfig, versucht dem Prinzen zu schmeicheln und ihm Waren anzubieten. Bianca zeigt ihrem Mann, wie sehr sie ihn verachtet. Bardi glaubt, von der Krämerseele Simone nichts befürchten zu müssen und

Eine florentinische Tragödie

verabredet sich offen mit Bianca für den nächsten Tag. Schließlich läßt Simone die Maske fallen; er fordert den Prinzen zum Kampf und erwürgt ihn letztendlich mit bloßen Händen. Bianca beobachtet den Kampf voller Faszination. An der Leiche Bardis fällt sie ihrem Mann in die Arme mit den Worten: »Warum hast du mir nicht gesagt, daß du so stark?« Simone antwortet: »Warum hast du mir nicht gesagt, daß du so schön?«

Anmerkung

Zemlinskys erste Wilde-Vertonung steht in einer Reihe etwa gleichzeitig entstandener Opern mit Renaissance-Sujets, darunter Schrekers »Die Gezeichneten« und Max von Schillings' »Mona Lisa«. Der Verweis auf die Renaissance als einer äußerlich glanzvollen Epoche, unter deren Oberfläche sich Abgründe auftun, wurde zu einem Zeitpunkt gewählt, als die ähnlich saturierte Gesellschaft der Gründerzeit ihrem unweigerlichen Verfall entgegensteuerte. Aufgrund ihrer Einaktigkeit und ihres Bezugs zu Oscar Wilde ist die »Florentinische Tragödie« oft mit Strauss' »Salome« verglichen worden. Zemlinskys Klangsprache ist jedoch vielschichtiger, seine Motivik kleingliedriger. Schon eher zeigt sich eine Verwandtschaft des feurig aufrauschenden Vorspiels zur Introduktion des »Rosenkavaliers«. In ihrer modulationsreichen Harmonik und üppig funkelnden Instrumentation läßt Zemlinskys Partitur auch an die Musik seines Freundes Schreker denken; wie diese beschwört sie noch einmal die untergehende Welt des Jugendstils.

DER ZWERG (Der Geburtstag der Infantin)

Tragisches Märchen in einem Akt, Text von Georg C. Klaren frei nach Oscar Wilde, Uraufführung: Köln 1922

Personen

DONNA CLARA (Sopran),
Infantin von Spanien;
GHITA (Sopran),
ihre Lieblingszofe;
DON ESTOBAN (Baß),
der Haushofmeister;
ZWERG (Tenor)

Spanien, im 16. Jahrhundert.

Handlung

Zu ihrem 18. Geburtstag bekommt die Infantin Donna Clara neben vielen Preziosen auch ein lebendes Geschenk: einen häßlichen, verwachsenen Zwerg, der im Wald aufgefunden wurde. Der Zwerg ist sich seiner Häßlichkeit nicht bewußt und wirbt sofort um Donna Clara. Diese spielt mit ihm, macht ihm eine nicht ernst gemeinte Liebeserklärung und überreicht ihm eine weiße Rose. In seligem Taumel wähnt der Zwerg sich von der Infantin geliebt und fühlt sich als ihr ritterlicher Beschützer. Donna Claras Zofe Ghita findet als einzige keinen Gefallen am herzlosen Spiel der Prinzessin. Als sich der Zwerg zum ersten Mal in einem Spiegel erblickt, bricht er voller Verzweiflung zusammen und stirbt. Donna Clara jedoch tanzt ungerührt weiter.

Anmerkung

Zemlinsky, der unter Kleinwüchsigkeit und einem wenig anziehenden Äußeren zu leiden hatte, war fasziniert davon, eine »Tragödie des häßlichen Menschen« zu komponieren. Ursprünglich hatte er Franz Schreker gebeten, ihm ein passendes Libretto zu liefern. Schreker hatte Wildes »Infantin«-Sujet bereits 1908 als Ballett vertont. Nachdem er für Zemlinsky das Libretto zu »Die Gezeichneten« angefertigt hatte, entschied sich Schreker jedoch, den Stoff für eine eigene Oper zu verwenden. Also griff Zemlinsky ein zweites Mal zu Oscar Wilde. Es wäre verfehlt, in der Wahl des Textbuchs ausschließlich autobiographische Bezüge entdecken zu wollen. Wildes Schauspiel spiegelt eine typische Fin-de-siècle-Problematik, den Konflikt zwischen Ideal und Wirklichkeit bzw. die Zerstörung des Ideals durch die Realität. Auch in den 20er Jahren, als der Zeitgeschmack andere Wege nahm, zeigte sich Zemlinsky von einer solchen Thematik gefesselt. Die Klangsprache der Oper hat sich von der spätromantischen Üppigkeit der »Florentinischen Tragödie« in Richtung einer klarer konturierten Melodik entfernt. Auch die Orchesterbehandlung ist sparsamer geworden. Spielzeughaft-starre Diatonik entlarvt die Umgebung der Prinzessin und ihres Hofstaats als kalt und seelenlos, wohingegen der Zwerg und die Zofe Ghita durch reich strömende Melodik als die einzigen zu Gefühlen fähigen Menschen der Handlung charakterisiert werden. Für die Hamburger Inszenierung 1981 schuf Adolf Dresen eine neue Textfassung, die sich stärker als Georg Klarens Libretto an Wildes Original anlehnt.

Die Soldaten

Bernd Alois Zimmermann
(1918-1970)

Bernd Alois Zimmermann blieb zu Lebzeiten der ihm gebührende Erfolg versagt. Heute gilt er als singuläre Erscheinung innerhalb der Neuen Musik. Seine einzige Oper »Die Soldaten« hat, trotz enormer aufführungstechnischer Schwierigkeiten, ihren Rang als eines der wesentlichen Bühnenwerke unserer Zeit behaupten können. Zimmermann bezeichnete sich selbst als »ältesten der jungen Komponisten«. Er studierte Schulmusik und besuchte nach dem Krieg die Darmstädter Ferienkurse als Schüler von Fortner und Leibowitz. Außerdem betrieb er intensive Studien in Philosophie, Psychologie und Germanistik. Bis Ende der 50er Jahre verfaßte Zimmermann zahlreiche Hörspielmusiken für den Westdeutschen Rundfunk; von 1957 bis zu seinem Tode bekleidete er eine Professur an der Kölner Hochschule für Musik. Zimmermanns frühe Kompositionen folgen neoklassizistischen Prinzipien. Später bediente er sich serieller Verfahrenstechniken, um schließlich zu einem völlig eigengeprägten Pluralismus vorzustoßen, der Zitate aus allen Epochen der Musikgeschichte bis zum Jazz mit einschließt.

DIE SOLDATEN

Oper in vier Akten, Text vom Komponisten nach dem gleichnamigen Schauspiel von J. M. R. Lenz, Uraufführung: Köln 1965

Personen
WESENER (Baß),
ein Galanteriehändler in Lille;
MARIE (Sopran),
CHARLOTTE (Mezzosopran),
seine Töchter;
STOLZIUS (Bariton),
Tuchhändler;
STOLZIUS' MUTTER (Alt);
DESPORTES (Tenor),
ein Edelmann in französischen Diensten;
HAUDY (Bariton) und MARY (Bariton),
Hauptleute;
GRÄFIN DE LA ROCHE (Mezzosopran)

Im französischen Flandern, heute, gestern, morgen.

Handlung
1. Akt
Marie, die Tochter des Galanteriehändlers Wesener, ist mit dem jungen Stolzius verlobt. Gleichzeitig macht ihr der Adlige Desportes den Hof. Der alte Wesener meint zwar, Kontakt mit den hohen Herren schicke sich nicht für ein bürgerliches Mädchen, verspricht sich aber insgeheim doch Vorteile von der Liaison. Er rät seiner Tochter, die Verbindung mit Stolzius vorerst nicht abzubrechen.

2. Akt
Französische Offiziere amüsieren sich bei einem Gelage. Desportes' Freund Haudy hat Stolzius dazu eingeladen, der von den Militärs als Hahnrei verhöhnt wird. Besorgt schreibt Stolzius Marie einen Brief, in dem er sie ob ihres zweifelhaften Umgangs ermahnt. Doch Desportes diktiert Marie einen höhnischen Antwortbrief. Anschließend verführt er sie. Stolzius' Mutter beschwört ihren Sohn vergeblich, sich von Marie abzuwenden.

3. Akt
Stolzius hat sich als Diener bei Desportes' Kameraden Mary verdingt, um Marie aus der Ferne beobachten zu können. Schon lange will Desportes von Marie nichts mehr wissen. Die Gräfin de la Roche möchte das Mädchen auf den rechten Weg zurückführen und bietet ihm eine Stellung als Gesellschafterin an.

4. Akt
Marie, die Desportes noch immer für sich gewinnen will, wird von dessen Jäger vergewaltigt. Stolzius übt Rache und vergiftet Desportes; an seiner Leiche gibt er sich selbst den Tod. Marie ist mittlerweile zur Bettlerin heruntergekommen. Ihr eigener Vater erkennt sie nicht mehr.

Anmerkung
1958 begann Zimmermann im Auftrag der Oper Köln mit der Komposition der »Soldaten«. Das Resultat wurde von den Leitern des Opernhauses 1960 als unspielbar abgelehnt. Während eines Aufenthaltes in Rom 1963/64 schuf der Komponist eine erweiterte Neufassung, die unter der Leitung von Michael Gielen uraufgeführt wurde. In Lenz' Schauspiel sah Zimmermann seine eigenen Anschauungen bezüglich des Begriffs und der Funktion der Zeit bereits vorgeprägt: »Das Erregendste für mich war wohl vor allem der Lenz'sche Gedanke von der ›Einheit der inneren

Die Soldaten

Handlung‹, welcher die ›Soldaten‹ in so unerhörter Weise bestimmt und Lenz veranlaßte, sich von der ›jämmerlich berühmten Bulle der drei Einheiten‹ (nämlich des Ortes, der Handlung und der Zeit) loszusagen. Konsequent werden also von Lenz die drei klassischen Einheiten negiert, mehrere Handlungen übereinandergeschichtet. Der Schritt von der Dramaturgie des Sturms und Drangs zur Jetztzeit ist erstaunlich klein: Aufhebung der drei Einheiten führt stracks zur Aufhebung von Raum und Zeit, befindet sich im Innern der ›Kugelgestalt der Zeit‹; Zukunft, Gegenwart und Vergangenheit werden vertauschbar.« Die »Kugelgestalt der Zeit«, ein Zentralbegriff in Zimmermanns Denken, manifestiert sich auf der Bühne also in Simultanszenen. Im letzten Akt, der die Grenzen der Oper sprengt und als Sinnbild der Vergewaltigung des Menschen durch den Menschen bis hin zum Weltuntergang konzipiert ist, verstärken Filme und andere technische Hilfsmittel die optische Wirkung. Auf musikalischer Ebene wird die »Gleichzeitigkeit des Ungleichzeitigen« durch z. T. bewußt disparate Zitatschachtelungen verdeutlicht. Diese Collagetechnik steigert sich im letzten Akt durch Einbeziehung von elektronischen Klängen und Geräuschmontagen per Band zu »pan-akustischer« Wirkung. Zimmermanns Pluralismus, sein Gedanke, daß »Stil« in heutiger Zeit ein Anachronismus sein muß, sollte indes nicht mit postmoderner Beliebigkeit verwechselt werden. Die gesamte »Soldaten«-Musik ist minutiös aus einer einzigen Zwölftonreihe konstruiert. Die einzelnen Szenen gliedern sich, nach dem Vorbild von Bergs »Wozzeck«, in geschlossene, der Instrumentalmusik entlehnte Formen wie Ciacona und Toccata.

OPERETTE

Paul Abraham
(892-1960)

Geboren im südungarischen Apatin, absolvierte Paul Abraham ein langjähriges Hochschulstudium an der Musikakademie von Budapest. Der leichten Muse wandte er sich erst in den zwanziger Jahren zu. 1921 kam er nach Berlin, zwölf Jahre später mußte er Berlin, die Stadt seiner größten Erfolge, wieder verlassen, um sich vor den Nationalsozialisten in Sicherheit zu bringen. Zunächst nach Paris emigriert, ging Abraham 1938 ins amerikanische Exil. 1956, elf Jahre nach dem Ende des Zweiten Weltkriegs, kehrte er als psychisch kranker Mann nach Deutschland zurück. Paul Abraham starb, 67jährig, in einer Hamburger Nervenklinik.

VICTORIA UND IHR HUSAR

Operette in einem Vorspiel und drei Akten, Text von Imre Földes (dt. Fassung von Alfred Grünwald und Fritz Löhner-Beda), Uraufführung: Budapest 1930

Personen
STEFAN KOLTAY (Tenor),
Rittmeister bei den Husaren;
JOHN CUNLIGHT (Bariton),
amerikanischer Gesandter in Tokio;
VICTORIA (Sopran), *seine Frau;*
GRAF FERRY HEGEDÜS (Tenor),
ihr Bruder;
O LIA SAN (Soubrette),
Ferrys Braut;
RIQUETTE (Sopran),
Victorias Kammerzofe;
JANCSI (Tenor), *Koltays Bursche;*
BÉLA PÖRKÖLTY,
Bürgermeister

In Rußland, Japan und Ungarn, nach 1918.

Handlung
Rittmeister Stefan ist auf der Flucht aus russischer Gefangenschaft nach Tokio gelangt. Hier begegnet er Victoria, seiner früheren Liebe, wieder, die nun die Gemahlin des amerikanischen Diplomaten Cunlight ist, der

im Begriff steht, an die Gesandtschaft nach Petersburg zu wechseln. Mit einem Fest in Cunlights Residenz werden der Abschied von Tokio und die Verlobung des Grafen Ferry Hegedüs mit der Japanerin O Lia San gefeiert. Auch Stefan ist zugegen. Cunlight, der nichts von dessen früherer Verbindung mit Victoria weiß, lädt Stefan ein, unter dem Schutz der amerikanischen Gesandtschaft mit nach Petersburg zu kommen. Bei einer Aussprache in Petersburg gesteht Victoria ihrem einstigen Geliebten, daß sie Cunlight nur geheiratet habe, weil sie glaubte, er, Stefan, wäre tot. Seinem Vorschlag, mit ihm gemeinsam zu fliehen, kann sie sich jedoch nicht anschließen. Inzwischen ist bekannt geworden, daß Stefan ein entflohener Häftling ist. Obwohl Cunlight erfahren hat, daß Stefan der Geliebte seiner Frau war, hält der Gesandte seine schützende Hand über den Unglücklichen. Aber Stefan begibt sich freiwillig erneut in russische Gefangenschaft. Ein Jahr später: Victoria hat ihren Mann verlassen. Stefan ist – durch Intervention Cunlights – aus der Haft freigekommen. Cunlights Großmut geht so weit, daß er eigenhändig dafür sorgt, daß Victoria und ihr Husar in Ungarn wieder zusammenfinden und endlich den Bund fürs Leben schließen können.

Anmerkung
Noch im Jahr der Budapester Uraufführung kam Abrahams zweite Operette in Wien und Leipzig heraus. Zusammen mit der im darauffolgenden Jahr enstandenen »Blume von Hawaii« (Leipzig, 1931) und dem wiederum ein Jahr später in Berlin uraufgeführten »Ball im Savoy« bildet »Victoria und ihr Husar« eine in der Geschichte der Operette beispiellose Erfolgstrias, deren Fortsetzung durch das Hereinbrechen des Nationalsozialismus jäh unterbunden wurde. Der English-Waltz »Reich mir zum Abschied noch einmal die Hände« wurde zum Evergreen.

DIE BLUME VON HAWAII
Operette in drei Akten, Text von Alfred Grünwald, Fritz Löhner-Beda und Imre Földes, Uraufführung: Leipzig 1931

Personen
LAYA / SUZANNE PROVENCE (Sopran),
Prinzessin von Hawaii / Jazzsängerin;
PRINZ LILO-TARO (Tenor);
KANAKO HILO,
ein vornehmer Hawaiianer;

P. Abraham

LLOYD HARRISON,
amerikanischer Gouverneur von Hawaii;
BESSIE WARTHINGTON (Sopran),
seine Nichte;
JOHN BUFFY (Tenor),
Sekretär Harrisons;
REGINALD H. STONE (Tenor),
Kapitan der amerikanischen Marine;
JIM BOY (Tenorbuffo),
Jazzsänger;
RAKA (Soubrette),
Hawaii-Mädchen

Honolulu und Monte Carlo, um 1930.

Handlung

Um die amerikanische Herrschaft auf Hawaii zu festigen, versucht Gouverneur Harrison seine Nichte Bessie mit dem Prinzen Lilo-Taro zu verheiraten. Bessie jedoch ist in Buffy, den Sekretär des Gouverneurs, verliebt. Kanako Hilo, der Anführer der hawaiianischen Unabhängigkeitsbewegung, hat andere Pläne: Er möchte, daß der Prinz seine im Exil lebende Verlobte, Prinzessin Laya, zur Frau nimmt und mit ihr, nach einem Umsturz, den Thron besteigt. Prinzessin Laya ist in die Identität der Sängerin Suzanne Provence, der sie zum Verwechseln ähnlich sieht, geschlüpft und unter deren Namen nach Hawaii zurückgekehrt. Auf der Überfahrt hat sie Kapitän Stone kennen- und liebengelernt. Laya bleibt nicht lange unerkannt. Das Volk feiert begeistert ihre Heimkehr und hofft darauf, daß sie die Frau des Prinzen wird. Die beiden sind sich jedoch ihrer Zuneigung nicht mehr sicher. Der Gouverneur verlangt von Laya, daß sie schriftlich auf ihren Thronanspruch verzichtet. Laya weigert sich. Kapitän Stone soll sie daraufhin verhaften, aber der verweigert den Befehl. Um ihn vor der Bestrafung zu retten, unterzeichnet Laya die Verzichtserklärung. Prinz Lilo-Taro ist erschüttert. An seiner Reaktion erkennt Laya, daß er sie noch immer liebt. In Monte Carlo sind beide endlich glücklich vereint. Auch Bessie und Buffy werden ein Paar, und Kapitän Stone findet Trost bei der echten Sängerin Suzanne Provence.

Anmerkung

Wie zuvor in »Victoria und ihr Husar« entführt Abraham sein Publikum mit der »Blume von Hawaii« in ferne, exotische Welten, die er musikalisch meisterhaft in Szene setzt. Mit viel Geschick baut Abraham auch Jazz-Nummern in den Reigen der Schlagermelodien ein, aus dem die Lieder »Du traumschöne Perle der Südsee« und »Blume von Hawaii« besonders hervorstechen.

BALL IM SAVOY

Operette in einem Vorspiel und drei Akten, Text von Alfred Grünwald und Fritz Löhner-Beda, Uraufführung: Berlin 1932

Personen
MADELEINE DE FAUBLAS (Sopran);
MARQUIS ARISTIDE DE FAUBLAS (Tenor),
ihr Mann;
TANGOLITA (Mezzosopran),
argentinische Tänzerin;
MUSTAPHA BEY (Tenor),
türkischer Botschaftsattaché;
DAISY DARLINGTON,
Jazzkomponistin;
ARCHIBALD (Bariton),
Aristides Kammerdiener;
CÉLESTIN FORMANT,
ein Referendar;
MIZZI, BLANCA, LUCIA,
MERCEDES, TRUDE, ILONKA,
geschiedene Frauen des Mustapha Bey;
POMEROL,
Oberkellner im Savoy;
MONSIEUR ALBERT,
Modeschöpfer;
ERNEST BENNUET,
ein Freund Célestins;
BÉBÉ,
Madeleines Zofe

Venedig, Nizza und Paris, um 1930.

P. Abraham

Handlung
Der Marquis Aristide de Faublas und seine junge Frau Madeleine befinden sich auf der Hochzeitsreise. In Nizza begegnet der Marquis seiner ehemaligen Geliebten Tangolita wieder, die ihn nur unter der Bedingung freigegeben hatte, daß er der Einladung zu einem Rendezvous mit ihr, wo und wann immer sie will, Folge zu leisten hat. In Nizza macht sie Gebrauch von ihrem Recht und bringt Aristide damit in allergrößte Verlegenheit. Mustapha Bey, ein Freund Aristides, ist ihm dabei behilflich, unbehelligt von seiner Frau zum verabredeten Rendezvous im Savoy zu erscheinen. Aber plötzlich taucht auch Madeleine dort auf, an ihrer Seite ein junger Mann. Es kommt zum Zerwürfnis. In Paris reicht Aristide die Scheidung ein. Aber der juristische Vertreter seiner Frau entpuppt sich als derselbe junge Mann, mit dem Madeleine im Savoy erschienen war. Er kann versichern, daß Madeleine ihrem Marquis niemals untreu geworden ist, so daß der Versöhnung nichts mehr im Wege steht.

Anmerkung
Der »Ball im Savoy« wurde 1934, als Paul Abraham sich schon in der Emigration befand, verfilmt. Die Themenwahl läßt deutlich Einflüsse der »Fledermaus« von Johann Strauß und von Richard Heubergers »Opernball« erkennen, musikalisch jedoch beschwört Abraham nicht die Welt der Wiener Operette, sondern schlägt mit Tango- (»La bella Tangolita«), English-Waltz- (»Toujours l'amour«) und Quickstep-Nummern (»Es ist schön, am Abend bummeln zu gehen«) ganz zeitgemäße Töne an.

Ralph Benatzky
(1884-1957)

Erst nach dem Studium in Prag und München und seiner Promotion zum Dr. phil. wandte sich der in Mährisch-Budwitz geborene Ralph Benatzky – väterlicherseits stark vorbelastet – ganz der Musik zu und wurde Schüler des berühmten Dirigenten Felix Mottl. Der ernsten Musik blieb Benatzky lange treu, erfolgreich aber waren nur seine Operetten und Chansons, allen voran die Touristen-Operette »Im weißen Rößl« (1930), der Fred Raymond mit »Saison in Salzburg« acht Jahre später ein ebenfalls sehr erfolgreiches Schwesterwerk zur Seite stellte. Zu diesem Zeitpunkt war Ralph Benatzky ebenso wie vor ihm Paul Abraham bereits ins Ausland emigriert. Nach dem Ende der Nazi-Diktatur kehrte er aus Amerika zurück und ließ sich in der Schweiz nieder, wo er 1957 starb.

MEINE SCHWESTER UND ICH

Operette (Lustspiel) in zwei Akten, einem Vor- und einem Nachspiel, Text von Robert Blum nach Berr und Verneuil (Gesangstexte vom Komponisten), Uraufführung: Berlin 1930

Personen
DR. ROGER FLEURIOT (Tenor),
Bibliothekar;
DOLLY (Sopran),
*geborene Prinzessin von Saint-Labiche,
seine Frau;*
GERICHTSPRÄSIDENT (Tenor);
GRAF LACY DE NAGYFALUDI (Tenor);
FILOSEL,
Schuhladenbesitzer;
IRMA,
Verkäuferin;
CHARLY,
Kammerdiener;
HENRIETTE,
Gesellschafterin;
MINISTER

Frankreich, um 1930.

Handlung
Vorspiel
Die Ehe der Adligen Dolly mit einem Bürgerlichen, Dr. Fleuriot, der einst als Bibliothekar bei ihr in Diensten stand, ist gescheitert. Vor dem Scheidungsrichter erzählen sie ihre Geschichte (Vorspiel).

1. Akt
Dolly ist dem schüchternen Bibliothekar Fleuriot leidenschaftlich zugetan. Aber der gibt, mit Rücksicht auf den Standesunterschied, seine Stellung bei ihr auf und geht als Musiklehrer nach Nancy. Um ihn nicht zu verlieren, erfindet Dolly eine Schwester, Geneviève, die angeblich als Verkäuferin in einem Schuhgeschäft in Nancy arbeitet.

2. Akt
Dolly besticht den Inhaber des Schuhladens und mimt die Rolle der einfachen Verkäuferin so überzeugend, daß Fleuriot, der sich sogleich in sie verliebt, alle Schüchternheit ablegt und um ihre Hand anhält.

Nachspiel
Erst nach der Hochzeit hat Fleuriot die wahre Identität seiner Geneviève erkannt. Der Standesunterschied belastet beide so sehr, daß ihre Ehe zerbricht. Aber das Gericht akzeptiert die Scheidung nicht, denn es ist allzu offensichtlich, daß Dolly und Fleuriot sich noch immer lieben.

Anmerkung
»Meine Schwester und ich« ist keine große und aufwendige Operette, sondern eher ein Lustspiel mit Musik, elegant und effektvoll komponiert. Überaus populär geworden sind der Slowfox »Mein Mädel ist nur eine Verkäuferin«, der Shimmy »Ich lade sie ein, Fräulein« und der Tango »Um ein bißchen Liebe«.

IM WEISSEN RÖSSL
Singspiel in drei Akten, Text von Hans Müller und Eric Charell nach dem gleichnamigen Lustspiel von Oskar Blumenthal und Gustav Kadelburg (Gesangstexte von Robert Gilbert), Uraufführung: Berlin 1930

Personen
JOSEPHA VOGELHUBER (Sopran),
Wirtin des Gasthauses »Zum weißen Rößl«;

Im weißen Rößl

LEOPOLD BRANDMEYER (Tenorbuffo), *Zahlkellner;*
WILHELM GIESECKE (Komiker), *Fabrikant;*
OTTILIE (Soubrette), *seine Tochter;*
DR. ERICH SIEDLER (Tenor), *Rechtsanwalt;*
SIGISMUND SÜLZHEIMER (Komiker);
PROF. DR. HINZELMANN;
KLÄRCHEN, *seine Tochter;*
FRANZ, *Kellner;*
GUSTEL, *Piccolo;*
KATHI, *Briefträgerin;*
ZENZI, *Kuhmagd;*
DER KAISER

St. Wolfgang im Salzkammergut, vor 1914.

Handlung

Die Wirtin des Gasthauses »Zum weißen Rößl« hat in Leopold, ihrem Zahlkellner, einen glühenden Verehrer. Sie selbst jedoch hat ein Auge auf Rechtsanwalt Dr. Siedler geworfen, der sich allerdings mehr für die soeben mit ihrem reichen Vater eingetroffene Ottilie Giesecke interessiert. Wie sich herausstellt, vertritt Dr. Siedler in einem Prozeß, den Giesecke gegen seinen Konkurrenten Sülzheimer führt, dessen Interessen. Weil ihm der Anwalt der Gegenseite unter diesen Umständen nützlich sein könnte, unterstützt Giesecke die sich anbahnende Liaison nach Kräften. Da läßt Sülzheimer durchblicken, der Rechtsstreit ließe sich ohne weiteres beilegen, wenn es zur Verbindung seines Sohnes mit Gieseckes Tochter käme. Aber Sülzheimer junior interessiert sich gar nicht für Ottilie, sondern für die Professorentochter Klärchen. Die Wirtin Josepha hat unterdessen ihr Werben um Dr. Siedler so verstärkt, daß der enttäuschte Leopold es nicht mehr mit ansehen kann und seinen Rauswurf provoziert. Aber Josepha kann ihn nicht entbehren, weil seine Majestät Kaiser Franz Joseph sich zu einem Besuch »Im weißen Rößl« angekündigt hat. Der Empfang des Kaisers geht gründlich daneben. Aber herzensgut, wie Franz Joseph nun einmal ist, richtet er die Dinge: Josepha nimmt Leopold, statt ihn zu entlassen, zum Ehemann, Dr. Siedler bekommt Ottilie und Sülzheimer sein Klärchen.

———————— **R. Benatzky** ————————

Anmerkung

Ralph Benatzky war der wohl produktivste und – dank des weltweiten Echos auf sein Singspiel »Im weißen Rößl« – auch der erfolgreichste Operettenkomponist seiner Generation. In Berlin, London und New York erlebte das »Weiße Rößl« innerhalb kürzester Zeit jeweils mehrere hundert Aufführungen. Zweimal wurde das Werk verfilmt. Mit Melodien, wie »Im weißen Rößl am Wolfgangsee« und »Im Salzkammergut, da kann ma gut lustig sein«, schrieb sich Benatzky in die Herzen eines Millionenpublikums. Davon profitierten auch die Kollegen, die Benatzky aus Zeitmangel an der Komposition beteiligt hatte: Robert Stolz (»Die ganze Welt ist himmelblau« / »Mein Liebeslied muß ein Walzer sein«), Bruno Granichstaedten (»Zuschau'n kann i net«), Hans Frankowski (»Erst wann's aus wird sein«) und Robert Gilbert (»Was kann der Sigismund dafür?«).

Paul Burkhard
(1911-1977)

Mit Paul Burkhard griff ein Schweizer in die von Ungarn und Österreichern dominierte Geschichte der jüngeren Operette ein, der er vor allem durch »Hopsa« (1935) und »Feuerwerk« (1939/1950) eine neue, dem Musical zugewandte Richtung wies. Anfang der 60er Jahre nahm Burkhard Abschied von der leichten Muse und schrieb in der Folge bis zu seinem Tod im Jahr 1977 nahezu ausschließlich ernste und geistliche Werke, darunter auch das religiöse Spiel »Die Zeller Weihnacht«.

FEUERWERK
Musikalische Komödie in drei Akten, Text von Eric Charell und Jürg Amstein (Gesangstexte von Jürg Amstein und Robert Gilbert) nach dem Lustspiel »Der schwarze Hecht« von Emil Sautter, Uraufführung: München 1950

Personen
ALEXANDER OBERHOLZER, genannt OBOLSKI (Bariton),
Zirkusdirektor;
IDUNA (Sopran),
seine Frau;
ALBERT OBERHOLZER (Baß),
Fabrikant;
KARLINE (Sopran),
seine Frau;
ANNA (Sopran),
deren Tochter;
ROBERT (Tenor),
Gärtnerbursche;
KATI (Alt),
Köchin;
GUSTAV OBERHOLZER (Tenor),
Regierungsrat;
PAULA (Alt),
seine Frau;
FRITZ OBERHOLZER (Tenor),
Landwirt;
BERTA (Alt),
seine Frau;

―――――― *P. Burkhard* ――――――

HEINRICH OBERHOLZER (Tenor),
Professor;
KLARA,
seine Frau;
HERBERT KLUSSMANN,
Reeder;
LISA (Alt),
seine Frau;
JOSEF (Baß),
Diener

Eine Kleinstadt, Anfang des 20. Jahrhunderts.

Handlung

Der Fabrikant Albert Oberholzer feiert seinen 60. Geburtstag. Mit dem Erscheinen von Alexander Oberholzer, dem jüngsten Bruder des Jubilars, kommt plötzlich Unruhe in die biedere Festgesellschaft. Alexander, das Enfant terrible der Familie, war vor vielen Jahren verschwunden, nun kehrt er als Zirkusdirektor Obolski zurück und präsentiert den erschrockenen Verwandten die Trapezkünstlerin Iduna als seine Frau. Anna, Alexanders Nichte, ist von ihrem Onkel und der Zirkusaura, die ihn und seine Frau umgibt, so fasziniert, daß sie ebenfalls beschließt, zum Zirkus zu gehen. Ihr Vater ist entsetzt und droht, sie zu enterben. Das Feuerwerk zu seinen Ehren geht im allgemeinen Eklat beinahe unter. Auch Robert, der Gärtnerbursche, den sie heimlich liebt, versucht energisch, Anna von ihrem Vorhaben abzubringen. In der Zwischenzeit hat Iduna den versammelten Biedermännern die Köpfe verdreht, die Ehefrauen reagieren mit einem Sturm der Entrüstung. Aber ausgerechnet Iduna gelingt es, Anna die Zirkusflausen auszureden. Obolski und seine Frau reisen ab. Der Familienfrieden ist wiederhergestellt. Anna und Robert söhnen sich aus und dürfen heiraten.

Anmerkung

Burkhards musikalische Komödie geht zurück auf das Lustspiel im schweizerischen Dialekt »De sächzigscht Giburtstag« bzw. »Der schwarze Hecht« von Emil Sautter, das der Komponist bereits Ende der 30er Jahre vertonte. 1950 kam in München die hochdeutsche Fassung unter dem Titel »Feuerwerk« heraus, die 1954 auch verfilmt wurde. Weltberühmt wurden Idunas »Pony-Lied« und ihr rührendes Chanson »O mein Papa«.

Nico Dostal
(1895-1981)

Nico Dostal, geboren in Korneuburg unweit von Wien, studierte zunächst Jura, ehe er sich ganz der Musik, und zwar der Kirchenmusik, zuwandte. Nach dem Ersten Weltkrieg ging er als Theaterkapellmeister nach Innsbruck, Engagements in Wien und Salzburg folgten. 1924 ließ er sich in Berlin nieder, wo er u.a. als Arrangeur arbeitete. Mit »Clivia«, seiner zweiten Operette nach »Lagunenzauber« (1923), kam dann, 1933, der Erfolg, der sich in mehr als einem Dutzend weiterer Bühnenwerke und zahlreichen Filmmusiken bestätigte.

CLIVIA

Operette in drei Akten, Text von Charles Amberg und F. Maregg, Uraufführung: Berlin 1933

Personen
CLIVIA GRAY (Sopran),
Filmschauspielerin;
JUAN DAMIGO / OLIVERA (Tenor);
YOLA (Soubrette),
seine Cousine;
LELIO DOWN (Tenorbuffo),
Reporter;
E. W. POTTERTON (Bariton),
Finanzmann aus Chicago;
CAUDILLO (Bariton);
DIAZ, *Hauptmann;*
VALDIVO,
Kriminalinspektor;
GUSTAV KASULKE;
SOLOTENOR;
HERREN (ein Tenor und zwei Bässe)

In einer imaginären Republik namens Boliguay
in Südamerika (Gegenwart).

Handlung

Der mächtige amerikanische Geschäftsmann Potterton sieht seine finanziellen Interessen durch einen politischen Umsturz im südamerikanischen Boliguay gefährdet. Um wieder ungestört seinen Geschäften in der kleinen Republik nachgehen zu können, versucht Potterton, den dort amtierenden Präsidenten Olivera aus dem Weg zu räumen. Unter dem Vorwand, einen Film drehen zu wollen, macht sich Potterton mit dem Filmstar Clivia und einem Stab von Kinoleuten auf nach Boliguay, doch wird ihm und der Kinotruppe die Einreise verwehrt. Eilends wird eine Heirat zwischen Clivia und Juan Damigo, einem jungen Gaucho, arrangiert, durch die der Filmstar die Staatsangehörigkeit Boliguays erhält. Die Einreise wird genehmigt, Potterton wähnt sich am Ziel. Doch der Putsch, den er mit Feinden der Regierung gegen den Präsidenten inszeniert, schlägt fehl. Der Präsident ist nämlich kein anderer als jener Gaucho, der die Scheinheirat mit Clivia eingegangen ist. Beide haben inzwischen eine echte Zuneigung füreinander entdeckt, trotzdem hat Juan alias Olivera allen Grund, Clivia zu mißtrauen. Doch statt mit Potterton zu fliehen, bleibt Clivia im Land und beweist damit ihre aufrichtige Liebe.

Anmerkung
Zu den bekanntesten Musiknummern der mit typisch lateinamerikanischen Rhythmen gewürzten Operette, die 1954 auch verfilmt wurde, gehören »Man spricht heut nur von Clivia« und »Ich bin verliebt«.

MONIKA
Operette in drei Akten, Text von Hermann Hermecke, Uraufführung: Stuttgart 1937

Personen
DR. HORST-DIETRICH GUNDELACH (Tenor),
Mediziner;
ALEXANDER GUNDELACH (Bariton),
pensionierter Landrat, sein Vater;
CLEMENTINE (Mezzosopran),
seine Frau;
KOMMERZIENRAT MARQUARDT (Baß);
OTTILIE (Alt),
seine Frau;
VERA (Sopran),
ihre Tochter;
RALF KRÖGER (Baß),
Maler und Bildhauer;

Monika

PETER (Sopran),
zehnjähriger Erbe des Geislingerhofs;
MONIKA (Sopran), ROSEL (Alt), MARIELE (Sopran),
seine Schwestern;
MICHAEL GEISLINGER (Bariton),
ihr Onkel;
ANTON GRUBER (Tenorbuffo),
Dorfschullehrer;
DER SONNENWIRT (Baß);
JAKOB GÄBELE (Bariton), *Bauer;*
FRAU VON GRÜTZMACHER (Alt);
JOHANN LEMKE, *Lohndiener;*
»WOHLAUF« (Bariton)

Im Schwarzwald und in einer norddeutschen Stadt, um 1935.

Handlung

Mariele, eines der drei Geislinger-Mädchen feiert Hochzeit. Zur Aussteuer hat, nicht ganz uneigennützig, der Sonnenwirt beigetragen, denn er rechnet sich aus, daß ihm eines der beiden noch unverheirateten Mädchen dafür ihr Jawort geben wird. Aber die denken nicht daran. Rosel ist nämlich in den Lehrer Gruber verliebt, der es jedoch mehr auf Monika abgesehen hat. Monika hingegen sieht in dem angehenden Arzt Horst-Dietrich den Mann ihres Lebens. Als er ihr eröffnet, er werde in seiner Heimatstadt demnächst eine Praxis eröffnen und wolle sie zur Frau nehmen, folgt sie ihm nach Norddeutschland. Die Schwiegereltern in spe empfangen die Bauerstochter aus dem Schwarzwald ausgesprochen frostig. Sie sähen es lieber, wenn ihr Sohn sich mit der Tochter des Kommerzienrates Marquardt verbinden würde, aber die hat sich längst einen anderen, den Kunstmaler Kröger, auserkoren. Gegen den Willen der Eltern verkündet Horst-Dietrich seine Verlobung mit Monika. Da kreuzen deren Onkel, Lehrer Gruber und der Sonnenwirt auf, der Anspruch auf Monikas Dankbarkeit zu haben glaubt. Monika wagt nicht zu widersprechen, woraufhin Horst-Dietrich sich hintergangen fühlt. Monika kehrt in den Schwarzwald zurück. Die Briefe, die Horst-Dietrich ihr nachsendet, werden vom Onkel abgefangen. Zum Glück verständigt Lehrer Gruber den einstigen Konkurrenten, so daß der junge Arzt sich schleunigst auf den Weg macht, um sich mit der Verlobten auszusöhnen und seine Praxis im Schwarzwald zu eröffnen. Der Sonnenwirt ist sein erster Patient.

Anmerkung

Dostals gemütvolle Schwarzwald-Operette stellt ganz nach dem Vorbild von Leo Falls »Der fidele Bauer« ländliches und städtisches Milieu effektvoll gegeneinander, wobei die Sympathien höchst ungleich zugunsten der bäuerlichen Welt verteilt sind. Weite Verbreitung gefunden haben »Ein Walzer zu zwei'n« und »Dein bin ich immerdar«.

DIE UNGARISCHE HOCHZEIT

Operette in einem Vorspiel und drei Akten, Text von Hermann Hermecke nach der ungarischen Erzählung »Szelistye« von Koloman Mikszáth, Uraufführung: Stuttgart 1939

Personen

JANKA VON KISMARTY (Sopran);
JOSEF VON KISMARTY (Bariton),
Stuhlrichter in Popláka, ihr Vater;
FRUSINA (Alt),
seine Frau;
GRAF STEFAN BARDOSSY (Tenor);
ARPAD ERDÖDY (Tenorbuffo),
sein Kammerdiener;
ETELKA (Soubrette),
ein Bauernmädchen;
KAISERIN MARIA THERESIA;
DESIDER (Komiker),
Edler von Pötök, Stefans Onkel;
ANTON VON HALMAY (Baß);
STIMME EINES HIRTEN;
PROTOKOLLSCHREIBER (Bariton);
BARON VON LINGGEN,
Kammerherr;
DER SCHLOSSHAUPTMANN VON PRESSBURG;
RITTMEISTER BARON VON KIESSLING,
Kurier der Kaiserin;
LEUTNANT VON WERTH;
SCHANKWIRTIN;
ANNA, *Magd;*
TIBOR, *Knecht;*
JANOS, *Geiger*

Die ungarische Hochzeit

Ungarn, um 1750.

Handlung

Kolonisten in Popláka, von Kaiserin Maria Theresia ermuntert, sich in Ungarn anzusiedeln, beginnen zu meutern, weil ihnen statt der in Aussicht gestellten jungen Frauen vom zuständigen Stuhlrichter nur häßliche alte Weiber zur Heirat angeboten werden. Graf Stefan Bardossy wird mit einer Inspektion des Dörfchens beauftragt. Er reist inkognito. Aus Angst vor der drohenden Inspektion läßt der Stuhlrichter die hübschesten Mädchen der ganzen Gegend – unter ihnen auch seine Tochter Janka – als potentielle Bräute aufmarschieren. Es kommt, wie es kommen muß: Stefan, als Bauer verkleidet, verliebt sich ausgerechnet in das Bauernmädchen, das gar kein Bauernmädchen ist. Die Mutter der Braut und Stefans Onkel versuchen, die Heirat zu unterbinden, was ihnen auch gelingt, denn Janka, über die wahre Identität des Bewerbers aufgeklärt, fühlt sich von ihm getäuscht und schiebt ihm bei der öffentlich vollzogenen Massenhochzeit ihre Dienstmagd als Braut unter. Als Stefan den Betrug erkennt, ist es zu spät. Er wird bei der Kaiserin vorstellig, um die Annullierung seiner unfreiwilligen Heirat zu erreichen. Die Kaiserin aber ist dazu nur unter der Bedingung bereit, daß sich eine andere Braut findet, die ihn heiraten will. Janka überwindet ihren Zorn und erbarmt sich des unglücklichen Ehemanns.

Anmerkung

Die Geschichte der meuternden Kolonisten hat einen wahren Hintergrund, wenn auch der Kern der Handlung natürlich frei erfunden ist. Ihren bis heute anhaltenden Erfolg verdankt »Die ungarische Hochzeit« nicht zuletzt dem zündenden Csárdás »Ungarmädel lieben, daß Atem dir vergeht«.

Leo Fall
(1873-1925)

Leo Fall, geboren in Olmütz, trug wie sein Freund und Kollege Franz Lehár- beide waren Söhne von Militärkapellmeistern und geigten zeitweise miteinander im gleichen Orchester- den Dirigentenstab schon im Tornister. Sein gründliches Musikstudium am Wiener Konservatorium nährte eine schmerzliche Liebe zur ernsten Musik. Schmerzlich deshalb, weil alle Versuche, im ernsten Metier zu reüssieren, in Niederlagen endeten. Um so triumphaler gestaltete sich der Aufstieg Leo Falls zu einem der unumstrittenen Könige der Operette, obwohl auch dieser Weg nicht ganz frei von Enttäuschungen war, jedenfalls nicht bis zur Uraufführung seiner zweiten Operette »Der fidele Bauer« im Jahr 1907. Der zuvor durchgefallene »Rebell« (1905) fand erst in der Neufassung unter dem Titel »Der liebe Augustin« (1912) die verdiente Anerkennung. Aber zu diesem Zeitpunkt hatte Leo Fall mit der »Dollarprinzessin« (1907) längst seinen Platz unter den ersten Operettenkomponisten seiner Zeit gefunden.

DER FIDELE BAUER

Operette in einem Vorspiel und zwei Akten, Text von Victor Léon (Victor Hirschfeld), Uraufführung: Mannheim 1907

Personen
MATTHÄUS SCHEICHELROITHER
(Tenorbuffo oder Bariton);
STEFAN (Tenor),
sein Sohn;
ANNAMIRL (Sopran),
seine Tochter;
LINDOBERER (Bariton),
Bauer vom Lindoberhof;
VINZENZ (Tenor),
sein Sohn;
ZOPF,
die Dorfobrigkeit;
ROTE LISI (Sopran),
Kuhdirn;
HEINERLE (Sopran),
ihr Sohn;

Der fidele Bauer

VON GRUMOW (Bariton),
Geheimer Sanitätsrat;
VICTORIA (Alt),
seine Frau;
HORST (Bariton),
ihr Sohn, Leutnant der Husaren;
FRIEDERIKE (Sopran),
ihre Tochter

Im Dorf Oberwang in Oberösterreich und in Wien,
1896 und 1907.

Handlung

Stefan Scheichelroither verläßt nicht ohne Wehmut das Dörfchen Oberwang, um in Wien zu studieren. Der reiche Bauer Lindoberer schießt etwas Geld zu dem Unternehmen bei. Elf Jahre später kehrt Stefan in sein Heimatdorf zurück, allerdings nicht, wie vorgesehen, als Priester, sondern als Doktor der Medizin. Die Wiedersehensfreude bleibt nicht ungetrübt. Als Stefan bekanntgibt, er werde Friederike von Grumow, die Tochter eines Berliner Sanitätsrats, heiraten, läßt er durchblicken, daß ihm die Anwesenheit seiner Familie bei der Hochzeit peinlich wäre. Sein Vater, der sonst so fidele Scheichelroither, ist völlig geknickt. Die Hochzeit findet ohne die bäuerliche Verwandtschaft statt; der junge Scheichelroither erklimmt die nächsten Sprossen seiner akademischen Karriere. Dann jedoch ist es soweit: Unerwartet bekommt Stefan von seiner Familie und Lindoberer Besuch, just zu dem Zeitpunkt, da auch die Schwiegereltern aus Berlin bei ihm zu Gast sind. Die standesbewußten Herrschaften raten zur Scheidung, aber Friederike steht zu ihrem Mann, und auch Stefan findet den Mut, sich zu seiner Familie zu bekennen. Endlich vergessen auch die Grumows ihren Dünkel und reichen die Hand zur Versöhnung.

Anmerkung

»Der fidele Bauer« begründete den Ruhm des damals 34jährigen Komponisten, der mit seinen beiden vorhergegangenen Opern »Frau Denise« (1902) und »Irrlicht« (1905), aber auch mit der Operette »Der Rebell« (1905) wenig Glück gehabt hatte. Die zahlreichen volksliedhaft-schlichten Melodien, wie das Lied »Jeder tragt sein Pinkerl« und das »Heinerle-Duett«, fanden ungeheuren Anklang. Noch im Jahr der Premiere wurde »Der fidele Bauer« an mehreren deutschen Bühnen nachgespielt.

L. Fall

DIE DOLLARPRINZESSIN
Operette in drei Akten, Text von Arthur Maria Willner und Fritz Grünbaum nach einem Lustspiel von Gatti-Trotha, Uraufführung: Wien 1907

Personen
JOHN COUDER (Komiker);
ALICE (Sopran),
seine Tochter;
DAISY GRAY (Soubrette),
seine Nichte;
DICK,
sein Neffe;
TOM,
sein Bruder;
FREDY WEHRBURG (Tenor);
HANS FREIHERR VON SCHLICK (Tenorbuffo);
OLGA, *Chansonette;*
MISS THOMPSON,
Wirtschafterin;
BILL,
Chauffeur;
JAMES,
Kammerdiener

New York und Kanada, vor 1914.

Handlung
Der amerikanische Kohlenbaron John Couder hat den Spleen, sich mit verarmten Angehörigen der feinen europäischen Gesellschaft zu umgeben: Sein Stallmeister ist ein Freiherr von Schlick, dessen Freund, Fredy Wehrburg, soll als Sekretär beschäftigt werden, und zur Gattin hat sich Couder gar eine russische Gräfin ausersehen. Zwar haben Wehrburg und von Schlick gehörige Zweifel an der adligen Abstammung dieser Person, die ihnen aus Europa als Chansonette bekannt ist, doch wollen sie dem Glück der Dame nicht im Wege stehen, denn schließlich eint sie alle das gleiche Ziel: durch eine reiche Heirat möglichst schnell zu Geld zu kommen. Freiherr von Schlick bemüht sich mit Erfolg um Couders Nichte und kann sie sogar zu einer heimlichen Heirat überreden, nur fällt er deswegen bei Couder in Ungnade und muß mit seiner Frau das Haus verlassen. Auch Fredys Hoffnungen erfüllen sich nicht, denn Alice, Cou-

ders hochmütige Tochter, behandelt ihn wie ein Spielzeug. Als sie anläßlich der Verlobung ihres Vaters mit der vermeintlichen russischen Gräfin kundtut, sie werde sich Fredy Wehrburg als Gatten einfach »kaufen«, verläßt auch er das Haus. Ein Jahr später: Fredy hat ein völlig marodes Unternehmen in Kanada übernommen und es binnen kurzem zum Erfolg geführt. Um wieder mit Alice ins Gespräch zu kommen, bietet er Couder den Kauf der Firma an. Couder ist überrascht, statt einer Pleitefirma ein blühendes Unternehmen vorzufinden. Alice legt ihren Hochmut ab, entdeckt ihre wahren Gefühle – und alle werden glücklich.

Anmerkung
»Die Dollarprinzessin« ist eine Operette im mondänen Milieu, doch ihr Schauplatz ist nicht Europa, sondern die Neue Welt. Aus dem Gegensatz zwischen amerikanischem Geldadel und der »besseren« Gesellschaft vom europäischen Kontinent schlägt das Lustspiel reiches Kapital. Berühmt geworden ist die Titelmelodie »Das sind die Dollarprinzessen«, die als eine Art Leitmotiv im Verlauf der Operette mehrfach anklingt.

DIE ROSE VON STAMBUL
Operette in drei Akten, Text von Julius Brammer und Alfred Grünwald, Uraufführung: Wien 1916

Personen
KONDJA GÜL (Sopran);
EXZELLENZ KAMEK PASCHA (Bariton),
ihr Vater;
ACHMED BEY (Tenor);
MIDILI HANUM (Sopran);
FRIDOLIN MÜLLER (Tenor);
MÜLLER SENIOR (Baß);
GÜZELA, FATME, EMINE, DURLANE, SOBEIDE (Sopran);
BÜL-BÜL (Mezzosopran);
DJAMILEH (Alt);
DÉSIRÉE,
Kondjas Gesellschafterin;
LYDIA COOKS,
Midilis Gesellschafterin;
BLACK, *amerikanischer Journalist;*
SADI, *Haushofmeister*

In Konstantinopel (Stambul) und in der Schweiz, vor 1914.

Handlung
Achmed Bey, der Sohn eines türkischen Ministers, verficht in Romanen, die er unter dem Pseudonym André Léry veröffentlicht, reformerische Ideen zur Gleichberechtigung der Frau. Die glühendste Verehrerin des Schriftstellers ist Kondja Gül. Ihre Schwärmerei für André Léry geht so weit, daß sie ihrem frisch angetrauten Ehemann, den der Vater für sie ausgesucht hat, die Hochzeitsnacht verweigert. Sie beschließt, in die Schweiz zu gehen, wo sie ihr Idol zu treffen hofft. Und in der Tat: André Léry ist dort – und entpuppt sich als niemand anderer als der Mann, mit dem sie schon verheiratet ist.

Anmerkung
Obwohl »Die Rose von Stambul« weitgehend im orientalischen Raum spielt, ist die Musik doch durch und durch wienerisch. Ihr Herzstück ist das Walzerlied des Achmed Bey »O Rose von Stambul«. Neben Lehárs »Lustiger Witwe« war diese siebte Operette Leo Falls das erfolgreichste Stück am Theater an der Wien und brachte es auf mehr als 400 Aufführungen in Folge.

MADAME POMPADOUR
Operette in drei Akten, Text von Rudolf Schanzer und Ernst Welisch, Uraufführung: Wien 1923

Personen
DER KÖNIG (Bariton);
DIE MARQUISE VON POMPADOUR (Sopran),
Geliebte des Königs;
GRAF RENÉ DUBOIS (Tenor);
MADELEINE (Sopran), *seine Frau;*
BELOTTE (Sopran),
Kammerfrau der Pompadour;
JOSEPH CALICOT (Tenor- oder Baßbuffo), *Poet;*
MAUREPAS (Bariton),
Polizeiminister;
POULARD (Komiker),
ein Spitzel;
PRUNIER (Baß), *Wirt*

Madame Pompadour

Paris, zur Zeit Ludwigs XIV.

Handlung

Madame Pompadour hat durch ihren Aufstieg zur Mätresse des Königs und ihren großen Einfluß auf die Staatsgeschäfte den Argwohn des Polizeiministers auf sich gezogen. Im »Musenstall«, einer Schänke, macht man sich über sie lustig. Der größte Spötter ist der Dichter Calicot, der hier mit seinem Freund René einen heiteren Abend verbringt und dabei die Bekanntschaft zweier maskierter Damen macht, für die sich offenbar auch die Polizei interessiert. Die eine der beiden gibt sich als Madame Pompadour zu erkennen und »bestraft« die beiden Spötter dadurch, daß sie Calicot den Auftrag erteilt, ein Theaterstück für den Hof zu schreiben. René hingegen, an dem sie Gefallen findet, wird zum Dienst in ihrer Leibgarde zwangsverpflichtet. Auf der verzweifelten Suche nach René, ihrem Mann, ist Madeleine bei der Marquise, die sich als ihre Halbschwester entpuppt, vorstellig geworden. Die Marquise erklärt sich, nicht wissend, daß es sich bei dem Gesuchten um ihren Leibgardisten handelt, zur Hilfe bereit. Um den Polizeiminister, der sie nach wie vor bespitzelt, in die Irre zu führen, läßt Madame Pompadour sich zum Schein auf einen Flirt mit Calicot ein, der sich aus Angst vor einer Verhaftung jedoch schleunigst in eine Aktentruhe flüchtet. Ihren Leibgardisten hat sie unterdes zu sich ins Schlafgemach befohlen. Da tritt, vom Polizeiminister alarmiert, der König ins Zimmer. Zornig verhängt er das Todesurteil über Calicot als den vermeintlichen Nebenbuhler. Doch der war, wie sich herausstellt, die ganze Zeit eingesperrt in einer Aktentruhe, hat also ein Alibi. Und auch René hat nichts zu befürchten, denn er ist schließlich – als Ehemann ihrer Halbschwester – nur ein Verwandter der Marquise.

Anmerkung

Mit Fritzi Massari in der Titelrolle wurde »Madame Pompadour« zu einem der größten Operettenerfolge im Berlin der 20er Jahre. Mitreißend ist fast alles an diesem Werk: die Spottchöre im schwungvollen ersten Akt (»Pom-Pom-Pompadour«), das Auftrittslied der Marquise »Heut könnt' einer sein Glück bei mir machen«, Renés »Larida, laridou« und natürlich das Duett der Pompadour mit Calicot »Joseph, ach Joseph, was bist du so keusch«.

Jean Gilbert
(1879-1942)

Jean Gilbert, als Max Winterfeld in Hamburg geboren, ausgebildet in Kiel, Sondershausen, Weimar und Berlin, wurde 1897 Kapellmeister in Bremerhaven, wechselte zwei Jahre später nach Hamburg und kam von dort an das Apollotheater nach Berlin. Sein Debüt als Operettenkomponist gab er noch 1903 in Hamburg (»Der Prinzregent«), sieben Jahre später erschien »Die keusche Susanne« auf der Bühne. Sie machte Jean Gilbert zu einem der wichtigsten Vertreter der sogenannten Berliner Operette, auch wenn sie ursprünglich mit Berlin nicht gar so viel zu tun hatte. Erst Gilberts Sohn, der als Librettist, Drehbuchautor und Schlagertexter (»Im weißen Rößl«, »Die drei von der Tankstelle«) erfolgreiche Robert Gilbert (1899-1987), verlegte 1953 die ursprünglich in Paris beheimatete Geschichte nach Berlin und baute in diese Bearbeitung Titel aus anderen Werken seines Vaters ein.

DIE KEUSCHE SUSANNE

Operette in drei Akten, Text von Georg Okonkowski (mit Gesangstexten von Alfred Schönfeld) nach dem Lustspiel »Fils à Papa« von Antony Mars und Maurice Desvallières, Uraufführung der Originalfassung: Magdeburg 1910 (Neufassung 1953)

Personen

FLEURON (Bariton),
ein Parfümfabrikant;
SUSANNE FLEURON (Sopran),
seine Frau;
RENÉ WILDHAGEN (Tenor);
BARON KONRAD VON FELSENECK (Baßbuffo);
CLEMENTINE (Alt), *seine Frau;*
PAUL (Tenor), *ihr Sohn;*
PAULINE (Soubrette),
ihre Tochter;
PROFESSOR HINTZMEIER (Bariton);
ROSA (Alt), *seine Frau;*
KRAUSE (Bariton),
Oberkellner;
ZOFE (Sopran);
WACHTMEISTER (Bariton)

Die keusche Susanne

In Berlin (ursprünglich Paris), um 1900.

Handlung

Der Himmel weiß wie, aber es ist so: Susanne hat von einem Sittlichkeitsverein, dem die gestrenge Baronin von Felseneck vorsteht, einen Preis für besondere Tugendhaftigkeit zuerkannt bekommen. Als sie ihn aus der Hand der Baronin in Empfang nimmt, erkennt Susanne unter den Anwesenden einen recht intimen Bekannten wieder: René Wildhagen, der sich vergeblich um die Tochter der Baronin bemüht, sich aber ausrechnet, daß, wenn es ihm gelingen sollte, den Vater der Braut eines Verstoßes gegen Sitte und Moral zu überführen, dessen Zustimmung zur Heirat wohl gewiß sein dürfte. René lockt also den Baron von Felseneck unter dem Vorwand, eine Dame wolle sich dort mit ihm treffen, ins »Palais de Danse«. Felseneck findet sofort Gefallen an einer gewissen Rosa, die sich ihm als Tänzerin vorstellt, in Wahrheit aber die ehemüde Gattin seines Freundes Professor Hintzmeier ist. Zufällig ist Paul, Felsenecks Sohn, der seinerseits heftig mit einer verheirateten Frau, Susanne nämlich, flirtet, Zeuge der Begegnung, und zu allem Überfluß tauchen auch René Wildhagen und Susannes Ehemann, der Parfümfabrikant Fleuron, auf. Der Eklat ist perfekt, die Auseinandersetzung wird laut, sogar die Wache schreitet ein. Natürlich kommt die nächtliche Eskapade auch der Baronin von Felseneck zu Ohren. Weil sich aber alle Beteiligten darauf hinausreden können, nur im »Palais de Danse« gewesen zu sein, um die Moral der jeweils anderen zu behüten, erscheint die Tugend, jedenfalls pro forma, wiederhergestellt.

Anmerkung

Jean Gilberts turbulente Gesellschaftskomödie wurde mehrfach verfilmt, u.a. in Argentinien, wohin Gilbert 1939, nachdem er bereits sechs Jahre zuvor Deutschland hatte verlassen müssen, ins Exil gegangen war. »Die keusche Susanne« war sein größter Erfolg. Die Neufassung der Operette, die der Sohn des Komponisten im Jahr 1953 herausbrachte, bietet so etwas wie einen Querschnitt durch das Gesamtschaffen Gilberts, denn einige der neben dem bekannten »Wenn der Vater mit dem Sohne« und »Wenn die Füßchen sich heben« volkstümlichsten Melodien stammen aus anderen Werken, so z.B. »Puppchen, du bist mein Augenstern« (aus der Operette »Puppchen«, 1912).

Richard Heuberger
(1850-1914)

Die musikalische Laufbahn des Grazers Richard Heuberger nahm einen Umweg über die Ingenieurskunst: Erst nach Absolvierung eines technischen Studiums und abgelegter Staatsprüfung ergriff der 26jährige den Beruf des Musikers und wurde Chormeister des Akademischen Gesangvereins in Wien, zwei Jahre später auch Dirigent der Wiener Singakademie. Seit 1881 machte sich Heuberger auch als Musikkritiker einen Namen, ja er wurde im Laufe der Jahre zu einem der wichtigsten Vertreter dieser Zunft in Wien. Wahrscheinlich würden wir Heuberger heute nur noch als Musikschriftsteller kennen, wäre da nicht »Der Opernball«, seine erste und berühmteste Operette, die seit ihrer Uraufführung am Theater an der Wien im Jahr 1898 zu einem der Grundpfeiler des Repertoires gehört.

DER OPERNBALL

Operette in drei Akten, Text von Victor Léon und Heinrich von Waldberg nach dem Lustspiel »Die rosa Dominos« von Alfred Ch. Delacour und Alfred Hennequin, Uraufführung: Wien 1898

Personen
ANGÈLE AUBIER (Sopran);
PAUL AUBIER (Tenor),
ihr Mann;
MARGUÉRITE DUMÉNIL (Sopran);
GEORGES DUMÉNIL (Tenorbuffo),
ihr Mann;
BEAUBUISSON (Baßbuffo),
Rentier;
PALMYRA BEAUBUISSON (Alt),
seine Frau;
HORTENSE (Soubrette),
Kammermädchen bei Duménils;
HENRI (Mezzosopran),
Marinekadett, Neffe Beaubuissons;
FEODORA,
Chansonette;
PHILIPPE (Baß),
Oberkellner;

Der Opernball

GERMAIN,
Diener;
JEAN, BAPTISTE, ALPHONSE,
drei Kellner

Paris zur Karnevalszeit, um die Jahrhundertwende.

Handlung

Angèle und Paul Aubier weilen bei den Duménils in Paris. Paul und sein Freund Georges Duménil beschließen, sich ohne ihre Ehefrauen zu amüsieren, und erfinden einen Vorwand, um auf den Opernball zu gehen. Die Damen sind alarmiert. Um ihre Männer auf die Probe zu stellen, spielen sie ihnen fingierte Einladungen zu einem Stelldichein mit einer Dame im rosaroten Domino, einem Maskenmantel, zu. Hortense, das Kammermädchen, schickt ein Billett gleichen Inhalts an den Seekadetten Henri. Auf dem Opernball erscheinen dann gleich drei Frauen im rosafarbenen Domino: Angèle, Marguérite und, ohne beider Wissen, auch das Kammermädchen Hortense. Es kommt zu wechselnden Begegnungen der beiden Herren mit den maskierten Damen, das Ergebnis ist ein großes Durcheinander und allgemeine Eifersucht. Vor ihren Männern haben die beiden Ehefrauen unerkannt den Ball verlassen. Als auch Aubier und Duménil nach Hause kommen, finden sie ein Stück Papier, das identisch ist mit dem, auf dem die Billetts geschrieben waren. Nun glauben auch sie Grund zu haben, ihren Frauen Vorwürfe zu machen. Weil aber niemand so recht weiß, wer nun was mit wem »verbrochen« hat, sind alle bereit, sich gegenseitig zu verzeihen.

Anmerkung

Der große Johannes Brahms, mit dem Richard Heuberger befreundet war, hat vor der Aufgabe, einmal eine Oper – und möglichst eine komische – zu schreiben, kapituliert. Heuberger, dem weniger Berühmten, gelang das Kunststück, auch wenn »nur« eine Operette dabei herauskam. Sein »Opernball«, eine Verwechslungskomödie im Walzertakt, voller Esprit und Eleganz, konnte sich messen mit den Operetten des auch von Brahms bewunderten Walzerkönigs Johann Strauß. Eine vielleicht zufällige, aber deutliche Reminiszenz an Strauß darf man auch darin sehen, daß Heuberger den Kadetten Henri nach dem Vorbild des Orlofsky in der »Fledermaus« als Hosenrolle anlegte. Das Walzerlied »Komm mit mir ins Chambre séparée« wurde zu einem Klassiker.

Léon Jessel
(1871-1942)

Léon Jessel, geboren in Stettin, durchlief eine klassische Kapellmeisterlaufbahn in der Provinz – die erste Station war Gelsenkirchen –, ehe er 1911 in Berlin Fuß fassen konnte. Hier gelang ihm sechs Jahre später mit dem »Schwarzwaldmädel« jener große Wurf, der die Erinnerung an seinen Namen bis heute wachgehalten hat, obwohl die Aufführung seiner Werke 1933 verboten und er selbst, als Jude verfolgt, 1942 ein Opfer des Nazi-Terrors wurde.

DAS SCHWARZWALDMÄDEL
Operette in drei Akten, Text von August Neidhart, Uraufführung: Berlin 1917

Personen
BLASIUS RÖMER (Bariton),
Domkapellmeister;
HANNELE (Sopran),
seine Tochter;
BÄRBELE (Sopran),
seine Bedienstete;
JÜRGEN (Baß),
Bürgermeister, Wirt vom »Blauen Ochsen«;
LORLE (Sopran),
seine Tochter;
MALWINE VON HAINAU (Sopran);
HANS (Tenor);
RICHARD (Tenorbuffo);
THEOBALD (Tenor);
DIE ALTE TRAUDEL,
Bärbeles Tante;
SCHMUSSHEIM (Komiker),
ein Berliner

Sankt Christoph im Schwarzwald.

Handlung
Am Vorabend zum Fest der Hl. Cäcilia, der Patronin der Kirchenmusik, treffen im Haus des verwitweten Domkapellmeisters Blasius, der sich mit

Das Schwarzwaldmädel

seiner Tochter in das Schwarzwalddorf St. Christoph zurückgezogen hat, zwei junge Männer ein. Es sind Hans und Richard aus Berlin, die sich als wandernde Musikanten ausgeben. Der eine von beiden, Hans, ist aber nur auf der Flucht vor den Nachstellungen Malwines, seiner Verlobten, die ihn freilich auch hier aufspürt. Im Gegensatz zu Hans ist Richard von der Verlobten seines Freundes ganz entzückt. Um für das bevorstehende Fest gerüstet zu sein, erbittet Malwine von Blasius Römer, von dem sie erfahren hat, daß er alte Trachten sammelt, ein schmuckes Kleid. Auch Bärbele, die Magd, wird auf Bitten Malwines hübsch ausgestattet. Als Dank dafür gibt Bärbele dem guten Blasius einen Kuß und richtet damit heillose Verwirrung im Herzen des alten Witwers an. Beinahe entschlossen, ihr einen Heiratsantrag zu machen, muß Blasius jedoch beim Cäcilienfest am nächsten Tag erkennen, daß der junge Hans, der Bärbele beherzt vor ein paar Dorfrüpeln in Schutz nimmt, ein aussichtsreicherer Bewerber ist als er. Heiter resignierend sieht Blasius dem Glück der jungen Leute zu.

Anmerkung
August Neidhart, der Textdichter, betrieb eigens Milieustudien im Schwarzwald, um den Figuren der Operette »Das Schwarzwaldmädel« echtes Leben einzuhauchen. Léon Jessel, der Komponist, schrieb dazu ebenso »echte«, d.h. volkstümliche Musik: »Erklingen zum Tanze die Geigen«, »Malwine, ach Malwine, du bist wie eine Biene« und das Quintett »Mädle aus dem schwarzen Wald«.

Emmerich Kálmán
(1882-1953)

In der Person Emmerich (Imre) Kálmáns ist ein Stück Operettengeschichte verkörpert, und zwar ein besonders typisches – auch und vielleicht gerade in seinen düsteren Kapiteln. Geboren im ungarischen Siófok und musikalisch hochbegabt, war Kálmáns erstes Ziel, Konzertpianist zu werden. Doch eine Erkrankung der rechten Hand hinderte ihn daran, die hoffnungsvoll begonnene Karriere weiterzuverfolgen. Daraufhin wandte er sich dem Komponieren zu und arbeitete nebenher als Kritiker. Sein Hauptinteresse galt der ernsten Musik, doch der große Erfolg kam, wie so oft, erst mit einer Operette: »Tatárjárás« (»Ein Herbstmanöver«, 1908). In Wien, wohin er im gleichen Jahr übersiedelte, entstanden in den folgenden drei Jahrzehnten mehr als ein Dutzend weiterer Operetten, darunter »Die Csárdásfürstin« (1915), »Gräfin Mariza« (1924) und »Die Zirkusprinzessin« (1926). Nach dem sogenannten Anschluß Österreichs ans Dritte Reich mußte Kálmán, weil er jüdischer Abstammung war, Wien verlassen und emigrierte über Zürich und Paris in die Vereinigten Staaten. 1945 kehrte er nach Europa zurück. Er starb 1953 in Paris.

DIE CSÁRDÁSFÜRSTIN

Operette in drei Akten, Text von Leo Stein und Béla Jenbach, Uraufführung: Wien 1915

Personen
LEOPOLD MARIA,
Fürst von und zu Lippert-Weylersheim;
ANHILTE, *seine Frau;*
EDWIN RONALD (Tenor),
beider Sohn;
KOMTESSE STASI (Soubrette),
Nichte der Fürstin;
GRAF BONI KANCSIANU (Tenorbuffo);
SYLVA VARESCU (Sopran),
Sängerin;
FERI VON KEREKES, genannt BASCI (Buffo);
EUGEN VON ROHNSDORFF,
Oberleutnant

Budapest und Wien, vor 1914.

Die Csárdásfürstin

Handlung
1. Akt

Die umschwärmte Sängerin Sylva, die im Begriff ist, auf eine Tournee nach Amerika zu gehen, feiert ihren Abschied aus Budapest, der auch ein Abschied ist von Edwin, dem Mann, den sie liebt. Edwins Vater, Fürst von und zu Lippert-Weylersheim, ist gegen die Verbindung seines Sohnes mit der Chansonette und hat dafür gesorgt, daß Edwin zum Korpskommando nach Wien befohlen wird. In Wien soll er sich nach dem Willen des Vaters mit der Komtesse Stasi verloben. Aber aus Trotz gegen die Bevormundung verspricht Edwin auf Sylvas Abschiedsfest ihr, der Sängerin, die Ehe und läßt dies sogar notariell beurkunden, woraufhin Sylva von ihren Reiseplänen abläßt. Da taucht eine von Edwins Vater vorschnell in Umlauf gebrachte Verlobungsanzeige auf, die zu beweisen scheint, daß Edwin sich bereits mit Stasi liiert hat. Sylva fühlt sich getäuscht und begibt sich nun doch auf ihre Amerikatournee.

2. Akt

Mehrere Wochen sind vergangen. Edwin hat sich damit abgefunden, daß er Stasi heiraten wird, zumal Sylva auf alle Briefe, die er ihr geschrieben hat, nicht reagiert. Sylva ist in der Zwischenzeit aus Amerika, wo man ihr den Beinamen »Csárdásfürstin« verliehen hat, nach Wien gekommen. An der Seite des Grafen Boni, der sie als seine Gattin ausgibt, erscheint Sylva auf der Verlobungsfeier von Edwin und Stasi. Edwins Liebe zu ihr entbrennt aufs neue. Und obwohl er glauben muß, daß Sylva wirklich mit Boni verheiratet ist – der sich freilich stark für Stasi zu interessieren scheint, die offenbar auch an ihm Gefallen findet –, widerruft Edwin vor allen Gästen seine Verlobung. Der Eklat ist perfekt, als Sylva ihr Inkognito lüftet und Edwin die Urkunde seines Eheversprechens aus Budapest vor die Füße wirft.

3. Akt

Im Foyer eines Wiener Hotels versuchen Graf Boni und Feri von Kerekes die völlig aufgewühlte Sylva zu besänftigen. Edwin erscheint in Begleitung seines Vaters. Der alte Fürst hat eingesehen, daß er seinen Sohn nicht zur Heirat zwingen kann, zumal auch ihm nicht entgangen ist, daß es die Komtesse Stasi mehr zu Boni als zu Edwin zieht. Weil sich herausstellt, daß seine eigene Frau, die er als verwitwete Gräfin kennengelernt hatte, auch einmal eine Chansonette war, kann er sich letztendlich durchringen, der Heirat seines Sohnes mit Sylva zuzustimmen.

E. Kálmán

Anmerkung
»Die Csárdásfürstin«, Kálmáns größter Erfolg, wurde mehrfach verfilmt; zum erstenmal, damals noch als Stummfilm (!), im Jahr 1927. Kálmáns melodischer Erfindungsreichtum schlägt sich in einer Vielzahl zündender Gesangsnummern nieder. Um nur die bekanntesten zu nennen: »Machen wir's den Schwalben nach«, »Tausend kleine Englein singen: Hab mich lieb!« und »Ganz ohne Weiber geht die Chose nicht«.

GRÄFIN MARIZA
Operette in drei Akten, Text von Julius Brammer und Alfred Grünwald, Uraufführung: Wien 1924

Personen
GRÄFIN MARIZA (Sopran);
GRAF TASSILO ENDRÖDY-WITTEMBURG / TÖRÖK (Tenor),
ihr Verwalter;
LISA (Soubrette),
seine Schwester;
FÜRST POPULESCU (Baßbuffo);
BARON KOLOMAN ZSUPÁN (Tenorbuffo),
Gutsbesitzer aus Varasdin;
KARL STEPHAN LIEBENBERG (Tenor);
FÜRSTIN BOZENA GUDDENSTEIN ZU CLUMETZ;
PENIZEK,
ihr Kammerdiener;
MANJA,
eine Zigeunerin;
TSCHEKKO,
Marizas alter Diener;
BERKO,
ein Zigeuner

Auf dem Schloß der Gräfin Mariza in Ungarn, um 1924.

Handlung
Auf dem Gut der Gräfin Mariza, die sich auf Reisen befindet, verdingt sich der verarmte Graf Tassilo unter falschem Namen als Verwalter. Er braucht Geld, um seiner Schwester, die noch immer glaubt, einer reichen Familie anzugehören, eine entsprechende Mitgift geben zu kön-

nen. Die Gräfin kehrt zurück und verkündet, sie werde sich mit einem Baron Koloman Zsupán verloben und aus diesem Anlaß ein großes Fest veranstalten. Einer Freundin jedoch vertraut sie an, den Baron nur erfunden zu haben, um endlich den Nachstellungen ihrer zahlreichen Verehrer ein Ende zu bereiten. Zufällig hat ein echter Baron Koloman Zsupán von den Verlobungsabsichten Marizas erfahren. Völlig unerwartet erscheint er auf dem Fest und fühlt sich allem Anschein nach in der Rolle des angeblichen Verlobten ausgesprochen wohl. Weniger wohl ist Tassilo zumute, denn zu den Gästen der Gräfin gehört auch seine Schwester Lisa. Er fürchtet, ihr nun reinen Wein einschenken zu müssen, doch sie hält seine »Verkleidung« als Verwalter schlicht für einen Scherz. Weil er aber wirklich nur ein Angestellter der Gräfin ist, ist ihm die Teilnahme am Fest verwehrt. Traurig stimmt er ein Lied an (»Auch ich war einst ein feiner Csárdáskavalier«). Als die Gräfin ihn hört, bittet sie ihn, für ihre Gäste zu singen. Aber Tassilo weigert sich und erhält dafür seine Entlassung, doch die ist nur vorübergehend, denn bald findet die Gräfin wieder Gefallen an ihrem Herrn Verwalter, und das beruht durchaus auf Gegenseitigkeit. Um so schwerer fällt es Tassilo, weiter nur den bescheidenen Verwalter zu spielen. In einem Brief an einen Freund macht er seinem Kummer Luft. Zu seinem Unglück gerät der Brief, in dem von Lisas Mitgift die Rede ist, in die Hände der Gräfin, die nun glaubt, Tassilo habe es allein auf ihr Geld abgesehen. Der falsche Verwalter, zu stolz, das Mißverständnis aufzuklären, erhält zum zweitenmal seine Entlassung. Doch da taucht Fürstin Bozena, seine Tante, auf. Sie hat den Neffen von seinen Schulden befreit: Tassilo ist wieder wer. Kein falscher Stolz steht der Verbindung mit Mariza mehr im Wege, und auch Lisa, die Schwester, findet in Koloman Zsupán, der seine Bemühungen um die Gräfin eingestellt hat und nun sie umwirbt, den standesgemäßen Partner.

Anmerkung

Stärker noch als »Die Csárdásfürstin« lebt »Gräfin Mariza« vom Schwung ungarischer Rhythmen und Melodien. Verstärkt wird die musikalische Atmosphäre seines Heimatlandes, die Kálmán wie kaum ein zweiter herbeizuzaubern verstand, noch durch den Einsatz einer Zigeunerkapelle. Tassilos »Komm, Zigan«, die Duette »Komm mit nach Varasdin« und »Ich möchte träumen von dir, mein Putzikam«, aber auch das Walzerlied »Grüß mir die reizenden Frauen in Wien« machten »Gräfin Mariza« zu einer der meistgespielten Operetten überhaupt.

DIE ZIRKUSPRINZESSIN
Operette in drei Akten, Text von Julius Brammer und Alfred Grünwald,
Uraufführung: Wien 1926

Personen
FÜRSTIN FEDORA PALINSKA (Sopran);
PRINZ SERGIUS WLADIMIR (Tenorbuffo);
PRINZ NIKOLAUS PALINSKY (Bariton);
GRAF SASKUSIN (Tenor),
Rittmeister;
LEUTNANT VON PETROWITSCH (Tenor);
BARON BRUSOWSKY (Baß);
DIREKTOR STANISLAWSKI;
MISTER X / FEDJA PALINSKY (Tenor);
MISS MABEL GIBSON (Soubrette),
Zirkusreiterin;
LUIGI PINELLI,
Regisseur;
CARLA SCHLUMBERGER,
Hotelbesitzerin;
TONI (Komiker),
ihr Sohn;
PELIKAN,
Oberkellner;
BARON RASUMOWSKY;
SAMUEL FRIEDLÄNDER

In Sankt Petersburg und Wien, vor 1914.

Handlung
Als Besucherin des Zirkus Stanislawski, der in Petersburg gastiert, trifft die verwitwete Fürstin Fedora auf den Prinzen Sergius Wladimir, einen ihrer hartnäckigsten Verehrer. Fedora läßt ihn wieder einmal abblitzen, und zwar mit der wenig schmeichelhaften Bemerkung, daß sie eher einen Zirkusreiter erhören werde als ihn. Um sich zu rächen, stellt Sergius seiner Angebeteten beim Souper einen gewissen Prinzen Korrossoff vor, hinter dem sich jedoch der geheimnisvolle Mister X verbirgt, ein tollkühner Pferdeartist, den alle nur in seiner schwarzen Maske kennen. Mister X hat sich auf das Spiel eingelassen, nur um Fedora, die er heimlich liebt, nahe zu sein. In Wirklichkeit nämlich ist er der Neffe von Fedoras

Die Zirkusprinzessin

verstorbenem Gatten, der ihn einst enterbt und vertrieben hatte, weil ihm die offensichtliche Neigung des Neffen für die junge Gräfin ein Dorn im Auge war. Fedora ist von »Korrossoff« mehr als angetan und läßt sich in eine übereilte Ehe mit ihm hineintreiben, um – wie der boshafte Sergius ihr erfolgreich weisgemacht hat – der zwangsweisen Verheiratung mit einem anderen Mann zuvorzukommen, den angeblich der Zar persönlich für sie ausgesucht hat. Bei der Hochzeit tauchen, von Sergius herbeigeholt, plötzlich die Zirkusleute auf, um ihrem Mister X zu gratulieren. Als »Zirkusprinzessin« verlacht und, wie sie glaubt, von einem Hochstapler betrogen, flüchtet Fedora nach Wien. Auch hier stellt ihr Sergius wieder nach. Aber sein Werben ist erfolglos, denn der eigentliche Grund für Fedoras Flucht ist der, ihren falschen Korrossoff alias Fedja Palinsky, dem sie längst vergeben hat und der in Wien als Mister X gastiert, wieder in die Arme zu schließen.

Anmerkung

»Die Zirkusprinzessin« ähnelt in ihren Grundzügen stark der »Gräfin Mariza«. (Bei der Figur des Sergius und dem Schluß des zweiten Akts mit dem plötzlichen Auftritt der ungebetenen Hochzeitsgäste stand ganz offensichtlich Millöckers »Bettelstudent« Pate.) Wieder geht es um einen Standesunterschied, der am Ende gar keiner ist, zwischendurch aber zum Prüfstein der wahren Gefühle zweier Liebender wird. Von den vielen Operetten, die diesem Schema folgen, ist Kálmáns »Zirkusprinzessin« sicher eine der besten, zumal nicht nur die Hauptfiguren – allen voran Mister X (»Wieder hinaus ins strahlende Licht – zwei Märchenaugen«) – und die wechselnden Schauplätze treffend in Szene gesetzt sind, sondern auch die Nebenrollen ausgesprochen lebendig wirken.

Walter Kollo
(1878-1940)

Wien hat die Strauß-Dynastie, Berlin hat Kollo. – Nur Nicht-Berliner werden sagen, daß der Vergleich vielleicht zu hochgegriffen ist. Aber wie auch immer, eines steht fest: Walter Kollo hat entscheidend dazu beigetragen, daß Berlin neben Paris und Wien zur dritten Weltstadt der Operette werden konnte. An die Spree kam der in Ostpreußen als Sohn eines Kaufmanns und einer Pianistin geborene, in Sondershausen und Königsberg ausgebildete Theaterkapellmeister als 23jähriger. Schnell machte er sich einen Namen als Chansonschreiber (»Immer an der Wand lang«) und Brettl-Komponist. Nach »Ali Ben Mokka« (1907) und »Sein Herzensjunge« (1911) gelang ihm mit der Operette »Wie einst im Mai« (1913) der entscheidende Durchbruch; mehr als ein Dutzend weiterer Erfolgsstücke – u.a. »Die tolle Komteß«, »Drei alte Schachteln« (beide 1917), »Marietta« (1923), »Die Frau ohne Kuß« (1924) und »Jettchen Gebert« (1928) – sowie zahlreiche Revuen, Couplets und Schlager folgten. Durch Willi Kollo, seinen Sohn, der bis 1928 als Texter für den Vater arbeitete, aber auch selbst als Operettenkomponist erfolgreich war (»Die hellgelben Handschuhe«, 1949), und René Kollo, den als Operetten- und Operntenor bekannten Enkel des Komponisten, ist sein Name, auch wenn Kollo-Operetten heute weniger gespielt werden, noch immer jedem Musikfreund ein Begriff.

DREI ALTE SCHACHTELN

Operette in einem Vorspiel und drei Akten, Text von Hermann Haller (Gesangstexte von Rideamus [Fritz Oliven]), Uraufführung: Berlin 1917

Personen
URSULA KRÜGER (Sopran);
CHARLOTTE (Sopran),
ihre Schwester;
KLAUS KERSTING (Tenor),
Referendar;
AUGUSTE (Soubrette),
Köchin der beiden Schwestern;
CORNELIUS HASENPFEFFER (Buffo),
Sergeant;
RITTMEISTER VON TRESKOW;
DREI FREUNDINNEN (Mezzosopran)

Drei alte Schachteln

Potsdam, Anfang des 19. Jahrhunderts.

Handlung
Anders als ihre Schwester Ursula hat die jüngere Charlotte die Hoffnung noch nicht aufgegeben, einen Mann fürs Leben zu finden. Doch als Klaus Kersting, von dem sie glaubt, daß er sie um ihre Hand bitten wird, seine Aufwartung bei den Schwestern macht, wird Lotte bitter enttäuscht: Kersting hat sich als Freiwilliger gemeldet und wird Soldat. Er ist nur gekommen, um sich von ihnen zu verabschieden. Nicht anders ergeht es der Köchin Auguste mit ihrem Cornelius Hasenpfeffer, der gleichfalls in den Krieg zieht (Vorspiel).

Zehn Jahre später. Lotte sieht sich als alte Jungfer und kleidet sich entsprechend. Als Kersting, zum Hauptmann avanciert, aus dem Krieg zurückkehrt, bleibt Lotte seine Enttäuschung bei ihrem ersten Wiedersehen nicht verborgen. Unglücklich über sich selbst, schlägt sie die von Kersting halbherzig ausgesprochene Einladung zum Regimentsball aus. Aber kaum ist er aus dem Haus, bereut sie ihren Entschluß, putzt sich heraus und geht mit ihrer Schwester und Auguste doch noch auf den Ball. Um Jahre verjüngt, stellt sie sich Kersting als ihre eigene Nichte vor. Der fällt darauf herein, und nun ist er es, der sich gegenüber der bezaubernden jungen Dame alt vorkommt. Auguste hat weniger Erfolg, denn ihr Cornelius entpuppt sich als rechter Schwerenöter, der in den vergangenen Jahren offenbar nicht nur ihr verliebte Feldpostbriefe geschrieben hat. Am nächsten Morgen kommt Klaus Kersting ins Haus der »alten Schachteln« und fragt nach der reizenden Nichte. Lotte, in großer Verlegenheit, verfällt auf die Idee, Auguste als Nichte zu verkleiden. Aber das Täuschungsmanöver ist so plump, daß Kersting sich nicht noch einmal täuschen läßt. Glücklich, daß in ihr immer noch ein junges Mädchen steckt, schließt er seine alte Lotte in die Arme. Zum guten Schluß versöhnt sich auch Auguste wieder mit ihrem treulosen Sergeanten.

Anmerkung
Mit »Drei alte Schachteln« schuf Kollo eine der klassischen Berliner Operetten, deren lokaltypischer Akzent besonders in der Figur der Auguste ausgeprägt ist, die zu einer Paraderolle für Claire Waldoff wurde. Ihr Lied »Ach Gott, was sind die Männer dumm« wurde ebenso zum Schlager wie das Terzett »Drei alte Schachteln, zierlich und fein«.

DIE FRAU OHNE KUSS

Lustspiel mit Musik in drei Akten, Text von Richard Keßler (Gesangstexte von Willi Kollo), Uraufführung: Berlin 1924

Personen

DR. ERNST HARTWIG (Tenor),
Frauenarzt;
LOTTE LENZ (Sopran),
seine Sekretärin;
PRINZ HUSSEIN DSCHAHANGIR (Tenor);
GEORG LANGENBACH,
Fabrikant;
FRITZ SPERLING,
Porträtmaler;
OTTO,
Hartwigs Diener

Berlin, Praxis des Dr. Hartwig.

Handlung

Seit der Frauenarzt Dr. Hartwig eine neue Sekretärin hat, empfängt er immer häufiger auch Herren in seiner Praxis. Vor allem der Fabrikant Georg Langenbach und der Maler Fritz Sperling tauchen regelmäßig auf, um Lotte Lenz, so heißt die Dame im Vorzimmer, den Hof zu machen. Lotte aber hat nur Augen für ihren Chef. Der allerdings ist ein eingefleischter Junggeselle und zeigt wenig Neigung, sich auf eine feste Verbindung einzulassen. Da trifft ein Telegramm bei Dr. Hartwig ein: Sein medizinischer Beistand wird in Teheran gebraucht, und gerne würde er dem Ruf nach Persien folgen, hätte die Sache nicht einen Haken: In Teheran nämlich erwartet man, daß der Herr Doktor verheiratet ist und seine Frau mitbringt. Um guten Rat nicht verlegen, bietet Lotte ihrem Chef an, sich für eine Scheinehe mit ihm zu opfern. Ansprüche, so beteuert sie, werde sie daraus nicht herleiten. Soweit beruhigt, willigt Hartwig in eine standesamtliche Trauung ein.

Aus Teheran zurückgekehrt, möchte Hartwig seine merkwürdige Ehe rasch wieder beenden. Das ist natürlich nicht im Sinne Lottes, obwohl sie versprochen hat, sich einer Scheidung nicht zu widersetzen. Um dem Herzen Dr. Hartwigs, der sie zwar noch nicht geküßt hat, bei dem sie aber erste Anzeichen von Zuneigung zu erkennen glaubt, einen Stoß zu geben, flirtet Lotte hemmungslos mit Langenbach und Sperling. Aber nichts hilft. Erst als ein persischer Prinz in Berlin auftaucht, um Lotte voller Leidenschaft die Ehe zu versprechen, falls sie von ihrem Mann geschieden werde, regt sich so etwas wie Eifersucht in Hartwig. Endlich ist er gewillt, seine Ehe, die bisher nur auf dem Papier bestand, auch praktisch zu vollziehen und damit die Hoffnungen des Prinzen, der auf eine gerichtliche Aufhebung der Scheinehe spekuliert hatte, zunichte zu machen.

Anmerkung

»Die Frau ohne Kuß« ist nach »Marietta« (1923) die zweite Operette, für die Willi Kollo die Gesangstexte schrieb. Die Zusammenarbeit mit dem Sohn, die sich überaus erfolgreich entwickelte, war zunächst nur eine Sparsamkeitsmaßnahme, denn Walter Kollo drückten hohe Schulden, die bei seinen wiederholten Versuchen, sich als Theaterunternehmer zu betätigen, angefallen waren. Von den Gesangsnummern der »Frau ohne Kuß« wurden der Foxtrott »Persische Rose«, der Marsch »Das ist der Frühling von Berlin«, der Shimmy »Gut' Nacht, mein Liebchen und verschließ' dein Stübchen« und das Duett »Schade, Schatz, daß die Zeit so schnell vorbei war« schnell populär.

Eduard Künneke
(1885-1953)

Wie die meisten der Berliner Operettenkönige wurde auch Eduard Künneke nicht mit Spreewasser getauft. Seine Wiege stand in Emmerich am Niederrhein, unweit der holländischen Grenze. Daß »Der Vetter aus Dingsda«, Künnekes berühmteste Operette, in Holland angesiedelt ist, mag man als Reminiszenz an die Herkunft des Komponisten deuten, wenn sich auch in der Partitur nichts findet, was typisch holländisch zu nennen wäre. Dazu war Künneke ein viel zu universaler Komponist, bewandert in allen Stilen, vom strengen Satz bis hin zum Jazz. Eindrucksvollstes Beispiel dafür ist die »Tänzerische Suite« für Jazzband und Orchester (1929). Doch so vielfältig Künnekes Schaffen war, auf Dauer konnten sich nicht seine Opern, Chorwerke und Klavierkonzerte, sondern nur die Operetten durchsetzen.

DER VETTER AUS DINGSDA

Operette in drei Akten von H. Haller und Rideamus (Fritz Oliven) nach einem Lustspiel von M. Kempner-Hochstädt, Uraufführung: Berlin 1921

Personen
JULIA DE WEERT (Sopran);
HANNCHEN (Soubrette),
ihre Freundin;
JOSSE KUHBROT (Baßbuffo oder Komiker),
Julias Onkel;
WILHELMINE gen. WIMPEL (Spiel-Alt oder Komikerin),
seine Frau;
EGON VON WILDENHAGEN;
RODERICH (Tenor);
AUGUST KUHBROT (Tenorbuffo);
KARL (Bariton) und HANS (Baß),
Diener

Auf Schloß de Weert in Holland, um 1920.

Handlung
1. Akt

Julia de Weert ist volljährig geworden. Der passende Mann für sie ist auch schon gefunden, das jedenfalls glaubt Onkel Josse, Julias Vormund.

Der Vetter aus Dingsda

Er und seine Frau haben sich auf Schloß de Weert einquartiert und versuchen alles, um Julia eine Heirat mit August Kuhbrot, einem Neffen Onkel Josses, aufzuschwatzen, während Egon von Wildenhagen, Julias zweiter Vormund, es natürlich lieber sähe, wenn sie sich mit seinem Sohn einlassen würde. Aber Julia will keinen von beiden, ist sie doch seit langem in ihren Vetter Roderich verliebt, der ihr ewige Treue geschworen hat. Das jedoch war vor sieben Jahren. Seither lebt Roderich in »Dingsda«, irgendwo in Indien. Als ein armer Wandergeselle auf Schloß de Weert erscheint, nutzt Julia die Gelegenheit, endlich einmal ihre Unabhängigkeit zu beweisen, indem sie den sympathischen jungen Mann, der sich nicht weiter vorstellt, aufs zuvorkommendste bewirtet und ihm für die Nacht das beste Zimmer im Schloß herrichten läßt. Onkel Josse ist wie vor den Kopf gestoßen.

2. Akt

Am nächsten Morgen verwickelt Hannchen, Julias Freundin, den Fremden in ein Gespräch. Als er erfährt, daß Julia auf die Rückkehr ihres geliebten Vetters Roderich hofft, verfällt er auf die Idee, sich als ebendieser Roderich auszugeben, um seine Chancen bei Julia zu erhöhen. Alle lassen sich täuschen, Julia ist überglücklich. Da bringt Egon von Wildenhagen die Nachricht, daß es sich bei dem Fremden auf keinen Fall um Roderich handeln kann, denn dessen Schiff ist, wie Wildenhagens Nachforschungen ergeben haben, noch gar nicht angekommen. Der Fremde muß seinen Schwindel eingestehen und zieht von dannen. Daß er in Wirklichkeit August Kuhbrot heißt, weiß niemand. Auch sein Onkel, der ihn vor vielen Jahren zuletzt gesehen hat, hat den Neffen nicht erkannt.

3. Akt

Inzwischen weiß man, daß der echte Roderich im Lande ist. Alle fragen sich, wo er nur bleibt. Schon werden Befürchtungen laut, es könne ihm etwas zugestoßen sein. Vielleicht ist er gar von dem geheimnisvollen Wanderer ermordet worden? Während man sich noch in den wüstesten Spekulationen über Roderichs Verbleib ergeht, steht wieder ein Wanderer vor der Tür. Für Hannchen, die ihn empfängt, ist es Liebe auf den ersten Blick. Wie ärgerlich aber für sie, daß dieser Wanderer der heißersehnte Vetter aus Dingsda ist. Auch ihm ist die Sache nicht sehr angenehm, hat er sich doch seinerseits auf Anhieb in Hannchen verliebt und weiß nun nicht, wie er's Julia sagen soll. Am besten also, schlägt Hannchen vor, er gibt sich als August Kuhbrot aus. Gesagt, getan. Und um Julia ihren Vetter endgültig madig zu machen, berichtet der falsche August, daß Roderich ihr längst untreu geworden sei. Julia ist untröstlich und ärgert sich darüber, daß sie den armen Wandergesellen, der ihr doch so sympathisch war, hat fortziehen lassen. Aber der ist rasch wiedergefunden, das Glück ist perfekt, und auch Onkel Josse ist zufrieden.

Anmerkung
Mit seinem Operetten-Erstling »Das Dorf ohne Glocke« (1919) konnte Künneke einen zwar beachtlichen, aber keinen internationalen Erfolg erringen. Der stellte sich erst zwei Jahre später mit »Der Vetter aus Dingsda«, seiner vierten Operette, ein. Mit einem Schlag war Künneke berühmt. »Der Vetter aus Dingsda« steht noch heute in der Gunst des Publikums weit oben. Melodien wie »Ich bin nur ein armer Wandergesell«, »Sieben Jahre lebt' ich in Batavia«, das Ensemble »Der Roderich, der Roderich« und das Duett »Ich trink' auf dein lachendes Augenpaar« wurden zu Evergreens.

GLÜCKLICHE REISE
Operette in drei Akten (sieben Bildern), Text von Max Bertuch und Kurt Schwabach, Uraufführung: Berlin 1932

Personen
LONA VONDERHOFF (Sopran);
MONIKA BRINK (Soubrette);
ROBERT VON HARTENAU (Tenor);
STEFAN SCHWARZENBERG (Tenorbuffo);
PETER BRANGERSEN,
Kapitän;
HOMANN,
Chef eines Reisebüros;
SARAH (Alt),
seine Angestellte;
PAUL, *Lehrling;*
WALTER HÜBNER,
Regierungsrat;
BIELEFELD,
Manager;
FRAU MASCHKE

In Argentinien und Berlin, um 1930.

Glückliche Reise

Handlung

Robert und Stefan sind nach Argentinien ausgewandert und haben beide eine Brieffreundschaft zu zwei Mädchen aus Berlin geknüpft. Die eine, Monika, gibt sich in ihren Briefen als wohlhabende Dame aus, obwohl sie ebenso wie ihre Freundin Lona nur eine einfache Reisebüroangestellte ist. Um in persönliche Bekanntschaft mit den beiden Berlinerinnen zu treten, heuern Robert und Stefan als Schiffsstewards auf einem Dampfer nach Europa an. In Berlin angekommen, sucht Stefan das Reisebüro auf, über dessen Adresse seine Monika mit ihm korrespondiert hat – aber nicht nur mit ihm, sondern, unter dem Namen ihrer Freundin Lona und ohne deren Wissen, auch mit Robert. Monika gelingt es, Stefan weiterhin im Glauben zu lassen, sie sei wirklich eine feine Dame. Beide verabreden sich für den Abend zu einem Rendezvous. Wenig später kommt auch Robert, der hier seinen Freund vermutet, ins Reisebüro, wo er sich sogleich in eine der Angestellten, Lona nämlich, verliebt und darüber seine Brieffreundin ganz vergißt. Auch Lona, obwohl sie mit dem Regierungsrat Hübner verlobt ist, findet Gefallen an dem jungen Mann und läßt sich zu einem Ausflug an den Wannsee überreden. Hier begegnen sich die beiden Paare wieder. Zu allem Überfluß sind zufällig auch Hübner und der Chef des Reisebüros zugegen. Monika, von ihrem Chef entlarvt, und Lona, von ihrem Verlobten beim Rendezvous mit einem anderen Mann ertappt, sitzen in der Patsche. Ihre Verehrer aus Argentinien, die sich hintergangen fühlen, sind sie los. Aber der Groll der beiden Freunde hält nicht lange an. Schon am nächsten Morgen passen sie Monika und Lona auf dem Weg zur Arbeit ab. Monika muß zwar die Vorwürfe Stefans über sich ergehen lassen und auch zwischen Robert und Lona kommt es zu einer ernsten Aussprache im Büro, aber am Ende erweist sich, daß man doch füreinander bestimmt ist. Glücklich reisen beide Paare nach Argentinien.

Anmerkung

Künnekes Geschick in der Gestaltung großer Finalszenen und Ensembles, sein melodischer Erfindungsreichtum und virtuoser Umgang mit amerikanischen Tanzrhythmen machen die »Glückliche Reise« zu einem besonders kurzweiligen Vergnügen. Auch das berlinerische Element, wie es sich musikalisch vor allem in dem Marsch »Glückliche Reise« niederschlägt, kommt neben den Tango- (»Nacht muß es sein«), Foxtrott- (»Warum? Weshalb? Wieso?«), Rumba- (»Jede Frau geht so gerne mal zum Tanztee«), Blues- (»Das Leben ist ein Karussell«) und Paso-doble-Nummern (»Schatz, der erste Satz zum großen Glück«) nicht zu kurz.

A. C. Lecocq

Alexandre Charles Lecocq
(1832-1918)

In Paris geboren und ausgebildet am dortigen Conservatoire (u.a. bei Jacques Halévy), machte Lecocq zunächst als Orgelvirtuose von sich reden. Den Anstoß, sich dem heiteren Fach zuzuwenden, erhielt er durch Jacques Offenbach, der 1857 einen Operettenwettbewerb ausgeschrieben hatte, bei dem sich Lecocq mit »Le docteur Miracle«, der in Zusammenarbeit mit Georges Bizet entstanden war, auszeichnen konnte. Ohne sich ganz von der ernsten Muse zu verabschieden, blieb Lecocq der Operette treu – über mehr als fünfzig Jahre.

GIROFLÉ – GIROFLA

Operette in drei Akten, Text von Albert Vanloo und Eugen Letterrier, Uraufführung: Paris 1874

Personen
DON BOLÉRO ALCARAZAS (Komiker),
Gouverneur;
AURORA,
seine Gattin;
GIROFLÉ und GIROFLA (Sopran, Doppelrolle),
beider Töchter;
MARASQUIN (Tenor);
MOURZOUK (Bariton);
MATAMOROS (Tenorbuffo),
Admiral;
PAQUITA;
PEDRO;
PIRATENHÄUPTLING;
ZWEI COUSINS

In einer kleinen französischen Kolonie in Afrika, um 1870.

Handlung
Don Boléro hat für seine beiden Zwillingstöchter eine Doppelhochzeit arrangiert: Giroflé soll den Bankier Marasquin heiraten, Girofla den Araberfürsten Mourzouk. Weil Mourzouk sich verspätet, wird zunächst die Trauung von Giroflé und Marasquin vollzogen. Als auch Mourzouk erscheint, um seine Girofla zu ehelichen, ist diese verschwunden. Piraten

Giroflé – Girofla

haben sie in ihre Gewalt gebracht. Um die Geduld des grimmigen Mourzouk, der eine Bedrohung für die Kolonialherrschaft darstellt und durch seine Trauung mit Girofla besänftigt werden soll, nicht weiter zu strapazieren, bleibt Don Boléro nichts anderes übrig, als seine Tochter Giroflé ein zweites Mal zu verheiraten. Admiral Matamoros tut in der Zwischenzeit sein Bestes, die richtige Braut aus den Händen der Seeräuber zu befreien. Die Situation wird prekär, als beide Schwiegersöhne, nachdem sie schon das Hochzeitsmahl ohne Giroflé und Girofla einnehmen mußten, nun endlich zu ihren Bräuten möchten. Aber Girofla wird noch immer von den Piraten festgehalten, und auch Giroflé, die sich auf Weisung ihres Vaters versteckt hält, bleibt unauffindbar. Als sie heimlich doch aus ihrem Zimmer entweicht, sieht sie sich prompt ihren beiden Männern gegenüber. Da jedoch nur einer, Marasquin, die Hochzeitsnacht mit ihr verbringen kann, wird Mourzouk ins leere Brautgemach Giroflas gelockt und dort eingesperrt. Aber Mourzouk kann sich befreien und verläßt das Haus. Am nächsten Morgen wird, um zu retten, was noch zu retten ist, Marasquin in die Zusammenhänge eingeweiht und dem in hellem Zorn zurückgekehrten Mourzouk erneut die falsche Braut vorgeführt. Weil Mourzouk jedoch darauf besteht, mit ihr allein zu bleiben – was Marasquin und Giroflé natürlich mit allen Mitteln zu vereiteln suchen –, bleibt nur noch ein Ausweg: die Wahrheit. Zum Glück taucht im rechten Moment auch Girofla wieder zu Hause auf, nachdem Admiral Matamoros die Seeräuber endlich besiegt hat.

Anmerkung

»Giroflé – Girofla« war neben »La fleur de thé« (1868), »Le cent vierges« (1872) und »La fille de Mme. Angôt« (1872) Lecocqs größter Erfolg. Auf deutschen Bühnen ist »Giroflé – Girofla« von den nahezu hundert Operetten, die er schrieb, die bekannteste, was sicher daran liegt, daß sie alles, was den Stil Lecocqs ausmacht, aufs Glücklichste vereint: den geschmeidigen Orchestersatz, die leicht fließende Melodik, die effektvollen Chöre und witzigen Couplets (»In mir sieht man den Vater«, »Banger als je naht Giroflé«).

Franz
Lehár
(1870-1948)

»Häng' die Geige an den Nagel und werd' Komponist!« – Diesen Rat des großen Kollegen Antonin Dvořák nahm sich der junge Lehár, der eigentlich Geiger werden wollte, zu Herzen und versuchte es mit Opern. Der Erfolg mit diesen Opern war allerdings so gering, daß Lehár zur Operette wechselte. Der Weg dahin war ebenfalls hart, zumal Lehár aus bescheidenen Verhältnissen stammte. Der Konservatoriumsbesuch in Prag war für die Familie ein großes Opfer. Nach bescheidenen Anfängen als Primgeiger bei den Elberfelder Bühnen wurde Lehár wie sein Vater Militärkapellmeister. 1902 quittierte er den Dienst, erntete erste Erfolge mit dem Walzer »Gold und Silber« und begann als Dirigent die Donaumetropole Wien zu erobern. Das Ergebnis: Nach kaum drei Jahren gelang ihm mit »Die lustige Witwe« die erfolgreichste Operette überhaupt. Es folgten »Der Graf von Luxemburg« (1909) und »Zigeunerliebe« (1910) – Werke, die Lehár zum unübertroffenen Meister des sogenannten »silbernen« Operettenzeitalters machten (als »goldenes« galt noch immer das des 19. Jahrhunderts mit Strauß, Millöcker und Suppé). Die Erfolge »Paganini« (1925), »Der Zarewitsch« (1927) und »Das Land des Lächelns« (1929) waren eng verknüpft mit dem Namen des legendären Tenors Richard Tauber (1891-1948), ein guter Freund Lehárs, der die männlichen Hauptrollen verkörperte. Lehárs Spätwerke, wie etwa »Giuditta« (1934), lassen stilistisch immer stärker eine Annäherung des Komponisten an sein frühes Opernschaffen erkennen. In diesem Zusammenhang ist die Tatsache bemerkenswert, daß Lehár und der Opernkomponist Giacomo Puccini sich – über die Grenzen ihrer Genres hinweg – gegenseitig ausgesprochen schätzten. Während des Zweiten Weltkrieges wurde es um Lehár still, der sich immer mehr in seine Villa in Bad Ischl zurückgezogen hatte, wo er 1948, kurze Zeit nur nach seinem Freund Richard Tauber, ziemlich vereinsamt starb.

DIE LUSTIGE WITWE

Operette in drei Akten, Text von Viktor Léon und Leo Stein nach der Komödie »Der Gesellschaftsattaché« (dt. 1862) von Henri Meilhac, Uraufführung: Wien 1905

Personen
BARON MIRKO ZETA (Tenor),
pontevedrinischer Gesandter in Paris;

Die lustige Witwe

VALENCIENNE (Soubrette),
seine Frau;
GRAF DANILO DANILOWITSCH (Tenor),
Gesandtschaftssekretär, ehem. Kavallerieleutnant;
HANNA GLAWARI (Sopran);
CAMILLE DE ROSILLON (Tenor);
VICOMTE CASCADA (Tenor);
RAOUL DE ST. BRIOCHE (Tenor);
BOGDANOWITSCH (Bariton),
pontevedrinischer Konsul;
SYLVIANE (Sopran),
seine Frau;
KROMOV (Tenor),
pontevedrinischer Gesandtschaftsrat;
OLGA (Sopran),
seine Frau;
PRITSCHITSCH (Bariton),
pontevedrinischer Oberst in Pension und Militärattaché;
PRASKOWIA (Mezzosopran),
seine Frau;
NJEGUS (Bariton, Komiker),
Kanzlist bei der pontevedrinischen Gesandtschaft;
LOLO, DODO, JOU-JOU, FROU-FROU,
CLO-CLO, MARGOT (alle Sopran),
Grisetten;
PARISER und PONTEVEDRINISCHE GESELLSCHAFT;
GUSLAREN; MUSIKANTEN; DIENERSCHAFT

Paris, im Jahr 1905.

Handlung
1. Akt

Die hübsche Hanna Glawari ist nach nur achttägiger Ehe schwerreich verwitwet. Baron Mirko Zeta will auf einem Fest in der pontevedrinischen Gesandtschaft eine neue Ehe stiften, und zwar zwischen Hanna und dem Grafen Danilo Danilowitsch, damit das Geld dem armen Staat Pontevedro zufällt. Danilo und die Witwe verbindet eine alte Geschichte: Vor Jahren hatte seine stolze Familie ihn daran gehindert, das damals noch arme Mädchen Hanna zu ehelichen.

2. Akt

Auf einem Fest in ihrem Palais versucht Hanna ihren Danilo zum Eingeständnis seiner Liebe zu bewegen. Währenddessen finden Camille und Valencienne zueinander. Um Valencienne vor der Eifersucht des Gesandten zu bewahren, behauptet Hanna, sie hätte mit Rosillon ein Rendezvous gehabt und wolle sich mit ihm verloben. Danilo gerät darüber in Zorn. Hanna weiß nun, daß er sie noch liebt.

3. Akt

Die lebenslustige Witwe hat ihr Palais in ein Kabarett verwandelt, die sechs Grisetten tanzen bei ihr Can-Can. Der alte Gesandte ist verzweifelt. Wegen der bevorstehenden Heirat mit dem Franzosen droht der Verlust des Millionenerbes. Danilo soll die Verbindung verhindern. Da gibt Hanna eine Klausel im Testament ihres verstorbenen Gatten bekannt, von der bisher niemand etwas wußte: Falls sie sich wieder verheiratet, ist das Vermögen verloren. Doch Danilo läßt sich dadurch nicht abhalten, ihr einen neuen Heiratsantrag zu machen.

Anmerkung

Nach mehreren Mißerfolgen fiel Lehár mit der »Lustigen Witwe« endlich ein zugkräftiges Textbuch in die Hände, das vor allem durch seine unverblümt erotischen Momente besticht. Ursprünglich sollte es von Richard Heuberger vertont werden, der seit seinem »Opernball« (1898) als Spezialist für wienerisch angehauchtes »Pariser Leben« galt. Lehár gelang mit dem Werk ein Gegenstück zur dreißig Jahre älteren »Fledermaus« von Johann Strauß. Melodien wie »Da geh' ich ins Maxim«, »Vilja, oh Vilja« und »Lippen schweigen, 's flüstern Geigen« wurden zu den Schlagern einer neuen Operettengeneration. Besonders auffallend ist die für die Operettenbühne sehr moderne Orchesterbehandlung, die der Klangwelt eines Richard Strauss, Gustav Mahler und Claude Debussy verpflichtet ist.

DER GRAF VON LUXEMBURG

Operette in drei Akten, Text von A. M. Willner und Robert Bodanzky, Uraufführung: Wien 1909

Personen
RENÉ (Tenor),
Graf von Luxemburg;

Der Graf von Luxemburg

FÜRST BASIL BASILOWITSCH (Tenorbuffo);
GRÄFIN STASA KOKOZOW (Alt);
ARMAND BRISSARD (Tenorbuffo),
Maler;
ANGÈLE DIDIER (Sopran),
Sängerin der Grand Opéra;
JULIETTE VERMONT (Soubrette);
SERGEJ MENTSCHIKOFF (Tenor),
Notar;
PAWEL VON PAWLOWITSCH (Baß),
russischer Botschaftsrat;
PÉLÉGRIN (Sprechrolle),
Munizipalbeamter

Paris, um die Jahrhundertwende.

Handlung
1. Akt

Um ihm zu einer hübschen Summe Geld zu verhelfen, macht Fürst Basil dem verarmten Grafen René einen Vorschlag: Der Fürst möchte die Sängerin Angèle heiraten, was jedoch an den Standesgrenzen scheitert. Die Hochzeit wäre nur möglich, wenn Angèle zunächst einen Angehörigen des Adels ehelichen und damit den Grafentitel erlangen würde. Der Fürst ist bereit, René für diesen Dienst mit einer halben Million zu entgelten. Der Graf willigt ein. Während der Trauung sind die Brautleute durch einen Paravent getrennt, der verhindern soll, daß sie sich sehen. René hat sich verpflichtet, Paris direkt nach der Zeremonie für drei Monate zu verlassen und danach in die Scheidung einzuwilligen.

2. Akt

Das Vierteljahr ist um. Einen Tag vor der Eheauflösung verliebt René sich bei einem Opernbesuch in eine Sängerin – Angèle –, ohne zu wissen, daß sie seine Gattin ist. Bald jedoch erkennen sich die beiden wieder. Basil muß zusehen, wie sein Plan zu scheitern droht.

3. Akt

Das Paar hat sich in ein Hotel zurückgezogen. René tut sein Bestes, um nicht vertragsbrüchig zu werden, aber Angèle macht es ihm schwer. Da erscheint die alte Gräfin Kokozow und mit ihr der Ausweg aus dem Dilemma. Auf Anordnung des Zaren nämlich soll sie Basil, ihren früheren

Liebhaber, heiraten, dem nun nichts anderes übrig bleibt, als sich der allerhöchsten Weisung zu fügen.

Anmerkung
Die Entstehungsgeschichte dieser Operette ist außergewöhnlich lang und zeigt, wie sehr Lehárs Werke im »goldenen Zeitalter« der Operette, in der Ära Strauß also, verwurzelt sind: Der 72jährige Johann Strauß hatte auf Drängen des Librettisten Willner eher halbherzig ein Stück mit dem Titel »Die Göttin der Vernunft« vertont. Das Werk verschwand bald von den Spielplänen und wurde schließlich 1909 von der Strauß-Familie freigegeben. Nach größerer Umarbeitung wurde daraus das Buch zum »Luxemburg«, der, genau besehen, das Thema der »Lustigen Witwe« noch einmal variiert. In beiden Stücken herrscht die gleiche, prickelnd-pariserische Atmosphäre; schon das Auftrittslied Renés (»Mein Ahnherr war der Luxemburg«) zeigt die Verwandtschaft zwischen Graf Luxemburg und Danilo.

DER ZAREWITSCH
Operette in drei Akten, Text nach Gabryela Zapolska von Bela Jenbach und Heinz Reichert, Uraufführung: Berlin 1927

Personen
ALJOSCHA (Tenor),
der Zarewitsch;
GROSSFÜRST (Sprechrolle),
sein Oheim;
OBERSTHOFMEISTER (Sprechrolle);
SONJA (Sopran);
IWAN (Tenorbuffo),
Leiblakai;
MASCHA (Soubrette),
seine Frau;
BORDOLO (Tenor);
LINA (Sopran);
KAMMERDIENER (Sprechrolle)

St. Petersburg und Neapel, Ende des 19. Jahrhunderts.

―――― *Der Zarewitsch* ――――

Handlung
1. Akt
Der russische Thronfolger Aljoscha ist ein Frauenfeind. Der Ministerpräsident will ihm die Tänzerin Sonja zuführen, doch der Zarewitsch durchschaut das Spiel. Sonja kann ihn jedoch dazu bewegen, dem Hof die erwünschte Rolle des trauten Liebespaares vorzugaukeln.

2. Akt
Bald ist das Spiel zu Ende, denn beide gewinnen echte Zuneigung zueinander. Doch da verlangen die hohen Herren bei Hofe von Aljoscha, sich von Sonja zu trennen und eine standesgemäße Verbindung einzugehen. Aber der Zarewitsch weigert sich. Der Großfürst versucht, Sonja als Flittchen hinzustellen, hat damit aber keinen Erfolg.

3. Akt
Das Paar ist nach Neapel geflohen. Der Großfürst spürt die beiden auf und drängt Aljoscha zurückzukehren. Eine Depesche trifft ein: Der Zar ist gestorben. Dem Zarewitsch, der nun den Thron zu besteigen hat, bleibt keine Wahl: Er muß von seiner Geliebten Abschied nehmen.

Anmerkung
Die Anregung zu dieser Operette geht zurück auf ein Melodram der polnischen Schriftstellerin Gabryela Zapolska. Die Gestalt des unglücklichen Thronfolgers, der seine wahren Gefühle den Standesrücksichten opfern muß, ist ein schon seit dem 18. Jahrhundert beliebtes Thema. Lehár sah das Stück 1925 auf einer Wiener Bühne und war sofort von dem Sujet begeistert. Die Operette lebt vom musikalisch meisterhaft gestalteten Kontrast zwischen russischem – berühmt ist das »Wolgalied« – und italienischem (»Kosende Wellen«) Lokalkolorit.

DAS LAND DES LÄCHELNS
Romantische Operette in drei Akten, Text nach Victor Léon von Fritz Beda-Löhner und Ludwig Herzer, Uraufführung: Berlin 1929

Personen
GRAF FERDINAND VON LICHTENFELS (Sprechrolle),
Feldmarschalleutnant;
LISA (Sopran),
seine jung verwitwete Tochter;

GUSTAV GRAF POTTENSTEIN (Tenorbuffo),
Dragonerleutnant;
TASSILO GRAF HARDEGG (Sprechrolle);
EXZELLENZ GRÄFIN HARDEGG (Sprechrolle),
seine Tante;
LORE (Mezzosopran),
Nichte des Grafen Lichtenfels;
FINI, FRANZI, WALLI, TONI,
Lisas Freundinnen;
PRINZ SOU-CHONG (Tenor);
MI (Soubrette),
seine Schwester;
TSCHANG (Sprechrolle),
sein Oheim;
LING (Bariton), *Oberpriester;*
FU-LI (Sprechrolle),
Sekretär der chinesischen Gesandtschaft;
OBEREUNUCH (Komiker, Buffo)

Wien und Peking, im Jahr 1912.

Handlung
1. Akt

Lisa ist allem Fernöstlich-Exotischen leidenschaftlich zugetan. Auf einem Fest im Salon ihres Vaters schenkt sie den Werbungen des Leutnants Graf Pottenstein keine Beachtung und interessiert sich nur für den ebenfalls geladenen chinesischen Prinzen Sou-Chong. Als Sou-Chong plötzlich in die ferne Heimat abreisen muß, ist Lisa entschlossen, ihm zu folgen. Auch die Warnung des Prinzen – er verweist auf die untergeordnete Rolle der Frau in der chinesischen Gesellschaft – kann sie nicht abhalten.

2. Akt

Nur anfangs glücklich, lebt Lisa mit Sou-Chong in Peking, denn schon bald holt die rauhe Wirklichkeit sie ein. Der Oheim des Prinzen, der alte Traditionen durchsetzen will, macht Lisa deutlich, daß sie keinerlei Rechte habe. Außerdem sorgt er für die zeremonielle Heirat des Prinzen mit drei Mandschu-Mädchen. Die Situation wird für Lisa immer unerträglicher. Zum Glück erscheint Graf Pottenstein, der Lisa, die er verehrt, nachgereist ist. Der Prinz will Lisa nicht fortgehen lassen, daraufhin entschließt sie sich mit Pottenstein zur Flucht.

Das Land des Lächelns

3. Akt
Lisas Flucht aus dem Frauenpalast droht in letzter Minute zu mißlingen, denn Sou-Chong überrascht sie, läßt sie dann aber in Frieden ziehen.

Anmerkung
»Das Land des Lächelns« bildet den Höhepunkt der Zusammenarbeit Lehárs mit Richard Tauber, für den die Partie des Sou-Chong zur Rolle seines Lebens wurde. Das Werk ist eine Umarbeitung der 1923 uraufgeführten Lehár-Operette »Die gelbe Jacke«. Das Autorenteam tauschte das ursprüngliche Happy-End gegen den tragischen Schluß, Lehár unterzog die Partitur einer gründlichen Revision und fügte eine Gesangsnummer ein, die zum Evergreen werden sollte: »Dein ist mein ganzes Herz«. Musikalisch lehnt sich die Operette an die Klangwelt der »Madame Butterfly« und ihren von Lehár verehrten Schöpfer Giacomo Puccini an.

GIUDITTA
Musikalische Komödie in fünf Bildern, Text von Paul Knepler und Fritz Beda-Löhner, Uraufführung: Wien 1934

Personen
MANUELE BIFFI (Baß);
GIUDITTA (Sopran),
seine Frau;
OCTAVIO (Tenor),
Hauptmann;
ANTONIO (Bariton),
Leutnant;
DER HERZOG;
ADJUDANT DES HERZOGS;
EDWARD BARRYMORE;
IBRAHIM,
Besitzer eines Nachtlokals;
PROFESSOR MARTINI (Baß);
PIERRINO (Tenorbuffo),
ein Obsthändler;
ANITA (Soubrette),
ein Fischermädchen;
LOLITTA,
eine Tänzerin

F. Lehár

Catania und Nordafrika, um 1930.

Handlung

Octavio begegnet im Hafenviertel von Catania der schönen Giuditta. Sie verlieben sich, und Giuditta ist bereit, Octavios wegen ihren Mann, Manuele, zu verlassen und mit nach Nordafrika zu gehen. Manuele bleibt voller Eifersucht zurück. Auf dem Schiff lernt das Paar Pierrino und dessen Freundin Anita kennen.

In Nordafrika wird das Glück der beiden getrübt: Octavio muß in den Krieg. Sein Freund Antonio kann ihn davon abhalten, Fahnenflucht zu begehen. Octavio nimmt Abschied. Zweifel an Giudittas Treue regen sich in ihm.

Giuditta ist zum Star eines Nachtklubs avanciert. Als Octavio zurückkehrt, findet er seine Befürchtungen bestätigt. Giuditta gibt Pierrino und seiner Freundin Geld, damit sie nach Europa zurückreisen können.

Octavio arbeitet als schlechtbezahlter Klavierspieler in einem Hotel. Der Zufall will es, daß er in einem Appartement, das ein Herzog für sich und Giuditta gemietet hat, zum Souper aufspielen soll. Es kommt zu einer letzten Auseinandersetzung. Octavio resigniert.

Anmerkung

Mit seinem Spätwerk kehrt Lehár zu den Plänen seiner frühen Komponistenjahre zurück: »Giuditta« ist mehr eine Oper als eine Operette, nur der Untertitel »Musikalische Komödie« verschleiert dies ein wenig. Thematisch ist das Werk eng mit Bizets »Carmen« verwandt, aber auch in musikalischer Hinsicht stimmt der Vergleich insofern, als der überaus anspruchsvollen Partie der »Giuditta« nur wahre Opernprimadonnen gewachsen sind.

Paul Lincke
(1866-1946)

Durch Paul Lincke erhielt die Berliner Operette ihre Ur-Berliner Prägung. Mit vierzehn Jahren kam Lincke an die Musikschule von Wittenberg, wo er eine Ausbildung als Geiger und Fagottist erhielt. Als Fagottist kam er zum Theater, doch es dauerte nicht lange, und Lincke wechselte ans Dirigentenpult. 1893 wurde er Kapellmeister am Apollotheater, wo er bald auch als Verfasser von komischen Einaktern (»Die Spreeamazone«, 1896), Possen und Liedern in Erscheinung trat. Mit »Venus auf Erden« (1897) gab er seinen Einstand als Operettenkomponist. Nach diesem erfolgreichen Debüt wurde er für zwei Jahre als Kapellmeister an das Pariser Varieté »Folies Bergères« verpflichtet. Nach Berlin zurückgekehrt, trumpfte Lincke ganz groß auf: Mit »Im Reiche des Indra« und »Frau Luna« (beide 1899) gelang ihm ein grandioser Doppelerfolg, der zur Geburtsstunde der großen Berliner Operette wurde.

FRAU LUNA

Operette in drei Akten (elf Bildern), Text von Heinz Bolten-Baeckers, Uraufführung: Berlin 1899

Personen
FRAU LUNA (Sopran);
PRINZ STERNSCHNUPPE (Tenor oder Bariton);
STELLA (Sopran),
Lunas Zofe;
FRITZ STEPPKE (Tenorbuffo);
LÄMMERMEIER,
Schneider;
PANNECKE,
Rentier;
FRAU PUSEBACH;
MARIE (Soubrette),
ihre Nichte;
THEOPHIL (Komiker),
ein Mondbewohner;
VENUS (Sopran);
MARS (Alt)

In Berlin und auf dem Mond, um 1900.

Handlung

Der Mechaniker Fritz Steppke träumt davon, einen Ballon zu konstruieren und auf den Mond zu fliegen. Lämmermeier und Pannecke helfen ihm dabei. Steppke legt sich schlafen, und sein Traum erfüllt sich: Mit seinen Freunden bricht er zur großen Mondfahrt auf. Besorgt um Steppkes Wohl und um das ihrer Nichte Marie, mit der Steppke verlobt ist, versucht Frau Pusebach die drei wagemutigen Helden an ihrem Aufstieg zu hindern, indem sie sich an die Gondel klammert. Aber der Ballon erhebt sich, und unfreiwillig macht Frau Pusebach die Reise mit. Auf dem Mond gelandet, treffen die Ballonfahrer auf einen gewissen Theophil, der Frau Pusebach erst neulich im Berliner Tiergarten begegnet ist. Theophil ist das Wiedersehen äußerst peinlich, weil er die Eifersucht Stellas, der Zofe von Frau Luna, fürchten muß. Um die Entdeckung seines geheimen Erdenabenteuers zu verhindern, läßt Theophil die Eindringlinge kurzerhand verhaften. Frau Pusebach protestiert energisch und verlangt, augenblicklich nach Berlin zurückgebracht zu werden. Zufällig schwebt gerade Prinz Sternschnuppe, ein Verehrer Frau Lunas, in seinem fliegenden Automobil herbei, das die Rückkehr zur Erde beschleunigen könnte. Theophil verspricht, Frau Pusebach eine Mitfahrgelegenheit zu verschaffen. Zuvor jedoch ist eine Audienz bei Frau Luna zu absolvieren. Frau Luna wirft ein Auge auf Fritz Steppke und setzt, um den jungen Mann zu betören, all ihre Verführungskünste ein. Damit der Nebenbuhler nicht zum Zuge kommt, holt Prinz Sternschnuppe in seinem Auto eilends Marie herbei. Steppkes Verlobte erscheint gerade noch rechtzeitig, um das Schlimmste zu verhindern. Das Mondabenteuer ist beendet. Im Auto des Prinzen kehren die Ausflügler nach Berlin zurück.

Anmerkung

Thematisch seiner ersten Operette eng verwandt, ist »Frau Luna« das, was man eine Maschinen-Operette nennen könnte, ein aufwendiges Spektakel, das den Geist der Technik beschwört. Nicht ganz von ungefähr stand »Frau Luna«, die ihre Uraufführung am Sylvesterabend des Jahres 1899 erlebte, am Beginn des Zeitalters der modernen Luftfahrt. Musikalisch freilich hat Lincke alles andere als Zukunftsmusik im Sinn gehabt. Die Walzermelodien (»Schlösser, die im Monde liegen«, »Ach Frühling, wie bist du so schön«) und Schlager, wie das neckische »Schenk mir doch ein kleines bißchen Liebe«, oder der Marsch »Das ist die Berliner Luft«, klingen ausgesprochen bodenständig, was vielleicht der Grund für die rasende Verbreitung dieser Melodien ist.

Karl Millöcker
(1842-1899)

Eigentlich sollte Karl Millöcker, der Sohn eines Wiener Goldschmieds, den väterlichen Beruf ergreifen, aber daraus wurde nichts. Millöcker wurde Flötist. Bereits als Sechzehnjähriger fand er eine Anstellung am Theater in der Josefstadt. Hier wurde Franz von Suppé auf das Talent des jungen Mannes aufmerksam. Von Suppé als Kapellmeister nach Graz empfohlen, versuchte sich Millöcker erstmals auch als Bühnenkomponist (»Der tote Gast«, 1865). In seine Heimatstadt zurückgekehrt, leitete er für mehr als ein Jahrzehnt das Orchester des Theaters an der Wien. Aber das Possenschreiben, das dort neben der Kapellmeistertätigkeit seine Hauptaufgabe war, füllte ihn nicht aus. Mehr und mehr wandte er sich der Operette zu, und der Erfolg ermöglichte es ihm, das Kapellmeisterdasein zu beenden. Wenn es Millöcker auch nie ganz gelang, aus dem Schatten der großen Vorläufer Johann Strauß und Franz von Suppé herauszutreten, ist er doch der Dritte im Bunde der Väter der Wiener Operette, die ihm mit Werken wie »Gräfin Dubarry« (1879 [in der Bearbeitung von Theo Mackeben: »Die Dubarry«, 1931]), »Der Bettelstudent« (1882) und »Gasparone« (1884) drei Glanzleistungen verdankt.

DIE DUBARRY

Operette in neun Bildern, musikalisch überarbeitet von Theo Mackeben, Text der Neufassung (1931) nach J.M. Welleminsky, P. Knepler, F. Zell und R. Genée von Hans Martin Cremer, Uraufführung der Neufassung von Theo Mackeben: Berlin 1931 (Uraufführung der Originalfassung: Wien 1879)

Personen
MARIE JEANNE BEÇU, später GRÄFIN DUBARRY (Sopran);
KÖNIG LUDWIG XV. (Bariton);
HERZOG VON CHOISEUIL,
Ministerpräsident;
PRINZ VON SOUBISE;
HERZOG VON LAUZUN;
RADIX VON SAINT-FOIX;
BARON CHAMARD;
MARQUIS DE BRISSAC (Tenorbuffo);
MARSCHALLIN VON LUXEMBOURG;
GRAF DUBARRY;

K. Millöcker

MARGOT (Soubrette) und LUCILLE,
Freundinnen Marie Jeannes;
RENÉ LAVALLERY (Tenor),
ein Maler;
PIERRE,
sein Freund;
MADAME LABILLE,
Putzmacherin;
LEBELL,
Leibdiener des Königs

In Paris, zur Zeit Ludwigs XV.

Handlung

Marie Jeanne und ihre Freundin Margot arbeiten im Hutsalon der Madame Labille. Margot findet in Marquis de Brissac einen Verehrer, der sie und ihre Freundinnen für den Abend einlädt. Marie Jeanne, die Hüte auszuliefern hatte, kommt verspätet in den Laden zurück, weil sie sich mit dem Maler René verplaudert hat; außerdem sind ihr die Hüte gestohlen worden. Zur Strafe soll sie am Abend länger arbeiten, aber sie entflieht heimlich durchs Fenster. In einem Park begegnet Marie dem Maler wieder. Beide gestehen sich ihre Liebe. In der Nähe hält sich Graf Dubarry auf. Er hält Ausschau nach einer geeigneten Mätresse für den König. Marie Jeanne erscheint ihm hierfür geeignet. Wenig später erscheint Graf Dubarry im Atelier des Malers, wo er Marie Jeanne allein antrifft und sie mit seinem Geld zu beeindrucken versucht. Er gibt vor, ein Porträt, das René von ihr angefertigt hat, kaufen zu wollen. Marie Jeanne verschweigt ihrem René den Besuch. Als er doch davon erfährt, kommt es zum Zerwürfnis. Marie Jeanne nimmt eine Stellung als Tänzerin und Sängerin im Varieté der Schwestern Verrières an. Hier begegnet ihr Graf Dubarry wieder. Marie Jeanne hat beim Glücksspiel eine große Summe Geld, die ihr ein Verehrer geliehen hat, verloren. Graf Dubarry steht für ihre Schulden ein. Marie Jeanne ist in seiner Hand. Dubarry verheiratet sie mit seinem Bruder und macht aus ihr eine feine Dame. Auf einem Ball der Marschallin von Luxembourg erfährt Marie Jeanne, jetzt Gräfin Dubarry, daß sie noch am selben Abend dem König, der Gefallen an ihrem Porträt gefunden hat, vorgestellt werden soll. Allmählich dämmert ihr, daß sie zur Schachfigur in einer politischen Intrige geworden ist und gegen den Ministerpräsidenten Choiseuil, der hofft, seine Schwester zur königlichen Mätresse machen zu können, ausgespielt werden soll. Als der König sie persönlich kennenlernt, ist er von Gräfin Dubarry bezaubert; auch sie erwidert seine Gefühle. Als neue Mätresse zieht sie ein ins Schloß Trianon. Choiseuil versucht zwar, sie und Ludwig XV. wieder auseinanderzubringen, indem er es arrangiert, daß der König bei einem Gartenfest Zeuge eines heimlichen Treffens seiner Mätresse mit ihrem einstigen Liebhaber René wird. Die Dubarry jedoch hat René nur zu sich gerufen, um ihm ein für allemal Lebewohl zu sagen, denn ihr Herz gehört, wie sie beteuert, allein dem König. Hocherfreut, daß es so um seine Liebe steht, jagt der König den Verleumder Choiseuil aus seinem Amt.

Anmerkung
Die »Gräfin Dubarry« in ihrer Originalgestalt hatte wenig Erfolg. Erst die textlich und musikalisch gründlich überarbeitete Neufassung, die Theo Mackeben 50 Jahre nach der Uraufführung herausbrachte, sicherte der Operette ihre bis heute anhaltende Popularität. Zu den bekanntesten Gesangsnummern gehören »Ja so ist sie, die Dubarry«, »Ich schenk mein Herz nur dem allein, dem ich das Höchste könnte sein« und das Duett »Wenn Verliebte bummeln gehen«.

DER BETTELSTUDENT
Operette in drei Akten, Text von F. Zell (Camillo Walzel) und Richard Genée, Uraufführung: Wien 1882

Personen
PALMATICA GRÄFIN NOWALSKA (Alt);
LAURA und BRONISLAWA (Sopran bzw. Soubrette),
ihre Töchter;
OBERST OLLENDORF (Komiker),
Gouverneur von Krakau;
GRAF BOGUMIL MALACHOWSKI,
Palmaticas Vetter;
EVA, *dessen Frau;*
JAN JANICKI (Tenor);
SYMON RYMANOWICZ (Tenor);
ENTERICH (Komiker), *sächsischer Invalide und Kerkermeister*

Krakau, im Jahr 1704.

K. Millöcker

Handlung

Gerade hat Enterich, der Kerkermeister, den Frauen der politischen Gefangenen im Krakauer Gefängnis einen Besuch erlaubt, als wutschnaubend der sächsische Oberst Ollendorf erscheint. Die ebenso schöne wie standesbewußte Laura hat ihm bei seinem Versuch, sie zu küssen, einen Schlag mit dem Fächer versetzt und ihm damit deutlich zu verstehen gegeben, daß er ihr als Bewerber nicht gut genug ist. Nun will er sich an der stolzen jungen Frau rächen und ihr einen der Gefangenen als angeblichen polnischen Fürsten vorstellen. Seine Wahl fällt auf Symon, einen armen Studenten, den er gegen das Versprechen der Freiheit dafür gewinnen kann, in die Rolle eines hohen Adligen zu schlüpfen. Als dessen Sekretär soll Jan Janicki, auch er ein Student, auftreten. Symon, von Ollendorf mit genügend Geld ausgestattet, um sich als reicher Fürst Wylbicki präsentieren zu können, wird Laura vorgestellt, und sofort funkt es zwischen diesen beiden wie auch zwischen Jan und Bronislawa, Lauras Schwester. Schon wird die Hochzeit vorbereitet. Weil er nicht den Mut hat, es ihr selbst zu sagen, gesteht Symon seiner Laura in einem Brief, wer er wirklich ist; doch der Brief wird abgefangen. Jan, der sich nur als Student getarnt hat, in Wahrheit aber ein Offizier des polnischen Königs ist, fordert Symon auf, sich wie er in den Dienst des Vaterlandes zu stellen. Ollendorf hat inzwischen herausgefunden, daß Jan ein polnischer Offizier ist und gegen die sächsischen Herren konspiriert. Mit sehr viel Geld versucht er ihn zu bewegen, den Aufenthaltsort des Herzogs Kasimir, der den Aufstand gegen die Sachsen anführt, zu verraten. Jan läßt sich bestechen, aber nur zum Schein. Symon, im Glauben, Laura habe seinen Brief erhalten und wolle ihn trotzdem noch zum Mann, führt seine Braut überglücklich zum Altar. Doch die Freude währt nicht lange, denn schon sind Symons Gefängniskameraden, von Ollendorf herbeigeholt, als Gratulanten da. Ollendorf reibt sich die Hände, Laura ist blamiert. Jan berichtet dem völlig niedergeschlagenen Symon von Ollendorfs Bestechungsversuch und überredet ihn, sich als Herzog Kasimir auszugeben und den Sachsen auszuliefern. Für seine Rettung werde schon gesorgt. Ollendorf läßt Symon verhaften; Jan erhält das versprochene Geld. Laura, die ihrem Symon verziehen hat, bittet bei Ollendorf um Gnade für den Gefangenen. Doch die ist nicht mehr nötig, denn Jan und dem Herzog ist es gelungen, Krakau wieder zu befreien. Ollendorf muß kapitulieren. Als Anerkennung für seine Verdienste um das Vaterland wird Symon der Grafentitel verliehen. – Laura hat den standesgemäßen Mann, und auch Bronislawa ist glücklich mit ihrem Jan.

Anmerkung

»Der Bettelstudent« ist, nicht zuletzt dank der Qualitäten des Librettos, Millöckers mit Abstand erfolgreichste Operette. Allein zwischen 1896 und 1921 erlebte sie annähernd 5.000 deutschsprachige Aufführungen. Melodien wie Ollendorfs »Ach ich hab' sie ja nur auf die Schulter geküßt« und »Schwamm drüber« oder Symons »Ich knüpfte manche zarte Bande« gingen um die Welt.

GASPARONE

Operette in drei Akten, Text von F. Zell (Camillo Walzel) und Richard Genée (neu bearbeitet von Eduard Rogati), Uraufführung: Wien 1884

Personen

CARLOTTA (Sopran)
verwitwete Gräfin von Santa Croce;
NASONI (Baßbuffo),
Podestà von Syrakus;
SINDULFO (Tenorbuffo),
sein Sohn;
CONTE ERMINIO SALUZZO (Tenor);
LUIGI,
sein Freund;
BENOZZO (Tenorbuffo),
Wirt;
SORA (Soubrette),
seine Frau;
MASSACCIO (Baß),
Schmuggler, Benozzos Onkel

Syrakus, um 1820.

Handlung

Die schöne Gräfin Carlotta ist zu einer reichen Frau geworden, nur weiß sie noch nichts davon. Der Podestà Nasoni allerdings hat bereits vom glücklichen Ausgang des Prozesses, der Carlotta ein Schloß und ein Millionenvermögen beschert hat, erfahren und setzt nun alles daran, seinen Sohn Sindulfo mit der Gräfin zu verheiraten. Aber da ist noch ein anderer Bewerber, Erminio, der bei einem Raubüberfall, den er selbst arrangiert hat, als Retter Carlottas aufgetreten ist. Es war nicht schwer, die örtlichen Schmuggler für den fingierten Raub zu gewinnen, war es für sie doch ein willkommener Anlaß, die Polizei in die Irre zu führen und die Legende eines sagenhaften Räubers namens Gasparone zu nähren, der in der Gegend sein Unwesen treiben soll. Obwohl Erminio ihr eigentlich besser gefällt, hat Carlotta sich für Sindulfo entschieden, nachdem dessen Vater ihr versprochen hat, er werde dem angeblich noch in der Schwebe befindlichen Prozeß die entscheidende Wendung zu ihren Gunsten geben. Erminio aber kämpft weiter um sein Glück und bemüht sich, Carlotta davon zu überzeugen, daß Sindulfo und dessen Vater es nur auf ihr Geld abgesehen haben. Um das zu beweisen, läßt er Sindulfo von seinen Schmugglerfreunden entführen und setzt ihn erst gegen ein hohes Lösegeld wieder auf freien Fuß. Durch die Zahlung des Lösegeldes und einen neuerlichen Einbruch, den Erminio in der Maske des Gasparone bei ihr verübt hat, ist Carlotta arm geworden, und siehe da, das Interesse ihres Verlobten, sie zu heiraten, hat schlagartig nachgelassen. Erminio hat sich zwar selbst in eine schwierige Lage gebracht, weil er nun verdächtigt wird, Gasparone zu sein, und der Podestà seine Verhaftung betreibt, aber er wird von Carlotta, die eine falsche Beschreibung des Täters gibt, gedeckt. Erminio läßt Carlotta das für Sindulfo gezahlte Lösegeld zurückerstatten. Aber das ist dem Podestà als Mitgift für seinen Sohn noch immer nicht genug. Nun weiß Carlotta, woran sie ist, und weil auch Erminio belegen kann, daß er nicht Gasparone, sondern Graf Saluzzo ist, steht ihrer Verbindung mit ihm nichts mehr im Weg.

Anmerkung
Anders als der »Dubarry« war dem »Gasparone«, einer Banditenoperette ähnlich den »Brigands« von Offenbach oder Aubers Oper »Fra Diavolo«, von Anfang an großer Erfolg beschieden. Trotzdem wurde auch der »Gasparone« im 20. Jahrhundert einer behutsamen Neubearbeitung durch Paul Burkhard (Musik) und Eduard Rogati (Libretto) unterzogen. Berühmt geworden sind der Walzer »Er soll dein Herr sein! Wie stolz das klingt!« und Erminios Romanze »O daß ich doch ein Räuber wäre!«. Das Lied »Dunkelrote Rosen bring' ich dir zum Gruß« stammt aus einem anderen Werk Millöckers und wurde nachträglich eingefügt.

Oskar Nedbal (1874-1930)

Nedbal, geboren im böhmischen Tábor, kam schon als Elfjähriger an das Prager Konservatorium, wo er Violine studierte und Kompositionsunterricht (u.a. bei Antonin Dvořák) erhielt. Von 1891–1906 spielte er als Bratschist im von ihm mitbegründeten Böhmischen Streichquartett und wurde zunehmend auch als Dirigent bekannt. 1906 kam er nach Wien, wo er bis zum Jahr 1919 die Leitung des Tonkünstler-Orchesters innehatte und gelegentlich auch an der Volksoper dirigierte. »Die keusche Barbara«, die erste seiner insgesamt sieben Operetten, entstand 1910. Drei Jahre später gelang ihm mit »Polenblut« ein überwältigender Erfolg, an den er mit seinen späteren Operetten jedoch nicht mehr anknüpfen konnte.

POLENBLUT
Operette in drei Bildern, Text von Leo Stein, Uraufführung: Wien 1913

Personen
PAN JAN ZAREMBA (Baß),
ein reicher Gutsherr;
HELENA (Sopran),
seine Tochter;
GRAF BOLESLAW BARANSKI (Tenor);
BRONIO VON POPIEL (Tenorbuffo),
sein Freund;
WANDA KWASINSKAJA (Soubrette),
Tänzerin an der Warschauer Oper;
JADWIGA PAWLOWA (Alt),
ihre Mutter

In Warschau und auf dem Gut Baranskis, um 1860.

Handlung
Graf Baranski hat sich durch seine flotte Lebensart finanziell beinahe ruiniert. Nur eine reiche Heirat kann ihn noch retten. Auf dem Polenball in Warschau versuchen seine Freunde, ihn mit der schönen Helena, der Tochter des Gutsherrn Zaremba, bekannt zu machen. Baranski jedoch amüsiert sich lieber mit der Tänzerin Wanda, die ihn heftig umgirrt. Helena fühlt sich in ihrem Stolz verletzt, aber Baranski gefällt ihr doch

zu sehr, und so greift sie zu einer List, um ihn für sich einzunehmen. Von seinem Freund Popiel läßt sie sich Baranski, dem inzwischen schon das Mobiliar weggepfändet worden ist, als angebliche Wirtschafterin vorstellen. Unter dem Druck der finanziellen Verhältnisse erklärt Baranski sich bereit, Helena, die sich Marynia nennt, die gesamte Wirtschaftsführung auf seinem Gut zu überlassen. Und Marynia macht ihre Sache gut. Schon nach kurzer Zeit hat sie den alten Wohlstand wiederhergestellt. Baranski faßt allmählich große Zuneigung zu ihr, ja, beim Erntedankfest gesteht er ihr seine Liebe. Aber auch Wanda hat ihren Baranski noch nicht aufgegeben. Weil sie erfahren hat, um wen es sich bei dessen Wirtschafterin handelt, versucht sie, die Konkurrentin bloßzustellen, indem sie Helenas wahre Identität enthüllt. Baranski aber hat sich längst entschieden: Helena wird seine Frau. Und damit auch Wanda nicht leer ausgeht, bekommt sie den Grafen Popiel.

Anmerkung
Nedbals »Polenblut« ist eine Operette von gediegenster kompositorischer Machart, die die Welt des Wiener Walzers, die auch in dieser »polnischen« Operette im Mittelpunkt steht (»Mädel, dich hat mir die Glücksfee gebracht«, »Ihr seid ein Kavalier«), um farbige Mazurka-, Polka- und Krakowiak-Klänge bereichert.

Orpheus in der Unterwelt

Jacques Offenbach
(1819-1880)

ORPHEUS IN DER UNTERWELT
(Orphée aux enfers)
Operette (Opéra Féerie) in zwei Akten, Text von Hector Crémieux unter Mitarbeit von Ludovic Halévy, Uraufführung: Paris 1858

Personen
ORPHEUS (Tenor);
EURYDIKE (Sopran);
JUPITER (Bariton);
ARISTEUS / PLUTO (Baßbuffo);
HANS STYX (Baßbuffo);
JUNO (Mezzosopran);
DIANA (Sopran oder Mezzosopran);
VENUS (Sopran);
AMOR bzw. CUPIDO (Sopran oder Mezzosopran);
MINERVA (Sopran);
MERKUR (Tenor);
MARS (Bariton);
NEPTUN (Bariton);
HEBE (Sopran);
BACCHUS (Komiker);
DIE ÖFFENTLICHE MEINUNG (Alt)

Griechenland, Olymp und Unterwelt, in mythischer Vorzeit.

Handlung
Das erste Wort hat die »öffentliche Meinung«. Dann sieht man Eurydike das Haus ihres Geliebten, Aristeus, schmücken. Dabei wird sie von Orpheus, ihrem Gatten, überrascht, der seinerseits ein Verhältnis mit der Nymphe Chloe hat. Es kommt zum Zerwürfnis. Aristeus, der eigentlich Pluto ist, entführt seine Geliebte in die Unterwelt. Orpheus ist darüber alles andere als unglücklich, nur ist da leider die öffentliche Meinung, und die gebietet es dem Gatten, seine Ehe wieder in Ordnung zu brin-

gen. Also macht er sich auf zum Olymp und verlangt vom allmächtigen Jupiter seine Frau zurück. Jupiter, selbst ein alter Schwerenöter, fühlt sich bemüßigt, den Göttern des Olymp eine Moralpredigt zu halten, aber seine Rede wird allgemein mißbilligt. Als Pluto leugnet, hinter der Entführung Eurydikes zu stecken, wird beschlossen, einen Ortstermin in der Unterwelt abzuhalten. Eurydike ist ihres Aufenthaltes hier längst überdrüssig, zumal der ebenfalls im Hades weilende Hans Styx sie ständig mit Annäherungsversuchen belästigt. Als Jupiter naht, wird Eurydike in einem Nebenraum versteckt. Aber der Göttervater verwandelt sich in eine Fliege, schlüpft durchs Schlüsselloch zu ihr und versucht, die Schöne zur Flucht mit ihm zu überreden. Ein göttliches Gelage folgt. Alle sind berauscht vom Nektar, auch Eurydike genießt in vollen Zügen. Da platzt die öffentliche Meinung herein und verlangt, daß Eurydike endlich ihrem rechtmäßigen Ehemann zurückgegeben werde. Widerstrebend folgt Jupiter der Aufforderung und entläßt Euridike unter der klassischen Bedingung, daß Orpheus, der sie heimführen soll, sich nicht nach der Geliebten umdrehen dürfe. Zur Bekräftigung schleudert er dem Paar einen Blitz hinterher, den Orpheus natürlich gleich zum Anlaß nimmt, sich umzudrehen. Ohne Eurydike, aber glücklich, kehrt er auf die Erde zurück, während seine Gemahlin sich wieder ins Leben einer Bacchantin stürzt.

Anmerkung

Mit der Uraufführung des »Orpheus in der Unterwelt«, Offenbachs erster abendfüllender Opéra bouffe, schlägt die eigentliche Geburtsstunde der Operette. In »Orpheus« kleidete Offenbach spöttische Zeitkritik, von der fast alle seine (mehr als 100) Bühnenwerke leben, in eine Musik, die die Zeiten überdauerte. Bestes Beispiel für die kompositorische Meisterschaft, die er mit »Orpheus in der Unterwelt« erreichte, ist die zündende Ouvertüre. Weltberühmt geworden sind auch der mitreißende Cancan und das Couplet des Hans Styx »Als ich einst Prinz war von Arkadien«.

DIE SCHÖNE HELENA (La belle Hélène)

Operette (Opéra bouffe) in drei Akten, Text von Henri Meilhac und Ludovic Halévy, Uraufführung: Paris 1864

Personen

PARIS (Tenor), *Sohn des Priamus;*
MENELAUS (Komiker, Baßbuffo), *König von Sparta;*
HELENA (Sopran), *dessen Gemahlin;*

Die schöne Helena

AGAMEMNON (Bariton),
König der Könige;
OREST (Sopran oder Tenor),
Agamemnons Sohn;
KALCHAS (Baßbuffo),
Groß-Augur;
ACHILL (Bariton);
AJAX I. *(Tenor),*
König von Salamis;
AJAX II. (Komiker),
König von Kris;
BACCHIS (Sopran),
Helenas Vertraute;
LEAENA (Sprechrolle),
Gespielin des Orest

Sparta und Nauplia,
vor dem Trojanischen Krieg.

Handlung

Helena hat von Menelaus, ihrem schon etwas tatterigen Ehemann, genug. Ihr Glück ist es, daß die Göttin Aphrodite ihrem Günstling Paris die schönste Frau der Welt versprochen hat, und das ist ohne Zweifel sie, die schöne Helena. Paris läßt auch nicht lange auf sich warten, aber als es endlich zum ersehnten Stelldichein – wenn auch nur in Form eines Traumes – kommt, steht plötzlich der eifersüchtige Menelaus in der Tür. Menelaus ruft die befreundeten Fürsten zusammen, die ihm helfen sollen, seine verletzte Ehre wiederherzustellen. Da erscheint Paris in der Gestalt eines fremden Groß-Augurs und teilt mit, er sei gekommen, die schöne Helena gemäß einem Befehl der Götter auf einem Schiff nach Kythera zu bringen. Als Helena das Schiff bestiegen hat, gibt sich der falsche Groß-Augur als Paris zu erkennen. Menelaus und die Zurückgebliebenen sehen sich verhöhnt und beschließen, die Entführung Helenas zu rächen: der Trojanische Krieg ist eröffnet.

Anmerkung

Wie schon der »Orpheus in der Unterwelt« ist auch »La belle Hélène« eine Zeitsatire im Gewand der griechischen Antike. Und doch bleibt, wenn man von den aktuellen Bezügen abstrahiert und sogar die Kostüme wegläßt oder sie mit moderneren vertauscht, ein lebendiges Spektakel übrig, denn die Grundidee ist unverwüstlich. Genauso die Musik, die Offenbach zu dieser klassischen Operette schrieb: das Auftrittslied des Paris (»Evoë«), die Cancan-Einlagen und das »Traumduett« zwischen Paris und Helena im zweiten Akt, um nur die schönsten Stellen zu nennen.

PARISER LEBEN (La vie parisienne)
Operette (Pièce melée de chant) in fünf Akten, Text von Henri Meilhac und Ludovic Halévy, Uraufführung: Paris 1866

Personen
BARON VON GONDREMARK (Bariton);
BARONIN CHRISTINE (Sopran);
RAOUL DE GARDEFEU (Tenor);
BOBINET CHICARD (Tenor);
GONTRAN CHAUMIÈRE (Bariton);
METELLA (Soubrette);
JEAN FRICK (Komiker),
Schuster;
GABRIELE (Soubrette),
Handschuhmacherin;
POMPA DI MATADORES (Komiker);
MADAME QUIMPER-KARADEC (Alt);
MADAME FOLLE-VERDURE (Mezzosopran), *ihre Nichte;*
JOSEPH PARTOUT (Tenor), *Fremdenführer;*
PAULINE (Soubrette), *Stubenmädchen;*
CLARA (Sopran);
LEONIE (Mezzosopran);
LOUISE (Alt)

Paris, um 1860.

Handlung
Auf dem Bahnhof begegnen sich Gardefeu und Bobinet. Beide sind gekommen, um Metella abzuholen. Aber anders als erwartet, entsteigt Metella dem Zug nicht allein, sondern in Begleitung eines weiteren Verehrers und rauscht an Gardefeu und Bobinet vorbei, ohne sie auch nur eines Blickes zu würdigen. Auch Partout, Gardefeus ehemaliger Diener, der sich nun als Fremdenführer betätigt, hat sich auf dem Bahnhof eingefunden, um dem schwedischen Baron von Gondremark zu Diensten zu

sein. Als Gondremark und seine Frau Christine erscheinen, ist Gardefeu von der Baronin dermaßen angetan, daß er seinen Diener Partout überredet, ihm die Rolle des Fremdenführers zu überlassen. Gardefeu gelingt es, die Gäste in sein eigenes Haus zu lotsen, das er kurzerhand zu einer angeblichen Dépendance des Grand Hotels erklärt. Als der Baron sich wundert, daß keine anderen Gäste hier logieren, schafft Gardefeu eilends den Schuster Frick und die Handschuhmacherin Gabriele herbei und läßt sie vornehme Hotelgäste mimen. Auch Bobinet stellt sich ein und lädt Baron Gondremark für den nächsten Abend auf ein Fest in sein Haus, das freilich der Tante, Madame Quimper-Karadec, gehört, die nur zufällig verreist ist. Plötzlich taucht auch Metella, Gardefeus einstige Geliebte, wieder auf und nimmt indigniert zur Kenntnis, daß nun offenbar eine Schwedin ihren Platz bei Gardefeu eingenommen hat. Baron Gondremark ist vom Erscheinen der jungen Dame hoch entzückt und hofft auf ein Rendezvous mit ihr. Doch zunächst einmal muß er sich mit der Einladung Bobinets begnügen, der ihm einen Admiral vorspielt und sein Stubenmädchen als Gemahlin ausgibt. Unterdessen wartet Gardefeu in seinem »Hotel« auf die Rückkehr Christines, die den Abend in der Oper verbracht hat. Er ahnt nicht, daß die Baronin dort Metella getroffen und natürlich erfahren hat, daß er gar kein Fremdenführer ist. Inzwischen ist unverhofft Tante Quimper (die mit der Baronin befreundet ist) wieder aufgetaucht und sogleich herbeigeeilt, ihre Freundin Christine zu besuchen. Die List, die Gardefeu ausgesponnen hat, ist schnell durchschaut. Die beiden Damen zahlen es ihm heim, indem Madame Quimper in die Kleider Christines schlüpft: Gardefeu tappt in die Falle und ist blamiert. Ebenso geht es Baron von Gondremark, der im Café Anglais, wo er nun endlich Metella zu finden hofft, statt mit ihr mit Madame Quimper zusammentrifft.

Anmerkung

Offenbachs »Pariser Leben« wurde zu einer der erfolgreichsten Operetten überhaupt. Das Rezept, die Handlung im mondänen zeitgenössischen Milieu anzusiedeln und mit schlichten, aber zündenden Melodien und einer aufwendigen Ballszene (3. Akt) auszustatten, fand zahlreiche Nachahmer. Die grell parodistischen Züge der früheren Operetten Offenbachs weichen im »Pariser Leben« einem dezent ironisch, aber nicht betont gesellschaftskritisch eingefärbten Realismus. Noch überdeckt der Glanz des zweiten Kaiserreichs die Dekadenzerscheinungen des anbrechenden Fin de Siècle. Die Schilderung ausschweifender Heiterkeit wird nur gelegentlich von besinnlicheren Momenten, wie dem Rondeau Metellas (»Dies ist der Ort, den alle Mütter fürchten«), unterbrochen. Zu den Glanznummern des Werks gehören das Couplet Gondremarks »In dieser Stadt mit ihren Reizen« und das Auftrittslied des schwerreichen Pompa di Matadores »Ich komme von Brasilien her«.

LES BRIGANDS (Die Banditen)
Operette (Opéra bouffe) in drei Akten, Text von Henri Meilhac und Ludovic Halévy, Uraufführung: Paris 1869

Personen
FALSACAPPA (Tenor oder Bariton),
Räuberhauptmann;
FIORELLA (Soubrette),
seine Tochter;
FRAGOLETTO (Tenorbuffo),
ein junger Pächter;
PIETRO (Tenor),
Falsacappas Vertrauter;
FÜRST VON BRAGANZA (Tenor oder Bariton);
PRINZESSIN VON GRANADA (Sopran);
GRAF VON GLORIA-CASSIS (Tenor),
Kammerherr der Prinzessin;
ADOLF VON VALLADOLID (Sopran),
Page der Prinzessin;
ANTON10 (Komiker),
Schatzmeister des Fürsten;
BARON VON CAMPOTASSO (Tenor),
Stallmeister;
BRAMARBASSO (Baß),
Hauptmann der Polizei;
PIPO (Tenor), *Gastwirt;*
PIPA (Sopran), *seine Frau;*
PIPETTA (Sopran), *ihre Tochter;*
HERZOGIN VON ALEOBANO (Sopran);
MARQUISE VON MALAGA (Sopran);
HOFMEISTER; BANDITEN

Spanien und Portugal, um 1700.

Les brigands

Handlung

Falsacappa haust mit seiner Räuberbande in den Bergen. Seine reizende Tochter Fiorella hat sich ausgerechnet in den braven Pächter Fragoletto verliebt, den die Bande kurz zuvor ausgeraubt hat. Falsacappa ist gegen die Verbindung seiner Tochter mit diesem Kerl, dessen Ahnenreihe nicht einen einzigen richtigen Gauner aufzuweisen hat. Um dennoch in den Kreis der Banditen aufgenommen zu werden, muß Fragoletto eine Prüfung ablegen, die darin besteht, den nächstbesten Reisenden, der des Weges kommt, zu überfallen. Das erste Opfer ist der Fürst von Braganza, aber Fiorella hat Mitleid mit ihm und läßt ihn entkommen. Fragoletto hat unterdessen einen zweiten Gefangenen gemacht, einen spanischen Kurier, der ein Bild der Prinzessin von Granada bei sich trägt, die zur Heirat mit Braganza ausersehen ist. Der Brautpreis beträgt drei Millionen. Als die Banditen das erfahren, tauschen sie kurzerhand das Porträt der Prinzessin gegen ein Bild Fiorellas aus und locken die Prinzessin und ihr Gefolge in einen Hinterhalt. Verkleidet als spanische Hofleute, ziehen Falsacappa und seine Bande nach Braganza, um dem Fürsten nun Fiorella als künftige Gemahlin zu präsentieren. Leider sieht sich Braganza außerstande, den Brautpreis von drei Millionen zu entrichten, denn sein Schatzmeister hat die Staatskasse veruntreut. Außerdem hat er in Fiorella das Räubermädchen wiedererkannt, das ihm zuvor die Flucht ermöglicht hatte, und als dann auch die echte spanische Delegation auftaucht, bringt Braganza die Banditen hinter Schloß und Riegel. Durch die Fürsprache Fiorellas läßt Braganza sich erweichen, Falsacappa und seine Leute wieder auf freien Fuß zu setzen, aber er stellt eine Bedingung: Aus den Banditen sollen ehrbare Bürger werden, und um das zu garantieren, ernennt er Falsacappa zum neuen Polizeichef.

Anmerkung

Gauner, die auf Ehre halten, ein Räuberhauptmann als Polizeichef – Offenbachs »Banditen« sind eine bitterböse Parodie auf den Zustand des Staates, der Staatsfinanzen und des Beamtentums. Aber man kann sie auch anders sehen, als schlichte Räuberoper nämlich, die die Tradition von Aubers »Fra Diavolo« fortführt. In Deutschland sind »Die Banditen« in einer Bearbeitung von Gustaf Gründgens populär, die die zeitkritischen Bezüge des Werkes aktualisiert. Die bekanntesten Melodien sind der »Stiefelmarsch« (»Der Kapitän, er geht voran«) und der »Banditenwalzer«.

Fred Raymond
(1900-1954)

Beruf und Berufung waren für Fred Raymond (Friedrich Vesely) nicht von Anfang an dasselbe, denn ehe der gebürtige Wiener seine Laufbahn als Komponist begann, war er Angestellter einer Bank und komponierte nur nebenher – aber das mit Erfolg. Durch Schlager, wie »Ich hab' das Fräul'n Helen baden seh'n« und »Ich hab' mein Herz in Heidelberg verloren«, berühmt geworden, ging Raymond nach Berlin, wo mit der »Maske in Blau« (1937) und »Saison in Salzburg« (1938) die erfolgreichsten seiner insgesamt neun Operetten entstanden.

MASKE IN BLAU

Große Operette in sechs Bildern, Text von Heinz Hentschke, Gesangstexte von Günther Schwenn, Uraufführung: Berlin 1937

Personen

EVELYNE VALERA (Sopran),
Plantagenbesitzerin;
ARMANDO CELLINI (Tenor),
Kunstmaler;
JULISKA VARADY (Soubrette);
JOSEF FRAUNHOFER (Tenorbuffo);
FRANZ KILIAN;
MARCHESE CAVALOTTI;
GONZALA (Komiker),
Majordomus bei Evelyne;
PEDRO DEL VEGAS;
JOSÉ, *Gaucho*

San Remo und Argentinien.

Handlung

Der Maler Armando, berühmt geworden durch sein Bild »Maske in Blau«, hofft auf ein Wiedersehen mit der Dame, die ihm ein Jahr zuvor – ohne freilich ihre Maske abzunehmen – für das Porträt Modell gestanden hatte. Zum Abschied hatte er ihr einen Ring geschenkt, anhand dessen der Maler sein Modell – die Plantagenbesitzerin Evelyne aus Argentinien – nun in San Remo wiedererkennt. Beide sind überglücklich, finden aber einen Widersacher in der Gestalt Pedro del Vegas', der Evelyne schon in

Argentinien hartnäckig umworben hat und nun erfolgreich versucht, einen Keil zwischen Armando und sie zu treiben, indem er den Ring entwendet und ihn dem Maler mit der Behauptung zurückgibt, Evelyne habe sich für ihn, del Vegas, entschieden. Als Evelyne nach Argentinien zurückgekehrt ist, reist Armando ihr nach. Dort erfährt er, die Heirat Evelynes mit Pedro del Vegas stehe kurz bevor. Gerade noch rechtzeitig gelingt es ihm, zu Evelyne vorzudringen, Pedro del Vegas als Intriganten zu entlarven und sich mit der Geliebten auszusöhnen.

Anmerkung
Die Melodien der »Maske in Blau« sind – wie die meisten Gesangsnummern aus Raymonds Operetten – zu Schlagern geworden. Am bekanntesten sind das Juliska-Lied »Die Juliska aus Buda-, Budapest« und »Ja, das Temperament«.

SAISON IN SALZBURG
Operette in fünf Bildern, Text von Max Wallner und Kurt Feltz, Uraufführung: Kiel 1938

Personen
ALOIS OBERFELLNER,
Wirt des Gasthauses »Salzburger Nockerl«;
STEFFI (Sopran), *seine Nichte;*
VRONI STAUDINGER (Soubrette),
Mehlspeisköchin im »Mirabell«;
ERIKA DAHLMANN (Sopran),
die Verlobte von Frank Rex;
CHRISTIAN DAHLMANN,
Inhaber einer Autoreifenfabrik, ihr Vater;
FRANK REX (Tenor),
Rennfahrer;
OLGA REX,
Inhaberin der Rex-Autowerke, seine Tante;
TONI HABERL (Tenorbuffo),
Besitzer des Gasthofs »Zum blauen Enzian«;
MAX LIEBLING (Tenor),
Parfümfabrikant;
FRIEDRICH WILHELM KNOPP,
Franks Chauffeur;

F. Raymond

STASI,
Kellnerin;
FREMDENFÜHRER (Tenor);
HOTELDIREKTOR;
ZITHERSPIELER;
BAUERNBURSCH;
HOTELPORTIER;
BERGFÜHRER;
AUKTIONATOR

In Salzburg und Umgebung.

Handlung

Toni Haberl, der Wirt des »Blauen Enzians« möchte sich verbessern und mit Vroni, der tüchtigen Köchin und künftigen Frau Haberl, das Gasthaus »Zum Salzburger Nockerl« auf einer Auktion ersteigern. Aber nicht sie bekommen den Zuschlag, sondern ein Herr Knopp. Der jedoch hat nur im Auftrag des Rennfahrers Frank Rex gehandelt, der, unerkannt, der feschen Kellnerin Steffi zur Stellung einer Geschäftsführerin im neuerworbenen Haus verhelfen will, um sich dort seinerseits von Steffi als Hausbursche anstellen zu lassen. Toni versucht nun, Steffi abzuwerben und macht ihr schöne Augen, holt sich aber einen Korb. Vroni ist eifersüchtig und geht zur Konkurrenz. Daraufhin bandelt Toni erneut mit Steffi an, während Vroni in dem Parfümfabrikanten Max Liebling einen Verehrer findet, der allerdings auch Erika Dahlmann, die Verlobte des Rennfahrers, umwirbt. Erst das Erscheinen Tante Olgas bringt die Dinge wieder ins Lot: Toni kehrt zu Vroni zurück, Steffi zu Frank, Max Liebling bandelt mit Erika an und Tante Olga mit deren Vater.

Anmerkung

Wie die »Maske in Blau« wurde auch »Saison in Salzburg« für das Kino und das Fernsehen entdeckt. Das Duett »Wenn der Toni mit der Vroni«, der Slowfox »Und die Musik spielt dazu« und das Lied von den »Salzburger Nockerln« sind einem Millionenpublikum geläufig.

Robert Stolz
(1880-1975)

Robert Stolz kam als Sohn des Dirigenten Jakob Stolz und der Pianistin Ida von Vernay in Graz zur Welt. Als klavierspielendes Wunderkind erntete er frühen Ruhm, ohne daß darüber die weitergehende musikalische Ausbildung, die er u.a. bei Engelbert Humperdinck in Berlin absolvierte, zu kurz gekommen wäre. Mit siebzehn Jahren war Stolz Korepetitor in Graz, mit achtzehn trat er sein erstes Engagement als Kapellmeister an. Die Begegnung mit Johann Strauß, kurz vor dessen Tod, bestimmte Stolz, sich der Operette zuzuwenden. Der »Studentenulk« (1899) war sein erstes Bühnenwerk. In den folgenden Jahrzehnten seines langen und bis ins hohe Alter schaffensreichen Lebens entstanden weltweit erfolgreiche Operetten, aber auch etliche Chansons, Lieder (»Hallo, du süße Klingelfee«, »Im Prater blühn wieder die Bäume«) und – zweimal sogar mit dem Oscar ausgezeichnete – Filmmusiken. Ende der 30er Jahre aus Berlin, wo er seit 1924 tätig war, zunächst nach Paris und dann in die Vereinigten Staaten emigriert, kehrte Stolz nach Kriegsende in seine österreichische Heimat zurück. Als der letzte Großmeister der Operette hat sich Stolz dem Bewußtsein eines Millionenpublikums eingeprägt. Als er 1975 in Berlin im Alter von 94 Jahren starb, ging eine Ära zu Ende.

TANZ INS GLÜCK

Operette in drei Akten, Text von Robert Bodanzky und Bruno Hardt-Warden, Uraufführung: Wien 1921

Personen
VON BIBERSBACH,
Konsul a.D.;
ELFRIEDE,
seine Frau;
HANS-JOACHIM VON BIBERSBACH (Tenor),
beider Sohn;
LUTZ BURGEN,
sein Freund;
FALBSTOCK,
Ministerialrat;
ADAM MUTZENBECHER (Komiker),
Hutfabrikant;
EVA, *seine Frau;*

LIZZI (Sopran),
beider Tochter;
SUSI und HELLI,
Lizzis Freundinnen;
DÉSIRÉE VIVERANDE (Soubrette),
Schlagersängerin;
FRITZ WENDELIN (Tenorbuffo),
Friseurgehilfe;
SEBASTIAN PLATZER (Komiker),
Logenschließer;
TOBIAS FALKMAYER,
Friseur

Deutschland, 20er Jahre.

Handlung

Hans-Joachim von Bibersbach ist Hobby-Botaniker. Aufsehen erregt hat seine Züchtung eines blauen Edelweißes. Ein solches Blümchen hat er sich ins Knopfloch gesteckt. Daran soll ihn eine junge Dame erkennen, die er flüchtig in der Stadt gesehen und per Inserat zu einem Stelldichein ins Alhambra eingeladen hat. Zufällig ist dort auch Bibersbachs frühere Freundin Désirée, die das Blümchen im Knopfloch ihres Verflossenen richtig deutet und ihm in ihrer Eifersucht nicht nur das Edelweiß entreißt, sondern auch seine Kleidung derangiert. Während Bibersbach sich wieder zurechtmacht, findet der Friseurgehilfe Fritz, der nur hergekommen ist, um sich den Ort des am nächsten Tag stattfindenden Frisierwettbewerbes anzuschauen, das im Getümmel verlorengegangene Blümchen und steckt es sich ans Revers. Nun wird er für Hans-Joachim von Bibersbach gehalten und von einem Kellner in die Loge geführt, in der die Hutmacherstochter Lizzi Mutzenbecher auf ihren unbekannten Verehrer wartet. Fritz findet Geschmack an der Rolle des vornehmen Herrn, zumal ihm Lizzi auf Anhieb ungemein sympathisch ist. Als deren Vater, der als glühender Verehrer der Sängerin Désirée ebenfalls im Alhambra weilt, die Tochter hier mit einem Mann entdeckt, ist er äußerst ungehalten. Doch sein Ärger legt sich schnell, als der junge Herr ihm als leibhaftiger Graf vorgestellt wird. Er beeilt sich, den vermeintlichen Edelmann zu einem Fest zu sich nach Hause einzuladen. Fritz nimmt die Einladung an, und um standesgemäß aufzutreten, heuert er den Logenschließer Platzer als Kammerdiener an. Bei dem Empfang in Mutzenbechers Haus ist auch Désirée zugegen. Hocherfreut nimmt sie zur Kenntnis, daß der

Tanz ins Glück

allgemein schon als Schwiegersohn in spe gehandelte Herr Graf nicht, wie sie erwartet hatte, Bibersbach, sondern nur der ihr bestens bekannte Friseurgehilfe Fritz ist. Sie ermuntert ihn, seine Rolle weiterzuspielen, sorgt jedoch gleichzeitig dafür, daß auch die Bibersbachs auf dem Fest erscheinen. Es kommt zum Skandal. Fritz wird als Schwindler überführt. Lizzi ist blamiert, aber irgendwie liebt sie ihren Fritz bereits zu sehr. Als der echte Bibersbach ihr nämlich seine Hand anbietet, weist sie ihn ab. Am nächsten Tag sucht Lizzi schließlich den Friseurgehilfen im Laden auf; auch Bibersbach und Désirée begegnen sich hier wieder. Es kommt zur Aussprache und schließlich auch zur Aussöhnung zwischen den beiden Paaren. Und weil Fritz es bei dem Frisierwettbewerb am Ende zu Europameisterehren gebracht hat, ist er Mutzenbecher nun auch als Schwiegersohn herzlich willkommen.

Anmerkung

Obwohl keine Wiener Operette im engeren Sinn, fehlt dem »Tanz ins Glück« die typisch wienerische Note nicht, denn eine Figur wie die des Logenschließers Platzer oder Melodien wie »Brüderlein, Brüderlein, schau du mußt zufrieden sein« tragen unverkennbar den Stempel der Donaumetropole. Kaum weniger beliebt sind Stücke wie der Marsch »Ich hab kein Geld«, der Onestep »Kakadu« oder das Duett »Guter Mond, schau uns nicht zu«.

ZWEI HERZEN IM DREIVIERTELTAKT

Operette in drei Akten (acht Bildern), Text von Paul Knepler und J.M. Welleminsky, Uraufführung: Zürich 1933

Personen
ANTON HOFER (Tenor),
Komponist;
ANNY LOHMAYER (Sopran),
Operettensängerin;
MIZZI REITMAYER (Soubrette);
NICKI MAHLER (Tenor)
und
VICKI MAHLER (Bariton),
Librettisten;
HEDI (Sopran);
THEATERDIREKTOR (Komiker);

OSKAR BLAUSTINGL (Komiker),
Kassier und Theatersekretär;
BARON HARTENBERG;
FREDY PACHINGER;
DR. MITISLAV ISAKIEWICZ,
Notar;
WEIGL,
Theaterdiener;
FRANZ GSCHWENDTNER,
Heurigensänger;
BRIGITTE,
Wirtschafterin der Mahlers

Wien, um 1930.

Handlung

Die Gebrüder Vicki und Nicki Mahler streiten sich fast ständig. Trotzdem haben sie es geschafft, das Libretto zu einer neuen Operette fertigzustellen. Beide erwarten ihre Schwester Hedi zu Besuch. Aber nicht sie erscheint, sondern die Sängerin Anny Lohmayer, um den beiden Schriftstellern zu eröffnen, daß sie in der neuen Operette ihres Freundes Anton Hofer, mit dem sie sich gezankt hat, nicht auftreten will. Als auch Hofer hereinschneit und ein neues Lied mitbringt, im dem vom Scheiden die Rede ist, kommt es zum Krach. Erst ein Anruf des Theaterdirektors, der nach der neuen Operette fragt, beruhigt die Gemüter wieder. Gemeinsam eilt man ins Theaterbüro.

Der Direktor interessiert sich für das Stück, meint aber, es müsse noch ein zündender Walzer her. Doch Anton steckt in einer Schaffenskrise. Ein Heurigensänger gibt ihm den Rat, er solle sich einfach neu verlieben.

Inzwischen ist Hedi eingetroffen und brennt darauf, den Komponisten Hofer kennenzulernen. Aber Vicki und Nicki sind nicht gut auf ihren Freund zu sprechen. Den dringend benötigten Walzer hat er immer noch nicht komponiert. Um die Sache zu beschleunigen, haben Vicki und Nicki beschlossen, ihm anstelle einiger Gäste, die Hofer zu seiner Zerstreuung zum Souper geladen hat, die Soubrette Mizzi ins Haus zu schicken. Hedi erfährt davon und versteht es einzurichten, daß sie an Stelle der Sängerin bei Hofer auftaucht. Sie soupiert mit Hofer, und siehe da: Plötzlich hat der Komponist den lang ersehnten Einfall!

Zwei Herzen im Dreivierteltakt

Sogleich eilt er zu seinen Librettisten, doch als er ihnen den Walzer vorspielen will, ist ihm die Melodie entfallen. Die Proben im Theater haben längst begonnen, aber solange der Walzer fehlt, steht die Premiere in den Sternen. Hofer setzt sich noch einmal ans Klavier. Da erklingt die gesuchte Melodie aus Hedis Mund: Die Premiere ist gerettet. Anton und seine Muse werden ein Paar.

Anmerkung
Bereits drei Jahre vor ihrer Bühnentaufe wurde die Operette »Zwei Herzen im Dreivierteltakt« mit ungeheurem Erfolg verfilmt; allein in New York war der Kinofilm mehr als ein Jahr lang ununterbrochen im Programm. In Deutschland verfiel die Operette der Zensur. Trotzdem sind neben dem Titelwalzer viele ihrer Melodien schnell bekannt geworden, so der English-Waltz »Heute besuch ich mein Glück«, der Slowfox »Das ist der Schmerz beim ersten Kuß« und der Blues »Du bist meine schönste Träumerei«.

J. Strauß (Sohn)

Johann Strauß (Sohn)
(1825-1899)

Noch ehe er zum König der Operette aufstieg, war Johann Strauß als Walzerkomponist und musikalischer Direktor der Wiener Hofbälle eine Weltberühmtheit. Das Amt des Hofballdirektors, das er 1870 an seinen jüngeren Bruder Eduard abtrat, hatte schon der Vater, Johann Strauß senior, innegehabt. Aber daß der Sohn ihn beerben sollte, war alles andere als vorgeplant. Denn Johann Strauß hatte sich gegen den erklärten Willen des berühmten Vaters, aber von der Mutter heimlich unterstützt, zum Geiger und Komponisten ausbilden lassen. Seit 1844 machte er mit einem eigenen Unterhaltungsorchester dem Vater Konkurrenz. Nach dessen Tod im Jahr 1849 wurden beide Orchester vereinigt. Die Tourneen, die Johann Strauß in den folgenden Jahren unternahm, trugen seinen Namen, der zum Inbegriff der Wiener Walzertradition wurde, in die ganze Welt. In Europa als Komponist und Orchesterchef umjubelt, wurde Strauß 1872 in die Vereinigten Staaten eingeladen, wo er anläßlich eines Konzerts in Boston ein Heer von angeblich 20000 Chorsängern, die seinen »Donauwalzer« schmetterten, befehligte. Ein Jahr zuvor hatte der damals 46jährige sich mit »Indigo« erstmals auch als Operettenkomponist versucht. Der Erfolg blieb nicht aus. Drei Jahre nach »Indigo und die vierzig Räuber« (postum und textlich überarbeitet als »Tausendundeine Nacht« wiederveröffentlicht) schuf Strauß mit der »Fledermaus« (1874), seinem nach »Karneval in Rom« (1873) dritten Bühnenwerk, die Wiener Operette schlechthin. Mehr als ein Dutzend weiterer Operetten folgten, unter ihnen »Cagliostro in Wien« (1875), »Eine Nacht in Venedig« (1883) und »Der Zigeunerbaron« (1885). Johann Strauß, zu dessen größten Bewunderern ein Komponist wie Johannes Brahms gehörte, starb 1899 in seiner Heimatstadt Wien. »Wiener Blut« (postum veröffentlicht 1899), sein letztes Werk, blieb unvollendet.

DIE FLEDERMAUS

Operette in drei Akten, Text von C. Haffner, R. Genée nach dem Vaudeville »Réveillon« von H. Meilhac und L. Halévy, Uraufführung: Wien 1874

Personen
GABRIEL VON EISENSTEIN (Tenor),
Rentier;
ROSALINDE (Sopran),
seine Frau;

Die Fledermaus

FRANK (Bariton),
Gefängnisdirektor;
PRINZ ORLOFSKY (Mezzosopran, evtl. Tenor);
ALFRED (Tenor),
Gesangslehrer;
DR. FALKE (Bariton),
Notar;
DR. BLIND (Baß),
Advokat;
ADELE (Sopran),
Rosalindes Stubenmädchen;
IDA,
ihre Schwester;
FROSCH (Komiker),
Gefängnisaufseher

Ein Badeort in der Nähe einer großen Stadt, um 1875.

Handlung
1. Akt

Gabriel von Eisenstein hat sich wegen der Beleidigung einer Amtsperson eine Arreststrafe von fünf Tagen eingehandelt. Festlich gekleidet verläßt er am Abend, bevor er sich im Gefängnis einzufinden hat, das Haus, um sich auf einem Fest des Prinzen Orlofsky noch einmal zu amüsieren. Eisensteins Gattin Rosalinde fürchtet, daß sie während der Abwesenheit ihres Mannes dem Liebeswerben des Gesangslehrers Alfred nicht wird widerstehen können. Ihrer Zofe, die einen Vorwand gefunden hat, um ebenfalls auf das Fest bei Orlofsky zu entweichen, hat sie freigegeben. Kaum sind Mann und Zofe aus dem Haus, als Alfred erscheint und sich sogleich häuslich niederläßt, denn er hat erfahren, daß die Strafe Eisensteins verlängert und ihr sofortiger Vollzug angeordnet worden ist. Allerdings hat er nicht damit gerechnet, daß der Gefängnisdirektor plötzlich eintritt. Im Glauben, Eisenstein vor sich zu haben, läßt er Alfred verhaften und ins Gefängnis bringen. Um Rosalinde nicht bloßzustellen, fügt Alfred sich in sein Schicksal.

2. Akt

In Orlofskys Palais herrscht buntes Treiben. Der Notar Dr. Falke hat, um den Gastgeber zu erheitern und sich gleichzeitig an Eisenstein zu rächen (der ihm im Karneval, als Dr. Falke maskiert als Fledermaus auftrat, einen bösen Streich gespielt hat), von langer Hand eine Verwechslungskomödie vorbereitet: Alle Gäste treten unter falschem Namen auf; keiner weiß, mit wem er es zu tun hat. Eisenstein, der zum Opfer dieses Spaßes ausersehen ist, wird dem Prinzen von Dr. Falke als französischer Marquis vorgestellt. Als falscher Marquis macht Eisenstein die Bekanntschaft eines angeblichen Chevaliers (hinter dem sich in Wahrheit der Gefängnisdirektor verbirgt), der genausowenig Französisch kann wie er, sich aber ebensoviel Mühe gibt, das zu verbergen. Adele, das Stubenmädchen, mimt eine große Künstlerin, und Rosalinde erscheint maskiert als ungarische Gräfin. Es gelingt ihr, ihrem Mann, der heftig mit ihr flirtet, seine Taschenuhr abzuluchsen. Das Fest geht bis in den frühen Morgen.

3. Akt
Im Dienstzimmer des Gefängnisdirektors hängt schwer der Dunst des Alkohols, verursacht vom ewig bezechten Amtsdiener Frosch, aber auch vom Direktor selbst, der noch arg mitgenommen ist von den Ausschweifungen der Nacht. Die Katerstimmung wird bedrohlich, als Adele auftritt, um sich ihrem galanten »Chevalier« in Erinnerung zu bringen. Schließlich taucht auch Eisenstein auf, um seine Strafe anzutreten. Der Gefängnisdirektor wundert sich nicht wenig, denn Eisenstein sitzt, wie man weiß, doch seit dem Vorabend schon hinter Gittern. Wer aber, wenn dieser »Marquis« der wirkliche Eisenstein sein sollte, ist der, der in der Zelle schmachtet? – Eisenstein hat einen bösen Verdacht und schlüpft, als Rosalinde erscheint, in die Rolle des Advokaten Dr. Blind, um seine Frau ins Verhör zu nehmen. Als er ihr freilich eine Szene machen will, wird ihm schnell der Mund gestopft, denn Rosalinde fördert zum Beweis seiner eigenen Untreue die Taschenuhr zutage, die sie ihm bei Orlofsky abgenommen hat: »Die Rache der Fledermaus«, von Dr. Falke eingefädelt, ist gelungen.

Anmerkung
Mit der »Fledermaus« hat nicht nur die Wiener Operette, sondern die Operette allgemein frühzeitig einen Höhepunkt erreicht, der von keinem anderen Werk des gesamten Genres mehr übertroffen wurde. Die klassische, am Vorbild der italienischen Oper orientierte dreiaktige Anlage mit großer Ouvertüre und effektvollen Finalszenen, vor allem jedoch die gediegene Ausarbeitung der Partitur, gepaart mit überlegener Satztechnik, das alles ist bezeichnend für den hohen künstlerischen Ehrgeiz, den Strauß dieser Operette (wie den meisten seiner Werke) angedeihen ließ. Von den musikalischen Kostbarkeiten, die »Die Fledermaus« bereithält,

seien nur die folgenden genannt: »Täubchen, das entflattert ist«, »Trinke, Liebchen, trinke schnell«, »Mein Herr Marquis«, »Glücklich ist, wer vergißt, was doch nicht zu ändern ist«, »Brüderlein, Brüderlein und Schwesterlein«. – Melodien allesamt, die die Herzen (nicht nur der Operettenfreunde) höher schlagen lassen, aber ein wenig auch darüber hinwegtäuschen, daß der Glanz der vornehmen Welt, den »Die Fledermaus« beschwört, bereits deutliche Kratzer aufweist. Denn so scharf diese Operette das Bild ihrer Epoche zeichnet, so sehr enthüllt sie auch die Zeichen des Verfalls.

EINE NACHT IN VENEDIG

Operette in drei Akten von F. Zell (Camillo Walzel) und Richard Genée, Uraufführung: Berlin 1883

Personen
GUIDO (Tenor),
Herzog von Urbino;
DELACQUA (Baß),
Senator;
BARBARA (Sopran),
seine Frau;
BARBARUCCIO (Baß),
Senator;
AGRICOLA (Sopran),
seine Frau;
TESTACCIO (Baß),
Senator;
CONSTANTIA,
seine Frau;
ANNINA (Sopran),
eine Fischerstochter;
CARAMELLO (Tenor- oder Baßbuffo),
Leibbarbier des Herzogs;
PAPPACODA (Tenor),
Makkaronikoch;
CIBOLETTA (Sopran),
Köchin bei Delacqua;
ENRICO PISELLI (Tenor),
Seeoffizier

J. Strauß (Sohn)

Venedig, um 1750.

Handlung

Der Herzog von Urbino ist in Venedig und hat zu einem Faschingsfest geladen. Weil dem Herzog der Ruf vorausgeht, ein großer Verführer schöner Frauen zu sein, beschließt Senator Delacqua, seine Gemahlin Barbara nicht mit auf das Fest zu nehmen, sondern sie für einige Tage in die Obhut des Klosters Murano zu geben. Barbara indes, die Besseres zu tun hat, als den Karneval in klösterlicher Abgeschiedenheit zu verbringen, sorgt dafür, daß statt ihrer Annina, ihre Milchschwester, die Gondel nach Murano besteigt, während sie selbst sich die Zeit mit ihrem Liebhaber Piselli vertreiben will. Der Gondoliere, der Caramello heißt und eigentlich der Leibbarbier des Herzogs ist, bringt Annina jedoch nicht nach Murano, sondern in den Palazzo Urbino. Zu spät bemerkt er, daß es gar nicht Barbara war, die er hier abgeliefert hat, sondern seine eigene Freundin. Senator Delacqua erscheint auf dem Fest in Begleitung der Köchin Ciboletta, die er als seine Gemahlin ausgibt. Caramello hat, um seine Freundin vor Zudringlichkeiten zu bewahren, sich des Beistands von Pappacoda versichert, der als Koch dafür sorgt, daß sich das Souper des Herzogs mit Annina bis Mitternacht hinzieht. Nach Mitternacht aber, so ist es Brauch, begibt sich die Festgesellschaft auf den Markusplatz, mitten ins Faschingstreiben. Hier begegnet Delacqua seiner Gattin wieder, und zwar in Begleitung ihres Liebhabers Piselli, den Barbara geistesgegenwärtig als furchtlosen Helden präsentiert, der sie angeblich aus der Hand von Entführern befreit hat. Delacqua spricht ihm dafür sogar seinen Dank aus. Der Herzog weiß inzwischen, daß Annina ihm etwas vorgespielt hat, doch hat er so viel Gefallen an ihr gefunden, daß er mit dem Hintergedanken, sie in seiner Nähe zu behalten, ihren Freund Caramello als Verwalter einstellt.

Anmerkung

Die Schwächen des Librettos haben sicher mit dazu beigetragen, daß »Eine Nacht in Venedig« bei der Premiere in Berlin durchfiel. Doch als die Operette kaum eine Woche nach der Uraufführung auch in Wien herauskam, stellte sich der Erfolg ein. – Kein Wunder, möchte man sagen, bei diesen Melodien: »Komm in die Gondel, mein Liebchen«, »Kommt, kommt, ihr holden Frauen«, »Sei mir gegrüßt, du holdes Venezia« und »Treu sein, das liegt mir nicht«.

DER ZIGEUNERBARON

Operette in drei Akten, Text von Ignaz Schnitzer nach einer Erzählung von Maurus Jokais, Uraufführung: Wien 1885

Personen
GRAF PETER HOMONAY (Bariton);
CONTE CARNERO (Bariton, Komiker),
königlicher Kommissär;
SANDOR BARINKAY (Tenor),
ein junger Gutsbesitzer;
KÁLMÁN ZSUPÁN (Komiker),
ein reicher Schweinezüchter;
ARSENA (Soubrette),
seine Tochter;
MIRABELLA (Mezzosopran),
ihre Erzieherin;
OTTOKAR (Tenorbuffo),
ihr Sohn;
CZIPRA (Alt),
eine alte Zigeunerin;
SAFFI (Sopran),
Zigeunermädchen;
ALTER ZIGEUNER (Baß);
BÜRGERMEISTER VON WIEN

Im Temeser Banat und in Wien,
Mitte des 18. Jahrhunderts.

Handlung
1. Akt

Sandor Barinkay hatte zusammen mit seinem Vater, der in den Verdacht geraten war, mit dem türkischen Pascha kollaboriert zu haben, nach den Türkenkriegen ins Exil gehen müssen. Die verlassenen Güter der Barinkays bewirtschaftet seitdem der Schweinezüchter Kálmán Zsupán. Er ist reich geworden damit und führt sich auf wie ein Herr. Ausgerechnet er soll nun bezeugen, daß der zurückgekehrte junge Barinkay der rechtmäßige Erbe des Besitzes ist, und natürlich sträubt er sich dagegen. Zsupán lenkt erst ein, als der junge Gutsbesitzer ihn um die Hand seiner Tochter Arsena bittet. Arsena jedoch liebt einen anderen, Ottokar, den Sohn ihrer Erzieherin. Um Barinkay abzuwimmeln, erklärt sie, nur einen

J. Strauß (Sohn)

Baron heiraten zu wollen. Enttäuscht zieht Barinkay sich auf seine Schloßruine zurück, um die herum ein Zigeunerdorf entstanden ist. Den Weg dorthin zeigt ihm die schöne Saffi. Die Zigeuner huldigen ihm als ihrem Woiwoden. Aber auch als »Zigeunerbaron« hat Barinkay bei Arsena keine Chance.

2. Akt

Dank der Hilfe Saffis, in die er sich alsbald verliebt, kann Barinkay einen alten Geldschatz wiederfinden. Als Graf Homonay im Gefolge seiner Husaren im Dorf erscheint, um Soldaten für den Krieg gegen Spanien zu werben, stellt Barinkay seinen Schatz dem Vaterland zur Verfügung. Zsupán und Ottokar lassen sich verführen, den Wein, den die Werber ausschenken, zu trinken, und verpflichten sich so versehentlich zum Kriegsdienst. Als der sittenstrenge königliche Kommissär Carnero der vermeintlichen Zigeunertochter Saffi Vorhaltungen wegen ihres Lebenswandels und ihrer Beziehung zu Barinkay macht, bringt die alte Zigeunerin Czipra ein Dokument herbei, aus dem hervorgeht, daß Saffi eine Tochter des letzten türkischen Paschas ist. Nun glaubt Barinkay, für die Fürstentochter kein würdiger Heiratskandidat zu sein, und beschließt, obwohl Saffi ihn davon abzuhalten sucht, in den Krieg zu ziehen.

3. Akt

Der Krieg ist siegreich beendet. In Wien bereitet man den Helden einen begeisterten Empfang. Besonders ausgezeichnet hat sich Barinkay, der als Lohn für seine Tapferkeit den Adelstitel verliehen bekommt und auch seinen Schatz zurückerhält. Glücklich schließt Saffi den Geliebten wieder in die Arme. Zsupán, der im Krieg seinen persönlichen Frieden mit Barinkay gemacht hat, stimmt auf dessen Bitten der Hochzeit seiner Tochter mit Ottokar zu. Der Sittenwächter Carnero wird in den Ruhestand entlassen.

Anmerkung

Mit dem »Zigeunerbaron« hat sich für Strauß der Wunsch, auch als Opernkomponist anerkannt zu werden, erfüllt. Das allerdings erst nach seinem Tod. Denn es dauerte bis zum Jahr 1910, ehe man sich in Wien erstmals dazu entschloß, dem Werk den Zugang zur Hofoper zu öffnen. Im gleichen Jahr gelangte es auch an der Dresdner Oper zur Aufführung. Seinen Siegeszug um die ganze Welt hatte »Der Zigeunerbaron« freilich längst angetreten, als er diese späte Anerkennung als komische Oper fand. Formal und satztechnisch steht »Der Zigeunerbaron« ganz in der

Der Zigeunerbaron

Operntradition des 19. Jahrhunderts, im musikalischen Lokalkolorit jedoch und in der zuweilen stark ins Sentimentale neigenden Anlage der Handlung und der Charaktere erscheinen wesentliche Merkmale der Operette des 20. Jahrhunderts vorweggenommen. »Der Zigeunerbaron« war und blieb das unerreichte Vorbild für etliche »ungarische« Operetten der sogenannten silbernen Epoche. Die Ouvertüre, die Chöre und Finalensembles, aber auch die teilweise auskomponierten Dialoge zeigen Johann Strauß auf der Höhe seiner Meisterschaft. Von den Gesangsnummern sind neben den beiden Paradestücken des Zsupán »Ja, das Schreiben und das Lesen« und »Borstenvieh und Schweinespeck« als die bekanntesten der »Schatzwalzer« (»Ha, seht, es blinkt«) und das lyrische Duett »Wer uns getraut« zu nennen.

A. Sullivan

Arthur Sullivan (1842-1900)

Der gebürtige Londoner Arthur Sullivan war zu Lebzeiten der populärste englische Komponist. Er studierte an der Royal Academy of Music und später am Konservartorium in Leipzig. Sullivan übte in London mehrere Lehrämter aus. 1883 wurde er in den Adelsstand erhoben. Seine zahlreichen ernsten Kompositionen – Oratorien, Kammer- und Orchestermusik – haben sich nicht im Repertoire halten können. Dagegen gelten seine insgesamt 22 »comic operas« als Musterbeispiele einer spezifisch englischen Spielart der Operette und machten seinen Namen in aller Welt berühmt. Die meisten seiner Operetten schrieb Sullivan in enger Zusammenarbeit mit dem Textdichter William S.Gilbert. »Gilbert/Sullivan« entwickelte sich schnell zu einem Markenzeichen des Erfolgs.

DER MIKADO oder EIN TAG IN TITIPU
(The Mikado or The Town of Titipu)
Burleske Operette in zwei Akten, Text von William S.Gilbert, Uraufführung: London 1885

Personen
MIKADO VON JAPAN;
NANKI-PUH (Tenor),
sein Sohn;
KO-KO (Komiker),
Oberhofhenkersknecht von Titipu;
PUH-BAH,
Kollektivministerportefeuilletonist;
YUM-YUM (Sopran),
Mündel Ko-Kos;
KATISHA (Sopran),
eine Hofdame

Titipu (Japan), im 15. Jahrhundert.

Handlung
1. Akt

Nanki-Puh, der Sohn des Mikado, sollte gegen seinen Willen mit der Hofdame Katisha verheiratet werden. Um dem zu entgehen, ist er vom Hof geflohen und sucht nun, als Musikant verkleidet, seine Liebste Yum-

Der Mikado

Yum in Titipu. Deren Vormund und gleichzeitiger Verlobter Ko-Ko soll dort als staatlicher Henker jeden Verstoß gegen die puritanischen Sittengesetze des Landes mit dem Tode bestrafen. Er ist dabei in Bedrängnis geraten: noch hat er keine Hinrichtung vollzogen. Wenn dem so bleibt, wird ihm sein Amt gekündigt. Da kommt ihm die Idee, dem depressiv gewordenen Nanki-Puh anzubieten, noch vier Wochen auf seine Kosten in Saus und Braus mit Yum-Yum zu leben und sich dann hinrichten zu lassen.

2. Akt

Als der Mikado Ko-Ko einen Kontrollbesuch abstattet, lügt ihn dieser an, er habe bereits jemanden hingerichtet. Er kann ja nicht wissen, daß es sich bei dem »Opfer« um den Sohn des Kaisers handelt. Die Strafe ist klar: Martern aller Art und dann der Tod. Doch Nanki-Puh unterbreitet Ko-Ko den Vorschlag, er solle die Hofdame Katisha heiraten, um seiner Strafe zu entgehen. Gesagt, getan; nun ist Yum-Yum endlich frei, und Nanki-Puh kann sie als seine rechtmäßige Braut heimführen.

Anmerkung

Der typisch englische Sprachwitz Gilberts hat einer größeren Verbreitung der Operetten Sullivans in nicht-englischsprachigen Gebieten im Weg gestanden. Einzig »Der Mikado« hat sich dauerhaft auf dem europäischen Festland behaupten können. Das Werk war Gilbert/Sullivans größter Erfolg. Bereits drei Jahre nach der Premiere fand in den USA die 3000. Aufführung statt. Eigens zusammengestellte »Mikado-Truppen« zogen jahrelang durch alle Welt. In Japan empfanden viele den »Mikado« als eine Verlästerung der japanischen Kultur; es hagelte Proteste. In Wirklichkeit wird im »Mikado« jedoch die puritanische Gesellschaft Englands aufs Korn genommen. Das Lied des Mikado »Ich heb' den Humor auf jeden Fall hervor« gehört zu den beliebtesten Nummern dieses kurzweiligen Opus.

Franz von Suppé
(1819-1895)

Franz von Suppé kam in Spalato, dem heutigen Split, als Sohn eines kaiserlichen Kreiskommissärs zur Welt. Aus der Beamtenlaufbahn, die er ursprünglich hatte einschlagen sollen, wurde nichts. Noch während seines Jura-Studiums in Padua wandte Francesco Ezechiele Ermenegildo Cavaliere Suppé-Demelli, wie er mit vollem Namen hieß, sich unter dem Einfluß der italienischen Oper, die ihn faszinierte, endgültig der Musik zu. Als sein Vater starb, ging er nach Wien und nahm Kompositionsunterricht bei Ignaz von Seyfried und Simon Sechter. Über eine Laufbahn als Theaterkapellmeister an kleineren Häusern in Wien und in der Provinz kam er 1845 ans Theater an der Wien. Unter dem Eindruck Jacques Offenbachs, dessen Werke zunehmend auch in der Donaumetropole populär wurden, begann Franz von Suppé, der bisher nur kleinere Bühnenmusiken geschrieben hatte, sich für das neue Genre der Operette zu interessieren. Noch vor Johann Strauß schuf er mit dem Einakter »Das Pensionat« (1860) eine erste »Wiener« Operette, der bald auch mehraktige Werke folgten. Die Krönung seines vielseitigen Operettenschaffens, das so bekannte Werke wie »Die schöne Galathee« (1865), »Banditenstreiche« (1867) und »Fatinitza« (1876) umfaßt, gelang ihm 1879 mit »Boccaccio«.

DIE SCHÖNE GALATHEE

Komisch-mythologische Operette in einem Akt, Text von Poly Henrion (Leopold K. Dittmar Kohl von Kohlenegg), Uraufführung: Wien 1865

Personen
PYGMALION (Tenor),
ein junger Bildhauer;
GANYMED (Alt),
sein Diener;
MYDAS (Tenor),
ein Kunstenthusiast;
GALATHEE (Sopran),
eine Statue

Im Atelier Pygmalions auf Zypern, im Altertum.

Die schöne Galathee

Handlung

Der Bildhauer Pygmalion hat eine Statue der Nymphe Galathee geschaffen, deren Schönheit ihn selbst gefangennimmt. Eifersüchtig behütet er sein Kunstwerk vor den Blicken anderer. Als Mydas, ein Kunstexperte, sich durch Bestechung des Dieners Ganymed Zugang zum Atelier verschafft, jagt ihn der eifersüchtige Pygmalion davon. Er fleht die Göttin Venus an, der Statue Leben einzuhauchen, – und wird erhört. Aber kaum lebendig, verwandelt Galathee sich in eine allzu kokette junge Dame, die mit ihren Launen und ihrer Untreue den verliebten Bildhauer zur Weißglut treibt. Während sie ihren Schöpfer wie einen Lakaien behandelt, macht sie dem Diener schöne Augen. Bei einem Abendessen, an dem auch Mydas teilnimmt, fällt sie ziemlich aus der Rolle. Als Pygmalion sie schließlich auch noch in heftiger Umarmung mit Ganymed ertappt, ruft er erneut die Göttin Venus um Hilfe an. Galathee wird in eine Statue zurückverwandelt, und Pygmalion ist froh, in Mydas einen Käufer für sie zu finden.

Anmerkung

»Die schöne Galathee« ist eine der populärsten Bearbeitungen des klassischen Pygmalion-Stoffes, der in Literatur (Ovid, Shaw) und Musik (»My Fair Lady«) unzählige Male aufgegriffen worden ist. Im parodistischen Blick auf die Antike ist das Vorbild Offenbachs unverkennbar. Die bekannteste Nummer des melodienreichen Werks ist das Auftrittslied des Mydas »Meinem Vater Gordias«.

BOCCACCIO

Operette (komische Oper) in drei Akten, Text von F. Zell (Camillo Walzel) und Richard Genée, Uraufführung: Wien 1879

Personen

GIOVANNI BOCCACCIO (Mezzosopran, evtl. Tenor);
PIETRO (Tenor),
Prinz von Palermo;
SCALZA (Baßbuffo),
Barbier;
BEATRICE (Sopran),
sein Weib;
LOTTERINGHI (Bariton),
Faßbinder;

F. von Suppé

ISABELLA (Sopran),
sein Weib;
LAMBERTUCCIO (Bariton),
Gewürzkrämer;
PERONELLA (Sopran),
sein Weib;
FIAMETTA (Sopran),
beider Ziehtochter;
BUCHHÄNDLER (Bariton);
LEONETTO (Bariton),
Student;
UNBEKANNTER

Florenz, im Jahr 1331.

Handlung

Der Dichter Boccaccio, der immer wieder neue Geschichten über die Untreue ihrer Ehefrauen in Umlauf bringt, ist den Männern von Florenz ein Dorn im Auge. Als der Barbier Scalza von einer Reise zurückkehrt, findet er seine Gattin Beatrice in Gesellschaft zweier junger Männer – Boccaccio und Leonetto – vor. Scalzas Frau macht ihrem Gatten weis, die beiden seien Studenten, die im Eifer eines Duells ins Haus gedrungen sind. Aus Furcht vor den vermeintlichen Streithähnen räumt Scalza das Feld. Leonetto, der Verehrer Beatrices, und sein Freund Boccaccio lachen sich ins Fäustchen. Das nächste Abenteuer geht nicht so glimpflich aus: Während Boccaccio, als Bettler verkleidet, sich beim Kirchgang der von ihm angebeteten Fiametta nähert, macht sein neuer Freund, der Prinz von Palermo, der schönen, aber verheirateten Isabella den Hof. Nach der Messe stürzen sich die eifersüchtigen Ehemänner auf den Prinzen, den sie irrtümlich für Boccaccio halten. Als sie erkennen müssen, den falschen erwischt zu haben, verbrennen sie im Zorn Boccaccios dichterische Werke. Aber nichts kann den Dichter und seine beiden Freunde davon abhalten, ihr Treiben fortzusetzen, zumal auch die Frauen äußerst erfinderisch darin sind, ihre Ehemänner hinters Licht zu führen. Bald formiert sich das Heer der Gehörnten aufs neue, aber wieder endet der Versuch, Boccaccio zu bestrafen, kläglich. Die Prügel nämlich bekommt ein herzoglicher Gesandter ab, der soeben Fiametta die Botschaft überbracht hat, daß sie die natürliche Tochter des Herzogs und dazu ausersehen ist, den Prinzen von Palermo zu ehelichen. Der denkt freilich nicht daran, sondern überläßt die Braut seinem Freund

Boccaccio

Boccaccio, der inzwischen die Gunst des Herzogs errungen und einen Professorentitel verliehen bekommen hat. Die Beschwerden, die die Florentiner Bürger gegen den ungeliebten Dichter vorbringen, können ihm nichts mehr anhaben.

Anmerkung

»Boccaccio«, eine musikalische Liebeserklärung an den Florentiner Dichter des »Decamerone«, die sich zum Teil auch auf Motive aus dessen Erzählungen stützt, ist nicht das letzte, aber wohl das reifste Werk Franz von Suppés. Neben den schwungvollen Ensembles und der Ouvertüre gehören vor allem das Lied »Hab' ich nur deine Liebe«, der Walzer »Wonnevolle Kunde«, die Tarantella »Immerzu undici, dodici, tredici« und »Florenz hat schöne Frauen« (»Mia bella fiorentina«) zu den Zugnummern dieser auch in musikalischer Hinsicht sehr »italienischen« Operette.

Carl Michael Ziehrer
(1843-1922)

Wie Johann Strauß fand der gebürtige Wiener Carl Michael Ziehrer über die Tanzmusik zur Operette. Aber nicht nur als Walzer- und Bühnenkomponist, sondern auch als Militärmusiker machte Ziehrer eine glänzende Karriere. Unter anderem war er mehrere Jahre Kapellmeister des Hoch- und Deutschmeister-Regiments, mit dem er zahlreiche Auslandstourneen unternahm. 1908 berief man ihn zum k.u.k. Hofballmusikdirektor. Mit dem Ende des Ersten Weltkriegs und dem Untergang der Monarchie brach auch Ziehrers Leben zusammen. Von einem Schlaganfall gezeichnet und völlig verarmt starb der Ehrenbürger Wiens im Jahr 1922.

DIE LANDSTREICHER
Operette in einem Vorspiel und zwei Akten von Leopold Krenn und Carl Lindau, Uraufführung: Wien 1899

Personen
FÜRST ADOLAR GILKA (Komiker);
ROLAND (Tenor),
Assessor;
MIMI (Sopran),
Tänzerin;
AUGUST FLIEDERBUSCH (Buffo);
BERTHA (Soubrette)
seine Frau;
LAJOS VON GELETNEKY,
Maler;
GRATWOHL,
Wirt;
ANNA,
seine Tochter;
KAMPEL,
Gerichtsdiener;
LEITGEB,
Hotelier;
STÖBER,
Dirigent des Männergesangvereins

Bayern, vor 1914.

Die Landstreicher

Handlung

Das Landstreicherehepaar August und Bertha Fliederbusch hat ein wertvolles Schmuckstück und eine Tausendmarknote gefunden. Beim Versuch, den Geldschein in Umlauf zu bringen, sind sie verhaftet worden. Nun stehen sie, beschuldigt, den Tausendmarkschein gestohlen zu haben, vor Gericht und werden, weil die Verhandlung unterbrochen wird, vorübergehend in Arrest genommen. Es gelingt ihnen jedoch, aus der Zelle zu entweichen und in den nun leeren Verhandlungsraum zurückzukehren. In der Robe des Gerichtsassessors finden sie den Geldschein wieder. Da erscheint Fürst Gilka in Begleitung der Tänzerin Mimi, um den Verlust eines kostbaren Schmuckstücks anzuzeigen. August, in der Robe des Assessors, bittet Gilka und dessen Begleiterin, Hüte und Mäntel abzulegen und einstweilen in der Arrestzelle Platz zu nehmen. Flugs sperrt er hinter ihnen zu, greift sich die Sachen des vornehmen Paars und sucht mit seiner Frau das Weite. Als Fürst und Fürstin Gilka residieren die Fliederbuschs in einem vornehmen Hotel. Das Schmuckstück wollen sie beim Bürgermeister abgeben und den dafür ausgesetzten Finderlohn einstreichen. Da begegnet ihnen Gilka wieder, doch Fliederbusch gelingt es, sich als der Juwelier auszugeben, den Gilka beauftragt hatte – weil ihm das echte Kollier zu schade war für die Tänzerin Mimi –, eine Kopie des Schmuckstücks herzustellen. Nun glaubt Gilka, daß Mimi die echten Perlen trägt und trachtet danach, sie ihr wieder abzuluchsen. Plötzlich taucht auch der Gerichtsassessor wieder auf. Eilends machen Fliederbuschs sich aus dem Staub.

Einige Zeit später. Gilka gibt ein Fest. Er hat den pfiffigen Fliederbusch und seine Bertha engagiert, die, als Taschenspielerin auftretend, Mimi den Schmuck abnehmen und ihn dann wieder – allerdings ausgetauscht gegen die Kopie – herbeizaubern soll. Das Kunststück gelingt. Aus Dankbarkeit nimmt Gilka das listige Pärchen in seine Dienste auf und sorgt dafür, daß das Gerichtsverfahren gegen beide eingestellt wird.

Anmerkung

Mit den »Landstreichern«, mag das Libretto auch voller Ungereimtheiten stecken, ist Ziehrer eine sehr spaßige Operette mit ausgesprochen hübschen melodischen Einfällen gelungen. Besondere Hervorhebung verdient das Walzerlied am Ende des ersten Akts »Sei gepriesen, du lauschige Nacht«.

MUSICAL

I. Berlin

Annie Get Your Gun

Musical Play in zwei Akten
Musik und Gesangstexte: Irving Berlin
Buch: Herbert und Dorothy Fields
Uraufführung: New York, 16. 5. 1946
Ort und Zeit der Handlung: Amerika um 1900

Noten lesen konnte er überhaupt nicht. Klavier spielen brachte er sich selbst mehr schlecht als recht bei, und er beherrschte Zeit seines Lebens nur eine einzige Tonart, nämlich Fis-dur. Trotzdem – es grenzt beinah an ein Wunder – wurde er zu einem der erfolgreichsten Komponisten aller Zeiten. Seine Melodie »White Christmas« steht wegen ihrer Verkaufszahlen (über zweihundert Millionen) im Guinness Buch der Rekorde, und jedes Musical, zu dem dieser Mann die Musik schrieb, wurde zu einer Goldgrube für das Showgeschäft.

Die Rede ist von Irving Berlin, der als Kind mit seinen Eltern in die USA einwanderte und schnell lernte, wie man mit Musik Geld verdient. Nach Anfängen als Claqueur, Statist und Cafésänger begann er zu komponieren, wozu er freilich während seiner gesamten Laufbahn einen Helfer brauchte, der seine Einfälle in Notenschrift festhalten konnte. 1911 gelang ihm der Evergreen »Alexander's Ragtimeband«, doch der Börsenkrach 1929 raubte ihm sein ganzes Vermögen, und er mußte praktisch von vorn anfangen.

»Annie Get Your Gun«, Irvings unbestrittenes Meisterwerk, sollte eigentlich von Jerome Kern vertont werden. Kern jedoch starb überraschend, und Berlin sprang ein. Die Geschichte handelt von der Scharfschützin *Annie Oakley*, einem armen Mädchen vom Lande, das mit den legendären Figuren *Buffalo Bill* und *Sitting Bull* in Wild-West-Shows durch die Lande tingelt. Sie verliebt sich in ihren Schützen-Kollegen *Frank Butler* und übertrumpft ihn. Der ehrgeizige Frank wechselt daraufhin zur Konkurrenztruppe, die beiden verlieren sich aus den Augen. Nach einer Europatournee, auf der Annie der ungeschlagene Star der Truppe ist, fusionieren beide Unternehmen. Es kommt zum Wettschießen zwischen Annie und Frank. Der weitsichtige Sitting Bull verstellt heimlich das Visier an Annies Gewehr, so daß sie Zweite wird. Der Versöhnung und der Hochzeit mit Frank steht nun nichts mehr im Wege.

Aus »Annie Get Your Gun« stammt »There's No Business Like Show Business«, die sogenannte »Hymne der Theaterleute« – ausgerechnet dieser Song wäre beinahe gestrichen worden.

Anything Goes

Musical Comedy in zwei Akten
Buch und Gesangstexte: Guy Bolton und P. G. Wodehouse,
revidiert von Howard Lindsay, Russel Crouse und Cole Porter
Musik: Cole Porter
Uraufführung: New York, 21. 11. 1934
Ort und Zeit der Handlung: Luxusdampfer auf der Fahrt über
den Atlantik in den frühen 30er Jahren

So flexibel müssen Musicalschreiber sein: Zuerst sollte es die Geschichte einer Handvoll Überlebender eines Schiffsunglücks werden, die sich dort, wo sie gestrandet sind, zurechtfinden müssen. Die Autoren P. G. Wodehouse und Guy Bolton hatten das Buch schon fertig auf dem Schreibtisch, der Komponist Cole Porter brachte die während einer Rheinreise geschriebenen Songs mit, und die Proben hatten begonnen. Doch da geschah es: Bei einem Brand auf der »Morro Castle« vor der Küste New Jerseys starben über hundert Menschen. Die Erschütterung über die Katastrophe war nachhaltig, und es war nun unmöglich, ein ähnliches Geschehen auf die Bühne zu bringen.

Der Produzent Vinton Freedley gab nicht auf: Er beauftragte zwei junge Talente, Howard Lindsay und Russel Crouse, das Buch zu überarbeiten. Das Ergebnis: eine Verwechslungskomödie, in der alle Register der Verwirrungstechnik gezogen wurden – bis an die Grenze zum Absurden.

Ort der Handlung ist das Luxusschiff »S. S. America«, das eine Reihe von Passagieren zusammen mit einigen Gesellschaftsreportern von New York nach London bringen soll. Unter den Reisenden befinden sich auch die reiche Erbin *Hope Harcourt* und ihr Verlobter sowie *Sir Evelyn Oakleigh*, ein blasierter englischer Adliger.

Dann ist da noch der Börsenmakler *Elisha T. Whitney* an Bord, protzig und neureich. Sein Mitarbeiter *Billy Crocker*, ständig in Finanznöten, schleicht sich als blinder Passagier ein, als er erfährt, daß die schöne Hope an Bord ist. Er hat ein Auge auf sie geworfen und will ihre Hochzeit verhindern. Dabei hilft ihm ein als Priester verkleideter, vom FBI gesuchter Ganove. Um sich unerkannt seiner Angebeteten nähern zu können, muß auch Billy sich die verschiedensten Verkleidungen ausdenken. Dadurch wird eine Kette turbulenter Mißverständnisse ausgelöst, doch am Ende steht eine lange Reihe von Hochzeiten dieser und weiterer Figuren der Geschichte, noch bevor die Küste Englands in Sicht ist.

»Total überdreht« nannten die Kritiker dieses Werk, das von Slapstick-Elementen strotzt und das Publikum im Depressionsjahr 1934 von der Realität ablenkte. Eine zweite Fassung, in der einige Songs gestrichen, andere aus verschiedenen Porter-Musicals eingebaut worden waren, hatte 1962 Premiere.

Brigadoon

Musical Play in zwei Akten
Musik: Frederick Loewe
Gesangstexte und Buch: Alan Jay Lerner
Uraufführung: New York, 13. 3. 1947
Ort und Zeit der Handlung: das schottische Hochland und
New York 1947; Brigadoon im Jahr 1747

Wahre Liebe überwindet alle Grenzen, alle Grenzen des Raumes und alle Grenzen der Zeit. Ein märchenhafter Ansatz für eine märchenhafte

Geschichte: In einer völlig verwilderten Gegend des schottischen Hochlands lag einst das Städtchen Brigadoon. Es wurde von Hexen verzaubert und liegt gefangen zwischen den Zeiten. Nur alle hundert Jahre wird es mit seinen Bewohnern für einen Tag sichtbar. Und genau an einem solchen Tag verirren sich zwei Touristen aus New York, *Tommy Albright* und *Jeff Douglas*, die in Schottland einmal Pause vom Stadtleben machen wollen, dorthin. Sie erleben, ohne das Geheimnis zu ahnen, das zweihundert Jahre alte Volksleben des Städtchens, und Tommy verliebt sich in das Mädchen *Fiona MacLaren*. Schließlich erfahren sie das Schicksal Brigadoons, und Jeff kann den Freund nur mühsam daran hindern, mit den Bewohnern in der magischen Zeit zu versinken. Doch damit ist die Geschichte nicht zu Ende: Auch daheim in Amerika kann Tommy seine Liebe zu Fiona nicht vergessen. Die Freunde kehren nach Schottland zurück und überlegen, wie sie Brigadoon noch einmal erstehen lassen könnten. Schließlich erscheint ein Gesandter des Städtchens, um Tommy für immer zu seiner Geliebten zu führen.

Das Team, dem fast zehn Jahre später »My Fair Lady« gelingen sollte, hatte es mit diesem Stück bei der Kritik nicht leicht. Man monierte die starke Ähnlichkeit mit der Erzählung »Germelshausen« des deutschen Schriftstellers Friedrich Gerstäcker. Fest steht, daß die Handlung von »Brigadoon« auf einem Konglomerat schottischer Sagen basiert. Den unverwechselbaren Klang der schottischen Folklore traf Loewe nicht zuletzt dadurch, daß er den Dudelsack zum festen Bestandteil des Orchesters machte. Nach einem gigantischen Erfolg am Broadway wurde auch die Verfilmung von 1954 mit Gene Kelly und Cyd Charisse ein kommerzieller Volltreffer.

Cabaret

New Musical in zwei Akten
Musik: John Kander
Gesangstexte: Fred Ebb
Buch: Joe Masteroff
(nach dem Schauspiel »I Am a Camera« von John van Druten,
basierend auf den Romanen »Mr. Norris Changes Trains«
und »Goodbye to Berlin« von Christopher Isherwood)
Uraufführung: New York, 20. 11. 1966
Ort und Zeit der Handlung: Berlin, Anfang der 30er Jahre

»Life Is a Cabaret« - wer hat bei dieser Zeile nicht sofort die Stimme Liza Minnellis im Ohr, die mit der Verfilmung des Musicals »Cabaret« ihre große Karriere begann?

Wir befinden uns im Berlin der frühen 30er Jahre. In der Hauptstadt brodelt es: Die Naziherrschaft wirft ihre Schatten voraus, Hitlers Machtergreifung steht unmittelbar bevor. Der junge Amerikaner *Clifford Bradshaw* trifft in der deutschen Metropole ein, um Material für einen Roman über die Zeitereignisse zu sammeln. Er verliebt sich in die Sängerin *Sally Bowles*, die im Kit-Kat-Club, einem typischen Tingeltangel-Lokal der Zeit, arbeitet. Die sich zuspitzenden politischen Ereignisse greifen in das Leben der beiden ein. Sie erleben die Judendiskriminierung hautnah im eigenen Bekanntenkreis. Schließlich erwartet Sally von Clifford ein Kind, doch sie weigert sich, mit ihm nach Amerika zu gehen, und läßt eine Abtreibung vornehmen. Der Schriftsteller kehrt in seine Heimat zurück und beginnt mit der Arbeit an seinem Roman.

Neben dieser Haupthandlung arbeiten die Autoren mit einer zweiten Spielebene – der Kabarettbühne. Hier entsteht in vielen Parodien und Anspielungen ein verzerrtes Spiegelbild der Zeit und eine Atmosphäre, die man am besten mit einem Tanz auf dem Vulkan umschreiben kann. »Life Is a Cabaret« – das Leben ist nichts als ein riesiges Bühnenspektakel, das ist die Philosophie, zu der sich die Sängerin Sally Bowles am Ende des Stückes bekennt.

Die Handlung des 1966 aus der Taufe gehobenen Werkes basiert auf zwei Berliner Episoden-Romanen der 30er Jahre von Christopher Isherwood. Die Autoren des Musicals, John Kander (Musik), Fred Ebb (Gesangstexte) und Joe Masteroff (Buch), schufen für den Film, der 1972 in den Kinos anlief, eine geänderte Version, die die Rolle der Sally Bowles stärker betont.

Die Musik orientiert sich streckenweise an den aggressiv-plakativen Jazz-Verfremdungen, wie sie in den 20er Jahren (etwa bei Kurt Weill) modern waren.

Camelot

Musical Play in zwei Akten
Musik: Frederick Loewe
Gesangstexte und Buch: Alan Jay Lerner nach dem Romanzyklus
»The Once and Future King« von Terence H. White
Uraufführung: New York, 3.12.1960
Ort und Zeit der Handlung: Frankreich und Britannien in einem Phantasie-Mittelalter

»Camelot – cost a lot – cut a lot«: Dieses Wortspiel, das 1960 am Broadway in aller Munde war, hatte durchaus seine Berechtigung. Die Produktionskosten lagen bei 635.000 Dollar – für die damalige Zeit eine schwindelerregende Summe –, und mit vier Stunden Dauer war die erste Fassung des Werkes einfach zu lang. Doch allen Unkenrufen zum Trotz fieberte die Öffentlichkeit der Uraufführung mit hochgespannten Erwartungen entgegen – schließlich stammte das Stück aus der Feder des mit »My Fair Lady« berühmt gewordenen Autoren-Duos Alan Jay Lerner und Frederick Loewe.

König Arthur, Herrscher des sagenhaften Reiches Avalon, Gründer der berühmten Tafelrunde und Herr der Burg Camelot, heiratet *Guenevere*, die ihn zunächst wegen seiner strengen Tugendhaftigkeit fürchtet. Nach der Hochzeit taucht der ungestüme Ritter *Lancelot* auf. Er verliebt sich in die Königin. Als er erkennt, daß auch sie ihn liebt, verläßt er die Burg wieder. Nach Jahren kehrt er wieder und wird in die hehre Tafelrunde aufgenommen. An den verbotenen Gefühlen der beiden zueinander hat sich nichts geändert. Arthur will die Gefahr, Frau oder Freund zu verlieren, nicht sehen. *Mordred*, illegitimer Sohn Arthurs, nutzt dies aus, um selbst den Thron besteigen zu können. Er sorgt dafür, daß die heimlich Liebenden in Arthurs Abwesenheit überführt werden. Lancelot kann fliehen, doch Guenevere wird gefangengenommen und muß nach den geltenden Gesetzen hingerichtet werden. Lancelot kann sie befreien und nach Frankreich bringen. Arthur ist nun gezwungen, gegen Frankreich einen Krieg zu beginnen. Obwohl er Lancelot und Guenevere vergibt, besinnt er sich auf seine Ideale, und die entscheidende Schlacht wird vorbereitet. Camelot wird untergehen und nur noch in der Phantasie der Menschen weiterleben, bis die Welt von Niedertracht und Unmoral befreit ist.

Man warf den Autoren vor, die Musik erinnere sehr an »My Fair Lady« und die Songs seien unmotiviert in die Handlung eingepflanzt. Trotzdem gehörte das Werk zu den »Long Running Musicals«, denn es traf vor allem durch den verschwenderischen Pomp der Ausstattung auf die Gegenliebe des Publikums. Außerdem verband man den Helden Arthur und seine ideale Tugendhaftigkeit unverhohlen mit dem damals amtierenden jungen Präsidenten John F. Kennedy, dem Hoffnungsträger für die Bürger Amerikas.

Can-Can

Musical Comedy in zwei Akten
Musik und Gesangstexte: Cole Porter
Buch: Abe Burrows
Uraufführung: New York, 7. 5. 1953
Ort und Zeit der Handlung: Paris im Jahr 1893

Der Cancan, jener unverhohlen erotisierend-ausgelassene Tanz der Pariser Cabarets, liefert nicht nur den Titel dieses Musicals – er ist im Grunde auch die Attraktion des Stückes.

Die Tänzerinnen eines Lokals am Montmartre stehen vor Gericht, weil sie den Cancan öffentlich vorgeführt haben. Der junge Richter *Aristide Forestier* muß sie zwar mangels Beweisen freilassen, doch er will sich den sittenwidrigen Stein des Anstoßes selbst einmal zu Gemüte führen. Im »Bal du Paradis«, wie jenes Etablissement heißt, lernt er die attraktive Besitzerin *Madame Pistache* kennen. Schließlich kommt es doch zu einer Verurteilung der Wirtin und ihrer Tänzerinnen. Aus Rache verwickelt Madame Pistache Aristide nach ihrer Freilassung in eine pikante Situation, in der er heimlich fotografiert wird. Die Presse stellt ihn nun als lasterhafte Amtsperson bloß. Um sich zu rehabilitieren, beginnt er einen Kampf gegen die bürgerliche Doppelmoral und eröffnet mit Madame Pistache, die er am Schluß heiratet, selbst ein Lokal am Montmartre. Damit ebnet er dem ehemals verbotenen Tanz endlich den Weg zur besseren Gesellschaft.

Cole Porter, ein Kind der High Society und Millionär von Geburt an, entwickelte sich bereits während seiner Studienjahre zum Songschreiber. Von Anfang an schrieb er auch seine Liedtexte selbst. Der erste Erfolg gelang ihm mit der Verwechslungskomödie »Anything Goes« (1934), sein unbestrittenes Meisterwerk jedoch ist »Kiss Me, Kate« (1948). Porter hatte lange Zeit in Europa verbracht, und sein besonderes Verdienst war es, dem Broadway Stoffe aus der Alten Welt zuzuführen. »Can-Can« mit dem Evergreen »I Love Paris« (»Ganz Paris träumt von der Liebe«) ist das berühmteste Beispiel dafür.

Abe Burrows, der Librettist des Musicals, entwickelte die Handlung bei der Durchsicht von Polizeiakten aus dem Paris des 19. Jahrhunderts.

A. Lloyd Webber

Cats

Musical in einem Akt
Musik: Andrew Lloyd Webber
Buch: nach »Old Possum's Book of Practical Cats« und anderen Gedichten von T. S. Eliot;
zusätzliche Texte von Trevor Nunn und Richard Stilgoe
Uraufführung: London, 11. 5. 1981
Ort und Zeit der Handlung: ein Müllhaufen in London

Im Dunkeln funkeln Katzenaugen. Es kratzt, scharrt und faucht aus allen Ecken. So beginnt eines der wohl unkonventionellsten und erfolgreichsten Musicals: »Cats«. Auf einem Schrottplatz treffen sich im Mondschein die Katzen zu ihrem alljährlich stattfindenden Jellicle- (little cat) Ball. Wie bei den Menschen sind unter ihnen die unterschiedlichsten und skurrilsten Charaktere vertreten, die sich der Reihe nach vorstellen und ihre Lebensgeschichte erzählen. Im Mittelpunkt steht *Grizabella*, eine einstige Schönheit, die nun zur Gossenkatze verkommen ist und ein hoffnungsloses, erbärmliches Leben fristet. Gegen Morgengrauen, am Ende des Festes, wird sie vom Katzenoberhaupt *Old Deuteronomy* in einer uralten Zeremonie dazu auserwählt, in den Katzenhimmel aufzusteigen, um dann zu einem zweiten Leben wiedergeboren zu werden. Weitere Höhepunkte sind die dramatische Entführung von Old Deuteronomy und ein Kampf zwischen verfeindeten Hundebanden.

Das Werk basiert auf der Gedichtsammlung »Old Possum's Book of Practical Cats« von T. S. Eliot, die in England in fast jedem Kinderzimmer zu finden ist. Es stellt höchste Ansprüche an die tänzerischen, gesanglichen und schauspielerischen Fähigkeiten der Darsteller. Sehr wichtig für den Gesamteindruck des Werkes sind die phantasievollen Kostüme und die atmosphärisch überzeugende Bühnengestaltung der berühmten Londoner, New Yorker und Wiener Inszenierungen. Zu den Hits aus diesem Musical gehören »Memory« und »Macavity«. »Cats« ist das am längsten im Londoner West End gespielte Musical und bedeutete einen weiteren Hit für den von Erfolg verwöhnten, am 22.3.1948 in Westminster (England) geborenen Komponisten Andrew Lloyd Webber, der bereits als Neunjähriger ein Theaterstück für Kinder geschrieben haben soll.

Zu den bekanntesten Musicals von Andrew Lloyd Webber zählen neben »Cats«: »Jesus Christ Superstar« (1971), »Evita« (1978), »Starlight Express« (1984), »The Phantom of the Opera« (1986).

A Chorus Line

Musical in einem Akt
Musik: Marvin Hamlisch
Gesangstexte: Edward Kleban
Buch: James Kirkwood und Nicholas Dante nach einer
Idee von Michael Bennett
Uraufführung: New York, 16. 4. 1975
Ort und Zeit der Handlung: eine Bühne am Broadway
am Tag der Aufführung

Die »Chorus Line«, das ist ein nahezu unverzichtbarer Bestandteil eines jeden Musicals, einer jeden Broadway-Produktion. Die »Chorus Line«, das ist die aus den meist namenlosen »Gypsies« gebildete Chor- und vor allem Tanzgruppe, die auf der Bühne erst für den richtigen Wirbel sorgt. Aus einer Reihe von Tonbandinterviews mit solchen von Engagement zu Engagement sich durchschlagenden Tänzerinnen und Tänzern entstand die Idee zu »A Chorus Line«, in dem das Publikum einen Blick auf den harten Alltag des glitzernden Showbusineß tun kann.

Zach, ein Choreograph mit unorthodoxen Ideen, muß für seine neueste Produktion die Chorus Line zusammenstellen. Anders als sonst beim Vortanzen üblich, läßt er die Kandidaten sich nicht nur musikalisch betätigen, sondern sie auch aus ihrem Leben erzählen, wie und warum sie zum Tanzen kamen. So lernt der Zuschauer eine Reihe höchst individueller Charaktere kennen, die sich jedoch in einem gleichen: in ihrer unbedingten Liebe zum Tanz. Auch *Cassie* – wie sich herausstellt, eine alte Freundin von Zach –, die sich mit geringem Erfolg als Hollywood-Schauspielerin versucht hat, will unbedingt zurück auf die Bühne. Ein Unfall gibt Anlaß zu einem nachdenklichen Zwischenspiel: Was tun, wenn es einmal aus sein sollte mit dem Tanz? – Am Ende trifft Zach seine Wahl, und der Jubel unter den für die Produktion engagierten Künstlern ist groß. Im Finale fügen sich die Individuen wieder zur unverzichtbaren und präzis funktionierenden Maschine namens »Chorus Line« zusammen.

Das Libretto und die auch in den Dialogen durchkomponierte Musik entstanden während der Proben. Eine außerordentliche Geschlossenheit des ohne Pause durchzuspielenden Stücks war die Folge. Weite Verbreitung fand die Filmversion aus dem Jahre 1985 mit Michael Douglas und Alyson Reed in der Regie von Richard Attenborough.

Evita

Rock-Musical in zwei Akten
Musik: Andrew Lloyd Webber
Buch und Gesangstexte: Tim Rice nach der
Lebensgeschichte von Eva Perón
Uraufführung: London, 21. 6. 1978
Ort und Zeit der Handlung: Argentinien zwischen 1934 und 1952

Eigentlich müßte dieses Musical »Aus der Hütte in den Palast« heißen, denn genau diesen märchenhaften Aufstieg erlebte *Eva Perón (Evita)*, die ehemalige First Lady Argentiniens und Heldin des Stückes. Die Handlung beginnt mit großer Staatstrauer und einer prunkvollen Beerdigung: Evita Perón ist gestorben. In einer Rückblende wird ihre Geschichte aufgerollt: Evita entflieht als Fünfzehnjährige ihrem ärmlichen Milieu, indem sie dem Nachtclubsänger *Magaldi* in die Hauptstadt Buenos Aires folgt. Sie strebt eine Karriere als Künstlerin an und sucht sich gezielt die Liebhaber aus, die ihr den Weg nach oben freimachen und ihr Filmrollen verschaffen. So trifft sie auf den machthungrigen Offizier *Perón*. Sie spannt ihn seiner jungen Geliebten aus und unterstützt seine Aufstiegspläne, die ihn schließlich zum Präsidenten und Diktator Argentiniens machen. Evita Perón, die selbst aus ärmsten Verhältnissen stammt, versteht es auf raffinierte Art, die arme Bevölkerung auf die Seite ihres Mannes zu bringen. Der Erzähler des Musicals ist der junge lateinamerikanische Revolutionär *Che* (Ernesto Che Guevara). Er durchschaut die eiskalten Machtambitionen Evitas und nimmt die bombastische Begräbnisfeier als Ausgangspunkt, um die Legende um Evita Perón zu enttarnen und Evitas wahre, nämlich berechnende und volksfeindliche Machenschaften ans Licht zu bringen.

Trotz aller historischen Anspielungen haben die Autoren ausdrücklich erklärt, daß sie mit ihrem Werk keinerlei politische Absichten verfolgten. Zumindest mit dem Erfolgstitel »Don't Cry for Me Argentina« ist ihnen dies gelungen – kaum ein Zuhörer wird bei diesem Lied an eine ernst zu nehmende Auseinandersetzung mit dem Faschismus denken.

»Evita« war für Andrew Lloyd Webber und Tim Rice der zweite gemeinsame Erfolg. Genauso wie »Jesus Christ Superstar« ist »Evita« nach Art einer Oper durchkomponiert und wird deshalb auch als »Rockoper« bezeichnet.

Fiddler on the Roof

Musical Play in zwei Akten
Musik: Jerry Bock
Gesangstexte: Sheldon Harnick
Buch: Joseph Stein nach den »Tevje«-Geschichten von
Scholem Alejchem
Uraufführung: New York, 22. 9. 1964
Ort und Zeit der Handlung: die jüdische Gemeinde Anatevka in der
Ukraine am Vorabend der Revolution 1905

Die Einwohner von Anatevka haben es nicht leicht, sich in ihrer politisch angespannten Umwelt zu behaupten. Der Milchmann *Tevje* erklärt dem Publikum gleich zu Anfang des Musicals, wie das Kunststück des Überlebens unter solch brisanten Umständen bewerkstelligt werden kann: Das Zauberwort heißt Tradition. Die alten Sitten und Bräuche werden in der Gemeinde streng gepflegt. Die Tradition hält die politisch verfolgten Bewohner eng zusammen und hilft ihnen, mit dem schweren Leben fertig zu werden. Doch die Realität macht durch diese Rechnung häufig einen dicken Strich: Milchmann Tevje träumt von einer besseren Zukunft für sich, seine Frau *Golde* und seine fünf Töchter. Goldes Plan, die Töchter gut zu verheiraten, wird schnell zunichte gemacht. Die Älteste soll den reichen Metzger *Lazar Wolf* heiraten, hat sich aber heimlich schon mit dem armen Schneider *Mottel* verlobt. Tevje gelingt es, Golde davon zu überzeugen, daß nur eine Liebesheirat die Tochter glücklich machen wird. Aber das Hochzeitsfest wird von randalierenden zaristischen Russen brutal unterbrochen. Die zweite Tochter ist in den revolutionären Studenten *Perchik* verliebt, der sich den Kämpfen gegen den Zaren anschließen will und dafür in die Verbannung geschickt wird. Seine Geliebte geht mit ihm. Die dritte Tochter schließlich heiratet den Russen Fedja und läßt sich mit ihm christlich trauen. Der Vater hat dafür nicht das geringste Verständnis.

Nach diesen Schicksalsschlägen versteht Tevje die Welt nicht mehr, aber es kommt für Anatevka noch schlimmer: Das Dorf gerät in den Strudel der Pogrome; alle Bewohner haben den Ort innerhalb von drei Tagen zu verlassen. Der einzige Hoffnungsschimmer für Tevje und den Rest der Familie bleibt die Aussicht, in Amerika ein neues Leben zu beginnen.

»Fiddler on the Roof« oder »Anatevka«, wie das Musical bei uns oft genannt wird, zeigt die Meisterschaft des Komponisten Jerry Bock, der sich gekonnt in die Volksmusik der Ostjuden einfühlte und dadurch eine authentische Atmosphäre heraufbeschwor. Die realistische Darstellung der Judenunterdrückung im zaristischen Rußland wird zwar durch eine gewisse Sentimentalität überdeckt, ist aber dennoch eindrucksvoll gelungen. Die Kritiker lobten vor allem die psychologische Tiefe des Werks und seine vielfachen Abstufungen von Heiterkeit und Ernst. Diese Merkmale finden sich besonders deutlich in der Figur des Tevje, dessen Lied »Wenn ich einmal reich wär« zum Welterfolg wurde. »Anatevka« ist die erfolgreichste Produktion, die der Broadway je erlebt hat.

Freudiana

Musical in zwei Akten
Musik: Eric Woolfson, mit Beiträgen von Alan Parsons
Gesangstexte: Eric Woolfson
Buch: Eric Woolfson, Brian Brolly, Linda Winiewicz
Uraufführung: Wien, 19. 12. 1990
Ort und Zeit der Handlung: das Londoner Freud-Museum in der Gegenwart

Mit einer Reisegruppe besucht der Amerikaner *Erik* das Freud-Museum in London. Er verliert sich in den Räumen, wird abends eingeschlossen und sinkt auf der berühmten Couch in den Schlaf. Die Ausstellungsgegenstände, die Freudiana, erwachen zum Leben, und einige der berühmtesten Fälle Sigmund Freuds geistern durch Eriks Träume. Auch *Dora*, ein von Erik im stillen verehrtes Mädchen aus der Reisegruppe, taucht in vielerlei Gestalt auf. Nach und nach erkennt Erik seine persönlichen Probleme in den Szenen wieder, und schließlich wagt er den Gang in den Tunnel, ins ödipale Dreieck, wo er sich vom übermächtigen Vaterbild befreien kann. Als Erik sich anderntags seiner Reisegruppe wieder anschließt, wagt er nicht nur, der wegen seiner Verspätung erbosten Reiseleiterin Paroli zu bieten, sondern überdies Dora anzusprechen.

»Das Musical will weder die Psychoanalyse noch deren ›Vater‹ erklären oder gar deuten. Es will vielmehr eine Verbindung schaffen zwischen der Welt Sigmund Freuds und der Welt des Theaters. Denn im Mittelpunkt der beiden vordergründig so unterschiedlichen Milieus stehen Traum und Phantasie.« – Soweit Peter Weck, Regisseur der (deutschsprachigen) Wiener Uraufführung, der vor allem durch die Wiener Aufführung von »Cats« zu Beginn der 80er Jahre eine Musical-Renaissance auf dem europäischen Kontinent eingeleitet hatte.

Alles andere als träumerisch waren die Vorbereitungen zu »Freudiana«. Hervorgegangen aus einer Schallplatte der Gruppe Alan Parsons Project, wurde das Stück in generalstabsmäßiger Arbeit in Angriff genommen:

Auf flächendeckende Pressearbeit und Werbung wurde nicht weniger Wert gelegt als auf phantasievolle Kostüme, ein aufwendiges Bühnenbild, ausgefeilte Choreographien und ein professionell durchtrainiertes Sänger/Darsteller-Ensemble.

So konnte »Freudiana«, ein Gesamtkunstwerk in modernem Sinne, erfolgreich als Markenartikel etabliert werden, zu dessen Kennzeichen nicht nur ein eigens entworfenes Logo und ein darauf abgestimmter Schriftzug gehören, sondern auch eine Firma namens »Freudiana Ltd.«, welcher die wirtschaftliche Nutzung der Marke obliegt.

Gigi

Musical Play in zwei Akten
Musik: Frederick Loewe
Gesangstexte und Buch: Alan Jay Lerner nach dem gleichnamigen Roman von Colette und dem Musical-Film (1958)
Uraufführung: New York, 13. 11. 1973
Ort und Zeit der Handlung: Paris und Trouville zu Beginn unseres Jahrhunderts

Paris am Broadway: Das hatte es schon in »Can-Can« (1953) und »Irma la Douce« (1956) gegeben – ganz zu schweigen von Gershwins »Ein Amerikaner in Paris« in der Tanzfilm-Version (1951). Mit »Gigi« legte nun auch der Komponist von »My Fair Lady«, Frederick Loewe, seine Liebeserklärung an die französische Hauptstadt vor. Ein Pluspunkt dieses Musicals ist eine gewisse Echtheit – stammt doch die Vorlage des Librettos von Colette, der großen französischen Romanautorin.

Gigi ist eine junge Pariserin, die unter der Aufsicht ihrer Großmutter *Alvarez* aufwächst. Ihr Leben ist ziemlich eintönig. Großmutter und Tante *Alicia* würden das Mädchen am liebsten in einer guten gesellschaftlichen Stellung sehen und sind daher vorsichtig, vor allem was das amouröse Pariser Leben betrifft. *Gaston*, Neffe des reichen *Honoré Lach*-

ailles und versnobter Junggeselle, freundet sich mit Gigis Familie an und lädt das Mädchen nebst Großmutter und Tante zu einer Reise nach Trouville ein, einem der vornehmen Badeorte der Zeit. Er verliebt sich in Gigi und will sie zu seiner Geliebten machen. Zwei Parteien bilden sich, die über Rechtsanwälte einen für beide Seiten vorteilhaften »Pacht«-Vertrag auszuhandeln suchen. Gigi weist den Kuhhandel empört zurück. Gaston erkennt, daß sie ihn trotz allem liebt, bewundert ihre moralische Standhaftigkeit und will sie am Ende als legitime Gattin heimführen.

»Gigi« erreichte in den USA längst nicht den Erfolg, den man sich im Zuge der »Paris-Welle« erhofft hatte. In Europa war die Gunst des Publikums größer, weil das Stück stilistisch der in der Alten Welt beliebten Operette nahesteht.

Girl Crazy

Musical Comedy in zwei Akten
Musik: George Gershwin
Gesangstexte: Ira Gershwin
Buch: Guy Bolton, John McGowan
Uraufführung: New York, 14. 10. 1930
Ort und Zeit der Handlung: Arizona und Mexiko, 1931

»I Got Rhythm«, Gershwins wohl populärste Melodie, stammt aus dem Musical »Girl Crazy«, das in der Spielzeit 1930/31 am Broadway die unangefochtene Nummer eins war. Kein Wunder, denn auf der Bühne stand die erst 19jährige Ginger Rodgers, und im Orchester saßen Musiker, wie Benny Goodman, Jack Teagarden oder Glenn Miller, die damals zwar noch keine großen Namen, aber zweifellos bereits viel Rhythmus im Blut hatten. Und George Gershwin hatte zusammen mit seinem Bruder Ira, der fast alle seine Hits textete, mit Musicals wie »Lady Be Good« (1924), »Oh Kay« (1926) oder »Strike up the Band« (1930), um nur einige zu nennen, schon manche Broadway-Lorbeeren errungen, als er »Girl Crazy« komponierte.

Es ist die Geschichte des New Yorker Entertainers *Danny*, der in Custerville, einem gottverlassenen Nest in Arizona, eine Farm geerbt hat. Das Landleben ödet den Playboy an, aber für das heruntergekommene Anwesen findet sich nicht einmal ein Käufer. Die rettende Idee: aus dem Hof soll eine Ferienfarm für großstadtmüde Mitmenschen werden. *Danny* macht sich mit um so mehr Eifer an die Realisierung seines Plans, als er mit der kessen Briefträgerin *Molly* endlich jemanden gefunden hat, der seine Aufmerksamkeit dauerhaft fesselt. Die Amüsierfarm gerät zum Erfolg, und mit dem Erfolg treffen alte Freunde aus New York und San Francisco ein und bringen alles durcheinander: *Sam*, Dannys Freund und Ex-Manager, beginnt unverzüglich, ihm nach alter Gewohnheit Molly auszuspannen; die Sängerin *Kate*, Dannys Ex-Freundin kommt ihm dabei gerade recht. Eine Kette erotischer Verwicklungen nimmt ihren Lauf, eingebettet in eine Kriminalgeschichte im mexikanisch gewürzten Wild-West-Milieu. Am Ende müssen die Schurken brummen, sind die Freunde wieder versöhnt, geben Postbotin und Playboy ihre Hochzeitspläne bekannt.

»Girl Crazy«, seit 1977 in stark vom Original abweichenden Fassungen auch an deutschen Bühnen im Repertoire, wurde gleich dreimal verfilmt, unter anderem 1943 mit Judy Garland und Mickey Rooney in den Hauptrollen.

Hair

The American Tribal Love-Rock Musical in zwei Akten
Musik: Galt MacDermot
Gesangstexte und Buch: Gerome Ragni und James Rado
Uraufführung: New York, 17. 10. 1967
Ort und Zeit der Handlung: Amerika, Ende der 60er Jahre

Das anbrechende Zeitalter im Zeichen des Wassermanns ist die ganze Hoffnung der Jugendlichen in diesem Musical, das sich mit charakteristischen Themen der Hippie-Generation auseinandersetzt. Wichtiger als die

Handlung sind die Probleme von neun Blumenkindern, die auf verquere, zum Teil provozierende Weise dargestellt werden. Ihre Lebenserfüllung liegt im friedvollen Miteinander in Liebe und sexueller Freiheit, ihre Gespräche und Aktionen drehen sich abwechselnd um Gesellschaftskritik, Luftverschmutzung und Gewaltlosigkeit; Drogen helfen, mit Lebensangst zurechtzukommen; lange Haare sind das Symbol der Freiheit.

Hervorgehoben ist allenfalls die Freundschaft zwischen *Berger* und *Claude*, der einen Einzugsbefehl erhalten hat und verzweifelt einen Weg sucht, dem Militär zu entkommen. Seine Verweigerung führt zu einem typischen Eltern-Sohn-Konflikt. Claude muß schließlich nach Vietnam und darf die letzte Nacht der Freiheit mit Bergers schwangerer Freundin *Sheila* auf einem blumengeschmückten Liebeslager verbringen. Durch die Nachricht von Claudes Tod wird das Musical in erster Linie zum Antikriegsstück.

Die originale Broadway-Produktion pflegte regelmäßig mit einem Happening zu enden, in das auch das Publikum einbezogen wurde. Gerome Ragni und James Rado, die Verfasser, waren ursprünglich auch die Hauptdarsteller gewesen und verstanden es, immer neue Provokationen einzubauen, so daß sie schließlich vom Produzenten mit Hausverbot belegt wurden. In Boston wurde in den 60er Jahren die Aufführung gerichtlich verboten, ebenso in Paris und Mexiko, selbst in London war der Protest zunächst groß.

Schon die Verfilmung von Milos Forman aus dem Jahre 1979 hatte gegenüber dem Original erheblich an Sprengkraft verloren. Heute vermag »Hair« niemanden mehr zu schockieren, im Gegenteil: Hits wie »Aquarius«, »Let the Sunshine in« oder »Hare Krishna« haben es zum Lieblingsstück eines breiten Publikums werden lassen.

Hello, Dolly!

Musical Comedy in zwei Akten
Musik und Gesangstexte: Jerry Herman
Buch: Michael Stewart nach einem Stück von Thornton Wilder
auf der Grundlage diverser Quellen
Uraufführung: New York, 16.1.1964
Ort und Zeit der Handlung: die amerikanische Kleinstadt Yonkers
und New York 1898

Was lange währt, wird endlich gut – dieses Sprichwort gilt ganz besonders für »Hello, Dolly!«, einem Musical mit mehr als hundert Jahren Vorgeschichte: Schon 1835 erlebte London die Uraufführung des Schauspiels)»A Day Well Spent« des heute kaum noch bekannten John Oxenford. Etwas später kreierte der Wiener Komödienpapst Johann Nestroy eine deutsche Version des Stoffes und gab ihm den Titel »Einen Jux will er sich machen«. Dieses Bühnenstück wird heute noch gelegentlich aufgeführt. Hundert Jahre vergingen, bis Thornton Wilder eine weitere Komödie mit dem gleichen Stoff schrieb, »The Merchant of Yonkers«. Das Stück war nicht besonders erfolgreich und wurde mehrmals umgearbeitet. 1955 bekam der Nachwuchslibrettist Michael Stewart die Chance, noch etwas aus der Vorlage zu machen. Das Ergebnis war schließlich ein Musical, das nach und nach alle Rekorde brach.

Dolly ist eine »lustige Witwe«, wie sie im Buche steht: Vital und lebenslustig meistert sie alle Probleme. Neben vielem anderen betätigt sie sich auch als Heiratsvermittlerin. Dabei verspricht sie dem reichen Kaufmann *Horace Vandergelder*, ihn mit seiner Angebeteten, der Modistin *Irene Molloy* zusammenzubringen. In Wirklichkeit will sie aber den Kaufmann an die eigene Angel bekommen. Selbstverständlich erreicht sie ihr Ziel. Auf dem Weg durch verschiedene turbulente Zwischenfälle stiftet sie noch so manche glückliche Ehe.

Der Titelsong »Hello, Dolly!« ist einer der hartnäckigsten Ohrwürmer unseres Jahrhunderts. Er war so erfolgreich, daß er bei Lyndon B. Johnsons Präsidentschaftskandidatur 1964 als Wahlkampfhymne herhalten mußte. Dabei hatte der Komponist Jerry Herman am Anfang gegen seinen Kollegen Mack David zu kämpfen, der auf die Ähnlichkeit zu seinem Song »Sunflower« (1948) hinwies und auf geistigen Diebstahl klagte. Herman ließ sich auf keinen Prozeß ein und zahlte Mack David eine halbe Million Dollar.

Irma la Douce

Comédie en 22 tableaus
Musik: Marguerite Monnot
Gesangstexte und Buch: Alexandre Breffort
Uraufführung: Paris, 12. 11. 1956
Ort und Zeit der Handlung: Paris, Edinburgh und die Teufelsinsel
vor Französisch-Guayana zu Beginn der 30er Jahre

Nach erfolgreicher Uraufführung in Paris brachte der Produzent David Merrick das Musical »Irma la Douce« im Jahre 1960 an den Broadway. Dieser Plan barg Gefahren: Damals ging es auf amerikanischen Showbühnen noch züchtig zu; die Inszenierung der Geschichte eines Pariser Straßenmädchens mußte mit Fingerspitzengefühl vorgenommen werden. Merrick hatte Erfolg: Die mit Witz und Situationskomik dargestellte Pariser Atmosphäre gefiel dem Publikum und sicherte dem Werk dauerhafte Popularität, die 1963 zur berühmten Verfilmung führte (mit Shirley MacLaine in der Hauptrolle, ohne Songs).

Irma la Douce ist eine junge Pariser Prostituierte am berühmten Pigalle. Der Jurastudent *Nestor* schützt sie vor dem Zuhälter *Hypolite*. Nestor und Irma verlieben sich ineinander, und der Student beginnt, auf ihre Kunden eifersüchtig zu werden. Schließlich hat Nestor eine Idee: Unter dem Namen Oscar taucht er als angeblich reicher Mann bei Irma auf, um Stammkunde bei ihr zu werden – er bietet zehntausend Francs für ein Rendezvous. Die ahnungslose Irma liefert das Geld bei Nestor ab, der es als Oscar wieder bei ihr investiert. Mit der Zeit verlieren die beiden so ihren Lebensunterhalt, und Nestor ist seiner Doppelrolle auf die Dauer nicht gewachsen. Zudem wird er zunehmend eifersüchtig auf sich selbst, denn Irma schwärmt ihm häufig von dem reichen Oscar vor. Schließlich macht Nestor der Sache ein Ende. Er gibt vor, Oscar ermordet zu haben, und wird verurteilt. Als er erfährt, daß Irma ein Kind erwartet, flieht er aus dem Gefangenenlager und beweist seine Unschuld.

Die Musik der Piaf-Komponistin Marguerite Monnot gibt dem anrüchigen Stoff einen gemütlichen Anstrich und gleicht einige Schwächen des Librettos aus. Songs wie »Valse Milieu« oder »There Is Only One Paris for that« wurden zu Evergreens. Die Kritik stellte Parallelen zur »Dreigroschenoper« fest und ermunterte die Theaterproduzenten, die Angst vor Stoffen aus dem »Milieu« abzubauen.

Jesus Christ Superstar

Rock Opera in einem Akt
Musik: Andrew Lloyd Webber
Gesangstexte: Tim Rice
Buch: Tom O'Horgan auf der Grundlage des Neuen Testaments
Uraufführung: New York, 12.10.1971
Ort und Zeit der Handlung: Jerusalem und Umgebung während der letzten sieben Tage von Jesus Christus

Missionieren mit Noten: das gelingt nicht nur der Heilsarmee, sondern auch dem Komponisten Andrew Lloyd Webber, und zwar mit Erfolg. Auf der Welle der von Amerika ausgehenden Jesus-People-Bewegung schuf Webber eine Rockoper, in der einerseits feierlich, wie in einem Oratorium, und andererseits bilderreich, wie in einem Comic-Strip, die Passionsgeschichte erzählt wird. Die szenische Abfolge entspricht dabei chronologisch dem Bibeltext: Den Pharisäern ist es ein Dorn im Auge, daß das jüdische Volk in Scharen einem angeblich wundertätigen Propheten hinterherläuft und ihn obendrein auch noch als Sohn Gottes verehrt. So bringen sie die Römer dazu, diesem »Demagogen« und »falschen Messias« den Prozeß zu machen. Eine etwas andere Rolle als im biblischen Original spielt Judas. Er warnt Jesus vor Größenwahn und Ruhmsucht und begeht schließlich seinen Verrat an Jesus nur aus Liebe zu ihm. Das – anachronistische – Resümee des Judas: Die Welt wäre bei weitem nicht so schlecht, wie sie heute ist, wenn Jesus die Möglichkeit gehabt hätte, seine Lehre über Radio und Fernsehen zu verbreiten!

Ein verschwenderisches Bühnenbild, üppige Kostüme und zahlreiche ungewöhnliche Effekte trugen ebenso zum Erfolg des Musicals bei wie einige Gegenaktionen diverser religiöser Zirkel, die dem Werk sogar antisemitische Tendenzen unterstellten. Mit Sicherheit gibt es wenige erfolgreiche Musicals, die so kontrovers diskutiert wurden und werden.

The King And I

Musical Play in zwei Akten
Musik: Richard Rodgers
Buch und Gesangstexte: Oscar Hammerstein II nach dem Roman »Anna And the King of Siam« von Margaret Landon
Uraufführung: New York, 29. 3. 1951
Ort und Zeit der Handlung: Bangkok, Siam, im Jahr 1860

Fernöstliche Atmosphäre, ein prächtiges Bühnenbild voller exotischer Pflanzen und Lagunen, ein geheimnisvolles Königreich – diese Elemente von »The King And I« mögen märchenhaft sein, doch anders als in dem späteren Konkurrenzunternehmen »Kismet« liegt der Handlung ein historischer Kern zugrunde. Die englische Offizierswitwe Anna Leonowens führte um 1860 ein Tagebuch, in dem sie ihren Besuch am Hofe von Siam beschreibt. Margaret Landon formte aus diesen Aufzeichnungen den berühmten Roman »Anna And the King of Siam«, der wiederum dem Team Oscar Hammerstein II und Richard Rodgers als Musicalvorlage diente.

Die Autorin des Tagebuchs, *Anna Leonowens*, ist die Heldin des Stückes.

Sie wird Erzieherin der zahlreichen Kinder des *Königs von Siam*, und es gelingt ihr – trotz anfänglicher Konflikte beim Aufeinanderprallen der unterschiedlichen Kulturen –, bei den Kindern und Haremsdamen des Königs Vertrauen zu gewinnen. Sie nimmt *Tuptim*, eine der Königsfrauen, die aus dem Harem fliehen wollte, vor der furchtbaren Strafe des Königs in Schutz, und plötzlich stehen sich die beiden Kulturkreise wieder unversöhnlich gegenüber. Nach weiteren barbarischen Begebenheiten flieht Anna entsetzt, kehrt aber zurück, als sie erfährt, daß der König im Sterben liegt. Es kommt zu einer großen Aussprache, in der der König seine Handlungsweise zu erklären versucht, und Anna erkennt nun die menschlichen Qualitäten des Herrschers. Sie bleibt in Siam, um den jungen Kronprinzen bis zu seiner Mündigkeit zu betreuen.

Das Stück lebt von den beiden Hauptpersonen, die sich zunächst wie Feuer und Wasser verhalten, nach und nach aber gegenseitigen Respekt entwickeln. Die Rollen stellen schauspielerisch höchste Anforderungen. Besonderen Erfolg hatte das Stück in der Verfilmung mit Yul Brunner und Deborah Kerr.

Die Produzenten der Uraufführung scheuten das in den 50er Jahren noch große Risiko nicht, bis auf wenige Ausnahmen nur Orientalen mitwirken zu lassen. Gleichzeitig verzichtete Richard Rodgers in seiner Musik so gut wie völlig auf billige Folklore-Imitationen.

Kismet

Musical Arabian Night in zwei Akten
Musik und Gesangstexte: Robert Wright und George Forrest
nach Alexander Borodin
Buch: Charles Lederer und Luther Davids nach der
gleichnamigen Komödie von Edward Knoblock
Uraufführung: New York, 3. 12. 1953
Ort und Zeit der Handlung: das Bagdad der Märchenwelt

R. Wright / G. Forrest

Tausendundeine Nacht: *Hajj* (sprich: Hadschi), ein armer Poet aus Bagdad, kommt durch eine Verwechslung für einen Tag zu Ruhm und Reichtum. Er nutzt dies geschickt, um seine Tochter *Marsinah* aus einem Harem zu befreien und ihren Wunsch nach einem eigenen Haus zu erfüllen. Der junge *Kalif von Bagdad* verliebt sich in die schöne Marsinah. Er verkleidet sich als Gärtner und arbeitet im Garten des Palastes, um ihr möglichst nahe zu sein. Hajj wird inzwischen wegen Hochstapelei verhaftet, doch schließlich wendet sich nach einer verwickelten Handlung alles zum Guten: Der Kalif und Marsinah heiraten, und Hajj bringt es zum Wesir.

»Kismet«, ursprünglich als Konkurrenzmusical zu »The King And I« gedacht, ist ein merkwürdiges Gemisch aus Hollywood-Orient und überwucherter Revue, das vom Gewicht seiner eigenen Effekte in die Knie gezwungen wird. Symptomatisch ist nicht nur das ausufernde exotische Ambiente, sondern auch die Entstehungsweise der Musik: Robert Wright bediente sich systematisch bei dem klassischen russischen Komponisten Alexander Borodin (1833-1887) und schrieb nach dessen Themen seine Songs, etwa »Stranger in Paradise«, dessen Melodie Borodins berühmten »Polowetzer Tänzen« entnommen ist. Borodins Symphonien und seine viel gespielte »Steppenskizze aus Mittelasien« gaben weiteres Material her. Angesichts der Tatsache, daß der russische Klassiker mit dem Nahen Osten nichts zu schaffen hatte, ein merkwürdiges Unterfangen.

So lagen denn die Kritikerstimmen über die Show ziemlich weit auseinander. Das Publikum kümmerte sich, wie so oft, nicht darum und machte das Werk zu einem großen Erfolg. Schließlich bekam das Musical unter anderem für die beste Musik den Tony Award: eine postume Ehrung Borodins.

»Kismet« war das erste Musical, das rigoros in den Medien beworben wurde: Noch bevor es auf die Bühne kam, kannten die Zuschauer der Uraufführung schon sämtliche Songs.

Kiss Me, Kate

New Musical Comedy in zwei Akten
Musik und Gesangstexte: Cole Porter
Buch: Bella und Samuel Spewack nach Motiven aus Shakespeares
»Der Widerspenstigen Zähmung«
Uraufführung: New York, 30. 12.1948
Ort und Zeit der Handlung: das Amerika der Gegenwart

»Schlag nach bei Shakespeare« - das ist nicht nur ein wohlgemeinter Rat und Evergreen aus »Kiss Me, Kate«, Cole Porter und das Gespann Samuel und Bella Spewack scheinen sich die Zeile selbst zu Herzen genommen zu haben. Was sie dem Publikum präsentieren ist Theater im Theater, ein Kunstgriff, wie er sonst im Musical selten vorkommt.

Das geschiedene Schauspielerpaar *Lilli Vanessi* und *Fred Graham* spielt Shakespeares »Der Widerspenstigen Zähmung«. Trotz ihrer Trennung verstehen sich die beiden immer noch gut und schwelgen in Erinnerungen an ihre beruflichen Anfänge. Ein Blumengruß, den Graham seiner neuen Angebeteten, der Schauspielerin *Lois Lane*, schickt, geht versehentlich an Lilli. Sie ist gerührt, entdeckt aber später die Grußkarte und gerät darüber so in Wut, daß sie das Theater auf der Stelle verlassen will. Die Handlung wird immer wieder von den Szenen unterbrochen, die die beiden auf der Bühne spielen müssen. Zwei Ganoven tauchen auf, um von Fred Wettschulden einzutreiben, die eigentlich Freds Kumpan, der spielsüchtige *Bill Cahoun*, in Freds Namen gemacht hat. Raffiniert macht Fred den Gangstern klar, daß er das Geld nur bezahlen könne, wenn Lilli ihre Rolle zu Ende spielt. Mit der Pistole in der Hand hindern die schweren Jungs Lilli daran, das Weite zu suchen. Das Schauspiel kann seinen Lauf nehmen, und Fred gelingt es so, nicht nur auf der Shakespeare-Bühne, sondern auch im wirklichen Leben seine »Kate« zu zähmen.

Dem Produzenten Saint Subber kam die Idee zu dem Musical bei einem Theaterbesuch im Jahr 1935. Er bekam mit, daß die Schauspieler hinter den Kulissen genauso heftig stritten wie auf der Bühne. Erst Jahre später erzählte er die Anekdote der Librettistin Bella Spewack, die mit Cole Porter zusammenarbeitete. Nach langen Finanzierungsproblemen konnte das Stück 1948 uraufgeführt werden.

Der weltweite Erfolg von »Kiss Me, Kate«, für das Cole Porter seine inspiriertesten Melodien fand (»Wunderbar«, »So in Love«, »Too Darn Hot«), setzte bei anderen Komponisten einen Run auf Shakespeare als Stofflieferant in Gang.

Linie 1

Eine musikalische Revue
Musik: Birger Heymann
Gesangstexte und Buch: Volker Ludwig
Uraufführung: Berlin, 30. 4. 1986
Ort und Zeit der Handlung: Berlin vor der Wiedervereinigung

»Kritisches Bewußtsein« ist nicht gerade die starke Seite des Musicals: seine Aufgabe ist es, den grauen Alltag zwischen geschwungenen Beinen, märchenhaften Romanzen und amüsanten Verwicklungen vergessen zu machen, und darin erweist sich das Musical als moderne Variante der Operette. Doch im Gegensatz zu dieser kennt das Musical keine Scheu vor der jeweils gängigen Unterhaltungsmusik, was je nach Kulturverständnis in Deutschland nicht immer als ganz seriös erscheint, es aber möglich macht, das bürgerliche Publikum zu schockieren und das jugendliche mit der ihm eigenen Musik anzusprechen. Daher ist das »typisch deutsche« Musical, anders als das amerikanisch/britische, nicht selten ein politisches – wie z.B. »Linie 1«.

Ein *Mädchen aus Westdeutschland* begegnet einem Rockstar aus Berlin, verliebt sich in ihn und reist ihm nach. In der ehemals geteilten Stadt besteigt sie die »Linie 1«, die U-Bahn-Verbindung zwischen dem Bahnhof Zoo und dem Schlesischen Tor im Stadtteil Kreuzberg. Und hier lernt die Protagonistin die volle Bandbreite der Berliner Szene kennen, begegnet Punks, Drogensüchtigen, Spießern, Ausgeflippten, Pennern, Zuhältern, Ausländern – kurz: Die ganze Palette menschlicher Probleme in der Großstadt und alle möglichen und unmöglichen Arten, mit ihnen fertig zu werden, zieht auf der Bühne als »musikalische Revue« vorbei.

»Linie 1« ist ein Jugendstück und war eine der erfolgreichsten Produktionen des Berliner Grips Theaters. 1987 wurde das Stück mit dem Mühlheimer Dramatikerpreis ausgezeichnet. In der Laudatio hieß es: »›Linie 1‹ thematisiert in der Verbindung von Elementen der musikalischen Revue und des Sprechtheaters auf amüsante und effektvolle Weise Probleme großstädtischer Lebenswirklichkeit und der Jugendkultur.« Das Stück, das rasch auch außerhalb Berlins Verbreitung fand, wurde 1988 von Reinhard Hauff verfilmt.

Mame

Musical Comedy in zwei Akten
Musik und Gesangstexte: Jerry Herman
Buch: Robert E. Lee und Jerome Lawrence nach dem Roman
»Auntie Mame« von Patrick Dennis
Uraufführung: New York, 24. 5. 1966
Ort und Zeit der Handlung: Amerika zwischen 1928 und 1946

Mame Dennis ist eine lebenslustige Dame, deren Parties einen Sammelpunkt der Manhattan-Society bilden. Sie nimmt den kleinen Neffen *Patrick* auf – er ist der Sohn von Mames verstorbenem Bruder. Patrick und seine Tante verstehen sich prächtig, doch dann funkt der Nachlaßverwalter dazwischen, der auf eine solide Erziehung des Jungen drängt. Mame kümmert sich zunächst nicht um so spießige Dinge, muß sich aber schließlich doch dem letzten Willen des toten Bruders beugen. Patrick kommt in ein Internat. Der Börsenkrach von 1929 bringt Mame um ihr Vermögen, und sie muß sich mit verschiedenen Jobs durchschlagen, was ihr jedoch immer wieder mißlingt. Ein reicher Südstaatler, *Beau*, macht ihr einen Heiratsantrag. Nach der Feuerprobe bei der mißtrauischen Familie des Bräutigams – Mame muß an einer Fuchsjagd teilnehmen, obwohl sie noch nie auf einem Pferd gesessen hat – kann geheiratet werden. Wenig später kommt Beau ums Leben, und Mame ist nun eine wohlhabende Witwe. Patrick, inzwischen zu einem jungen Mann herangewachsen, hegt ebenfalls Heiratspläne. Mame ist von der biederen Braut ihres Neffen alles andere als entzückt. Scheinheilig arrangiert sie dem Paar zu Ehren eine Party, zu der sie jedoch auch die sitzengelassene schwangere *Agnes Gooch* einlädt, Patricks ehemaliges Kindermädchen. Die Familie der Braut läßt ob solcher Unmoral die Hochzeit platzen. Mame hat für Patrick mit der jungen Architektin *Pegeen Ryan* schnell Trost parat. Jahre vergehen: Patrick und Pegeen haben mittlerweile selbst einen Sohn, der *Peter* heißt. Mame, die noch immer ihren Kopf durchzusetzen vermag, holt Peter zu sich und nimmt ihn unter ihre unkonventionellen Fittiche.

Die nahezu episch breite Handlung basiert auf dem autobiographischen Bestseller »Auntie Mame« von Patrick Dennis. Das Publikum fühlte sich bei der Uraufführung sehr an »Hello, Dolly!« erinnert, und das in Handlung und Musik gleichermaßen. Trotzdem erreichte das Stück die ungeheure Anzahl von 1508 Vorstellungen.

Man of La Mancha

Musical Play in einem Akt
Musik: Mitch Leigh
Gesangstexte: Joe Darion
Buch: Dale Wasserman nach seiner Fernsehfassung des
»Don Quijote« von Cervantes
Uraufführung: New York, 22. 11. 1965
Ort und Zeit der Handlung: ein Gefängnis in Sevilla um 1600

Hinter dem Mann von La Mancha verbirgt sich niemand anderes als Don Quijote – der berühmte spanische Ritter von der traurigen Gestalt, der völlig unfähig ist, die Welt in ihrer Realität wahrzunehmen, und in dessen verwirrtem Geist harmlose Windmühlen zu gefährlichen Riesen werden.

Dale Wasserman hat die Geschichte des Don Quijote nicht einfach adaptiert, sondern sie in einen größeren historischen Rahmen eingebettet. In seinem Stück wird der Schriftsteller *Cervantes* im Jahre 1600 eingekerkert, weil er sich wegen kirchenkritischer Äußerungen vor der Inquisition zu verantworten hat. Unter den Gefangenen hat sich eine brutale Schreckensherrschaft entwickelt: Cervantes und sein gleichfalls inhaftierter Diener *Sancho* werden ausgeplündert, kaum daß sie im Gefängnis angekommen sind. Um seine wertvollste Habe – das Manuskript des berühmten Romans – zu retten, schlägt der Dichter vor, die Geschichte von Don Quijote gemeinsam aufzuführen. Auf diese Weise erleben die Mitgefangenen die Abenteuer des eingebildeten Ritters, den nichts anderes als der Tod aus seiner Fantasiewelt herausführen kann. Am Schluß werden Cervantes und Sancho selbst in die Realität zurückgeholt: Man führt sie ab zum hochnotpeinlichen Verhör.

Der besondere Reiz des Stücks besteht darin, daß die Geschichte als Theater im Theater inszeniert wird. – In guten Aufführungen vergißt der Zuschauer den eigentlichen Schauplatz, das düstere Gefängnis, völlig und erlebt das Ende wie aus einem Traum erwachend.

Die Musik orientiert sich an spanischen Einflüssen, die jedoch nicht aus der Cervantes-Zeit, sondern eher aus der folkloristischen Tradition des 19. Jahrhunderts stammen.

My Fair Lady

Musical Play in zwei Akten
Musik: Frederick Loewe
Buch und Gesangstexte: Alan Jay Lerner
nach George Bernard Shaws Schauspiel »Pygmalion«
Uraufführung: New York, 15. 3. 1956
Ort und Zeit der Handlung: London im Jahr 1912

F. Loewe

»Es grünt so grün, wenn Spaniens Blüten blühen« – dieser Evergreen unter den Zungenbrechern stammt aus einem Musical, das schon in der ersten Broadway-Produktion die Rekordzahl von 2717 Vorstellungen erreichte. Der Erfolg des Werkes läßt leicht vergessen, welche Probleme mit seiner Entstehung verbunden waren.

Am Anfang stand George Bernhard Shaw mit seiner Komödie »Pygmalion«, in der der eigenbrötlerische Sprachforscher *Henry Higgins* das Blumenmädchen *Eliza Doolittle* für ein wissenschaftliches Experiment mißbraucht: In kürzester Zeit, so wettet er mit seinem Kumpan *Oberst Pickering*, will er dem Mädchen aus der Unterschicht beibringen, wie man korrekt spricht, und es damit gesellschaftsfähig machen. Nachdem der Test, ein vornehmer Ball in der Botschaft, gut ausgefallen ist, erkennt Eliza, daß man sie nur ausgenutzt hat. Ihrem einfachen Milieu entfremdet, sucht sie bei *Higgins' Mutter* Zuflucht. Der Sprachwissenschaftler will sie zwingen zurückzukommen und zeigt dabei unfreiwillig, wie sehr der Unterricht die beiden nahegebracht hat.

Shaw hatte sein Schauspiel zeitlebens nie für eine Vertonung freigegeben, doch der Regisseur Gabriel Pascal, von dem schon 1938 ein »Pygmalion«-Film herauskam, gab den Gedanken an ein Musical nie auf. Nach Shaws Tod 1950 begann der zähe Kampf mit den Erben, der besonders hart wurde, da das Musical einen abweichenden Schluß bekommen sollte – die Vorlage hatte nämlich kein Happy-End. Pascal fragte bei allen Größen von Bernstein bis Porter wegen der Vertonung an. Die Komponisten winkten ab, zu groß waren die Skrupel vor dem Werk des großen Shaw.

Schließlich geriet Pascal an den Autor Alan Jay Lerner, der fast alle Originaldialoge stehenließ und Liedtexte sowie Stellen, die im Original nur angedeutet wurden, effektvoll einarbeitete. 1954 starb Pascal überraschend, und erst 1956 gaben die Erben grünes Licht. Endlich konnten Lerner und der Komponist Frederick Loewe mit »My Fair Lady« das Werk auf die Bühne bringen, das man zu Recht als »Schmuckstück der Musicalwelt« bezeichnet.

V. Youmans

No, No, Nanette

Musical Comedy in drei Akten
Musik: Vincent Youmans
Gesangstexte: Irving Caesar und Otto Harbach
Buch: Otto Harbach und Frank Mandel
Uraufführung: London, 11. 3.1925
Ort und Zeit der Handlung: London und Schottland im Jahr 1925
(New York und Atlantic City in der Broadway-Produktion)

Als sich in Detroit am Abend des 20. April 1924 nach der Vorbaufführung von »No, No, Nanette« der Vorhang schloß, war die Enttäuschung groß: Das Stück schien ein Mißerfolg ohnegleichen zu werden. Der Produzent H. H. Frazee jedoch war sicher, noch etwas retten zu können. Er ordnete Streichungen an und ließ die Autoren zusätzlich neue Songs schreiben. Niemand ahnte damals, daß unter den neuen Stücken ein Evergreen sein würde, wie es kaum einen zweiten gibt: Der Welthit »Tea for Two« war geboren. Die Show ging in neuer Fassung auf die Bühne, mußte sich weitere Änderungen gefallen lassen und wurde endlich zu einem der erfolgreichsten Musicals aller Zeiten, das im selben Jahr in London, New York und Berlin Premiere hatte. Plötzlich fanden die Zuschauer Gefallen an dem spritzigen Entertainment voller packender Choreographien, das, angereichert mit einer von Verwirrungseffekten schier platzenden Story, immer öfter über die Bühnen der Welt ging und zahllose Remakes erlebte.

Die elternlose *Nanette* lebt als Pflegetochter im Hause des reichen Bibelverlegers *Jimmy Smith*. Seine Frau *Mary* (*Sue* in der amerikanischen Fassung) achtet streng auf die gute Erziehung. »No, no Nanette, das gehört sich nicht« ist die Formel, mit der sie auf die junge Dame einzuwirken versucht. Mary ahnt nichts davon, daß Jimmy drei weiteren Damen »väterlich« zugetan ist und sie finanziell unterstützt. Als die ständigen Forderungen der drei lästig zu werden beginnen, bekommt *Billy*, Rechtsanwalt und Freund der Familie, den Auftrag, die Schützlinge mit einer größeren Summe ein für allemal abzufinden. *Tom*, der Neffe von Billys

Frau, soll ihn dabei unterstützen, hat sich aber gleichzeitig in Nanette verliebt. Die Ereignisse nehmen einen aufregenden Verlauf, als die drei Damen in Jimmys Landhaus bestellt werden, wo prompt auch Jimmys Gattin und die anderen Personen des Stückes auftauchen. Bald sieht sich der Zuschauer mit einem Gewirr von Verwicklungen konfrontiert. Zum Schluß, wie könnte es anders sein, sind Jimmy und Mary wieder harmonisch vereint, und auch Tom und Nanette werden ein Paar.

Die Musik von Vincent Youmans wurde mit dem wachsenden Erfolg des Werkes zum Selbstläufer. Davon zeugen eine Reihe von Adaptionen aus Hollywoods Filmküche, die jedoch außer der Musik und dem Titel nichts mehr mit der ursprünglichen Show zu tun haben.

Oklahoma!

Musical Play in zwei Akten
Musik: Richard Rodgers
Gesangstexte und Buch: Oscar Hammerstein II
Uraufführung: New York, 31. 3. 1943
Ort und Zeit der Handlung: Oklahoma im Jahr 1907

Oklahoma – das ist die Prärie im Südwesten der USA, ein Stück Bilderbuchamerika, wie es sich der Europäer nicht farbiger vorstellen kann. Ein Stück Heimatgeschichte zu schreiben, das muß den Autoren vorgeschwebt haben, denn ihr Werk kommt ohne glitzernden Starrummel und beinezeigende Showgirls aus. Dialoge, Songs und Choreographie stehen in harmonischer Balance zur Handlung, die ganz in Wildwest-Atmosphäre getaucht ist.

Der Cowboy *Curly* und die junge Farmerin *Laurey* lieben sich, doch sie sind zu stolz, um sich zu ihren Gefühlen zu bekennen. Um Curly eifersüchtig zu machen, fährt Laurey mit dem Farmarbeiter *Jud* zu einem Fest auf die benachbarte Ranch. Dort geraten sich die Nebenbuhler in die Haare. Laurey kündigt Jud die Arbeit, und endlich gesteht sich das Paar seine Liebe ein. Die Geschichte erfährt einen weiteren Höhepunkt, als Jud später Curly zum Messerzweikampf fordert. Der Herausforderer kommt dabei durch einen unglücklichen Sturz um. Ein schnell zusammengerufenes Gericht spricht Curly von aller Schuld frei und sorgt so für ein Happy-End.

»Oklahoma« schlug mit über 2000 Vorstellungen in Serie alle Broadway-Rekorde und wurde erst 1958 von »My Fair Lady« übertrumpft.

Oliver

Musical Comedy in zwei Akten
Musik, Gesangstexte und Buch: Lionel Bart
nach Charles Dickens' Roman »Oliver Twist«
Uraufführung: London, 30. 6. 1960
Ort und Zeit der Handlung: London, Mitte des 19. Jahrhunderts

Nach der Uraufführung ging ein Entsetzensschrei durch die Schar der Dickens-Kenner: Von der sozialkritischen Anklage des Originals hatte die Musical-Produktion kaum etwas übriggelassen. Diese stützt sich voll und ganz auf die sentimentalen und rührenden Seiten der Geschichte. Der Waisenjunge *Oliver* wird als billige Arbeitskraft an einen Leichenbestatter verkauft, flieht nach London und gerät dort in die Fänge des Hehlers *Fagin*, der kleine Jungen beherbergt, um sie zu Taschendieben auszubilden. Der reiche *Mister Brownlow*, der von der Bande bestohlen wird, nimmt Oliver aus Mitleid bei sich auf, aber die alten Komplizen machen dieser glücklichen Zeit rasch ein Ende. Sie befürchten, daß der Junge sie verraten könnte und entführen ihn. In einer dramatischen Aktion wird Oliver aus den Klauen Fagins befreit; gleichzeitig erfährt Brownlow, daß der Junge sein Enkel ist.

Bart hatte seine Effekte genau auf den breiten Geschmack hin konzipiert – und das mit Erfolg: »Oliver« ging von London aus gleich zum Broadway und brachte es auf insgesamt 774 Vorstellungen.

A. Lloyd Webber

The Phantom of the Opera

Musical in zwei Akten
Musik: Andrew Lloyd Webber
Gesangstexte: Charles Hart, Richard Stilgoe
Buch: Richard Stilgoe und Andrew Lloyd Webber
nach dem Roman von Gaston Leroux
Uraufführung: London, 9.10.1986
Ort und Zeit der Handlung: die Pariser Oper 1905 und 1861

Die Welt der Oper als Schauplatz des Musicals, das alte Thema vom Biest und der Schönen als treibende Kraft der Handlung: Ausgediente Theaterrequisiten werden im Pariser Opernhaus versteigert, und als ein alter Kronleuchter unter den Hammer kommen soll, der in einer mysteriösen Affäre im vergangenen Jahrhundert eine Rolle spielte, entschwebt dieser zur Decke. Die eigentliche Geschichte beginnt: In den Kellern des Opernhauses lebt ein *Phantom*, ein Entstellter von so unsäglicher Scheußlichkeit, daß er sein Gesicht hinter einer Maske verborgen hält. Sein darum nicht weniger fühlendes Herz hat er an zwei Damen verschenkt: an Frau Musica und an die schöne junge Sängerin *Christine*. Er entführt die angebetete Christine in sein unterirdisches Labyrinth, wo er ihr seine Liebe gesteht. Der Direktion des Hauses nennt er die Aufführung einer Oper aus seiner Feder mit Christine in der Hauptrolle als Vorbedingung für ihre Freiheit und läßt als Bestätigung seiner Entschlossenheit allerlei Unerklärliches passieren. Schließlich stellt er auch Christine vor die Wahl: Falls sie auf sein Werben nicht eingeht, muß ihr Geliebter sterben. Verzweifelt küßt die Sängerin das Phantom, das sie daraufhin freigibt und verschwindet.

Im Londoner West End, am Broadway und im Theater an der Wien gleichermaßen bejubelt, konnte sich auch »Das Phantom der Oper« als weiterer Treffer des Teams um den in allen gängigen Stilen versierten Komponisten Andrew Lloyd Webber über Jahre hinweg auf den Spielplänen halten.

R. O'Brien

The Rocky Horror Show

Rock Musical in einem Akt
Musik, Gesangstexte und Buch: Richard O'Brien
Uraufführung: London, 19. 6.1973
Ort und Zeit der Handlung: Denton und Frankenstein's Place
in den 50er Jahren

Die Zuschauer sind mit Wasserpistolen bewaffnet, fast jeder trägt eine Tüte Reis mit sich, vorher hat man gar den Zeitungsstand geplündert. Was ist los im Theater?

Auf der Bühne wird die »Late Night Double Feature Picture Show« angekündigt. Die Rahmenhandlung, eingeführt von einem Erzähler, beginnt, und schon in den ersten 15 Minuten finden die Utensilien Verwendung. *Brad Majors* und *Janet Weiss* verloben sich (Reis fliegt durch die Luft), fahren in einer regnerischen Nacht (hier heißt es aufgepaßt, sonst wird der gute Anzug naß) durch den Wald und müssen schließlich aufgrund einer Reifenpanne hinaus in den Regen (schnell die Zeitung über den Kopf gestülpt, damit die Frisur nicht verdirbt).

So geraten die zwei Unschuldslämmer in das Schloß Frankenstein's Place, wo sie von *Frank-'n-'furter*, dem Transvestiten aus dem transsexuellen Transsylvanien, und seinen Gehilfen in die verrückte Welt der Science fiction eingeführt werden. Frank will in dieser Nacht sein Wunder vollenden: einen Mann, blond, braun und gutaussehend. *Rocky* soll er heißen, ein Idealtyp zwischen Babyface und Bodybuilder, der im Laboratorium unter großem Spektakel zum Leben erweckt wird.

Die braven Erdenbürger, zuerst vollkommen verängstigt, finden Gefallen an dem Glitter und den erotischen, lustvollen Verführungen, die das ausgeflippte Schloß zu bieten hat. Zu guter Letzt werden Frank und Rocky von zwei Gehilfen erschossen, die dann, samt Schloß, aber ohne Brad und Janet, die Erde verlassen.

Immer wieder schaltet sich der Erzähler ein, um den Zuschauer aus der wirren, grellbunten Welt der Science fiction zurückzuholen und darauf hinzuweisen, das solche Fantasien in jedem von uns schlummern.

Das Musical und die Verfilmung (1975) unter dem Titel »The Rocky Horror Picture Show« entstanden als Parodie auf die Science-fiction- und Gruselfilme der 50er Jahre. Vor allem in England hatten sie außerordentlichen Erfolg. Auch die Musik ironisiert den Stil jener Jahre und lehnt sich an Chuck Berry, Fats Domino und Jerry Lee Lewis an. Dennoch wurden die Songs zur Kultmusik der späten 70er Jahre.

Show Boat

Musical Play in zwei Akten
Buch und Gesangstexte: Oscar Hammerstein II
(nach dem gleichnamigen Roman von Edna Ferber)
Musik: Jerome Kern
Uraufführung: New York, 27.12.1927
Ort und Zeit der Handlung: am Mississippi und Chicago
in den 80er Jahren des 19. Jahrhunderts und 1927

Die amerikanischen Show Boats waren mit Bühnen ausgestattete Flußdampfer, schwimmende Theater, die die Flüsse entlangfuhren und so den Siedlern des Mittleren Westens und des Südens der USA etwas Abwechslung in den harten Alltag brachten.

Das Autorenteam, Jerome Kern und Oscar Hammerstein II, führt den Musicalbesucher an Bord des imaginären Show Boats »Cotton Blossom«. Star der Theatertruppe ist die Mulattin *Julia*. Ihr Mann, der Schauspieler *Steve Baker* ist gegen *Pete*, den Schiffsmaschinisten handgreiflich geworden, weil dieser Julia nachstellte. Um sich zu rächen, denunziert Pete Steve wegen der damals in den Südstaaten verbotenen Mischehe. Das Ehepaar flüchtet. Damit die Show weitergehen kann, muß der Besitzer des Schiffes, *Kapitän Andy*, improvisieren: *Magnolia*, seine Tochter, übernimmt Julias Rollen. Steves Part bekommt *Gaylord Ravenal*, ein Glücksspieler, der die Gelegenheit nutzt, um sich vor der Polizei zu verbergen. Magnolia und Gaylord verlieben sich ineinander und gehen nach Chicago, wo Gaylord wieder der Spielsucht verfällt. Finanziell ruiniert, trennt er sich von Magnolia und der kleinen Tochter Kim. Magnolia sucht in einem Nachtklub nach Arbeit. Dort tritt auch Julia auf, die, inzwischen von ihrem Mann verlassen, zur Alkoholikerin geworden ist. Sie überläßt Magnolia ihr Engagement.

Nach Jahren treffen Magnolia und Gaylord Ravenal einander auf der »Cotton Blossom« wieder. Er ist von seiner Spielleidenschaft geheilt und übt sich, von Erinnerungen überwältigt, in Reue.

Trotz der ungewohnten Darstellung von Rassenproblemen war das Publikum von der Musik des Stückes begeistert. Kern verwertete möglichst viele Strömungen der populären amerikanischen Musik seiner Zeit, wie Jazz, Ragtime und Gospel. Das Ergebnis waren Evergreens wie »Ol' Man River«. Den 27. Dezember 1927, den Tag der Uraufführung, riefen die Kritiker einhellig zum Geburtstag des amerikanischen Musicals aus.

Starlight Express

Musical in zwei Akten
Musik: Andrew Lloyd Webber
Gesangstexte: Richard Stilgoe
kein Buch
Uraufführung: London, 27. 3. 1984
Ort und Zeit der Handlung: keine Angaben

Über zwei Stunden lang Action auf Rollschuhen – das ist »Starlight Express«, ein weiteres Erfolgsmusical des Komponisten Andrew Lloyd Webber. Diese Rollschuh-Revue mit Rock-Konzert-Charakter basiert auf den Eisenbahngeschichten des englischen Pfarres Audrey. Audrey beschreibt in seinen Büchern den Wettkampf der unterschiedlichsten

Lokomotivmodelle um das Wohlwollen der Eisenbahnbeamten. Nach einigen Ausscheidungsrennen gipfelt die Geschichte im Hauptrennen, dem Finale.

Aber keines der High-Tech-Modelle hat eine Chance: Mit Hilfe des Eisenbahngottes *Starlight Express* (eine Art moderner Deus ex machina) trägt die gute alte Dampflok den Sieg davon. Triumph der Nostalgie über die Moderne. Wie »Cats« ist auch »Starlight Express« wie eine Nummernrevue aufgebaut. Die Handlung des Stückes ergibt sich aus der Vorstellung der Akteure und den verschiedenen Wettrennen. Unter anderem treten Loktypen vieler Nationalitäten, Speisewagen, Schlafwagen, Güter-, Rauch- und Tankwagen auf.

Auch dieses Webber-Musical lebt von einer aufwendigen Inszenierung mit teuren Kostümen und effektvoller Lichtregie. Das Londoner Apollo Victoria Theatre bekam speziell für dieses Stück eine völlig neue Einrichtung. So wurden eine dreistöckige Rollschuhbahn mit ausschwenkbarer Zugbrücke installiert und alles, was zum Eisenbahnmilieu gehört, wie Weichen, Signalanlagen und akustische Elemente. Für die deutsche Erstaufführung 1988 wurde in Bochum extra zu diesem Zweck die kulturpolitisch umstrittene Starlighthalle gebaut. In England und Deutschland war »Starlight Express« ein großer Erfolg, dagegen waren die Amerikaner nur mäßig von dem Musical begeistert. Der Broadway winkte lange ab, und von den begehrten »Tony Awards« ging nur einer an »Starlight Express«: der für die besten Kostüme.

West Side Story

New Musical in zwei Akten
Musik: Leonard Bernstein
Gesangstexte: Stephen Sondheim
Buch: auf der Grundlage von Shakespeares »Romeo und Julia« von
Arthur Laurents nach einer Idee von Jerome Robbins
Uraufführung: New York, 26. 9. 1957
Ort und Zeit der Handlung: New York in den 50er Jahren

Als Leonard Bernstein am 14. Oktober 1990 im Alter von 72 Jahren starb, verlor die Welt einen ihrer wichtigsten Musiker. Wenn die oft vorschnell benutzte Redensart vom Allround-Genie je einen Sinn besessen hat, dann in seinem Fall: Er war Komponist, Dirigent, Pianist und Lehrer in einem, und es war kennzeichnend für ihn, keine Sparte der Musik auszulassen. Die engstirnige Einteilung in »Ernste« und »Unterhaltungs«-Musik erschien ihm völlig absurd, und so ist es nicht verwunderlich, daß er einerseits meisterhaft die Klassiker dirigierte und anspruchsvolle Symphonien schrieb, andererseits aber auch nachhaltig in die Geschichte des Musicals eingriff – vor der »West Side Story« stammten aus seiner Feder die Erfolge »On the Town« (1944), »Wonderful Town« (1953) und »Candide« (1956). Die »West Side Story« wurde, dem Naturell ihres Schöpfers entsprechend, zum handfesten Klassiker, bei dem die Trennung von Oper und Musical ihren Sinn verliert.

Shakespeares Romeo-und-Julia-Handlung in das New York der 50er Jahre verlegt, so könnte man vereinfacht den Plot umreißen. An die Stelle der verfeindeten Familien sind zwei rivalisierende Straßenbanden getreten: die amerikanischen »Jets« und die »Sharks«, eine Gruppe jugendlicher Einwanderer aus Puerto Rico. *Tony*, ehemaliger Anführer der Jets, verliebt sich in *Maria*. Sie ist die Schwester von *Bernardo*, dem Chef der Sharks. Tony, der ein Gefecht der beiden Banden beenden will, wird von Bernardo angegriffen. Er setzt sich zur Wehr und tötet den Puertoricaner. Tony muß sich vor der Polizei verstecken und wird schließlich von *Chino*, einem Freund Bernardos, erschossen.

In Arthur Laurents außerordentlich dramatischem Libretto wurden erstmals Einwandererkonflikte auf die Musicalbühne gebracht. Bernsteins Musik ist düster, eindringlich, brutal, voller Jazz-Elemente und stellenweise opernhaft, wie etwa in Tonys berühmtem Lied »Maria« oder dem großen Liebesduett »Tonight«.

Bernstein selbst war dem Werk auch später noch zugetan. Noch kurz vor seinem Tod nahm er es mit erstklassigen Opernsängern (José Carreras und Kiri te Kanawa in den Hauptrollen) erneut für die Schallplatte auf.

The Wizard of Oz

Musik: mehrere Vertonungen
Buch: nach L. Frank Baums »The Wizard of Oz«
Ort und Zeit der Handlung: Kansas und das Märchenland Oz

»The Wizard of Oz« fasziniert Erwachsene und Kinder gleichermaßen und entführt sie in eine bunte Traumwelt. Wer fühlt nicht mit der kleinen *Dorothy*, als sie mit ihrem Hündchen durch einen Wirbelsturm von einem bedrückenden Zuhause in Kansas in eine paradiesische Märchenwelt getragen wird? In diesem wunderbaren Land freundet sie sich mit drei außergewöhnlichen Gestalten an: mit einem *Zinnmann*, der sich sehnlichst ein Herz wünscht, mit einer *Vogelscheuche*, die denken können möchte, und mit einem *Löwen*, der gern seine Furcht los wäre. Die Lösung all ihrer Probleme erhoffen sie sich von dem sagenumwobenen *Zauberer von Oz*, den aber noch niemand gesehen hat. Auf der Suche nach ihm sind viele Abenteuer zu bestehen. Dorothy hat ein Paar verzauberter Schuhe bekommen und reist mit ihren Freunden durch einen Zauberwald und einen Zwergenstaat. Sie treffen gute und böse Hexen, fliegende Affen und viele andere märchenhafte Wesen. Schließlich kommen sie zum Zauberer, der im Grunde gar nicht so furchtbar und mächtig ist, wie er vorgibt, und sie erhalten, was sie sich gewünscht haben. Mit Hilfe ihrer Zauberschuhe gelangt Dorothy wieder nach Hause.

V. Herbert u.a.

Das Märchen »The Wizard of Oz« wurde 1900 von dem Amerikaner L. Frank Baum geschrieben und erreichte in kürzester Zeit größte Popularität. Schon 1903 war eine Bühnenfassung mit Musik von Victor Herbert (1859-1924) am Broadway zu sehen. Eine Verfilmung von 1939 war der Beginn der Karriere von Judy Garland, die die Rolle der Dorothy spielte. Ihre Interpretation des Liedes »Over the Rainbow« ist bis heute unerreicht. Neben der Vertonung von Victor Herbert existiert noch eine weitere Musicalversion: Unter dem Titel »The Wiz« ging sie als Gospel- und Soul-Show für schwarze Darsteller über die Bühne (Musik: Charlie Smalls). Eine Verfilmung (1978) mit Diana Ross in der Hauptrolle wurde ein Reinfall.

VERZEICHNIS MUSIKALISCHER FACHBEGRIFFE, KOMPONISTEN UND TITEL

A cappella

Musikalische Fachbegriffe und ihre Erläuterung:

A cappella
(Chor-) Gesang ohne Instrumentalbegleitung;

Accompagnato
kurz für »Recitativo accompagnato«; vom Orchester begleitetes Rezitativ, im Gegensatz zum »Recitativo secco«, in dem nur der Basso continuo, im Extremfall also nur das Cembalo, begleitet;

Aleatorik
(von lat. »alea«: Würfel) Begriff aus der Neuen Musik: Teile eines Werkes bleiben bei der Komposition oder der Aufführung dem Zufall überlassen;

Alt
zweithöchste Stimme im vierstimmigen Satz; heute in der Regel tiefe Frauenstimme, früher meist durch Knaben, Männer oder Kastraten ausgeführt (s. Altus);

Alteration
Erhöhung oder Erniedrigung eines Tons um einen Halbtonschritt; das Ergebnis ist Chromatik (s. dort);

Altus
von falsettierenden Männern gesungene Altstimme;

Arie
oft dreiteiliges, in sich geschlossenes Sologesangsstück von einer gewissen Ausdehnung;

Arioso
vom Orchester begleitetes Sologesangsstück ohne feste Form mit ariosen und rezitativischen Elementen;

Atonalität
Musik ohne Bezug auf eine zentrale Tonart, der in der strengen Atonalität bewußt gemieden wird;

Baß
tiefste (Männer-) Stimme im vierstimmigen Satz;

Baßbariton
tiefer Bariton mit Baßcharakter;

Ballad Opera
frühe Form der englischen Operette: In den gesprochenen Text der Handlung sind neutextierte Gesangsstücke (Balladen) eingestreut, deren Melodien oft der Volksmusik entstammen;

Bariton
mittlere männliche Stimmlage zwischen Tenor und Baß;

Belcanto
»Schöngesang«, Gesangsideal, bei dem die Qualität der Tongebung Vorrang vor Textverständlichkeit und dramatischem Ausdruck genießt;

Bitonalität
die gleichzeitige Verwendung zweier Tonarten;

Buffo
(ital.: drollig, komisch) Bezeichnung für einen (im Unterschied zum Komiker) stimmlich voll ausgebildeten Sänger, der eine komische Rolle spielt; das weibliche Gegenstück zum Baß- oder Tenorbuffo (Spielbaß oder Spieltenor) ist die Soubrette bzw. die Spielaltistin;

Buffo-Oper
deutsche Bezeichnung für Opera buffa (s. dort);

Cantus firmus
die führende, eine bereits früher vorhandene (Choral-) Melodie (meist in langen Notenwerten) ausführende Stimme, auf die sich die übrigen Stimmen in einem mehrstimmigen Werk harmonisch beziehen;

Choral
ursprünglich der einstimmige Gregorianische Gesang, später auch das von der Gemeinde gesungene protestantische Kirchenlied;

Choroper
Oper, in welcher der Chor Hauptträger der Handlung ist;

Chromatik

Chromatik
in Melodie und/oder Harmonie eingefügte Töne, die anderen Tonarten entstammen als der gerade geltenden Grundtonart;

Ciacona (Chaconne)
musikalische Form, die über ein mehrfach wiederholtes Baß- bzw. Harmonieschema aufgebaut wird;

Cluster
Tontraube; ein Akkord eng benachbarter Töne, die in der Regel nicht mehr einzeln wahrzunehmen sind;

Comédie-ballet
eine klassische, gesprochene Comedie ist von mehreren unterschiedlichen Musiknummern (Arien, Rezitative, Tanznummern) durchsetzt;

Commedia lirica
(ital.: lyrische Komödie) bezeichnet in Abgrenzung von der Opera buffa einen Sonderfall der komischen Oper (G. Verdi, »Falstaff«);

Countertenor
engl. Bezeichnung für einen Sänger, der mittels seiner Kopfstimme bis in Alt- oder Sopranlagen vorstößt, wobei der Registerwechsel möglichst unmerklich bleiben soll;

Couplet
(franz.: Strophe) mehrstrophiges Lied oder Chanson (besonders in Operette und Kabarett); daneben auch der Einschub zwischen den Refrains eines Rondos;

Da-capo-Arie
wichtigster Arientyp in Oper und Oratorium des 17. und 18. Jh.; »da capo« (ital.: von vorn) oder »D.C.« bezeichnet als Hinweis am Ende des B-Teils einer Arie die Wiederholung des A-Teils, so daß eine dreiteilige A-B-A'-Form entsteht, wobei der A-Teil in der ital. Da-capo-Arie in der Regel durch instrumentale Einschübe, sogenannte Ritornelle, mehrfach untergliedert ist;

Diatonik
Fortschreiten der Töne in den Ganz- und Halbtonschritten der gebräuch-

lichen (siebenstufigen) Tonleiter im Unterschied zur (zwölftönigen) chromatischen Tonleiter;

Dissonanz
im Unterschied zur Konsonanz Bezeichnung für einen als »reibend«, d.h. nicht oder kaum verschmelzend empfundenen Zusammenklang von Tönen;

Dodekaphonie
aus dem Griechischen stammende Bezeichnung für Zwölftonmusik (s. dort);

Drame héroique
(franz.: heroisches Drama);

Dramma giocoso
(ital.: heiteres Drama) Lustspiel; als »Dramma giocoso in musica« Bezeichnung für ital. Buffo-Opern (insbesondere auf Libretti von C. Goldoni), aber auch bei W.A. Mozart (»Don Giovanni«);

Dramma per musica
(ital.: Drama mit Musik) auch als »Dramma in musica« im ital. Sprachgebrauch des 17. und 18. Jh. weitgehend identisch mit dem Begriff Oper (vorwiegend ernsten Inhalts); als Bezeichnung für weltliche Kantaten übernommen (u.a. von J.S. Bach);

Duett
zwei Solosänger; in der Oper besonders häufig als Liebesduett anzutreffen;

Epilog
(griech.: Schluß einer Rede) Nachspiel in Drama und Oper;

Falsett
die männliche Kopfstimme (Sopran- oder Altlage);

Favola in musica
(ital.: Fabel in Musik) auf die literarische Gattung der »favola« zurückgehende Bezeichnung früher ital. Opern (C. Monteverdi, »Orfeo«);

Finale
Abschluß einer Szene, eines Aktes oder des gesamten Werks, bei dem die Hauptfiguren oft zu großen Ensembles zusammentreten, häufig auch mit Chor;

Fuge
hochentwickelte polyphone Kompositionstechnik, bei der die gesamte Komposition von einem einzigen (unbegleiteten) Thema (»Dux«) ausgeht; ist es vorgestellt, setzt zunächst die zweite Stimme (im Abstand einer Quinte oder Quarte) wieder mit dem Thema (nun »Comes« genannt) ein, so daß »Comes« und die Fortspinnung des Eingangsthemas (»Dux«) einander (harmonisch) begleiten; eine Fuge mit zwei Themen heißt Doppelfuge;

Grand opéra
(franz.: große Oper) besonders von Spontini und Meyerbeer geprägter Typus der französischen Oper im 19. Jh. (in Deutschland als »Große Oper« übernommen); wichtigstes Unterscheidungsmerkmal gegenüber dem »Drame lyrique« ist die erheblich aufwendigere Ausstattung;

Harmonik
im weitesten Sinn die Gesamtheit aller musikalischen Ordnungssysteme, die auf einer Unterscheidung zwischen Konsonanz und Dissonanz beruhen; im engeren Sinn das geordnete Zusammenklingen verschiedener Töne; Akkorde und ihre Beziehung zueinander;

Haut-Contre
höchste Männerstimme (Altlage) in der franz. Vokalmusik des 16.-18. Jh. (siehe auch Countertenor);

Historische Oper
Oper mit geschichtlich-politischem Bezug (im Unterschied zur mythologischen oder gegenwartsbezogenen Oper);

Hosenrolle
von einer Frau verkörperte Männerrolle in der Oper;

Imitation
Begriff aus der Kontrapunktlehre: Die Stimmen des Satzes setzen nacheinander mit demselben Motiv oder Thema ein;

Instrumentales Theater
Konzept der Neuen Musik, bei dem das Musizieren selbst als theatralischer Akt thematisiert wird;

Intermezzo
instrumentaler Einschub zwischen zwei Akten oder Szenen; früher auch selbständiges heiteres Bühnenstück, das zwischen die Akte einer großen Oper eingerückt wurde;

Intervall
Abstand zwischen zwei Tönen;

Kammeroper
für wenige Mitwirkende konzipierte und ohne großen bühnentechnischen Aufwand aufführbare Oper, meist mit kleinem Orchester und ohne Chor;

kantabel
gesanglich, singbar;

Kantate
nicht abendfüllende, nicht szenische und nicht (wie etwa das Lied) kammermusikalische Gattung der Vokalmusik in zahllosen Ausprägungen;

Kantor
für die musikalischen Belange einer kirchlichen Gemeinde zuständiger Musiker, meist Organist und (Chor-) Dirigent in einem;

Kanzone (Canzone)
im Sprachgebrauch der Opernbühne schlichte, liedartige Arie, oft in strophischer Form;

Kastrat
im Zeitalter des Barocks wurden Knaben kastriert, um den Stimmbruch zu verhindern; bei guter Ausbildung und Veranlagung konnte die Stimme der Kastraten im Mannesalter bis in die höchsten Sopranregionen ausgebaut werden; Kastraten waren in der Regel die Hauptdarsteller der Opera seria; heute werden ihre Rollen entweder von Frauen, Knaben oder Countertenören gesungen;

Kavatine
auch Cavatine: mitunter schwer von der Arie zu unterscheiden, tendenziell einfacher, kürzer und schlichter als diese gestaltet, häufig zweiteilig;

Klavierauszug
eine zum Zwecke des Einstudierens reduzierte Partitur, in der nur die Gesangsstimmen ausgeschrieben sind und der Orchesterpart in zwei Klaviersystemen zusammengefaßt ist;

Koloratur
Verzierung einer (Gesangs-) Melodie durch eine Folge rascher Noten;

Koloratursopran
Sopranistin, die über eine besonders hohe, dabei bewegliche Stimme mit hellem Timbre verfügt und in der Lage ist, schnelle Passagen und virtuose Verzierungen in hoher Lage (Koloraturen) auszuführen;

Komische Oper
heitere deutsche Oper mit glücklichem Ausgang;

Kontrapunkt
Kompositionstechnik, bei der die einzelnen Stimmen melodisch weitgehend selbständig geführt werden, d.h. es gibt keine reinen Begleit- oder Füllstimmen, die (wie in der Homophonie) nur der harmonischen Fortschreitung bzw. der Komplettierung des Akkordes dienen;

Kontratenor
deutsch für Countertenor (s. dort);

Leitmotiv
ein bestimmtes Motiv (s. dort) wird einem Sachverhalt oder einer Person zugeordnet, bei deren Auftreten es, ggf. nach Gefühlslage oder Situation abgewandelt, erklingt;

Libretto
(ital.: kleines Buch) Textbuch einer Oper oder Operette;

Madrigal
im allgemeinen musikalischen Sprachgebrauch Gegenstück der Motette mit ähnlichem Aufbau, aber weltlichem Text;

Musiktheater

Melodram
Form des Dramas, in der Musik und gesprochenes Wort zusammenwirken; in vielen Fällen wird der Text durch die Festlegung von Stimmhöhe und Sprechrhythmus auch als Sprechgesang deklamiert (z.B. bei A. Schönberg, »Pierrot lunaire«);

Mezzosopran
mittlere Frauenstimme zwischen Sopran und Alt;

Modulation
künstlerisch gestalteter Übergang von einer Tonart in eine andere;

Monodie
Sologesang; eine einzelne, Bedeutung und Ausdruck des Textes klar zum Ausdruck bringende Gesangsstimme über einer zurückhaltend schlichten Instrumentalbegleitung;

Motette
im klassischen Sinn ein geistliches Chorwerk, in dem die einzelnen Abschnitte eines Textes imitierend vertont werden;

Motiv
kurze Tonfolge als kleinste musikalisch sinntragende Einheit; mehrere Motive bilden eine Melodie oder ein Thema;

Musical Comedy
»offizieller« Name des Musicals: amerikanische Gattung des 20. Jahrhunderts, in der Handlung, Gesang und Tanz zu einem klassischerweise zweiaktigen Stück verbunden werden;

Musical Play
im großen und ganzen gleichbedeutend mit Musical (Comedy);

Musikdrama
im Gegensatz zur Nummernoper durchkomponiert, ohne gesprochene Zwischentexte, ohne Abgrenzung von Rezitativ und Arie oder andere geschlossene Formen;

Musiktheater
alle szenisch vorzutragenden Gattungen der Vokalmusik;

Neue Musik
auch Musica nova, musikalische Avantgarde u.ä.; häufig gebrauchte, aber nicht fest definierte Sammelbezeichnung für die Richtungen der Musik unseres Jahrhunderts, deren Komponisten vor allem danach streben und streben, den Bereich der der Kunstmusik zur Verfügung stehenden Ausdrucksmittel und Techniken zu erweitern; ein klassisches Beispiel ist die Einbeziehung elektronisch erzeugter Klänge;

Nummernoper
gekennzeichnet durch die Abfolge in sich geschlossener Musikstücke wie Arien, Chöre, Ballette u.s.f.;

Opera aperta
(ital.: offenes [Kunst-] Werk), entspricht in etwa dem engl. »Work in Progress« (s. dort);

Opera buffa
heitere ital. Oper, entstanden als Intermezzo zur Opera seria;

Opera di mezzo carattere
(ital.: Oper mit halbem Charakter) wie die »semiseria« (halbernste Oper) zwischen Buffa und Seria angesiedelte Oper;

Opera seria
ernste italienische Operngattung mit antiken, mythologischen oder historischen Stoffen, Gegensatz zur Opera buffa; Hauptgattung der Barockoper, idealtypisch in fünf Akte gegliedert, musikalisch durch die Abfolge von Rezitativ und Da-capo-Arie geprägt;

Opéra-comique
im Gegensatz zur Opera buffa keinesfalls stets heitere Gattung der französischen Oper, in der die Musiknummern durch gesprochene Dialoge verbunden sind;

Operette
um die Mitte des 19. Jh. aus Singspiel, Vaudeville und Opéra comique hervorgegangene Gattung heiterer Bühnenwerke mit Musik; im Unterschied zur Oper werden die Operetten-Dialoge gesprochen;

Oratorium
ursprünglich geistliches, später auch weltliches Werk für Sologesang, Chor und Orchester, als »szenisches Oratorium« der Oper angenähert; an die Stelle der theatralischen Darstellung in der Oper rückt im Oratorium die Rolle des Erzählers (»testo«), die auch vom Chor vertreten werden kann;

Orchestersuite
Folge von Instrumentalsätzen aus einem Bühnenwerk;

Ouvertüre
einleitendes Orchesterstück einer Oper, auch Eingangsstück einer Suite oder eines Concerto grosso;

Parlando
(ital.: sprechend) am natürlichen (schnellen) Sprechen orientierte, aber im Unterschied zum Sprechgesang auskomponierte Gesangsmelodie ohne Melismen (mehrere Melodietöne auf einer Silbe);

Particell
auf wenige Liniensysteme beschränkte Niederschrift einer Komposition, oft als Vorstufe zur Partitur;

Partitur
vollständige Niederschrift einer Komposition für mehrere Stimmen bzw. Instrumente, wobei jede einzelne Stimme in einem eigenen Liniensystem notiert ist;

Passacaglia
Musikstück, bei dem ein gleichbleibendes, fortlaufend wiederkehrendes (Baß-) Thema bzw. harmonisches Modell als Grundlage einer Variationsfolge dient;

Polyphonie
Mehrstimmigkeit im Sinne der Kontrapunktlehre (siehe Kontrapunkt);

Polytonalität
gleichzeitige Verwendung und gegenseitige Überlagerung verschiedener Tonarten;

Primadonna
(ital.: erste Dame) Sängerin der weiblichen Hauptrolle einer (italienischen) Oper (meist Sopran bzw. Koloratursopran); das männliche Pendant ist der »primo uomo«;

Prolog
(griech.: Vorrede) szenisches Vorspiel bzw. dem ersten Akt vorgeschaltete Szene eines Bühnenwerks;

Psalmodie
gesungener Psalmvortrag, meist von einem Vorsänger und einem Chor bzw. wechselweise von zwei Chören ausgeführt;

Quartett
vier Solosänger;

Reformoper
bezogen auf Chr.W. Gluck und sein spätes Opernschaffen in Paris und Wien steht der Begriff für eine stärkere Konzentration auf den dramatischen Kern der Handlung und die Beschneidung des Secco- (nur akkordgestützten) Rezitativs zugunsten des Accompagnatos; im Vorwort zu »Alceste« faßt Gluck seine Überzeugung in der Forderung nach Einfachheit, Wahrheit und Natürlichkeit zusammen;

Register
bei der Orgel eine Gruppe von Pfeifen einheitlichen Klangcharakters; bei der menschlichen Stimme spricht man vom Brust- und Kopfregister (Bruststimme bzw. Falsett);

Reihentechnik
Begriff aus der Zwölftonmusik (Dodekaphonie), die jeder Komposition eine festgelegte Folge von 12 Tönen (elf Intervallen) aus der chromatischen Tonleiter zugrunde legt; fortentwickelt werden solche »Reihen« durch kontrapunktische Verfahrensweisen wie Umkehrung und Krebs;

Requiem
Totenmesse (von lat. »requiem aeternam«: ewige Ruhe);

Rettungsoper
Oper, die dramaturgisch zugespitzt ist auf eine Rettung der Haupt-

figur(en) aus zunächst hoffnungslos erscheinender Lage (z.B. L. van. Beethoven, »Fidelio«);

Rezitativ
(von ital. »recitare«: vortragen, deklamieren) aus dem Stil des begleiteten Sologesangs um 1600 (Monodie) hervorgegangener Sprechgesang in der Oper; als »Secco«- (»trockenes«) Rezitativ meist nur vom Cembalo, als »Accompagnato« oder »Recitativo obbligato« vom Orchester begleitet; das Rezitativ kennt anders als Arie oder Lied keine Strophen und Wiederholungen;

Romantische Oper
Oper mit – im Verständnis des 19. Jh. – »romantischem« Sujet; als »romantisch« galten historische (zumal mittelalterliche) und Märchenstoffe, deren Textvorlage historische Romane (W. Scott, V. Hugo), Dramen (W. Shakespeare, F. Schiller), aber auch Volks- und Märchenbücher (z.B. A. Apels und F. Launs »Gespensterbuch«) bilden konnten;

Romanze
nach J.J. Rousseau (»Dictionnaire de musique«, 1767) ein schlichtes, rührendes, ein wenig altertümlich anmutendes Strophenlied; im 19. Jh. wurde die Romanze zum festen Bestandteil der Opéra-comique;

Rondo
Vokal- oder Instrumentalstück, dessen Hauptthema (Refrain) nicht oder nur geringfügig variiert nach jeweils einem Zwischenspiel (in Frankreich »couplet« genannt) wiederkehrt; das Grundschema des Rondos ist eine Art Kettenform nach dem Muster a-b-a-c-a-d usw.; in der ital. Oper des 18. Jh. bezeichnet das Rondo (»rondò«) auch eine zweiteilige Arienform, bestehend aus einem langsamen und einem schnellen Teil;

Schäferspiel
in der antiken Tradition der Hirtendichtung (Bukolik) stehendes Bühnenwerk meist tragikomischen Charakters, angesiedelt in ländlicher Umgebung (Pastoraloper); oft auch nur einzelne Szene oder Einlage (Intermedium) in einem größeren Bühnenwerk;

Serielle Musik
Komponierweise, die die Reihentechnik der Zwölftonmusik über die Festlegung der Töne einer »Reihe« hinaus ausdehnt, indem sie auch Pa-

rameter wie Tondauer, Klangfarbe und Lautstärke einbezieht und diese reihentechnisch (seriell) ausarbeitet;

Sinfonie
(griech.: Zusammenklang) größeres Instrumentalstück für Orchester in mehreren abgeschlossenen, aber zusammengehörigen Sätzen (meist vier), der erste davon in Sonatenform; vor der Mitte des 18. Jh. einsätziges, meist dreiteiliges Orchesterstück (auch in der Funktion einer Ouvertüre) oder Teil einer Suite;

Sinfonische Dichtung
(einsätziges) Instrumentalwerk, das mit Mitteln der Musik ein außermusikalisches »Programm« darstellt; ein solches Programm kann durch den Titel (C. Debussy, »La Mer«) oder durch einen literarischen Bezug (R. Strauss, »Till Eulenspiegels lustige Streiche«) gegeben sein; Begründer dieser Gattung der »Programmusik« ist F. Liszt;

Singspiel
der Volkskomödie (Schwank, Posse) und dem Märchenspiel verwandtes Bühnenwerk mit Musik; wesentliches Unterscheidungsmerkmal gegenüber der komischen Oper italienischer Prägung sind die gesprochenen Dialoge (an Stelle der Rezitative); im 19. Jh. sind die Grenzen zwischen Singspiel und romantischer Oper bzw. Opéra-comique und Operette nicht mehr genau zu ziehen;

Sonate
(von lat. »sonare«: klingen) Instrumentalstück für ein oder mehrere Instrumente; nach der Mitte des 18. Jh. in der Regel viersätzig (z.B. Allegro-Andante-Menuett/Trio-Allegro); der »Sonatenhauptsatz« weist zwei, gelegentlich drei kontrastierende Themen auf, die zunächst vorgestellt (Exposition) und dann gegeneinander gestellt bzw. verwoben und motivisch weiterentwickelt werden (Durchführung), am Ende folgt eine abgewandelte Wiederkehr der Exposition (Reprise);

Sopran
die höchste Stimmlage bei Frauen und Kindern; von Männern nur durch die Kopfstimme (Falsett) zu erreichen; in früheren Zeiten auch von Kastraten gesungen;

Soubrette
(franz.: Zofe) Bezeichnung für eine Sängerin (meist Koloratursopran) in einer komischen Rolle (vor allem in der Operette);

Sprechgesang
am Duktus der gesprochenen Sprache orientierter Gesang (besonders in Rezitativ und Melodram); Sprachmelodie bzw. Sprechton und -rhythmus sind häufig nur ungefähr notiert;

Suite
zu einem Zyklus gebundene Folge von Instrumentalstücken; ursprünglich nur auf Tanzsätzen (z.B. Pavane, Gaillarde, Allemande, Courante) beruhend, wurde die Suite seit dem 17. Jh. um eine Einleitung (z.B. Präludium, Ouvertüre, Entree, Sonata) und weitere nicht-tanzgebundene Stücke erweitert;

Tanzfuge
Fuge im Tanzrhythmus;

Tenor
(von lat. »tenere«: halten) hohe Männerstimme; in der Psalmodie der zentrale Ton (Rezitationston), auf den sich die Melodie bezieht oder von dem sie ausgeht; in der frühen Mehrstimmigkeit die Stimme, die den Cantus firmus singt;

Terzett
drei Solosänger;

Thema
musikalisch besonders herausgestellte und/oder für den Hörer leicht faßliche Melodie oder Akkordfolge, die als Ausgangs- oder Bezugspunkt eines ganzen Werks empfunden wird; ein Thema kann in mehrere charakteristische Segmente (Motive) aufgespalten werden, die an das Thema »erinnern« und dadurch Wiedererkennungseffekte auslösen;

Timbre
(franz.: Stempel) charakteristische Klangfarbe einer (Gesangs-) Stimme;

Toccata
(von ital. »toccare«: anschlagen, berühren) der Fantasie verwandtes Mu-

sikstück mit quasi-improvisatorischem Charakter (freie Tempi, Pausen);

Tragedie lyrique
(franz.: musikalische Tragödie) Bezeichnung für die tragische franz. Oper, wobei »lyrique« in der Bedeutung von »en musique« (d.h. mit Musik) zu verstehen ist, darum auch »Tragédie en musique« genannt (vor dem 18. Jh.); die ital. Entsprechung lautet »Tragedia in musica«;

Trittico
(ital.: Triptychon) in der Kunstwissenschaft Bezeichnung für ein feststehendes (mittleres) Bild mit zwei beweglichen Bildern an der Seite (z.B. beim Flügelaltar); von G. Puccini als Titel für seine drei Einakter (»Il tabarro«, »Suor Angelica« und »Gianni Schicchi«) gewählt;

Vaudeville
(von franz. »voix de ville«: Stimme der Stadt) Bezeichnung für populäre Strophenlieder; zunächst vom »Air de cour« (höfisches Lied) kaum zu unterscheiden, wandelte sich das Vaudeville mehr zum Gassenhauer und gab einer spezifisch franz. Tradition von musikalischen Komödien und Komödientheatern (»Comédie en vaudevilles« oder nur »Vaudevilles« genannt) den Namen, die zum wichtigsten Vorläufer der Opéra-comique und der Operette (bei Offenbach: Opéra bouffe) wurden;

Verismo
(von ital. »vero«: wahr) dem Naturalismus verwandte Strömung in der ital. Literatur, vertreten vor allem durch den Dichter G. Verga, dessen Novelle »Cavalleria rusticana« (von P. Mascagni vertont) zum Ausgangspunkt der »veristischen« Oper wurde;

Volksoper
in Analogie zu Volkslied, Volksstück und Volkstheater (»Wiener Volkstheater«) gebildeter Begriff für Opern und Opernhäuser, die sich besonders volkstümlich geben;

Work in Progress
(engl.: Werk im Fortschritt) Kunstwerk oder künstlerisches Œuvre, das sich nicht vollendet, sondern im (und als) Prozeß seines Entstehens präsentiert;

Zwölftonmusik

Zauberoper
Oper, in der das Eingreifen von Zauberkräften (bzw. deren Vorspiegelung) und nicht rational oder psychologisch erklärbare Momente handlungstragend sind;

Zeitoper
Oper, die (für den Zeitpunkt der Uraufführung) besonders typische oder aktuelle, d.h. nicht historisch oder mythologisch verbrämte Figuren, Situationen und Konflikte schildert;

Zitat
bewußte (mehr oder weniger deutliche) Anleihe an ein anderes, fremdes Werk oder (als Selbstzitat) Übernahme eines schon früher in eigenen Werken benutzten musikalischen Gedankens;

Zwölftonmusik
Kompositionstechnik, die nicht zwischen konsonanten (z.B. Quinte, Terz) und dissonanten Intervallen (z.B. Septime, Tritonus) unterscheidet, sondern von der prinzipiellen Gleichwertigkeit aller Töne und Intervalle innerhalb der zwölfstufigen (chromatischen) Tonleiter ausgeht und darum an keine Tonart oder ein Tongeschlecht (z.B. Dur und Moll) gebunden ist; die Definition der Zwölftonmusik (Dodekaphonie) als einer »Theorie der zwölf nur aufeinander bezogenen Töne« geht auf A. Schönberg zurück;

Komponisten

Abraham, Paul 382
Adam, Adolphe 8
d'Albert, Eugen 10
Auber, Daniel François Esprit 12
Bart, Lionel 510
Bartók, Béla 16
Beethoven, Ludwig van 18
Bellini, Vincenzo 20
Benatzky, Ralph 387
Berg, Alban 25
Berlin, Irving 478
Bernstein, Leonard 516
Bizet, Georges 29
Bock, Jerry 489
Boieldieu, François-Adrien 33
Boïto, Arrigo 35
Borodin, Alexander 37
Britten, Benjamin 39
Burkhard, Paul 391
Cavalli, Francesco 50
Cesti, Antonio 52
Cherubini, Luigi 54
Cimarosa, Domenico 57
Dallapiccola, Luigi 59
Debussy, Claude 64
Delibes, Léo 66
Donizetti, Gaetano 68
Dostal, Nico 393
Dvořák, Antonin 76
Egk, Werner 78
Einem, Gottfried von 83
Fall, Leo 398
Falla, Manuel de 86
Flotow, Friedrich von 88
Forrest, George 500
Fortner, Wolfgang 90
Galuppi, Baldassare 92
Gershwin, George 94, 493
Gilbert, Jean 404
Giordano, Umberto 96
Glinka, Michail Iwanowitsch 98
Gluck, Christoph Willibald von 102
Gotovač, Jakov 110
Gounod, Charles François 112
Händel, Georg Friedrich 114
Hamlisch, Marvin 487
Hartmann, Karl Amadeus 120
Henze, Hans Werner 122

Komponisten

Herbert, Victor 517
Herman, Jerry 496,504
Heuberger, Richard 406
Heymann, Birger 503
Hindemith, Paul 129
Hoffmann, Ernst Theodor Amadeus 135
Humperdinck, Engelbert 137
Janáček, Leoš 139
Jessel, Léon 408
Kálmán, Emmerich 410
Kander, John 482
Keiser, Reinhard 147
Kern, Jerome 513
Klebe, Giselher 148
Kollo, Walter 416
Korngold, Erich Wolfgang 150
Křenek, Ernst 152
Künneke, Eduard 420
Lecocq, Alexandre Charles 424
Lehár, Franz 426
Leigh, Mitch 505
Leoncavallo, Ruggiero 157
Liebermann, Rolf 160
Ligeti, György 162
Lincke, Paul 435
Loewe, Frederick 480,483,492,506
Lortzing, Albert 164
Lully, Jean-Baptiste 168
MacDermot, Galt 494
Maderna, Bruno 170
Marschner, Heinrich August 172
Mascagni, Pietro 175
Massenet, Jules 177
Menotti, Gian Carlo 179
Meyerbeer, Giacomo 181
Millöcker, Karl 437
Moniuszko, Stanisław 183
Monnot, Marguerite 497
Monteverdi, Claudio 185
Mozart, Wolfgang Amadeus 190
Mussorgsky, Modest Petrowitsch 203
Nedbal, Oskar 443
Nicolai, Otto 208
Nono, Luigi 210
O'Brien, Richard 512
Offenbach, Jacques 212, 445
Orff, Carl 216
Paisiello, Giovanni 221

Komponisten

Parsons, Alan 491
Penderecki, Krzystof 222
Pepusch, Johann Christoph 224
Pergolesi, Giovanni Battista 226
Peri, Jacopo 228
Ponchielli, Amilcare 230
Porter, Cole 479, 484, 502
Prokofjew, Sergej 232
Puccini, Giacomo 236
Purcell, Henry 255
Rameau, Jean-Philippe 256
Ravel, Maurice 259
Raymond, Fred 452
Reimann, Aribert 262
Rihm, Wolfgang 264
Rodgers, Richard 499, 509
Rossini, Gioacchino 267
Saint-Saëns, Camille 276
Schönberg, Arnold 278
Schostakowitsch, Dimitri 280
Schreker, Franz 284
Smetana, Bedřich 288
Spohr, Louis 290
Spontini, Gasparo 292
Stolz, Robert 455
Strauß, Johann 460
Strauss, Richard 294
Strawinsky, Igor 308
Sullivan, Arthur 468
Suppé, Franz von 470
Telemann, Georg Philipp 312
Thomas, Ambroise 314
Tippett, Michael 316
Tschaikowsky, Peter Iljitsch 320
Verdi, Guiseppe 323
Wagner, Richard 343
Webber, Andrew Lloyd 486, 488, 498, 511, 514
Weber, Carl Maria von 362
Weill, Kurt 366
Weinberger, Jaromir 370
Wolf-Ferrari, Ermanno 372
Woolfson, Eric 491
Wright, Robert 500
Youmans, Vincent 508
Zemlinsky, Alexander 374
Ziehrer, Carl Michael 474
Zimmermann, Bernd Alois 377

Titel

A

Agrippina 114
Aida 336
Albert Herring 42
Alceste 103
Alkestis 103
Anatevka 489
André Chénier 96
Angelina 271
Annie Get Your Gun 478
Antigonae 220
Anything Goes 479
Arabella 303
Ariadne auf Naxos 300
Armide 106
Aschenbrödel 271
Atys 168
Aufstieg und Fall
 der Stadt Mahagonny 368
Aus einem Totenhaus 145

B

Der Bajazzo 157
Ball im Savoy 385
Un ballo in maschera 333
Die Banditen 450
Der Barbier von Sevilla
 (G. Paisiello) 221
Der Barbier von Sevilla
 (G. Rossini) 268
Il barbiere di Siviglia
 (G. Paisiello) 221
Il barbiere di Siviglia
 (G. Rossini) 268
The Beggar's Opera 224
La belle Hélène 446
Die Bassariden 124
Der Bettelstudent 439
Die Bettleroper 224
Billy Bud 44
Die Blume von Hawaii 383

Bluthochzeit 90
Boccaccio 471
La Bohème 238
Boris Godunow 203
Brigadoon 480
Les brigands 450

C

Cabaret 482
Camelot 483
Can-Can 484
Capriccio 306
I Capuleti e i Montecchi 20
Cardillac 129
Carmen 30
Carmina Burana 216
Castor et Pollux 256
Cats 486
Cavalleria rusticana 175
La Cenerentola 271
A Chorus Line 487
Chowantschina 205
La clemenza di Tito 201
Clivia 393
Le comte Ory 272
The Consul 179
Les contes d'Hoffmann 212
Così fan tutte 198
Die Csárdásfürstin 410

D

Dantons Tod 83
Les deux journées 55
Dido und Aeneas 255
Die Dollarprinzessin 400
Don Carlos 334
Don Giovanni 196
Don Juan 196
Don Pasquale 73
Drei alte Schachteln 416
Die Dreigroschenoper 366

Die Dubarry 437

E

Elektra 296
L'elisir d'amore 68
L'enfant et les sortilèges 261
Die englische Katze 126
The English Cat 126
Die Entführung aus dem Serail 192
L'Ercole amante 50
Ero der Schelm 110
L'Euridice 228
Eurydike 228
Eugen Onegin 320
Evita 488

F

Falstaff 340
La fanciulla del West 246
Faust 112
Der ferne Klang 284
Feuerwerk 391
Der feurige Engel 234
Fiddler on the Roof 489
Der fidele Bauer 398
Fidelio 18
Figaros Hochzeit 193
La fille du régiment 72
Il filosofo di campagna 92
Die Fledermaus 460
Der fliegende Holländer 344
Eine florentinische Tragödie 374
Fra Diavolo 14
Frau Luna 435
Die Frau ohne Kuß 418
Die Frau ohne Schatten 301
Der Freischütz 363
Freudiana 491
Fürst Igor 37

G

Gasparone 441
Der Geburtstag der Infantin 375
Der Gefangene 60
Die Gezeichneten 286
Gianni Schicchi 250
Gigi 492
La Gioconda 230
Girl Crazy 493
Giroflé – Girofla 424
Giuditta 433
Giulio Cesare in Egitto 116
Glückliche Reise 422
Götterdämmerung 357
Der goldene Apfel 52
Gräfin Mariza 412
Der Graf von Luxemburg 428
Der Graf Ory 272
Le Grand Macabre 162
Die großmütige Tomyris 147
Guillaume Tell 273

H

Hänsel und Gretel 137
Hair 494
Halka 183
Hans Heiling 173
Die heimliche Ehe 57
Hello, Dolly! 496
Herakles als Liebhaber 50
L'heure espagnol 259
Herzog Blaubarts Burg 16
Hoffmanns Erzählungen 212
Die Hugenotten 181
Les Huguenots 181
Hyperion 170

I

Idomeneo, König von Kreta 191
Idomeneo, re di Creta 191
Im weißen Rößl 388
L'incoronazione di Poppea 188
Intolleranza 1960 210
Iphigénie en Aulide 105
Iphigenie in Aulis 105
Iphigénie en Tauride 108
Iphigenie auf Tauris 108
Irma la Douce 497
Der Irrgarten 318
L'Italiana in Algeri 267
Die Italienerin in Algier 267
Iwan Sussanin 98

J

Jacobowsky und der Oberst 148
Der Jahrmarkt von Sorotschinzy 206
Jakob Lenz 264
Jenufa 139
Jessonda 290
Jesus Christ Superstar 498
Jonny spielt auf 152
Julius Cäsar 116
Der junge Lord 122

K

Karl V. 155
Katerina Ismailowa 281
Katja Kabanowa 141
Die keusche Susanne 404
Das Kind und die Zauberdinge 261
The King And I 499
King Priam 316
Kismet 500
Kiss Me, Kate 502
Die Kluge 218
The Knot Garden 318

König Oedipus 308
König Priamos 316
Der Konsul 179
Die Krönung der Poppea 188
Das kurze Leben 86

L

Lady Macbeth von Mzensk 281
Lakmé 66
Das Land des Lächelns 431
Die Landstreicher 474
Lear 262
Leben des Orest 154
Ein Leben für den Zaren 98
Der Liebestrank 68
Die Liebe zu den drei Orangen 232
Linie 1 503
Lohengrin 347
Lucia die Lammermoor 70
Lulu 27
Die lustige Witwe 426
Die lustigen Weiber
 von Windsor 208

M

Macbeth 326
Macbetto 326
Madame Butterfly 244
Madame Pompadour 402
Das Mädchen aus dem
 goldenen Westen 246
Die Magd als Herrin 226
Mame 504
Man of La Mancha 505
Manon 177
Manon Lescaut 236
Der Mantel 248
Margarethe 112
Martha oder
 Der Markt zu Richmond 88
Maske in Blau 452

Titel

Ein Maskenball 333
Mathis der Maler 132
Il matrimonio segreto 57
Medea 54
Médée 54
Mefistofele 35
Meine Schwester und ich 387
Die Meistersinger von Nürnberg 350
A Midsummer Night's Dream 47
Mignon 314
Der Mikado
   oder Ein Tag in Titipu 468
The Mikado
   or The Town of Titipu 468
Die Milde des Titus 201
Der Mond 217
Monika 394
Moses und Aron 278
My Fair Lady 506

N

Nabucco 324
Nabucodonosor 324
Nachtflug 59
Eine Nacht in Venedig 463
Die Nachtwandlerin 22
Die Nase 280
Nebukadnezar 324
Neues vom Tage 131
No, No, Nanette 508
Norma 23
Le nozze di Figaro 193

O

Odysseus 61
Oedipus 265
Oedipus rex 308
Oklahoma! 509
Oliver 510
Der Opernball 406
L'Orfeo 185

Orfeo ed Euridice 102
Orphée aux enfers 445
Orpheus in der Unterwelt 445
Orpheus und Eurydike 102
Othello 338

P

I Pagliacci 157
Pariser Leben 448
Parsifal 359
Peer Gynt 80
Pelléas und Mélisande 64
Die Perlenfischer 29
Peter Grimes 39
The Phantom of the Opera 511
Der Philosoph vom Lande 92
Pimpinone
   oder Die ungleiche Heirat 312
Pique Dame 321
Polenblut 443
Il pomo d'oro 52
Porgy And Bess 94
Der Postillon von Lonjumeau 8
Il prigioniero 60
Der Prozeß 84
Die Puritaner 24
I puritani di Scozia 24

Q

I quattro rusteghi 372

R

The Rake's Progress 310
The Rape of Lucretia 41
Der Raub der Lukretia 41
Die Regimentstochter 72
Der Revisor 81
Das Rheingold 353
Rigoletto 327

Titel

Der Ring des Nibelungen 353
Il ritorno d'Ulisse in patria 186
The Rocky Horror Show 512
Rodelinda,
  regina de'Langobardi 117
Romeo und Julia 20
Die Rose von Stambul 401
Der Rosenkavalier 297
Die Rückkehr des Odysseus 186
Rusalka 76
Ruslan und Ludmilla 99

S

Die Sache Makropoulos 143
Saison in Salzburg 453
Salome 294
Samson und Dalila 276
Das schlaue Füchslein 142
Die schöne Galathee 470
Die schöne Helena 446
School for Wives 160
Die Schule der Frauen 160
Schwanda, der Dudelsackpfeifer 370
Das Schwarzwaldmädel 408
Die schweigsame Frau 304
Schwester Angelika 249
Serse 118
La serva padrona 226
Show Boat 513
Siegfried 356
Simplicius Simplicissimus 120
So machen's alle 198
Die Soldaten 377
Ein Sommernachtstraum 47
La sonnambula 22
Die spanische Stunde 259
Starlight Express 514
Die Stumme von Portici 12
Die sündigen Engel 45
Suor Angelica 249

T

Il tabarro 248
Tannhäuser und der Sängerkrieg
  auf der Wartburg 345
Tanz ins Glück 455
Die Teufel von Loudon 222
Tiefland 10
Tosca 241
Die tote Stadt 150
La Traviata 331
Tristan und Isolde 348
Der Troubadour 329
Il trovatore 329
Turandot 252
The Turn of the Screw 45

U

Ulisse 61
Undine (A. Lortzing) 166
Undine (E.T.A. Hoffmann) 135
Die ungarische Hochzeit 396

V

Der Vampyr 172
Die verkaufte Braut 288
La Vestale 292
Die Vestalin 292
Der Vetter aus Dingsda 420
Victoria und ihr Husar 382
La vida breve 86
La vie parisienne 448
Die vier Grobiane 372
Volo di notte 59

W

Die Walküre 354
Die Wasserträger 55

Titel

Die weiße Dame 33
West Side Story 516
Wilhelm Tell 273
The Wizard of Oz 517
Wozzeck 25
Der Wüstling 310

X

Xerxes 118

Z

Zar und Zimmermann
 oder Die beiden Peter 164
Der Zarewitsch 430
Die Zauberflöte 199
Die Zaubergeige 78
Der Zigeunerbaron 465
Die Zirkusprinzessin 414
Zwei Herzen im Dreivierteltakt 457
Der Zwerg 375